I0793890

סידור קורן מאיר עיניים לשבת • נוסח אשכנז

The Koren Meir Einayim Shabbat Siddur

NUSAḤ ASHKENAZ

קורן ירושלים

THE LOBEL EDITION

סידור קורן מאיר עיניים לשבת

THE KOREN MEIR EINAYIM SHABBAT SIDDUR

WITH TRANSLATION BY

Rabbi Lord Jonathan Sacks זצ״ל

•

KOREN PUBLISHERS JERUSALEM

The Lobel Edition
of
The Koren Meir Einayim Large Print Shabbat Siddur
is dedicated to the multitudes
who use this Siddur for their Shabbat prayers.

May your prayers be speedily answered
and be a source of blessing
for each of you, your families,
and Klal Yisrael.

The Lobel Family
New York, USA

The Koren Meir Einayim Shabbat Siddur
Nusaḥ Ashkenaz
First Hebrew/English Edition, 2022
Combined American/Canadian Edition

Koren Publishers Jerusalem Ltd.
POB 4044, Jerusalem 91040, ISRAEL
POB 8531, New Milford, CT 06776, USA

www.korenpub.com

Koren Tanakh Font © 1962, 2022 Koren Publishers Jerusalem Ltd.
Koren Siddur Font and text design © 1981, 2022 Koren Publishers Jerusalem Ltd.
English translation © 2006, 2009 Jonathan Sacks

The English translation in this edition are based on the English translation first published in Great Britain in 2006 in the Authorised Daily Prayer Book of the United Hebrew Congregations of the Commonwealth: New Translation by Chief Rabbi Jonathan Sacks, (Fourth Edition, Compilation © United Synagogue) by Collins, a division of HarperCollins Publishers, London.

Considerable research and expense have gone into the creation of this publication. Unauthorized copying may be considered *geneivat da'at* and breach of copyright law. No part of this publication (content or design, including use of the Koren fonts) may be reproduced, stored in a retrieval system or transmitted in any form or by any means electronic, mechanical, photocopying or otherwise, without the prior written permission of the publisher, except in the case of brief quotations embedded in critical articles or reviews.

The creation of this Siddur was made possible with the generous support of The Jewish Book Trust.

Printed in Israel

Large Size, Hardcover, ISBN 978 965 7767 68 9

KSSL01

CONTENTS

PREFACE TO THE KOREN MEIR EINAYIM SIDDUR

"One generation will praise Your works to the next..."

It has been a dozen or so years since the introduction of the Koren range of Siddurim with English, under the auspices and direction of our rabbi and friend, Rabbi Lord Jonathan Sacks *zt"l*. During that time, it has become obvious that there is a large and growing need for the Siddur in a larger font, for users at both ends of the age spectrum. As useful for children learning to daven as it is for older people (like this writer!) such a Siddur is exceedingly valuable. We are pleased to present The Lobel Edition of the Koren Meir Einayim Siddur, which features larger fonts and an expansive layout.

In common with all our Siddurim and Maḥzorim, this Siddur presents several unique features:

- There are two distinct fonts, designed by Eliyahu Koren, used throughout the Siddur. The Koren Tanakh Font is used for Tanakh texts (except when embedded in prayers), and the Koren Siddur Font is used for prayers, in keeping with Mr. Koren's belief that the presentation of Tanakh text should be distinctive.
- The graphic layout distinguishes poetry from prose, and provides space to allow pages to "breathe." We have developed a parallel style for the English text that balances the weight of the Hebrew letters to further Mr. Koren's intention of presenting the texts "in a style that does not spur habit and hurry, but rather encourages the worshiper to engross his mind and heart in prayer."
- There are concise instructions throughout the text.

◂ There are

- There are prayers for visitors to Israel to reflect the essential and integral connection between the Jewish people in Israel and around the world, and the centrality of Jerusalem to us all.

It is always a privilege to collaborate on a project with those who share our commitment and enthusiasm for bringing out the beauty of *tefilla*. We are grateful to Judith and David Lobel for their support and are proud to have their name grace this edition. Mr. Lobel's eminently practical suggestions were particularly helpful during the conceptual process. On behalf of the scholars, editors, and designers of this volume, we thank you; on behalf of the users of this Siddur, we are forever in your debt.

My colleagues Rabbi Avishai Magence, Esther Be'er, and Caryn Meltz were instrumental in the creation of this Siddur.

We can only hope that we have extended the vision of Eliyahu Koren to new users, both young and old, furthering *Avodat HaShem* for Jews everywhere.

Matthew Miller, Publisher
Jerusalem, 5782 (2022)

סידור לשבת

SHABBAT SIDDUR

Minḥa for Weekdays

אַשְׁרֵי Happy are those who dwell in Your House; *Ps. 84*
they shall continue to praise You, Selah!
Happy are the people for whom this is so; *Ps. 144*
happy are the people whose God is the Lord.
A song of praise by David. *Ps. 145*

א I will exalt You, my God, the King, and bless Your name for ever and all time.

ב Every day I will bless You, and praise Your name for ever and all time.

ג Great is the Lord and greatly to be praised; His greatness is unfathomable.

ד One generation will praise Your works to the next, and tell of Your mighty deeds.

ה On the glorious splendor of Your majesty I will meditate, and on the acts of Your wonders.

ו They shall talk of the power of Your awesome deeds, and I will tell of Your greatness.

ז They shall recite the record of Your great goodness, and sing with joy of Your righteousness.

ח The Lord is gracious and compassionate, slow to anger and great in loving-kindness.

ט The Lord is good to all, and His compassion extends to all His works.

י All Your works shall thank You, Lord, and Your devoted ones shall bless You.

מנחה לחול

אַשְׁרֵי יוֹשְׁבֵי בֵיתֶךָ, עוֹד יְהַלְלוּךָ סֶּלָה: תהלים פד

אַשְׁרֵי הָעָם שֶׁכָּכָה לּוֹ תהלים קמד

אַשְׁרֵי הָעָם שֶׁיהוה אֱלֹהָיו:

תְּהִלָּה לְדָוִד תהלים קמה

א אֲרוֹמִמְךָ אֱלוֹהַי הַמֶּלֶךְ, וַאֲבָרְכָה שִׁמְךָ לְעוֹלָם וָעֶד:

ב בְּכָל־יוֹם אֲבָרְכֶךָּ, וַאֲהַלְלָה שִׁמְךָ לְעוֹלָם וָעֶד:

ג גָּדוֹל יהוה וּמְהֻלָּל מְאֹד, וְלִגְדֻלָּתוֹ אֵין חֵקֶר:

ד דּוֹר לְדוֹר יְשַׁבַּח מַעֲשֶׂיךָ, וּגְבוּרֹתֶיךָ יַגִּידוּ:

ה הֲדַר כְּבוֹד הוֹדֶךָ, וְדִבְרֵי נִפְלְאֹתֶיךָ אָשִׂיחָה:

ו וֶעֱזוּז נוֹרְאֹתֶיךָ יֹאמֵרוּ, וּגְדוּלָּתְךָ אֲסַפְּרֶנָּה:

ז זֵכֶר רַב־טוּבְךָ יַבִּיעוּ, וְצִדְקָתְךָ יְרַנֵּנוּ:

ח חַנּוּן וְרַחוּם יהוה, אֶרֶךְ אַפַּיִם וּגְדָל־חָסֶד:

ט טוֹב־יהוה לַכֹּל, וְרַחֲמָיו עַל־כָּל־מַעֲשָׂיו:

י יוֹדוּךָ יהוה כָּל־מַעֲשֶׂיךָ, וַחֲסִידֶיךָ יְבָרְכוּכָה:

כ They shall talk of the glory of Your kingship, and speak of Your might.

ל To make known to mankind His mighty deeds and the glorious majesty of His kingship.

מ Your kingdom is an everlasting kingdom, and Your reign is for all generations.

ס The LORD supports all who fall, and raises all who are bowed down.

ע All raise their eyes to You in hope, and You give them their food in due season.

פ You open Your hand, and satisfy every living thing with favor.

צ The LORD is righteous in all His ways, and kind in all He does.

ק The LORD is close to all who call on Him, to all who call on Him in truth.

ר He fulfills the will of those who revere Him; He hears their cry and saves them.

ש The LORD guards all who love Him, but all the wicked He will destroy.

▸ ת My mouth shall speak the praise of the LORD, and all creatures shall bless His holy name for ever and all time.

We will bless the LORD now and for ever. Halleluya! *Ps. 115*

כ כְּבוֹד מַלְכוּתְךָ יֹאמֵרוּ, וּגְבוּרָתְךָ יְדַבֵּרוּ:

ל לְהוֹדִיעַ לִבְנֵי הָאָדָם גְּבוּרֹתָיו, וּכְבוֹד הֲדַר מַלְכוּתוֹ:

מ מַלְכוּתְךָ מַלְכוּת כָּל־עֹלָמִים, וּמֶמְשַׁלְתְּךָ בְּכָל־דּוֹר וָדֹר:

ס סוֹמֵךְ יהוה לְכָל־הַנֹּפְלִים, וְזוֹקֵף לְכָל־הַכְּפוּפִים:

ע עֵינֵי־כֹל אֵלֶיךָ יְשַׂבֵּרוּ, וְאַתָּה נוֹתֵן־לָהֶם אֶת־אָכְלָם בְּעִתּוֹ:

פ פּוֹתֵחַ אֶת־יָדֶךָ, וּמַשְׂבִּיעַ לְכָל־חַי רָצוֹן:

צ צַדִּיק יהוה בְּכָל־דְּרָכָיו, וְחָסִיד בְּכָל־מַעֲשָׂיו:

ק קָרוֹב יהוה לְכָל־קֹרְאָיו, לְכֹל אֲשֶׁר יִקְרָאֻהוּ בֶאֱמֶת:

ר רְצוֹן־יְרֵאָיו יַעֲשֶׂה, וְאֶת־שַׁוְעָתָם יִשְׁמַע וְיוֹשִׁיעֵם:

ש שׁוֹמֵר יהוה אֶת־כָּל־אֹהֲבָיו, וְאֵת כָּל־הָרְשָׁעִים יַשְׁמִיד:

◂ ת תְּהִלַּת יהוה יְדַבֶּר פִּי, וִיבָרֵךְ כָּל־בָּשָׂר שֵׁם קָדְשׁוֹ לְעוֹלָם וָעֶד:

וַאֲנַחְנוּ נְבָרֵךְ יָהּ מֵעַתָּה וְעַד־עוֹלָם, הַלְלוּיָהּ: תהלים קטו

HALF KADDISH

Leader: יִתְגַּדַּל Magnified and sanctified
may His great name be,
in the world He created by His will.
May He establish His kingdom
in your lifetime
and in your days,
and in the lifetime
of all the house of Israel,
swiftly and soon –
and say: Amen.

All: May His great name be blessed
for ever and all time.

Leader: Blessed and praised,
glorified and exalted,
raised and honored,
uplifted and lauded
be the name of the Holy One,
blessed be He,
beyond any blessing,
song, praise, and consolation
uttered in the world –
and say: Amen.

חצי קדיש

ש״ץ: יִתְגַּדַּל וְיִתְקַדַּשׁ שְׁמֵהּ רַבָּא (קהל: אָמֵן)
בְּעָלְמָא דִּי בְרָא כִרְעוּתֵהּ
וְיַמְלִיךְ מַלְכוּתֵהּ
בְּחַיֵּיכוֹן וּבְיוֹמֵיכוֹן
וּבְחַיֵּי דְכָל בֵּית יִשְׂרָאֵל
בַּעֲגָלָא וּבִזְמַן קָרִיב
וְאִמְרוּ אָמֵן. (קהל: אָמֵן)

קהל וש״ץ: יְהֵא שְׁמֵהּ רַבָּא מְבָרַךְ
לְעָלַם וּלְעָלְמֵי עָלְמַיָּא.

ש״ץ: יִתְבָּרַךְ וְיִשְׁתַּבַּח וְיִתְפָּאַר
וְיִתְרוֹמַם וְיִתְנַשֵּׂא וְיִתְהַדָּר וְיִתְעַלֶּה וְיִתְהַלָּל
שְׁמֵהּ דְּקֻדְשָׁא בְּרִיךְ הוּא (קהל: בְּרִיךְ הוּא)
לְעֵלָּא מִן כָּל בִּרְכָתָא
/בעשרת ימי תשובה: לְעֵלָּא לְעֵלָּא מִכָּל בִּרְכָתָא/
וְשִׁירָתָא, תֻּשְׁבְּחָתָא וְנֶחֱמָתָא
דַּאֲמִירָן בְּעָלְמָא
וְאִמְרוּ אָמֵן. (קהל: אָמֵן)

THE AMIDA

The following prayer, until "in former years" on page 38, is said silently, standing with feet together. If there is a minyan, the Amida is repeated aloud by the Leader. Take three steps forward and at the points indicated by ▾, bend the knees at the first word, bow at the second, and stand straight before saying God's name.

When I proclaim the LORD's name, give glory to our God. *Deut. 32*

O LORD, open my lips, *Ps. 51*
so that my mouth may declare Your praise.

PATRIARCHS

▾בָּרוּךְ Blessed are You,
LORD our God and God of our fathers,
God of Abraham, God of Isaac, and God of Jacob;
the great, mighty, and awesome God,
God Most High,
who bestows acts of loving-kindness
and creates all,
who remembers the loving-kindness of the fathers
and will bring a Redeemer
to their children's children
for the sake of His name, in love.

Between Rosh HaShana & Yom Kippur: Remember us for life, O King who desires life,
and write us in the book of life –
for Your sake, O God of life.

King, Helper, Savior, Shield:
▾Blessed are You, LORD,
Shield of Abraham.

עמידה

The following prayer, until קַדְמֹנִיּוֹת *on page 39 is said silently, standing with feet together. If there is a* מניין*, the* עמידה *is repeated aloud by the* שליח ציבור*. Take three steps forward and at the points indicated by* ▾*, bend the knees at the first word, bow at the second, and stand straight before saying God's name.*

דברים לב — כִּי שֵׁם יהוה אֶקְרָא, הָבוּ גֹדֶל לֵאלֹהֵינוּ:

תהלים נא — אֲדֹנָי, שְׂפָתַי תִּפְתָּח, וּפִי יַגִּיד תְּהִלָּתֶךָ:

אבות

▾בָּרוּךְ אַתָּה יהוה, אֱלֹהֵינוּ וֵאלֹהֵי אֲבוֹתֵינוּ
אֱלֹהֵי אַבְרָהָם, אֱלֹהֵי יִצְחָק, וֵאלֹהֵי יַעֲקֹב
הָאֵל הַגָּדוֹל הַגִּבּוֹר וְהַנּוֹרָא, אֵל עֶלְיוֹן
גּוֹמֵל חֲסָדִים טוֹבִים, וְקוֹנֵה הַכֹּל
וְזוֹכֵר חַסְדֵי אָבוֹת
וּמֵבִיא גוֹאֵל לִבְנֵי בְנֵיהֶם
לְמַעַן שְׁמוֹ בְּאַהֲבָה.

בעשרת ימי תשובה: זָכְרֵנוּ לְחַיִּים, מֶלֶךְ חָפֵץ בַּחַיִּים
וְכָתְבֵנוּ בְּסֵפֶר הַחַיִּים
לְמַעַנְךָ אֱלֹהִים חַיִּים.

מֶלֶךְ עוֹזֵר וּמוֹשִׁיעַ וּמָגֵן.
▾בָּרוּךְ אַתָּה יהוה, מָגֵן אַבְרָהָם.

DIVINE MIGHT

אַתָּה גִּבּוֹר You are eternally mighty, Lord.
You give life to the dead
and have great power to save.

The phrase "He makes the wind blow and the rain fall" is added from Simḥat Torah until Pesaḥ. In Israel the phrase "He causes the dew to fall" is added from Pesaḥ until Shemini Atzeret.

In fall & winter: He makes the wind blow
and the rain fall.

In Israel, in spring & summer: He causes the dew to fall.

He sustains the living with loving-kindness,
and with great compassion revives the dead.
He supports the fallen, heals the sick,
sets captives free,
and keeps His faith
with those who sleep in the dust.
Who is like You, Master of might,
and who can compare to You,
O King who brings death and gives life,
and makes salvation grow?

Between Rosh HaShana & Yom Kippur: Who is like You, compassionate Father,
who remembers His creatures in
compassion, for life?

Faithful are You to revive the dead.
Blessed are You, Lord, who revives the dead.

When saying the Amida silently, continue with "You are holy" on page 14.

גבורות

אַתָּה גִּבּוֹר לְעוֹלָם, אֲדֹנָי

מְחַיֵּה מֵתִים אַתָּה, רַב לְהוֹשִׁיעַ

The phrase מַשִּׁיב הָרְוּחַ *is added from* שמחת תורה *until* פסח.
In ארץ ישראל *the phrase* מוֹרִיד הַטָּל *is added from* פסח *until* שמיני עצרת.

בחורף: מַשִּׁיב הָרְוּחַ וּמוֹרִיד הַגֶּשֶׁם

בארץ ישראל בקיץ: מוֹרִיד הַטָּל

מְכַלְכֵּל חַיִּים בְּחֶסֶד

מְחַיֵּה מֵתִים בְּרַחֲמִים רַבִּים

סוֹמֵךְ נוֹפְלִים, וְרוֹפֵא חוֹלִים

וּמַתִּיר אֲסוּרִים

וּמְקַיֵּם אֱמוּנָתוֹ לִישֵׁנֵי עָפָר.

מִי כָמְוֹךָ, בַּעַל גְּבוּרוֹת, וּמִי דּוֹמֶה לָּךְ

מֶלֶךְ, מֵמִית וּמְחַיֶּה וּמַצְמִיחַ יְשׁוּעָה.

בעשרת ימי תשובה: מִי כָמְוֹךָ אַב הָרַחֲמִים

זוֹכֵר יְצוּרָיו לְחַיִּים בְּרַחֲמִים.

וְנֶאֱמָן אַתָּה לְהַחֲיוֹת מֵתִים.

בָּרוּךְ אַתָּה יהוה, מְחַיֵּה הַמֵּתִים.

When saying the עמידה *silently, continue with* אַתָּה קָדוֹשׁ *on page 15.*

KEDUSHA

During the Leader's Repetition, the following is said standing with feet together, rising on the toes at the words indicated by ▴.

Congregation then Leader:

נְקַדֵּשׁ We will sanctify Your name on earth,
as they sanctify it in the highest heavens,
as is written by Your prophet,
"And they [the angels] call to one another saying: *Is. 6*

Congregation then Leader:

▴Holy, ▴holy, ▴holy is the LORD of hosts
the whole world is filled with His glory."
Those facing them say "Blessed – "

Congregation then Leader:

▴"Blessed is the LORD's glory from His place." *Ezek. 3*
And in Your holy Writings it is written thus:

Congregation then Leader:

▴"The LORD shall reign for ever. *Ps. 146*
He is your God, Zion,
from generation to generation, Halleluya!"

Leader:

From generation to generation
we will declare Your greatness,
and we will proclaim Your holiness for evermore.
Your praise, our God, shall not leave our mouth forever,
for You, God, are a great and holy King.
Blessed are You, LORD, the holy God.
/ *Between Rosh HaShana & Yom Kippur:* the holy King./

The Leader continues with "You grace humanity" on the next page.

קדושה

During the חזרת הש״ץ*, the following is said standing with feet together, rising on the toes at the words indicated by* ˄.

ש״ץ then קהל*:*

נְקַדֵּשׁ אֶת שִׁמְךָ בָּעוֹלָם, כְּשֵׁם שֶׁמַּקְדִּישִׁים אוֹתוֹ
בִּשְׁמֵי מָרוֹם, כַּכָּתוּב עַל יַד נְבִיאֶךָ:
וְקָרָא זֶה אֶל־זֶה וְאָמַר ישעיה ו

ש״ץ then קהל*:*

˄קָדוֹשׁ, ˄קָדוֹשׁ, ˄קָדוֹשׁ, יהוה צְבָאוֹת
מְלֹא כָל־הָאָרֶץ כְּבוֹדוֹ:
לְעֻמָּתָם בָּרוּךְ יֹאמֵרוּ

ש״ץ then קהל*:*

˄בָּרוּךְ כְּבוֹד־יהוה מִמְּקוֹמוֹ: יחזקאל ג
וּבְדִבְרֵי קָדְשְׁךָ כָּתוּב לֵאמֹר

ש״ץ then קהל*:*

˄יִמְלֹךְ יהוה לְעוֹלָם, אֱלֹהַיִךְ צִיּוֹן לְדֹר וָדֹר, הַלְלוּיָהּ: תהלים קמו

ש״ץ:

לְדוֹר וָדוֹר נַגִּיד גָּדְלֶךָ, וּלְנֵצַח נְצָחִים קְדֻשָּׁתְךָ נַקְדִּישׁ
וְשִׁבְחֲךָ אֱלֹהֵינוּ מִפִּינוּ לֹא יָמוּשׁ לְעוֹלָם וָעֶד
כִּי אֵל מֶלֶךְ גָּדוֹל וְקָדוֹשׁ אָתָּה.
בָּרוּךְ אַתָּה יהוה
הָאֵל הַקָּדוֹשׁ./ בעשרת ימי תשובה: הַמֶּלֶךְ הַקָּדוֹשׁ./

The שליח ציבור *continues with* אַתָּה חוֹנֵן *on the next page.*

HOLINESS

אַתָּה קָדוֹשׁ You are holy
and Your name is holy,
and holy ones praise You daily, Selah!
Blessed are You, LORD,
the holy God.

/*Between Rosh HaShana & Yom Kippur:* the holy King./
(*If forgotten, repeat the Amida.*)

KNOWLEDGE

אַתָּה חוֹנֵן You grace humanity with knowledge
and teach mortals understanding.
Grace us with the knowledge,
understanding and discernment
that come from You.
Blessed are You, LORD,
who graciously grants knowledge.

REPENTANCE

הֲשִׁיבֵנוּ Bring us back, our Father, to Your Torah.
Draw us near, our King, to Your service.
Lead us back to You in perfect repentance.
Blessed are You, LORD,
who desires repentance.

קדושת השם

אַתָּה קָדוֹשׁ וְשִׁמְךָ קָדוֹשׁ
וּקְדוֹשִׁים בְּכָל יוֹם יְהַלְלוּךָ סֶּלָה.
בָּרוּךְ אַתָּה יהוה
הָאֵל הַקָּדוֹשׁ. /בעשרת ימי תשובה: הַמֶּלֶךְ הַקָּדוֹשׁ./
(*If forgotten, repeat the* עמידה.)

דעת

אַתָּה חוֹנֵן לְאָדָם דַּעַת
וּמְלַמֵּד לֶאֱנוֹשׁ בִּינָה.
חָנֵּנוּ מֵאִתְּךָ דֵּעָה בִּינָה וְהַשְׂכֵּל.
בָּרוּךְ אַתָּה יהוה, חוֹנֵן הַדָּעַת.

תשובה

הֲשִׁיבֵנוּ אָבִינוּ לְתוֹרָתֶךָ
וְקָרְבֵנוּ מַלְכֵּנוּ לַעֲבוֹדָתֶךָ
וְהַחֲזִירֵנוּ בִּתְשׁוּבָה שְׁלֵמָה לְפָנֶיךָ.
בָּרוּךְ אַתָּה יהוה, הָרוֹצֶה בִּתְשׁוּבָה.

FORGIVENESS

Strike the left side of the chest at °.

סְלַח לָנוּ Forgive us, our Father, for we have °sinned.
Pardon us, our King, for we have °transgressed;
for You pardon and forgive.
Blessed are You, LORD,
the gracious One who repeatedly forgives.

REDEMPTION

רְאֵה Look on our affliction,
plead our cause,
and redeem us soon for Your name's sake,
for You are a powerful Redeemer.
Blessed are You, LORD,
the Redeemer of Israel.

HEALING

רְפָאֵנוּ Heal us, LORD, and we shall be healed.
Save us and we shall be saved,
for You are our praise.
Bring complete recovery for all our ailments,

The following prayer for a sick person may be said here:

May it be Your will, O LORD my God and God of my ancestors, that You speedily send a complete recovery from heaven, a healing of both soul and body, to the patient (*name*), son/daughter of (*mother's name*) among the other afflicted of Israel.

סליחה

Strike the left side of the chest at °.

סְלַח לָנוּ אָבִינוּ כִּי °חָטָאנוּ
מְחַל לָנוּ מַלְכֵּנוּ כִּי °פָשָׁעְנוּ
כִּי מוֹחֵל וְסוֹלֵחַ אָתָּה.
בָּרוּךְ אַתָּה יהוה, חַנּוּן הַמַּרְבֶּה לִסְלֹחַ.

גאולה

רְאֵה בְעָנְיֵנוּ, וְרִיבָה רִיבֵנוּ
וּגְאָלֵנוּ מְהֵרָה לְמַעַן שְׁמֶךָ, כִּי גּוֹאֵל חָזָק אָתָּה.
בָּרוּךְ אַתָּה יהוה, גּוֹאֵל יִשְׂרָאֵל.

רפואה

רְפָאֵנוּ יהוה וְנֵרָפֵא, הוֹשִׁיעֵנוּ וְנִוָּשֵׁעָה
כִּי תְהִלָּתֵנוּ אָתָּה
וְהַעֲלֵה רְפוּאָה שְׁלֵמָה לְכָל מַכּוֹתֵינוּ

The following prayer for a sick person may be said here:

יְהִי רָצוֹן מִלְּפָנֶיךָ יהוה אֱלֹהַי וֵאלֹהֵי אֲבוֹתַי,
שֶׁתִּשְׁלַח מְהֵרָה רְפוּאָה שְׁלֵמָה מִן הַשָּׁמַיִם רְפוּאַת
הַנֶּפֶשׁ וּרְפוּאַת הַגּוּף לַחוֹלֶה/לַחוֹלָה *name of patient*
בֶּן/בַּת *mother's name* בְּתוֹךְ שְׁאָר חוֹלֵי יִשְׂרָאֵל.

---

for You, God, King,
are a faithful and compassionate Healer.
Blessed are You, LORD,
Healer of the sick of His people Israel.

PROSPERITY

The phrase "Grant dew and rain as a blessing" is said from December 5th (in the year before a civil leap year, December 6th) until Pesaḥ. In Israel, it is said from the 7th of Marḥeshvan. The phrase "Grant blessing" is said from Ḥol HaMo'ed Pesaḥ until December 4th (in the year before a civil leap year, December 5th). In Israel it is said through the 6th of Marḥeshvan.

בָּרֵךְ Bless this year for us, LORD our God,
and all its types of produce for good.

In winter: Grant dew and rain as a blessing
In other seasons: Grant blessing

on the face of the earth,
and from its goodness satisfy us,
blessing our year as the best of years.
Blessed are You, LORD,
who blesses the years.

INGATHERING OF EXILES

תְּקַע Sound the great shofar for our freedom,
raise high the banner to gather our exiles,
and gather us together
from the four quarters of the earth.
Blessed are You, LORD,
who gathers the dispersed of His people Israel.

כִּי אֵל מֶלֶךְ רוֹפֵא נֶאֱמָן וְרַחֲמָן אָתָּה.
בָּרוּךְ אַתָּה יהוה, רוֹפֵא חוֹלֵי עַמּוֹ יִשְׂרָאֵל.

ברכת השנים

The phrase וְתֵן טַל וּמָטָר לִבְרָכָה *is said from December 5th (in the year before a civil leap year, December 6th) until* פסח*. In* ארץ ישראל*, it is said from* ז׳ מרחשוון*. The phrase* וְתֵן בְּרָכָה *is said from* חול המועד פסח *until December 4th (in the year before a civil leap year, December 5th). In* ארץ ישראל *it is said through* ו׳ מרחשוון*.*

בָּרֵךְ עָלֵינוּ יהוה אֱלֹהֵינוּ אֶת הַשָּׁנָה הַזֹּאת
וְאֶת כָּל מִינֵי תְבוּאָתָהּ, לְטוֹבָה

בחורף: וְתֵן טַל וּמָטָר לִבְרָכָה

בקיץ: וְתֵן בְּרָכָה

עַל פְּנֵי הָאֲדָמָה, וְשַׂבְּעֵנוּ מִטּוּבָהּ
וּבָרֵךְ שְׁנָתֵנוּ כַּשָּׁנִים הַטּוֹבוֹת.
בָּרוּךְ אַתָּה יהוה, מְבָרֵךְ הַשָּׁנִים.

קיבוץ גלויות

תְּקַע בְּשׁוֹפָר גָּדוֹל לְחֵרוּתֵנוּ
וְשָׂא נֵס לְקַבֵּץ גָּלֻיּוֹתֵינוּ
וְקַבְּצֵנוּ יַחַד מֵאַרְבַּע כַּנְפוֹת הָאָרֶץ.
בָּרוּךְ אַתָּה יהוה, מְקַבֵּץ נִדְחֵי עַמּוֹ יִשְׂרָאֵל.

JUSTICE

הָשִׁיבָה Restore our judges as at first,
and our counselors as at the beginning,
and remove from us sorrow and sighing.
May You alone, LORD, reign over us
with loving-kindness and compassion,
and vindicate us in justice.
Blessed are You, LORD,
the King who loves righteousness and justice.
/*Between Rosh HaShana & Yom Kippur, end the blessing:* the King of justice./

AGAINST INFORMERS

וְלַמַּלְשִׁינִים For the slanderers
let there be no hope,
and may all wickedness
perish in an instant.
May all Your people's enemies
swiftly be cut down.
May You swiftly
uproot, crush, cast down, and humble
the arrogant swiftly in our days.
Blessed are You, LORD,
who destroys enemies
and humbles the arrogant.

השבת המשפט

הָשִׁיבָה שׁוֹפְטֵינוּ כְּבָרִאשׁוֹנָה

וְיוֹעֲצֵינוּ כְּבַתְּחִלָּה

וְהָסֵר מִמֶּנּוּ יָגוֹן וַאֲנָחָה

וּמְלֹךְ עָלֵינוּ אַתָּה יהוה לְבַדְּךָ

בְּחֶסֶד וּבְרַחֲמִים, וְצַדְּקֵנוּ בַּמִּשְׁפָּט.

בָּרוּךְ אַתָּה יהוה

מֶלֶךְ אוֹהֵב צְדָקָה וּמִשְׁפָּט.

/בעשרת ימי תשובה: הַמֶּלֶךְ הַמִּשְׁפָּט./

ברכת המינים

וְלַמַּלְשִׁינִים אַל תְּהִי תִקְוָה

וְכָל הָרִשְׁעָה כְּרֶגַע תֹּאבֵד

וְכָל אוֹיְבֵי עַמְּךָ מְהֵרָה יִכָּרֵתוּ

וְהַזֵּדִים מְהֵרָה תְעַקֵּר וּתְשַׁבֵּר וּתְמַגֵּר

וְתַכְנִיעַ בִּמְהֵרָה בְיָמֵינוּ.

בָּרוּךְ אַתָּה יהוה

שׁוֹבֵר אוֹיְבִים וּמַכְנִיעַ זֵדִים.

THE RIGHTEOUS

עַל הַצַּדִּיקִים To the righteous, the pious,
the elders of Your people the house of Israel,
the remnant of their scholars,
the righteous converts,
and to us,
may Your compassion be aroused,
LORD our God.
Grant a good reward to all
who sincerely trust in Your name.
Set our lot with them,
so that we may never be ashamed,
for in You we trust.
Blessed are You, LORD,
who is the support and trust of the righteous.

REBUILDING JERUSALEM

וְלִירוּשָׁלַיִם To Jerusalem, Your city,
may You return in compassion,
and may You dwell in it as You promised.
May You rebuild it rapidly in our days
as an everlasting structure,
and install within it soon the throne of David.
Blessed are You, LORD,
who builds Jerusalem.

על הצדיקים

עַל הַצַּדִּיקִים וְעַל הַחֲסִידִים
וְעַל זִקְנֵי עַמְּךָ בֵּית יִשְׂרָאֵל
וְעַל פְּלֵיטַת סוֹפְרֵיהֶם
וְעַל גֵּרֵי הַצֶּדֶק, וְעָלֵינוּ
יֶהֱמוּ רַחֲמֶיךָ יהוה אֱלֹהֵינוּ
וְתֵן שָׂכָר טוֹב לְכָל הַבּוֹטְחִים בְּשִׁמְךָ בֶּאֱמֶת
וְשִׂים חֶלְקֵנוּ עִמָּהֶם
וּלְעוֹלָם לֹא נֵבוֹשׁ
כִּי בְךָ בָטָחְנוּ.
בָּרוּךְ אַתָּה יהוה, מִשְׁעָן וּמִבְטָח לַצַּדִּיקִים.

בניין ירושלים

וְלִירוּשָׁלַיִם עִירְךָ בְּרַחֲמִים תָּשׁוּב
וְתִשְׁכֹּן בְּתוֹכָהּ כַּאֲשֶׁר דִּבַּרְתָּ
וּבְנֵה אוֹתָהּ בְּקָרוֹב בְּיָמֵינוּ בִּנְיַן עוֹלָם
וְכִסֵּא דָוִד מְהֵרָה לְתוֹכָהּ תָּכִין.
בָּרוּךְ אַתָּה יהוה, בּוֹנֵה יְרוּשָׁלָיִם.

KINGDOM OF DAVID

אֶת צֶמַח May the offshoot of Your servant David soon flower,
and may his pride be raised high by Your salvation,
for we wait for Your salvation all day.
Blessed are You, LORD,
who makes the glory of salvation flourish.

RESPONSE TO PRAYER

שְׁמַע קוֹלֵנוּ Listen to our voice, LORD our God.
Spare us and have compassion on us,
and in compassion and favor accept our prayer,
for You, God, listen to prayers and pleas.
Do not turn us away, O our King,
empty-handed from Your presence,*

**In times of drought in Israel, add:*

וַעֲנֵנוּ And answer us through the attribute of compassion, Creator of the universe who chooses His people Israel to make known His greatness and majestic glory. You who listen to prayer, grant dew and rain on the face of the earth, satisfying the whole universe from Your goodness. Fill our hands from Your blessings and Your hand's rich gift. Guard and deliver this year from all evil, all kinds of destruction and punishment, and give it hope and a peaceful end. Spare us and have compassion on us and on all our produce and fruit, blessing us with bounteous rain. May we merit life, plenty, and peace as in the good years. Remove from us plague, sword and famine, wild

משיח בן דוד

אֶת צֶמַח דָּוִד עַבְדְּךָ מְהֵרָה תַצְמִיחַ
וְקַרְנוֹ תָּרוּם בִּישׁוּעָתֶךָ
כִּי לִישׁוּעָתְךָ קִוִּינוּ כָּל הַיּוֹם.
בָּרוּךְ אַתָּה יהוה, מַצְמִיחַ קֶרֶן יְשׁוּעָה.

שומע תפילה

שְׁמַע קוֹלֵנוּ יהוה אֱלֹהֵינוּ, חוּס וְרַחֵם עָלֵינוּ
וְקַבֵּל בְּרַחֲמִים וּבְרָצוֹן אֶת תְּפִלָּתֵנוּ
כִּי אֵל שׁוֹמֵעַ תְּפִלּוֹת וְתַחֲנוּנִים אָתָּה
וּמִלְּפָנֶיךָ מַלְכֵּנוּ רֵיקָם אַל תְּשִׁיבֵנוּ*

**In times of drought in* ארץ ישראל*, add:*

וַעֲנֵנוּ בּוֹרֵא עוֹלָם בְּמִדַּת הָרַחֲמִים, בּוֹחֵר בְּעַמּוֹ יִשְׂרָאֵל לְהוֹדִיעַ גָּדְלוֹ וְהַדְרַת כְּבוֹדוֹ. שׁוֹמֵעַ תְּפִלָּה, תֵּן טַל וּמָטָר עַל פְּנֵי הָאֲדָמָה, וְתַשְׂבִּיעַ אֶת הָעוֹלָם כֻּלּוֹ מִטּוּבֶךָ, וּמַלֵּא יָדֵינוּ מִבִּרְכוֹתֶיךָ וּמֵעֹשֶׁר מַתְּנַת יָדֶךָ. שְׁמֹר וְהַצֵּל שָׁנָה זוֹ מִכָּל דָּבָר רָע, וּמִכָּל מִינֵי מַשְׁחִית וּמִכָּל מִינֵי פֻרְעָנִיּוֹת, וַעֲשֵׂה לָהּ תִּקְוָה וְאַחֲרִית שָׁלוֹם. חוּס וְרַחֵם עָלֵינוּ וְעַל כָּל תְּבוּאָתֵנוּ וּפֵרוֹתֵינוּ, וּבָרְכֵנוּ בְּגִשְׁמֵי בְרָכָה, וְנִזְכֶּה לְחַיִּים וְשֹׂבַע וְשָׁלוֹם כַּשָּׁנִים הַטּוֹבוֹת. וְהָסֵר מִמֶּנּוּ דֶּבֶר וְחֶרֶב וְרָעָב, וְחַיָּה רָעָה וּשְׁבִי וּבִזָּה, וְיֵצֶר

animals, captivity and plunder, the evil instinct and serious and dangerous illnesses and events. Decree for us goodly decrees, and may Your compassion prevail over Your other attributes, that You may act toward Your children through the attribute of compassion, and in compassion and favor accept our prayer.

Continue with "for You listen" below.

---

for You listen with compassion
to the prayer of Your people Israel.
Blessed are You, LORD, who listens to prayer.

TEMPLE SERVICE

רְצֵה Find favor, LORD our God,
in Your people Israel and their prayer.
Restore the service to Your most holy House,
and accept in love and favor
the fire-offerings of Israel and their prayer.
May the service of Your people Israel
always find favor with You.

On Rosh Ḥodesh, say:

אֱלֹהֵינוּ Our God and God of our ancestors, may there rise, come, reach, appear, be favored, heard, regarded, and remembered before You, our recollection and remembrance, as well as the remembrance of our ancestors, and of the Messiah son of David Your servant, and of Jerusalem Your holy city, and of all Your people the house of Israel – for deliverance and well-being, grace, loving-kindness and compassion, life and peace, on this day of Rosh Ḥodesh. On it remember us, LORD our God,

הָרַע וָחֳלָיִים רָעִים וְקָשִׁים וּמְאֹרָעוֹת רָעִים וְקָשִׁים. וּגְזֹר
עָלֵינוּ גְּזֵרוֹת טוֹבוֹת מִלְּפָנֶיךָ, וְיִגֹּלּוּ רַחֲמֶיךָ עַל מִדּוֹתֶיךָ,
וְתִתְנַהֵג עִם בָּנֶיךָ בְּמִדַּת הָרַחֲמִים, וְקַבֵּל בְּרַחֲמִים
וּבְרָצוֹן אֶת תְּפִלָּתֵנוּ.

Continue with כִּי אַתָּה שׁוֹמֵעַ *below.*

כִּי אַתָּה שׁוֹמֵעַ תְּפִלַּת עַמְּךָ יִשְׂרָאֵל בְּרַחֲמִים.
בָּרוּךְ אַתָּה יהוה, שׁוֹמֵעַ תְּפִלָּה.

עבודה

רְצֵה יהוה אֱלֹהֵינוּ בְּעַמְּךָ יִשְׂרָאֵל, וּבִתְפִלָּתָם
וְהָשֵׁב אֶת הָעֲבוֹדָה לִדְבִיר בֵּיתֶךָ
וְאִשֵּׁי יִשְׂרָאֵל וּתְפִלָּתָם
בְּאַהֲבָה תְקַבֵּל בְּרָצוֹן
וּתְהִי לְרָצוֹן תָּמִיד עֲבוֹדַת יִשְׂרָאֵל עַמֶּךָ.

On ראש חודש*, say:*

אֱלֹהֵינוּ וֵאלֹהֵי אֲבוֹתֵינוּ, יַעֲלֶה וְיָבוֹא וְיַגִּיעַ, וְיֵרָאֶה
וְיֵרָצֶה וְיִשָּׁמַע, וְיִפָּקֵד וְיִזָּכֵר זִכְרוֹנֵנוּ וּפִקְדוֹנֵנוּ
וְזִכְרוֹן אֲבוֹתֵינוּ, וְזִכְרוֹן מָשִׁיחַ בֶּן דָּוִד עַבְדֶּךָ,
וְזִכְרוֹן יְרוּשָׁלַיִם עִיר קָדְשֶׁךָ, וְזִכְרוֹן כָּל עַמְּךָ בֵּית
יִשְׂרָאֵל, לְפָנֶיךָ, לִפְלֵיטָה לְטוֹבָה, לְחֵן וּלְחֶסֶד
וּלְרַחֲמִים, לְחַיִּים וּלְשָׁלוֹם בְּיוֹם רֹאשׁ הַחֹדֶשׁ

for good; recollect us for blessing, and deliver us for life. In accord with Your promise of salvation and compassion, spare us and be gracious to us; have compassion on us and deliver us, for our eyes are turned to You because You, God, are a gracious and compassionate King.

וְתֶחֱזֶינָה And may our eyes witness Your return
to Zion in compassion.
Blessed are You, Lord,
who restores His Presence to Zion.

During the Leader's Repetition, the Congregation says "We give thanks" below the line. When saying the Amida silently, continue below.

THANKSGIVING

Bow at the first nine words.

מוֹדִים We give thanks to You,
for You are the Lord our God
and God of our ancestors for ever and all time.
You are the Rock of our lives,
Shield of our salvation
from generation to generation.

During the Leader's Repetition, the congregation says quietly:

מוֹדִים We give thanks to You, for You are the Lord our God and God of our ancestors, God of all flesh, who formed us and formed the universe. Blessings and thanks are due to Your great and holy name for giving us life and sustaining us. May You continue to give us life and sustain us; and may You gather our exiles to Your holy courts, to keep Your decrees, do Your will, and serve You with a perfect heart, for it is for us to give You thanks. Blessed be God to whom thanksgiving is due.

הַזֶּה. זׇכְרֵנוּ יהוה אֱלֹהֵינוּ בּוֹ לְטוֹבָה, וּפׇקְדֵנוּ בוֹ לִבְרָכָה, וְהוֹשִׁיעֵנוּ בוֹ לְחַיִּים. וּבִדְבַר יְשׁוּעָה וְרַחֲמִים, חוּס וְחׇנֵּנוּ וְרַחֵם עָלֵינוּ וְהוֹשִׁיעֵנוּ, כִּי אֵלֶיךָ עֵינֵינוּ, כִּי אֵל מֶלֶךְ חַנּוּן וְרַחוּם אָתָּה.

וְתֶחֱזֶינָה עֵינֵינוּ בְּשׁוּבְךָ לְצִיּוֹן בְּרַחֲמִים.
בָּרוּךְ אַתָּה יהוה, הַמַּחֲזִיר שְׁכִינָתוֹ לְצִיּוֹן.

During the חזרת הש״ץ*, the* קהל *says* מודים *below the line.*
When saying the Amida silently, continue below.

הודאה

Bow at the first five words.

מוֹדִים אֲנַחְנוּ לָךְ, שָׁאַתָּה הוּא יהוה אֱלֹהֵינוּ וֵאלֹהֵי אֲבוֹתֵינוּ לְעוֹלָם וָעֶד.
צוּר חַיֵּינוּ, מָגֵן יִשְׁעֵנוּ, אַתָּה הוּא לְדוֹר וָדוֹר.

During the חזרת הש״ץ*, the* קהל *says quietly:*

מוֹדִים אֲנַחְנוּ לָךְ, שָׁאַתָּה הוּא יהוה אֱלֹהֵינוּ וֵאלֹהֵי אֲבוֹתֵינוּ, אֱלֹהֵי כׇל בָּשָׂר, יוֹצְרֵנוּ, יוֹצֵר בְּרֵאשִׁית. בְּרָכוֹת וְהוֹדָאוֹת, לְשִׁמְךָ הַגָּדוֹל וְהַקָּדוֹשׁ, עַל שֶׁהֶחֱיִיתָנוּ וְקִיַּמְתָּנוּ. כֵּן תְּחַיֵּנוּ וּתְקַיְּמֵנוּ, וְתֶאֱסֹף גָּלֻיּוֹתֵינוּ לְחַצְרוֹת קׇדְשֶׁךָ, לִשְׁמֹר חֻקֶּיךָ וְלַעֲשׂוֹת רְצוֹנֶךָ, וּלְעׇבְדְּךָ בְּלֵבָב שָׁלֵם, עַל שֶׁאֲנַחְנוּ מוֹדִים לָךְ. בָּרוּךְ אֵל הַהוֹדָאוֹת.

We will thank You and
declare Your praise for our lives,
which are entrusted into Your hand;
for our souls, which are placed in Your charge;
for Your miracles which are with us every day;
and for Your wonders and favors
at all times, evening, morning, and midday.
You are good –
for Your compassion never fails.
You are compassionate –
for Your loving-kindnesses never cease.
We have always placed our hope in You.

On Ḥanukka:

עַל הַנִּסִּים [We thank You also] for the miracles, the redemption, the mighty deeds, the salvations, and the victories in battle which You performed for our ancestors in those days, at this time.

בִּימֵי מַתִּתְיָהוּ In the days of Mattityahu, son of Yoḥanan, the High Priest, the Hasmonean, and his sons, the wicked Greek kingdom rose up against Your people Israel to make them forget Your Torah and to force them to transgress the statutes of Your will. It was then that You in Your great compassion stood by them in the time of their distress. You championed their cause, judged their claim, and avenged their wrong. You delivered the strong into the hands of the weak, the many into the hands of the few, the impure into the hands of the pure,

נוֹדֶה לְּךָ וּנְסַפֵּר תְּהִלָּתֶךָ
עַל חַיֵּינוּ הַמְּסוּרִים בְּיָדֶךָ
וְעַל נִשְׁמוֹתֵינוּ הַפְּקוּדוֹת לָךְ
וְעַל נִסֶּיךָ שֶׁבְּכָל יוֹם עִמָּנוּ
וְעַל נִפְלְאוֹתֶיךָ וְטוֹבוֹתֶיךָ
שֶׁבְּכָל עֵת, עֶרֶב וָבֹקֶר וְצָהֳרָיִם.
הַטּוֹב, כִּי לֹא כָלוּ רַחֲמֶיךָ
וְהַמְרַחֵם, כִּי לֹא תַמּוּ חֲסָדֶיךָ
מֵעוֹלָם קִוִּינוּ לָךְ.

בחנוכה:

עַל הַנִּסִּים וְעַל הַפֻּרְקָן וְעַל הַגְּבוּרוֹת וְעַל הַתְּשׁוּעוֹת וְעַל הַמִּלְחָמוֹת שֶׁעָשִׂיתָ לַאֲבוֹתֵינוּ בַּיָּמִים הָהֵם בַּזְּמַן הַזֶּה.

בִּימֵי מַתִּתְיָהוּ בֶּן יוֹחָנָן כֹּהֵן גָּדוֹל חַשְׁמוֹנַאי וּבָנָיו, כְּשֶׁעָמְדָה מַלְכוּת יָוָן הָרְשָׁעָה עַל עַמְּךָ יִשְׂרָאֵל לְהַשְׁכִּיחָם תּוֹרָתֶךָ וּלְהַעֲבִירָם מֵחֻקֵּי רְצוֹנֶךָ, וְאַתָּה בְּרַחֲמֶיךָ הָרַבִּים עָמַדְתָּ לָהֶם בְּעֵת צָרָתָם, רַבְתָּ אֶת רִיבָם, דַּנְתָּ אֶת דִּינָם, נָקַמְתָּ אֶת נִקְמָתָם, מָסַרְתָּ גִבּוֹרִים בְּיַד חַלָּשִׁים, וְרַבִּים בְּיַד מְעַטִּים,

the wicked into the hands of the righteous, and the arrogant into the hands of those who were engaged in the study of Your Torah. You made for Yourself great and holy renown in Your world, and for Your people Israel You performed a great salvation and redemption as of this very day. Your children then entered the holiest part of Your House, cleansed Your Temple, purified Your Sanctuary, kindled lights in Your holy courts, and designated these eight days of Ḥanukka for giving thanks and praise to Your great name.

Continue with "For all these things."

On Purim:

עַל הַנִּסִּים [We thank You also] for the miracles, the redemption, the mighty deeds, the salvations, and the victories in battle which You performed for our ancestors in those days, at this time.

בִּימֵי מָרְדְּכַי In the days of Mordekhai and Esther, in Shushan the capital, the wicked Haman rose up against them and sought to destroy, slay, and exterminate all *Esther 3*
the Jews, young and old, children and women, on one day, the thirteenth day of the twelfth month, which is the month of Adar, and to plunder their possessions. Then You in Your great compassion thwarted his counsel, frustrated his plans, and caused his scheme to recoil on his own head, so that they hanged him and his sons on the gallows.

Continue with "For all these things."

וְעַל כֻּלָּם For all these things
may Your name be blessed and exalted, our King,
continually, for ever and all time.

וּטְמֵאִים בְּיַד טְהוֹרִים, וּרְשָׁעִים בְּיַד צַדִּיקִים, וְזֵדִים בְּיַד עוֹסְקֵי תוֹרָתֶךָ, וּלְךָ עָשִׂיתָ שֵׁם גָּדוֹל וְקָדוֹשׁ בְּעוֹלָמֶךָ, וּלְעַמְּךָ יִשְׂרָאֵל עָשִׂיתָ תְּשׁוּעָה גְדוֹלָה וּפֻרְקָן כְּהַיּוֹם הַזֶּה. וְאַחַר כֵּן בָּאוּ בָנֶיךָ לִדְבִיר בֵּיתֶךָ, וּפִנּוּ אֶת הֵיכָלֶךָ, וְטִהֲרוּ אֶת מִקְדָּשֶׁךָ, וְהִדְלִיקוּ נֵרוֹת בְּחַצְרוֹת קָדְשֶׁךָ, וְקָבְעוּ שְׁמוֹנַת יְמֵי חֲנֻכָּה אֵלּוּ, לְהוֹדוֹת וּלְהַלֵּל לְשִׁמְךָ הַגָּדוֹל.

Continue with וְעַל כֻּלָּם.

בפורים:

עַל הַנִּסִּים וְעַל הַפֻּרְקָן וְעַל הַגְּבוּרוֹת וְעַל הַתְּשׁוּעוֹת וְעַל הַמִּלְחָמוֹת שֶׁעָשִׂיתָ לַאֲבוֹתֵינוּ בַּיָּמִים הָהֵם בַּזְּמַן הַזֶּה.

בִּימֵי מָרְדְּכַי וְאֶסְתֵּר בְּשׁוּשַׁן הַבִּירָה, כְּשֶׁעָמַד
עֲלֵיהֶם הָמָן הָרָשָׁע, בִּקֵּשׁ לְהַשְׁמִיד לַהֲרֹג וּלְאַבֵּד אסתר ג
אֶת־כָּל־הַיְּהוּדִים מִנַּעַר וְעַד־זָקֵן טַף וְנָשִׁים בְּיוֹם
אֶחָד, בִּשְׁלוֹשָׁה עָשָׂר לְחֹדֶשׁ שְׁנֵים־עָשָׂר, הוּא־
חֹדֶשׁ אֲדָר, וּשְׁלָלָם לָבוֹז: וְאַתָּה בְּרַחֲמֶיךָ הָרַבִּים
הֵפַרְתָּ אֶת עֲצָתוֹ, וְקִלְקַלְתָּ אֶת מַחֲשַׁבְתּוֹ, וַהֲשֵׁבוֹתָ
לּוֹ גְּמוּלוֹ בְּרֹאשׁוֹ, וְתָלוּ אוֹתוֹ וְאֶת בָּנָיו עַל הָעֵץ.

Continue with וְעַל כֻּלָּם.

וְעַל כֻּלָּם יִתְבָּרַךְ וְיִתְרוֹמַם שִׁמְךָ מַלְכֵּנוּ תָּמִיד לְעוֹלָם וָעֶד.

Between Rosh HaShana & Yom Kippur: And write, for a good life,
all the children of Your covenant.

Let all that lives thank You, Selah!
and praise Your name in truth,
God, our Savior and Help, Selah!
▾Blessed are You, LORD,
whose name is "the Good"
and to whom thanks are due.

PEACE

שָׁלוֹם רָב Grant great peace
to Your people Israel for ever,
for You are the sovereign LORD of all peace;
and may it be good in Your eyes
to bless Your people Israel
at every time, at every hour, with Your peace.

Between Rosh HaShana & Yom Kippur: In the book of life,
blessing, peace, and prosperity,
may we and all Your people the house of Israel
be remembered and written
before You for a good life, and for peace.*

Blessed are You, LORD,
who blesses His people Israel with peace.

**Between Rosh HaShana and Yom Kippur outside Israel, many end the blessing:*
Blessed are You, LORD, who makes peace.

בעשרת ימי תשובה: וּכְתֹב לְחַיִּים טוֹבִים כָּל בְּנֵי בְרִיתֶךָ.

וְכֹל הַחַיִּים יוֹדְוּךָ סֶּלָה

וִיהַלְלוּ אֶת שִׁמְךָ בֶּאֱמֶת

הָאֵל יְשׁוּעָתֵנוּ וְעֶזְרָתֵנוּ סֶלָה.

ּבָּרוּךְ אַתָּה יהוה

הַטּוֹב שִׁמְךָ וּלְךָ נָאֶה לְהוֹדוֹת.

ברכת שלום

שָׁלוֹם רָב עַל יִשְׂרָאֵל עַמְּךָ תָּשִׂים לְעוֹלָם

כִּי אַתָּה הוּא מֶלֶךְ אָדוֹן לְכָל הַשָּׁלוֹם.

וְטוֹב בְּעֵינֶיךָ לְבָרֵךְ אֶת עַמְּךָ יִשְׂרָאֵל

בְּכָל עֵת וּבְכָל שָׁעָה בִּשְׁלוֹמֶךָ.

בעשרת ימי תשובה: בְּסֵפֶר חַיִּים, בְּרָכָה וְשָׁלוֹם, וּפַרְנָסָה טוֹבָה

נִזָּכֵר וְנִכָּתֵב לְפָנֶיךָ, אֲנַחְנוּ וְכָל עַמְּךָ

בֵּית יִשְׂרָאֵל, לְחַיִּים טוֹבִים וּלְשָׁלוֹם.*

בָּרוּךְ אַתָּה יהוה

הַמְבָרֵךְ אֶת עַמּוֹ יִשְׂרָאֵל בַּשָּׁלוֹם.

**During the* עשרת ימי תשובה *in* חוץ לארץ, *many end the blessing:*

בָּרוּךְ אַתָּה יהוה, עוֹשֵׂה הַשָּׁלוֹם.

The following verse concludes the Leader's Repetition of the Amida. Some also say it here as part of the silent Amida.

May the words of my mouth and the meditation of my heart find favor before You, LORD, my Rock and Redeemer. *Ps. 19*

אֱלֹהַי My God, *Berakhot 17a*
guard my tongue from evil
and my lips from deceitful speech.
To those who curse me, let my soul be silent;
may my soul be to all like the dust.
Open my heart to Your Torah and let my soul
pursue Your commandments.
As for all who plan evil against me,
swiftly thwart their counsel and frustrate their plans.
Act for the sake of Your name;
act for the sake of Your right hand;
act for the sake of Your holiness;
act for the sake of Your Torah.
That Your beloved ones may be delivered, *Ps. 60*
save with Your right hand and answer me.
May the words of my mouth *Ps. 19*
and the meditation of my heart
find favor before You, LORD, my Rock and Redeemer.

Bow, take three steps back, then bow, first left, then right, then center, while saying:

May He who makes peace in His high places,
make peace for us and all Israel –
and say: Amen.

The following verse concludes the חזרת הש״ץ.
Some also say it here as part of the silent עמידה.

יִהְיוּ לְרָצוֹן אִמְרֵי־פִי וְהֶגְיוֹן לִבִּי לְפָנֶיךָ תהלים יט
יהוה צוּרִי וְגֹאֲלִי:

אֱלֹהַי ברכות יז.
נְצֹר לְשׁוֹנִי מֵרָע וּשְׂפָתַי מִדַּבֵּר מִרְמָה
וְלִמְקַלְלַי נַפְשִׁי תִדֹּם, וְנַפְשִׁי כֶּעָפָר לַכֹּל תִּהְיֶה.
פְּתַח לִבִּי בְּתוֹרָתֶךָ, וּבְמִצְוֹתֶיךָ תִּרְדֹּף נַפְשִׁי.
וְכָל הַחוֹשְׁבִים עָלַי רָעָה
מְהֵרָה הָפֵר עֲצָתָם וְקַלְקֵל מַחֲשַׁבְתָּם.
עֲשֵׂה לְמַעַן שְׁמֶךָ, עֲשֵׂה לְמַעַן יְמִינֶךָ
עֲשֵׂה לְמַעַן קְדֻשָּׁתֶךָ, עֲשֵׂה לְמַעַן תּוֹרָתֶךָ.
לְמַעַן יֵחָלְצוּן יְדִידֶיךָ, הוֹשִׁיעָה יְמִינְךָ וַעֲנֵנִי: תהלים ס
יִהְיוּ לְרָצוֹן אִמְרֵי־פִי וְהֶגְיוֹן לִבִּי לְפָנֶיךָ תהלים יט
יהוה צוּרִי וְגֹאֲלִי:

Bow, take three steps back, then bow, first left, then right,
then center, while saying:

עֹשֶׂה שָׁלוֹם/ בעשרת ימי תשובה: הַשָּׁלוֹם/ בִּמְרוֹמָיו
הוּא יַעֲשֶׂה שָׁלוֹם עָלֵינוּ וְעַל כָּל יִשְׂרָאֵל
וְאִמְרוּ אָמֵן.

יְהִי רָצוֹן May it be Your will,
Lord our God and God of our ancestors,
that the Temple be rebuilt speedily in our days,
and grant us a share in Your Torah.
And there we will serve You with reverence,
as in the days of old and as in former years.
Then the offering of Judah and Jerusalem *Mal. 3*
will be pleasing to the Lord
as in the days of old and as in former years.

FULL KADDISH

Leader: יִתְגַּדַּל Magnified and sanctified
may His great name be,
in the world He created by His will.
May He establish His kingdom
in your lifetime and in your days,
and in the lifetime of all the house of Israel,
swiftly and soon – and say: Amen.

All: May His great name be blessed
for ever and all time.

Leader: Blessed and praised, glorified and exalted,
raised and honored, uplifted and lauded
be the name of the Holy One,
blessed be He,
beyond any blessing,
song, praise, and consolation
uttered in the world – and say: Amen.

יְהִי רָצוֹן מִלְּפָנֶיךָ יהוה אֱלֹהֵינוּ וֵאלֹהֵי אֲבוֹתֵינוּ
שֶׁיִּבָּנֶה בֵּית הַמִּקְדָּשׁ בִּמְהֵרָה בְיָמֵינוּ, וְתֵן חֶלְקֵנוּ בְּתוֹרָתֶךָ
וְשָׁם נַעֲבָדְךָ בְּיִרְאָה כִּימֵי עוֹלָם וּכְשָׁנִים קַדְמֹנִיּוֹת.
וְעָרְבָה לַיהוה מִנְחַת יְהוּדָה וִירוּשָׁלָםִ מלאכי ג
כִּימֵי עוֹלָם וּכְשָׁנִים קַדְמֹנִיּוֹת:

קדיש שלם

ש״ץ: יִתְגַּדַּל וְיִתְקַדַּשׁ שְׁמֵהּ רַבָּא (קהל: אָמֵן)
בְּעָלְמָא דִּי בְרָא כִרְעוּתֵהּ, וְיַמְלִיךְ מַלְכוּתֵהּ
בְּחַיֵּיכוֹן וּבְיוֹמֵיכוֹן וּבְחַיֵּי דְכָל בֵּית יִשְׂרָאֵל
בַּעֲגָלָא וּבִזְמַן קָרִיב, וְאִמְרוּ אָמֵן. (קהל: אָמֵן)

קהל וש״ץ: יְהֵא שְׁמֵהּ רַבָּא מְבָרַךְ
לְעָלַם וּלְעָלְמֵי עָלְמַיָּא.

ש״ץ: יִתְבָּרַךְ וְיִשְׁתַּבַּח וְיִתְפָּאַר
וְיִתְרוֹמַם וְיִתְנַשֵּׂא וְיִתְהַדָּר וְיִתְעַלֶּה וְיִתְהַלָּל
שְׁמֵהּ דְּקֻדְשָׁא בְּרִיךְ הוּא (קהל: בְּרִיךְ הוּא)
לְעֵלָּא מִן כָּל בִּרְכָתָא
/בעשרת ימי תשובה: לְעֵלָּא לְעֵלָּא מִכָּל בִּרְכָתָא/
וְשִׁירָתָא, תֻּשְׁבְּחָתָא וְנֶחֱמָתָא
דַּאֲמִירָן בְּעָלְמָא, וְאִמְרוּ אָמֵן. (קהל: אָמֵן)

May the prayers and pleas of all Israel
be accepted by their Father in heaven –
and say: Amen.

May there be great peace from heaven,
and life for us and all Israel –
and say: Amen.

Bow, take three steps back, as if taking leave of the Divine Presence, then bow, first left, then right, then center, while saying:

May He who makes peace
in His high places,
make peace for us
and all Israel –
and say: Amen.

Stand while saying Aleinu. Bow at ▼.

עָלֵינוּ It is our duty
to praise the Master of all,
and ascribe greatness
to the Author of creation,
who has not made us like the nations of the lands
nor placed us like the families of the earth;
who has not made our portion like theirs,
nor our destiny like all their multitudes.
(For they worship vanity and emptiness,
and pray to a god who cannot save.)

תִּתְקַבַּל צְלוֹתְהוֹן וּבָעוּתְהוֹן דְּכָל יִשְׂרָאֵל
קֳדָם אֲבוּהוֹן דִּי בִשְׁמַיָּא
וְאִמְרוּ אָמֵן. (קהל: אָמֵן)

יְהֵא שְׁלָמָא רַבָּא מִן שְׁמַיָּא
וְחַיִּים, עָלֵינוּ וְעַל כָּל יִשְׂרָאֵל
וְאִמְרוּ אָמֵן. (קהל: אָמֵן)

Bow, take three steps back, as if taking leave of the Divine Presence, then bow, first left, then right, then center, while saying:

עֹשֶׂה שָׁלוֹם/ בעשרת ימי תשובה: הַשָּׁלוֹם/ בִּמְרוֹמָיו
הוּא יַעֲשֶׂה שָׁלוֹם עָלֵינוּ וְעַל כָּל יִשְׂרָאֵל
וְאִמְרוּ אָמֵן. (קהל: אָמֵן)

Stand while saying עָלֵינוּ. *Bow at* ▾.

עָלֵינוּ לְשַׁבֵּחַ לַאֲדוֹן הַכֹּל
לָתֵת גְּדֻלָּה לְיוֹצֵר בְּרֵאשִׁית
שֶׁלֹּא עָשָׂנוּ כְּגוֹיֵי הָאֲרָצוֹת
וְלֹא שָׂמָנוּ כְּמִשְׁפְּחוֹת הָאֲדָמָה
שֶׁלֹּא שָׂם חֶלְקֵנוּ כָּהֶם וְגוֹרָלֵנוּ כְּכָל הֲמוֹנָם.
(שֶׁהֵם מִשְׁתַּחֲוִים לְהֶבֶל וָרִיק
וּמִתְפַּלְּלִים אֶל אֵל לֹא יוֹשִׁיעַ.)

▾But we bow in worship
and thank the Supreme King of kings,
the Holy One, blessed be He,
who extends the heavens
and establishes the earth,
whose throne of glory
is in the heavens above,
and whose power's Presence
is in the highest of heights.
He is our God; there is no other.
Truly He is our King, there is none else,
as it is written in His Torah:
"You shall know and take to heart this day *Deut. 4*
that the LORD is God,
in heaven above and on earth below.
There is no other."

Therefore, we place our hope in You,
LORD our God,
that we may soon see the glory of Your power,
when You will remove abominations
from the earth,
and idols will be utterly destroyed,
when the world will be perfected
under the sovereignty of the Almighty,

וַאֲנַחְנוּ כּוֹרְעִים וּמִשְׁתַּחֲוִים וּמוֹדִים
לִפְנֵי מֶלֶךְ מַלְכֵי הַמְּלָכִים, הַקָּדוֹשׁ בָּרוּךְ הוּא
שֶׁהוּא נוֹטֶה שָׁמַיִם וְיוֹסֵד אָרֶץ
וּמוֹשַׁב יְקָרוֹ בַּשָּׁמַיִם מִמַּעַל
וּשְׁכִינַת עֻזּוֹ בְּגָבְהֵי מְרוֹמִים.
הוּא אֱלֹהֵינוּ, אֵין עוֹד.
אֱמֶת מַלְכֵּנוּ, אֶפֶס זוּלָתוֹ
כַּכָּתוּב בְּתוֹרָתוֹ
וְיָדַעְתָּ הַיּוֹם וַהֲשֵׁבֹתָ אֶל־לְבָבֶךָ   דברים ד
כִּי יהוה הוּא הָאֱלֹהִים
בַּשָּׁמַיִם מִמַּעַל וְעַל־הָאָרֶץ מִתָּחַת
אֵין עוֹד:

עַל כֵּן נְקַוֶּה לְּךָ יהוה אֱלֹהֵינוּ
לִרְאוֹת מְהֵרָה בְּתִפְאֶרֶת עֻזֶּךָ
לְהַעֲבִיר גִּלּוּלִים מִן הָאָרֶץ
וְהָאֱלִילִים כָּרוֹת יִכָּרֵתוּן
לְתַקֵּן עוֹלָם בְּמַלְכוּת שַׁדַּי.

when all humanity will call on Your name,
to turn all the earth's wicked toward You.
All the world's inhabitants will realize and know
that to You every knee must bow
and every tongue swear loyalty.
Before You, LORD our God,
they will kneel and bow down
and give honor to Your glorious name.
They will all accept the yoke of Your kingdom,
and You will reign over them soon and for ever.
For the kingdom is Yours,
and to all eternity You will reign in glory,
as it is written in Your Torah: "The LORD will reign for ever and ever." *Ex. 15*
▸ And it is said:
"Then the LORD shall be King over all the earth; *Zech. 14*
on that day the LORD shall be One
and His name One."

Some add:

Have no fear of sudden terror or of the ruin *Prov. 3*
when it overtakes the wicked.
Devise your strategy, but it will be thwarted; *Is. 8*
propose your plan, but it will not stand, for God is with us.
When you grow old, I will still be the same. *Is. 46*
When your hair turns gray, I will still carry you.
I made you, I will bear you,
I will carry you, and I will rescue you.

וְכָל בְּנֵי בָשָׂר יִקְרְאוּ בִשְׁמֶךָ
לְהַפְנוֹת אֵלֶיךָ כָּל רִשְׁעֵי אָרֶץ.
יַכִּירוּ וְיֵדְעוּ כָּל יוֹשְׁבֵי תֵבֵל
כִּי לְךָ תִּכְרַע כָּל בֶּרֶךְ, תִּשָּׁבַע כָּל לָשׁוֹן.
לְפָנֶיךָ יהוה אֱלֹהֵינוּ יִכְרְעוּ וְיִפֹּלוּ
וְלִכְבוֹד שִׁמְךָ יְקָר יִתֵּנוּ
וִיקַבְּלוּ כֻלָּם אֶת עֹל מַלְכוּתֶךָ
וְתִמְלֹךְ עֲלֵיהֶם מְהֵרָה לְעוֹלָם וָעֶד.
כִּי הַמַּלְכוּת שֶׁלְּךָ הִיא
וּלְעוֹלְמֵי עַד תִּמְלֹךְ בְּכָבוֹד
כַּכָּתוּב בְּתוֹרָתֶךָ
יהוה יִמְלֹךְ לְעֹלָם וָעֶד: שמות טו
◂ וְנֶאֱמַר, וְהָיָה יהוה לְמֶלֶךְ עַל־כָּל־הָאָרֶץ זכריה יד
בַּיּוֹם הַהוּא יִהְיֶה יהוה אֶחָד וּשְׁמוֹ אֶחָד:

Some add:

אַל־תִּירָא מִפַּחַד פִּתְאֹם וּמִשֹּׁאַת רְשָׁעִים כִּי תָבֹא: משלי ג
עֻצוּ עֵצָה וְתֻפָר, דַּבְּרוּ דָבָר וְלֹא יָקוּם, כִּי עִמָּנוּ אֵל: ישעיה ח
וְעַד־זִקְנָה אֲנִי הוּא, וְעַד־שֵׂיבָה אֲנִי אֶסְבֹּל ישעיה מו
אֲנִי עָשִׂיתִי וַאֲנִי אֶשָּׂא וַאֲנִי אֶסְבֹּל וַאֲמַלֵּט:

MOURNER'S KADDISH

The following prayer, said by mourners, requires the presence of a minyan. A transliteration can be found on page 841.

Mourner: יִתְגַּדַּל Magnified and sanctified
may His great name be,
in the world He created by His will.
May He establish His kingdom
in your lifetime and in your days,
and in the lifetime of all the house of Israel,
swiftly and soon – and say: Amen.

All: May His great name be blessed
for ever and all time.

Mourner: Blessed and praised, glorified and exalted,
raised and honored, uplifted and lauded
be the name of the Holy One,
blessed be He,
beyond any blessing,
song, praise, and consolation
uttered in the world – and say: Amen.

May there be great peace from heaven,
and life for us and all Israel – and say: Amen.

Bow, take three steps back, as if taking leave of the Divine Presence, then bow, first left, then right, then center, while saying:

May He who makes peace in His high places,
make peace for us
and all Israel – and say: Amen.

קדיש יתום

The following prayer, said by mourners, requires the presence of a מנין.
A transliteration can be found on page 841.

אבל: יִתְגַּדַּל וְיִתְקַדַּשׁ שְׁמֵהּ רַבָּא (קהל: אָמֵן)
בְּעָלְמָא דִּי בְרָא כִרְעוּתֵהּ, וְיַמְלִיךְ מַלְכוּתֵהּ
בְּחַיֵּיכוֹן וּבְיוֹמֵיכוֹן וּבְחַיֵּי דְכָל בֵּית יִשְׂרָאֵל
בַּעֲגָלָא וּבִזְמַן קָרִיב, וְאִמְרוּ אָמֵן. (קהל: אָמֵן)

קהל ואבל: יְהֵא שְׁמֵהּ רַבָּא מְבָרַךְ לְעָלַם וּלְעָלְמֵי עָלְמַיָּא.

אבל: יִתְבָּרַךְ וְיִשְׁתַּבַּח וְיִתְפָּאַר
וְיִתְרוֹמַם וְיִתְנַשֵּׂא וְיִתְהַדָּר וְיִתְעַלֶּה וְיִתְהַלָּל
שְׁמֵהּ דְּקֻדְשָׁא בְּרִיךְ הוּא (קהל: בְּרִיךְ הוּא)
לְעֵלָּא מִן כָּל בִּרְכָתָא
/בעשרת ימי תשובה: לְעֵלָּא לְעֵלָּא מִכָּל בִּרְכָתָא/
וְשִׁירָתָא, תֻּשְׁבְּחָתָא וְנֶחֱמָתָא
דַּאֲמִירָן בְּעָלְמָא, וְאִמְרוּ אָמֵן. (קהל: אָמֵן)

יְהֵא שְׁלָמָא רַבָּא מִן שְׁמַיָּא, וְחַיִּים, עָלֵינוּ
וְעַל כָּל יִשְׂרָאֵל, וְאִמְרוּ אָמֵן. (קהל: אָמֵן)

Bow, take three steps back, as if taking leave of the Divine Presence, then bow, first left, then right, then center, while saying:

עֹשֶׂה שָׁלוֹם/בעשרת ימי תשובה: הַשָּׁלוֹם/ בִּמְרוֹמָיו
הוּא יַעֲשֶׂה שָׁלוֹם עָלֵינוּ וְעַל כָּל יִשְׂרָאֵל
וְאִמְרוּ אָמֵן. (קהל: אָמֵן)

Erev Shabbat

EIRUV TEḤUMIN

On Shabbat and Yom Tov it is forbidden to walk more than 2000 cubits (about 3000 feet) beyond the boundary (teḥum) of the town where you live or are staying when the day begins. By placing food sufficient for two meals, before nightfall, at a point within 2000 cubits from the town limits, you confer on that place the status of a dwelling for the next day, and are then permitted to walk 2000 cubits from there.

בָּרוּךְ Blessed are You, LORD our God,
King of the Universe,
who has made us holy through His commandments,
and has commanded us about the mitzva of Eiruv.

By this Eiruv may we be permitted to walk from this place, 2000 cubits in any direction.

EIRUV ḤATZEROT

On Shabbat it is forbidden to carry objects from one private domain to another, or from a private domain into space shared by others, such as a communal staircase, corridor, or courtyard. An Eiruv Ḥatzerot is created when each of the Jewish households in a court or apartment block, before Shabbat, places a loaf of bread or matza in one of the homes. The entire court or block then becomes a single private domain within which it is permitted to carry.

בָּרוּךְ Blessed are You, LORD our God,
King of the Universe,
who has made us holy through His commandments,
and has commanded us about the mitzva of Eiruv.

By this Eiruv may we be permitted to move, carry out, and carry in from the houses to the courtyard, or from the courtyard to the houses, or from house to house, for all the houses within the courtyard.

ערב שבת

עירוב תחומין

On שבת and יום טוב it is forbidden to walk more than 2000 cubits (about 3000 feet) beyond the boundary (תחום) of the town where you live or are staying when the day begins. By placing food sufficient for two meals, before nightfall, at a point within 2000 cubits from the town limits, you confer on that place the status of a dwelling for the next day, and are then permitted to walk 2000 cubits from there.

בָּרוּךְ אַתָּה יהוה אֱלֹהֵינוּ מֶלֶךְ הָעוֹלָם
אֲשֶׁר קִדְּשָׁנוּ בְּמִצְוֹתָיו וְצִוָּנוּ עַל מִצְוַת עֵרוּב.

בְּדֵין עֵרוּבָא יְהֵא שְׁרֵא לִי לְמֵיזַל מֵאַתְרָא הָדֵין תְּרֵין אַלְפִּין אַמִּין לְכָל רוּחָא.

עירוב חצרות

On שבת it is forbidden to carry objects from one private domain to another, or from a private domain into space shared by others, such as a communal staircase, corridor or courtyard. An עירוב חצרות is created when each of the Jewish households in a court or apartment block, before שבת, places a loaf of bread or matza in one of the homes. The entire court or block then becomes a single private domain within which it is permitted to carry.

בָּרוּךְ אַתָּה יהוה אֱלֹהֵינוּ מֶלֶךְ הָעוֹלָם
אֲשֶׁר קִדְּשָׁנוּ בְּמִצְוֹתָיו וְצִוָּנוּ עַל מִצְוַת עֵרוּב.

בְּדֵין עֵרוּבָא יְהֵא שְׁרֵא לַנָא לְטַלְטוּלֵי וּלְאַפּוּקֵי וּלְעַיּוּלֵי מִן הַבָּתִּים לֶחָצֵר וּמִן הֶחָצֵר לַבָּתִּים וּמִבַּיִת לְבַיִת לְכָל הַבָּתִּים שֶׁבֶּחָצֵר.

CANDLE LIGHTING

Cover the eyes with the hands after lighting the candles, and say:

בָּרוּךְ Blessed are You, Lord our God,
King of the Universe,
who has made us holy through His commandments,
and has commanded us to light the Sabbath light.

Prayer after candlelighting (add the words in parentheses as appropriate):

יְהִי May it be Your will, Lord my God and God of my forebears, that You give me grace – me

(and my husband/and my father/and my mother/and my sons and my daughters)

and all those close to me, and give us and all Israel good and long lives. And remember us with a memory that brings goodness and blessing; come to us with compassion and bless us with great blessings. Build our homes until they are complete, and allow Your Presence to live among us. And may I merit to raise children and grandchildren, each one wise and understanding, loving the Lord and in awe of God, people of truth, holy children, who will cling on to the Lord and light up the world with Torah and with good actions, and with all the kinds of work that serve the Creator. Please, hear my pleading at this time, by the merit of Sarah and Rebecca, Rachel, and Leah our mothers, and light our candle that it should never go out, and light up Your face, so that we shall be saved, Amen.

הדלקת נרות

Cover the eyes with the hands after lighting the candles, and say:

בָּרוּךְ אַתָּה יהוה אֱלֹהֵינוּ מֶלֶךְ הָעוֹלָם
אֲשֶׁר קִדְּשָׁנוּ בְּמִצְוֹתָיו
וְצִוָּנוּ לְהַדְלִיק נֵר שֶׁל שַׁבָּת.

Prayer after candlelighting (add the words in parentheses as appropriate):

יְהִי רָצוֹן מִלְּפָנֶיךָ יהוה אֱלֹהַי וֵאלֹהֵי אֲבוֹתַי שֶׁתְּחוֹנֵן אוֹתִי

(וְאֶת אִישִׁי/ וְאֶת אָבִי/ וְאֶת אִמִּי/
וְאֶת בָּנַי וְאֶת בְּנוֹתַי)

וְאֶת כָּל קְרוֹבַי, וְתִתֶּן לָנוּ וּלְכָל יִשְׂרָאֵל חַיִּים טוֹבִים וַאֲרֻכִּים, וְתִזְכְּרֵנוּ בְּזִכְרוֹן טוֹבָה וּבְרָכָה, וְתִפְקְדֵנוּ בִּפְקֻדַּת יְשׁוּעָה וְרַחֲמִים, וּתְבָרְכֵנוּ בְּרָכוֹת גְּדוֹלוֹת, וְתַשְׁלִים בָּתֵּינוּ וְתַשְׁכֵּן שְׁכִינָתְךָ בֵּינֵינוּ. וְזַכֵּנִי לְגַדֵּל בָּנִים וּבְנֵי בָנִים חֲכָמִים וּנְבוֹנִים, אוֹהֲבֵי יהוה יִרְאֵי אֱלֹהִים, אַנְשֵׁי אֱמֶת זֶרַע קֹדֶשׁ בַּיהוה דְּבֵקִים וּמְאִירִים אֶת הָעוֹלָם, בַּתּוֹרָה וּבְמַעֲשִׂים טוֹבִים, וּבְכָל מְלֶאכֶת עֲבוֹדַת הַבּוֹרֵא. אָנָּא שְׁמַע אֶת תְּחִנָּתִי בָּעֵת הַזֹּאת, בִּזְכוּת שָׂרָה וְרִבְקָה וְרָחֵל וְלֵאָה אִמּוֹתֵינוּ, וְהָאֵר נֵרֵנוּ שֶׁלֹּא יִכְבֶּה לְעוֹלָם וָעֶד, וְהָאֵר פָּנֶיךָ וְנִוָּשֵׁעָה. אָמֵן.

The service starts with Minḥa for Weekdays on page 3.
Most congregations sing "Beloved of the soul" before the Kabbalat Shabbat service.
On Motza'ei Yom Tov falling on Shabbat, the service begins with Psalm 92 on page 72.

יְדִיד Beloved of the soul, Father of compassion,
draw Your servant close to Your will.
Like a deer will Your servant run
and fall prostrate before Your beauty.
To him Your love is sweeter
than honey from the comb, than any taste.

הָדוּר Glorious, beautiful, radiance of the world,
my soul is sick with love for You.
Please, God, heal her now
by showing her Your tender radiance.
Then she will recover her strength and be healed,
Be Your servant for eternity.

וָתִיק Ancient of Days, let Your mercy be aroused;
please have pity on Your beloved child.
How long have I yearned
to see the glory of Your strength.
Please, my God, my heart's desire –
hasten; do not hide Yourself.

הִגָּלֵה Reveal Yourself, beloved, and spread over me
the tabernacle of Your peace.
Let the earth shine with Your glory,
let us be overjoyed and rejoice in You.
Hurry, beloved, for the appointed time has come,
and be gracious to me as in the times of old.

The service starts with מנחה לחול *on page 3.*
Most congregations sing יְדִיד נֶפֶשׁ *at this point before* קבלת שבת.
On מוצאי יום טוב *falling on* שבת
the service begins with מִזְמוֹר שִׁיר *on page 73.*

יְדִיד נֶפֶשׁ, אָב הָרַחֲמָן, מְשֹׁךְ עַבְדְּךָ אֶל רְצוֹנֶךָ
יָרוּץ עַבְדְּךָ כְּמוֹ אַיָּל, יִשְׁתַּחֲוֶה מוּל הֲדָרֶךָ
כִּי יֶעֱרַב לוֹ יְדִידוּתֶךָ, מִנֹּפֶת צוּף וְכָל טָעַם.

הָדוּר, נָאֶה, זִיו הָעוֹלָם, נַפְשִׁי חוֹלַת אַהֲבָתֶךָ
אָנָּא, אֵל נָא, רְפָא נָא לָהּ, בְּהַרְאוֹת
לָהּ נֹעַם זִיוָךְ
אָז תִּתְחַזֵּק וְתִתְרַפֵּא, וְהָיְתָה לָּךְ שִׁפְחַת עוֹלָם.

וָתִיק, יֶהֱמוּ רַחֲמֶיךָ, וְחוּס נָא עַל בֵּן אוֹהֲבָךְ
כִּי זֶה כַּמֶּה נִכְסֹף נִכְסַף לִרְאוֹת בְּתִפְאֶרֶת עֻזָּךְ
אָנָּא, אֵלִי, מַחְמַד לִבִּי, חוּשָׁה נָּא
וְאַל תִּתְעַלָּם.

הִגָּלֶה נָא וּפְרֹשׂ, חָבִיב, עָלַי אֶת סֻכַּת שְׁלוֹמָךְ
תָּאִיר אֶרֶץ מִכְּבוֹדָךְ, נָגִילָה וְנִשְׂמְחָה בָךְ
מַהֵר, אָהוּב, כִּי בָא מוֹעֵד, וְחָנֵּנִי כִּימֵי עוֹלָם.

Kabbalat Shabbat

Mourners during the week of Shiva leave the synagogue at this point, returning after "Come, my Beloved" on page 72.

לְכוּ נְרַנְּנָה Come, let us sing for joy to the LORD, *Ps. 95*
let us shout aloud to the Rock of our salvation.
Let us greet Him with thanksgiving,
shout aloud to Him with songs of praise.
For the LORD is the great God,
the King great above all powers.
In His hand are the depths of the earth,
and the mountain peaks are His.
The sea is His, for He made it;
the dry land too, for His hands formed it.
Come, let us bow in worship and bend the knee
before the LORD our Maker.
For He is our God, and we are the people
of His pasture, the flock He tends –
today, if you would heed His voice.
Do not harden your hearts as you did at Meribah,
as you did that day at Massah in the desert,
when your ancestors tested and tried Me
though they had seen My deeds.
▸ For forty years I strove with that generation.
I said, "They are a people whose hearts go astray,
who have not understood My ways."
So I swore in My anger,
"They shall not enter My place of rest."

קבלת שבת

Mourners during the week of שבעה *leave the* בית כנסת *at this point, returning after* לְכָה דוֹדִי *on page 73.*

תהלים צה

לְכוּ נְרַנְּנָה לַיהוה, נָרִיעָה לְצוּר יִשְׁעֵנוּ:
נְקַדְּמָה פָנָיו בְּתוֹדָה, בִּזְמִרוֹת נָרִיעַ לוֹ:
כִּי אֵל גָּדוֹל יהוה, וּמֶלֶךְ גָּדוֹל עַל־כָּל־אֱלֹהִים:
אֲשֶׁר בְּיָדוֹ מֶחְקְרֵי־אָרֶץ, וְתוֹעֲפוֹת הָרִים לוֹ:
אֲשֶׁר־לוֹ הַיָּם וְהוּא עָשָׂהוּ, וְיַבֶּשֶׁת יָדָיו יָצָרוּ:
בֹּאוּ נִשְׁתַּחֲוֶה וְנִכְרָעָה
נִבְרְכָה לִפְנֵי־יהוה עֹשֵׂנוּ:
כִּי הוּא אֱלֹהֵינוּ
וַאֲנַחְנוּ עַם מַרְעִיתוֹ וְצֹאן יָדוֹ
הַיּוֹם אִם־בְּקֹלוֹ תִשְׁמָעוּ:
אַל־תַּקְשׁוּ לְבַבְכֶם כִּמְרִיבָה
כְּיוֹם מַסָּה בַּמִּדְבָּר:
אֲשֶׁר נִסּוּנִי אֲבוֹתֵיכֶם, בְּחָנוּנִי גַּם רָאוּ פָעֳלִי:
◂ אַרְבָּעִים שָׁנָה אָקוּט בְּדוֹר
וָאֹמַר עַם תֹּעֵי לֵבָב הֵם, וְהֵם לֹא־יָדְעוּ דְרָכָי:
אֲשֶׁר־נִשְׁבַּעְתִּי בְאַפִּי, אִם־יְבֹאוּן אֶל מְנוּחָתִי:

שִׁירוּ Sing to the LORD a new song; *Ps. 96*
sing to the LORD all the earth.
Sing to the LORD,
bless His name;
proclaim his deliverance day after day.
Declare His glory among the nations,
His marvels among all peoples.
For great is the LORD
and greatly to be praised;
He is awesome beyond all heavenly powers.
For all the gods of the peoples are mere idols:
it was the LORD who made the heavens.
Before Him are majesty and splendor;
there are strength and beauty in His holy place.
Render to the LORD,
O families of the peoples;
render to the LORD glory and might.
Render to the LORD the glory due to His name;
bring an offering and come into His courts.
Bow down to the LORD
in the splendor of holiness.
Tremble before Him, all the earth.
Say among the nations,
"The LORD is King."
The world stands firm,
it will not be shaken.
He will judge the peoples with equity.

תהלים צו

שִׁירוּ לַיהוה שִׁיר חָדָשׁ
שִׁירוּ לַיהוה כָּל־הָאָרֶץ:
שִׁירוּ לַיהוה, בָּרְכוּ שְׁמוֹ
בַּשְּׂרוּ מִיּוֹם־לְיוֹם יְשׁוּעָתוֹ:
סַפְּרוּ בַגּוֹיִם כְּבוֹדוֹ, בְּכָל־הָעַמִּים נִפְלְאוֹתָיו:
כִּי גָדוֹל יהוה וּמְהֻלָּל מְאֹד
נוֹרָא הוּא עַל־כָּל־אֱלֹהִים:
כִּי כָּל־אֱלֹהֵי הָעַמִּים אֱלִילִים
וַיהוה שָׁמַיִם עָשָׂה:
הוֹד־וְהָדָר לְפָנָיו, עֹז וְתִפְאֶרֶת בְּמִקְדָּשׁוֹ:
הָבוּ לַיהוה מִשְׁפְּחוֹת עַמִּים
הָבוּ לַיהוה כָּבוֹד וָעֹז:
הָבוּ לַיהוה כְּבוֹד שְׁמוֹ
שְׂאוּ־מִנְחָה וּבֹאוּ לְחַצְרוֹתָיו:
הִשְׁתַּחֲווּ לַיהוה בְּהַדְרַת־קֹדֶשׁ
חִילוּ מִפָּנָיו כָּל־הָאָרֶץ:
אִמְרוּ בַגּוֹיִם יהוה מָלָךְ
אַף־תִּכּוֹן תֵּבֵל בַּל־תִּמּוֹט
יָדִין עַמִּים בְּמֵישָׁרִים:

▸ Let the heavens rejoice and the earth be glad.
Let the sea roar, and all that is in it;
let the fields be jubilant, and all they contain.
Then the trees of the forest will sing for joy
before the LORD, for He is coming to judge the earth.
He will judge the world with justice,
and the peoples with His faithfulness.

יהוה מָלָךְ The LORD reigns, let the earth be glad. *Ps. 97*
Let the many islands rejoice.
Clouds and thick darkness surround Him;
righteousness and justice
are the foundation of His throne.
Fire goes ahead of Him,
consuming His enemies on every side.
His lightning lights up the world;
the earth sees and trembles.
Mountains melt like wax before the LORD,
before the LORD of all the earth.
The heavens proclaim His righteousness,
and all the peoples see His glory.
All who worship images and boast in idols
are put to shame.
Bow down to Him, all you heavenly powers.
Zion hears and rejoices, and the towns of Judah
are glad because of your judgments, LORD.
For You, LORD, are supreme over all the earth;
You are exalted far above all heavenly powers.

◂ יִשְׂמְחוּ הַשָּׁמַיִם וְתָגֵל הָאָרֶץ
יִרְעַם הַיָּם וּמְלֹאוֹ:
יַעֲלֹז שָׂדַי וְכָל־אֲשֶׁר־בּוֹ, אָז יְרַנְּנוּ כָּל־עֲצֵי־יָעַר:
לִפְנֵי יהוה כִּי בָא, כִּי בָא לִשְׁפֹּט הָאָרֶץ
יִשְׁפֹּט־תֵּבֵל בְּצֶדֶק, וְעַמִּים בֶּאֱמוּנָתוֹ:

יהוה מָלָךְ תָּגֵל הָאָרֶץ, יִשְׂמְחוּ אִיִּים רַבִּים: תהלים צז
עָנָן וַעֲרָפֶל סְבִיבָיו, צֶדֶק וּמִשְׁפָּט מְכוֹן כִּסְאוֹ:
אֵשׁ לְפָנָיו תֵּלֵךְ, וּתְלַהֵט סָבִיב צָרָיו:
הֵאִירוּ בְרָקָיו תֵּבֵל, רָאֲתָה וַתָּחֵל הָאָרֶץ:
הָרִים כַּדּוֹנַג נָמַסּוּ מִלִּפְנֵי יהוה
מִלִּפְנֵי אֲדוֹן כָּל־הָאָרֶץ:
הִגִּידוּ הַשָּׁמַיִם צִדְקוֹ, וְרָאוּ כָל־הָעַמִּים כְּבוֹדוֹ:
יֵבֹשׁוּ כָּל־עֹבְדֵי פֶסֶל הַמִּתְהַלְלִים בָּאֱלִילִים
הִשְׁתַּחֲווּ־לוֹ כָּל־אֱלֹהִים:
שָׁמְעָה וַתִּשְׂמַח צִיּוֹן, וַתָּגֵלְנָה בְּנוֹת יְהוּדָה
לְמַעַן מִשְׁפָּטֶיךָ יהוה:
כִּי־אַתָּה יהוה עֶלְיוֹן עַל־כָּל־הָאָרֶץ
מְאֹד נַעֲלֵיתָ עַל־כָּל־אֱלֹהִים:

▸ Let those who love the LORD hate evil,
for He protects the lives of his devoted ones,
delivering them from the hand of the wicked.
Light is sown for the righteous,
and joy for the upright in heart.
Rejoice in the LORD, you who are righteous,
and give thanks to His holy name.

מִזְמוֹר A Psalm. Sing a new song to the LORD, *Ps. 98*
for He has done wondrous things;
He has saved by His right hand and His holy arm.
The LORD has made His salvation known;
He has displayed His righteousness
in the sight of the nations.
He remembered His loving-kindness and faithfulness
to the house of Israel;
all the ends of the earth have seen the victory of our LORD.
Shout for joy to the LORD, all the earth;
burst into song, sing with joy, play music.
Play music to the LORD on the harp –
on the harp with the sound of singing.
With trumpets and the sound of the shofar,
shout for joy before the LORD, the King.
▸ Let the sea and all that is in it thunder,
the world and all who live in it.
Let the rivers clap their hands,
the mountains sing together for joy – before the LORD,
for He is coming to judge the earth.
He will judge the world with justice,
and the peoples with equity.

◂ אֹהֲבֵי יהוה שִׂנְאוּ רָע, שֹׁמֵר נַפְשׁוֹת חֲסִידָיו
מִיַּד רְשָׁעִים יַצִּילֵם:
אוֹר זָרֻעַ לַצַּדִּיק, וּלְיִשְׁרֵי־לֵב שִׂמְחָה:
שִׂמְחוּ צַדִּיקִים בַּיהוה, וְהוֹדוּ לְזֵכֶר קָדְשׁוֹ:

תהלים צח

מִזְמוֹר
שִׁירוּ לַיהוה שִׁיר חָדָשׁ כִּי־נִפְלָאוֹת עָשָׂה
הוֹשִׁיעָה־לּוֹ יְמִינוֹ וּזְרוֹעַ קָדְשׁוֹ:
הוֹדִיעַ יהוה יְשׁוּעָתוֹ, לְעֵינֵי הַגּוֹיִם גִּלָּה צִדְקָתוֹ:
זָכַר חַסְדּוֹ וֶאֱמוּנָתוֹ לְבֵית יִשְׂרָאֵל
רָאוּ כָל־אַפְסֵי־אָרֶץ אֵת יְשׁוּעַת אֱלֹהֵינוּ:
הָרִיעוּ לַיהוה כָּל־הָאָרֶץ, פִּצְחוּ וְרַנְּנוּ וְזַמֵּרוּ:
זַמְּרוּ לַיהוה בְּכִנּוֹר, בְּכִנּוֹר וְקוֹל זִמְרָה:
בַּחֲצֹצְרוֹת וְקוֹל שׁוֹפָר
הָרִיעוּ לִפְנֵי הַמֶּלֶךְ יהוה:
◂ יִרְעַם הַיָּם וּמְלֹאוֹ, תֵּבֵל וְיֹשְׁבֵי בָהּ:
נְהָרוֹת יִמְחֲאוּ־כָף, יַחַד הָרִים יְרַנֵּנוּ:
לִפְנֵי יהוה כִּי בָא לִשְׁפֹּט הָאָרֶץ
יִשְׁפֹּט־תֵּבֵל בְּצֶדֶק, וְעַמִּים בְּמֵישָׁרִים:

יהוה מָלָךְ The LORD reigns, let the peoples tremble. *Ps. 99*
He sits enthroned on the Cherubim,
let the earth quake.
Great is the LORD in Zion,
He is exalted over all the peoples.
Let them praise Your name,
O great and awesome One:
He is holy!
The King in His might loves justice.
You have established equity.
The justice and righteousness in Jacob is Your doing.
Exalt the LORD our God,
and bow at His footstool:
He is holy!
Moses and Aaron were among His priests;
Samuel was among those who called on His name.
They called on the LORD
and He answered them.
▸ He spoke to them in a pillar of cloud;
they observed His testimonies and the statute
He gave them.
LORD our God, You answered them.
You were for them a forgiving God,
though You punished their misdeeds.
Exalt the LORD our God
and bow at His holy mountain,
for the LORD our God is holy.

תהלים צט

יהוה מָלָךְ יִרְגְּזוּ עַמִּים
יֹשֵׁב כְּרוּבִים תָּנוּט הָאָרֶץ:
יהוה בְּצִיּוֹן גָּדוֹל, וְרָם הוּא עַל־כָּל־הָעַמִּים:
יוֹדוּ שִׁמְךָ גָּדוֹל וְנוֹרָא קָדוֹשׁ הוּא:
וְעֹז מֶלֶךְ מִשְׁפָּט אָהֵב
אַתָּה כּוֹנַנְתָּ מֵישָׁרִים
מִשְׁפָּט וּצְדָקָה בְּיַעֲקֹב אַתָּה עָשִׂיתָ:
רוֹמְמוּ יהוה אֱלֹהֵינוּ
וְהִשְׁתַּחֲווּ לַהֲדֹם רַגְלָיו
קָדוֹשׁ הוּא:
מֹשֶׁה וְאַהֲרֹן בְּכֹהֲנָיו, וּשְׁמוּאֵל בְּקֹרְאֵי שְׁמוֹ
קֹרְאִים אֶל־יהוה וְהוּא יַעֲנֵם:
◂ בְּעַמּוּד עָנָן יְדַבֵּר אֲלֵיהֶם
שָׁמְרוּ עֵדֹתָיו וְחֹק נָתַן־לָמוֹ:
יהוה אֱלֹהֵינוּ אַתָּה עֲנִיתָם
אֵל נֹשֵׂא הָיִיתָ לָהֶם, וְנֹקֵם עַל־עֲלִילוֹתָם:
רוֹמְמוּ יהוה אֱלֹהֵינוּ, וְהִשְׁתַּחֲווּ לְהַר קָדְשׁוֹ
כִּי־קָדוֹשׁ יהוה אֱלֹהֵינוּ:

The following psalm is said standing:

מִזְמוֹר לְדָוִד A psalm of David. Ps. 29
Render to the LORD, you angelic powers,
render to the LORD glory and might.
Render to the LORD the glory due to His name.
Bow to the LORD in the beauty of holiness.
The LORD's voice echoes over the waters;
the God of glory thunders;
the LORD is over the mighty waters.
The LORD's voice in power,
the LORD's voice in beauty,
the LORD's voice breaks cedars,
the LORD shatters the cedars of Lebanon.
He makes Lebanon skip like a calf,
Sirion like a young wild ox.
The LORD's voice cleaves flames of fire.
The LORD's voice makes the desert quake,
the LORD shakes the desert of Kadesh.
▸ The LORD's voice makes hinds calve
and strips the forests bare,
and in His temple all say: "Glory!"
The LORD sat enthroned at the Flood,
the LORD sits enthroned as King for ever.
The LORD will give strength to His people;
the LORD will bless His people with peace.

The following psalm is said standing:

תהלים כט

מִזְמוֹר לְדָוִד
הָבוּ לַיהוה בְּנֵי אֵלִים, הָבוּ לַיהוה כָּבוֹד וָעֹז:
הָבוּ לַיהוה כְּבוֹד שְׁמוֹ
הִשְׁתַּחֲווּ לַיהוה בְּהַדְרַת־קֹדֶשׁ:
קוֹל יהוה עַל הַמָּיִם
אֵל־הַכָּבוֹד הִרְעִים, יהוה עַל־מַיִם רַבִּים:
קוֹל־יהוה בַּכֹּחַ, קוֹל יהוה בֶּהָדָר:
קוֹל יהוה שֹׁבֵר אֲרָזִים
וַיְשַׁבֵּר יהוה אֶת־אַרְזֵי הַלְּבָנוֹן:
וַיַּרְקִידֵם כְּמוֹ־עֵגֶל
לְבָנוֹן וְשִׂרְיוֹן כְּמוֹ בֶן־רְאֵמִים:
קוֹל־יהוה חֹצֵב לַהֲבוֹת אֵשׁ:
קוֹל יהוה יָחִיל מִדְבָּר, יָחִיל יהוה מִדְבַּר קָדֵשׁ:
◂ קוֹל יהוה יְחוֹלֵל אַיָּלוֹת וַיֶּחֱשֹׂף יְעָרוֹת
וּבְהֵיכָלוֹ, כֻּלּוֹ אֹמֵר כָּבוֹד:
יהוה לַמַּבּוּל יָשָׁב, וַיֵּשֶׁב יהוה מֶלֶךְ לְעוֹלָם:
יהוה עֹז לְעַמּוֹ יִתֵּן
יהוה יְבָרֵךְ אֶת־עַמּוֹ בַשָּׁלוֹם:

The following is said in some congregations:

Please, by the power of Your great right hand, set the captive nation free. Accept Your people's prayer. Strengthen us, purify us, You who are revered. Please, Mighty One, guard like the pupil of the eye those who seek Your unity. Bless them, cleanse them, have compassion on them, grant them Your righteousness always. Mighty One, Holy One, in Your great goodness guide Your congregation. Only One, Exalted One, turn to Your people, who proclaim Your holiness. Accept our plea and heed our cry, You who know all secret thoughts. Blessed be the name of His glorious kingdom for ever and all time.

לְכָה דוֹדִי Come, my Beloved, to greet the bride;
let us welcome the Sabbath.

Come, my Beloved, to greet the bride;
let us welcome the Sabbath.

שָׁמוֹר "Observe" and "Remember"
in one act of speech,
the One and Only God made us hear.
The LORD is One and His name is One,
for renown, for splendor, and for praise.

Come, my Beloved, to greet the bride;
let us welcome the Sabbath.

לִקְרַאת To greet the Sabbath, come let us go,
for of blessing, she is the source.
From the outset, as of old, ordained:
last in deed, first in thought.

Come, my Beloved, to greet the bride;
let us welcome the Sabbath.

The following is said in some congregations:

אָנָּא, בְּכֹחַ גְּדֻלַּת יְמִינְךָ, תַּתִּיר צְרוּרָה. קַבֵּל רִנַּת עַמְּךָ, שַׂגְּבֵנוּ, טַהֲרֵנוּ, נוֹרָא. נָא גִבּוֹר, דּוֹרְשֵׁי יִחוּדְךָ כְּבָבַת שָׁמְרֵם. בָּרְכֵם, טַהֲרֵם, רַחֲמֵם, צִדְקָתְךָ תָּמִיד גָּמְלֵם. חֲסִין קָדוֹשׁ, בְּרֹב טוּבְךָ נַהֵל עֲדָתֶךָ. יָחִיד גֵּאֶה, לְעַמְּךָ פְּנֵה, זוֹכְרֵי קְדֻשָּׁתֶךָ. שַׁוְעָתֵנוּ קַבֵּל וּשְׁמַע צַעֲקָתֵנוּ, יוֹדֵעַ תַּעֲלוּמוֹת. בָּרוּךְ שֵׁם כְּבוֹד מַלְכוּתוֹ לְעוֹלָם וָעֶד.

לְכָה דוֹדִי לִקְרַאת כַּלָּה, פְּנֵי שַׁבָּת נְקַבְּלָה.

לְכָה דוֹדִי לִקְרַאת כַּלָּה, פְּנֵי שַׁבָּת נְקַבְּלָה.

שָׁמוֹר וְזָכוֹר בְּדִבּוּר אֶחָד
הִשְׁמִיעָנוּ אֵל הַמְיֻחָד
יהוה אֶחָד וּשְׁמוֹ אֶחָד
לְשֵׁם וּלְתִפְאֶרֶת וְלִתְהִלָּה.

לְכָה דוֹדִי לִקְרַאת כַּלָּה, פְּנֵי שַׁבָּת נְקַבְּלָה.

לִקְרַאת שַׁבָּת לְכוּ וְנֵלְכָה
כִּי הִיא מְקוֹר הַבְּרָכָה
מֵרֹאשׁ מִקֶּדֶם נְסוּכָה
סוֹף מַעֲשֶׂה בְּמַחֲשָׁבָה תְּחִלָּה.

לְכָה דוֹדִי לִקְרַאת כַּלָּה, פְּנֵי שַׁבָּת נְקַבְּלָה.

מִקְדַּשׁ Sanctuary of the King, royal city,
arise, go forth from your ruined state.
Too long have you dwelt
in the valley of tears.
He will shower compassion on you.

Come, my Beloved, to greet the bride;
let us welcome the Sabbath.

הִתְנַעֲרִי Shake yourself off,
arise from the dust!
Put on your clothes of glory, My people.
Through the son of Jesse
the Bethlehemite,
draw near to my soul and redeem it.

Come, my Beloved, to greet the bride;
let us welcome the Sabbath.

הִתְעוֹרְרִי Wake up, wake up,
for your light has come: rise, shine!
Awake, awake,
break out in song,
for the LORD's glory is revealed on you.

Come, my Beloved, to greet the bride;
let us welcome the Sabbath.

מִקְדַּשׁ מֶלֶךְ עִיר מְלוּכָה
קוּמִי צְאִי מִתּוֹךְ הַהֲפֵכָה
רַב לָךְ שֶׁבֶת בְּעֵמֶק הַבָּכָא
וְהוּא יַחֲמֹל עָלַיִךְ חֶמְלָה.

לְכָה דוֹדִי לִקְרַאת כַּלָּה, פְּנֵי שַׁבָּת נְקַבְּלָה.

הִתְנַעֲרִי, מֵעָפָר קוּמִי
לִבְשִׁי בִּגְדֵי תִפְאַרְתֵּךְ עַמִּי
עַל יַד בֶּן יִשַׁי בֵּית הַלַּחְמִי
קָרְבָה אֶל נַפְשִׁי, גְּאָלָהּ.

לְכָה דוֹדִי לִקְרַאת כַּלָּה, פְּנֵי שַׁבָּת נְקַבְּלָה.

הִתְעוֹרְרִי הִתְעוֹרְרִי
כִּי בָא אוֹרֵךְ קוּמִי אוֹרִי
עוּרִי עוּרִי, שִׁיר דַּבֵּרִי
כְּבוֹד יהוה עָלַיִךְ נִגְלָה.

לְכָה דוֹדִי לִקְרַאת כַּלָּה, פְּנֵי שַׁבָּת נְקַבְּלָה.

לֹא תֵבֹשִׁי Do not be ashamed,
do not be confounded.
Why be downcast? Why do you mourn?
In you the needy of My people
find shelter,
and the city shall be rebuilt on its hill.

Come, my Beloved, to greet the bride;
let us welcome the Sabbath.

וְהָיוּ Those who despoiled you
shall be despoiled,
and all who devoured you
shall be far away.
Your God will rejoice over you
as a bridegroom rejoices over his bride.

Come, my Beloved, to greet the bride;
let us welcome the Sabbath.

יָמִין Right and left you shall spread out,
and the Lord you will revere.
Through the descendant of Peretz,
we shall rejoice and we shall be glad.

Come, my Beloved, to greet the bride;
let us welcome the Sabbath.

לֹא תֵבֹשִׁי וְלֹא תִכָּלְמִי
מַה תִּשְׁתּוֹחֲחִי וּמַה תֶּהֱמִי
בָּךְ יֶחֱסוּ עֲנִיֵּי עַמִּי
וְנִבְנְתָה עִיר עַל תִּלָּהּ.

לְכָה דוֹדִי לִקְרַאת כַּלָּה, פְּנֵי שַׁבָּת נְקַבְּלָה.

וְהָיוּ לִמְשִׁסָּה שֹׁאסָיִךְ
וְרָחֲקוּ כָּל מְבַלְּעָיִךְ
יָשִׂישׂ עָלַיִךְ אֱלֹהָיִךְ
כִּמְשׂוֹשׂ חָתָן עַל כַּלָּה.

לְכָה דוֹדִי לִקְרַאת כַּלָּה, פְּנֵי שַׁבָּת נְקַבְּלָה.

יָמִין וּשְׂמֹאל תִּפְרֹצִי
וְאֶת יהוה תַּעֲרִיצִי
עַל יַד אִישׁ בֶּן פַּרְצִי
וְנִשְׂמְחָה וְנָגִילָה.

לְכָה דוֹדִי לִקְרַאת כַּלָּה, פְּנֵי שַׁבָּת נְקַבְּלָה.

Stand and turn to face the door or the rear (usually western side) of the synagogue, as if to greet the incoming bride, bowing at the words "Enter, O bride!," then turn back.

בּוֹאִי Come in peace, O crown of her husband;
come with joy and jubilation,
among the faithful of the treasured people.
Enter, O bride! Enter, O bride!

Come, my Beloved, to greet the bride;
let us welcome the Sabbath.

Mourners during the week of Shiva return to the synagogue at this point. They are greeted with the following words of consolation:

הַמָּקוֹם May the Almighty comfort you
among the other mourners of Zion and Jerusalem.

On Motza'ei Yom Tov, Kabbalat Shabbat begins here.

מִזְמוֹר A psalm. A song for the Sabbath day. *Ps. 92*
It is good to thank the Lord
and sing psalms to Your name, Most High –
to tell of Your loving-kindness in the morning
and Your faithfulness at night,
to the music of the ten-stringed lyre
and the melody of the harp.
For You have made me rejoice by Your work,
O Lord;
I sing for joy at the deeds of Your hands.

Stand and turn to face the door or the rear (usually western side) of the בית כנסת*, as if to greet the incoming bride, bowing at the words* בּוֹאִי כַלָּה*, then turn back.*

בּוֹאִי בְשָׁלוֹם עֲטֶרֶת בַּעְלָהּ
גַּם בְּשִׂמְחָה וּבְצָהֳלָה
תּוֹךְ אֱמוּנֵי עַם סְגֻלָּה
בּוֹאִי כַלָּה, בּוֹאִי כַלָּה.

לְכָה דוֹדִי לִקְרַאת כַּלָּה, פְּנֵי שַׁבָּת נְקַבְּלָה.

Mourners during the week of שבעה *return to the* בית כנסת *at this point. They are greeted with the following words of consolation:*

הַמָּקוֹם יְנַחֵם אֶתְכֶם
בְּתוֹךְ שְׁאָר אֲבֵלֵי צִיּוֹן וִירוּשָׁלָיִם.

On מוצאי יום טוב*,* קבלת שבת *begins here.*

תהלים צב

מִזְמוֹר שִׁיר לְיוֹם הַשַּׁבָּת:
טוֹב לְהֹדוֹת לַיהוה, וּלְזַמֵּר לְשִׁמְךָ עֶלְיוֹן:
לְהַגִּיד בַּבֹּקֶר חַסְדֶּךָ, וֶאֱמוּנָתְךָ בַּלֵּילוֹת:
עֲלֵי־עָשׂוֹר וַעֲלֵי־נָבֶל, עֲלֵי הִגָּיוֹן בְּכִנּוֹר:
כִּי שִׂמַּחְתַּנִי יהוה בְּפָעֳלֶךָ
בְּמַעֲשֵׂי יָדֶיךָ אֲרַנֵּן:

How great are Your deeds, LORD,
and how very deep Your thoughts.
A boor cannot know,
nor can a fool understand,
that though the wicked spring up like grass
and all evildoers flourish,
it is only that they may be destroyed for ever.
But You, LORD, are eternally exalted.
For behold Your enemies, LORD,
behold Your enemies will perish;
all evildoers will be scattered.
You have raised my pride
like that of a wild ox;
I am anointed with fresh oil.
My eyes shall look in triumph on my adversaries,
my ears shall hear the downfall of the wicked
who rise against me.
▸ The righteous will flourish like a palm tree
and grow tall like a cedar in Lebanon.
Planted in the LORD's House,
blossoming in our God's courtyards,
they will still bear fruit in old age,
and stay vigorous and fresh,
proclaiming that the LORD is upright:
He is my Rock, in whom there is no wrong.

מַה־גָּדְלוּ מַעֲשֶׂיךָ יהוה
מְאֹד עָמְקוּ מַחְשְׁבֹתֶיךָ:
אִישׁ־בַּעַר לֹא יֵדָע, וּכְסִיל לֹא־יָבִין אֶת־זֹאת:
בִּפְרֹחַ רְשָׁעִים כְּמוֹ עֵשֶׂב
וַיָּצִיצוּ כָּל־פֹּעֲלֵי אָוֶן
לְהִשָּׁמְדָם עֲדֵי־עַד:
וְאַתָּה מָרוֹם לְעֹלָם יהוה:
כִּי הִנֵּה אֹיְבֶיךָ יהוה, כִּי־הִנֵּה אֹיְבֶיךָ יֹאבֵדוּ
יִתְפָּרְדוּ כָּל־פֹּעֲלֵי אָוֶן:
וַתָּרֶם כִּרְאֵים קַרְנִי, בַּלֹּתִי בְּשֶׁמֶן רַעֲנָן:
וַתַּבֵּט עֵינִי בְּשׁוּרָי
בַּקָּמִים עָלַי מְרֵעִים תִּשְׁמַעְנָה אָזְנָי:
צַדִּיק כַּתָּמָר יִפְרָח, כְּאֶרֶז בַּלְּבָנוֹן יִשְׂגֶּה:
שְׁתוּלִים בְּבֵית יהוה
בְּחַצְרוֹת אֱלֹהֵינוּ יַפְרִיחוּ:
עוֹד יְנוּבוּן בְּשֵׂיבָה, דְּשֵׁנִים וְרַעֲנַנִּים יִהְיוּ:
לְהַגִּיד כִּי־יָשָׁר יהוה, צוּרִי, וְלֹא־עַוְלָתָה בּוֹ:

יהוה מָלָךְ The LORD reigns. Ps. 93
He is robed in majesty.
The LORD is robed, girded with strength.
The world is firmly established;
it cannot be moved.
Your throne stands firm as of old; You are eternal.
Rivers lift up, LORD, rivers lift up their voice,
rivers lift up their crashing waves.
▸ Mightier than the noise of many waters,
than the mighty waves of the sea
is the LORD on high.
Your testimonies are very sure;
holiness adorns Your House,
LORD, for evermore.

MOURNER'S KADDISH

The following prayer, said by mourners, requires the presence of a minyan.
A transliteration can be found on *page 841.*

Mourner: יִתְגַּדַּל Magnified and sanctified
may His great name be,
in the world He created by His will.
May He establish His kingdom
in your lifetime and in your days,
and in the lifetime
of all the house of Israel,
swiftly and soon –
and say: Amen.

תהלים צג

יהוה מָלָךְ, גֵּאוּת לָבֵשׁ
לָבֵשׁ יהוה עֹז הִתְאַזָּר
אַף־תִּכּוֹן תֵּבֵל בַּל־תִּמּוֹט:
נָכוֹן כִּסְאֲךָ מֵאָז, מֵעוֹלָם אָתָּה:
נָשְׂאוּ נְהָרוֹת יהוה, נָשְׂאוּ נְהָרוֹת קוֹלָם
יִשְׂאוּ נְהָרוֹת דָּכְיָם:
◂ מִקֹּלוֹת מַיִם רַבִּים, אַדִּירִים מִשְׁבְּרֵי־יָם
אַדִּיר בַּמָּרוֹם יהוה:
עֵדֹתֶיךָ נֶאֶמְנוּ מְאֹד, לְבֵיתְךָ נַאֲוָה־קֹדֶשׁ
יהוה לְאֹרֶךְ יָמִים:

קדיש יתום

The following prayer, said by mourners, requires the presence of a מניין*.*
A transliteration can be found on page 841.

אבל: יִתְגַּדַּל וְיִתְקַדַּשׁ שְׁמֵהּ רַבָּא (קהל: אָמֵן)
בְּעָלְמָא דִּי בְרָא כִרְעוּתֵהּ
וְיַמְלִיךְ מַלְכוּתֵהּ
בְּחַיֵּיכוֹן וּבְיוֹמֵיכוֹן וּבְחַיֵּי דְכָל בֵּית יִשְׂרָאֵל
בַּעֲגָלָא וּבִזְמַן קָרִיב
וְאִמְרוּ אָמֵן. (קהל: אָמֵן)

All: May His great name be blessed
for ever and all time.

Mourner: Blessed and praised,
glorified and exalted,
raised and honored,
uplifted and lauded
be the name of the Holy One,
blessed be He,
beyond any blessing,
song, praise, and consolation
uttered in the world –
and say: Amen.

May there be great peace from heaven,
and life for us
and all Israel –
and say: Amen.

Bow, take three steps back,
as if taking leave of the Divine Presence,
then bow, first left, then right, then center, while saying:

May He who makes peace
in His high places,
make peace for us
and all Israel –
and say: Amen.

קהל ואבל: יְהֵא שְׁמֵהּ רַבָּא מְבָרַךְ
לְעָלַם וּלְעָלְמֵי עָלְמַיָּא.

אבל: יִתְבָּרַךְ וְיִשְׁתַּבַּח וְיִתְפָּאַר
וְיִתְרוֹמַם וְיִתְנַשֵּׂא וְיִתְהַדָּר וְיִתְעַלֶּה וְיִתְהַלָּל
שְׁמֵהּ דְּקֻדְשָׁא בְּרִיךְ הוּא (קהל: בְּרִיךְ הוּא)
לְעֵלָּא מִן כָּל בִּרְכָתָא
/בשבת שובה: לְעֵלָּא לְעֵלָּא מִכָּל בִּרְכָתָא/
וְשִׁירָתָא, תֻּשְׁבְּחָתָא וְנֶחֱמָתָא
דַּאֲמִירָן בְּעָלְמָא
וְאִמְרוּ אָמֵן. (קהל: אָמֵן)

יְהֵא שְׁלָמָא רַבָּא מִן שְׁמַיָּא
וְחַיִּים, עָלֵינוּ וְעַל כָּל יִשְׂרָאֵל
וְאִמְרוּ אָמֵן. (קהל: אָמֵן)

Bow, take three steps back, as if taking leave of the Divine Presence, then bow, first left, then right, then center, while saying:

עֹשֶׂה שָׁלוֹם/בשבת שובה: הַשָּׁלוֹם/ בִּמְרוֹמָיו
הוּא יַעֲשֶׂה שָׁלוֹם עָלֵינוּ וְעַל כָּל יִשְׂרָאֵל
וְאִמְרוּ אָמֵן. (קהל: אָמֵן)

The following is not said on Motza'ei Yom Tov.

Mishna Shabbat, chapter 2

1. בַּמֶּה מַדְלִיקִין With what wicks may we light the Sabbath lamp and with what may we not light? We may not use a wick of cedar bast, or uncombed flax, or raw silk, or a wick made of willow bast or desert weed, or seaweed. [For oil] we may not use pitch, or wax, or cottonseed oil, or [contaminated consecrated] oil that must be destroyed by burning, or fat from sheeps' tails, or tallow. Naḥum the Mede says: We may use boiled tallow. But the sages say: Whether boiled or not boiled, we may not use it.

2. [Contaminated consecrated] oil that must be destroyed by burning may not be used for a festival lamp. Rabbi Yishmael says: We may not use tar out of respect for the honor due to the Sabbath. But the sages permit all these oils: sesame oil, nut oil, radish oil, fish oil, gourd oil, tar, or naphtha. Rabbi Tarfon, however, says: We may use only olive oil.

3. No product from a tree may be used as a wick for the Sabbath lamp, except flax. Also no product of a tree can contract "tent" uncleanness, except flax. If a wick was made from a cloth that has been twisted but not singed, Rabbi Eliezer declares, it is susceptible to contamination and may not be used for a Sabbath lamp; but Rabbi Akiva says, it is not susceptible to contamination, and may be used for the Sabbath lamp.

4. One may not pierce an eggshell, fill it with oil, and put it over the mouth of a lamp so that the oil may drip from it into the lamp, even if the vessel is of earthenware, but Rabbi Judah permits it. If, however, the potter had originally attached it to the lamp, it is permitted because it constitutes a single vessel. One may not fill a bowl with oil, put it beside a lamp, and put the end of the wick in it so that it draws oil from the bowl; but Rabbi Judah permits this.

The following is not said on מוצאי יום טוב.

משנה שבת פרק שני

א בַּמֶּה מַדְלִיקִין וּבַמָּה אֵין מַדְלִיקִין. אֵין מַדְלִיקִין לֹא בְלֶכֶשׁ, וְלֹא בְחֹסֶן, וְלֹא בְכַלָּךְ, וְלֹא בִּפְתִילַת הָאִידָן, וְלֹא בִּפְתִילַת הַמִּדְבָּר, וְלֹא בִירוֹקָה שֶׁעַל פְּנֵי הַמָּיִם. וְלֹא בְזֶפֶת וְלֹא בְשַׁעֲוָה וְלֹא בְּשֶׁמֶן קִיק וְלֹא בְּשֶׁמֶן שְׂרֵפָה וְלֹא בְאַלְיָה וְלֹא בְחֵלֶב. נַחוּם הַמָּדִי אוֹמֵר: מַדְלִיקִין בְּחֵלֶב מְבֻשָּׁל, וַחֲכָמִים אוֹמְרִים: אֶחָד מְבֻשָּׁל וְאֶחָד שֶׁאֵינוֹ מְבֻשָּׁל, אֵין מַדְלִיקִין בּוֹ.

ב אֵין מַדְלִיקִין בְּשֶׁמֶן שְׂרֵפָה בְּיוֹם טוֹב. רַבִּי יִשְׁמָעֵאל אוֹמֵר: אֵין מַדְלִיקִין בְּעִטְרָן מִפְּנֵי כְבוֹד הַשַּׁבָּת. וַחֲכָמִים מַתִּירִין בְּכָל הַשְּׁמָנִים, בְּשֶׁמֶן שֻׁמְשְׁמִין, בְּשֶׁמֶן אֱגוֹזִים, בְּשֶׁמֶן צְנוֹנוֹת, בְּשֶׁמֶן דָּגִים, בְּשֶׁמֶן פַּקֻּעוֹת, בְּעִטְרָן וּבְנֵפְטְ. רַבִּי טַרְפוֹן אוֹמֵר: אֵין מַדְלִיקִין אֶלָּא בְּשֶׁמֶן זַיִת בִּלְבָד.

ג כָּל הַיּוֹצֵא מִן הָעֵץ אֵין מַדְלִיקִין בּוֹ, אֶלָּא פִשְׁתָּן. וְכָל הַיּוֹצֵא מִן הָעֵץ אֵינוֹ מִטַּמֵּא טֻמְאַת אֹהָלִים, אֶלָּא פִשְׁתָּן. פְּתִילַת הַבֶּגֶד שֶׁקִּפְּלָהּ וְלֹא הִבְהֲבָהּ, רַבִּי אֱלִיעֶזֶר אוֹמֵר: טְמֵאָה הִיא, וְאֵין מַדְלִיקִין בָּהּ. רַבִּי עֲקִיבָא אוֹמֵר: טְהוֹרָה הִיא, וּמַדְלִיקִין בָּהּ.

ד לֹא יִקֹּב אָדָם שְׁפוֹפֶרֶת שֶׁל בֵּיצָה וִימַלְּאֶנָּה שֶׁמֶן וְיִתְּנֶנָּה עַל פִּי הַנֵּר, בִּשְׁבִיל שֶׁתְּהֵא מְנַטֶּפֶת, וַאֲפִילוּ הִיא שֶׁל חֶרֶס. וְרַבִּי יְהוּדָה מַתִּיר. אֲבָל אִם חִבְּרָהּ הַיּוֹצֵר מִתְּחִלָּה מֻתָּר, מִפְּנֵי שֶׁהוּא כְּלִי אֶחָד. לֹא יְמַלֵּא אָדָם אֶת הַקְּעָרָה שֶׁמֶן וְיִתְּנֶנָּה בְּצַד הַנֵּר וְיִתֵּן רֹאשׁ הַפְּתִילָה בְּתוֹכָהּ, בִּשְׁבִיל שֶׁתְּהֵא שׁוֹאֶבֶת. וְרַבִּי יְהוּדָה מַתִּיר.

5. One who extinguishes a lamp because he is afraid of heathens, robbers, or depression, or to enable a sick person to sleep, is not liable [for violating the Sabbath]. If he did it to spare the lamp, or the oil, or the wick, he is liable. Rabbi Yose absolves him in all these cases except that of sparing the wick, because he thereby turns it into charcoal.
6. For three transgressions women may die in childbirth: for being careless in observing the laws of menstruation, separating challah [dough-offering], and lighting the Sabbath light.
7. One should say three things at home on the eve of the Sabbath just before dark: Have you tithed? Have you prepared the Eiruv? Light the Sabbath lamp. If there is doubt whether or not darkness has fallen, we may not tithe definitely untithed produce, nor immerse [unclean] vessels, nor light the Sabbath lamp. We may tithe produce about which there is a doubt whether it has been tithed or not, we may prepare an Eiruv, and insulate hot food.

It was taught, Rabbi Ḥanina said: One should examine his clothing *Shabbat 12a*
on the eve of the Sabbath before nightfall [to ensure that one is not carrying anything], for one may forget and go out. Rabbi Yosef said: This is an important law about the Sabbath [for it is easy to forget, and thus inadvertently violate the holiness of the day].

Rabbi Elazar said in the name of Rabbi Ḥanina: The disciples of *Berakhot 64a*
the sages increase peace in the world, as it is said, "And all your *Is. 54*
children shall be taught of the LORD, and great shall be the peace
of your children [*banayikh*]." Read not *banayikh*, "your children," *Ps. 119*
but *bonayikh*, "your builders." Those who love Your Torah have
great peace; there is no stumbling block for them. May there be *Ps. 122*
peace within your ramparts, prosperity in your palaces. For the sake of my brothers and friends, I shall say, "Peace be within you." For the sake of the House of the LORD our God, I will seek your
good. ▸ May the LORD grant strength to His people; may the LORD *Ps. 29*
bless His people with peace.

ה הַמְכַבֶּה אֶת הַנֵּר מִפְּנֵי שֶׁהוּא מִתְיָרֵא מִפְּנֵי גוֹיִם, מִפְּנֵי לִסְטִים, מִפְּנֵי רוּחַ רָעָה, אוֹ בִשְׁבִיל הַחוֹלֶה שֶׁיִּישַׁן, פָּטוּר. כְּחָס עַל הַנֵּר, כְּחָס עַל הַשֶּׁמֶן, כְּחָס עַל הַפְּתִילָה, חַיָּב. רַבִּי יוֹסֵי פּוֹטֵר בְּכֻלָּן חוּץ מִן הַפְּתִילָה, מִפְּנֵי שֶׁהוּא עוֹשָׂהּ פֶּחָם.

ו עַל שָׁלֹשׁ עֲבֵרוֹת נָשִׁים מֵתוֹת בִּשְׁעַת לֵדָתָן, עַל שֶׁאֵינָן זְהִירוֹת בַּנִּדָּה, בַּחַלָּה וּבְהַדְלָקַת הַנֵּר.

ז שְׁלֹשָׁה דְבָרִים צָרִיךְ אָדָם לוֹמַר בְּתוֹךְ בֵּיתוֹ עֶרֶב שַׁבָּת עִם חֲשֵׁכָה: עִשַּׂרְתֶּם, עֵרַבְתֶּם, הַדְלִיקוּ אֶת הַנֵּר. סָפֵק חֲשֵׁכָה סָפֵק אֵינָהּ חֲשֵׁכָה, אֵין מְעַשְּׂרִין אֶת הַוַּדַּאי, וְאֵין מַטְבִּילִין אֶת הַכֵּלִים, וְאֵין מַדְלִיקִין אֶת הַנֵּרוֹת. אֲבָל מְעַשְּׂרִין אֶת הַדְּמַאי, וּמְעָרְבִין וְטוֹמְנִין אֶת הַחַמִּין.

תַּנְיָא, אָמַר רַבִּי חֲנִינָא: חַיָּב אָדָם לְמַשְׁמֵשׁ בְּגָדָיו בְּעֶרֶב שַׁבָּת עִם חֲשֵׁכָה, שֶׁמָּא יִשְׁכַּח וְיֵצֵא. אָמַר רַב יוֹסֵף: הִלְכְתָא רַבְּתָא לְשַׁבְּתָא. שבת יב.

אָמַר רַבִּי אֶלְעָזָר, אָמַר רַבִּי חֲנִינָא: תַּלְמִידֵי חֲכָמִים מַרְבִּים שָׁלוֹם בָּעוֹלָם, שֶׁנֶּאֱמַר: וְכָל־בָּנַיִךְ לִמּוּדֵי יהוה, וְרַב שְׁלוֹם בָּנָיִךְ: אַל תִּקְרֵי בָּנָיִךְ, אֶלָּא בּוֹנָיִךְ. שָׁלוֹם רָב לְאֹהֲבֵי תוֹרָתֶךָ, וְאֵין־לָמוֹ מִכְשׁוֹל: יְהִי־שָׁלוֹם בְּחֵילֵךְ, שַׁלְוָה בְּאַרְמְנוֹתָיִךְ: לְמַעַן אַחַי וְרֵעָי אֲדַבְּרָה־נָּא שָׁלוֹם בָּךְ: לְמַעַן בֵּית־יהוה אֱלֹהֵינוּ אֲבַקְשָׁה טוֹב לָךְ: ◂ יהוה עֹז לְעַמּוֹ יִתֵּן, יהוה יְבָרֵךְ אֶת־עַמּוֹ בַשָּׁלוֹם:

ברכות סד. / ישעיה נד / תהלים קיט / תהלים קכב / תהלים כט

THE RABBIS' KADDISH

The following prayer, said by mourners, requires the presence of a minyan. A transliteration can be found on page 839.

Mourner: יִתְגַּדַּל Magnified and sanctified
may His great name be,
in the world He created by His will.
May He establish His kingdom
in your lifetime
and in your days,
and in the lifetime
of all the house of Israel,
swiftly and soon –
and say: Amen.

All: May His great name be blessed
for ever and all time.

Mourner: Blessed and praised,
glorified and exalted,
raised and honored,
uplifted and lauded
be the name of the Holy One,
blessed be He,
beyond any blessing,
song, praise, and consolation
uttered in the world –
and say: Amen.

קדיש דרבנן

The following prayer, said by mourners, requires the presence of a מניין*.*
A transliteration can be found on page 839.

אבל: יִתְגַּדַּל וְיִתְקַדַּשׁ שְׁמֵהּ רַבָּא (קהל: אָמֵן)
בְּעָלְמָא דִּי בְרָא כִרְעוּתֵהּ
וְיַמְלִיךְ מַלְכוּתֵהּ
בְּחַיֵּיכוֹן וּבְיוֹמֵיכוֹן וּבְחַיֵּי דְכָל בֵּית יִשְׂרָאֵל
בַּעֲגָלָא וּבִזְמַן קָרִיב
וְאִמְרוּ אָמֵן. (קהל: אָמֵן)

קהל ואבל: יְהֵא שְׁמֵהּ רַבָּא מְבָרַךְ
לְעָלַם וּלְעָלְמֵי עָלְמַיָּא.

אבל: יִתְבָּרַךְ וְיִשְׁתַּבַּח וְיִתְפָּאַר
וְיִתְרוֹמַם וְיִתְנַשֵּׂא וְיִתְהַדָּר וְיִתְעַלֶּה וְיִתְהַלָּל
שְׁמֵהּ דְּקֻדְשָׁא בְּרִיךְ הוּא (קהל: בְּרִיךְ הוּא)
לְעֵלָּא מִן כָּל בִּרְכָתָא
/ בשבת שובה: לְעֵלָּא לְעֵלָּא מִכָּל בִּרְכָתָא/
וְשִׁירָתָא, תֻּשְׁבְּחָתָא וְנֶחֱמָתָא
דַּאֲמִירָן בְּעָלְמָא
וְאִמְרוּ אָמֵן. (קהל: אָמֵן)

To Israel,
to the teachers,
their disciples
and their disciples' disciples,
and to all who engage in the study of Torah,
in this (*In Israel add:* holy) place or elsewhere,
may there come to them
and you great peace,
grace, kindness and compassion,
long life,
ample sustenance and deliverance,
from their Father in Heaven –
and say: Amen.

May there be great peace from heaven,
and (good) life for us
and all Israel –
and say: Amen.

Bow, take three steps back,
as if taking leave of the Divine Presence,
then bow, first left, then right, then center, while saying:

May He who makes peace
in His high places,
in His compassion make peace for us
and all Israel –
and say: Amen.

עַל יִשְׂרָאֵל וְעַל רַבָּנָן

וְעַל תַּלְמִידֵיהוֹן וְעַל כָּל תַּלְמִידֵי תַלְמִידֵיהוֹן

וְעַל כָּל מָאן דְּעָסְקִין בְּאוֹרַיְתָא

דִּי בְּאַתְרָא (בארץ ישראל: קַדִּישָׁא) הָדֵין

וְדִי בְּכָל אֲתַר וַאֲתַר

יְהֵא לְהוֹן וּלְכוֹן שְׁלָמָא רַבָּא

חִנָּא וְחִסְדָּא, וְרַחֲמֵי, וְחַיֵּי אֲרִיכֵי

וּמְזוֹנֵי רְוִיחֵי

וּפֻרְקָנָא מִן קֳדָם אֲבוּהוֹן דִּי בִשְׁמַיָּא

וְאִמְרוּ אָמֵן. (קהל: אָמֵן)

יְהֵא שְׁלָמָא רַבָּא מִן שְׁמַיָּא

וְחַיִּים (טוֹבִים) עָלֵינוּ וְעַל כָּל יִשְׂרָאֵל

וְאִמְרוּ אָמֵן. (קהל: אָמֵן)

Bow, take three steps back, as if taking leave of the Divine Presence, then bow, first left, then right, then center, while saying:

עֹשֶׂה שָׁלוֹם/ בשבת שובה: הַשָּׁלוֹם/ בִּמְרוֹמָיו

הוּא יַעֲשֶׂה בְרַחֲמָיו שָׁלוֹם

עָלֵינוּ וְעַל כָּל יִשְׂרָאֵל

וְאִמְרוּ אָמֵן. (קהל: אָמֵן)

Ma'ariv for Shabbat

BLESSINGS OF THE SHEMA

The Leader says the following, bowing at "Bless," standing straight at "the LORD." The congregation, followed by the Leader, responds, bowing at "Bless," standing straight at "the LORD."

Leader: **BLESS**
the LORD, the blessed One.

Congregation: Bless the LORD, the blessed One,
for ever and all time.

Leader: Bless the LORD, the blessed One,
for ever and all time.

בָּרוּךְ Blessed are You, LORD our God,
King of the Universe,
who by His word brings on evenings,
by His wisdom opens the gates of heaven,
with understanding makes time change
and the seasons rotate,
and by His will
orders the stars in their constellations in the sky.

מעריב לשבת

קריאת שמע וברכותיה

The שליח ציבור *says the following, bowing at* בָּרְכוּ*, standing straight at* ה׳*.*
The קהל*, followed by the* שליח ציבור*, responds,*
bowing at בָּרוּךְ*, standing straight at* ה׳*.*

ש״ץ: **בָּרְכוּ**

אֶת יהוה הַמְבֹרָךְ.

קהל: בָּרוּךְ יהוה הַמְבֹרָךְ לְעוֹלָם וָעֶד.

ש״ץ: בָּרוּךְ יהוה הַמְבֹרָךְ לְעוֹלָם וָעֶד.

בָּרוּךְ אַתָּה יהוה אֱלֹהֵינוּ מֶלֶךְ הָעוֹלָם
אֲשֶׁר בִּדְבָרוֹ מַעֲרִיב עֲרָבִים
בְּחָכְמָה פּוֹתֵחַ שְׁעָרִים
וּבִתְבוּנָה מְשַׁנֶּה עִתִּים וּמַחֲלִיף אֶת הַזְּמַנִּים
וּמְסַדֵּר אֶת הַכּוֹכָבִים
בְּמִשְׁמְרוֹתֵיהֶם בָּרָקִיעַ כִּרְצוֹנוֹ.

He creates day and night,
rolling away the light before the darkness,
and darkness before the light.
‣ He makes the day pass and brings on night,
distinguishing day from night:
the LORD of hosts is His name.
May the living and forever enduring God
rule over us for all time.
Blessed are You,
LORD, who brings on evenings.

אַהֲבַת עוֹלָם With everlasting love
have You loved Your people, the house of Israel.
You have taught us Torah and commandments,
decrees and laws of justice.
Therefore, LORD our God,
when we lie down and when we rise up
we will speak of Your decrees,
rejoicing in the words of Your Torah
and Your commandments for ever.
‣ For they are our life and the length of our days;
on them will we meditate day and night.
May You never take away Your love from us.
Blessed are You, LORD,
who loves His people Israel.

בּוֹרֵא יוֹם וָלָיְלָה
גּוֹלֵל אוֹר מִפְּנֵי חֹשֶׁךְ וְחֹשֶׁךְ מִפְּנֵי אוֹר
◂ וּמַעֲבִיר יוֹם וּמֵבִיא לָיְלָה
וּמַבְדִּיל בֵּין יוֹם וּבֵין לָיְלָה
יהוה צְבָאוֹת שְׁמוֹ.
אֵל חַי וְקַיָּם תָּמִיד, יִמְלֹךְ עָלֵינוּ לְעוֹלָם וָעֶד.
בָּרוּךְ אַתָּה יהוה, הַמַּעֲרִיב עֲרָבִים.

אַהֲבַת עוֹלָם בֵּית יִשְׂרָאֵל עַמְּךָ אָהָבְתָּ
תּוֹרָה וּמִצְוֹת, חֻקִּים וּמִשְׁפָּטִים, אוֹתָנוּ לִמַּדְתָּ
עַל כֵּן יהוה אֱלֹהֵינוּ בְּשָׁכְבֵנוּ וּבְקוּמֵנוּ
נָשִׂיחַ בְּחֻקֶּיךָ
וְנִשְׂמַח בְּדִבְרֵי תוֹרָתֶךָ
וּבְמִצְוֹתֶיךָ לְעוֹלָם וָעֶד
◂ כִּי הֵם חַיֵּינוּ וְאֹרֶךְ יָמֵינוּ
וּבָהֶם נֶהְגֶּה יוֹמָם וָלָיְלָה.
וְאַהֲבָתְךָ אַל תָּסִיר מִמֶּנּוּ לְעוֹלָמִים.
בָּרוּךְ אַתָּה יהוה, אוֹהֵב עַמּוֹ יִשְׂרָאֵל.

The Shema must be said with intense concentration.
When not with a minyan, say:

God, faithful King!

The following verse should be said aloud,
while covering the eyes with the right hand:

Listen, Israel: the LORD is our God, the LORD is One. *Deut. 6*

Quietly: Blessed be the name of His glorious kingdom for ever and all time.

וְאָהַבְתָּ Love the LORD your God with all your heart, with all your soul, and with all your might. These words which I command you today shall be on your heart. Teach them repeatedly to your children, speaking of them when you sit at home and when you travel on the way, when you lie down and when you rise. Bind them as a sign on your hand, and they shall be an emblem between your eyes. Write them on the doorposts of your house and gates. *Deut. 6*

וְהָיָה If you indeed heed My commandments with which I charge you today, to love the LORD your God and worship Him with all your heart and with all your soul, I will give rain in *Deut. 11*

The שמע *must be said with intense concentration.*
When not with a מנין*, say:*

אֵל מֶלֶךְ נֶאֱמָן

The following verse should be said aloud,
while covering the eyes with the right hand:

דברים ו
שְׁמַע יִשְׂרָאֵל, יְהוָה אֱלֹהֵינוּ
יְהוָה ׀ אֶחָד:

Quietly בָּרוּךְ שֵׁם כְּבוֹד מַלְכוּתוֹ לְעוֹלָם וָעֶד.

דברים ו
וְאָהַבְתָּ אֵת יְהוָה אֱלֹהֶיךָ, בְּכָל־לְבָבְךָ וּבְכָל־
נַפְשְׁךָ וּבְכָל־מְאֹדֶךָ: וְהָיוּ הַדְּבָרִים הָאֵלֶּה,
אֲשֶׁר אָנֹכִי מְצַוְּךָ הַיּוֹם, עַל־לְבָבֶךָ: וְשִׁנַּנְתָּם
לְבָנֶיךָ וְדִבַּרְתָּ בָּם, בְּשִׁבְתְּךָ בְּבֵיתֶךָ וּבְלֶכְתְּךָ
בַדֶּרֶךְ, וּבְשָׁכְבְּךָ וּבְקוּמֶךָ: וּקְשַׁרְתָּם לְאוֹת
עַל־יָדֶךָ וְהָיוּ לְטֹטָפֹת בֵּין עֵינֶיךָ: וּכְתַבְתָּם
עַל־מְזֻזוֹת בֵּיתֶךָ וּבִשְׁעָרֶיךָ:

דברים יא
וְהָיָה אִם־שָׁמֹעַ תִּשְׁמְעוּ אֶל־מִצְוֹתַי אֲשֶׁר
אָנֹכִי מְצַוֶּה אֶתְכֶם הַיּוֹם, לְאַהֲבָה אֶת־יְהוָה
אֱלֹהֵיכֶם וּלְעָבְדוֹ, בְּכָל־לְבַבְכֶם וּבְכָל־נַפְשְׁכֶם:

your land in its season, the early and late rain; and you shall gather in your grain, wine, and oil. I will give grass in your field for your cattle, and you shall eat and be satisfied. Be careful lest your heart be tempted and you go astray and worship other gods, bowing down to them. Then the LORD's anger will flare against you and He will close the heavens so that there will be no rain. The land will not yield its crops, and you will perish swiftly from the good land that the LORD is giving you. Therefore, set these, My words, on your heart and soul. Bind them as a sign on your hand, and they shall be an emblem between your eyes. Teach them to your children, speaking of them when you sit at home and when you travel on the way, when you lie down and when you rise. Write them on the doorposts of your house and gates, so that you and your children may live long in the land that the LORD swore to your ancestors to give them, for as long as the heavens are above the earth.

וַיֹּאמֶר The LORD spoke to Moses, saying: Speak *Num. 15*
to the Israelites and tell them to make tassels on

וְנָתַתִּי מְטַר־אַרְצְכֶם בְּעִתּוֹ, יוֹרֶה וּמַלְקוֹשׁ,
וְאָסַפְתָּ דְגָנֶךָ וְתִירֹשְׁךָ וְיִצְהָרֶךָ: וְנָתַתִּי עֵשֶׂב
בְּשָׂדְךָ לִבְהֶמְתֶּךָ, וְאָכַלְתָּ וְשָׂבָעְתָּ: הִשָּׁמְרוּ
לָכֶם פֶּן־יִפְתֶּה לְבַבְכֶם, וְסַרְתֶּם וַעֲבַדְתֶּם
אֱלֹהִים אֲחֵרִים וְהִשְׁתַּחֲוִיתֶם לָהֶם: וְחָרָה
אַף־יְהֹוָה בָּכֶם, וְעָצַר אֶת־הַשָּׁמַיִם וְלֹא־יִהְיֶה
מָטָר, וְהָאֲדָמָה לֹא תִתֵּן אֶת־יְבוּלָהּ, וַאֲבַדְתֶּם
מְהֵרָה מֵעַל הָאָרֶץ הַטֹּבָה אֲשֶׁר יְהֹוָה נֹתֵן
לָכֶם: וְשַׂמְתֶּם אֶת־דְּבָרַי אֵלֶּה עַל־לְבַבְכֶם
וְעַל־נַפְשְׁכֶם, וּקְשַׁרְתֶּם אֹתָם לְאוֹת עַל־יֶדְכֶם,
וְהָיוּ לְטוֹטָפֹת בֵּין עֵינֵיכֶם: וְלִמַּדְתֶּם אֹתָם אֶת־
בְּנֵיכֶם לְדַבֵּר בָּם, בְּשִׁבְתְּךָ בְּבֵיתֶךָ וּבְלֶכְתְּךָ
בַדֶּרֶךְ, וּבְשָׁכְבְּךָ וּבְקוּמֶךָ: וּכְתַבְתָּם עַל־מְזוּזוֹת
בֵּיתֶךָ וּבִשְׁעָרֶיךָ: לְמַעַן יִרְבּוּ יְמֵיכֶם וִימֵי בְנֵיכֶם
עַל הָאֲדָמָה אֲשֶׁר נִשְׁבַּע יְהֹוָה לַאֲבֹתֵיכֶם לָתֵת
לָהֶם, כִּימֵי הַשָּׁמַיִם עַל־הָאָרֶץ:

וַיֹּאמֶר יְהֹוָה אֶל־מֹשֶׁה לֵּאמֹר: דַּבֵּר אֶל־בְּנֵי במדבר טו
יִשְׂרָאֵל וְאָמַרְתָּ אֲלֵהֶם, וְעָשׂוּ לָהֶם צִיצִת עַל־

the corners of their garments for all generations. They shall attach to the tassel at each corner a thread of blue. This shall be your tassel, and you shall see it and remember all of the LORD's commandments and keep them, not straying after your heart and after your eyes, following your own sinful desires. Thus you will be reminded to keep all My commandments, and be holy to your God. I am the LORD your God, who brought you out of the land of Egypt to be your God. I am the LORD your God.

True –

The Leader repeats:

▸ The LORD your God is true –

וֶאֱמוּנָה – and faithful is all this,
and firmly established for us
that He is the LORD our God,
and there is none besides Him,
and that we, Israel, are His people.
He is our King,
who redeems us from the hand of kings
and delivers us from the grasp
of all tyrants.

כַּנְפֵי בִגְדֵיהֶם לְדֹרֹתָם, וְנָתְנוּ עַל־צִיצִת הַכָּנָף פְּתִיל תְּכֵלֶת: וְהָיָה לָכֶם לְצִיצִת, וּרְאִיתֶם אֹתוֹ וּזְכַרְתֶּם אֶת־כׇּל־מִצְוֺת יהוה וַעֲשִׂיתֶם אֹתָם, וְלֹא תָתֻרוּ אַחֲרֵי לְבַבְכֶם וְאַחֲרֵי עֵינֵיכֶם, אֲשֶׁר־אַתֶּם זֹנִים אַחֲרֵיהֶם: לְמַעַן תִּזְכְּרוּ וַעֲשִׂיתֶם אֶת־כׇּל־מִצְוֺתָי, וִהְיִיתֶם קְדֹשִׁים לֵאלֹהֵיכֶם: אֲנִי יהוה אֱלֹהֵיכֶם, אֲשֶׁר הוֹצֵאתִי אֶתְכֶם מֵאֶרֶץ מִצְרַיִם, לִהְיוֹת לָכֶם לֵאלֹהִים, אֲנִי יהוה אֱלֹהֵיכֶם:

אֱמֶת

The שליח ציבור *repeats:*

◂ יהוה אֱלֹהֵיכֶם אֱמֶת

וֶאֱמוּנָה כׇּל זֹאת וְקַיָּם עָלֵינוּ
כִּי הוּא יהוה אֱלֹהֵינוּ וְאֵין זוּלָתוֹ
וַאֲנַחְנוּ יִשְׂרָאֵל עַמּוֹ.
הַפּוֹדֵנוּ מִיַּד מְלָכִים
מַלְכֵּנוּ הַגּוֹאֲלֵנוּ מִכַּף כׇּל הֶעָרִיצִים.

He is our God,
who on our behalf repays our foes
and brings just retribution
on our mortal enemies;
who performs great deeds
beyond understanding
and wonders beyond number;
who kept us alive, not letting our foot slip; *Ps. 66*
who led us on the high places of our enemies,
raising our pride above all our foes;
who did miracles for us
and brought vengeance against Pharaoh;
who performed signs and wonders
in the land of Ham's children;
who smote in His wrath
all the firstborn of Egypt,
and brought out His people Israel
from their midst
into everlasting freedom;
who led His children
through the divided Reed Sea,
plunging their pursuers and enemies
into the depths.
When His children saw His might,
they gave praise and thanks to His name,

הָאֵל הַנִּפְרָע לָנוּ מִצָּרֵינוּ
וְהַמְשַׁלֵּם גְּמוּל לְכָל אוֹיְבֵי נַפְשֵׁנוּ.
הָעוֹשֶׂה גְדוֹלוֹת עַד אֵין חֵקֶר
וְנִפְלָאוֹת עַד אֵין מִסְפָּר

תהלים סו

הַשָּׂם נַפְשֵׁנוּ בַּחַיִּים
וְלֹא־נָתַן לַמּוֹט רַגְלֵנוּ:
הַמַּדְרִיכֵנוּ עַל בָּמוֹת אוֹיְבֵינוּ
וַיָּרֶם קַרְנֵנוּ עַל כָּל שׂוֹנְאֵינוּ.
הָעוֹשֶׂה לָּנוּ נִסִּים וּנְקָמָה בְּפַרְעֹה
אוֹתוֹת וּמוֹפְתִים בְּאַדְמַת בְּנֵי חָם.
הַמַּכֶּה בְעֶבְרָתוֹ כָּל בְּכוֹרֵי מִצְרָיִם
וַיּוֹצֵא אֶת עַמּוֹ יִשְׂרָאֵל מִתּוֹכָם
לְחֵרוּת עוֹלָם.
הַמַּעֲבִיר בָּנָיו בֵּין גִּזְרֵי יַם סוּף
אֶת רוֹדְפֵיהֶם וְאֶת שׂוֹנְאֵיהֶם
בִּתְהוֹמוֹת טִבַּע
וְרָאוּ בָנָיו גְּבוּרָתוֹ, שִׁבְּחוּ וְהוֹדוּ לִשְׁמוֹ

▸ and willingly accepted His Sovereignty.
Moses and the children of Israel
then sang a song to You with great joy,
and they all exclaimed:

"Who is like You, LORD, among the mighty? *Ex. 15*
Who is like You, majestic in holiness,
awesome in praises, doing wonders?"

▸ Your children beheld Your majesty
as You parted the sea before Moses.
"This is my God!" they responded,
and then said:

"The LORD shall reign for ever and ever." *Ex. 15*

▸ And it is said,

"For the LORD has redeemed Jacob *Jer. 31*
and rescued him from a power
stronger than his own."

Blessed are You, LORD,
who redeemed Israel.

הַשְׁכִּיבֵנוּ Help us lie down,
O LORD our God, in peace,
and rise up, O our King, to life.
Spread over us Your canopy of peace.
Direct us with Your good counsel,
and save us for the sake of Your name.

◂ וּמַלְכוּתוֹ בְּרָצוֹן קִבְּלוּ עֲלֵיהֶם.
מֹשֶׁה וּבְנֵי יִשְׂרָאֵל, לְךָ עָנוּ שִׁירָה
בְּשִׂמְחָה רַבָּה, וְאָמְרוּ כֻלָּם

מִי־כָמֹכָה בָּאֵלִם יהוה | שמות טו
מִי כָּמֹכָה נֶאְדָּר בַּקֹּדֶשׁ
נוֹרָא תְהִלֹּת עֹשֵׂה פֶלֶא:

◂ מַלְכוּתְךָ רָאוּ בָנֶיךָ, בּוֹקֵעַ יָם לִפְנֵי מֹשֶׁה
זֶה אֵלִי עָנוּ, וְאָמְרוּ
יהוה יִמְלֹךְ לְעֹלָם וָעֶד: | שמות טו
◂ וְנֶאֱמַר
כִּי־פָדָה יהוה אֶת־יַעֲקֹב | ירמיהו לא
וּגְאָלוֹ מִיַּד חָזָק מִמֶּנּוּ:
בָּרוּךְ אַתָּה יהוה, גָּאַל יִשְׂרָאֵל.

הַשְׁכִּיבֵנוּ יהוה אֱלֹהֵינוּ לְשָׁלוֹם
וְהַעֲמִידֵנוּ מַלְכֵּנוּ לְחַיִּים
וּפְרֹשׂ עָלֵינוּ סֻכַּת שְׁלוֹמֶךָ
וְתַקְּנֵנוּ בְּעֵצָה טוֹבָה מִלְּפָנֶיךָ
וְהוֹשִׁיעֵנוּ לְמַעַן שְׁמֶךָ.

Shield us
and remove from us every enemy,
plague, sword, famine and sorrow.
Remove the adversary from before and behind us.
Shelter us in the shadow of Your wings,
for You, God, are our Guardian and Deliverer;
You, God, are a gracious and compassionate King.
▸ Guard our going out and our coming in,
for life and peace,
from now and for ever.
Spread over us Your canopy of peace.
Blessed are You, LORD,
who spreads a canopy of peace over us,
over all His people Israel,
and over Jerusalem.

וְשָׁמְרוּ The children of Israel *Ex. 31*
must keep the Sabbath,
observing the Sabbath in every generation
as an everlasting covenant.
It is a sign
between Me and the children of Israel
for ever,
for in six days God made the heavens and the earth,
but on the seventh day He ceased work
and refreshed Himself.

וְהָגֵן בַּעֲדֵנוּ
וְהָסֵר מֵעָלֵינוּ אוֹיֵב, דֶּבֶר וְחֶרֶב וְרָעָב וְיָגוֹן
וְהָסֵר שָׂטָן מִלְּפָנֵינוּ וּמֵאַחֲרֵינוּ
וּבְצֵל כְּנָפֶיךָ תַּסְתִּירֵנוּ
כִּי אֵל שׁוֹמְרֵנוּ וּמַצִּילֵנוּ אָתָּה
כִּי אֵל מֶלֶךְ חַנּוּן וְרַחוּם אָתָּה.
◂ וּשְׁמֹר צֵאתֵנוּ וּבוֹאֵנוּ לְחַיִּים וּלְשָׁלוֹם
מֵעַתָּה וְעַד עוֹלָם.
וּפְרֹשׂ עָלֵינוּ סֻכַּת שְׁלוֹמֶךָ.
בָּרוּךְ אַתָּה יהוה
הַפּוֹרֵשׂ סֻכַּת שָׁלוֹם עָלֵינוּ וְעַל כָּל עַמּוֹ
יִשְׂרָאֵל וְעַל יְרוּשָׁלָיִם.

וְשָׁמְרוּ בְנֵי־יִשְׂרָאֵל אֶת־הַשַּׁבָּת שמות לא
לַעֲשׂוֹת אֶת־הַשַּׁבָּת לְדֹרֹתָם בְּרִית עוֹלָם:
בֵּינִי וּבֵין בְּנֵי יִשְׂרָאֵל, אוֹת הִוא לְעֹלָם
כִּי־שֵׁשֶׁת יָמִים עָשָׂה יהוה
אֶת־הַשָּׁמַיִם וְאֶת־הָאָרֶץ
וּבַיּוֹם הַשְּׁבִיעִי שָׁבַת וַיִּנָּפַשׁ:

HALF KADDISH

Leader: יִתְגַּדַּל Magnified and sanctified
may His great name be,
in the world He created by His will.
May He establish His kingdom
in your lifetime
and in your days,
and in the lifetime
of all the house of Israel,
swiftly and soon –
and say: Amen.

All: May His great name be blessed
for ever and all time.

Leader: Blessed and praised,
glorified and exalted,
raised and honored,
uplifted and lauded
be the name of the Holy One,
blessed be He,
beyond any blessing,
song, praise, and consolation
uttered in the world –
and say: Amen.

חצי קדיש

ש״ץ: יִתְגַּדַּל וְיִתְקַדַּשׁ שְׁמֵהּ רַבָּא (קהל: אָמֵן)
בְּעָלְמָא דִּי בְרָא כִרְעוּתֵהּ
וְיַמְלִיךְ מַלְכוּתֵהּ
בְּחַיֵּיכוֹן וּבְיוֹמֵיכוֹן
וּבְחַיֵּי דְכָל בֵּית יִשְׂרָאֵל
בַּעֲגָלָא וּבִזְמַן קָרִיב
וְאִמְרוּ אָמֵן. (קהל: אָמֵן)

קהל וש״ץ: יְהֵא שְׁמֵהּ רַבָּא מְבָרַךְ
לְעָלַם וּלְעָלְמֵי עָלְמַיָּא.

ש״ץ: יִתְבָּרַךְ וְיִשְׁתַּבַּח וְיִתְפָּאַר
וְיִתְרוֹמַם וְיִתְנַשֵּׂא וְיִתְהַדָּר וְיִתְעַלֶּה וְיִתְהַלָּל
שְׁמֵהּ דְּקֻדְשָׁא בְּרִיךְ הוּא (קהל: בְּרִיךְ הוּא)
לְעֵלָּא מִן כָּל בִּרְכָתָא
/בשבת שובה: לְעֵלָּא לְעֵלָּא מִכָּל בִּרְכָתָא/
וְשִׁירָתָא, תֻּשְׁבְּחָתָא וְנֶחֱמָתָא
דַּאֲמִירָן בְּעָלְמָא
וְאִמְרוּ אָמֵן. (קהל: אָמֵן)

THE AMIDA

The following prayer, until "in former years" on page 122, is said silently, standing with feet together. Take three steps forward and at the points indicated by ▾, bend the knees at the first word, bow at the second, and stand straight before saying God's name.

O LORD, open my lips, *Ps. 51*
so that my mouth may declare Your praise.

PATRIARCHS

▾בָּרוּךְ Blessed are You,
LORD our God and God of our fathers,
God of Abraham, God of Isaac, and God of Jacob;
the great, mighty, and awesome God,
God Most High,
who bestows acts of loving-kindness
and creates all,
who remembers the loving-kindness of the fathers
and will bring a Redeemer
to their children's children
for the sake of His name, in love.

On Shabbat Shuva: Remember us for life, O King who desires life,
and write us in the book of life –
for Your sake, O God of life.

King, Helper, Savior, Shield:
▾Blessed are You, LORD,
Shield of Abraham.

עמידה

The following prayer, until קַדְמֹנִיּוֹת *on page 123, is said silently, standing with feet together. Take three steps forward and at the points indicated by* ˚, *bend the knees at the first word, bow at the second, and stand straight before saying God's name.*

אֲדֹנָי, שְׂפָתַי תִּפְתָּח, וּפִי יַגִּיד תְּהִלָּתֶךָ: תהלים נא

אבות

˚בָּרוּךְ אַתָּה יהוה, אֱלֹהֵינוּ וֵאלֹהֵי אֲבוֹתֵינוּ
אֱלֹהֵי אַבְרָהָם, אֱלֹהֵי יִצְחָק, וֵאלֹהֵי יַעֲקֹב
הָאֵל הַגָּדוֹל הַגִּבּוֹר וְהַנּוֹרָא, אֵל עֶלְיוֹן
גּוֹמֵל חֲסָדִים טוֹבִים, וְקוֹנֵה הַכֹּל
וְזוֹכֵר חַסְדֵי אָבוֹת
וּמֵבִיא גוֹאֵל לִבְנֵי בְנֵיהֶם
לְמַעַן שְׁמוֹ בְּאַהֲבָה.

בשבת שובה: זָכְרֵנוּ לְחַיִּים, מֶלֶךְ חָפֵץ בַּחַיִּים
וְכָתְבֵנוּ בְּסֵפֶר הַחַיִּים
לְמַעַנְךָ אֱלֹהִים חַיִּים.

מֶלֶךְ עוֹזֵר וּמוֹשִׁיעַ וּמָגֵן.
˚בָּרוּךְ אַתָּה יהוה, מָגֵן אַבְרָהָם.

DIVINE MIGHT

אַתָּה גִּבּוֹר You are eternally mighty, LORD.
You give life to the dead
and have great power to save.

The phrase "He makes the wind blow and the rain fall" is added from Simḥat Torah until Pesaḥ. In Israel, the phrase "He causes the dew to fall" is added from Pesaḥ until Shemini Atzeret.

In fall & winter: He makes the wind blow
and the rain fall.

In Israel, in spring & summer: He causes the dew to fall.

He sustains the living with loving-kindness,
and with great compassion revives the dead.
He supports the fallen, heals the sick,
sets captives free,
and keeps His faith
with those who sleep in the dust.
Who is like You, Master of might,
and and who can compare to You,
O King who brings death and gives life,
and makes salvation grow?

On Shabbat Shuva: Who is like You, compassionate Father,
who remembers His creatures
in compassion, for life?

Faithful are You to revive the dead.
Blessed are You, LORD, who revives the dead.

גבורות

אַתָּה גִּבּוֹר לְעוֹלָם, אֲדֹנָי
מְחַיֵּה מֵתִים אַתָּה, רַב לְהוֹשִׁיעַ

The phrase מַשִּׁיב הָרוּחַ *is added from* שמחת תורה *until* פסח.
In ארץ ישראל *the phrase* מוֹרִיד הַטָּל *is added from* פסח *until* שמיני עצרת.

בחורף: מַשִּׁיב הָרוּחַ וּמוֹרִיד הַגֶּשֶׁם
בארץ ישראל בקיץ: מוֹרִיד הַטָּל

מְכַלְכֵּל חַיִּים בְּחֶסֶד
מְחַיֵּה מֵתִים בְּרַחֲמִים רַבִּים
סוֹמֵךְ נוֹפְלִים, וְרוֹפֵא חוֹלִים
וּמַתִּיר אֲסוּרִים
וּמְקַיֵּם אֱמוּנָתוֹ לִישֵׁנֵי עָפָר.
מִי כָמוֹךָ, בַּעַל גְּבוּרוֹת, וּמִי דּוֹמֶה לָּךְ
מֶלֶךְ, מֵמִית וּמְחַיֶּה וּמַצְמִיחַ יְשׁוּעָה.

בשבת שובה: מִי כָמוֹךָ אַב הָרַחֲמִים
זוֹכֵר יְצוּרָיו לְחַיִּים בְּרַחֲמִים.

וְנֶאֱמָן אַתָּה לְהַחֲיוֹת מֵתִים.
בָּרוּךְ אַתָּה יהוה, מְחַיֵּה הַמֵּתִים.

HOLINESS

אַתָּה קָדוֹשׁ You are holy and Your name is holy,
and holy ones praise You daily, Selah!
Blessed are You, LORD,
the holy God. / *On Shabbat Shuva:* the holy King./

(*If forgotten, repeat the Amida.*)

HOLINESS OF THE DAY

אַתָּה קִדַּשְׁתָּ You sanctified the seventh day
for Your name's sake,
as the culmination of the creation
of heaven and earth.
Of all days, You blessed it;
of all seasons You sanctified it –
and so it is written in Your Torah:

וַיְכֻלּוּ Then the heavens and the earth were finished, *Gen. 2*
and all their vast array.
On the seventh day
God finished the work that He had done,
and on the seventh day He rested
from all the work that He had done.
God blessed the seventh day and sanctified it,
He rested from all His work,
from all that God had created and done

קדושת השם

אַתָּה קָדוֹשׁ וְשִׁמְךָ קָדוֹשׁ
וּקְדוֹשִׁים בְּכָל יוֹם יְהַלְלוּךָ סֶּלָה.
בָּרוּךְ אַתָּה יהוה
הָאֵל הַקָּדוֹשׁ. / בשבת שובה: הַמֶּלֶךְ הַקָּדוֹשׁ. /
(*If forgotten, repeat the* עמידה.)

קדושת היום

אַתָּה קִדַּשְׁתָּ אֶת יוֹם הַשְּׁבִיעִי לִשְׁמֶךָ
תַּכְלִית מַעֲשֵׂה שָׁמַיִם וָאָרֶץ
וּבֵרַכְתּוֹ מִכָּל הַיָּמִים
וְקִדַּשְׁתּוֹ מִכָּל הַזְּמַנִּים
וְכֵן כָּתוּב בְּתוֹרָתֶךָ

בראשית ב

וַיְכֻלּוּ הַשָּׁמַיִם וְהָאָרֶץ וְכָל־צְבָאָם:
וַיְכַל אֱלֹהִים בַּיּוֹם הַשְּׁבִיעִי מְלַאכְתּוֹ אֲשֶׁר עָשָׂה
וַיִּשְׁבֹּת בַּיּוֹם הַשְּׁבִיעִי מִכָּל־מְלַאכְתּוֹ אֲשֶׁר עָשָׂה:
וַיְבָרֶךְ אֱלֹהִים אֶת־יוֹם הַשְּׁבִיעִי, וַיְקַדֵּשׁ אֹתוֹ
כִּי בוֹ שָׁבַת מִכָּל־מְלַאכְתּוֹ
אֲשֶׁר־בָּרָא אֱלֹהִים לַעֲשׂוֹת:

אֱלֹהֵינוּ Our God and God of our ancestors,
may You find favor in our rest.
Make us holy through Your commandments
and grant us our share in Your Torah.
Satisfy us with Your goodness,
grant us joy in Your salvation,
and purify our hearts to serve You in truth.
In love and favor, O LORD our God,
grant us as our heritage Your holy Shabbat,
so that Israel, who sanctify Your name,
may find rest on it.
Blessed are You, LORD, who sanctifies the Sabbath.

TEMPLE SERVICE

רְצֵה Find favor, LORD our God,
in Your people Israel and their prayer.
Restore the service to Your most holy House,
and accept in love and favor
the fire-offerings of Israel and their prayer.
May the service of Your people Israel
always find favor with You.

On Rosh Ḥodesh:

אֱלֹהֵינוּ Our God and God of our ancestors, may there rise, come, reach, appear, be favored, heard, regarded, and remembered before You, our recollection and remembrance, as well as the remembrance of our ancestors, and of the Messiah son of David Your servant, and

אֱלֹהֵינוּ וֵאלֹהֵי אֲבוֹתֵינוּ, רְצֵה בִמְנוּחָתֵנוּ.
קַדְּשֵׁנוּ בְּמִצְוֹתֶיךָ, וְתֵן חֶלְקֵנוּ בְּתוֹרָתֶךָ
שַׂבְּעֵנוּ מִטּוּבֶךָ, וְשַׂמְּחֵנוּ בִּישׁוּעָתֶךָ
וְטַהֵר לִבֵּנוּ לְעָבְדְּךָ בֶּאֱמֶת.
וְהַנְחִילֵנוּ, יהוה אֱלֹהֵינוּ
בְּאַהֲבָה וּבְרָצוֹן שַׁבַּת קָדְשֶׁךָ
וְיָנוּחוּ בָהּ יִשְׂרָאֵל מְקַדְּשֵׁי שְׁמֶךָ.
בָּרוּךְ אַתָּה יהוה, מְקַדֵּשׁ הַשַּׁבָּת.

עבודה

רְצֵה יהוה אֱלֹהֵינוּ בְּעַמְּךָ יִשְׂרָאֵל, וּבִתְפִלָּתָם
וְהָשֵׁב אֶת הָעֲבוֹדָה לִדְבִיר בֵּיתֶךָ
וְאִשֵּׁי יִשְׂרָאֵל וּתְפִלָּתָם בְּאַהֲבָה תְקַבֵּל בְּרָצוֹן
וּתְהִי לְרָצוֹן תָּמִיד עֲבוֹדַת יִשְׂרָאֵל עַמֶּךָ.

On ראש חודש:

אֱלֹהֵינוּ וֵאלֹהֵי אֲבוֹתֵינוּ, יַעֲלֶה וְיָבוֹא וְיַגִּיעַ, וְיֵרָאֶה
וְיֵרָצֶה וְיִשָּׁמַע, וְיִפָּקֵד וְיִזָּכֵר זִכְרוֹנֵנוּ וּפִקְדוֹנֵנוּ
וְזִכְרוֹן אֲבוֹתֵינוּ, וְזִכְרוֹן מָשִׁיחַ בֶּן דָּוִד עַבְדֶּךָ, וְזִכְרוֹן
יְרוּשָׁלַיִם עִיר קָדְשֶׁךָ, וְזִכְרוֹן כָּל עַמְּךָ בֵּית יִשְׂרָאֵל,
לְפָנֶיךָ, לִפְלֵיטָה לְטוֹבָה, לְחֵן וּלְחֶסֶד וּלְרַחֲמִים,

of Jerusalem Your holy city, and of all Your people the house of Israel – for deliverance and well-being, grace, loving-kindness and compassion, life and peace, on this day of Rosh Ḥodesh. On it remember us, LORD our God, for good; recollect us for blessing, and deliver us for life. In accord with Your promise of salvation and compassion, spare us and be gracious to us; have compassion on us and deliver us, for our eyes are turned to You because You, God, are a gracious and compassionate King.

וְתֶחֱזֶינָה And may our eyes witness Your return
to Zion in compassion.
Blessed are You, LORD,
who restores His Presence to Zion.

THANKSGIVING

Bow at the first nine words.

▾מוֹדִים We give thanks to You, for You are
the LORD our God and God of our ancestors
for ever and all time.
You are the Rock of our lives, Shield of our salvation
from generation to generation.
We will thank You
and declare Your praise for our lives,
which are entrusted into Your hand;
for our souls, which are placed in Your charge;
for Your miracles which are with us every day;
and for Your wonders and favors
at all times, evening, morning, and midday.

לְחַיִּים וּלְשָׁלוֹם בְּיוֹם רֹאשׁ הַחֹדֶשׁ הַזֶּה. זָכְרֵנוּ יהוה אֱלֹהֵינוּ בּוֹ לְטוֹבָה, וּפָקְדֵנוּ בוֹ לִבְרָכָה, וְהוֹשִׁיעֵנוּ בוֹ לְחַיִּים. וּבִדְבַר יְשׁוּעָה וְרַחֲמִים, חוּס וְחָנֵּנוּ וְרַחֵם עָלֵינוּ וְהוֹשִׁיעֵנוּ, כִּי אֵלֶיךָ עֵינֵינוּ, כִּי אֵל מֶלֶךְ חַנּוּן וְרַחוּם אָתָּה.

וְתֶחֱזֶינָה עֵינֵינוּ בְּשׁוּבְךָ לְצִיּוֹן בְּרַחֲמִים.
בָּרוּךְ אַתָּה יהוה, הַמַּחֲזִיר שְׁכִינָתוֹ לְצִיּוֹן.

הודאה

Bow at the first five words.

מוֹדִים אֲנַחְנוּ לָךְ
שָׁאַתָּה הוּא יהוה אֱלֹהֵינוּ וֵאלֹהֵי אֲבוֹתֵינוּ
לְעוֹלָם וָעֶד.
צוּר חַיֵּינוּ, מָגֵן יִשְׁעֵנוּ, אַתָּה הוּא לְדוֹר וָדוֹר.
נוֹדֶה לְּךָ וּנְסַפֵּר תְּהִלָּתֶךָ
עַל חַיֵּינוּ הַמְּסוּרִים בְּיָדֶךָ
וְעַל נִשְׁמוֹתֵינוּ הַפְּקוּדוֹת לָךְ
וְעַל נִסֶּיךָ שֶׁבְּכָל יוֹם עִמָּנוּ
וְעַל נִפְלְאוֹתֶיךָ וְטוֹבוֹתֶיךָ
שֶׁבְּכָל עֵת, עֶרֶב וָבֹקֶר וְצָהֳרָיִם.

You are good – for Your compassion never fails.
You are compassionate –
for Your loving-kindnesses never cease.
We have always placed our hope in You.

On Ḥanukka:

עַל הַנִּסִּים [We thank You also] for the miracles, the redemption, the mighty deeds, the salvations, and the victories in battle which You performed for our ancestors in those days, at this time.

בִּימֵי מַתִּתְיָהוּ In the days of Mattityahu, son of Yoḥanan, the High Priest, the Hasmonean, and his sons, the wicked Greek kingdom rose up against Your people Israel to make them forget Your Torah and to force them to transgress the statutes of Your will. It was then that You in Your great compassion stood by them in the time of their distress. You championed their cause, judged their claim, and avenged their wrong. You delivered the strong into the hands of the weak, the many into the hands of the few, the impure into the hands of the pure, the wicked into the hands of the righteous, and the arrogant into the hands of those who were engaged in the study of Your Torah. You made for Yourself great and holy renown in Your world, and for Your people Israel You performed a great salvation and redemption as of this very day. Your children then entered the holiest part of Your House, cleansed Your Temple, purified Your Sanctuary, kindled lights in Your holy courts, and designated these eight days of Ḥanukka for giving thanks and praise to Your great name.

Continue with "For all these things."

הַטּוֹב, כִּי לֹא כָלוּ רַחֲמֶיךָ
וְהַמְרַחֵם, כִּי לֹא תַמּוּ חֲסָדֶיךָ
מֵעוֹלָם קִוִּינוּ לָךְ.

בחנוכה:

עַל הַנִּסִּים וְעַל הַפֻּרְקָן וְעַל הַגְּבוּרוֹת וְעַל הַתְּשׁוּעוֹת וְעַל הַמִּלְחָמוֹת שֶׁעָשִׂיתָ לַאֲבוֹתֵינוּ בַּיָּמִים הָהֵם בַּזְּמַן הַזֶּה.

בִּימֵי מַתִּתְיָהוּ בֶּן יוֹחָנָן כֹּהֵן גָּדוֹל חַשְׁמוֹנַאי וּבָנָיו, כְּשֶׁעָמְדָה מַלְכוּת יָוָן הָרְשָׁעָה עַל עַמְּךָ יִשְׂרָאֵל לְהַשְׁכִּיחָם תּוֹרָתֶךָ וּלְהַעֲבִירָם מֵחֻקֵּי רְצוֹנֶךָ, וְאַתָּה בְּרַחֲמֶיךָ הָרַבִּים עָמַדְתָּ לָהֶם בְּעֵת צָרָתָם, רַבְתָּ אֶת רִיבָם, דַּנְתָּ אֶת דִּינָם, נָקַמְתָּ אֶת נִקְמָתָם, מָסַרְתָּ גִבּוֹרִים בְּיַד חַלָּשִׁים, וְרַבִּים בְּיַד מְעַטִּים, וּטְמֵאִים בְּיַד טְהוֹרִים, וּרְשָׁעִים בְּיַד צַדִּיקִים, וְזֵדִים בְּיַד עוֹסְקֵי תוֹרָתֶךָ, וּלְךָ עָשִׂיתָ שֵׁם גָּדוֹל וְקָדוֹשׁ בְּעוֹלָמֶךָ, וּלְעַמְּךָ יִשְׂרָאֵל עָשִׂיתָ תְּשׁוּעָה גְדוֹלָה וּפֻרְקָן כְּהַיּוֹם הַזֶּה. וְאַחַר כֵּן בָּאוּ בָנֶיךָ לִדְבִיר בֵּיתֶךָ, וּפִנּוּ אֶת הֵיכָלֶךָ, וְטִהֲרוּ אֶת מִקְדָּשֶׁךָ, וְהִדְלִיקוּ נֵרוֹת בְּחַצְרוֹת קָדְשֶׁךָ, וְקָבְעוּ שְׁמוֹנַת יְמֵי חֲנֻכָּה אֵלּוּ, לְהוֹדוֹת וּלְהַלֵּל לְשִׁמְךָ הַגָּדוֹל.

Continue with וְעַל כֻּלָּם.

On Shushan Purim in Jerusalem:

עַל הַנִּסִּים [We thank You also] for the miracles, the redemption, the mighty deeds, the salvations, and the victories in battle which You performed for our ancestors in those days, at this time.

בִּימֵי מָרְדְּכַי In the days of Mordekhai and Esther, in Shushan the capital, the wicked Haman rose up against them and sought to destroy, slay, and exterminate all the *Esther 3*
Jews, young and old, children and women, on one day, the thirteenth day of the twelfth month, which is the month of Adar, and to plunder their possessions. Then You in Your great compassion thwarted his counsel, frustrated his plans, and caused his scheme to recoil on his own head, so that they hanged him and his sons on the gallows.

Continue with "For all these things."

וְעַל כֻּלָּם For all these things
may Your name be blessed and exalted, our King,
continually, for ever and all time.

On Shabbat Shuva: And write, for a good life,
all the children of Your covenant.

Let all that lives thank You, Selah!
and praise Your name in truth,
God, our Savior and Help, Selah!
▾Blessed are You, Lord,
whose name is "the Good"
and to whom thanks are due.

בשושן פורים בירושלים:

עַל הַנִּסִּים וְעַל הַפֻּרְקָן וְעַל הַגְּבוּרוֹת וְעַל הַתְּשׁוּעוֹת וְעַל הַמִּלְחָמוֹת שֶׁעָשִׂיתָ לַאֲבוֹתֵינוּ בַּיָּמִים הָהֵם בַּזְּמַן הַזֶּה.

בִּימֵי מָרְדְּכַי וְאֶסְתֵּר בְּשׁוּשַׁן הַבִּירָה, כְּשֶׁעָמַד עֲלֵיהֶם הָמָן הָרָשָׁע, בִּקֵּשׁ לְהַשְׁמִיד לַהֲרֹג וּלְאַבֵּד אסתר ג
אֶת־כָּל־הַיְּהוּדִים מִנַּעַר וְעַד־זָקֵן טַף וְנָשִׁים בְּיוֹם אֶחָד, בִּשְׁלוֹשָׁה עָשָׂר לְחֹדֶשׁ שְׁנֵים־עָשָׂר, הוּא־חֹדֶשׁ אֲדָר, וּשְׁלָלָם לָבוֹז: וְאַתָּה בְּרַחֲמֶיךָ הָרַבִּים הֵפַרְתָּ אֶת עֲצָתוֹ, וְקִלְקַלְתָּ אֶת מַחֲשַׁבְתּוֹ, וַהֲשֵׁבוֹתָ לוֹ גְּמוּלוֹ בְּרֹאשׁוֹ, וְתָלוּ אוֹתוֹ וְאֶת בָּנָיו עַל הָעֵץ.

Continue with וְעַל כֻּלָּם.

וְעַל כֻּלָּם יִתְבָּרַךְ וְיִתְרוֹמַם שִׁמְךָ מַלְכֵּנוּ תָּמִיד לְעוֹלָם וָעֶד.

בשבת שובה: וּכְתֹב לְחַיִּים טוֹבִים כָּל בְּנֵי בְרִיתֶךָ.

וְכֹל הַחַיִּים יוֹדוּךָ סֶּלָה, וִיהַלְלוּ אֶת שִׁמְךָ בֶּאֱמֶת הָאֵל יְשׁוּעָתֵנוּ וְעֶזְרָתֵנוּ סֶלָה.

בָּרוּךְ אַתָּה יהוה
הַטּוֹב שִׁמְךָ וּלְךָ נָאֶה לְהוֹדוֹת.

TEMPLE SERVICE

שָׁלוֹם רָב Grant great peace
to Your people Israel for ever,
for You are the sovereign LORD of all peace;
and may it be good in Your eyes
to bless Your people Israel
at every time, at every hour, with Your peace.

On Shabbat Shuva: In the book of life,
blessing, peace, and prosperity,
may we and all Your people the house of Israel
be remembered and written before You
for a good life, and for peace.*

Blessed are You, LORD,
who blesses His people Israel with peace.

**On Shabbat Shuva outside Israel, many end the blessing:*
Blessed are You, LORD, who makes peace.

Some say the following verse:
May the words of my mouth and the meditation of my heart *Ps. 19*
find favor before You, LORD, my Rock and Redeemer.

אֱלֹהַי My God, *Berakhot 17a*
guard my tongue from evil
and my lips from deceitful speech.
To those who curse me, let my soul be silent;
may my soul be to all like the dust.
Open my heart to Your Torah
and let my soul pursue Your commandments.

ברכת שלום

שָׁלוֹם רָב עַל יִשְׂרָאֵל עַמְּךָ תָּשִׂים לְעוֹלָם
כִּי אַתָּה הוּא מֶלֶךְ אָדוֹן לְכָל הַשָּׁלוֹם.
וְטוֹב בְּעֵינֶיךָ לְבָרֵךְ אֶת עַמְּךָ יִשְׂרָאֵל
בְּכָל עֵת וּבְכָל שָׁעָה בִּשְׁלוֹמֶךָ.

בשבת שובה: בְּסֵפֶר חַיִּים, בְּרָכָה וְשָׁלוֹם, וּפַרְנָסָה טוֹבָה
נִזָּכֵר וְנִכָּתֵב לְפָנֶיךָ
אֲנַחְנוּ וְכָל עַמְּךָ בֵּית יִשְׂרָאֵל
לְחַיִּים טוֹבִים וּלְשָׁלוֹם.*

בָּרוּךְ אַתָּה יהוה
הַמְבָרֵךְ אֶת עַמּוֹ יִשְׂרָאֵל בַּשָּׁלוֹם.

*On שבת שובה in חוץ לארץ, many end the blessing:

בָּרוּךְ אַתָּה יהוה, עוֹשֶׂה הַשָּׁלוֹם.

Some say the following verse:

תהלים יט יִהְיוּ לְרָצוֹן אִמְרֵי־פִי וְהֶגְיוֹן לִבִּי לְפָנֶיךָ, יהוה צוּרִי וְגֹאֲלִי:

ברכות יז. אֱלֹהַי
נְצֹר לְשׁוֹנִי מֵרָע וּשְׂפָתַי מִדַּבֵּר מִרְמָה
וְלִמְקַלְלַי נַפְשִׁי תִדֹּם, וְנַפְשִׁי כֶּעָפָר לַכֹּל תִּהְיֶה.
פְּתַח לִבִּי בְּתוֹרָתֶךָ, וּבְמִצְוֹתֶיךָ תִּרְדֹּף נַפְשִׁי.

As for all who plan evil against me,
swiftly thwart their counsel
and frustrate their plans.
  Act for the sake of Your name;
  act for the sake of Your right hand;
  act for the sake of Your holiness;
  act for the sake of Your Torah.
That Your beloved ones may be delivered, *Ps. 60*
save with Your right hand and answer me.
May the words of my mouth *Ps. 19*
and the meditation of my heart
find favor before You,
LORD, my Rock and Redeemer.

Bow, take three steps back, then bow, first left, then right, then center, while saying:

May He who makes peace in His high places,
make peace for us and all Israel –
and say: Amen.

יְהִי רָצוֹן May it be Your will,
LORD our God and God of our ancestors,
that the Temple be rebuilt speedily in our days,
and grant us a share in Your Torah.
And there we will serve You with reverence,
as in the days of old and as in former years.
Then the offering of Judah and Jerusalem *Mal. 3*
will be pleasing to the LORD
as in the days of old and as in former years.

וְכָל הַחוֹשְׁבִים עָלַי רָעָה
מְהֵרָה הָפֵר עֲצָתָם וְקַלְקֵל מַחֲשַׁבְתָּם.
עֲשֵׂה לְמַעַן שְׁמֶךָ
עֲשֵׂה לְמַעַן יְמִינֶךָ
עֲשֵׂה לְמַעַן קְדֻשָּׁתֶךָ
עֲשֵׂה לְמַעַן תּוֹרָתֶךָ.

תהלים ס לְמַעַן יֵחָלְצוּן יְדִידֶיךָ, הוֹשִׁיעָה יְמִינְךָ וַעֲנֵנִי:

תהלים יט יִהְיוּ לְרָצוֹן אִמְרֵי־פִי וְהֶגְיוֹן לִבִּי לְפָנֶיךָ
יהוה צוּרִי וְגֹאֲלִי:

Bow, take three steps back, then bow, first left, then right, then center, while saying:

עֹשֶׂה שָׁלוֹם/ בשבת שובה: הַשָּׁלוֹם/ בִּמְרוֹמָיו
הוּא יַעֲשֶׂה שָׁלוֹם עָלֵינוּ וְעַל כָּל יִשְׂרָאֵל
וְאִמְרוּ אָמֵן.

יְהִי רָצוֹן מִלְּפָנֶיךָ יהוה אֱלֹהֵינוּ וֵאלֹהֵי אֲבוֹתֵינוּ
שֶׁיִּבָּנֶה בֵּית הַמִּקְדָּשׁ בִּמְהֵרָה בְיָמֵינוּ
וְתֵן חֶלְקֵנוּ בְּתוֹרָתֶךָ
וְשָׁם נַעֲבָדְךָ בְּיִרְאָה כִּימֵי עוֹלָם וּכְשָׁנִים קַדְמֹנִיּוֹת.
מלאכי ג וְעָרְבָה לַיהוה מִנְחַת יְהוּדָה וִירוּשָׁלָםִ
כִּימֵי עוֹלָם וּכְשָׁנִים קַדְמֹנִיּוֹת:

All stand and say:

וַיְכֻלּוּ Then the heavens and the earth were finished, Gen. 2
and all their vast array.
On the seventh day God finished the work
that He had done,
and on the seventh day He rested from all the work
that He had done.
God blessed the seventh day and sanctified it,
He rested from all His work,
from all that God had created and done.

The following until "who sanctifies the Sabbath" on the next page, is omitted when praying with an occasional minyan or alone.

The Leader continues:

בָּרוּךְ Blessed are You, Lord our God
and God of our fathers,
God of Abraham, God of Isaac, and God of Jacob,
the great, mighty, and awesome God,
God Most High, Creator of heaven and earth.

The congregation then the Leader:

מָגֵן אָבוֹת By His word,
He was the Shield of our ancestors.
By His promise, He will revive the dead.
There is none like the holy God
/*On Shabbat Shuva:* the holy King/
who gives rest to His people on His holy Sabbath day,
for He found them worthy of His favor to give them rest.
Before Him we will come in worship
with reverence and awe,

All stand and say:

וַיְכֻלּוּ הַשָּׁמַיִם וְהָאָרֶץ וְכָל־צְבָאָם: בראשית ב
וַיְכַל אֱלֹהִים בַּיּוֹם הַשְּׁבִיעִי מְלַאכְתּוֹ אֲשֶׁר עָשָׂה
וַיִּשְׁבֹּת בַּיּוֹם הַשְּׁבִיעִי מִכָּל־מְלַאכְתּוֹ אֲשֶׁר עָשָׂה:
וַיְבָרֶךְ אֱלֹהִים אֶת־יוֹם הַשְּׁבִיעִי, וַיְקַדֵּשׁ אֹתוֹ
כִּי בוֹ שָׁבַת מִכָּל־מְלַאכְתּוֹ
אֲשֶׁר־בָּרָא אֱלֹהִים, לַעֲשׂוֹת:

The following until מְקַדֵּשׁ הַשַּׁבָּת *on the next page, is omitted when praying with an occasional* מניין *or alone.*

The שליח ציבור *continues:*

בָּרוּךְ אַתָּה יהוה, אֱלֹהֵינוּ וֵאלֹהֵי אֲבוֹתֵינוּ
אֱלֹהֵי אַבְרָהָם, אֱלֹהֵי יִצְחָק, וֵאלֹהֵי יַעֲקֹב
הָאֵל הַגָּדוֹל הַגִּבּוֹר וְהַנּוֹרָא, אֵל עֶלְיוֹן
קֹנֵה שָׁמַיִם וָאָרֶץ.

The קהל *then the* שליח ציבור*:*

מָגֵן אָבוֹת בִּדְבָרוֹ, מְחַיֵּה מֵתִים בְּמַאֲמָרוֹ
הָאֵל/ בשבת שובה: הַמֶּלֶךְ/ הַקָּדוֹשׁ שֶׁאֵין כָּמוֹהוּ
הַמֵּנִיחַ לְעַמּוֹ בְּיוֹם שַׁבַּת קָדְשׁוֹ
כִּי בָם רָצָה לְהָנִיחַ לָהֶם
לְפָנָיו נַעֲבֹד בְּיִרְאָה וָפַחַד

giving thanks to His name daily, continually,
with due blessings.
He is God to whom thanks are due,
the LORD of peace who sanctifies the Sabbath
and blesses the seventh day,
and in holiness gives rest to a people filled with delight,
in remembrance of the work of creation.

The Leader continues:

אֱלֹהֵינוּ Our God and God of our ancestors,
may You find favor in our rest.
Make us holy through Your commandments
and grant us our share in Your Torah.
Satisfy us with Your goodness,
grant us joy in Your salvation,
and purify our hearts to serve You in truth.
In love and favor, LORD our God,
grant us as our heritage Your holy Sabbath,
so that Israel who sanctify Your name may find rest on it.
Blessed are You, LORD, who sanctifies the Sabbath.

FULL KADDISH

Leader: יִתְגַּדַּל Magnified and sanctified
may His great name be,
in the world He created by His will.
May He establish His kingdom
in your lifetime and in your days,
and in the lifetime of all the house of Israel,
swiftly and soon – and say: Amen.

וְנוֹדֶה לִשְׁמוֹ בְּכָל יוֹם תָּמִיד, מֵעֵין הַבְּרָכוֹת
אֵל הַהוֹדָאוֹת, אֲדוֹן הַשָּׁלוֹם
מְקַדֵּשׁ הַשַּׁבָּת וּמְבָרֵךְ שְׁבִיעִי
וּמֵנִיחַ בִּקְדֻשָּׁה לְעַם מְדֻשְּׁנֵי עֹנֶג
זֵכֶר לְמַעֲשֵׂה בְרֵאשִׁית.

The שליח ציבור *continues:*

אֱלֹהֵינוּ וֵאלֹהֵי אֲבוֹתֵינוּ, רְצֵה בִמְנוּחָתֵנוּ.
קַדְּשֵׁנוּ בְּמִצְוֹתֶיךָ וְתֵן חֶלְקֵנוּ בְּתוֹרָתֶךָ
שַׂבְּעֵנוּ מִטּוּבֶךָ וְשַׂמְּחֵנוּ בִּישׁוּעָתֶךָ
וְטַהֵר לִבֵּנוּ לְעָבְדְּךָ בֶּאֱמֶת.
וְהַנְחִילֵנוּ יהוה אֱלֹהֵינוּ
בְּאַהֲבָה וּבְרָצוֹן שַׁבַּת קָדְשֶׁךָ
וְיָנְוּחוּ בָהּ יִשְׂרָאֵל מְקַדְּשֵׁי שְׁמֶךָ.
בָּרוּךְ אַתָּה יהוה, מְקַדֵּשׁ הַשַּׁבָּת.

קדיש שלם

ש״ץ: יִתְגַּדַּל וְיִתְקַדַּשׁ שְׁמֵהּ רַבָּא (קהל: אָמֵן)
בְּעָלְמָא דִּי בְרָא כִרְעוּתֵהּ, וְיַמְלִיךְ מַלְכוּתֵהּ
בְּחַיֵּיכוֹן וּבְיוֹמֵיכוֹן וּבְחַיֵּי דְכָל בֵּית יִשְׂרָאֵל
בַּעֲגָלָא וּבִזְמַן קָרִיב, וְאִמְרוּ אָמֵן. (קהל: אָמֵן)

All: May His great name be blessed
for ever and all time.

Leader: Blessed and praised,
glorified and exalted,
raised and honored,
uplifted and lauded
be the name of the Holy One,
blessed be He,
beyond any blessing,
song, praise, and consolation
uttered in the world –
and say: Amen.

May the prayers and pleas of all Israel
be accepted by their Father in heaven –
and say: Amen.

May there be great peace from heaven,
and life for us and all Israel –
and say: Amen.

Bow, take three steps back, as if taking leave of the Divine Presence, then bow, first left, then right, then center, while saying:

May He who makes peace
in His high places,
make peace for us and all Israel –
and say: Amen.

קהל וש״ץ: יְהֵא שְׁמֵהּ רַבָּא מְבָרַךְ לְעָלַם וּלְעָלְמֵי עָלְמַיָּא.

ש״ץ: יִתְבָּרַךְ וְיִשְׁתַּבַּח וְיִתְפָּאַר
וְיִתְרוֹמַם וְיִתְנַשֵּׂא וְיִתְהַדָּר וְיִתְעַלֶּה וְיִתְהַלָּל
שְׁמֵהּ דְּקֻדְשָׁא בְּרִיךְ הוּא (קהל: בְּרִיךְ הוּא)
לְעֵלָּא מִן כָּל בִּרְכָתָא
/בשבת שובה: לְעֵלָּא לְעֵלָּא מִכָּל בִּרְכָתָא/
וְשִׁירָתָא, תֻּשְׁבְּחָתָא וְנֶחֱמָתָא
דַּאֲמִירָן בְּעָלְמָא
וְאִמְרוּ אָמֵן. (קהל: אָמֵן)

תִּתְקַבַּל צְלוֹתְהוֹן וּבָעוּתְהוֹן דְּכָל יִשְׂרָאֵל
קֳדָם אֲבוּהוֹן דִּי בִשְׁמַיָּא
וְאִמְרוּ אָמֵן. (קהל: אָמֵן)

יְהֵא שְׁלָמָא רַבָּא מִן שְׁמַיָּא
וְחַיִּים, עָלֵינוּ וְעַל כָּל יִשְׂרָאֵל
וְאִמְרוּ אָמֵן. (קהל: אָמֵן)

Bow, take three steps back, as if taking leave of the Divine Presence, then bow, first left, then right, then center, while saying:

עֹשֶׂה שָׁלוֹם/ בשבת שובה: הַשָּׁלוֹם/ בִּמְרוֹמָיו
הוּא יַעֲשֶׂה שָׁלוֹם עָלֵינוּ וְעַל כָּל יִשְׂרָאֵל
וְאִמְרוּ אָמֵן. (קהל: אָמֵן)

KIDDUSH IN THE SYNAGOGUE

The Leader raises a cup of wine and says:

Please pay attention, my masters.

בָּרוּךְ Blessed are You, LORD our God, King of the Universe, who creates the fruit of the vine.

בָּרוּךְ Blessed are You, LORD our God, King of the Universe, who has made us holy with His commandments, has favored us, and in love and favor given us His holy Sabbath as a heritage, a remembrance of the work of creation. It is the first among the holy days of assembly, a remembrance of the exodus from Egypt. For You chose us and sanctified us from all the peoples, and in love and favor gave us Your holy Sabbath as a heritage. Blessed are You, LORD, who sanctifies the Sabbath.

The wine should be drunk by children under the age of Bar/Bat Mitzva or, if there are none, by the Leader.

From the second night of Pesaḥ until the night before Shavuot, the Omer is counted here (*page 684*).

Stand while saying Aleinu. Bow at ▼.

עָלֵינוּ It is our duty to praise the Master of all,
and ascribe greatness to the Author of creation,
who has not made us like the nations of the lands
nor placed us like the families of the earth;

קידוש בבית הכנסת

The שליח ציבור *raises a cup of wine and says:*

סַבְרִי מָרָנָן

בָּרוּךְ אַתָּה יהוה אֱלֹהֵינוּ מֶלֶךְ הָעוֹלָם, בּוֹרֵא פְּרִי הַגָּפֶן.

בָּרוּךְ אַתָּה יהוה אֱלֹהֵינוּ מֶלֶךְ הָעוֹלָם, אֲשֶׁר קִדְּשָׁנוּ בְּמִצְוֹתָיו, וְרָצָה בָנוּ, וְשַׁבַּת קָדְשׁוֹ בְּאַהֲבָה וּבְרָצוֹן הִנְחִילָנוּ, זִכָּרוֹן לְמַעֲשֵׂה בְרֵאשִׁית, כִּי הוּא יוֹם תְּחִלָּה לְמִקְרָאֵי קֹדֶשׁ, זֵכֶר לִיצִיאַת מִצְרָיִם, כִּי בָנוּ בָחַרְתָּ וְאוֹתָנוּ קִדַּשְׁתָּ מִכָּל הָעַמִּים, וְשַׁבַּת קָדְשְׁךָ בְּאַהֲבָה וּבְרָצוֹן הִנְחַלְתָּנוּ. בָּרוּךְ אַתָּה יהוה, מְקַדֵּשׁ הַשַּׁבָּת.

The wine should be drunk by children under the age of בר מצווה *or* בת מצווה *or, if there are none, by the* שליח ציבור.

From the second night of פסח *until the night before* שבועות*, the* עומר *is counted here (page 685).*

Stand while saying עָלֵינוּ*. Bow at* ‸*.*

עָלֵינוּ לְשַׁבֵּחַ לַאֲדוֹן הַכֹּל\
לָתֵת גְּדֻלָּה לְיוֹצֵר בְּרֵאשִׁית\
שֶׁלֹּא עָשָׂנוּ כְּגוֹיֵי הָאֲרָצוֹת\
וְלֹא שָׂמָנוּ כְּמִשְׁפְּחוֹת הָאֲדָמָה

who has not made our portion like theirs,
nor our destiny like all their multitudes.
(For they worship vanity and emptiness,
and pray to a god who cannot save.)
▾But we bow in worship
and thank the Supreme King of kings,
the Holy One, blessed be He,
who extends the heavens and establishes the earth,
whose throne of glory is in the heavens above,
and whose power's Presence
is in the highest of heights.
He is our God; there is no other.
Truly He is our King, there is none else,
as it is written in His Torah:
"You shall know and take to heart this day *Deut. 4*
that the LORD is God,
in heaven above and on earth below.
There is no other."

Therefore, we place our hope in You,
LORD our God,
that we may soon see the glory of Your power,
when You will remove abominations from the earth,
and idols will be utterly destroyed,
when the world will be perfected
under the sovereignty of the Almighty,

שֶׁלֹּא שָׂם חֶלְקֵנוּ כָּהֶם וְגוֹרָלֵנוּ כְּכָל הֲמוֹנָם.
(שֶׁהֵם מִשְׁתַּחֲוִים לְהֶבֶל וָרִיק
וּמִתְפַּלְּלִים אֶל אֵל לֹא יוֹשִׁיעַ.)

וַאֲנַחְנוּ כּוֹרְעִים וּמִשְׁתַּחֲוִים וּמוֹדִים
לִפְנֵי מֶלֶךְ מַלְכֵי הַמְּלָכִים, הַקָּדוֹשׁ בָּרוּךְ הוּא
שֶׁהוּא נוֹטֶה שָׁמַיִם וְיוֹסֵד אָרֶץ
וּמוֹשַׁב יְקָרוֹ בַּשָּׁמַיִם מִמַּעַל
וּשְׁכִינַת עֻזּוֹ בְּגָבְהֵי מְרוֹמִים.
הוּא אֱלֹהֵינוּ, אֵין עוֹד.
אֱמֶת מַלְכֵּנוּ, אֶפֶס זוּלָתוֹ, כַּכָּתוּב בְּתוֹרָתוֹ
וְיָדַעְתָּ הַיּוֹם וַהֲשֵׁבֹתָ אֶל־לְבָבֶךָ דברים ד
כִּי יהוה הוּא הָאֱלֹהִים
בַּשָּׁמַיִם מִמַּעַל וְעַל־הָאָרֶץ מִתָּחַת, אֵין עוֹד:

עַל כֵּן נְקַוֶּה לְּךָ יהוה אֱלֹהֵינוּ
לִרְאוֹת מְהֵרָה בְּתִפְאֶרֶת עֻזֶּךָ
לְהַעֲבִיר גִּלּוּלִים מִן הָאָרֶץ
וְהָאֱלִילִים כָּרוֹת יִכָּרֵתוּן
לְתַקֵּן עוֹלָם בְּמַלְכוּת שַׁדַּי.

when all humanity will call on Your name,
to turn all the earth's wicked toward You.
All the world's inhabitants will realize and know
that to You every knee must bow
and every tongue swear loyalty.
Before You, LORD our God,
they will kneel and bow down
and give honor to Your glorious name.
They will all accept the yoke of Your kingdom,
and You will reign over them soon and for ever.
For the kingdom is Yours,
and to all eternity You will reign in glory,
as it is written in Your Torah:
"The LORD will reign for ever and ever." *Ex. 15*
▸ And it is said:
"Then the LORD shall be King over all the earth; *Zech. 14*
on that day the LORD shall be One
and His name One."

Some add:

Have no fear of sudden terror or of the ruin *Prov. 3*
when it overtakes the wicked.
Devise your strategy, but it will be thwarted; *Is. 8*
propose your plan, but it will not stand, for God is with us.
When you grow old, I will still be the same. *Is. 46*
When your hair turns gray, I will still carry you.
I made you, I will bear you,
I will carry you, and I will rescue you.

וְכָל בְּנֵי בָשָׂר יִקְרְאוּ בִשְׁמֶךָ
לְהַפְנוֹת אֵלֶיךָ כָּל רִשְׁעֵי אָרֶץ.
יַכִּירוּ וְיֵדְעוּ כָּל יוֹשְׁבֵי תֵבֵל
כִּי לְךָ תִּכְרַע כָּל בֶּרֶךְ, תִּשָּׁבַע כָּל לָשׁוֹן.
לְפָנֶיךָ יהוה אֱלֹהֵינוּ יִכְרְעוּ וְיִפֹּלוּ
וְלִכְבוֹד שִׁמְךָ יְקָר יִתֵּנוּ
וִיקַבְּלוּ כֻלָּם אֶת עֹל מַלְכוּתֶךָ
וְתִמְלֹךְ עֲלֵיהֶם מְהֵרָה לְעוֹלָם וָעֶד.
כִּי הַמַּלְכוּת שֶׁלְּךָ הִיא
וּלְעוֹלְמֵי עַד תִּמְלֹךְ בְּכָבוֹד
כַּכָּתוּב בְּתוֹרָתֶךָ
יהוה יִמְלֹךְ לְעֹלָם וָעֶד: שמות טו
◄ וְנֶאֱמַר
וְהָיָה יהוה לְמֶלֶךְ עַל־כָּל־הָאָרֶץ זכריה יד
בַּיּוֹם הַהוּא יִהְיֶה יהוה אֶחָד וּשְׁמוֹ אֶחָד:

Some add:

אַל־תִּירָא מִפַּחַד פִּתְאֹם וּמִשֹּׁאַת רְשָׁעִים כִּי תָבֹא: משלי ג
עֻצוּ עֵצָה וְתֻפָר, דַּבְּרוּ דָבָר וְלֹא יָקוּם, כִּי עִמָּנוּ אֵל: ישעיה ח
וְעַד־זִקְנָה אֲנִי הוּא, וְעַד־שֵׂיבָה אֲנִי אֶסְבֹּל ישעיה מו
אֲנִי עָשִׂיתִי וַאֲנִי אֶשָּׂא וַאֲנִי אֶסְבֹּל וַאֲמַלֵּט:

MOURNER'S KADDISH

The following prayer, said by mourners, requires the presence of a minyan. A transliteration can be found on page 841.

Mourner: יִתְגַּדַּל Magnified and sanctified
may His great name be,
in the world He created by His will.
May He establish His kingdom
in your lifetime and in your days,
and in the lifetime of all the house of Israel,
swiftly and soon – and say: Amen.

All: May His great name be blessed
for ever and all time.

Mourner: Blessed and praised, glorified and exalted,
raised and honored, uplifted and lauded
be the name of the Holy One,
blessed be He,
beyond any blessing,
song, praise, and consolation
uttered in the world – and say: Amen.

May there be great peace from heaven,
and life for us and all Israel – and say: Amen.

Bow, take three steps back, as if taking leave of the Divine Presence, then bow, first left, then right, then center, while saying:

May He who makes peace in His high places,
make peace for us
and all Israel – and say: Amen.

קדיש יתום

The following prayer, said by mourners, requires the presence of a מניין*.*
A transliteration can be found on page 841.

אבל: יִתְגַּדַּל וְיִתְקַדַּשׁ שְׁמֵהּ רַבָּא (קהל: אָמֵן)
בְּעָלְמָא דִּי בְרָא כִרְעוּתֵהּ, וְיַמְלִיךְ מַלְכוּתֵהּ
בְּחַיֵּיכוֹן וּבְיוֹמֵיכוֹן וּבְחַיֵּי דְכָל בֵּית יִשְׂרָאֵל
בַּעֲגָלָא וּבִזְמַן קָרִיב, וְאִמְרוּ אָמֵן. (קהל: אָמֵן)

קהל ואבל: יְהֵא שְׁמֵהּ רַבָּא מְבָרַךְ לְעָלַם וּלְעָלְמֵי עָלְמַיָּא.

אבל: יִתְבָּרַךְ וְיִשְׁתַּבַּח וְיִתְפָּאַר
וְיִתְרוֹמַם וְיִתְנַשֵּׂא וְיִתְהַדָּר וְיִתְעַלֶּה וְיִתְהַלָּל
שְׁמֵהּ דְּקֻדְשָׁא בְּרִיךְ הוּא (קהל: בְּרִיךְ הוּא)
לְעֵלָּא מִן כָּל בִּרְכָתָא
/בשבת שובה: לְעֵלָּא לְעֵלָּא מִכָּל בִּרְכָתָא/
וְשִׁירָתָא, תֻּשְׁבְּחָתָא וְנֶחֱמָתָא
דַּאֲמִירָן בְּעָלְמָא, וְאִמְרוּ אָמֵן. (קהל: אָמֵן)

יְהֵא שְׁלָמָא רַבָּא מִן שְׁמַיָּא, וְחַיִּים, עָלֵינוּ
וְעַל כָּל יִשְׂרָאֵל, וְאִמְרוּ אָמֵן. (קהל: אָמֵן)

Bow, take three steps back, as if taking leave of the Divine Presence, then bow, first left, then right, then center, while saying:

עֹשֶׂה שָׁלוֹם/בשבת שובה: הַשָּׁלוֹם/ בִּמְרוֹמָיו
הוּא יַעֲשֶׂה שָׁלוֹם עָלֵינוּ וְעַל כָּל יִשְׂרָאֵל
וְאִמְרוּ אָמֵן. (קהל: אָמֵן)

From the second day of Rosh Ḥodesh Elul until and including Shemini Atzeret (in Israel until and including Hoshana Raba), the following psalm is said:

לְדָוִד A psalm of David. The LORD is my light and my salvation – whom then shall I fear? The LORD is the stronghold of my life – of whom shall I be afraid? When evil men close in on me to devour my flesh, it is they, my enemies and foes, who stumble and fall. Should an army besiege me, my heart would not fear. Should war break out against me, still I would be confident. One thing I ask of the LORD, only this do I seek: to live in the House of the LORD all the days of my life, to gaze on the beauty of the LORD and worship in His Temple. For He will keep me safe in His pavilion on the day of trouble. He will hide me under the cover of His tent. He will set me high upon a rock. Now my head is high above my enemies who surround me. I will sacrifice in His tent with shouts of joy. I will sing and chant praises to the LORD. LORD, hear my voice when I call. Be gracious to me and answer me. On Your behalf my heart says, "Seek My face." Your face, LORD, will I seek. Do not hide Your face from me. Do not turn Your servant away in anger. You have been my help. Do not reject or forsake me, God, my Savior. Were my father and my mother to forsake me, the LORD would take me in. Teach me Your way, LORD, and lead me on a level path, because of my oppressors. Do not abandon me to the will of my foes, for false witnesses have risen against me, breathing violence. ▸ Were it not for my faith that I shall see the LORD's goodness in the land of the living. Hope in the LORD. Be strong and of good courage, and hope in the LORD! *Ps. 27*

Mourner's Kaddish (on previous page)

From the second day of ראש חודש אלול *until and including* שמיני עצרת (*in* ארץ ישראל *until and including* הושענא רבה), *the following psalm is said:*

תהלים כז

לְדָוִד, יהוה אוֹרִי וְיִשְׁעִי, מִמִּי אִירָא, יהוה מָעוֹז־
חַיַּי, מִמִּי אֶפְחָד: בִּקְרֹב עָלַי מְרֵעִים לֶאֱכֹל אֶת־
בְּשָׂרִי, צָרַי וְאֹיְבַי לִי, הֵמָּה כָשְׁלוּ וְנָפָלוּ: אִם־תַּחֲנֶה
עָלַי מַחֲנֶה, לֹא־יִירָא לִבִּי, אִם־תָּקוּם עָלַי מִלְחָמָה,
בְּזֹאת אֲנִי בוֹטֵחַ: אַחַת שָׁאַלְתִּי מֵאֵת־יהוה, אוֹתָהּ
אֲבַקֵּשׁ, שִׁבְתִּי בְּבֵית־יהוה כָּל־יְמֵי חַיַּי, לַחֲזוֹת
בְּנֹעַם־יהוה, וּלְבַקֵּר בְּהֵיכָלוֹ: כִּי יִצְפְּנֵנִי בְּסֻכֹּה בְּיוֹם
רָעָה, יַסְתִּרֵנִי בְּסֵתֶר אָהֳלוֹ, בְּצוּר יְרוֹמְמֵנִי: וְעַתָּה
יָרוּם רֹאשִׁי עַל אֹיְבַי סְבִיבוֹתַי, וְאֶזְבְּחָה בְאָהֳלוֹ
זִבְחֵי תְרוּעָה, אָשִׁירָה וַאֲזַמְּרָה לַיהוה: שְׁמַע־יהוה
קוֹלִי אֶקְרָא, וְחָנֵּנִי וַעֲנֵנִי: לְךָ אָמַר לִבִּי בַּקְּשׁוּ פָנָי,
אֶת־פָּנֶיךָ יהוה אֲבַקֵּשׁ: אַל־תַּסְתֵּר פָּנֶיךָ מִמֶּנִּי, אַל
תַּט־בְּאַף עַבְדֶּךָ, עֶזְרָתִי הָיִיתָ, אַל־תִּטְּשֵׁנִי וְאַל־
תַּעַזְבֵנִי, אֱלֹהֵי יִשְׁעִי: כִּי־אָבִי וְאִמִּי עֲזָבוּנִי, וַיהוה
יַאַסְפֵנִי: הוֹרֵנִי יהוה דַּרְכֶּךָ, וּנְחֵנִי בְּאֹרַח מִישׁוֹר,
לְמַעַן שׁוֹרְרָי: אַל־תִּתְּנֵנִי בְּנֶפֶשׁ צָרָי, כִּי קָמוּ־בִי
עֵדֵי־שֶׁקֶר, וִיפֵחַ חָמָס: ◂ לוּלֵא הֶאֱמַנְתִּי לִרְאוֹת
בְּטוּב־יהוה בְּאֶרֶץ חַיִּים: קַוֵּה אֶל־יהוה, חֲזַק וְיַאֲמֵץ
לִבֶּךָ, וְקַוֵּה אֶל־יהוה:

קדיש יתום (*on previous page*)

Most congregations sing Yigdal at this point.
In Israel, most congregations sing Adon Olam (*page 158*).

GREAT is the living God and praised.
He exists, and His existence is beyond time.

He is One, and there is no unity like His.
Unfathomable, His oneness is infinite.

He has neither bodily form nor substance;
His holiness is beyond compare.

He preceded all that was created.
He was first: there was no beginning to His beginning.

Behold He is Master of the Universe; every creature
shows His greatness and majesty.

The rich flow of His prophecy He gave
to His treasured people in whom He gloried.

Never in Israel has there arisen another like Moses,
a prophet who beheld God's image.

God gave His people a Torah of truth
by the hand of His prophet, most faithful of His House.

God will not alter or change His law
for any other, for eternity.

He sees and knows our secret thoughts;
as soon as something is begun, He foresees its end.

He rewards people with loving-kindness according to
their deeds;
He punishes the wicked according to his wickedness.

At the end of days He will send our Messiah,
to redeem those who await His final salvation.

God will revive the dead in His great loving-kindness.
Blessed for evermore is His glorious name!

Most congregations sing יגדל *at this point.*
In ארץ ישראל*, most congregations sing* אדון עולם (*page 159*).

יִגְדַּל אֱלֹהִים חַי וְיִשְׁתַּבַּח, נִמְצָא וְאֵין עֵת אֶל מְצִיאוּתוֹ.
אֶחָד וְאֵין יָחִיד כְּיִחוּדוֹ, נֶעְלָם וְגַם אֵין סוֹף לְאַחְדּוּתוֹ.
אֵין לוֹ דְּמוּת הַגּוּף וְאֵינוֹ גוּף, לֹא נַעֲרֹךְ אֵלָיו קְדֻשָּׁתוֹ.
קַדְמוֹן לְכָל דָּבָר אֲשֶׁר נִבְרָא, רִאשׁוֹן וְאֵין רֵאשִׁית לְרֵאשִׁיתוֹ.
הִנּוֹ אֲדוֹן עוֹלָם, וְכָל נוֹצָר יוֹרֶה גְדֻלָּתוֹ וּמַלְכוּתוֹ.
שֶׁפַע נְבוּאָתוֹ נְתָנוֹ אֶל־אַנְשֵׁי סְגֻלָּתוֹ וְתִפְאַרְתּוֹ.
לֹא קָם בְּיִשְׂרָאֵל כְּמֹשֶׁה עוֹד נָבִיא וּמַבִּיט אֶת תְּמוּנָתוֹ.
תּוֹרַת אֱמֶת נָתַן לְעַמּוֹ אֵל עַל יַד נְבִיאוֹ נֶאֱמַן בֵּיתוֹ.
לֹא יַחֲלִיף הָאֵל וְלֹא יָמִיר דָּתוֹ לְעוֹלָמִים לְזוּלָתוֹ.
צוֹפֶה וְיוֹדֵעַ סְתָרֵינוּ, מַבִּיט לְסוֹף דָּבָר בְּקַדְמָתוֹ.
גּוֹמֵל לְאִישׁ חֶסֶד כְּמִפְעָלוֹ, נוֹתֵן לְרָשָׁע רָע כְּרִשְׁעָתוֹ.
יִשְׁלַח לְקֵץ יָמִין מְשִׁיחֵנוּ לִפְדּוֹת מְחַכֵּי קֵץ יְשׁוּעָתוֹ.
מֵתִים יְחַיֶּה אֵל בְּרֹב חַסְדּוֹ, בָּרוּךְ עֲדֵי עַד שֵׁם תְּהִלָּתוֹ.

Kiddush for Shabbat Evening

Quietly: There was evening, and there was morning – *Gen. 1*

יוֹם הַשִּׁשִּׁי the sixth day. Then the heavens and the earth were finished, and all their vast array. On the seventh day God finished the work that He had done, and on the seventh day He rested from all the work that He had done. God blessed the seventh day and sanctified it, He rested from all His work, from all that God had created and done. *Gen. 2*

When saying Kiddush for others, add: Please pay attention, my masters.

Blessed are You, LORD our God, King of the Universe, who creates the fruit of the vine.

Blessed are You, LORD our God, King of the Universe, who has made us holy through His commandments, who has favored us, and in love and favor gave us His holy Sabbath as a heritage, a remembrance of the work of creation. It is the first among the holy days of assembly, a remembrance of the exodus from Egypt. For You chose us and sanctified us from all the peoples, and in love and favor gave us Your holy Sabbath as a heritage. Blessed are You, LORD, who sanctifies the Sabbath.

It is customary for all present to drink of the wine.

קידוש לליל שבת

Quietly וַיְהִי־עֶרֶב וַיְהִי־בֹקֶר בראשית א

יוֹם הַשִּׁשִּׁי: וַיְכֻלּוּ הַשָּׁמַיִם וְהָאָרֶץ וְכָל־צְבָאָם: בראשית ב
וַיְכַל אֱלֹהִים בַּיּוֹם הַשְּׁבִיעִי מְלַאכְתּוֹ אֲשֶׁר עָשָׂה, וַיִּשְׁבֹּת בַּיּוֹם הַשְּׁבִיעִי מִכָּל־מְלַאכְתּוֹ אֲשֶׁר עָשָׂה: וַיְבָרֶךְ אֱלֹהִים אֶת־יוֹם הַשְּׁבִיעִי, וַיְקַדֵּשׁ אֹתוֹ, כִּי בוֹ שָׁבַת מִכָּל־מְלַאכְתּוֹ, אֲשֶׁר־בָּרָא אֱלֹהִים, לַעֲשׂוֹת:

When saying קידוש *for others, add* סַבְרִי מָרָנָן

בָּרוּךְ אַתָּה יהוה אֱלֹהֵינוּ מֶלֶךְ הָעוֹלָם, בּוֹרֵא פְּרִי הַגָּפֶן.

בָּרוּךְ אַתָּה יהוה אֱלֹהֵינוּ מֶלֶךְ הָעוֹלָם, אֲשֶׁר קִדְּשָׁנוּ בְּמִצְוֹתָיו, וְרָצָה בָנוּ, וְשַׁבַּת קָדְשׁוֹ בְּאַהֲבָה וּבְרָצוֹן הִנְחִילָנוּ, זִכָּרוֹן לְמַעֲשֵׂה בְרֵאשִׁית, כִּי הוּא יוֹם תְּחִלָּה לְמִקְרָאֵי קֹדֶשׁ, זֵכֶר לִיצִיאַת מִצְרָיִם, כִּי בָנוּ בָחַרְתָּ וְאוֹתָנוּ קִדַּשְׁתָּ מִכָּל הָעַמִּים, וְשַׁבַּת קָדְשְׁךָ בְּאַהֲבָה וּבְרָצוֹן הִנְחַלְתָּנוּ. בָּרוּךְ אַתָּה יהוה, מְקַדֵּשׁ הַשַּׁבָּת.

It is customary for all present to drink of the wine.

Shaḥarit for Shabbat

The following order of prayers and blessings, which departs from that of most prayer books, is based on the consensus of recent halakhic authorities.

ON WAKING

On waking, our first thought should be that we are in the presence of God. Since we are forbidden to speak God's name until we have washed our hands, the following prayer is said, which, without mentioning God's name, acknowledges His presence and gives thanks for a new day and for the gift of life.

מוֹדֶה I thank You,
living and eternal King,
for giving me back my soul in mercy.
Great is Your faithfulness.

בָּרוּךְ Blessed are You, LORD our God,
King of the Universe,
who has made us holy
through His commandments,
and has commanded us about washing hands.

בָּרוּךְ Blessed are You, LORD our God,
King of the Universe,
who formed man in wisdom
and created in him many orifices and cavities.

שחרית לשבת

The following order of prayers and blessings, which departs from that of most prayer books, is based on the consensus of recent halakhic authorities.

השכמת הבוקר

On waking, our first thought should be that we are in the presence of God. Since we are forbidden to speak God's name until we have washed our hands, the following prayer is said, which, without mentioning God's name, acknowledges His presence and gives thanks for a new day and for the gift of life.

מוֹדֶה/ *women* מוֹדָה/ אֲנִי לְפָנֶיךָ
מֶלֶךְ חַי וְקַיָּם
שֶׁהֶחֱזַרְתָּ בִּי נִשְׁמָתִי בְּחֶמְלָה
רַבָּה אֱמוּנָתֶךָ.

בָּרוּךְ אַתָּה יהוה אֱלֹהֵינוּ מֶלֶךְ הָעוֹלָם
אֲשֶׁר קִדְּשָׁנוּ בְּמִצְוֹתָיו
וְצִוָּנוּ עַל נְטִילַת יָדָיִם.

בָּרוּךְ אַתָּה יהוה אֱלֹהֵינוּ מֶלֶךְ הָעוֹלָם
אֲשֶׁר יָצַר אֶת הָאָדָם בְּחָכְמָה
וּבָרָא בוֹ נְקָבִים נְקָבִים, חֲלוּלִים חֲלוּלִים.

It is revealed and known
before the throne of Your glory
that were one of them
to be ruptured or blocked,
it would be impossible to survive
and stand before You.
Blessed are You, Lord,
Healer of all flesh
who does wondrous deeds.

אֱלֹהַי My God,
the soul You placed within me is pure.
You created it,
You formed it,
You breathed it into me,
and You guard it while it is within me.
One day You will take it from me,
and restore it to me in the time to come.
As long as the soul is within me,
I will thank You,
Lord my God and God of my ancestors,
Master of all works,
Lord of all souls.
Blessed are You, Lord,
who restores souls to lifeless bodies.

גָּלוּי וְיָדוּעַ לִפְנֵי כִסֵּא כְבוֹדֶךָ
שֶׁאִם יִפָּתֵחַ אֶחָד מֵהֶם אוֹ יִסָּתֵם אֶחָד מֵהֶם
אִי אֶפְשָׁר לְהִתְקַיֵּם וְלַעֲמֹד לְפָנֶיךָ.
בָּרוּךְ אַתָּה יהוה
רוֹפֵא כָל בָּשָׂר וּמַפְלִיא לַעֲשׂוֹת.

אֱלֹהַי
נְשָׁמָה שֶׁנָּתַתָּ בִּי טְהוֹרָה הִיא.
אַתָּה בְרָאתָהּ, אַתָּה יְצַרְתָּהּ, אַתָּה נְפַחְתָּהּ בִּי
וְאַתָּה מְשַׁמְּרָהּ בְּקִרְבִּי
וְאַתָּה עָתִיד לִטְּלָהּ מִמֶּנִּי
וּלְהַחֲזִירָהּ בִּי לֶעָתִיד לָבוֹא.
כָּל זְמַן שֶׁהַנְּשָׁמָה בְקִרְבִּי
מוֹדֶה/ *women* מוֹדָה/ אֲנִי לְפָנֶיךָ
יהוה אֱלֹהַי וֵאלֹהֵי אֲבוֹתַי
רִבּוֹן כָּל הַמַּעֲשִׂים, אֲדוֹן כָּל הַנְּשָׁמוֹת.
בָּרוּךְ אַתָּה יהוה
הַמַּחֲזִיר נְשָׁמוֹת לִפְגָרִים מֵתִים.

TZITZIT

The following blessing is said before putting on tzitzit. Neither it nor the subsequent prayer is said by those who wear a tallit. The blessing over the latter exempts the former.

בָּרוּךְ Blessed are You, LORD our God,
King of the Universe,
who has made us holy
through His commandments,
and has commanded us
about the command of tasseled garments.

After putting on tzitzit, say:

יְהִי רָצוֹן May it be Your will,
LORD my God and God of my ancestors,
that the commandment of the tasseled garment be
considered before You as if I had fulfilled it in all its specifics,
details and intentions, as well as the 613 commandments
dependent on it, Amen, Selah.

BLESSINGS OVER THE TORAH

In Judaism, study is greater even than prayer. So, before beginning to pray, we engage in a miniature act of study, preceded by the appropriate blessings. The blessings are followed by brief selections from Scripture, Mishna, and Gemara, the three foundational texts of Judaism.

בָּרוּךְ Blessed are You, LORD our God,
King of the Universe,
who has made us holy
through His commandments,
and has commanded us
to engage in study of the words of Torah.

לבישת ציצית

The following blessing is said before putting on a טלית קטן*.*
Neither it nor יְהִי רָצוֹן *is said by those who wear a* טלית*.*
The blessing over the latter exempts the former.

בָּרוּךְ אַתָּה יהוה אֱלֹהֵינוּ מֶלֶךְ הָעוֹלָם
אֲשֶׁר קִדְּשָׁנוּ בְּמִצְוֹתָיו
וְצִוָּנוּ עַל מִצְוַת צִיצִית.

After putting on the טלית קטן*, say:*

יְהִי רָצוֹן מִלְּפָנֶיךָ
יהוה אֱלֹהַי וֵאלֹהֵי אֲבוֹתַי
שֶׁתְּהֵא חֲשׁוּבָה מִצְוַת צִיצִית לְפָנֶיךָ
כְּאִלּוּ קִיַּמְתִּיהָ בְּכָל פְּרָטֶיהָ וְדִקְדּוּקֶיהָ וְכַוָּנוֹתֶיהָ
וְתַרְיַ״ג מִצְוֹת הַתְּלוּיוֹת בָּהּ
אָמֵן סֶלָה.

ברכות התורה

In Judaism, study is greater even than prayer. So, before beginning to pray, we engage in a miniature act of study, preceded by the appropriate blessings. The blessings are followed by brief selections from תנ״ך*,* משנה*, and* גמרא*, the three foundational texts of Judaism.*

בָּרוּךְ אַתָּה יהוה אֱלֹהֵינוּ מֶלֶךְ הָעוֹלָם
אֲשֶׁר קִדְּשָׁנוּ בְּמִצְוֹתָיו
וְצִוָּנוּ לַעֲסֹק בְּדִבְרֵי תוֹרָה.

Please, LORD our God,
make the words of Your Torah sweet in our mouths
and in the mouths of Your people,
the house of Israel,
so that we, our descendants (and their descendants)
and the descendants of Your people,
the house of Israel,
may all know Your name
and study Your Torah for its own sake.
Blessed are You, LORD,
who teaches Torah to His people Israel.

בָּרוּךְ Blessed are You, LORD our God,
King of the Universe,
who has chosen us from all the peoples
and given us His Torah.
Blessed are You, LORD, Giver of the Torah.

יְבָרֶכְךָ May the LORD bless you and protect you. *Num. 6*
May the LORD make His face shine on you
and be gracious to you.
May the LORD turn His face toward you
and grant you peace.

אֵלּוּ These are the things *Mishna Pe'ah 1:1*
for which there is no fixed measure:
the corner of the field, first-fruits,
appearances before the LORD
[on festivals, with offerings],
acts of kindness and the study of Torah.

וְהַעֲרֶב נָא יהוה אֱלֹהֵינוּ אֶת דִּבְרֵי תוֹרָתְךָ
בְּפִינוּ וּבְפִי עַמְּךָ בֵּית יִשְׂרָאֵל
וְנִהְיֶה אֲנַחְנוּ וְצֶאֱצָאֵינוּ (וְצֶאֱצָאֵי צֶאֱצָאֵינוּ)
וְצֶאֱצָאֵי עַמְּךָ בֵּית יִשְׂרָאֵל
כֻּלָּנוּ יוֹדְעֵי שְׁמֶךָ וְלוֹמְדֵי תוֹרָתְךָ לִשְׁמָהּ.
בָּרוּךְ אַתָּה יהוה
הַמְלַמֵּד תּוֹרָה לְעַמּוֹ יִשְׂרָאֵל.

בָּרוּךְ אַתָּה יהוה אֱלֹהֵינוּ מֶלֶךְ הָעוֹלָם
אֲשֶׁר בָּחַר בָּנוּ מִכָּל הָעַמִּים
וְנָתַן לָנוּ אֶת תּוֹרָתוֹ.
בָּרוּךְ אַתָּה יהוה, נוֹתֵן הַתּוֹרָה.

יְבָרֶכְךָ יהוה וְיִשְׁמְרֶךָ: במדבר ו
יָאֵר יהוה פָּנָיו אֵלֶיךָ וִיחֻנֶּךָּ:
יִשָּׂא יהוה פָּנָיו אֵלֶיךָ וְיָשֵׂם לְךָ שָׁלוֹם:

אֵלּוּ דְבָרִים שֶׁאֵין לָהֶם שִׁעוּר משנה, פאה א: א
הַפֵּאָה וְהַבִּכּוּרִים וְהָרֵאָיוֹן
וּגְמִילוּת חֲסָדִים וְתַלְמוּד תּוֹרָה.

אֵלּוּ These are the things
whose fruits we eat in this world
but whose full reward awaits us
in the World to Come:

honoring parents;
acts of kindness;
arriving early at the house of study
morning and evening;
hospitality to strangers;
visiting the sick;
helping the needy bride;
attending to the dead;
devotion in prayer;
and bringing peace between people –

but the study of Torah is equal to them all.

Shabbat 127a

TALLIT

Say the following meditation before putting on the tallit. Meditations before the fulfillment of mitzvot are to ensure that we do so with the requisite intention (kavana). This particularly applies to mitzvot whose purpose is to induce in us certain states of mind, as is the case with tallit and tefillin, both of which are external symbols of inward commitment to the life of observance of the mitzvot.

בָּרְכִי נַפְשִׁי Bless the LORD, my soul.
LORD, my God, You are very great,
clothed in majesty and splendor,
wrapped in a robe of light,
spreading out the heavens like a tent.

Ps. 104

שבת קכז.

אֵלּוּ דְבָרִים
שֶׁאָדָם אוֹכֵל פֵּרוֹתֵיהֶם בָּעוֹלָם הַזֶּה
וְהַקֶּרֶן קַיֶּמֶת לוֹ לָעוֹלָם הַבָּא
וְאֵלּוּ הֵן
כִּבּוּד אָב וָאֵם, וּגְמִילוּת חֲסָדִים
וְהַשְׁכָּמַת בֵּית הַמִּדְרָשׁ שַׁחֲרִית וְעַרְבִית
וְהַכְנָסַת אוֹרְחִים, וּבִקּוּר חוֹלִים
וְהַכְנָסַת כַּלָּה, וּלְוָיַת הַמֵּת
וְעִיּוּן תְּפִלָּה
וַהֲבָאַת שָׁלוֹם בֵּין אָדָם לַחֲבֵרוֹ
וְתַלְמוּד תּוֹרָה כְּנֶגֶד כֻּלָּם.

עטיפת טלית

Say the following meditation before putting on the טלית*. Meditations before the fulfillment of* מצוות *are to ensure that we do so with the requisite intention (*כוונה*). This particularly applies to* מצוות *whose purpose is to induce in us certain states of mind, as is the case with* טלית *and* תפילין*, both of which are external symbols of inward commitment to the life of observance of the* מצוות*.*

תהלים קד

בָּרְכִי נַפְשִׁי אֶת־יהוה
יהוה אֱלֹהַי גָּדַלְתָּ מְּאֹד, הוֹד וְהָדָר לָבָשְׁתָּ:
עֹטֶה־אוֹר כַּשַּׂלְמָה, נוֹטֶה שָׁמַיִם כַּיְרִיעָה:

Some say:

For the sake of the unification of the Holy One, blessed be He, and His Divine Presence, in reverence and love, to unify the name *Yod-Heh* with *Vav-Heh* in perfect unity in the name of all Israel.

I am about to wrap myself in this tasseled garment (tallit). So may my soul, my 248 limbs and 365 sinews be wrapped in the light of the tassel (*hatzitzit*) which amounts to 613 [commandments]. And just as I cover myself with a tasseled garment in this world, so may I be worthy of rabbinical dress and a fine garment in the World to Come in the Garden of Eden. Through the commandment of tassels may my life's-breath, spirit, soul and prayer be delivered from external impediments, and may the tallit spread its wings over them like an eagle stirring up its nest, hovering *Deut. 32*
over its young. May the commandment of the tasseled garment be considered before the Holy One, blessed be He, as if I had fulfilled it in all its specifics, details and intentions, as well as the 613 commandments dependent on it, Amen, Selah.

Before wrapping oneself in the tallit, say:

בָּרוּךְ Blessed are You, LORD our God, King of the Universe, who has made us holy through His commandments, and has commanded us to wrap ourselves in the tasseled garment.

According to the Shela (R. Isaiah Horowitz), one should say these verses after wrapping oneself in the tallit:

מַה־יָּקָר How precious is Your loving-kindness, O God, *Ps. 36*
and the children of men find refuge under the shadow of Your wings. They are filled with the rich plenty of Your House. You give them drink from Your river of delights. For with You is the fountain of life; in Your light, we see light. Continue Your loving-kindness to those who know You, and Your righteousness to the upright in heart.

Some say:

לְשֵׁם יִחוּד קֻדְשָׁא בְּרִיךְ הוּא וּשְׁכִינְתֵּהּ בִּדְחִילוּ וּרְחִימוּ, לְיַחֵד שֵׁם י״ה בו״ה בְּיִחוּדָא שְׁלִים בְּשֵׁם כָּל יִשְׂרָאֵל.

הֲרֵינִי מִתְעַטֵּף בְּצִיצִית. כֵּן תִּתְעַטֵּף נִשְׁמָתִי וּרְמַ״ח אֵבָרַי
וּשְׁסָ״ה גִידַי בְּאוֹר הַצִּיצִית הָעוֹלָה תַּרְיַ״ג. וּכְשֵׁם שֶׁאֲנִי
מִתְכַּסֶּה בְּטַלִּית בָּעוֹלָם הַזֶּה, כָּךְ אֶזְכֶּה לַחֲלוּקָא דְרַבָּנָן
וּלְטַלִּית נָאָה לָעוֹלָם הַבָּא בְּגַן עֵדֶן. וְעַל יְדֵי מִצְוַת צִיצִית
תִּנָּצֵל נַפְשִׁי רוּחִי וְנִשְׁמָתִי וּתְפִלָּתִי מִן הַחִיצוֹנִים. וְהַטַּלִּית
תִּפְרֹשׂ כְּנָפֶיהָ עֲלֵיהֶם וְתַצִּילֵם, כְּנֶשֶׁר יָעִיר קִנּוֹ, עַל גּוֹזָלָיו דברים לב
יְרַחֵף: וּתְהֵא חֲשׁוּבָה מִצְוַת צִיצִית לִפְנֵי הַקָּדוֹשׁ בָּרוּךְ
הוּא, כְּאִלּוּ קִיַּמְתִּיהָ בְּכָל פְּרָטֶיהָ וְדִקְדּוּקֶיהָ וְכַוָּנוֹתֶיהָ
וְתַרְיַ״ג מִצְוֹת הַתְּלוּיוֹת בָּהּ, אָמֵן סֶלָה.

Before wrapping oneself in the טלית*, say:*

בָּרוּךְ אַתָּה יהוה אֱלֹהֵינוּ מֶלֶךְ הָעוֹלָם
אֲשֶׁר קִדְּשָׁנוּ בְּמִצְוֹתָיו
וְצִוָּנוּ לְהִתְעַטֵּף בַּצִּיצִית.

According to the Shela (R. Isaiah Horowitz), one should say these verses after wrapping oneself in the טלית*:*

מַה־יָּקָר חַסְדְּךָ אֱלֹהִים, וּבְנֵי אָדָם בְּצֵל כְּנָפֶיךָ תהלים לו
יֶחֱסָיוּן: יִרְוְיֻן מִדֶּשֶׁן בֵּיתֶךָ, וְנַחַל עֲדָנֶיךָ תַשְׁקֵם:
כִּי־עִמְּךָ מְקוֹר חַיִּים, בְּאוֹרְךָ נִרְאֶה־אוֹר: מְשֹׁךְ
חַסְדְּךָ לְיֹדְעֶיךָ, וְצִדְקָתְךָ לְיִשְׁרֵי־לֵב:

PREPARATION FOR PRAYER

On entering the synagogue:

HOW GOODLY

Num. 24

are your tents, Jacob, your dwelling places, Israel.
As for me, *Ps. 5*
in Your great loving-kindness,
I will come into Your House.
I will bow down to Your holy Temple
in awe of You.
LORD, I love the habitation of Your House, *Ps. 26*
the place where Your glory dwells.

As for me,
I will bow in worship;
I will bend the knee
before the LORD my Maker.

As for me, *Ps. 69*
may my prayer come to You, LORD,
at a time of favor.
God, in Your great loving-kindness,
answer me with Your faithful salvation.

הכנה לתפילה

On entering the בית כנסת*:*

במדבר כד

מַה־טֹּבוּ

אֹהָלֶיךָ יַעֲקֹב, מִשְׁכְּנֹתֶיךָ יִשְׂרָאֵל:

תהלים ה

וַאֲנִי בְּרֹב חַסְדְּךָ אָבוֹא בֵיתֶךָ

אֶשְׁתַּחֲוֶה אֶל־הֵיכַל־קָדְשְׁךָ

בְּיִרְאָתֶךָ:

תהלים כו

יהוה אָהַבְתִּי מְעוֹן בֵּיתֶךָ

וּמְקוֹם מִשְׁכַּן כְּבוֹדֶךָ:

וַאֲנִי אֶשְׁתַּחֲוֶה

וְאֶכְרָעָה

אֶבְרְכָה לִפְנֵי יהוה עֹשִׂי.

תהלים סט

וַאֲנִי תְפִלָּתִי־לְךָ יהוה

עֵת רָצוֹן

אֱלֹהִים בְּרָב־חַסְדֶּךָ

עֲנֵנִי בֶּאֱמֶת יִשְׁעֶךָ:

The following poems, on this page and the next, both from the Middle Ages, are summary statements of Jewish faith, orienting us to the spiritual contours of the world that we actualize in the mind by the act of prayer.

LORD OF THE UNIVERSE,
who reigned before the birth of any thing –

When by His will all things were made
then was His name proclaimed King.

And when all things shall cease to be
He alone will reign in awe.

He was, He is, and He shall be
glorious for evermore.

He is One, there is none else,
alone, unique, beyond compare;

Without beginning, without end,
His might, His rule are everywhere.

He is my God; my Redeemer lives.
He is the Rock on whom I rely –

My banner and my safe retreat,
my cup, my portion when I cry.

Into His hand my soul I place,
when I awake and when I sleep.

The LORD is with me, I shall not fear;
body and soul from harm will He keep.

The following poems, on this page and the next, both from the Middle Ages, are summary statements of Jewish faith, orienting us to the spiritual contours of the world that we actualize in the mind by the act of prayer.

אֲדוֹן עוֹלָם

אֲשֶׁר מָלַךְ בְּטֶרֶם כׇּל־יְצִיר נִבְרָא.
לְעֵת נַעֲשָׂה בְחֶפְצוֹ כֹּל אֲזַי מֶלֶךְ שְׁמוֹ נִקְרָא.
וְאַחֲרֵי כִּכְלוֹת הַכֹּל לְבַדּוֹ יִמְלֹךְ נוֹרָא.
וְהוּא הָיָה וְהוּא הֹוֶה וְהוּא יִהְיֶה בְּתִפְאָרָה.
וְהוּא אֶחָד וְאֵין שֵׁנִי לְהַמְשִׁיל לוֹ לְהַחְבִּירָה.
בְּלִי רֵאשִׁית בְּלִי תַכְלִית וְלוֹ הָעֹז וְהַמִּשְׂרָה.
וְהוּא אֵלִי וְחַי גּוֹאֲלִי וְצוּר חֶבְלִי בְּעֵת צָרָה.
וְהוּא נִסִּי וּמָנוֹס לִי מְנָת כּוֹסִי בְּיוֹם אֶקְרָא.
בְּיָדוֹ אַפְקִיד רוּחִי בְּעֵת אִישַׁן וְאָעִירָה.
וְעִם רוּחִי גְּוִיָּתִי יהוה לִי וְלֹא אִירָא.

GREAT
is the living God and praised.
He exists, and His existence is beyond time.

He is One, and there is no unity like His.
Unfathomable, His oneness is infinite.

He has neither bodily form nor substance;
His holiness is beyond compare.

He preceded all that was created.
He was first: there was no beginning to His beginning.

Behold He is Master of the Universe; and every creature
shows His greatness and majesty.

The rich flow of His prophecy He gave
to His treasured people in whom He gloried.

Never in Israel has there arisen another like Moses,
a prophet who beheld God's image.

God gave His people a Torah of truth
by the hand of His prophet, most faithful of His House.

God will not alter or change His law
for any other, for eternity.

He sees and knows our secret thoughts;
as soon as something is begun, He foresees its end.

He rewards people with loving-kindness according to
their deeds;
He punishes the wicked according to his wickedness.

At the end of days He will send our Messiah
to redeem those who await His final salvation.

God will revive the dead in His great loving-kindness.
Blessed for evermore is His glorious name!

יִגְדַּל

אֱלֹהִים חַי וְיִשְׁתַּבַּח, נִמְצָא וְאֵין עֵת אֶל מְצִיאוּתוֹ.

אֶחָד וְאֵין יָחִיד כְּיִחוּדוֹ, נֶעְלָם וְגַם אֵין סוֹף לְאַחְדוּתוֹ.

אֵין לוֹ דְּמוּת הַגּוּף וְאֵינוֹ גוּף, לֹא נַעֲרֹךְ אֵלָיו קְדֻשָּׁתוֹ.

קַדְמוֹן לְכָל דָּבָר אֲשֶׁר נִבְרָא, רִאשׁוֹן וְאֵין רֵאשִׁית לְרֵאשִׁיתוֹ.

הִנּוֹ אֲדוֹן עוֹלָם, וְכָל נוֹצָר יוֹרֶה גְדֻלָּתוֹ וּמַלְכוּתוֹ.

שֶׁפַע נְבוּאָתוֹ נְתָנוֹ אֶל־אַנְשֵׁי סְגֻלָּתוֹ וְתִפְאַרְתּוֹ.

לֹא קָם בְּיִשְׂרָאֵל כְּמֹשֶׁה עוֹד נָבִיא וּמַבִּיט אֶת תְּמוּנָתוֹ.

תּוֹרַת אֱמֶת נָתַן לְעַמּוֹ אֵל עַל יַד נְבִיאוֹ נֶאֱמַן בֵּיתוֹ.

לֹא יַחֲלִיף הָאֵל וְלֹא יָמִיר דָּתוֹ לְעוֹלָמִים לְזוּלָתוֹ.

צוֹפֶה וְיוֹדֵעַ סְתָרֵינוּ, מַבִּיט לְסוֹף דָּבָר בְּקַדְמָתוֹ.

גּוֹמֵל לְאִישׁ חֶסֶד כְּמִפְעָלוֹ, נוֹתֵן לְרָשָׁע רָע כְּרִשְׁעָתוֹ.

יִשְׁלַח לְקֵץ יָמִין מְשִׁיחֵנוּ לִפְדּוֹת מְחַכֵּי קֵץ יְשׁוּעָתוֹ.

מֵתִים יְחַיֶּה אֵל בְּרֹב חַסְדּוֹ, בָּרוּךְ עֲדֵי עַד שֵׁם תְּהִלָּתוֹ.

MORNING BLESSINGS

The following blessings are said aloud by the Leader, but each individual should say them quietly as well. It is our custom to say them standing.

בָּרוּךְ Blessed are You, LORD our God,
King of the Universe,
who gives the heart understanding
to distinguish day from night.

Blessed are You, LORD our God,
King of the Universe,
who has not made me a heathen.

Blessed are You, LORD our God,
King of the Universe,
who has not made me a slave.

Blessed are You, LORD our God,
King of the Universe,
men: who has not made me a woman.
women: who has made me according to His will.

Blessed are You, LORD our God,
King of the Universe,
who gives sight to the blind.

Blessed are You, LORD our God,
King of the Universe,
who clothes the naked.

ברכות השחר

The following blessings are said aloud by the שליח ציבור*, but each individual should say them quietly as well. It is our custom to say them standing.*

בָּרוּךְ אַתָּה יהוה אֱלֹהֵינוּ מֶלֶךְ הָעוֹלָם
אֲשֶׁר נָתַן לַשֶּׂכְוִי בִינָה
לְהַבְחִין בֵּין יוֹם וּבֵין לָיְלָה.

בָּרוּךְ אַתָּה יהוה אֱלֹהֵינוּ מֶלֶךְ הָעוֹלָם
שֶׁלֹּא עָשַׂנִי גּוֹי.

בָּרוּךְ אַתָּה יהוה אֱלֹהֵינוּ מֶלֶךְ הָעוֹלָם
שֶׁלֹּא עָשַׂנִי עָבֶד.

בָּרוּךְ אַתָּה יהוה אֱלֹהֵינוּ מֶלֶךְ הָעוֹלָם
men **שֶׁלֹּא עָשַׂנִי אִשָּׁה.**
women **שֶׁעָשַׂנִי כִּרְצוֹנוֹ.**

בָּרוּךְ אַתָּה יהוה אֱלֹהֵינוּ מֶלֶךְ הָעוֹלָם
פּוֹקֵחַ עִוְרִים.

בָּרוּךְ אַתָּה יהוה אֱלֹהֵינוּ מֶלֶךְ הָעוֹלָם
מַלְבִּישׁ עֲרֻמִּים.

Blessed are You, LORD our God,
King of the Universe,
who sets captives free.

Blessed are You, LORD our God,
King of the Universe,
who raises those bowed down.

Blessed are You, LORD our God,
King of the Universe,
who spreads the earth above the waters.

Blessed are You, LORD our God,
King of the Universe,
who has provided me with all I need.

Blessed are You, LORD our God,
King of the Universe,
who makes firm the steps of man.

Blessed are You, LORD our God,
King of the Universe,
who girds Israel with strength.

Blessed are You, LORD our God,
King of the Universe,
who crowns Israel with glory.

Blessed are You, LORD our God,
King of the Universe,
who gives strength to the weary.

בָּרוּךְ אַתָּה יהוה אֱלֹהֵינוּ מֶלֶךְ הָעוֹלָם
מַתִּיר אֲסוּרִים.

בָּרוּךְ אַתָּה יהוה אֱלֹהֵינוּ מֶלֶךְ הָעוֹלָם
זוֹקֵף כְּפוּפִים.

בָּרוּךְ אַתָּה יהוה אֱלֹהֵינוּ מֶלֶךְ הָעוֹלָם
רוֹקַע הָאָרֶץ עַל הַמָּיִם.

בָּרוּךְ אַתָּה יהוה אֱלֹהֵינוּ מֶלֶךְ הָעוֹלָם
שֶׁעָשָׂה לִי כָּל צָרְכִּי.

בָּרוּךְ אַתָּה יהוה אֱלֹהֵינוּ מֶלֶךְ הָעוֹלָם
הַמֵּכִין מִצְעֲדֵי גָבֶר.

בָּרוּךְ אַתָּה יהוה אֱלֹהֵינוּ מֶלֶךְ הָעוֹלָם
אוֹזֵר יִשְׂרָאֵל בִּגְבוּרָה.

בָּרוּךְ אַתָּה יהוה אֱלֹהֵינוּ מֶלֶךְ הָעוֹלָם
עוֹטֵר יִשְׂרָאֵל בְּתִפְאָרָה.

בָּרוּךְ אַתָּה יהוה אֱלֹהֵינוּ מֶלֶךְ הָעוֹלָם
הַנּוֹתֵן לַיָּעֵף כֹּחַ.

בָּרוּךְ Blessed are You, LORD our God,
King of the Universe,
who removes sleep from my eyes
and slumber from my eyelids.
And may it be Your will, LORD our God
and God of our ancestors,
to accustom us to Your Torah,
and make us attached to Your commandments.
Lead us not into error, transgression,
iniquity, temptation or disgrace.
Do not let the evil instinct dominate us.
Keep us far from a bad man and a bad companion.
Help us attach ourselves
to the good instinct and to good deeds
and bend our instincts to be subservient to You.
Grant us, this day and every day,
grace, loving-kindness and compassion in Your eyes
and in the eyes of all who see us,
and bestow loving-kindness upon us.
Blessed are You, LORD,
who bestows loving-kindness on His people Israel.

יְהִי רָצוֹן May it be Your will, LORD my God and God of my ancestors, to save me today and every day, from the arrogant and from arrogance itself, from a bad man, a bad friend, a bad neighbor, a bad mishap, a destructive adversary, a harsh trial and a harsh opponent, whether or not he is a son of the covenant. *Berakhot 16b*

בָּרוּךְ אַתָּה יהוה אֱלֹהֵינוּ מֶלֶךְ הָעוֹלָם
הַמַּעֲבִיר שֵׁנָה מֵעֵינַי וּתְנוּמָה מֵעַפְעַפָּי.
וִיהִי רָצוֹן מִלְּפָנֶיךָ, יהוה אֱלֹהֵינוּ וֵאלֹהֵי אֲבוֹתֵינוּ
שֶׁתַּרְגִּילֵנוּ בְּתוֹרָתֶךָ, וְדַבְּקֵנוּ בְּמִצְוֹתֶיךָ
וְאַל תְּבִיאֵנוּ לֹא לִידֵי חֵטְא, וְלֹא לִידֵי עֲבֵרָה וְעָוֹן
וְלֹא לִידֵי נִסָּיוֹן וְלֹא לִידֵי בִזָּיוֹן
וְאַל תַּשְׁלֶט בָּנוּ יֵצֶר הָרָע
וְהַרְחִיקֵנוּ מֵאָדָם רָע וּמֵחָבֵר רָע
וְדַבְּקֵנוּ בְּיֵצֶר הַטּוֹב וּבְמַעֲשִׂים טוֹבִים
וְכֹף אֶת יִצְרֵנוּ לְהִשְׁתַּעְבֶּד לָךְ
וּתְנֵנוּ הַיּוֹם וּבְכָל יוֹם לְחֵן וּלְחֶסֶד וּלְרַחֲמִים
בְּעֵינֶיךָ, וּבְעֵינֵי כָל רוֹאֵינוּ
וְתִגְמְלֵנוּ חֲסָדִים טוֹבִים.
בָּרוּךְ אַתָּה יהוה
גּוֹמֵל חֲסָדִים טוֹבִים לְעַמּוֹ יִשְׂרָאֵל.

יְהִי רָצוֹן מִלְּפָנֶיךָ יהוה אֱלֹהַי וֵאלֹהֵי אֲבוֹתַי, שֶׁתַּצִּילֵנִי הַיּוֹם וּבְכָל יוֹם מֵעַזֵּי פָנִים וּמֵעַזּוּת פָּנִים, מֵאָדָם רָע, וּמֵחָבֵר רָע, וּמִשָּׁכֵן רָע, וּמִפֶּגַע רָע, וּמִשָּׂטָן הַמַּשְׁחִית, מִדִּין קָשֶׁה, וּמִבַּעַל דִּין קָשֶׁה בֵּין שֶׁהוּא בֶן בְּרִית וּבֵין שֶׁאֵינוֹ בֶן בְּרִית. ברכות טז:

THE BINDING OF ISAAC

On the basis of Jewish mystical tradition, some have the custom of saying daily the biblical passage recounting the Binding of Isaac, the supreme trial of faith in which Abraham demonstrated his love of God above all other loves. On Shabbat, most omit the introductory and concluding prayers, "Our God and God of our ancestors" and "Master of the Universe." Others skip to "A person should" on page 174.

Our God and God of our ancestors, remember us with a favorable memory, and recall us with a remembrance of salvation and compassion from the highest of high heavens. Remember, LORD our God, on our behalf, the love of the ancients, Abraham, Isaac, and Yisrael Your servants; the covenant, the loving-kindness, and the oath You swore to Abraham our father on Mount Moriah, and the Binding, when he bound Isaac his son on the altar, as is written in Your Torah:

It happened after these things that God tested Abraham. He said to him, "Abraham!" "Here I am," he replied. He said, "Take your son, your only son, Isaac, whom you love, and go to the land of Moriah and offer him there as a burnt-offering on one of the mountains which I shall say to you." Early the next morning Abraham rose and saddled his donkey and took his two lads with him, and Isaac his son, and he cut wood for the burnt-offering, and he set out for the place of which God had told him. On the third day Abraham looked up and saw the place from afar. Abraham said to his lads, "Stay here with the donkey while I and the boy go on ahead. *Gen. 22*

פרשת העקדה

On the basis of Jewish mystical tradition, some have the custom of saying daily the biblical passage recounting the Binding of Isaac, the supreme trial of faith in which Abraham demonstrated his love of God above all other loves. On שבת*, most omit the introductory and concluding prayers,* אֱלֹהֵינוּ וֵאלֹהֵי אֲבוֹתֵינוּ *and* רִבּוֹנוֹ שֶׁל עוֹלָם*. Others skip to* לְעוֹלָם יְהֵא אָדָם *on page 175.*

אֱלֹהֵינוּ וֵאלֹהֵי אֲבוֹתֵינוּ, זָכְרֵנוּ בְּזִכְרוֹן טוֹב לְפָנֶיךָ, וּפָקְדֵנוּ בִּפְקֻדַּת יְשׁוּעָה וְרַחֲמִים מִשְּׁמֵי שְׁמֵי קֶדֶם, וּזְכָר לָנוּ יהוה אֱלֹהֵינוּ, אַהֲבַת הַקַּדְמוֹנִים אַבְרָהָם יִצְחָק וְיִשְׂרָאֵל עֲבָדֶיךָ, אֶת הַבְּרִית וְאֶת הַחֶסֶד וְאֶת הַשְּׁבוּעָה שֶׁנִּשְׁבַּעְתָּ לְאַבְרָהָם אָבִינוּ בְּהַר הַמּוֹרִיָּה, וְאֶת הָעֲקֵדָה שֶׁעָקַד אֶת יִצְחָק בְּנוֹ עַל גַּבֵּי הַמִּזְבֵּחַ, כַּכָּתוּב בְּתוֹרָתֶךָ:

וַיְהִי אַחַר הַדְּבָרִים הָאֵלֶּה, וְהָאֱלֹהִים נִסָּה אֶת־ בראשית כב
אַבְרָהָם, וַיֹּאמֶר אֵלָיו אַבְרָהָם, וַיֹּאמֶר הִנֵּנִי:
וַיֹּאמֶר קַח־נָא אֶת־בִּנְךָ אֶת־יְחִידְךָ אֲשֶׁר־
אָהַבְתָּ, אֶת־יִצְחָק, וְלֶךְ־לְךָ אֶל־אֶרֶץ הַמֹּרִיָּה,
וְהַעֲלֵהוּ שָׁם לְעֹלָה עַל אַחַד הֶהָרִים אֲשֶׁר אֹמַר
אֵלֶיךָ: וַיַּשְׁכֵּם אַבְרָהָם בַּבֹּקֶר, וַיַּחֲבֹשׁ אֶת־
חֲמֹרוֹ, וַיִּקַּח אֶת־שְׁנֵי נְעָרָיו אִתּוֹ וְאֵת יִצְחָק
בְּנוֹ, וַיְבַקַּע עֲצֵי עֹלָה, וַיָּקָם וַיֵּלֶךְ אֶל־הַמָּקוֹם
אֲשֶׁר־אָמַר־לוֹ הָאֱלֹהִים: בַּיּוֹם הַשְּׁלִישִׁי וַיִּשָּׂא
אַבְרָהָם אֶת־עֵינָיו וַיַּרְא אֶת־הַמָּקוֹם מֵרָחֹק:

We will worship and we will return to you." Abraham took the wood for the burnt-offering and placed it on Isaac his son, and he took in his hand the fire and the knife, and the two of them went together. Isaac said to Abraham his father, "Father?" and he said "Here I am, my son." And he said, "Here are the fire and the wood, but where is the sheep for the burnt-offering?" Abraham said, "God will see to the sheep for the burnt-offering, my son." And the two of them went together. They came to the place God had told him about, and Abraham built there an altar and arranged the wood and bound Isaac his son and laid him on the altar on top of the wood. He reached out his hand and took the knife to slay his son. Then an angel of the Lord called out to him from heaven, "Abraham! Abraham!" He said, "Here I am." He said, "Do not reach out your hand against the boy; do not do anything to him, for now I know that you fear God, because you have not held back your son, your only son, from Me." Abraham looked up and there he saw a ram caught in a thicket by its horns, and Abraham went and took the ram and offered it as a burnt-offering instead of his son. Abraham called that place "The Lord will

וַיֹּאמֶר אַבְרָהָם אֶל־נְעָרָיו, שְׁבוּ־לָכֶם פֹּה עִם־
הַחֲמוֹר, וַאֲנִי וְהַנַּעַר נֵלְכָה עַד־כֹּה, וְנִשְׁתַּחֲוֶה
וְנָשׁוּבָה אֲלֵיכֶם: וַיִּקַּח אַבְרָהָם אֶת־עֲצֵי הָעֹלָה
וַיָּשֶׂם עַל־יִצְחָק בְּנוֹ, וַיִּקַּח בְּיָדוֹ אֶת־הָאֵשׁ וְאֶת־
הַמַּאֲכֶלֶת, וַיֵּלְכוּ שְׁנֵיהֶם יַחְדָּו: וַיֹּאמֶר יִצְחָק
אֶל־אַבְרָהָם אָבִיו, וַיֹּאמֶר אָבִי, וַיֹּאמֶר הִנֶּנִּי בְנִי,
וַיֹּאמֶר, הִנֵּה הָאֵשׁ וְהָעֵצִים, וְאַיֵּה הַשֶּׂה לְעֹלָה:
וַיֹּאמֶר אַבְרָהָם, אֱלֹהִים יִרְאֶה־לּוֹ הַשֶּׂה לְעֹלָה,
בְּנִי, וַיֵּלְכוּ שְׁנֵיהֶם יַחְדָּו: וַיָּבֹאוּ אֶל־הַמָּקוֹם אֲשֶׁר
אָמַר־לוֹ הָאֱלֹהִים, וַיִּבֶן שָׁם אַבְרָהָם אֶת־הַמִּזְבֵּחַ
וַיַּעֲרֹךְ אֶת־הָעֵצִים, וַיַּעֲקֹד אֶת־יִצְחָק בְּנוֹ, וַיָּשֶׂם
אֹתוֹ עַל־הַמִּזְבֵּחַ מִמַּעַל לָעֵצִים: וַיִּשְׁלַח אַבְרָהָם
אֶת־יָדוֹ, וַיִּקַּח אֶת־הַמַּאֲכֶלֶת, לִשְׁחֹט אֶת־בְּנוֹ:
וַיִּקְרָא אֵלָיו מַלְאַךְ יהוה מִן־הַשָּׁמַיִם, וַיֹּאמֶר
אַבְרָהָם אַבְרָהָם, וַיֹּאמֶר הִנֵּנִי: וַיֹּאמֶר אַל־
תִּשְׁלַח יָדְךָ אֶל־הַנַּעַר, וְאַל־תַּעַשׂ לוֹ מְאוּמָה, כִּי
עַתָּה יָדַעְתִּי כִּי־יְרֵא אֱלֹהִים אַתָּה, וְלֹא חָשַׂכְתָּ
אֶת־בִּנְךָ אֶת־יְחִידְךָ מִמֶּנִּי: וַיִּשָּׂא אַבְרָהָם
אֶת־עֵינָיו, וַיַּרְא וְהִנֵּה־אַיִל, אַחַר נֶאֱחַז בַּסְּבַךְ
בְּקַרְנָיו, וַיֵּלֶךְ אַבְרָהָם וַיִּקַּח אֶת־הָאַיִל, וַיַּעֲלֵהוּ

see," as is said to this day, "On the mountain of the LORD He will be seen." The angel of the LORD called to Abraham a second time from heaven, and said, "By Myself I swear, declares the LORD, that because you have done this and have not held back your son, your only son, I will greatly bless you and greatly multiply your descendants, as the stars of heaven and the sand of the seashore, and your descendants shall take possession of the gates of their enemies. Through your descendants, all the nations of the earth will be blessed, because you have heeded My voice." Then Abraham returned to his lads, and they rose and went together to Beersheba, and Abraham stayed in Beersheba.

Most omit this passage on Shabbat.

Master of the Universe, just as Abraham our father suppressed his compassion to do Your will wholeheartedly, so may Your compassion suppress Your anger from us and may Your compassion prevail over Your other attributes. Deal with us, LORD our God, with the attributes of loving-kindness and compassion, and in Your great goodness may Your anger be turned away from Your people, Your city, Your land and Your inheritance. Fulfill in us, LORD our God, the promise You made in Your Torah through the hand of Moses Your servant, as it is said: "I will remember My covenant with Jacob, and also My covenant with Isaac, and also My covenant with Abraham I will remember, and the land I will remember." *Lev. 26*

לְעֹלָה תַּחַת בְּנוֹ: וַיִּקְרָא אַבְרָהָם שֵׁם־הַמָּקוֹם
הַהוּא יהוה יִרְאֶה, אֲשֶׁר יֵאָמֵר הַיּוֹם בְּהַר יהוה
יֵרָאֶה: וַיִּקְרָא מַלְאַךְ יהוה אֶל־אַבְרָהָם שֵׁנִית
מִן־הַשָּׁמָיִם: וַיֹּאמֶר, בִּי נִשְׁבַּעְתִּי נְאֻם־יהוה, כִּי
יַעַן אֲשֶׁר עָשִׂיתָ אֶת־הַדָּבָר הַזֶּה, וְלֹא חָשַׂכְתָּ
אֶת־בִּנְךָ אֶת־יְחִידֶךָ: כִּי־בָרֵךְ אֲבָרֶכְךָ, וְהַרְבָּה
אַרְבֶּה אֶת־זַרְעֲךָ כְּכוֹכְבֵי הַשָּׁמַיִם, וְכַחוֹל
אֲשֶׁר עַל־שְׂפַת הַיָּם, וְיִרַשׁ זַרְעֲךָ אֵת שַׁעַר
אֹיְבָיו: וְהִתְבָּרְכוּ בְזַרְעֲךָ כֹּל גּוֹיֵי הָאָרֶץ, עֵקֶב
אֲשֶׁר שָׁמַעְתָּ בְּקֹלִי: וַיָּשָׁב אַבְרָהָם אֶל־נְעָרָיו,
וַיָּקֻמוּ וַיֵּלְכוּ יַחְדָּו אֶל־בְּאֵר שָׁבַע, וַיֵּשֶׁב אַבְרָהָם
בִּבְאֵר שָׁבַע:

Most omit this passage on שבת.

רִבּוֹנוֹ שֶׁל עוֹלָם, כְּמוֹ שֶׁכָּבַשׁ אַבְרָהָם אָבִינוּ אֶת רַחֲמָיו
לַעֲשׂוֹת רְצוֹנְךָ בְּלֵבָב שָׁלֵם, כֵּן יִכְבְּשׁוּ רַחֲמֶיךָ אֶת כַּעַסְךָ
מֵעָלֵינוּ וְיִגֹּלוּ רַחֲמֶיךָ עַל מִדּוֹתֶיךָ. וְתִתְנַהֵג עִמָּנוּ יהוה אֱלֹהֵינוּ
בְּמִדַּת הַחֶסֶד וּבְמִדַּת הָרַחֲמִים, וּבְטוּבְךָ הַגָּדוֹל יָשׁוּב חֲרוֹן
אַפְּךָ מֵעַמְּךָ וּמֵעִירְךָ וּמֵאַרְצְךָ וּמִנַּחֲלָתֶךָ. וְקַיֶּם לָנוּ יהוה
אֱלֹהֵינוּ אֶת הַדָּבָר שֶׁהִבְטַחְתָּנוּ בְּתוֹרָתֶךָ עַל יְדֵי מֹשֶׁה עַבְדֶּךָ,
כָּאָמוּר: וְזָכַרְתִּי אֶת־בְּרִיתִי יַעֲקוֹב וְאַף אֶת־בְּרִיתִי יִצְחָק, וְאַף ויקרא כו
אֶת־בְּרִיתִי אַבְרָהָם אֶזְכֹּר, וְהָאָרֶץ אֶזְכֹּר:

ACCEPTING THE SOVEREIGNTY OF HEAVEN

לְעוֹלָם A person should always be God-fearing, privately and publicly, acknowledging the truth and speaking it in his heart. *Tanna DeVei Eliyahu, ch. 21*
He should rise early and say:

Master of all worlds,
not because of our righteousness *Dan. 9*
do we lay our pleas before You,
but because of Your great compassion.
What are we? What are our lives?
What is our loving-kindness?
What is our righteousness?
What is our salvation? What is our strength?
What is our might?
What shall we say before You,
LORD our God and God of our ancestors?
Are not all the mighty like nothing before You,
the men of renown as if they had never been,
the wise as if they know nothing,
and the understanding as if they lack intelligence?
For their many works are in vain,
and the days of their lives
like a fleeting breath before You.
The pre-eminence of man over the animals *Eccl. 3*
is nothing, for all is but a fleeting breath.

קבלת עול מלכות שמים

תנא דבי אליהו, פרק כא

לְעוֹלָם יְהֵא אָדָם יְרֵא שָׁמַיִם בְּסֵתֶר וּבְגָלוּי
וּמוֹדֶה עַל הָאֱמֶת, וְדוֹבֵר אֱמֶת בִּלְבָבוֹ
וְיַשְׁכֵּם וְיֹאמַר

דניאל ט

רִבּוֹן כָּל הָעוֹלָמִים, לֹא עַל־צִדְקוֹתֵינוּ
אֲנַחְנוּ מַפִּילִים תַּחֲנוּנֵינוּ לְפָנֶיךָ
כִּי עַל־רַחֲמֶיךָ הָרַבִּים:
מָה אָנוּ, מֶה חַיֵּינוּ, מֶה חַסְדֵּנוּ
מַה צִּדְקוֹתֵינוּ, מַה יְשׁוּעָתֵנוּ, מַה כֹּחֵנוּ
מַה גְּבוּרָתֵנוּ, מַה נֹּאמַר לְפָנֶיךָ
יהוה אֱלֹהֵינוּ וֵאלֹהֵי אֲבוֹתֵינוּ
הֲלֹא כָּל הַגִּבּוֹרִים כְּאַיִן לְפָנֶיךָ
וְאַנְשֵׁי הַשֵּׁם כְּלֹא הָיוּ
וַחֲכָמִים כִּבְלִי מַדָּע, וּנְבוֹנִים כִּבְלִי הַשְׂכֵּל
כִּי רֹב מַעֲשֵׂיהֶם תֹּהוּ
וִימֵי חַיֵּיהֶם הֶבֶל לְפָנֶיךָ

קהלת ג

וּמוֹתַר הָאָדָם מִן־הַבְּהֵמָה אָיִן
כִּי הַכֹּל הָבֶל:

אֲבָל Yet we are Your people,
the children of Your covenant,
the children of Abraham, Your beloved,
to whom You made a promise
on Mount Moriah;
the offspring of Isaac his only one
who was bound on the altar;
the congregation of Jacob Your firstborn son
whom – because of the love
with which You loved him
and the joy with which You rejoiced in him –
You called Yisrael and Yeshurun.

לְפִיכָךְ Therefore it is our duty
to thank You, and to praise, glorify,
bless, sanctify and give praise and thanks
to Your name.
Happy are we,
how good is our portion,
how lovely our fate,
how beautiful our heritage.

▸ Happy are we
who, early and late,
evening and morning,
say twice each day –

אֲבָל אֲנַחְנוּ עַמְּךָ בְּנֵי בְרִיתֶךָ
בְּנֵי אַבְרָהָם אֹהַבְךָ
שֶׁנִּשְׁבַּעְתָּ לוֹ בְּהַר הַמּוֹרִיָּה
זֶרַע יִצְחָק יְחִידוֹ שֶׁנֶּעֱקַד עַל גַּבֵּי הַמִּזְבֵּחַ
עֲדַת יַעֲקֹב בִּנְךָ בְכוֹרֶךָ
שֶׁמֵּאַהֲבָתְךָ שֶׁאָהַבְתָּ אוֹתוֹ
וּמִשִּׂמְחָתְךָ שֶׁשָּׂמַחְתָּ בּוֹ
קָרָאתָ אֶת שְׁמוֹ יִשְׂרָאֵל וִישֻׁרוּן.

לְפִיכָךְ אֲנַחְנוּ חַיָּבִים
לְהוֹדוֹת לְךָ וּלְשַׁבֵּחֲךָ וּלְפָאֶרְךָ
וּלְבָרֵךְ וּלְקַדֵּשׁ וְלָתֵת שֶׁבַח וְהוֹדָיָה לִשְׁמֶךָ.
אַשְׁרֵינוּ
מַה טּוֹב חֶלְקֵנוּ
וּמַה נָּעִים גּוֹרָלֵנוּ, וּמַה יָּפָה יְרֻשָּׁתֵנוּ.

◄ אַשְׁרֵינוּ
שֶׁאֲנַחְנוּ מַשְׁכִּימִים וּמַעֲרִיבִים עֶרֶב וָבֹקֶר
וְאוֹמְרִים פַּעֲמַיִם בְּכָל יוֹם

Listen, Israel: the Lord is our God,
the Lord is One. *Deut. 6*

Quietly: Blessed be the name of His glorious kingdom
for ever and all time.

Some congregations say the entire first paragraph of the Shema (below) at this point. If there is a concern that the Shema will not be recited within the prescribed time, then all three paragraphs should be said.

Love the Lord your God with all your heart, with all your soul, and with all your might. These words which I command you today shall be on your heart. Teach them repeatedly to your children, speaking of them when you sit at home and when you travel on the way, when you lie down and when you rise. Bind them as a sign on your hand, and they shall be an emblem between your eyes. Write them on the doorposts of your house and gates.

אַתָּה הוּא It was You who existed
before the world was created,
it is You now that the world has been created.
It is You in this world and You in the World to Come.
▸ Sanctify Your name
through those who sanctify Your name,
and sanctify Your name throughout Your world.
By Your salvation may our pride be exalted;
raise high our pride.
Blessed are You, Lord,
who sanctifies His name among the multitudes.

אַתָּה הוּא You are the Lord our God
in heaven and on earth,
and in the highest heaven of heavens.

שְׁמַע יִשְׂרָאֵל, יהוה אֱלֹהֵינוּ, יהוה אֶחָד: דברים ו

Quietly בָּרוּךְ שֵׁם כְּבוֹד מַלְכוּתוֹ לְעוֹלָם וָעֶד.

Some congregations say the entire first paragraph of the שמע *(below) at this point. If there is a concern that the* שמע *will not be recited within the prescribed time, then all three paragraphs should be said.*

וְאָהַבְתָּ אֵת יהוה אֱלֹהֶיךָ, בְּכָל־לְבָבְךָ, וּבְכָל־נַפְשְׁךָ, וּבְכָל־מְאֹדֶךָ: וְהָיוּ הַדְּבָרִים הָאֵלֶּה, אֲשֶׁר אָנֹכִי מְצַוְּךָ הַיּוֹם, עַל־לְבָבֶךָ: וְשִׁנַּנְתָּם לְבָנֶיךָ, וְדִבַּרְתָּ בָּם, בְּשִׁבְתְּךָ בְּבֵיתֶךָ, וּבְלֶכְתְּךָ בַדֶּרֶךְ, וּבְשָׁכְבְּךָ וּבְקוּמֶךָ: וּקְשַׁרְתָּם לְאוֹת עַל־יָדֶךָ וְהָיוּ לְטֹטָפֹת בֵּין עֵינֶיךָ: וּכְתַבְתָּם עַל־מְזֻזוֹת בֵּיתֶךָ וּבִשְׁעָרֶיךָ:

אַתָּה הוּא עַד שֶׁלֹּא נִבְרָא הָעוֹלָם\
אַתָּה הוּא מִשֶּׁנִּבְרָא הָעוֹלָם.\
אַתָּה הוּא בָּעוֹלָם הַזֶּה\
וְאַתָּה הוּא לָעוֹלָם הַבָּא.

◄ קַדֵּשׁ אֶת שִׁמְךָ עַל מַקְדִּישֵׁי שְׁמֶךָ\
וְקַדֵּשׁ אֶת שִׁמְךָ בְּעוֹלָמֶךָ\
וּבִישׁוּעָתְךָ תָּרוּם וְתַגְבִּיהַּ קַרְנֵנוּ.\
בָּרוּךְ אַתָּה יהוה, הַמְקַדֵּשׁ אֶת שִׁמְךָ בָּרַבִּים.

אַתָּה הוּא יהוה אֱלֹהֵינוּ\
בַּשָּׁמַיִם וּבָאָרֶץ וּבִשְׁמֵי הַשָּׁמַיִם הָעֶלְיוֹנִים.

Truly, You are the first
and You are the last,
and besides You there is no god.
Gather those who hope in You
from the four quarters of the earth.
May all mankind recognize and know
that You alone are God
over all the kingdoms on earth.

You made the heavens and the earth,
the sea and all they contain.
Who among all the works of Your hands,
above and below,
can tell You what to do?

Heavenly Father,
deal kindly with us
for the sake of Your great name
by which we are called,
and fulfill for us,
LORD our God,
that which is written:

> "At that time I will bring you home, and at that time I will gather you, for I will give you renown and praise among all the peoples of the earth when I bring back your exiles before your eyes, says the LORD." *Zeph. 3*

אֱמֶת, אַתָּה הוּא רִאשׁוֹן, וְאַתָּה הוּא אַחֲרוֹן
וּמִבַּלְעָדֶיךָ אֵין אֱלֹהִים.
קַבֵּץ קֹוֶיךָ מֵאַרְבַּע כַּנְפוֹת הָאָרֶץ.
יַכִּירוּ וְיֵדְעוּ כָּל בָּאֵי עוֹלָם
כִּי אַתָּה הוּא הָאֱלֹהִים לְבַדְּךָ
לְכֹל מַמְלְכוֹת הָאָרֶץ.

אַתָּה עָשִׂיתָ אֶת הַשָּׁמַיִם וְאֶת הָאָרֶץ
אֶת הַיָּם וְאֶת כָּל אֲשֶׁר בָּם
וּמִי בְּכָל מַעֲשֵׂי יָדֶיךָ בָּעֶלְיוֹנִים אוֹ בַתַּחְתּוֹנִים
שֶׁיֹּאמַר לְךָ מַה תַּעֲשֶׂה.

אָבִינוּ שֶׁבַּשָּׁמַיִם, עֲשֵׂה עִמָּנוּ חֶסֶד
בַּעֲבוּר שִׁמְךָ הַגָּדוֹל שֶׁנִּקְרָא עָלֵינוּ
וְקַיֶּם לָנוּ, יהוה אֱלֹהֵינוּ, מַה שֶּׁכָּתוּב:

בָּעֵת הַהִיא אָבִיא אֶתְכֶם, וּבָעֵת קַבְּצִי צפניה ג
אֶתְכֶם, כִּי־אֶתֵּן אֶתְכֶם לְשֵׁם וְלִתְהִלָּה
בְּכֹל עַמֵּי הָאָרֶץ, בְּשׁוּבִי אֶת־שְׁבוּתֵיכֶם
לְעֵינֵיכֶם, אָמַר יהוה:

OFFERINGS

The sages held that, in the absence of the Temple, studying the laws of sacrifices is the equivalent of offering them. Hence the following texts. There are different customs as to how many passages are to be said, and one should follow the custom of one's congregation. The minimum requirement is to say the verses relating to The Daily Sacrifice on the next page.

THE BASIN

The LORD spoke to Moses, saying: Make a bronze basin, *Ex. 30*
with its bronze stand for washing, and place it between the Tent of Meeting and the altar, and put water in it. From it, Aaron and his sons are to wash their hands and feet. When they enter the Tent of Meeting, they shall wash with water so that they will not die; likewise when they approach the altar to minister, presenting a fire-offering to the LORD. They must wash their hands and feet so that they will not die. This shall be an everlasting ordinance for Aaron and his descendants throughout their generations.

TAKING OF THE ASHES

The LORD spoke to Moses, saying: Instruct Aaron and his *Lev. 6*
sons, saying: This is the law of the burnt-offering. The burnt-offering shall remain on the altar hearth throughout the night until morning, and the altar fire shall be kept burning on it. The priest shall then put on his linen garments, and linen breeches next to his body, and shall remove the ashes of the burnt-offering that the fire has consumed on the altar and place them beside the altar. Then he shall take off these clothes and put on others, and carry the ashes outside the camp to a clean place. The fire on the altar must be kept burning; it must not go out. Each morning the priest shall burn wood on it, and prepare on it the burnt-offering and burn the fat of the peace-offerings. A perpetual fire must be kept burning on the altar; it must not go out.

סדר הקורבנות

חז״ל held that, in the absence of the Temple, studying the laws of sacrifices is the equivalent of offering them. Hence the following texts. There are different customs as to how many passages are to be said, and one should follow the custom of one's congregation. The minimum requirement is to say the verses relating to the קורבן תמיד on the next page.

פרשת הכיור

וַיְדַבֵּר יהוה אֶל־מֹשֶׁה לֵּאמֹר: וְעָשִׂיתָ כִּיּוֹר נְחֹשֶׁת וְכַנּוֹ שמות ל
נְחֹשֶׁת לְרָחְצָה, וְנָתַתָּ אֹתוֹ בֵּין־אֹהֶל מוֹעֵד וּבֵין הַמִּזְבֵּחַ,
וְנָתַתָּ שָׁמָּה מָיִם: וְרָחֲצוּ אַהֲרֹן וּבָנָיו מִמֶּנּוּ אֶת־יְדֵיהֶם
וְאֶת־רַגְלֵיהֶם: בְּבֹאָם אֶל־אֹהֶל מוֹעֵד יִרְחֲצוּ־מַיִם, וְלֹא
יָמֻתוּ, אוֹ בְגִשְׁתָּם אֶל־הַמִּזְבֵּחַ לְשָׁרֵת, לְהַקְטִיר אִשֶּׁה
לַיהוה: וְרָחֲצוּ יְדֵיהֶם וְרַגְלֵיהֶם וְלֹא יָמֻתוּ, וְהָיְתָה לָהֶם
חָק־עוֹלָם, לוֹ וּלְזַרְעוֹ לְדֹרֹתָם:

פרשת תרומת הדשן

וַיְדַבֵּר יהוה אֶל־מֹשֶׁה לֵּאמֹר: צַו אֶת־אַהֲרֹן וְאֶת־בָּנָיו ויקרא ו
לֵאמֹר, זֹאת תּוֹרַת הָעֹלָה, הִוא הָעֹלָה עַל מוֹקְדָה עַל־
הַמִּזְבֵּחַ כָּל־הַלַּיְלָה עַד־הַבֹּקֶר, וְאֵשׁ הַמִּזְבֵּחַ תּוּקַד בּוֹ:
וְלָבַשׁ הַכֹּהֵן מִדּוֹ בַד, וּמִכְנְסֵי־בַד יִלְבַּשׁ עַל־בְּשָׂרוֹ, וְהֵרִים
אֶת־הַדֶּשֶׁן אֲשֶׁר תֹּאכַל הָאֵשׁ אֶת־הָעֹלָה, עַל־הַמִּזְבֵּחַ,
וְשָׂמוֹ אֵצֶל הַמִּזְבֵּחַ: וּפָשַׁט אֶת־בְּגָדָיו, וְלָבַשׁ בְּגָדִים
אֲחֵרִים, וְהוֹצִיא אֶת־הַדֶּשֶׁן אֶל־מִחוּץ לַמַּחֲנֶה, אֶל־מָקוֹם
טָהוֹר: וְהָאֵשׁ עַל־הַמִּזְבֵּחַ תּוּקַד־בּוֹ, לֹא תִכְבֶּה, וּבִעֵר
עָלֶיהָ הַכֹּהֵן עֵצִים בַּבֹּקֶר בַּבֹּקֶר, וְעָרַךְ עָלֶיהָ הָעֹלָה,
וְהִקְטִיר עָלֶיהָ חֶלְבֵי הַשְּׁלָמִים: אֵשׁ, תָּמִיד תּוּקַד עַל־
הַמִּזְבֵּחַ, לֹא תִכְבֶּה:

May it be Your will, LORD our God and God of our ancestors, that You have compassion on us and pardon us all our sins, grant atonement for all our iniquities and forgive all our transgressions. May You rebuild the Temple swiftly in our days so that we may offer You the continual-offering that it may atone for us as You have prescribed for us in Your Torah through Moses Your servant, from the mouthpiece of Your glory, as it is said:

THE DAILY SACRIFICE

וַיְדַבֵּר The LORD said to Moses, "Command the Israelites and tell them: 'Be careful to offer to Me at the appointed time My food-offering consumed by fire, as an aroma pleasing to Me.' Tell them: 'This is the fire-offering you shall offer to the LORD – two lambs a year old without blemish, as a regular burnt-offering each day. Prepare one lamb in the morning and the other toward evening, together with a meal-offering of a tenth of an ephah of fine flour mixed with a quarter of a hin of oil from pressed olives. This is the regular burnt-offering instituted at Mount Sinai as a pleasing aroma, a fire-offering made to the LORD. Its libation is to be a quarter of a hin [of wine] with each lamb, poured in the Sanctuary as a libation of strong drink to the LORD. Prepare the second lamb in the afternoon, along with the same meal-offering and libation as in the morning. This is a fire-offering, an aroma pleasing to the LORD.'" *Num. 28*

וְשָׁחַט He shall slaughter it at the north side of the altar before the LORD, and Aaron's sons the priests shall sprinkle its blood against the altar on all sides. *Lev. 1*

יְהִי רָצוֹן מִלְּפָנֶיךָ יהוה אֱלֹהֵינוּ וֵאלֹהֵי אֲבוֹתֵינוּ, שֶׁתְּרַחֵם עָלֵינוּ, וְתִמְחֹל לָנוּ עַל כָּל חַטֹּאתֵינוּ וּתְכַפֵּר לָנוּ עַל כָּל עֲוֹנוֹתֵינוּ וְתִסְלַח לָנוּ עַל כָּל פְּשָׁעֵינוּ, וְתִבְנֶה בֵּית הַמִּקְדָּשׁ בִּמְהֵרָה בְיָמֵינוּ, וְנַקְרִיב לְפָנֶיךָ קָרְבַּן הַתָּמִיד שֶׁיְּכַפֵּר בַּעֲדֵנוּ, כְּמוֹ שֶׁכָּתַבְתָּ עָלֵינוּ בְּתוֹרָתֶךָ עַל יְדֵי מֹשֶׁה עַבְדֶּךָ מִפִּי כְבוֹדֶךָ, כָּאָמוּר

פרשת קורבן התמיד

וַיְדַבֵּר יהוה אֶל־מֹשֶׁה לֵּאמֹר: צַו אֶת־בְּנֵי יִשְׂרָאֵל במדבר כח
וְאָמַרְתָּ אֲלֵהֶם, אֶת־קָרְבָּנִי לַחְמִי לְאִשַּׁי, רֵיחַ נִיחֹחִי, תִּשְׁמְרוּ לְהַקְרִיב לִי בְּמוֹעֲדוֹ: וְאָמַרְתָּ לָהֶם, זֶה הָאִשֶּׁה אֲשֶׁר תַּקְרִיבוּ לַיהוה, כְּבָשִׂים בְּנֵי־שָׁנָה תְמִימִם שְׁנַיִם לַיּוֹם, עֹלָה תָמִיד: אֶת־הַכֶּבֶשׂ אֶחָד תַּעֲשֶׂה בַבֹּקֶר, וְאֵת הַכֶּבֶשׂ הַשֵּׁנִי תַּעֲשֶׂה בֵּין הָעַרְבָּיִם: וַעֲשִׂירִית הָאֵיפָה סֹלֶת לְמִנְחָה, בְּלוּלָה בְּשֶׁמֶן כָּתִית רְבִיעִת הַהִין: עֹלַת תָּמִיד, הָעֲשֻׂיָה בְּהַר סִינַי, לְרֵיחַ נִיחֹחַ אִשֶּׁה לַיהוה: וְנִסְכּוֹ רְבִיעִת הַהִין לַכֶּבֶשׂ הָאֶחָד, בַּקֹּדֶשׁ הַסֵּךְ נֶסֶךְ שֵׁכָר לַיהוה: וְאֵת הַכֶּבֶשׂ הַשֵּׁנִי תַּעֲשֶׂה בֵּין הָעַרְבָּיִם, כְּמִנְחַת הַבֹּקֶר וּכְנִסְכּוֹ תַּעֲשֶׂה, אִשֵּׁה רֵיחַ נִיחֹחַ לַיהוה:

וְשָׁחַט אֹתוֹ עַל יֶרֶךְ הַמִּזְבֵּחַ צָפֹנָה לִפְנֵי יהוה, ויקרא א
וְזָרְקוּ בְּנֵי אַהֲרֹן הַכֹּהֲנִים אֶת־דָּמוֹ עַל־הַמִּזְבֵּחַ, סָבִיב:

May it be Your will, LORD our God and God of our ancestors,
that this recitation be considered accepted and favored before You
as if we had offered the daily sacrifice at its appointed time and place,
according to its laws.

It is You, LORD our God, to whom our ancestors offered fragrant incense when the Temple stood, as You commanded them through Moses Your prophet, as is written in Your Torah:

THE INCENSE

The LORD said to Moses: Take fragrant spices – balsam, onycha, galbanum, and pure frankincense, all in equal amounts – and make a fragrant blend of incense, the work of a perfumer, well mixed, pure and holy. Grind it very finely and place it in front of the [Ark of] Testimony in the Tent of Meeting, where I will meet with you. It shall be most holy to you. *Ex. 30*

And it is said:

Aaron shall burn fragrant incense on the altar every morning when he cleans the lamps. He shall burn incense again when he lights the lamps toward evening so that there will be incense before the LORD at all times, throughout your generations.

The rabbis taught: How was the incense prepared? It weighed 368 manehs, 365 corresponding to the number of days in a solar year, a maneh for each day, half to be offered in the morning and half in the afternoon, and three additional manehs from which the High Priest took two handfuls on Yom Kippur. These were put back into the mortar on the day before Yom Kippur and ground again very thoroughly so as to be extremely fine. The incense contained eleven kinds of spices: balsam, onycha, galbanum, and frankincense, each weighing seventy manehs; myrrh, cassia, spikenard, and saffron, each weighing sixteen *Keritot 6a*

יְהִי רָצוֹן מִלְּפָנֶיךָ, יהוה אֱלֹהֵינוּ וֵאלֹהֵי אֲבוֹתֵינוּ
שֶׁתְּהֵא אֲמִירָה זוֹ חֲשׁוּבָה וּמְקֻבֶּלֶת וּמְרֻצָּה לְפָנֶיךָ
כְּאִלּוּ הִקְרַבְנוּ קָרְבַּן הַתָּמִיד בְּמוֹעֲדוֹ וּבִמְקוֹמוֹ וּכְהִלְכָתוֹ.

אַתָּה הוּא יהוה אֱלֹהֵינוּ שֶׁהִקְטִירוּ אֲבוֹתֵינוּ לְפָנֶיךָ אֶת קְטֹרֶת הַסַּמִּים בִּזְמַן שֶׁבֵּית הַמִּקְדָּשׁ הָיָה קַיָּם, כַּאֲשֶׁר צִוִּיתָ אוֹתָם עַל יְדֵי מֹשֶׁה נְבִיאֶךָ, כַּכָּתוּב בְּתוֹרָתֶךָ:

פרשת הקטורת

וַיֹּאמֶר יהוה אֶל־מֹשֶׁה, קַח־לְךָ סַמִּים נָטָף וּשְׁחֵלֶת וְחֶלְבְּנָה, סַמִּים וּלְבֹנָה זַכָּה, בַּד בְּבַד יִהְיֶה: וְעָשִׂיתָ אֹתָהּ קְטֹרֶת, רֹקַח מַעֲשֵׂה רוֹקֵחַ, מְמֻלָּח, טָהוֹר קֹדֶשׁ: וְשָׁחַקְתָּ מִמֶּנָּה הָדֵק, וְנָתַתָּה מִמֶּנָּה לִפְנֵי הָעֵדֻת בְּאֹהֶל מוֹעֵד אֲשֶׁר אִוָּעֵד לְךָ שָׁמָּה, קֹדֶשׁ קָדָשִׁים תִּהְיֶה לָכֶם: שמות ל

וְנֶאֱמַר

וְהִקְטִיר עָלָיו אַהֲרֹן קְטֹרֶת סַמִּים, בַּבֹּקֶר בַּבֹּקֶר בְּהֵיטִיבוֹ אֶת־הַנֵּרֹת יַקְטִירֶנָּה: וּבְהַעֲלֹת אַהֲרֹן אֶת־הַנֵּרֹת בֵּין הָעַרְבַּיִם יַקְטִירֶנָּה, קְטֹרֶת תָּמִיד לִפְנֵי יהוה לְדֹרֹתֵיכֶם:

תָּנוּ רַבָּנָן: פִּטּוּם הַקְּטֹרֶת כֵּיצַד, שְׁלֹשׁ מֵאוֹת וְשִׁשִּׁים וּשְׁמוֹנָה מָנִים הָיוּ בָהּ. שְׁלֹשׁ מֵאוֹת וְשִׁשִּׁים וַחֲמִשָּׁה כְּמִנְיַן יְמוֹת הַחַמָּה, מָנֶה לְכָל יוֹם, פְּרָס בְּשַׁחֲרִית וּפְרָס בֵּין הָעַרְבַּיִם, וּשְׁלֹשָׁה מָנִים יְתֵרִים שֶׁמֵּהֶם מַכְנִיס כֹּהֵן גָּדוֹל מְלֹא חָפְנָיו בְּיוֹם הַכִּפּוּרִים, וּמַחֲזִירָן לְמַכְתֶּשֶׁת בְּעֶרֶב יוֹם הַכִּפּוּרִים וְשׁוֹחֲקָן יָפֶה יָפֶה, כְּדֵי שֶׁתְּהֵא דַקָּה מִן הַדַּקָּה. וְאַחַד עָשָׂר סַמָּנִים הָיוּ בָהּ, וְאֵלּוּ הֵן: הַצֳּרִי, וְהַצִּפֹּרֶן, וְהַחֶלְבְּנָה, וְהַלְּבוֹנָה מִשְׁקַל שִׁבְעִים כריתות ו.

manehs; twelve manehs of costus, three of aromatic bark; nine of cinnamon; nine kabs of Carsina lye; three seahs and three kabs of Cyprus wine. If Cyprus wine was not available, old white wine might be used. A quarter of a kab of Sodom salt, and a minute amount of a smoke-raising herb. Rabbi Nathan the Babylonian says: also a minute amount of Jordan amber. If one added honey to the mixture, he rendered it unfit for sacred use. If he omitted any one of its ingredients, he is guilty of a capital offense.

Rabban Simeon ben Gamliel says: "Balsam" refers to the sap that drips from the balsam tree. The Carsina lye was used for bleaching the onycha to improve it. The Cyprus wine was used to soak the onycha in it to make it pungent. Though urine is suitable for this purpose, it is not brought into the Temple out of respect.

It was taught, Rabbi Nathan says: While it was being ground, another would say, "Grind well, well grind," because the [rhythmic] sound is good for spices. If it was mixed in half-quantities, it is fit for use, but we have not heard whether this applies to a third or a quarter. Rabbi Judah said: The general rule is that if it was made in the correct proportions, it is fit for use even if made in half-quantity, but if he omitted any one of its ingredients, he is guilty of a capital offense.

It was taught, Bar Kappara says: Once every sixty or seventy years, the accumulated surpluses amounted to half the yearly quantity. Bar Kappara also taught: If a minute quantity of honey had been mixed into the incense, no one could have resisted the scent. Why did they not put honey into it? Because the Torah says, "For you are not to burn any leaven or honey in a fire-offering made to the LORD."

JT Yoma 4:5

Lev. 2

שִׁבְעִים מָנֶה, מֹר, וּקְצִיעָה, שִׁבֹּלֶת נֵרְדְּ, וְכַרְכֹּם מִשְׁקַל שִׁשָּׁה עָשָׂר שִׁשָּׁה עָשָׂר מָנֶה, הַקֹּשְׁטְ שְׁנֵים עָשָׂר, קִלּוּפָה שְׁלֹשָׁה, קִנָּמוֹן תִּשְׁעָה, בֹּרִית כַּרְשִׁינָה תִּשְׁעָה קַבִּין, יֵין קַפְרִיסִין סְאִין תְּלָת וְקַבִּין תְּלָתָא, וְאִם לֹא מָצָא יֵין קַפְרִיסִין, מֵבִיא חֲמַר חִוַּרְיָן עַתִּיק. מֶלַח סְדוֹמִית רֹבַע, מַעֲלֶה עָשָׁן כָּל שֶׁהוּא. רַבִּי נָתָן הַבַּבְלִי אוֹמֵר: אַף כִּפַּת הַיַּרְדֵּן כָּל שֶׁהוּא, וְאִם נָתַן בָּהּ דְּבַשׁ פְּסָלָהּ, וְאִם חִסַּר אֶחָד מִכָּל סַמָּנֶיהָ, חַיָּב מִיתָה.

רַבָּן שִׁמְעוֹן בֶּן גַּמְלִיאֵל אוֹמֵר: הַצֳּרִי אֵינוֹ אֶלָּא שְׂרָף הַנּוֹטֵף מֵעֲצֵי הַקְּטָף. בֹּרִית כַּרְשִׁינָה שֶׁשָּׁפִין בָּהּ אֶת הַצִּפֹּרֶן כְּדֵי שֶׁתְּהֵא נָאָה, יֵין קַפְרִיסִין שֶׁשּׁוֹרִין בּוֹ אֶת הַצִּפֹּרֶן כְּדֵי שֶׁתְּהֵא עַזָּה, וַהֲלֹא מֵי רַגְלַיִם יָפִין לָהּ, אֶלָּא שֶׁאֵין מַכְנִיסִין מֵי רַגְלַיִם בַּמִּקְדָּשׁ מִפְּנֵי הַכָּבוֹד.

תַּנְיָא, רַבִּי נָתָן אוֹמֵר: כְּשֶׁהוּא שׁוֹחֵק אוֹמֵר, הָדֵק הֵיטֵב הֵיטֵב הָדֵק, מִפְּנֵי שֶׁהַקּוֹל יָפֶה לַבְּשָׂמִים. פִּטְּמָהּ לַחֲצָאִין כְּשֵׁרָה, לִשְׁלִישׁ וְלִרְבִיעַ לֹא שָׁמַעְנוּ. אָמַר רַבִּי יְהוּדָה: זֶה הַכְּלָל, אִם כְּמִדָּתָהּ כְּשֵׁרָה לַחֲצָאִין, וְאִם חִסַּר אֶחָד מִכָּל סַמָּנֶיהָ חַיָּב מִיתָה.

ירושלמי יומא ד, הלכה ה

תַּנְיָא, בַּר קַפָּרָא אוֹמֵר: אַחַת לְשִׁשִּׁים אוֹ לְשִׁבְעִים שָׁנָה הָיְתָה בָאָה שֶׁל שִׁירַיִם לַחֲצָאִין. וְעוֹד תָּנֵי בַּר קַפָּרָא: אִלּוּ הָיָה נוֹתֵן בָּהּ קוֹרְטוֹב שֶׁל דְּבַשׁ אֵין אָדָם יָכוֹל לַעֲמֹד מִפְּנֵי רֵיחָהּ, וְלָמָּה אֵין מְעָרְבִין בָּהּ דְּבַשׁ, מִפְּנֵי שֶׁהַתּוֹרָה אָמְרָה:

ויקרא ב

כִּי כָל־שְׂאֹר וְכָל־דְּבַשׁ לֹא־תַקְטִירוּ מִמֶּנּוּ אִשֶּׁה לַיהוה:

The following three verses are each said three times:

The LORD of hosts is with us; the God of Jacob is our stronghold, Selah. *Ps. 46*
LORD of hosts, happy is the one who trusts in You. *Ps. 84*
LORD, save! May the King answer us on the day we call. *Ps. 20*

You are my hiding place; You will protect me from distress and surround me *Ps. 32*
with songs of salvation, Selah. Then the offering of Judah and Jerusalem will *Mal. 3*
be pleasing to the LORD as in the days of old and as in former years.

THE ORDER OF THE PRIESTLY FUNCTIONS

Abaye related the order of the daily priestly functions in the name *Yoma 33a*
of tradition and in accordance with Abba Shaul: The large pile [of wood] comes before the second pile for the incense; the second pile for the incense precedes the laying in order of the two logs of wood; the laying in order of the two logs of wood comes before the removing of ashes from the inner altar; the removing of ashes from the inner altar precedes the cleaning of the five lamps; the cleaning of the five lamps comes before the blood of the daily offering; the blood of the daily offering precedes the cleaning of the [other] two lamps; the cleaning of the two lamps comes before the incense-offering; the incense-offering precedes the burning of the limbs; the burning of the limbs comes before the meal-offering; the meal-offering precedes the pancakes; the pancakes come before the wine-libations; the wine-libations precede the additional offerings; the additional offerings come before the [frankincense] censers; the censers precede the daily afternoon
offering; as it is said, "On it he shall arrange burnt-offerings, and *Lev. 6*
on it he shall burn the fat of the peace-offerings" – "on it" [the daily offering] all the offerings were completed.

Please, by the power of Your great right hand, set the captive nation free. Accept Your people's prayer. Strengthen us, purify us, You who are revered. Please, Mighty One, guard like the pupil of the eye those who seek Your unity. Bless them, cleanse them, have compassion on them, grant them Your righteousness always. Mighty One, Holy One, in Your great goodness guide Your congregation. Only One, Exalted One, turn to Your people, who proclaim Your holiness. Accept our plea and heed our cry, You who know all secret thoughts. Blessed be the name of His glorious kingdom for ever and all time.

The following three verses are each said three times:

יהוה צְבָאוֹת עִמָּנוּ, מִשְׂגָּב לָנוּ אֱלֹהֵי יַעֲקֹב סֶלָה: תהלים מו

יהוה צְבָאוֹת, אַשְׁרֵי אָדָם בֹּטֵחַ בָּךְ: תהלים פד

יהוה הוֹשִׁיעָה, הַמֶּלֶךְ יַעֲנֵנוּ בְיוֹם־קָרְאֵנוּ: תהלים כ

אַתָּה סֵתֶר לִי, מִצַּר תִּצְּרֵנִי, רָנֵּי פַלֵּט תְּסוֹבְבֵנִי סֶלָה: וְעָרְבָה תהלים לב מלאכי ג
לַיהוה מִנְחַת יְהוּדָה וִירוּשָׁלָםִ כִּימֵי עוֹלָם וּכְשָׁנִים קַדְמֹנִיּוֹת:

סדר המערכה

אַבַּיֵּי הֲוָה מְסַדֵּר סֵדֶר הַמַּעֲרָכָה מִשְּׁמָא דִגְמָרָא, וְאַלִּבָּא יומא לג.
דְּאַבָּא שָׁאוּל: מַעֲרָכָה גְדוֹלָה קוֹדֶמֶת לְמַעֲרָכָה שְׁנִיָּה שֶׁל קְטֹרֶת, וּמַעֲרָכָה שְׁנִיָּה שֶׁל קְטֹרֶת קוֹדֶמֶת לְסִדּוּר שְׁנֵי גִזְרֵי עֵצִים, וְסִדּוּר שְׁנֵי גִזְרֵי עֵצִים קוֹדֵם לְדִשּׁוּן מִזְבֵּחַ הַפְּנִימִי, וְדִשּׁוּן מִזְבֵּחַ הַפְּנִימִי קוֹדֵם לַהֲטָבַת חָמֵשׁ נֵרוֹת, וַהֲטָבַת חָמֵשׁ נֵרוֹת קוֹדֶמֶת לְדַם הַתָּמִיד, וְדַם הַתָּמִיד קוֹדֵם לַהֲטָבַת שְׁתֵּי נֵרוֹת, וַהֲטָבַת שְׁתֵּי נֵרוֹת קוֹדֶמֶת לִקְטֹרֶת, וּקְטֹרֶת קוֹדֶמֶת לְאֵבָרִים, וְאֵבָרִים לְמִנְחָה, וּמִנְחָה לַחֲבִתִּין, וַחֲבִתִּין לִנְסָכִין, וּנְסָכִין לְמוּסָפִין, וּמוּסָפִין לְבָזִיכִין, וּבָזִיכִין קוֹדְמִין לְתָמִיד שֶׁל בֵּין הָעַרְבָּיִם. שֶׁנֶּאֱמַר:
וְעָרַךְ עָלֶיהָ הָעֹלָה, וְהִקְטִיר עָלֶיהָ חֶלְבֵי הַשְּׁלָמִים: עָלֶיהָ ויקרא ו
הַשְׁלֵם כָּל הַקָּרְבָּנוֹת כֻּלָּם.

אָנָּא, בְּכֹחַ גְּדֻלַּת יְמִינְךָ, תַּתִּיר צְרוּרָה. קַבֵּל רִנַּת עַמְּךָ, שַׂגְּבֵנוּ, טַהֲרֵנוּ, נוֹרָא. נָא גִבּוֹר, דּוֹרְשֵׁי יִחוּדְךָ כְּבָבַת שָׁמְרֵם. בָּרְכֵם, טַהֲרֵם, רַחֲמֵם, צִדְקָתְךָ תָּמִיד גָּמְלֵם. חֲסִין קָדוֹשׁ, בְּרוֹב טוּבְךָ נַהֵל עֲדָתֶךָ. יָחִיד גֵּאֶה, לְעַמְּךָ פְּנֵה, זוֹכְרֵי קְדֻשָּׁתֶךָ. שַׁוְעָתֵנוּ קַבֵּל וּשְׁמַע צַעֲקָתֵנוּ, יוֹדֵעַ תַּעֲלוּמוֹת. בָּרוּךְ שֵׁם כְּבוֹד מַלְכוּתוֹ לְעוֹלָם וָעֶד.

Master of the Universe, You have commanded us to offer the daily sacrifice at its appointed time with the priests at their service, the Levites on their platform, and the Israelites at their post. Now, because of our sins, the Temple is destroyed and the daily sacrifice discontinued, and we have no priest at his service, no Levite on his platform, no Israelite at his post. But You said: "We will offer *Hos. 14*
in place of bullocks [the prayer of] our lips." Therefore may it be Your will, LORD our God and God of our ancestors, that the prayer of our lips be considered, accepted, and favored before You as if we had offered the daily sacrifice at its appointed time and place, according to its laws.

וּבְיוֹם הַשַּׁבָּת On the Shabbat day, make an offering of two *Num. 28*
lambs a year old, without blemish, together with two-tenths of an ephah of fine flour mixed with oil as a meal-offering, and its appropriate libation. This is the burnt-offering for every Shabbat, in addition to the regular daily burnt-offering and its libation.

On Rosh Ḥodesh:

וּבְרָאשֵׁי חׇדְשֵׁיכֶם On your new moons, present as a burnt- *Num. 28*
offering to the LORD, two young bulls, one ram, and seven yearling lambs without blemish. There shall be a meal-offering of three-tenths of an ephah of fine flour mixed with oil for each bull, two-tenths of an ephah of fine flour mixed with oil for the ram, and one-tenth of an ephah of fine flour mixed with oil for each lamb. This is the burnt-offering – a fire-offering of pleasing aroma to the LORD. Their libations shall be: half a hin of wine for each bull, a third of a hin for the ram, and a quarter of a hin for each lamb. This is the monthly burnt-offering to be made at each new moon throughout the year. One male goat should be offered as a sin-offering to God, in addition to the regular daily burnt-offering and its libation.

רִבּוֹן הָעוֹלָמִים, אַתָּה צִוִּיתָנוּ לְהַקְרִיב קָרְבַּן הַתָּמִיד בְּמוֹעֲדוֹ וְלִהְיוֹת כֹּהֲנִים בַּעֲבוֹדָתָם וּלְוִיִּם בְּדוּכָנָם וְיִשְׂרָאֵל בְּמַעֲמָדָם, וְעַתָּה בַּעֲוֹנוֹתֵינוּ חָרַב בֵּית הַמִּקְדָּשׁ וּבָטַל הַתָּמִיד וְאֵין לָנוּ לֹא כֹהֵן בַּעֲבוֹדָתוֹ וְלֹא לֵוִי בְּדוּכָנוֹ וְלֹא יִשְׂרָאֵל בְּמַעֲמָדוֹ, וְאַתָּה אָמַרְתָּ: וּנְשַׁלְּמָה פָרִים שְׂפָתֵינוּ: לָכֵן יְהִי רָצוֹן מִלְּפָנֶיךָ יהוה אֱלֹהֵינוּ וֵאלֹהֵי אֲבוֹתֵינוּ, שֶׁיְּהֵא שִׂיחַ שִׂפְתוֹתֵינוּ חָשׁוּב וּמְקֻבָּל וּמְרֻצֶּה לְפָנֶיךָ, כְּאִלּוּ הִקְרַבְנוּ קָרְבַּן הַתָּמִיד בְּמוֹעֲדוֹ וּבִמְקוֹמוֹ וּכְהִלְכָתוֹ. הושע יד

וּבְיוֹם הַשַּׁבָּת שְׁנֵי־כְבָשִׂים בְּנֵי־שָׁנָה תְּמִימִם, וּשְׁנֵי עֶשְׂרֹנִים סֹלֶת מִנְחָה בְּלוּלָה בַשֶּׁמֶן, וְנִסְכּוֹ: עֹלַת שַׁבַּת בְּשַׁבַּתּוֹ, עַל־עֹלַת הַתָּמִיד וְנִסְכָּהּ: במדבר כח

בראש חודש:

וּבְרָאשֵׁי חָדְשֵׁיכֶם תַּקְרִיבוּ עֹלָה לַיהוה, פָּרִים בְּנֵי־בָקָר שְׁנַיִם, וְאַיִל אֶחָד, כְּבָשִׂים בְּנֵי־שָׁנָה שִׁבְעָה, תְּמִימִם: וּשְׁלֹשָׁה עֶשְׂרֹנִים סֹלֶת מִנְחָה בְּלוּלָה בַשֶּׁמֶן לַפָּר הָאֶחָד, וּשְׁנֵי עֶשְׂרֹנִים סֹלֶת מִנְחָה בְּלוּלָה בַשֶּׁמֶן לָאַיִל הָאֶחָד: וְעִשָּׂרֹן עִשָּׂרוֹן סֹלֶת מִנְחָה בְּלוּלָה בַשֶּׁמֶן לַכֶּבֶשׂ הָאֶחָד, עֹלָה רֵיחַ נִיחֹחַ, אִשֶּׁה לַיהוה: וְנִסְכֵּיהֶם, חֲצִי הַהִין יִהְיֶה לַפָּר, וּשְׁלִישִׁת הַהִין לָאַיִל, וּרְבִיעִת הַהִין לַכֶּבֶשׂ, יָיִן, זֹאת עֹלַת חֹדֶשׁ בְּחָדְשׁוֹ לְחָדְשֵׁי הַשָּׁנָה: וּשְׂעִיר עִזִּים אֶחָד לְחַטָּאת לַיהוה, עַל־עֹלַת הַתָּמִיד יֵעָשֶׂה, וְנִסְכּוֹ: במדבר כח

LAWS OF OFFERINGS, MISHNA ZEVAḤIM

אֵיזֶהוּ מְקוֹמָן What is the location for sacrifices? The holiest offerings were slaughtered on the north side. The bull and he-goat of Yom Kippur were slaughtered on the north side. Their blood was received in a sacred vessel on the north side, and had to be sprinkled between the poles [of the Ark], toward the veil [screening the Holy of Holies], and on the golden altar. [The omission of] one of these sprinklings invalidated [the atonement ceremony]. The leftover blood was to be poured onto the western base of the outer altar. If this was not done, however, the omission did not invalidate [the ceremony]. *Zevaḥim Ch. 5*

The bulls and he-goats that were completely burnt were slaughtered on the north side, their blood was received in a sacred vessel on the north side, and had to be sprinkled toward the veil and on the golden altar. [The omission of] one of these sprinklings invalidated [the ceremony]. The leftover blood was to be poured onto the western base of the outer altar. If this was not done, however, the omission did not invalidate [the ceremony]. All these offerings were burnt where the altar ashes were deposited.

The communal and individual sin-offerings – these are the communal sin-offerings: the he-goats offered on Rosh Ḥodesh and Festivals were slaughtered on the north side, their blood was received in a sacred vessel on the north side, and required four sprinklings, one on each of the four corners of the altar. How was this done? The priest ascended the ramp and turned [right] onto the

דיני זבחים

זבחים פרק ה

אֵיזֶהוּ מְקוֹמָן שֶׁל זְבָחִים. קָדְשֵׁי קָדָשִׁים שְׁחִיטָתָן בַּצָּפוֹן. פַּר וְשָׂעִיר שֶׁל יוֹם הַכִּפּוּרִים, שְׁחִיטָתָן בַּצָּפוֹן, וְקִבּוּל דָּמָן בִּכְלִי שָׁרֵת בַּצָּפוֹן, וְדָמָן טָעוּן הַזָּיָה עַל בֵּין הַבַּדִּים, וְעַל הַפָּרֹכֶת, וְעַל מִזְבַּח הַזָּהָב. מַתָּנָה אַחַת מֵהֶן מְעַכָּבֶת. שְׁיָרֵי הַדָּם הָיָה שׁוֹפֵךְ עַל יְסוֹד מַעֲרָבִי שֶׁל מִזְבֵּחַ הַחִיצוֹן, אִם לֹא נָתַן לֹא עִכֵּב.

פָּרִים הַנִּשְׂרָפִים וּשְׂעִירִים הַנִּשְׂרָפִים, שְׁחִיטָתָן בַּצָּפוֹן, וְקִבּוּל דָּמָן בִּכְלִי שָׁרֵת בַּצָּפוֹן, וְדָמָן טָעוּן הַזָּיָה עַל הַפָּרֹכֶת וְעַל מִזְבַּח הַזָּהָב. מַתָּנָה אַחַת מֵהֶן מְעַכָּבֶת. שְׁיָרֵי הַדָּם הָיָה שׁוֹפֵךְ עַל יְסוֹד מַעֲרָבִי שֶׁל מִזְבֵּחַ הַחִיצוֹן, אִם לֹא נָתַן לֹא עִכֵּב. אֵלּוּ וָאֵלּוּ נִשְׂרָפִין בְּבֵית הַדָּשֶׁן.

חַטֹּאת הַצִּבּוּר וְהַיָּחִיד. אֵלּוּ הֵן חַטֹּאת הַצִּבּוּר: שְׂעִירֵי רָאשֵׁי חֳדָשִׁים וְשֶׁל מוֹעֲדוֹת. שְׁחִיטָתָן בַּצָּפוֹן, וְקִבּוּל דָּמָן בִּכְלִי שָׁרֵת בַּצָּפוֹן, וְדָמָן טָעוּן אַרְבַּע מַתָּנוֹת עַל אַרְבַּע קְרָנוֹת. כֵּיצַד, עָלָה

surrounding ledge. He came to the southeast corner, then went to the northeast, then to the northwest, then to the southwest. The leftover blood he poured onto the southern base. [The meat of these offerings], prepared in any manner, was eaten within the [courtyard] curtains, by males of the priest-hood, on that day and the following night, until midnight.

The burnt-offering was among the holiest of sacrifices. It was slaughtered on the north side, its blood was received in a sacred vessel on the north side, and required two sprinklings [at opposite corners of the altar], making four in all. The offering had to be flayed, dismembered, and wholly consumed by fire.

The communal peace-offerings and the guilt-offerings – these are the guilt-offerings: the guilt-offering for robbery; the guilt-offering for profane use of a sacred object; the guilt-offering [for violating] a betrothed maidservant; the guilt-offering of a Nazirite [who had become defiled by a corpse]; the guilt-offering of a leper [at his cleansing]; and the guilt-offering in case of doubt. All these were slaughtered on the north side, their blood was received in a sacred vessel on the north side, and required two sprinklings [at opposite corners of the altar], making four in all. [The meat of these offerings], prepared in any manner, was eaten within the [courtyard] curtains, by males of the priesthood, on that day and the following night, until midnight.

The thanksgiving-offering and the ram of a Nazirite were offerings of lesser holiness. They could be slaughtered

בַּכֶּבֶשׁ, וּפָנָה לַסּוֹבֵב, וּבָא לוֹ לְקֶרֶן דְּרוֹמִית מִזְרָחִית, מִזְרָחִית צְפוֹנִית, צְפוֹנִית מַעֲרָבִית, מַעֲרָבִית דְּרוֹמִית. שְׁיָרֵי הַדָּם הָיָה שׁוֹפֵךְ עַל יְסוֹד דְּרוֹמִי. וְנֶאֱכָלִין לִפְנִים מִן הַקְּלָעִים, לְזִכְרֵי כְהֻנָּה, בְּכָל מַאֲכָל, לְיוֹם וָלַיְלָה עַד חֲצוֹת.

הָעוֹלָה קֹדֶשׁ קָדָשִׁים. שְׁחִיטָתָהּ בַּצָּפוֹן, וְקִבּוּל דָּמָהּ בִּכְלִי שָׁרֵת בַּצָּפוֹן, וְדָמָהּ טָעוּן שְׁתֵּי מַתָּנוֹת שֶׁהֵן אַרְבַּע, וּטְעוּנָה הֶפְשֵׁט וְנִתּוּחַ, וְכָלִיל לָאִשִּׁים.

זִבְחֵי שַׁלְמֵי צִבּוּר וַאֲשָׁמוֹת. אֵלּוּ הֵן אֲשָׁמוֹת: אֲשַׁם גְּזֵלוֹת, אֲשַׁם מְעִילוֹת, אֲשַׁם שִׁפְחָה חֲרוּפָה, אֲשַׁם נָזִיר, אֲשַׁם מְצֹרָע, אָשָׁם תָּלוּי. שְׁחִיטָתָן בַּצָּפוֹן, וְקִבּוּל דָּמָן בִּכְלִי שָׁרֵת בַּצָּפוֹן, וְדָמָן טָעוּן שְׁתֵּי מַתָּנוֹת שֶׁהֵן אַרְבַּע. וְנֶאֱכָלִין לִפְנִים מִן הַקְּלָעִים, לְזִכְרֵי כְהֻנָּה, בְּכָל מַאֲכָל, לְיוֹם וָלַיְלָה עַד חֲצוֹת.

הַתּוֹדָה וְאֵיל נָזִיר קָדָשִׁים קַלִּים. שְׁחִיטָתָן בְּכָל מָקוֹם בָּעֲזָרָה, וְדָמָן טָעוּן שְׁתֵּי מַתָּנוֹת שֶׁהֵן

anywhere in the Temple court, and their blood required two sprinklings [at opposite corners of the altar], making four in all. The meat of these offerings, prepared in any manner, was eaten anywhere within the city [Jerusalem], by anyone during that day and the following night until midnight. This also applied to the portion of these sacrifices [given to the priests], except that the priests' portion was only to be eaten by the priests, their wives, children and servants.

Peace-offerings were [also] of lesser holiness. They could be slaughtered anywhere in the Temple court, and their blood required two sprinklings [at opposite corners of the altar], making four in all. The meat of these offerings, prepared in any manner, was eaten anywhere within the city [Jerusalem], by anyone, for two days and one night. This also applied to the portion of these sacrifices [given to the priests], except that the priests' portion was only to be eaten by the priests, their wives, children and servants.

The firstborn and tithe of cattle and the Pesaḥ lamb were sacrifices of lesser holiness. They could be slaughtered anywhere in the Temple court, and their blood required only one sprinkling, which had to be done at the base of the altar. They differed in their consumption: the firstborn was eaten only by priests, while the tithe could be eaten by anyone. Both could be eaten anywhere within the city, prepared in any manner, during two days and one night. The Pesaḥ lamb had to be eaten that night until midnight. It could only be eaten by those who had been numbered for it, and eaten only roasted.

אַרְבַּע, וְנֶאֱכָלִין בְּכָל הָעִיר, לְכָל אָדָם, בְּכָל מַאֲכָל, לְיוֹם וָלַיְלָה עַד חֲצוֹת. הַמּוּרָם מֵהֶם כַּיּוֹצֵא בָהֶם, אֶלָּא שֶׁהַמּוּרָם נֶאֱכָל לַכֹּהֲנִים, לִנְשֵׁיהֶם, וְלִבְנֵיהֶם וּלְעַבְדֵיהֶם.

שְׁלָמִים קָדָשִׁים קַלִּים. שְׁחִיטָתָן בְּכָל מָקוֹם בָּעֲזָרָה, וְדָמָן טָעוּן שְׁתֵּי מַתָּנוֹת שֶׁהֵן אַרְבַּע, וְנֶאֱכָלִין בְּכָל הָעִיר, לְכָל אָדָם, בְּכָל מַאֲכָל, לִשְׁנֵי יָמִים וְלַיְלָה אֶחָד. הַמּוּרָם מֵהֶם כַּיּוֹצֵא בָהֶם, אֶלָּא שֶׁהַמּוּרָם נֶאֱכָל לַכֹּהֲנִים, לִנְשֵׁיהֶם, וְלִבְנֵיהֶם וּלְעַבְדֵיהֶם.

הַבְּכוֹר וְהַמַּעֲשֵׂר וְהַפֶּסַח קָדָשִׁים קַלִּים. שְׁחִיטָתָן בְּכָל מָקוֹם בָּעֲזָרָה, וְדָמָן טָעוּן מַתָּנָה אֶחָת, וּבִלְבָד שֶׁיִּתֵּן כְּנֶגֶד הַיְסוֹד. שִׁנָּה בַאֲכִילָתָן, הַבְּכוֹר נֶאֱכָל לַכֹּהֲנִים וְהַמַּעֲשֵׂר לְכָל אָדָם, וְנֶאֱכָלִין בְּכָל הָעִיר, בְּכָל מַאֲכָל, לִשְׁנֵי יָמִים וְלַיְלָה אֶחָד. הַפֶּסַח אֵינוֹ נֶאֱכָל אֶלָּא בַלַּיְלָה, וְאֵינוֹ נֶאֱכָל אֶלָּא עַד חֲצוֹת, וְאֵינוֹ נֶאֱכָל אֶלָּא לִמְנוּיָו, וְאֵינוֹ נֶאֱכָל אֶלָּא צָלִי.

THE INTERPRETIVE PRINCIPLES OF RABBI YISHMAEL

רַבִּי יִשְׁמָעֵאל Rabbi Yishmael says:
The Torah is expounded by thirteen principles:

1. An inference from a lenient law to a strict one,
   and vice versa.
2. An inference drawn from identical words
   in two passages.
3. A general principle derived from one text
   or two related texts.
4. A general law followed by specific examples
   [where the law applies exclusively to those examples].
5. A specific example followed by a general law
   [where the law applies to everything implied
   in the general statement].
6. A general law followed by specific examples
   and concluding with a general law:
   here you may infer only cases similar to the examples.
7. When a general statement requires clarification
   by a specific example,
   or a specific example requires clarification
   by a general statement
   [then rules 4 and 5 do not apply].
8. When a particular case,
   already included in the general statement,
   is expressly mentioned to teach something new,
   that special provision applies to all other cases
   included in the general statement.

ברייתא דרבי ישמעאל

רַבִּי יִשְׁמָעֵאל אוֹמֵר:

בִּשְׁלֹשׁ עֶשְׂרֵה מִדּוֹת הַתּוֹרָה נִדְרֶשֶׁת

א מִקַּל וָחֹמֶר

ב וּמִגְּזֵרָה שָׁוָה

ג מִבִּנְיַן אָב מִכָּתוּב אֶחָד
וּמִבִּנְיַן אָב מִשְּׁנֵי כְתוּבִים

ד מִכְּלָל וּפְרָט

ה מִפְּרָט וּכְלָל

ו כְּלָל וּפְרָט וּכְלָל
אִי אַתָּה דָן אֶלָּא כְּעֵין הַפְּרָט

ז מִכְּלָל שֶׁהוּא צָרִיךְ לִפְרָט
וּמִפְּרָט שֶׁהוּא צָרִיךְ לִכְלָל

ח כָּל דָּבָר שֶׁהָיָה בִּכְלָל
וְיָצָא מִן הַכְּלָל לְלַמֵּד
לֹא לְלַמֵּד עַל עַצְמוֹ יָצָא
אֶלָּא לְלַמֵּד עַל הַכְּלָל כֻּלּוֹ יָצָא

9. When a particular case,
though included in the general statement,
is expressly mentioned with a provision
similar to the general law,
such a case is singled out to lessen the severity of the law,
not to increase it.

10. When a particular case,
though included in the general statement,
is explicitly mentioned with a provision
differing from the general law,
it is singled out to lessen in some respects,
and in others to increase, the severity of the law.

11. When a particular case,
though included in the general statement,
is explicitly mentioned with a new provision,
the terms of the general statement no longer apply to it,
unless Scripture indicates explicitly that they do apply.

12. A matter elucidated from its context,
or from the following passage.

▸ 13. Also, when two passages [seem to] contradict each other,
[they are to be elucidated by] a third passage that
reconciles them.

May it be Your will, LORD our God and God of our ancestors, that the Temple be speedily rebuilt in our days, and grant us our share in Your Torah. And may we serve You there in reverence, as in the days of old and as in former years.

ט כָּל דָּבָר שֶׁהָיָה בִּכְלָל
וְיָצָא לִטְעֹן טֹעַן אֶחָד שֶׁהוּא כְעִנְיָנוֹ
יָצָא לְהָקֵל וְלֹא לְהַחֲמִיר

י כָּל דָּבָר שֶׁהָיָה בִּכְלָל
וְיָצָא לִטְעֹן טֹעַן אַחֵר שֶׁלֹּא כְעִנְיָנוֹ
יָצָא לְהָקֵל וּלְהַחֲמִיר

יא כָּל דָּבָר שֶׁהָיָה בִּכְלָל
וְיָצָא לִדּוֹן בַּדָּבָר הֶחָדָשׁ
אִי אַתָּה יָכוֹל לְהַחֲזִירוֹ לִכְלָלוֹ
עַד שֶׁיַּחֲזִירֶנּוּ הַכָּתוּב לִכְלָלוֹ בְּפֵרוּשׁ

יב דָּבָר הַלָּמֵד מֵעִנְיָנוֹ, וְדָבָר הַלָּמֵד מִסּוֹפוֹ

◂ יג וְכֵן שְׁנֵי כְתוּבִים הַמַּכְחִישִׁים זֶה אֶת זֶה
עַד שֶׁיָּבוֹא הַכָּתוּב הַשְּׁלִישִׁי וְיַכְרִיעַ בֵּינֵיהֶם.

יְהִי רָצוֹן מִלְּפָנֶיךָ, יהוה אֱלֹהֵינוּ וֵאלֹהֵי אֲבוֹתֵינוּ, שֶׁיִּבָּנֶה בֵּית הַמִּקְדָּשׁ בִּמְהֵרָה בְיָמֵינוּ, וְתֵן חֶלְקֵנוּ בְּתוֹרָתֶךָ, וְשָׁם נַעֲבָדְךָ בְּיִרְאָה כִּימֵי עוֹלָם וּכְשָׁנִים קַדְמוֹנִיּוֹת.

THE RABBIS' KADDISH

The following prayer, said by mourners, requires the presence of a minyan. *A transliteration can be found on page 839.*

Mourner: יִתְגַּדַּל Magnified and sanctified
may His great name be,
in the world He created by His will.
May He establish His kingdom
in your lifetime
and in your days,
and in the lifetime
of all the house of Israel,
swiftly and soon –
and say: Amen.

All: May His great name be blessed
for ever and all time.

Mourner: Blessed and praised,
glorified and exalted,
raised and honored,
uplifted and lauded
be the name of the Holy One,
blessed be He,
beyond any blessing,
song, praise, and consolation
uttered in the world –
and say: Amen.

קדיש דרבנן

The following prayer, said by mourners, requires the presence of a מנין.
A transliteration can be found on *page 839*.

אבל: יִתְגַּדַּל וְיִתְקַדַּשׁ שְׁמֵהּ רַבָּא (קהל: אָמֵן)
בְּעָלְמָא דִּי בְרָא כִרְעוּתֵהּ
וְיַמְלִיךְ מַלְכוּתֵהּ
בְּחַיֵּיכוֹן וּבְיוֹמֵיכוֹן וּבְחַיֵּי דְכָל בֵּית יִשְׂרָאֵל
בַּעֲגָלָא וּבִזְמַן קָרִיב
וְאִמְרוּ אָמֵן. (קהל: אָמֵן)

קהל ואבל: יְהֵא שְׁמֵהּ רַבָּא מְבָרַךְ
לְעָלַם וּלְעָלְמֵי עָלְמַיָּא.

אבל: יִתְבָּרַךְ וְיִשְׁתַּבַּח וְיִתְפָּאַר
וְיִתְרוֹמַם וְיִתְנַשֵּׂא וְיִתְהַדָּר וְיִתְעַלֶּה וְיִתְהַלָּל
שְׁמֵהּ דְּקֻדְשָׁא בְּרִיךְ הוּא (קהל: בְּרִיךְ הוּא)
לְעֵלָּא מִן כָּל בִּרְכָתָא
/בשבת שובה: לְעֵלָּא לְעֵלָּא מִכָּל בִּרְכָתָא/
וְשִׁירָתָא, תֻּשְׁבְּחָתָא וְנֶחֱמָתָא
דַּאֲמִירָן בְּעָלְמָא
וְאִמְרוּ אָמֵן. (קהל: אָמֵן)

To Israel,
to the teachers,
their disciples
and their disciples' disciples,
and to all who engage in the study of Torah,
in this (*In Israel add:* holy) place or elsewhere,
may there come to them
and you great peace,
grace, kindness and compassion,
long life,
ample sustenance and deliverance,
from their Father in Heaven –
and say: Amen.

May there be great peace from heaven,
and (good) life for us
and all Israel –
and say: Amen.

Bow, take three steps back,
as if taking leave of the Divine Presence,
then bow, first left, then right, then center, while saying:
May He who makes peace
in His high places,
in His compassion make peace for us
and all Israel –
and say: Amen.

עַל יִשְׂרָאֵל וְעַל רַבָּנָן
וְעַל תַּלְמִידֵיהוֹן וְעַל כָּל תַּלְמִידֵי תַלְמִידֵיהוֹן
וְעַל כָּל מָאן דְּעָסְקִין בְּאוֹרַיְתָא
דִּי בְּאַתְרָא (בארץ ישראל: קַדִּישָׁא) הָדֵין
וְדִי בְּכָל אֲתַר וַאֲתַר
יְהֵא לְהוֹן וּלְכוֹן שְׁלָמָא רַבָּא
חִנָּא וְחִסְדָּא, וְרַחֲמֵי, וְחַיֵּי אֲרִיכֵי
וּמְזוֹנֵי רְוִיחֵי
וּפֻרְקָנָא מִן קֳדָם אֲבוּהוֹן דִּי בִשְׁמַיָּא
וְאִמְרוּ אָמֵן. (קהל: אָמֵן)

יְהֵא שְׁלָמָא רַבָּא מִן שְׁמַיָּא
וְחַיִּים (טוֹבִים) עָלֵינוּ וְעַל כָּל יִשְׂרָאֵל
וְאִמְרוּ אָמֵן. (קהל: אָמֵן)

Bow, take three steps back, as if taking leave of the Divine Presence, then bow, first left, then right, then center, while saying:

עֹשֶׂה שָׁלוֹם/ בשבת שובה: הַשָּׁלוֹם/ בִּמְרוֹמָיו
הוּא יַעֲשֶׂה בְרַחֲמָיו שָׁלוֹם עָלֵינוּ
וְעַל כָּל יִשְׂרָאֵל
וְאִמְרוּ אָמֵן. (קהל: אָמֵן)

A PSALM BEFORE VERSES OF PRAISE

מִזְמוֹר שִׁיר A psalm of David. A song for the dedication of the House. I will exalt You, LORD, for You have lifted me up, and not let my enemies rejoice over me. LORD, my God, I cried to You for help and You healed me. LORD, You lifted my soul from the grave; You spared me from going down to the pit. Sing to the LORD, you His devoted ones, and give thanks to His holy name. For His anger is for a moment, but His favor for a lifetime. At night there may be weeping, but in the morning there is joy. When I felt secure, I said, "I shall never be shaken." LORD, when You favored me, You made me stand firm as a mountain, but when You hid Your face, I was terrified. To You, LORD, I called; I pleaded with my LORD: "What gain would there be if I died and went down to the grave? Can dust thank You? Can it declare Your truth? Hear, LORD, and be gracious to me; LORD, be my help." ▸ You have turned my sorrow into dancing. You have removed my sackcloth and clothed me with joy, so that my soul may sing to You and not be silent. LORD my God, for ever will I thank You. *Ps. 30*

מזמור לפני פסוקי דזמרה

תהלים ל מִזְמוֹר שִׁיר־חֲנֻכַּת הַבַּיִת לְדָוִד: אֲרוֹמִמְךָ
יהוה כִּי דִלִּיתָנִי, וְלֹא־שִׂמַּחְתָּ אֹיְבַי לִי:
יהוה אֱלֹהָי, שִׁוַּעְתִּי אֵלֶיךָ וַתִּרְפָּאֵנִי: יהוה,
הֶעֱלִיתָ מִן־שְׁאוֹל נַפְשִׁי, חִיִּיתַנִי מִיָּרְדִי־בוֹר:
זַמְּרוּ לַיהוה חֲסִידָיו, וְהוֹדוּ לְזֵכֶר קָדְשׁוֹ:
כִּי רֶגַע בְּאַפּוֹ, חַיִּים בִּרְצוֹנוֹ, בָּעֶרֶב יָלִין
בֶּכִי וְלַבֹּקֶר רִנָּה: וַאֲנִי אָמַרְתִּי בְשַׁלְוִי, בַּל־
אֶמּוֹט לְעוֹלָם: יהוה, בִּרְצוֹנְךָ הֶעֱמַדְתָּה
לְהַרְרִי עֹז, הִסְתַּרְתָּ פָנֶיךָ הָיִיתִי נִבְהָל: אֵלֶיךָ
יהוה אֶקְרָא, וְאֶל־אֲדֹנָי אֶתְחַנָּן: מַה־בֶּצַע
בְּדָמִי, בְּרִדְתִּי אֶל שָׁחַת, הֲיוֹדְךָ עָפָר, הֲיַגִּיד
אֲמִתֶּךָ: שְׁמַע־יהוה וְחָנֵּנִי, יהוה הֱיֵה־עֹזֵר
לִי: ‹ הָפַכְתָּ מִסְפְּדִי לְמָחוֹל לִי, פִּתַּחְתָּ שַׂקִּי,
וַתְּאַזְּרֵנִי שִׂמְחָה: לְמַעַן יְזַמֶּרְךָ כָבוֹד וְלֹא
יִדֹּם, יהוה אֱלֹהַי, לְעוֹלָם אוֹדֶךָּ:

MOURNER'S KADDISH

The following prayer, said by mourners, requires the presence of a minyan. A transliteration can be found on page 841.

Mourner: יִתְגַּדַּל Magnified and sanctified
may His great name be,
in the world He created by His will.
May He establish His kingdom
in your lifetime and in your days,
and in the lifetime of all the house of Israel,
swiftly and soon – and say: Amen.

All: May His great name be blessed
for ever and all time.

Mourner: Blessed and praised, glorified and exalted,
raised and honored, uplifted and lauded
be the name of the Holy One,
blessed be He,
beyond any blessing,
song, praise, and consolation
uttered in the world – and say: Amen.

May there be great peace from heaven,
and life for us and all Israel – and say: Amen.

Bow, take three steps back, as if taking leave of the Divine Presence, then bow, first left, then right, then center, while saying:

May He who makes peace in His high places,
make peace for us
and all Israel – and say: Amen.

קדיש יתום

The following prayer, said by mourners, requires the presence of a מניין*.*
A transliteration can be found on page 841.

אבל: יִתְגַּדַּל וְיִתְקַדַּשׁ שְׁמֵהּ רַבָּא (קהל: אָמֵן)
בְּעָלְמָא דִּי בְרָא כִרְעוּתֵהּ, וְיַמְלִיךְ מַלְכוּתֵהּ
בְּחַיֵּיכוֹן וּבְיוֹמֵיכוֹן וּבְחַיֵּי דְכָל בֵּית יִשְׂרָאֵל
בַּעֲגָלָא וּבִזְמַן קָרִיב, וְאִמְרוּ אָמֵן. (קהל: אָמֵן)

קהל ואבל: יְהֵא שְׁמֵהּ רַבָּא מְבָרַךְ לְעָלַם וּלְעָלְמֵי עָלְמַיָּא.

אבל: יִתְבָּרַךְ וְיִשְׁתַּבַּח וְיִתְפָּאַר
וְיִתְרוֹמַם וְיִתְנַשֵּׂא וְיִתְהַדָּר וְיִתְעַלֶּה וְיִתְהַלָּל
שְׁמֵהּ דְּקֻדְשָׁא בְּרִיךְ הוּא (קהל: בְּרִיךְ הוּא)
לְעֵלָּא מִן כָּל בִּרְכָתָא
/בשבת שובה: לְעֵלָּא לְעֵלָּא מִכָּל בִּרְכָתָא/
וְשִׁירָתָא, תֻּשְׁבְּחָתָא וְנֶחֱמָתָא
דַּאֲמִירָן בְּעָלְמָא, וְאִמְרוּ אָמֵן. (קהל: אָמֵן)

יְהֵא שְׁלָמָא רַבָּא מִן שְׁמַיָּא, וְחַיִּים, עָלֵינוּ
וְעַל כָּל יִשְׂרָאֵל, וְאִמְרוּ אָמֵן. (קהל: אָמֵן)

Bow, take three steps back, as if taking leave of the Divine Presence, then bow, first left, then right, then center, while saying:

עֹשֶׂה שָׁלוֹם/ בשבת שובה: הַשָּׁלוֹם/ בִּמְרוֹמָיו
הוּא יַעֲשֶׂה שָׁלוֹם עָלֵינוּ
וְעַל כָּל יִשְׂרָאֵל, וְאִמְרוּ אָמֵן. (קהל: אָמֵן)

PESUKEI DEZIMRA

The following introductory blessing to the Pesukei DeZimra (Verses of Praise) is said standing, while holding the two front tzitziyot of the tallit. They are kissed and released at the end of the blessing at "songs of praise" (on the next page). From the beginning of this prayer to the end of the Amida, conversation is forbidden.

Some say: I hereby prepare my mouth to thank, praise and laud my Creator, for the sake of the unification of the Holy One, blessed be He, and His Divine Presence, through that which is hidden and concealed, in the name of all Israel.

BLESSED IS HE WHO SPOKE

and the world came into being, blessed is He.
Blessed is He who creates the universe.
Blessed is He who speaks and acts.
Blessed is He who decrees and fulfills.
Blessed is He who shows compassion to the earth.
Blessed is He who shows compassion to all creatures.
Blessed is He who gives a good reward to those who fear Him.
Blessed is He who lives for ever and exists to eternity.
Blessed is He who redeems and saves.
Blessed is His name.

פסוקי דזמרה

The following introductory blessing to the פסוקי דזמרה *is said standing, while holding the two front* ציציות *of the* טלית*. They are kissed and released at the end of the blessing at* בַּתִּשְׁבָּחוֹת *(on the next page). From the beginning of this prayer to the end of the* עמידה*, conversation is forbidden.*

Some say הֲרֵינִי מְזַמֵּן אֶת פִּי לְהוֹדוֹת וּלְהַלֵּל וּלְשַׁבֵּחַ אֶת בּוֹרְאִי, לְשֵׁם יִחוּד קֻדְשָׁא בְּרִיךְ הוּא וּשְׁכִינְתֵּהּ עַל יְדֵי הַהוּא טָמִיר וְנֶעְלָם בְּשֵׁם כָּל יִשְׂרָאֵל.

בָּרוּךְ שֶׁאָמַר וְהָיָה הָעוֹלָם, בָּרוּךְ הוּא.

בָּרוּךְ עוֹשֶׂה בְרֵאשִׁית\
בָּרוּךְ אוֹמֵר וְעוֹשֶׂה\
בָּרוּךְ גּוֹזֵר וּמְקַיֵּם\
בָּרוּךְ מְרַחֵם עַל הָאָרֶץ\
בָּרוּךְ מְרַחֵם עַל הַבְּרִיּוֹת\
בָּרוּךְ מְשַׁלֵּם שָׂכָר טוֹב לִירֵאָיו\
בָּרוּךְ חַי לָעַד וְקַיָּם לָנֶצַח\
בָּרוּךְ פּוֹדֶה וּמַצִּיל\
בָּרוּךְ שְׁמוֹ

Blessed are You, LORD our God,
King of the Universe,
God, compassionate Father,
extolled by the mouth of His people,
praised and glorified
by the tongue of His devoted ones
and those who serve Him.
With the songs of Your servant David
we will praise You, O LORD our God.
With praises and psalms
we will magnify and praise You, glorify You,
speak Your name and proclaim Your kingship,
our King, our God, ▸ the only One,
Giver of life to the worlds
the King whose great name is praised
and glorified to all eternity.
Blessed are You, LORD,
the King extolled with songs of praise.

הודו Thank the LORD, call on His name, make His acts known among the peoples. Sing to Him, make music to Him, tell of all His wonders. Glory in His holy name; let the hearts of those who seek the LORD rejoice. Search out the LORD and His strength; seek His presence at all times. Remember the wonders He has done, His miracles, and the judgments He pronounced. Descendants of Yisrael His servant, sons *I Chr. 16*

בָּרוּךְ אַתָּה יהוה אֱלֹהֵינוּ מֶלֶךְ הָעוֹלָם
הָאֵל הָאָב הָרַחֲמָן הַמְהֻלָּל בְּפִי עַמּוֹ
מְשֻׁבָּח וּמְפֹאָר בִּלְשׁוֹן חֲסִידָיו וַעֲבָדָיו
וּבְשִׁירֵי דָוִד עַבְדֶּךָ
נְהַלֶּלְךָ יהוה אֱלֹהֵינוּ.
בִּשְׁבָחוֹת וּבִזְמִירוֹת
נְגַדֶּלְךָ וּנְשַׁבֵּחֲךָ וּנְפָאֶרְךָ
וְנַזְכִּיר שִׁמְךָ וְנַמְלִיכְךָ
מַלְכֵּנוּ אֱלֹהֵינוּ, ׀ יָחִיד חֵי הָעוֹלָמִים
מֶלֶךְ, מְשֻׁבָּח וּמְפֹאָר עֲדֵי עַד שְׁמוֹ הַגָּדוֹל
בָּרוּךְ אַתָּה יהוה, מֶלֶךְ מְהֻלָּל בַּתִּשְׁבָּחוֹת.

הוֹדוּ לַיהוה קִרְאוּ בִשְׁמוֹ, הוֹדִיעוּ בָעַמִּים דברי הימים א׳ טז
עֲלִילֹתָיו: שִׁירוּ לוֹ, זַמְּרוּ־לוֹ, שִׂיחוּ בְּכָל־
נִפְלְאוֹתָיו: הִתְהַלְלוּ בְּשֵׁם קָדְשׁוֹ, יִשְׂמַח לֵב
מְבַקְשֵׁי יהוה: דִּרְשׁוּ יהוה וְעֻזּוֹ, בַּקְּשׁוּ פָנָיו
תָּמִיד: זִכְרוּ נִפְלְאֹתָיו אֲשֶׁר עָשָׂה, מֹפְתָיו
וּמִשְׁפְּטֵי־פִיהוּ: זֶרַע יִשְׂרָאֵל עַבְדּוֹ, בְּנֵי יַעֲקֹב
בְּחִירָיו: הוּא יהוה אֱלֹהֵינוּ בְּכָל־הָאָרֶץ

of Jacob His chosen ones: He is the LORD our God. His judgments are throughout the earth. Remember His covenant for ever, the word He commanded for a thousand generations. He made it with Abraham, vowed it to Isaac, and confirmed it to Jacob as a statute and to Israel as an everlasting covenant, saying, "To you I will give the land of Canaan as your allotted heritage." You were then small in number, few, strangers there, wandering from nation to nation, from one kingdom to another, but He let no man oppress them, and for their sake He rebuked kings: "Do not touch My anointed ones, and do My prophets no harm." Sing to the LORD, all the earth; proclaim His salvation daily. Declare His glory among the nations, His marvels among all the peoples. For great is the LORD and greatly to be praised; He is awesome beyond all heavenly powers. ▸ For all the gods of the peoples are mere idols; it was the LORD who made the heavens.

Before Him are majesty and splendor; there is strength and beauty in His holy place. Render to the LORD, families of the peoples, render to the LORD honor and might. Render to the LORD the glory due to His name; bring an offering and come before Him; bow down to the LORD in the splendor of holiness. Tremble before Him, all the earth;

מִשְׁפְּטָיו: זִכְרוּ לְעוֹלָם בְּרִיתוֹ, דָּבָר צִוָּה לְאֶלֶף דּוֹר: אֲשֶׁר כָּרַת אֶת־אַבְרָהָם, וּשְׁבוּעָתוֹ לְיִצְחָק: וַיַּעֲמִידֶהָ לְיַעֲקֹב לְחֹק, לְיִשְׂרָאֵל בְּרִית עוֹלָם: לֵאמֹר, לְךָ אֶתֵּן אֶרֶץ־כְּנָעַן, חֶבֶל נַחֲלַתְכֶם: בִּהְיוֹתְכֶם מְתֵי מִסְפָּר, כִּמְעַט וְגָרִים בָּהּ: וַיִּתְהַלְּכוּ מִגּוֹי אֶל־גּוֹי, וּמִמַּמְלָכָה אֶל־עַם אַחֵר: לֹא־הִנִּיחַ לְאִישׁ לְעָשְׁקָם, וַיּוֹכַח עֲלֵיהֶם מְלָכִים: אַל־תִּגְּעוּ בִּמְשִׁיחָי, וּבִנְבִיאַי אַל־תָּרֵעוּ: שִׁירוּ לַיהוה כָּל־הָאָרֶץ, בַּשְּׂרוּ מִיּוֹם־אֶל־יוֹם יְשׁוּעָתוֹ: סַפְּרוּ בַגּוֹיִם אֶת־כְּבוֹדוֹ, בְּכָל־הָעַמִּים נִפְלְאֹתָיו: כִּי גָדוֹל יהוה וּמְהֻלָּל מְאֹד, וְנוֹרָא הוּא עַל־כָּל־אֱלֹהִים: ◂ כִּי כָּל־אֱלֹהֵי הָעַמִּים אֱלִילִים, וַיהוה שָׁמַיִם עָשָׂה:

הוֹד וְהָדָר לְפָנָיו, עֹז וְחֶדְוָה בִּמְקֹמוֹ: הָבוּ לַיהוה מִשְׁפְּחוֹת עַמִּים, הָבוּ לַיהוה כָּבוֹד וָעֹז: הָבוּ לַיהוה כְּבוֹד שְׁמוֹ, שְׂאוּ מִנְחָה וּבֹאוּ לְפָנָיו, הִשְׁתַּחֲווּ לַיהוה בְּהַדְרַת־קֹדֶשׁ: חִילוּ מִלְּפָנָיו כָּל־הָאָרֶץ, אַף־תִּכּוֹן תֵּבֵל בַּל־תִּמּוֹט: יִשְׂמְחוּ

the world stands firm, it will not be shaken. Let the heavens rejoice and the earth be glad; let them declare among the nations, "The LORD is King." Let the sea roar, and all that is in it; let the fields be jubilant, and all they contain. Then the trees of the forest will sing for joy before the LORD, for He is coming to judge the earth. Thank the LORD for He is good; His loving-kindness is for ever. Say: "Save us, God of our salvation; gather us and rescue us from the nations, to acknowledge Your holy name and glory in Your praise. Blessed is the LORD, God of Israel, from this world to eternity." And let all the people say "Amen" and "Praise the LORD."

▸ Exalt the LORD our God and bow before His *Ps. 99*
footstool: He is holy. Exalt the LORD our God and bow at His holy mountain; for holy is the LORD our God.

He is compassionate. He forgives iniquity and *Ps. 78*
does not destroy. Repeatedly He suppresses His
anger, not rousing His full wrath. You, LORD: do *Ps. 40*
not withhold Your compassion from me. May
Your loving-kindness and truth always guard me.
Remember, LORD, Your acts of compassion and *Ps. 25*
love, for they have existed for ever. Ascribe power to *Ps. 68*
God, whose majesty is over Israel and whose might

הַשָּׁמַיִם וְתָגֵל הָאָרֶץ, וְיֹאמְרוּ בַגּוֹיִם יהוה מָלָךְ: יִרְעַם הַיָּם וּמְלוֹאוֹ, יַעֲלֹץ הַשָּׂדֶה וְכָל־אֲשֶׁר־בּוֹ: אָז יְרַנְּנוּ עֲצֵי הַיָּעַר, מִלִּפְנֵי יהוה, כִּי־בָא לִשְׁפּוֹט אֶת־הָאָרֶץ: הוֹדוּ לַיהוה כִּי טוֹב, כִּי לְעוֹלָם חַסְדּוֹ: וְאִמְרוּ, הוֹשִׁיעֵנוּ אֱלֹהֵי יִשְׁעֵנוּ, וְקַבְּצֵנוּ וְהַצִּילֵנוּ מִן־הַגּוֹיִם, לְהֹדוֹת לְשֵׁם קָדְשֶׁךָ, לְהִשְׁתַּבֵּחַ בִּתְהִלָּתֶךָ: בָּרוּךְ יהוה אֱלֹהֵי יִשְׂרָאֵל מִן־הָעוֹלָם וְעַד־הָעֹלָם, וַיֹּאמְרוּ כָל־הָעָם אָמֵן, וְהַלֵּל לַיהוה:

◂ רוֹמְמוּ יהוה אֱלֹהֵינוּ וְהִשְׁתַּחֲווּ לַהֲדֹם תהלים צט
רַגְלָיו, קָדוֹשׁ הוּא: רוֹמְמוּ יהוה אֱלֹהֵינוּ
וְהִשְׁתַּחֲווּ לְהַר קָדְשׁוֹ, כִּי־קָדוֹשׁ יהוה אֱלֹהֵינוּ:

וְהוּא רַחוּם, יְכַפֵּר עָוֹן וְלֹא־יַשְׁחִית, וְהִרְבָּה תהלים עח
לְהָשִׁיב אַפּוֹ, וְלֹא־יָעִיר כָּל־חֲמָתוֹ: אַתָּה יהוה תהלים מ
לֹא־תִכְלָא רַחֲמֶיךָ מִמֶּנִּי, חַסְדְּךָ וַאֲמִתְּךָ תָּמִיד
יִצְּרוּנִי: זְכֹר־רַחֲמֶיךָ יהוה וַחֲסָדֶיךָ, כִּי מֵעוֹלָם תהלים כה
הֵמָּה: תְּנוּ עֹז לֵאלֹהִים, עַל־יִשְׂרָאֵל גַּאֲוָתוֹ, תהלים סח
וְעֻזּוֹ בַּשְּׁחָקִים: נוֹרָא אֱלֹהִים מִמִּקְדָּשֶׁיךָ, אֵל

is in the skies. You are awesome, God, in Your holy
places. It is the God of Israel who gives might and
strength to the people, may God be blessed. God *Ps. 94*
of retribution, LORD, God of retribution, appear.
Arise, Judge of the earth, to repay the arrogant their
just deserts. Salvation belongs to the LORD; may *Ps. 3*
Your blessing rest upon Your people, Selah! ▸ The *Ps. 46*
LORD of hosts is with us, the God of Jacob is our
stronghold, Selah! LORD of hosts, happy is the one *Ps. 84*
who trusts in You. LORD, save! May the King answer *Ps. 20*
us on the day we call.

Save Your people and bless Your heritage; tend *Ps. 28*
them and carry them for ever. Our soul longs for *Ps. 33*
the LORD; He is our Help and Shield. For in Him
our hearts rejoice, for in His holy name we have
trusted. May Your loving-kindness, LORD, be upon
us, as we have put our hope in You. Show us, LORD, *Ps. 85*
Your loving-kindness and grant us Your salvation.
Arise, help us and redeem us for the sake of Your *Ps. 44*
love. I am the LORD your God who brought you *Ps. 81*
up from the land of Egypt: open your mouth wide
and I will fill it. Happy is the people for whom this *Ps. 144*
is so; happy is the people whose God is the LORD.
▸ As for me, I trust in Your loving-kindness; my heart *Ps. 13*
rejoices in Your salvation. I will sing to the LORD for
He has been good to me.

יִשְׂרָאֵל הוּא נֹתֵן עֹז וְתַעֲצֻמוֹת לָעָם, בָּרוּךְ
אֱלֹהִים: אֵל־נְקָמוֹת יהוה, אֵל נְקָמוֹת הוֹפִיעַ: תהלים צד
הִנָּשֵׂא שֹׁפֵט הָאָרֶץ, הָשֵׁב גְּמוּל עַל־גֵּאִים:
לַיהוה הַיְשׁוּעָה, עַל־עַמְּךָ בִרְכָתֶךָ סֶּלָה: תהלים ג
‹ יהוה צְבָאוֹת עִמָּנוּ, מִשְׂגָּב לָנוּ אֱלֹהֵי יַעֲקֹב תהלים מו
סֶלָה: יהוה צְבָאוֹת, אַשְׁרֵי אָדָם בֹּטֵחַ בָּךְ: תהלים פד
יהוה הוֹשִׁיעָה, הַמֶּלֶךְ יַעֲנֵנוּ בְיוֹם־קָרְאֵנוּ: תהלים כ
הוֹשִׁיעָה אֶת־עַמֶּךָ, וּבָרֵךְ אֶת־נַחֲלָתֶךָ, תהלים כח
וּרְעֵם וְנַשְּׂאֵם עַד־הָעוֹלָם: נַפְשֵׁנוּ חִכְּתָה תהלים לג
לַיהוה, עֶזְרֵנוּ וּמָגִנֵּנוּ הוּא: כִּי־בוֹ יִשְׂמַח לִבֵּנוּ,
כִּי בְשֵׁם קָדְשׁוֹ בָטָחְנוּ: יְהִי־חַסְדְּךָ יהוה עָלֵינוּ,
כַּאֲשֶׁר יִחַלְנוּ לָךְ: הַרְאֵנוּ יהוה חַסְדֶּךָ, וְיֶשְׁעֲךָ תהלים פה
תִּתֶּן־לָנוּ: קוּמָה עֶזְרָתָה לָּנוּ, וּפְדֵנוּ לְמַעַן תהלים מד
חַסְדֶּךָ: אָנֹכִי יהוה אֱלֹהֶיךָ הַמַּעַלְךָ מֵאֶרֶץ תהלים פא
מִצְרָיִם, הַרְחֶב־פִּיךָ וַאֲמַלְאֵהוּ: אַשְׁרֵי הָעָם תהלים קמד
שֶׁכָּכָה לּוֹ, אַשְׁרֵי הָעָם שֶׁיהוה אֱלֹהָיו: ‹ וַאֲנִי תהלים יג
בְּחַסְדְּךָ בָטַחְתִּי, יָגֵל לִבִּי בִּישׁוּעָתֶךָ, אָשִׁירָה
לַיהוה, כִּי גָמַל עָלָי:

לַמְנַצֵּחַ For the conductor of music. A psalm of David. *Ps. 19* The heavens declare the glory of God; the skies proclaim the work of His hands. Day to day they pour forth speech; night to night they communicate knowledge. There is no speech, there are no words, their voice is not heard. Yet their music carries throughout the earth, their words to the end of the world. In them He has set a tent for the sun. It emerges like a groom from his marriage chamber, rejoicing like a champion about to run a race. It rises at one end of the heaven and makes its circuit to the other: nothing is hidden from its heat. The LORD's Torah is perfect, refreshing the soul. The LORD's testimony is faithful, making the simple wise. The LORD's precepts are just, gladdening the heart. The LORD's commandment is radiant, giving light to the eyes. The fear of the LORD is pure, enduring for ever. The LORD's judgments are true, altogether righteous. More precious than gold, than much fine gold. They are sweeter than honey, than honey from the comb. Your servant, too, is careful of them, for in observing them there is great reward. Yet who can discern his errors? Cleanse me of hidden faults. Keep Your servant also from willful sins; let them not have dominion over me. Then shall I be blameless, and innocent of grave sin. ▸ May the words of my mouth and the meditation of my heart find favor before You, LORD, my Rock and my Redeemer.

תהלים יט

לַמְנַצֵּחַ מִזְמוֹר לְדָוִד: הַשָּׁמַיִם מְסַפְּרִים כְּבוֹד־אֵל, וּמַעֲשֵׂה יָדָיו מַגִּיד הָרָקִיעַ: יוֹם לְיוֹם יַבִּיעַ אֹמֶר, וְלַיְלָה לְּלַיְלָה יְחַוֶּה־דָּעַת: אֵין־אֹמֶר וְאֵין דְּבָרִים, בְּלִי נִשְׁמָע קוֹלָם: בְּכָל־הָאָרֶץ יָצָא קַוָּם, וּבִקְצֵה תֵבֵל מִלֵּיהֶם, לַשֶּׁמֶשׁ שָׂם־אֹהֶל בָּהֶם: וְהוּא כְּחָתָן יֹצֵא מֵחֻפָּתוֹ, יָשִׂישׂ כְּגִבּוֹר לָרוּץ אֹרַח: מִקְצֵה הַשָּׁמַיִם מוֹצָאוֹ, וּתְקוּפָתוֹ עַל־קְצוֹתָם, וְאֵין נִסְתָּר מֵחַמָּתוֹ: תּוֹרַת יהוה תְּמִימָה, מְשִׁיבַת נָפֶשׁ, עֵדוּת יהוה נֶאֱמָנָה, מַחְכִּימַת פֶּתִי: פִּקּוּדֵי יהוה יְשָׁרִים, מְשַׂמְּחֵי־לֵב, מִצְוַת יהוה בָּרָה, מְאִירַת עֵינָיִם: יִרְאַת יהוה טְהוֹרָה, עוֹמֶדֶת לָעַד, מִשְׁפְּטֵי־יהוה אֱמֶת, צָדְקוּ יַחְדָּו: הַנֶּחֱמָדִים מִזָּהָב וּמִפַּז רָב, וּמְתוּקִים מִדְּבַשׁ וְנֹפֶת צוּפִים: גַּם־עַבְדְּךָ נִזְהָר בָּהֶם, בְּשָׁמְרָם עֵקֶב רָב: שְׁגִיאוֹת מִי־יָבִין, מִנִּסְתָּרוֹת נַקֵּנִי: גַּם מִזֵּדִים חֲשֹׂךְ עַבְדֶּךָ, אַל־יִמְשְׁלוּ־בִי אָז אֵיתָם, וְנִקֵּיתִי מִפֶּשַׁע רָב: ‹ יִהְיוּ לְרָצוֹן אִמְרֵי־פִי וְהֶגְיוֹן לִבִּי לְפָנֶיךָ, יהוה, צוּרִי וְגֹאֲלִי:

לְדָוִד Of David. When he pretended to be insane before Abimelech, who drove him away, and he left. I will bless the LORD at all times; His praise will be always on my lips. My soul will glory in the LORD; let the lowly hear this and rejoice. Magnify the LORD with me; let us exalt His name together. I sought the LORD, and He answered me; He saved me from all my fears. Those who look to Him are radiant; Their faces are never downcast. This poor man called, and the LORD heard; He saved him from all his troubles. The LORD's angel encamps around those who fear Him, and He rescues them. Taste and see that the LORD is good; happy is the man who takes refuge in Him. Fear the LORD, you His holy ones, for those who fear Him lack nothing. Young lions may grow weak and hungry, but those who seek the LORD lack no good thing. Come, my children, listen to me; I will teach you the fear of the LORD. Who desires life, loving each day to see good? Then guard your tongue from evil and your lips from speaking deceit. Turn from evil and do good; seek peace and pursue it. The eyes of the LORD are on the righteous and His ears attentive to their cry; The LORD's face is set against those who do evil, to erase their memory from the earth. The righteous cry out, and the LORD hears them; delivering them from all their troubles. The LORD Ps. 34

תהלים לד

לְדָוִד, בְּשַׁנּוֹתוֹ אֶת־טַעְמוֹ לִפְנֵי אֲבִימֶלֶךְ,
וַיְגָרְשֵׁהוּ וַיֵּלַךְ: אֲבָרְכָה אֶת־יהוה בְּכָל־עֵת,
תָּמִיד תְּהִלָּתוֹ בְּפִי: בַּיהוה תִּתְהַלֵּל נַפְשִׁי,
יִשְׁמְעוּ עֲנָוִים וְיִשְׂמָחוּ: גַּדְּלוּ לַיהוה אִתִּי,
וּנְרוֹמְמָה שְׁמוֹ יַחְדָּו: דָּרַשְׁתִּי אֶת־יהוה וְעָנָנִי,
וּמִכָּל־מְגוּרוֹתַי הִצִּילָנִי: הִבִּיטוּ אֵלָיו וְנָהָרוּ,
וּפְנֵיהֶם אַל־יֶחְפָּרוּ: זֶה עָנִי קָרָא, וַיהוה שָׁמֵעַ,
וּמִכָּל־צָרוֹתָיו הוֹשִׁיעוֹ: חֹנֶה מַלְאַךְ־יהוה סָבִיב
לִירֵאָיו, וַיְחַלְּצֵם: טַעֲמוּ וּרְאוּ כִּי־טוֹב יהוה,
אַשְׁרֵי הַגֶּבֶר יֶחֱסֶה־בּוֹ: יְראוּ אֶת־יהוה קְדֹשָׁיו,
כִּי־אֵין מַחְסוֹר לִירֵאָיו: כְּפִירִים רָשׁוּ וְרָעֵבוּ,
וְדֹרְשֵׁי יהוה לֹא־יַחְסְרוּ כָל־טוֹב: לְכוּ־בָנִים
שִׁמְעוּ־לִי, יִרְאַת יהוה אֲלַמֶּדְכֶם: מִי־הָאִישׁ
הֶחָפֵץ חַיִּים, אֹהֵב יָמִים לִרְאוֹת טוֹב: נְצֹר
לְשׁוֹנְךָ מֵרָע, וּשְׂפָתֶיךָ מִדַּבֵּר מִרְמָה: סוּר
מֵרָע וַעֲשֵׂה־טוֹב, בַּקֵּשׁ שָׁלוֹם וְרָדְפֵהוּ: עֵינֵי
יהוה אֶל־צַדִּיקִים, וְאָזְנָיו אֶל־שַׁוְעָתָם: פְּנֵי
יהוה בְּעֹשֵׂי רָע, לְהַכְרִית מֵאֶרֶץ זִכְרָם: צָעֲקוּ

is close to the brokenhearted, and saves those who are crushed in spirit. Many troubles may befall the righteous, but the LORD delivers him from them all; He protects all his bones, so that none of them will be broken. Evil will slay the wicked; the enemies of the righteous will be condemned.▸ The LORD redeems His servants; none who take refuge in Him shall be condemned.

תְּפִלָּה לְמֹשֶׁה A prayer of Moses, the man of God. *Ps. 90*
LORD, You have been our shelter in every generation. Before the mountains were born, before You brought forth the earth and the world, from everlasting to everlasting You are God. You turn men back to dust, saying, "Return, you children of men." For a thousand years in Your sight are like yesterday when it has passed, like a watch in the night. You sweep men away; they sleep. In the morning they are like grass newly grown: in the morning it flourishes and is new, but by evening it withers and dries up. For we are consumed by Your anger, terrified by Your fury. You have set our iniquities before You, our secret sins in the light of Your presence. All our days pass away in Your wrath, we spend our years like a sigh. The span of our life is seventy years, or if we are strong, eighty years; but the best of them is trouble and sorrow, for they quickly pass, and we fly away. Who can know the force of Your anger? Your wrath matches

וַיהוה שָׁמֵעַ, וּמִכָּל־צָרוֹתָם הִצִּילָם: קָרוֹב יהוה לְנִשְׁבְּרֵי־לֵב, וְאֶת־דַּכְּאֵי־רוּחַ יוֹשִׁיעַ: רַבּוֹת רָעוֹת צַדִּיק, וּמִכֻּלָּם יַצִּילֶנּוּ יהוה: שֹׁמֵר כָּל־עַצְמוֹתָיו, אַחַת מֵהֵנָּה לֹא נִשְׁבָּרָה: תְּמוֹתֵת רָשָׁע רָעָה, וְשֹׂנְאֵי צַדִּיק יֶאְשָׁמוּ: ‹ פּוֹדֶה יהוה נֶפֶשׁ עֲבָדָיו, וְלֹא יֶאְשְׁמוּ כָּל־הַחֹסִים בּוֹ:

תהלים צ

תְּפִלָּה לְמֹשֶׁה אִישׁ־הָאֱלֹהִים, אֲדֹנָי, מָעוֹן אַתָּה הָיִיתָ לָּנוּ בְּדֹר וָדֹר: בְּטֶרֶם הָרִים יֻלָּדוּ, וַתְּחוֹלֵל אֶרֶץ וְתֵבֵל, וּמֵעוֹלָם עַד־עוֹלָם אַתָּה אֵל: תָּשֵׁב אֱנוֹשׁ עַד־דַּכָּא, וַתֹּאמֶר שׁוּבוּ בְנֵי־אָדָם: כִּי אֶלֶף שָׁנִים בְּעֵינֶיךָ, כְּיוֹם אֶתְמוֹל כִּי יַעֲבֹר, וְאַשְׁמוּרָה בַלָּיְלָה: זְרַמְתָּם, שֵׁנָה יִהְיוּ, בַּבֹּקֶר כֶּחָצִיר יַחֲלֹף: בַּבֹּקֶר יָצִיץ וְחָלָף, לָעֶרֶב יְמוֹלֵל וְיָבֵשׁ: כִּי־כָלִינוּ בְאַפֶּךָ, וּבַחֲמָתְךָ נִבְהָלְנוּ: שַׁתָּ עֲוֹנֹתֵינוּ לְנֶגְדֶּךָ, עֲלֻמֵנוּ לִמְאוֹר פָּנֶיךָ: כִּי כָל־יָמֵינוּ פָּנוּ בְעֶבְרָתֶךָ, כִּלִּינוּ שָׁנֵינוּ כְמוֹ־הֶגֶה: יְמֵי־שְׁנוֹתֵינוּ בָהֶם שִׁבְעִים שָׁנָה, וְאִם בִּגְבוּרֹת שְׁמוֹנִים שָׁנָה, וְרָהְבָּם עָמָל וָאָוֶן, כִּי־גָז חִישׁ

the fear due to You. Teach us rightly to number our days, that we may gain a heart of wisdom. Relent, O LORD! How much longer? Be sorry for Your servants. Satisfy us in the morning with Your loving-kindness, that we may sing and rejoice all our days. Grant us joy for as many days as You have afflicted us, for as many years as we saw trouble. Let Your deeds be seen by Your servants, and Your glory by their children. ▸ May the pleasantness of the LORD our God be upon us. Establish for us the work of our hands, O establish the work of our hands.

יֹשֵׁב בְּסֵתֶר He who lives in the shelter of the Most *Ps. 91*
High dwells in the shadow of the Almighty. I say of the LORD, my Refuge and Stronghold, my God in whom I trust, that He will save you from the fowler's snare and the deadly pestilence. With His pinions He will cover you, and beneath His wings you will find shelter; His faithfulness is an encircling shield. You need not fear terror by night, nor the arrow that flies by day; not the pestilence that stalks in darkness, nor the plague that ravages at noon. A thousand may fall at your side, ten thousand at your right hand, but it will not come near you. You will only look with your eyes and see the punishment of the wicked. Because you [have said:] "The LORD is my Refuge," taking the Most High as your shelter, no harm will befall you, no plague will come near your

וְנָעֻפָה: מִי־יוֹדֵעַ עֹז אַפֶּךָ, וּכְיִרְאָתְךָ עֶבְרָתֶךָ, לִמְנוֹת יָמֵינוּ כֵּן הוֹדַע, וְנָבִא לְבַב חָכְמָה: שׁוּבָה יהוה עַד־מָתָי, וְהִנָּחֵם עַל־עֲבָדֶיךָ: שַׂבְּעֵנוּ בַבֹּקֶר חַסְדֶּךָ, וּנְרַנְּנָה וְנִשְׂמְחָה בְּכָל־יָמֵינוּ: שַׂמְּחֵנוּ כִּימוֹת עִנִּיתָנוּ, שְׁנוֹת רָאִינוּ רָעָה: יֵרָאֶה אֶל־עֲבָדֶיךָ פָעֳלֶךָ, וַהֲדָרְךָ עַל־בְּנֵיהֶם: ‹ וִיהִי נֹעַם אֲדֹנָי אֱלֹהֵינוּ עָלֵינוּ, וּמַעֲשֵׂה יָדֵינוּ כּוֹנְנָה עָלֵינוּ, וּמַעֲשֵׂה יָדֵינוּ כּוֹנְנֵהוּ:

יֹשֵׁב בְּסֵתֶר עֶלְיוֹן, בְּצֵל שַׁדַּי יִתְלוֹנָן: אֹמַר לַיהוה מַחְסִי וּמְצוּדָתִי, אֱלֹהַי אֶבְטַח־בּוֹ: כִּי הוּא יַצִּילְךָ מִפַּח יָקוּשׁ, מִדֶּבֶר הַוּוֹת: בְּאֶבְרָתוֹ יָסֶךְ לָךְ, וְתַחַת־כְּנָפָיו תֶּחְסֶה, צִנָּה וְסֹחֵרָה אֲמִתּוֹ: לֹא־תִירָא מִפַּחַד לָיְלָה, מֵחֵץ יָעוּף יוֹמָם: מִדֶּבֶר בָּאֹפֶל יַהֲלֹךְ, מִקֶּטֶב יָשׁוּד צָהֳרָיִם: יִפֹּל מִצִּדְּךָ אֶלֶף, וּרְבָבָה מִימִינֶךָ, אֵלֶיךָ לֹא יִגָּשׁ: רַק בְּעֵינֶיךָ תַבִּיט, וְשִׁלֻּמַת רְשָׁעִים תִּרְאֶה: כִּי־אַתָּה יהוה מַחְסִי, עֶלְיוֹן שַׂמְתָּ מְעוֹנֶךָ: לֹא־תְאֻנֶּה אֵלֶיךָ רָעָה, וְנֶגַע לֹא־יִקְרַב בְּאָהֳלֶךָ: כִּי תהלים צא

tent, for He will command His angels about you, to guard you in all your ways. They will lift you in their hands, lest your foot stumble on a stone. You will tread on lions and vipers, you will trample on young lions and snakes. [God says] "Because he loves Me, I will rescue him; I will protect him, because he acknowledges My name. When he calls on Me, I will answer him, I will be with him in distress, I will deliver him and bring him honor. ▸ With long life I will satisfy him, and show him My salvation. With long life I will satisfy him, and show him My salvation."

הַלְלוּיָהּ Halleluya! Praise the name of the LORD. *Ps. 135*
Praise Him, you servants of the LORD who stand in the LORD's House, in the courtyards of the House of our God. Praise the LORD, for the LORD is good; sing praises to His name, for it is lovely. For the LORD has chosen Jacob as His own, Israel as his treasure. For I know that the LORD is great, that our LORD is above all heavenly powers. Whatever pleases the LORD, He does, in heaven and on earth, in the seas and all the depths. He raises clouds from the ends of the earth; He sends lightning with the rain; He brings out the wind from His storehouses. He struck down the firstborn of Egypt, of both man and animals. He sent signs and wonders into your midst, Egypt – against Pharaoh and all his servants.

מַלְאָכָיו יְצַוֶּה־לָּךְ, לִשְׁמׇרְךָ בְּכׇל־דְּרָכֶיךָ: עַל־
כַּפַּיִם יִשָּׂאוּנְךָ, פֶּן־תִּגֹּף בָּאֶבֶן רַגְלֶךָ: עַל־שַׁחַל
וָפֶתֶן תִּדְרֹךְ, תִּרְמֹס כְּפִיר וְתַנִּין: כִּי בִי חָשַׁק
וַאֲפַלְּטֵהוּ, אֲשַׂגְּבֵהוּ כִּי־יָדַע שְׁמִי: יִקְרָאֵנִי
וְאֶעֱנֵהוּ, עִמּוֹ אָנֹכִי בְצָרָה, אֲחַלְּצֵהוּ וַאֲכַבְּדֵהוּ:
◂ אֹרֶךְ יָמִים אַשְׂבִּיעֵהוּ, וְאַרְאֵהוּ בִּישׁוּעָתִי:
אֹרֶךְ יָמִים אַשְׂבִּיעֵהוּ, וְאַרְאֵהוּ בִּישׁוּעָתִי:

הַלְלוּיָהּ, הַלְלוּ אֶת־שֵׁם יהוה, הַלְלוּ עַבְדֵי תהלים קלה
יהוה: שֶׁעֹמְדִים בְּבֵית יהוה, בְּחַצְרוֹת בֵּית
אֱלֹהֵינוּ: הַלְלוּיָהּ כִּי־טוֹב יהוה, זַמְּרוּ לִשְׁמוֹ כִּי
נָעִים: כִּי־יַעֲקֹב בָּחַר לוֹ יָהּ, יִשְׂרָאֵל לִסְגֻלָּתוֹ:
כִּי אֲנִי יָדַעְתִּי כִּי־גָדוֹל יהוה, וַאֲדֹנֵינוּ מִכׇּל־
אֱלֹהִים: כֹּל אֲשֶׁר־חָפֵץ יהוה עָשָׂה, בַּשָּׁמַיִם
וּבָאָרֶץ, בַּיַּמִּים וְכׇל־תְּהֹמוֹת: מַעֲלֶה נְשִׂאִים
מִקְצֵה הָאָרֶץ, בְּרָקִים לַמָּטָר עָשָׂה, מוֹצֵא־רוּחַ
מֵאוֹצְרוֹתָיו: שֶׁהִכָּה בְּכוֹרֵי מִצְרָיִם, מֵאָדָם עַד־
בְּהֵמָה: שָׁלַח אוֹתֹת וּמֹפְתִים בְּתוֹכֵכִי מִצְרָיִם,
בְּפַרְעֹה וּבְכׇל־עֲבָדָיו: שֶׁהִכָּה גּוֹיִם רַבִּים, וְהָרַג

He struck down many nations and slew mighty kings: Siḥon, King of the Amorites, Og, King of Bashan, and all the kingdoms of Canaan, giving their land as a heritage, a heritage for His people Israel. Your name, LORD, endures for ever; Your renown, LORD, for all generations. For the LORD will bring justice to His people, and have compassion on His servants. The idols of the nations are silver and gold, the work of human hands. They have mouths, but cannot speak; eyes, but cannot see; ears, but cannot hear; there is no breath in their mouths. Those who make them will become like them: so will all who trust in them. ▸ House of Israel, bless the LORD. House of Aaron, bless the LORD. House of Levi, bless the LORD. You who fear the LORD, bless the LORD. Blessed is the LORD from Zion, He who dwells in Jerusalem. Halleluya!

The custom is to stand for the following psalm.

הודו Thank the LORD for He is good; *Ps. 136*
His loving-kindness is for ever.
Thank the God of gods,
His loving-kindness is for ever.
Thank the LORD of lords,
His loving-kindness is for ever.
To the One who alone works great wonders,
His loving-kindness is for ever.

מְלָכִים עֲצוּמִים: לְסִיחוֹן מֶלֶךְ הָאֱמֹרִי, וּלְעוֹג
מֶלֶךְ הַבָּשָׁן, וּלְכֹל מַמְלְכוֹת כְּנָעַן: וְנָתַן אַרְצָם
נַחֲלָה, נַחֲלָה לְיִשְׂרָאֵל עַמּוֹ: יהוה שִׁמְךָ
לְעוֹלָם, יהוה זִכְרְךָ לְדֹר־וָדֹר: כִּי־יָדִין יהוה
עַמּוֹ, וְעַל־עֲבָדָיו יִתְנֶחָם: עֲצַבֵּי הַגּוֹיִם כֶּסֶף
וְזָהָב, מַעֲשֵׂה יְדֵי אָדָם: פֶּה־לָהֶם וְלֹא יְדַבֵּרוּ,
עֵינַיִם לָהֶם וְלֹא יִרְאוּ: אָזְנַיִם לָהֶם וְלֹא יַאֲזִינוּ,
אַף אֵין־יֶשׁ־רְוּחַ בְּפִיהֶם: כְּמוֹהֶם יִהְיוּ עֹשֵׂיהֶם,
כֹּל אֲשֶׁר־בֹּטֵחַ בָּהֶם: ‹ בֵּית יִשְׂרָאֵל בָּרְכוּ אֶת־
יהוה, בֵּית אַהֲרֹן בָּרְכוּ אֶת־יהוה: בֵּית הַלֵּוִי
בָּרְכוּ אֶת־יהוה, יִרְאֵי יהוה בָּרְכוּ אֶת־יהוה:
בָּרוּךְ יהוה מִצִּיּוֹן, שֹׁכֵן יְרוּשָׁלָםִ, הַלְלוּיָהּ:

The custom is to stand for the following psalm.

תהלים קלו

הוֹדוּ לַיהוה כִּי־טוֹב   כִּי לְעוֹלָם חַסְדּוֹ:
הוֹדוּ לֵאלֹהֵי הָאֱלֹהִים   כִּי לְעוֹלָם חַסְדּוֹ:
הוֹדוּ לַאֲדֹנֵי הָאֲדֹנִים   כִּי לְעוֹלָם חַסְדּוֹ:
לְעֹשֵׂה נִפְלָאוֹת גְּדֹלוֹת לְבַדּוֹ
כִּי לְעוֹלָם חַסְדּוֹ:

Who made the heavens with wisdom,
His loving-kindness is for ever.
Who spread the earth upon the waters,
His loving-kindness is for ever.
Who made the great lights,
His loving-kindness is for ever.
The sun to rule by day, His loving-kindness is for ever.
The moon and the stars to rule by night;
His loving-kindness is for ever.
Who struck Egypt through their firstborn,
His loving-kindness is for ever.
And brought out Israel from their midst,
His loving-kindness is for ever.
With a strong hand and outstretched arm,
His loving-kindness is for ever.
Who split the Reed Sea into parts,
His loving-kindness is for ever.
And made Israel pass through it,
His loving-kindness is for ever.
Casting Pharaoh and his army into the Reed Sea;
His loving-kindness is for ever.
Who led His people through the wilderness;
His loving-kindness is for ever.
Who struck down great kings,
His loving-kindness is for ever.
And slew mighty kings, His loving-kindness is for ever.
Siḥon, King of the Amorites,
His loving-kindness is for ever.

לְעֹשֵׂה הַשָּׁמַיִם בִּתְבוּנָה כִּי לְעוֹלָם חַסְדּוֹ:
לְרֹקַע הָאָרֶץ עַל־הַמָּיִם כִּי לְעוֹלָם חַסְדּוֹ:
לְעֹשֵׂה אוֹרִים גְּדֹלִים כִּי לְעוֹלָם חַסְדּוֹ:
אֶת־הַשֶּׁמֶשׁ לְמֶמְשֶׁלֶת בַּיּוֹם
כִּי לְעוֹלָם חַסְדּוֹ:
אֶת־הַיָּרֵחַ וְכוֹכָבִים לְמֶמְשְׁלוֹת בַּלָּיְלָה
כִּי לְעוֹלָם חַסְדּוֹ:
לְמַכֵּה מִצְרַיִם בִּבְכוֹרֵיהֶם כִּי לְעוֹלָם חַסְדּוֹ:
וַיּוֹצֵא יִשְׂרָאֵל מִתּוֹכָם כִּי לְעוֹלָם חַסְדּוֹ:
בְּיָד חֲזָקָה וּבִזְרוֹעַ נְטוּיָה כִּי לְעוֹלָם חַסְדּוֹ:
לְגֹזֵר יַם־סוּף לִגְזָרִים כִּי לְעוֹלָם חַסְדּוֹ:
וְהֶעֱבִיר יִשְׂרָאֵל בְּתוֹכוֹ כִּי לְעוֹלָם חַסְדּוֹ:
וְנִעֵר פַּרְעֹה וְחֵילוֹ בְיַם־סוּף
כִּי לְעוֹלָם חַסְדּוֹ:
לְמוֹלִיךְ עַמּוֹ בַּמִּדְבָּר כִּי לְעוֹלָם חַסְדּוֹ:
לְמַכֵּה מְלָכִים גְּדֹלִים כִּי לְעוֹלָם חַסְדּוֹ:
וַיַּהֲרֹג מְלָכִים אַדִּירִים כִּי לְעוֹלָם חַסְדּוֹ:
לְסִיחוֹן מֶלֶךְ הָאֱמֹרִי כִּי לְעוֹלָם חַסְדּוֹ:

And Og, King of Bashan,
His loving-kindness is for ever.
And gave their land as a heritage,
His loving-kindness is for ever.
A heritage for His servant Israel;
His loving-kindness is for ever.
Who remembered us in our lowly state,
His loving-kindness is for ever.
And rescued us from our tormentors,
His loving-kindness is for ever.
▸ Who gives food to all flesh,
His loving-kindness is for ever.
Give thanks to the God of heaven.
His loving-kindness is for ever.

רַנְּנוּ Sing joyfully to the LORD, you righteous, for praise from the upright is seemly. Give thanks to the LORD with the harp; make music to Him on the ten-stringed lute. Sing Him a new song, play skillfully with shouts of joy. For the LORD's word is right, and all His deeds are done in faith. He loves righteousness and justice; the earth is full of the LORD's loving-kindness. By the LORD's word the heavens were made, and all their starry host by the breath of His mouth. He gathers the sea waters as a heap, and places the deep in storehouses. Let all the earth fear the LORD, and all the world's inhabitants stand in awe of Him. For He spoke, *Ps. 33*

וּלְעוֹג מֶֽלֶךְ הַבָּשָׁן כִּי לְעוֹלָם חַסְדּוֹ:
וְנָתַן אַרְצָם לְנַחֲלָה כִּי לְעוֹלָם חַסְדּוֹ:
נַחֲלָה לְיִשְׂרָאֵל עַבְדּוֹ כִּי לְעוֹלָם חַסְדּוֹ:
שֶׁבְּשִׁפְלֵֽנוּ זָֽכַר לָֽנוּ כִּי לְעוֹלָם חַסְדּוֹ:
וַיִּפְרְקֵֽנוּ מִצָּרֵֽינוּ כִּי לְעוֹלָם חַסְדּוֹ:
◂ נֹתֵן לֶֽחֶם לְכָל־בָּשָׂר כִּי לְעוֹלָם חַסְדּוֹ:
הוֹדוּ לְאֵל הַשָּׁמָֽיִם כִּי לְעוֹלָם חַסְדּוֹ:

רַנְּנוּ צַדִּיקִים בַּיהוה, לַיְשָׁרִים נָאוָה תְהִלָּה: תהלים לג
הוֹדוּ לַיהוה בְּכִנּוֹר, בְּנֵֽבֶל עָשׂוֹר זַמְּרוּ־לוֹ:
שִֽׁירוּ־לוֹ שִׁיר חָדָשׁ, הֵיטִֽיבוּ נַגֵּן בִּתְרוּעָה: כִּי־
יָשָׁר דְּבַר־יהוה, וְכָל־מַעֲשֵֽׂהוּ בֶּאֱמוּנָה: אֹהֵב
צְדָקָה וּמִשְׁפָּט, חֶֽסֶד יהוה מָלְאָה הָאָֽרֶץ:
בִּדְבַר יהוה שָׁמַֽיִם נַעֲשׂוּ, וּבְרֽוּחַ פִּיו כָּל־צְבָאָם:
כֹּנֵס כַּנֵּד מֵי הַיָּם, נֹתֵן בְּאוֹצָרוֹת תְּהוֹמוֹת:
יִֽירְאוּ מֵיהוה כָּל־הָאָֽרֶץ, מִמֶּֽנּוּ יָגֽוּרוּ כָּל־יֹשְׁבֵי
תֵבֵל: כִּי הוּא אָמַר וַיֶּֽהִי, הוּא־צִוָּה וַיַּעֲמֹד:
יהוה הֵפִיר עֲצַת־גּוֹיִם, הֵנִיא מַחְשְׁבוֹת עַמִּים:
עֲצַת יהוה לְעוֹלָם תַּעֲמֹד, מַחְשְׁבוֹת לִבּוֹ לְדֹר

and it was; He commanded, and it stood firm. The LORD foils the plans of nations; He thwarts the intentions of peoples. The LORD's plans stand for ever, His heart's intents for all generations. Happy is the nation whose God is the LORD, the people He has chosen as His own. From heaven the LORD looks down and sees all mankind; from His dwelling place He oversees all who live on earth. He forms the hearts of all, and discerns all their deeds. No king is saved by the size of his army; no warrior is delivered by great strength. A horse is a vain hope for deliverance; despite its great strength, it cannot save. The eye of the LORD is on those who fear Him, on those who place their hope in His unfailing love, to rescue their soul from death, and keep them alive in famine. Our soul waits for the LORD; He is our Help and Shield. ▸ In Him our hearts rejoice, for we trust in His holy name. May Your loving-kindness be upon us, LORD, as we have put our hope in You.

מִזְמוֹר שִׁיר A psalm. A song for the Sabbath day. It is good to thank the LORD and sing psalms to Your name, Most High – to tell of Your loving-kindness in the morning and Your faithfulness at night, to the music of the ten-stringed lyre and the melody of the harp. For You have made me rejoice by Your work, O LORD; I sing for joy at the deeds of Your *Ps. 92*

וָדֹר: אַשְׁרֵי הַגּוֹי אֲשֶׁר־יהוה אֱלֹהָיו, הָעָם
בָּחַר לְנַחֲלָה לוֹ: מִשָּׁמַיִם הִבִּיט יהוה, רָאָה
אֶת־כָּל־בְּנֵי הָאָדָם: מִמְּכוֹן־שִׁבְתּוֹ הִשְׁגִּיחַ,
אֶל כָּל־יֹשְׁבֵי הָאָרֶץ: הַיֹּצֵר יַחַד לִבָּם, הַמֵּבִין
אֶל־כָּל־מַעֲשֵׂיהֶם: אֵין־הַמֶּלֶךְ נוֹשָׁע בְּרָב־
חָיִל, גִּבּוֹר לֹא־יִנָּצֵל בְּרָב־כֹּחַ: שֶׁקֶר הַסּוּס
לִתְשׁוּעָה, וּבְרֹב חֵילוֹ לֹא יְמַלֵּט: הִנֵּה עֵין יהוה
אֶל־יְרֵאָיו, לַמְיַחֲלִים לְחַסְדּוֹ: לְהַצִּיל מִמָּוֶת
נַפְשָׁם, וּלְחַיּוֹתָם בָּרָעָב: נַפְשֵׁנוּ חִכְּתָה לַיהוה,
עֶזְרֵנוּ וּמָגִנֵּנוּ הוּא: ‹ כִּי־בוֹ יִשְׂמַח לִבֵּנוּ, כִּי
בְשֵׁם קָדְשׁוֹ בָטָחְנוּ: יְהִי־חַסְדְּךָ יהוה עָלֵינוּ,
כַּאֲשֶׁר יִחַלְנוּ לָךְ:

מִזְמוֹר שִׁיר לְיוֹם הַשַּׁבָּת: טוֹב לְהֹדוֹת לַיהוה, תהלים צב
וּלְזַמֵּר לְשִׁמְךָ עֶלְיוֹן: לְהַגִּיד בַּבֹּקֶר חַסְדֶּךָ,
וֶאֱמוּנָתְךָ בַּלֵּילוֹת: עֲלֵי־עָשׂוֹר וַעֲלֵי־נָבֶל,
עֲלֵי הִגָּיוֹן בְּכִנּוֹר: כִּי שִׂמַּחְתַּנִי יהוה בְּפָעֳלֶךָ,
בְּמַעֲשֵׂי יָדֶיךָ אֲרַנֵּן: מַה־גָּדְלוּ מַעֲשֶׂיךָ יהוה,
מְאֹד עָמְקוּ מַחְשְׁבֹתֶיךָ: אִישׁ־בַּעַר לֹא יֵדָע,

hands. How great are Your deeds, LORD, and how very deep Your thoughts. A boor cannot know, nor can a fool understand, that though the wicked spring up like grass and all evildoers flourish, it is only that they may be destroyed for ever. But You, LORD, are eternally exalted. For behold Your enemies, LORD, behold Your enemies will perish; all evildoers will be scattered. You have raised my pride like that of a wild ox; I am anointed with fresh oil. My eyes shall look in triumph on my adversaries, my ears shall hear the downfall of the wicked who rise against me. ▸ The righteous will flourish like a palm tree and grow tall like a cedar in Lebanon. Planted in the LORD's House, blossoming in our God's courtyards, they will still bear fruit in old age, and stay vigorous and fresh, proclaiming that the LORD is upright: He is my Rock, in whom there is no wrong.

יהוה מָלָךְ The LORD reigns. He is robed in majesty. *Ps. 93*
The LORD is robed, girded with strength. The world is firmly established; it cannot be moved. Your throne stands firm as of old; You are eternal. Rivers lift up, LORD, rivers lift up their voice, rivers lift up their Crashing waves. ▸ Mightier than the noise of many waters, than the mighty waves of the sea is the LORD on high. Your testimonies are very sure; holiness adorns Your House, LORD, for evermore.

וּכְסִיל לֹא־יָבִין אֶת־זֹאת: בִּפְרֹחַ רְשָׁעִים כְּמוֹ עֵשֶׂב, וַיָּצִיצוּ כָּל־פֹּעֲלֵי אָוֶן, לְהִשָּׁמְדָם עֲדֵי־עַד: וְאַתָּה מָרוֹם לְעֹלָם יהוה: כִּי הִנֵּה אֹיְבֶיךָ יהוה, כִּי־הִנֵּה אֹיְבֶיךָ יֹאבֵדוּ, יִתְפָּרְדוּ כָּל־פֹּעֲלֵי אָוֶן: וַתָּרֶם כִּרְאֵים קַרְנִי, בַּלֹּתִי בְּשֶׁמֶן רַעֲנָן: וַתַּבֵּט עֵינִי בְּשׁוּרָי, בַּקָּמִים עָלַי מְרֵעִים תִּשְׁמַעְנָה אָזְנָי: › צַדִּיק כַּתָּמָר יִפְרָח, כְּאֶרֶז בַּלְּבָנוֹן יִשְׂגֶּה: שְׁתוּלִים בְּבֵית יהוה, בְּחַצְרוֹת אֱלֹהֵינוּ יַפְרִיחוּ: עוֹד יְנוּבוּן בְּשֵׂיבָה, דְּשֵׁנִים וְרַעֲנַנִּים יִהְיוּ: לְהַגִּיד כִּי־יָשָׁר יהוה, צוּרִי, וְלֹא־עַוְלָתָה בּוֹ:

יהוה מָלָךְ, גֵּאוּת לָבֵשׁ, לָבֵשׁ יהוה עֹז הִתְאַזָּר, אַף־תִּכּוֹן תֵּבֵל בַּל־תִּמּוֹט: נָכוֹן כִּסְאֲךָ מֵאָז, מֵעוֹלָם אָתָּה: נָשְׂאוּ נְהָרוֹת יהוה, נָשְׂאוּ נְהָרוֹת קוֹלָם, יִשְׂאוּ נְהָרוֹת דָּכְיָם: › מִקֹּלוֹת מַיִם רַבִּים, אַדִּירִים מִשְׁבְּרֵי־יָם, אַדִּיר בַּמָּרוֹם יהוה: עֵדֹתֶיךָ נֶאֶמְנוּ מְאֹד לְבֵיתְךָ נַאֲוָה־קֹּדֶשׁ, יהוה לְאֹרֶךְ יָמִים: תהלים צג

יְהִי כְבוֹד May the LORD's glory be for ever; may the *Ps. 104*
LORD rejoice in His works. May the LORD's name *Ps. 113*
be blessed, now and for ever. From the rising of the
sun to its setting, may the LORD's name be praised.
The LORD is high above all nations; His glory is
above the heavens. LORD, Your name is for ever. *Ps. 135*
Your renown, LORD, is for all generations. The LORD *Ps. 103*
has established His throne in heaven; His kingdom
rules all. Let the heavens rejoice and the earth be *1 Chr. 16*
glad. Let them say among the nations, "The LORD
is King." The LORD is King, the LORD was King, the
LORD will be King for ever and all time. The LORD *Ps. 10*
is King for ever and all time; nations will perish
from His land. The LORD foils the plans of nations; *Ps. 33*
He frustrates the intentions of peoples. Many are *Prov. 19*
the intentions in a person's mind, but the LORD's
plan prevails. The LORD's plan shall stand for ever, *Ps. 33*
His mind's intent for all generations. For He spoke
and it was; He commanded and it stood firm. For *Ps. 132*
the LORD has chosen Zion; He desired it for His
dwelling. For the LORD has chosen Jacob, Israel as *Ps. 135*
His special treasure. For the LORD will not abandon *Ps. 94*
His people; nor will He forsake His heritage. ▸ He *Ps. 78*
is compassionate. He forgives iniquity and does not
destroy. Repeatedly He suppresses His anger, not
rousing His full wrath. LORD, save! May the King *Ps. 20*
answer us on the day we call.

יְהִי כְבוֹד יהוה לְעוֹלָם, יִשְׂמַח יהוה בְּמַעֲשָׂיו: תהלים קד
יְהִי שֵׁם יהוה מְבֹרָךְ, מֵעַתָּה וְעַד־עוֹלָם: מִמִּזְרַח־ תהלים קיג
שֶׁמֶשׁ עַד־מְבוֹאוֹ, מְהֻלָּל שֵׁם יהוה: רָם עַל־
כָּל־גּוֹיִם יהוה, עַל הַשָּׁמַיִם כְּבוֹדוֹ: יהוה שִׁמְךָ תהלים קלה
לְעוֹלָם, יהוה זִכְרְךָ לְדֹר־וָדֹר: יהוה בַּשָּׁמַיִם תהלים קג
הֵכִין כִּסְאוֹ, וּמַלְכוּתוֹ בַּכֹּל מָשָׁלָה: יִשְׂמְחוּ דברי הימים א׳ טז
הַשָּׁמַיִם וְתָגֵל הָאָרֶץ, וְיֹאמְרוּ בַגּוֹיִם יהוה מָלָךְ:
יהוה מֶלֶךְ, יהוה מָלָךְ, יהוה יִמְלֹךְ לְעוֹלָם וָעֶד.
יהוה מֶלֶךְ עוֹלָם וָעֶד, אָבְדוּ גוֹיִם מֵאַרְצוֹ: יהוה תהלים י תהלים לג
הֵפִיר עֲצַת־גּוֹיִם, הֵנִיא מַחְשְׁבוֹת עַמִּים: רַבּוֹת משלי יט
מַחֲשָׁבוֹת בְּלֶב־אִישׁ, וַעֲצַת יהוה הִיא תָקוּם:
עֲצַת יהוה לְעוֹלָם תַּעֲמֹד, מַחְשְׁבוֹת לִבּוֹ לְדֹר תהלים לג
וָדֹר: כִּי הוּא אָמַר וַיֶּהִי, הוּא־צִוָּה וַיַּעֲמֹד: כִּי־ תהלים קלב
בָחַר יהוה בְּצִיּוֹן, אִוָּהּ לְמוֹשָׁב לוֹ: כִּי־יַעֲקֹב תהלים קלה
בָּחַר לוֹ יָהּ, יִשְׂרָאֵל לִסְגֻלָּתוֹ: כִּי לֹא־יִטֹּשׁ יהוה תהלים צד
עַמּוֹ, וְנַחֲלָתוֹ לֹא יַעֲזֹב: ◂ וְהוּא רַחוּם, יְכַפֵּר תהלים עח
עָוֹן וְלֹא־יַשְׁחִית, וְהִרְבָּה לְהָשִׁיב אַפּוֹ, וְלֹא־
יָעִיר כָּל־חֲמָתוֹ: יהוה הוֹשִׁיעָה, הַמֶּלֶךְ יַעֲנֵנוּ תהלים כ
בְיוֹם־קָרְאֵנוּ:

The line beginning with "You open Your hand" should be said with special concentration, representing as it does the key idea of this psalm, and of Pesukei DeZimra as a whole, that God is the creator and sustainer of all.

אַשְׁרֵי Happy are those who dwell in Your House; *Ps. 84*
they shall continue to praise You, Selah!
Happy are the people for whom this is so; *Ps. 144*
happy are the people whose God is the LORD.
A song of praise by David. *Ps. 145*

א I will exalt You, my God, the King, and bless Your name for ever and all time.

ב Every day I will bless You, and praise Your name for ever and all time.

ג Great is the LORD and greatly to be praised; His greatness is unfathomable.

ד One generation will praise Your works to the next, and tell of Your mighty deeds.

ה On the glorious splendor of Your majesty I will meditate, and on the acts of Your wonders.

ו They shall talk of the power of Your awesome deeds, and I will tell of Your greatness.

ז They shall recite the record of Your great goodness, and sing with joy of Your righteousness.

ח The LORD is gracious and compassionate, slow to anger and great in loving-kindness.

ט The LORD is good to all, and His compassion extends to all His works.

י All Your works shall thank You, LORD, and Your devoted ones shall bless You.

כ They shall talk of the glory of Your kingship, and speak of Your might.

The line beginning with פּוֹתֵחַ אֶת יָדֶךָ *should be said with special concentration, representing as it does the key idea of this psalm, and of* פסוקי דזמרה *as a whole, that God is the creator and sustainer of all.*

תהלים פד אַשְׁרֵי יוֹשְׁבֵי בֵיתֶךָ, עוֹד יְהַלְלוּךָ סֶּלָה:

תהלים קמד אַשְׁרֵי הָעָם שֶׁכָּכָה לּוֹ

אַשְׁרֵי הָעָם שֶׁיהוה אֱלֹהָיו:

תהלים קמה תְּהִלָּה לְדָוִד

א אֲרוֹמִמְךָ אֱלוֹהַי הַמֶּלֶךְ, וַאֲבָרְכָה שִׁמְךָ לְעוֹלָם וָעֶד:

ב בְּכָל־יוֹם אֲבָרְכֶךָּ, וַאֲהַלְלָה שִׁמְךָ לְעוֹלָם וָעֶד:

ג גָּדוֹל יהוה וּמְהֻלָּל מְאֹד, וְלִגְדֻלָּתוֹ אֵין חֵקֶר:

ד דּוֹר לְדוֹר יְשַׁבַּח מַעֲשֶׂיךָ, וּגְבוּרֹתֶיךָ יַגִּידוּ:

ה הֲדַר כְּבוֹד הוֹדֶךָ, וְדִבְרֵי נִפְלְאֹתֶיךָ אָשִׂיחָה:

ו וֶעֱזוּז נוֹרְאֹתֶיךָ יֹאמֵרוּ, וּגְדוּלָּתְךָ אֲסַפְּרֶנָּה:

ז זֵכֶר רַב־טוּבְךָ יַבִּיעוּ, וְצִדְקָתְךָ יְרַנֵּנוּ:

ח חַנּוּן וְרַחוּם יהוה, אֶרֶךְ אַפַּיִם וּגְדָל־חָסֶד:

ט טוֹב־יהוה לַכֹּל, וְרַחֲמָיו עַל־כָּל־מַעֲשָׂיו:

י יוֹדוּךָ יהוה כָּל־מַעֲשֶׂיךָ, וַחֲסִידֶיךָ יְבָרְכוּכָה:

כ כְּבוֹד מַלְכוּתְךָ יֹאמֵרוּ, וּגְבוּרָתְךָ יְדַבֵּרוּ:

ל To make known to mankind His mighty deeds and the glorious majesty of His kingship.

מ Your kingdom is an everlasting kingdom, and Your reign is for all generations.

ס The LORD supports all who fall, and raises all who are bowed down.

ע All raise their eyes to You in hope, and You give them their food in due season.

פ You open Your hand, and satisfy every living thing with favor.

צ The LORD is righteous in all His ways, and kind in all He does.

ק The LORD is close to all who call on Him, to all who call on Him in truth.

ר He fulfills the will of those who revere Him; He hears their cry and saves them.

ש The LORD guards all who love Him, but all the wicked He will destroy.

▸ ת My mouth shall speak the praise of the LORD, and all creatures shall bless His holy name for ever and all time.

We will bless the LORD now and for ever. Halleluya! *Ps. 115*

ל לְהוֹדִיעַ לִבְנֵי הָאָדָם גְּבוּרֹתָיו, וּכְבוֹד הֲדַר מַלְכוּתוֹ:

מ מַלְכוּתְךָ מַלְכוּת כָּל־עֹלָמִים, וּמֶמְשַׁלְתְּךָ בְּכָל־דּוֹר וָדֹר:

ס סוֹמֵךְ יהוה לְכָל־הַנֹּפְלִים, וְזוֹקֵף לְכָל־הַכְּפוּפִים:

ע עֵינֵי־כֹל אֵלֶיךָ יְשַׂבֵּרוּ, וְאַתָּה נוֹתֵן־לָהֶם אֶת־אָכְלָם בְּעִתּוֹ:

פ פּוֹתֵחַ אֶת־יָדֶךָ, וּמַשְׂבִּיעַ לְכָל־חַי רָצוֹן:

צ צַדִּיק יהוה בְּכָל־דְּרָכָיו, וְחָסִיד בְּכָל־מַעֲשָׂיו:

ק קָרוֹב יהוה לְכָל־קֹרְאָיו, לְכֹל אֲשֶׁר יִקְרָאֻהוּ בֶאֱמֶת:

ר רְצוֹן־יְרֵאָיו יַעֲשֶׂה, וְאֶת־שַׁוְעָתָם יִשְׁמַע וְיוֹשִׁיעֵם:

ש שׁוֹמֵר יהוה אֶת־כָּל־אֹהֲבָיו, וְאֵת כָּל־הָרְשָׁעִים יַשְׁמִיד:

◄ ת תְּהִלַּת יהוה יְדַבֶּר פִּי, וִיבָרֵךְ כָּל־בָּשָׂר שֵׁם קָדְשׁוֹ לְעוֹלָם וָעֶד:

וַאֲנַחְנוּ נְבָרֵךְ יָהּ מֵעַתָּה וְעַד־עוֹלָם, הַלְלוּיָהּ: תהלים קטו

הַלְלוּיָהּ Halleluya! Praise the LORD, my soul. I will praise the LORD all my life; I will sing to my God as long as I live. Put not your trust in princes, or in mortal man who cannot save. His breath expires, he returns to the earth; on that day his plans come to an end. Happy is he whose help is the God of Jacob, whose hope is in the LORD his God who made heaven and earth, the sea and all they contain; He who keeps faith for ever. He secures justice for the oppressed. He gives food to the hungry. The LORD sets captives free. The LORD gives sight to the blind. The LORD raises those bowed down. The LORD loves the righteous. The LORD protects the stranger. He gives courage to the orphan and widow. He thwarts the way of the wicked. ▸ The LORD shall reign for ever. He is your God, Zion, for all generations. Halleluya! *Ps. 146*

הַלְלוּיָהּ Halleluya! How good it is to sing songs to our God; how pleasant and fitting to praise Him. The LORD rebuilds Jerusalem. He gathers the scattered exiles of Israel. He heals the broken-hearted and binds up their wounds. He counts the number of the stars, calling each by name. Great *Ps. 147*

תהלים קמו
הַלְלוּיָהּ, הַלְלִי נַפְשִׁי אֶת־יהוה: אֲהַלְלָה
יהוה בְּחַיָּי, אֲזַמְּרָה לֵאלֹהַי בְּעוֹדִי: אַל־
תִּבְטְחוּ בִנְדִיבִים, בְּבֶן־אָדָם שֶׁאֵין לוֹ תְשׁוּעָה:
תֵּצֵא רוּחוֹ, יָשֻׁב לְאַדְמָתוֹ, בַּיּוֹם הַהוּא אָבְדוּ
עֶשְׁתֹּנֹתָיו: אַשְׁרֵי שֶׁאֵל יַעֲקֹב בְּעֶזְרוֹ, שִׂבְרוֹ
עַל־יהוה אֱלֹהָיו: עֹשֶׂה שָׁמַיִם וָאָרֶץ, אֶת־
הַיָּם וְאֶת־כָּל־אֲשֶׁר־בָּם, הַשֹּׁמֵר אֱמֶת לְעוֹלָם:
עֹשֶׂה מִשְׁפָּט לַעֲשׁוּקִים, נֹתֵן לֶחֶם לָרְעֵבִים,
יהוה מַתִּיר אֲסוּרִים: יהוה פֹּקֵחַ עִוְרִים, יהוה
זֹקֵף כְּפוּפִים, יהוה אֹהֵב צַדִּיקִים: יהוה שֹׁמֵר
אֶת־גֵּרִים, יָתוֹם וְאַלְמָנָה יְעוֹדֵד, וְדֶרֶךְ רְשָׁעִים
יְעַוֵּת: ‹ יִמְלֹךְ יהוה לְעוֹלָם, אֱלֹהַיִךְ צִיּוֹן לְדֹר
וָדֹר, הַלְלוּיָהּ:

תהלים קמז
הַלְלוּיָהּ, כִּי־טוֹב זַמְּרָה אֱלֹהֵינוּ, כִּי־נָעִים נָאוָה
תְהִלָּה: בּוֹנֵה יְרוּשָׁלַםִ יהוה, נִדְחֵי יִשְׂרָאֵל
יְכַנֵּס: הָרוֹפֵא לִשְׁבוּרֵי לֵב, וּמְחַבֵּשׁ לְעַצְּבוֹתָם:
מוֹנֶה מִסְפָּר לַכּוֹכָבִים, לְכֻלָּם שֵׁמוֹת יִקְרָא:

is our LORD and mighty in power; His understanding has no limit. The LORD gives courage to the humble, but casts the wicked to the ground. Sing to the LORD in thanks; make music to our God on the harp. He covers the sky with clouds. He provides the earth with rain and makes grass grow on the hills. He gives food to the cattle and to the ravens when they cry. He does not take delight in the strength of horses nor pleasure in the fleetness of man. The LORD takes pleasure in those who fear Him, who put their hope in His loving care. Praise the LORD, Jerusalem; sing to your God, Zion, for He has strengthened the bars of your gates and blessed your children in your midst. He has brought peace to your borders, and satisfied you with the finest wheat. He sends His commandment to earth; swiftly runs His word. He spreads snow like fleece, sprinkles frost like ashes, scatters hail like crumbs. Who can stand His cold? He sends His word and melts them; He makes the wind blow and the waters flow. ▸ He has declared His words to Jacob, His statutes and laws to Israel. He has done this for no other nation; such laws they do not know. Halleluya!

גָּדוֹל אֲדוֹנֵינוּ וְרַב־כֹּחַ, לִתְבוּנָתוֹ אֵין מִסְפָּר:
מְעוֹדֵד עֲנָוִים יהוה, מַשְׁפִּיל רְשָׁעִים עֲדֵי־אָרֶץ:
עֱנוּ לַיהוה בְּתוֹדָה, זַמְּרוּ לֵאלֹהֵינוּ בְכִנּוֹר:
הַמְכַסֶּה שָׁמַיִם בְּעָבִים, הַמֵּכִין לָאָרֶץ מָטָר,
הַמַּצְמִיחַ הָרִים חָצִיר: נוֹתֵן לִבְהֵמָה לַחְמָהּ,
לִבְנֵי עֹרֵב אֲשֶׁר יִקְרָאוּ: לֹא בִגְבוּרַת הַסּוּס
יֶחְפָּץ, לֹא־בְשׁוֹקֵי הָאִישׁ יִרְצֶה: רוֹצֶה יהוה
אֶת־יְרֵאָיו, אֶת־הַמְיַחֲלִים לְחַסְדּוֹ: שַׁבְּחִי
יְרוּשָׁלַםִ אֶת־יהוה, הַלְלִי אֱלֹהַיִךְ צִיּוֹן: כִּי־
חִזַּק בְּרִיחֵי שְׁעָרָיִךְ, בֵּרַךְ בָּנַיִךְ בְּקִרְבֵּךְ: הַשָּׂם־
גְּבוּלֵךְ שָׁלוֹם, חֵלֶב חִטִּים יַשְׂבִּיעֵךְ: הַשֹּׁלֵחַ
אִמְרָתוֹ אָרֶץ, עַד־מְהֵרָה יָרוּץ דְּבָרוֹ: הַנֹּתֵן
שֶׁלֶג כַּצָּמֶר, כְּפוֹר כָּאֵפֶר יְפַזֵּר: מַשְׁלִיךְ קַרְחוֹ
כְפִתִּים, לִפְנֵי קָרָתוֹ מִי יַעֲמֹד: יִשְׁלַח דְּבָרוֹ
וְיַמְסֵם, יַשֵּׁב רוּחוֹ יִזְּלוּ־מָיִם: ‹ מַגִּיד דְּבָרָו
לְיַעֲקֹב, חֻקָּיו וּמִשְׁפָּטָיו לְיִשְׂרָאֵל: לֹא עָשָׂה כֵן
לְכָל־גּוֹי, וּמִשְׁפָּטִים בַּל־יְדָעוּם, הַלְלוּיָהּ:

הַלְלוּיָהּ Halleluya! Praise the LORD from the heavens, praise Him in the heights. Praise Him, all His angels; praise Him, all His hosts. Praise Him, sun and moon; praise Him, all shining stars. Praise Him, highest heavens and the waters above the heavens. Let them praise the name of the LORD, for He commanded and they were created. He established them for ever and all time, issuing a decree that will never change. Praise the LORD from the earth: sea monsters and all the deep seas; fire and hail, snow and mist, storm winds that obey His word; mountains and all hills, fruit trees and all cedars; wild animals and all cattle, creeping things and winged birds; kings of the earth and all nations, princes and all judges on earth; youths and maidens, old and young. ▸ Let them praise the name of the LORD, for His name alone is sublime; His majesty is above earth and heaven. He has raised the pride of His people, for the glory of all His devoted ones, the children of Israel, the people close to Him. Halleluya! *Ps. 148*

הַלְלוּיָהּ Halleluya! Sing to the LORD a new song, His praise in the assembly of the devoted. Let Israel rejoice in its Maker; let the children of Zion exult in their King. Let them praise His name with *Ps. 149*

תהלים קמח

הַלְלוּיָהּ, הַלְלוּ אֶת־יהוה מִן־הַשָּׁמַיִם, הַלְלוּהוּ בַּמְּרוֹמִים: הַלְלוּהוּ כָל־מַלְאָכָיו, הַלְלוּהוּ כָּל־צְבָאָו: הַלְלוּהוּ שֶׁמֶשׁ וְיָרֵחַ, הַלְלוּהוּ כָּל־כּוֹכְבֵי אוֹר: הַלְלוּהוּ שְׁמֵי הַשָּׁמָיִם, וְהַמַּיִם אֲשֶׁר מֵעַל הַשָּׁמָיִם: יְהַלְלוּ אֶת־שֵׁם יהוה, כִּי הוּא צִוָּה וְנִבְרָאוּ: וַיַּעֲמִידֵם לָעַד לְעוֹלָם, חָק־נָתַן וְלֹא יַעֲבוֹר: הַלְלוּ אֶת־יהוה מִן־הָאָרֶץ, תַּנִּינִים וְכָל־תְּהֹמוֹת: אֵשׁ וּבָרָד שֶׁלֶג וְקִיטוֹר, רוּחַ סְעָרָה עֹשָׂה דְבָרוֹ: הֶהָרִים וְכָל־גְּבָעוֹת, עֵץ פְּרִי וְכָל־אֲרָזִים: הַחַיָּה וְכָל־בְּהֵמָה, רֶמֶשׂ וְצִפּוֹר כָּנָף: מַלְכֵי־אֶרֶץ וְכָל־לְאֻמִּים, שָׂרִים וְכָל־שֹׁפְטֵי אָרֶץ: בַּחוּרִים וְגַם־בְּתוּלוֹת, זְקֵנִים עִם־נְעָרִים: ◂ יְהַלְלוּ אֶת־שֵׁם יהוה, כִּי־נִשְׂגָּב שְׁמוֹ לְבַדּוֹ, הוֹדוֹ עַל־אֶרֶץ וְשָׁמָיִם: וַיָּרֶם קֶרֶן לְעַמּוֹ, תְּהִלָּה לְכָל־חֲסִידָיו, לִבְנֵי יִשְׂרָאֵל עַם קְרֹבוֹ, הַלְלוּיָהּ:

תהלים קמט

הַלְלוּיָהּ, שִׁירוּ לַיהוה שִׁיר חָדָשׁ, תְּהִלָּתוֹ בִּקְהַל חֲסִידִים: יִשְׂמַח יִשְׂרָאֵל בְּעֹשָׂיו, בְּנֵי־

dancing; sing praises to Him with timbrel and harp. For the LORD delights in His people; He adorns the humble with salvation. Let the devoted revel in glory; let them sing for joy on their beds. Let high praises of God be in their throats, and a two-edged sword in their hand: to impose retribution on the nations, punishment on the peoples,
▸ binding their kings with chains, their nobles with iron fetters, carrying out the judgment written against them. This is the glory of all His devoted ones. Halleluya!

הַלְלוּיָהּ Halleluya! *Ps. 150*

Praise God in His holy place;
praise Him in the heavens of His power.
Praise Him for His mighty deeds;
praise Him for His surpassing greatness.
Praise Him with blasts of the shofar;
praise Him with the harp and lyre.
Praise Him with timbrel and dance;
praise Him with strings and flute.
▸ Praise Him with clashing cymbals;
praise Him with resounding cymbals.
Let all that breathes praise the LORD. Halleluya!
Let all that breathes praise the LORD. Halleluya!

צִיּוֹן יָגִילוּ בְמַלְכָּם: יְהַלְלוּ שְׁמוֹ בְמָחוֹל, בְּתֹף
וְכִנּוֹר יְזַמְּרוּ־לוֹ: כִּי־רוֹצֶה יהוה בְּעַמּוֹ, יְפָאֵר
עֲנָוִים בִּישׁוּעָה: יַעְלְזוּ חֲסִידִים בְּכָבוֹד, יְרַנְּנוּ
עַל־מִשְׁכְּבוֹתָם: רוֹמְמוֹת אֵל בִּגְרוֹנָם, וְחֶרֶב
פִּיפִיּוֹת בְּיָדָם: לַעֲשׂוֹת נְקָמָה בַּגּוֹיִם, תּוֹכֵחוֹת
בַּלְאֻמִּים: ◂ לֶאְסֹר מַלְכֵיהֶם בְּזִקִּים, וְנִכְבְּדֵיהֶם
בְּכַבְלֵי בַרְזֶל: לַעֲשׂוֹת בָּהֶם מִשְׁפָּט כָּתוּב, הָדָר
הוּא לְכָל־חֲסִידָיו, הַלְלוּיָהּ:

הַלְלוּיָהּ תהלים קנ
הַלְלוּ־אֵל בְּקָדְשׁוֹ, הַלְלוּהוּ בִּרְקִיעַ עֻזּוֹ:
הַלְלוּהוּ בִגְבוּרֹתָיו, הַלְלוּהוּ כְּרֹב גֻּדְלוֹ:
הַלְלוּהוּ בְּתֵקַע שׁוֹפָר, הַלְלוּהוּ בְּנֵבֶל וְכִנּוֹר:
הַלְלוּהוּ בְּתֹף וּמָחוֹל, הַלְלוּהוּ בְּמִנִּים וְעוּגָב:
◂ הַלְלוּהוּ בְצִלְצְלֵי־שָׁמַע, הַלְלוּהוּ בְּצִלְצְלֵי
תְרוּעָה:
כֹּל הַנְּשָׁמָה תְּהַלֵּל יָהּ, הַלְלוּיָהּ:
כֹּל הַנְּשָׁמָה תְּהַלֵּל יָהּ, הַלְלוּיָהּ:

בָּרוּךְ Blessed be the Lord for ever. Ps. 89
Amen and Amen.

Blessed from Zion be the Lord Ps. 135
who dwells in Jerusalem.
Halleluya!

Blessed be the Lord, God of Israel, Ps. 72
who alone does wonders.

▸ Blessed be His glorious name for ever,
and may all the earth
be filled with His glory.
Amen and Amen.

Stand until "The soul" on page 266.

וַיְבָרֶךְ David blessed the Lord in front of the entire assembly. David said, "Blessed are You, Lord, God of our father Yisrael, for ever and ever. Yours, Lord, are the greatness and the power, the glory, majesty and splendor, for everything in heaven and earth is Yours. Yours, Lord, is the kingdom; You are exalted as Head over all. Both riches and honor are in Your gift and You reign over all things. In Your hand are strength and might. It is in Your power to make great and give strength to all. Therefore, our God, we thank You and praise Your glorious name." *I Chr. 29*

You *Neh. 9*

בָּרוּךְ יהוה לְעוֹלָם, אָמֵן וְאָמֵן: תהלים פט

בָּרוּךְ יהוה מִצִּיּוֹן, שֹׁכֵן יְרוּשָׁלָםִ, הַלְלוּיָהּ: תהלים קלה

בָּרוּךְ יהוה אֱלֹהִים אֱלֹהֵי יִשְׂרָאֵל, עֹשֵׂה תהלים עב
נִפְלָאוֹת לְבַדּוֹ:

◂ וּבָרוּךְ שֵׁם כְּבוֹדוֹ לְעוֹלָם
וְיִמָּלֵא כְבוֹדוֹ אֶת־כָּל־הָאָרֶץ
אָמֵן וְאָמֵן:

Stand until נִשְׁמַת *on page 267.*

וַיְבָרֶךְ דָּוִיד אֶת־יהוה לְעֵינֵי כָּל־הַקָּהָל, דברי הימים א׳ כט
וַיֹּאמֶר דָּוִיד, בָּרוּךְ אַתָּה יהוה, אֱלֹהֵי יִשְׂרָאֵל
אָבִינוּ, מֵעוֹלָם וְעַד־עוֹלָם: לְךָ יהוה הַגְּדֻלָּה
וְהַגְּבוּרָה וְהַתִּפְאֶרֶת וְהַנֵּצַח וְהַהוֹד, כִּי־כֹל
בַּשָּׁמַיִם וּבָאָרֶץ, לְךָ יהוה הַמַּמְלָכָה וְהַמִּתְנַשֵּׂא
לְכֹל לְרֹאשׁ: וְהָעֹשֶׁר וְהַכָּבוֹד מִלְּפָנֶיךָ, וְאַתָּה
מוֹשֵׁל בַּכֹּל, וּבְיָדְךָ כֹּחַ וּגְבוּרָה, וּבְיָדְךָ לְגַדֵּל
וּלְחַזֵּק לַכֹּל: וְעַתָּה אֱלֹהֵינוּ מוֹדִים אֲנַחְנוּ לָךְ,
וּמְהַלְלִים לְשֵׁם תִּפְאַרְתֶּךָ: אַתָּה־ נחמיה ט

alone are the Lord. You made the heavens, even the highest heavens, and all their hosts, the earth and all that is on it, the seas and all they contain. You give life to them all, and the hosts of heaven worship You. ▸ You are the Lord God who chose Abram and brought him out of Ur of the Chaldees, changing his name to Abraham. You found his heart faithful toward You, ◂ and You made a covenant with him to give to his descendants the land of the Canaanites, Hittites, Amorites, Perizzites, Jebusites, and Girgashites. You fulfilled Your promise for You are righteous. You saw the suffering of our ancestors in Egypt. You heard their cry at the Sea of Reeds. You sent signs and wonders against Pharaoh, all his servants and all the people of his land, because You knew how arrogantly the Egyptians treated them. You created for Yourself renown that remains to this day. ▸ You divided the sea before them, so that they passed through the sea on dry land, but You cast their pursuers into the depths, like a stone into mighty waters.

הוּא יהוה לְבַדֶּךָ, אַתָּ עָשִׂיתָ אֶת־הַשָּׁמַיִם, שְׁמֵי הַשָּׁמַיִם וְכָל־צְבָאָם, הָאָרֶץ וְכָל־אֲשֶׁר עָלֶיהָ, הַיַּמִּים וְכָל־אֲשֶׁר בָּהֶם, וְאַתָּה מְחַיֶּה אֶת־כֻּלָּם, וּצְבָא הַשָּׁמַיִם לְךָ מִשְׁתַּחֲוִים: ◂ אַתָּה הוּא יהוה הָאֱלֹהִים אֲשֶׁר בָּחַרְתָּ בְּאַבְרָם, וְהוֹצֵאתוֹ מֵאוּר כַּשְׂדִּים, וְשַׂמְתָּ שְׁמוֹ אַבְרָהָם: וּמָצָאתָ אֶת־לְבָבוֹ נֶאֱמָן לְפָנֶיךָ, ◂ וְכָרוֹת עִמּוֹ הַבְּרִית לָתֵת אֶת־אֶרֶץ הַכְּנַעֲנִי הַחִתִּי הָאֱמֹרִי וְהַפְּרִזִּי וְהַיְבוּסִי וְהַגִּרְגָּשִׁי, לָתֵת לְזַרְעוֹ, וַתָּקֶם אֶת־דְּבָרֶיךָ, כִּי צַדִּיק אָתָּה: וַתֵּרֶא אֶת־עֳנִי אֲבֹתֵינוּ בְּמִצְרָיִם, וְאֶת־זַעֲקָתָם שָׁמַעְתָּ עַל־יַם־סוּף: וַתִּתֵּן אֹתֹת וּמֹפְתִים בְּפַרְעֹה וּבְכָל־עֲבָדָיו וּבְכָל־עַם אַרְצוֹ, כִּי יָדַעְתָּ כִּי הֵזִידוּ עֲלֵיהֶם, וַתַּעַשׂ־לְךָ שֵׁם כְּהַיּוֹם הַזֶּה: ◂ וְהַיָּם בָּקַעְתָּ לִפְנֵיהֶם, וַיַּעַבְרוּ בְתוֹךְ־הַיָּם בַּיַּבָּשָׁה, וְאֶת־רֹדְפֵיהֶם הִשְׁלַכְתָּ בִמְצוֹלֹת כְּמוֹ־אֶבֶן, בְּמַיִם עַזִּים:

וַיּוֹשַׁע That day the LORD saved Israel from the hands of the Egyptians, and Israel saw the Egyptians lying dead on the seashore. ▸ When Israel saw the great power the LORD had displayed against the Egyptians, the people feared the LORD, and believed in the LORD and in His servant, Moses. *Ex. 14*

אָז יָשִׁיר־מֹשֶׁה Then Moses and the Israelites sang this song to the LORD, saying: *Ex. 15*

I will sing to the LORD, for He has triumphed gloriously;
horse and rider He has hurled into the sea.
The LORD is my strength and song; He has become my salvation.
This is my God, and I will beautify Him,
my father's God, and I will exalt Him.
The LORD is a Master of war; LORD is His name.
Pharaoh's chariots and army He cast into the sea;
the best of his officers drowned in the Sea of Reeds.
The deep waters covered them;
they went down to the depths like a stone.
Your right hand, LORD, is majestic in power.
Your right hand, LORD, shatters the enemy.
In the greatness of Your majesty, You overthrew those who rose against You.
You sent out Your fury; it consumed them like stubble.

וַיּֽוֹשַׁע יְהוָה בַּיּוֹם הַהוּא אֶת־יִשְׂרָאֵל מִיַּד מִצְרָֽיִם, שמות יד
וַיַּרְא יִשְׂרָאֵל אֶת־מִצְרַֽיִם מֵת עַל־שְׂפַת הַיָּם:
› וַיַּרְא יִשְׂרָאֵל אֶת־הַיָּד הַגְּדֹלָה אֲשֶׁר עָשָׂה
יְהוָה בְּמִצְרַֽיִם, וַיִּירְאוּ הָעָם אֶת־יְהוָה, וַיַּאֲמִֽינוּ
בַּיהוָה וּבְמֹשֶׁה עַבְדּוֹ:

אָז יָשִׁיר־מֹשֶׁה וּבְנֵי יִשְׂרָאֵל אֶת־ שמות טו
הַשִּׁירָה הַזֹּאת לַיהוָה, וַיֹּאמְרוּ
לֵאמֹר, אָשִֽׁירָה לַיהוָה כִּי־גָאֹה גָּאָה, סוּס
וְרֹכְבוֹ רָמָה בַיָּם: עָזִּי וְזִמְרָת יָהּ וַֽיְהִי־לִי
לִישׁוּעָה, זֶה אֵלִי וְאַנְוֵֽהוּ, אֱלֹהֵי
אָבִי וַאֲרֹמְמֶֽנְהוּ: יְהוָה אִישׁ מִלְחָמָה, יְהוָה
שְׁמוֹ: מַרְכְּבֹת פַּרְעֹה וְחֵילוֹ יָרָה בַיָּם, וּמִבְחַר
שָׁלִשָׁיו טֻבְּעוּ בְיַם־סוּף:
תְּהֹמֹת יְכַסְיֻֽמוּ, יָרְדוּ בִמְצוֹלֹת כְּמוֹ־
אָֽבֶן: יְמִינְךָ יְהוָה נֶאְדָּרִי בַּכֹּֽחַ, יְמִינְךָ
יְהוָה תִּרְעַץ אוֹיֵב: וּבְרֹב גְּאוֹנְךָ תַּהֲרֹס
קָמֶֽיךָ, תְּשַׁלַּח חֲרֹנְךָ יֹאכְלֵֽמוֹ כַּקַּשׁ: וּבְרֽוּחַ

By the blast of Your nostrils the waters piled up.
The surging waters stood straight like a wall;
the deeps congealed in the heart of the sea.
The enemy said, "I will pursue. I will overtake. I will divide the spoil.
My desire shall have its fill of them.
I will draw my sword. My hand will destroy them."
You blew with Your wind; the sea covered them.
They sank in the mighty waters like lead.
Who is like You, LORD, among the mighty?
Who is like You – majestic in holiness, awesome in glory, working wonders?
You stretched out Your right hand,
the earth swallowed them.
In Your loving-kindness, You led the people You redeemed.
In Your strength, You guided them to Your holy abode.
Nations heard and trembled;
terror gripped Philistia's inhabitants.
The chiefs of Edom were dismayed,
Moab's leaders were seized with trembling,
the people of Canaan melted away.
Fear and dread fell upon them.
By the power of Your arm, they were still as stone –
until Your people crossed, LORD,
until the people You acquired crossed over.

אַפֶּיךָ נֶעֶרְמוּ מַיִם, נִצְּבוּ כְמוֹ־נֵד
נֹזְלִים, קָפְאוּ תְהֹמֹת בְּלֶב־יָם: אָמַר
אוֹיֵב אֶרְדֹּף, אַשִּׂיג, אֲחַלֵּק שָׁלָל, תִּמְלָאֵמוֹ
נַפְשִׁי, אָרִיק חַרְבִּי תּוֹרִישֵׁמוֹ יָדִי: נָשַׁפְתָּ
בְרוּחֲךָ כִּסָּמוֹ יָם, צָלֲלוּ כַּעוֹפֶרֶת בְּמַיִם
אַדִּירִים: מִי־כָמֹכָה בָּאֵלִם יהוה, מִי
כָּמֹכָה נֶאְדָּר בַּקֹּדֶשׁ, נוֹרָא תְהִלֹּת עֹשֵׂה
פֶלֶא: נָטִיתָ יְמִינְךָ תִּבְלָעֵמוֹ אָרֶץ: נָחִיתָ
בְחַסְדְּךָ עַם־זוּ גָּאָלְתָּ, נֵהַלְתָּ בְעָזְּךָ אֶל־נְוֵה
קָדְשֶׁךָ: שָׁמְעוּ עַמִּים יִרְגָּזוּן, חִיל
אָחַז יֹשְׁבֵי פְּלָשֶׁת: אָז נִבְהֲלוּ אַלּוּפֵי
אֱדוֹם, אֵילֵי מוֹאָב יֹאחֲזֵמוֹ רָעַד, נָמֹגוּ
כֹּל יֹשְׁבֵי כְנָעַן: תִּפֹּל עֲלֵיהֶם אֵימָתָה
וָפַחַד, בִּגְדֹל זְרוֹעֲךָ יִדְּמוּ כָּאָבֶן, עַד־
יַעֲבֹר עַמְּךָ יהוה, עַד־יַעֲבֹר עַם־זוּ

You will bring them and plant them on the
mountain of Your heritage –
the place, LORD, You made for Your dwelling,
the Sanctuary, LORD, Your hands established.
The LORD will reign for ever and all time.

The LORD will reign for ever and all time.
The LORD's kingship is established
for ever and to all eternity.

When Pharaoh's horses, chariots and riders went
into the sea,
the LORD brought the waters of the sea back
over them, but the Israelites walked on dry
land through the sea.

▸ For kingship is the LORD's *Ps. 22*
and He rules over the nations.
Saviors shall go up to Mount Zion *Ob. 1*
to judge Mount Esau,
and the LORD's shall be the kingdom.
Then the LORD shall be King over all the earth; *Zech. 14*
on that day
the LORD shall be One and His name One,

(as it is written in Your Torah, saying:
Listen, Israel: the LORD is our God, the LORD is One.) *Deut. 6*

קָנִיתָ: תְּבִאֵמוֹ וְתִטָּעֵמוֹ בְּהַר נַחֲלָתְךָ, מָכוֹן
לְשִׁבְתְּךָ פָּעַלְתָּ יהוה, מִקְּדָשׁ אֲדֹנָי כּוֹנְנוּ
יָדֶיךָ: יהוה | יִמְלֹךְ לְעֹלָם וָעֶד:

יהוה יִמְלֹךְ לְעֹלָם וָעֶד.
יהוה מַלְכוּתֵהּ קָאֵם לְעָלַם וּלְעָלְמֵי עָלְמַיָּא.

כִּי
בָא סוּס פַּרְעֹה בְּרִכְבּוֹ וּבְפָרָשָׁיו בַּיָּם,
וַיָּשֶׁב יהוה עֲלֵהֶם אֶת־מֵי
הַיָּם, וּבְנֵי יִשְׂרָאֵל הָלְכוּ בַיַּבָּשָׁה בְּתוֹךְ הַיָּם:

▸ כִּי לַיהוה הַמְּלוּכָה וּמֹשֵׁל בַּגּוֹיִם: תהלים כב
וְעָלוּ מוֹשִׁעִים בְּהַר צִיּוֹן עובדיה א
לִשְׁפֹּט אֶת־הַר עֵשָׂו
וְהָיְתָה לַיהוה הַמְּלוּכָה:
וְהָיָה יהוה לְמֶלֶךְ עַל־כָּל־הָאָרֶץ זכריה יד
בַּיּוֹם הַהוּא יִהְיֶה יהוה אֶחָד וּשְׁמוֹ אֶחָד:

(וּבְתוֹרָתְךָ כָּתוּב לֵאמֹר
שְׁמַע יִשְׂרָאֵל, יהוה אֱלֹהֵינוּ יהוה אֶחָד:) דברים ו

THE SOUL

of all that lives shall bless Your name,
LORD our God,
and the spirit of all flesh
shall always glorify and exalt Your remembrance,
our King.
From eternity to eternity You are God.
Without You, we have no king, redeemer or savior,
who liberates, rescues, sustains,
and shows compassion
in every time of trouble and distress.
We have no king but You, God of the first and last,
God of all creatures, Master of all ages,
extolled by a multitude of praises,
who guides His world with loving-kindness
and His creatures with compassion.
The LORD neither slumbers nor sleeps.
He rouses the sleepers and wakens the slumberers.
He makes the dumb speak, sets the bound free,
supports the fallen, and raises those bowed down.
To You alone we give thanks:
If our mouths were as full of song as the sea,
and our tongue with jubilation as its myriad waves,
if our lips were full of praise
like the spacious heavens,
and our eyes shone like the sun and moon,

נִשְׁמַת

כָּל חַי תְּבָרֵךְ אֶת שִׁמְךָ, יהוה אֱלֹהֵינוּ
וְרוּחַ כָּל בָּשָׂר תְּפָאֵר וּתְרוֹמֵם זִכְרְךָ מַלְכֵּנוּ תָּמִיד.
מִן הָעוֹלָם וְעַד הָעוֹלָם אַתָּה אֵל
וּמִבַּלְעָדֶיךָ אֵין לָנוּ מֶלֶךְ גּוֹאֵל וּמוֹשִׁיעַ
פּוֹדֶה וּמַצִּיל וּמְפַרְנֵס וּמְרַחֵם
בְּכָל עֵת צָרָה וְצוּקָה אֵין לָנוּ מֶלֶךְ אֶלָּא אָתָּה.
אֱלֹהֵי הָרִאשׁוֹנִים וְהָאַחֲרוֹנִים, אֱלוֹהַּ כָּל בְּרִיּוֹת
אֲדוֹן כָּל תּוֹלָדוֹת, הַמְהֻלָּל בְּרֹב הַתִּשְׁבָּחוֹת
הַמְנַהֵג עוֹלָמוֹ בְּחֶסֶד וּבְרִיּוֹתָיו בְּרַחֲמִים.
וַיהוה לֹא יָנוּם וְלֹא יִישָׁן
הַמְעוֹרֵר יְשֵׁנִים וְהַמֵּקִיץ נִרְדָּמִים
וְהַמֵּשִׂיחַ אִלְּמִים וְהַמַּתִּיר אֲסוּרִים
וְהַסּוֹמֵךְ נוֹפְלִים וְהַזּוֹקֵף כְּפוּפִים.
לְךָ לְבַדְּךָ אֲנַחְנוּ מוֹדִים.
אִלּוּ פִינוּ מָלֵא שִׁירָה כַּיָּם
וּלְשׁוֹנֵנוּ רִנָּה כַּהֲמוֹן גַּלָּיו
וְשִׂפְתוֹתֵינוּ שֶׁבַח כְּמֶרְחֲבֵי רָקִיעַ
וְעֵינֵינוּ מְאִירוֹת כַּשֶּׁמֶשׁ וְכַיָּרֵחַ

if our hands were outstretched like eagles of the sky,
and our feet as swift as hinds –
still we could not thank You enough,
LORD our God and God of our ancestors,
or bless Your name
for even one of the thousand thousands
and myriad myriads of favors
You did for our ancestors and for us.
You redeemed us from Egypt,
LORD our God,
and freed us from the house of bondage.
In famine You nourished us;
in times of plenty You sustained us.
You delivered us from the sword,
saved us from the plague,
and spared us from serious and lasting illness.
Until now Your mercies have helped us.
Your love has not forsaken us.
May You, LORD our God, never abandon us.
Therefore the limbs You formed within us,
the spirit and soul You breathed into our nostrils,
and the tongue You placed in our mouth –
they will thank and bless,
praise and glorify, exalt and esteem,
hallow and do homage
to Your name, O our King.

וְיָדֵינוּ פְרוּשׂוֹת כְּנִשְׁרֵי שָׁמָיִם
וְרַגְלֵינוּ קַלּוֹת כָּאַיָּלוֹת
אֵין אֲנַחְנוּ מַסְפִּיקִים לְהוֹדוֹת לְךָ
יהוה אֱלֹהֵינוּ וֵאלֹהֵי אֲבוֹתֵינוּ, וּלְבָרֵךְ אֶת שְׁמֶךָ
עַל אַחַת מֵאֶלֶף אֶלֶף אַלְפֵי אֲלָפִים
וְרִבֵּי רְבָבוֹת פְּעָמִים הַטּוֹבוֹת
שֶׁעָשִׂיתָ עִם אֲבוֹתֵינוּ וְעִמָּנוּ.
מִמִּצְרַיִם גְּאַלְתָּנוּ, יהוה אֱלֹהֵינוּ
וּמִבֵּית עֲבָדִים פְּדִיתָנוּ
בְּרָעָב זַנְתָּנוּ וּבְשָׂבָע כִּלְכַּלְתָּנוּ
מֵחֶרֶב הִצַּלְתָּנוּ וּמִדֶּבֶר מִלַּטְתָּנוּ
וּמֵחֳלָיִם רָעִים וְנֶאֱמָנִים דִּלִּיתָנוּ.
עַד הֵנָּה עֲזָרוּנוּ רַחֲמֶיךָ, וְלֹא עֲזָבוּנוּ חֲסָדֶיךָ
וְאַל תִּטְּשֵׁנוּ, יהוה אֱלֹהֵינוּ, לָנֶצַח.
עַל כֵּן אֵבָרִים שֶׁפִּלַּגְתָּ בָּנוּ
וְרוּחַ וּנְשָׁמָה שֶׁנָּפַחְתָּ בְּאַפֵּנוּ
וְלָשׁוֹן אֲשֶׁר שַׂמְתָּ בְּפִינוּ
הֵן הֵם יוֹדוּ וִיבָרְכוּ וִישַׁבְּחוּ וִיפָאֲרוּ וִירוֹמְמוּ
וְיַעֲרִיצוּ וְיַקְדִּישׁוּ וְיַמְלִיכוּ אֶת שִׁמְךָ מַלְכֵּנוּ

For every mouth shall give thanks to You,
every tongue vow allegiance to You,
every knee shall bend to You,
every upright body shall bow to You,
all hearts shall fear You,
and our innermost being sing praises to Your name,
as is written:

"All my bones shall say: LORD, who is like You? *Ps. 35*
You save the poor from one stronger than him,
the poor and needy
from one who would rob him."

Who is like You? Who is equal to You?
Who can be compared to You?
O great, mighty, and awesome God,
God Most High, Maker of heaven and earth.
▸ We will laud, praise and glorify You
and bless Your holy name,
as it is said:

"Of David. Bless the LORD, O my soul, *Ps. 103*
and all that is within me bless His holy name."

הָאֵל God – in Your absolute power,
Great – in the glory of Your name,
Mighty – for ever,
Awesome – in Your awe-inspiring deeds,
The King – who sits on a throne.
High and lofty

כִּי כָל פֶּה לְךָ יוֹדֶה, וְכָל לָשׁוֹן לְךָ תִשָּׁבַע

וְכָל בֶּרֶךְ לְךָ תִכְרַע, וְכָל קוֹמָה לְפָנֶיךָ תִשְׁתַּחֲוֶה

וְכָל לְבָבוֹת יִירָאוּךָ

וְכָל קֶרֶב וּכְלָיוֹת יְזַמְּרוּ לִשְׁמֶךָ

כַּדָּבָר שֶׁכָּתוּב

תהלים לה כָּל עַצְמֹתַי תֹּאמַרְנָה יהוה מִי כָמְוֹךָ

מַצִּיל עָנִי מֵחָזָק מִמֶּנּוּ, וְעָנִי וְאֶבְיוֹן מִגֹּזְלוֹ:

מִי יִדְמֶה לָּךְ, וּמִי יִשְׁוֶה לָּךְ, וּמִי יַעֲרָךְ לָךְ

הָאֵל הַגָּדוֹל, הַגִּבּוֹר וְהַנּוֹרָא, אֵל עֶלְיוֹן

קוֹנֵה שָׁמַיִם וָאָרֶץ.

◄ נְהַלֶּלְךָ וּנְשַׁבֵּחֲךָ וּנְפָאֶרְךָ וּנְבָרֵךְ אֶת שֵׁם קָדְשֶׁךָ

כָּאָמוּר

תהלים קג לְדָוִד, בָּרְכִי נַפְשִׁי אֶת־יהוה

וְכָל־קְרָבַי אֶת־שֵׁם קָדְשׁוֹ:

הָאֵל בְּתַעֲצוּמוֹת עֻזֶּךָ

הַגָּדוֹל בִּכְבוֹד שְׁמֶךָ

הַגִּבּוֹר לָנֶצַח וְהַנּוֹרָא בְּנוֹרְאוֹתֶיךָ

הַמֶּלֶךְ הַיּוֹשֵׁב עַל כִּסֵּא

רָם וְנִשָּׂא

The Leader begins here:

HE INHABITS ETERNITY;
exalted and holy is His name.
And it is written:

Sing joyfully to the LORD, you righteous, *Ps. 33*
for praise from the upright is seemly.

▸ By the mouth of the upright
You shall be praised.
By the words of the righteous
You shall be blessed.
By the tongue of the devout
You shall be extolled,
And in the midst of the holy
You shall be sanctified.

וּבְמַקְהֲלוֹת And in the assemblies
of tens of thousands of Your people,
the house of Israel,
with joyous song shall Your name, our King,
be glorified in every generation.
▸ For this is the duty of all creatures before You,
LORD our God and God of our ancestors:
to thank, praise, laud, glorify, exalt,
honor, bless, raise high, and acclaim –
even beyond all the words of song and praise
of David, son of Jesse, Your servant, Your anointed.

The שליח ציבור *begins here:*

שׁוֹכֵן עַד

מָרוֹם וְקָדוֹשׁ שְׁמוֹ

וְכָתוּב

רַנְּנוּ צַדִּיקִים בַּיהוה, לַיְשָׁרִים נָאוָה תְהִלָּה: תהלים לג

◂ בְּפִי יְשָׁרִים תִּתְהַלָּל

וּבְדִבְרֵי צַדִּיקִים תִּתְבָּרַךְ

וּבִלְשׁוֹן חֲסִידִים תִּתְרוֹמָם

וּבְקֶרֶב קְדוֹשִׁים תִּתְקַדָּשׁ

וּבְמַקְהֲלוֹת רִבְבוֹת עַמְּךָ בֵּית יִשְׂרָאֵל

בְּרִנָּה יִתְפָּאַר שִׁמְךָ מַלְכֵּנוּ בְּכָל דּוֹר וָדוֹר

◂ שֶׁכֵּן חוֹבַת כָּל הַיְצוּרִים

לְפָנֶיךָ יהוה אֱלֹהֵינוּ וֵאלֹהֵי אֲבוֹתֵינוּ

לְהוֹדוֹת, לְהַלֵּל, לְשַׁבֵּחַ, לְפָאֵר, לְרוֹמֵם

לְהַדֵּר, לְבָרֵךְ, לְעַלֵּה וּלְקַלֵּס

עַל כָּל דִּבְרֵי שִׁירוֹת וְתִשְׁבְּחוֹת

דָּוִד בֶּן יִשַׁי, עַבְדְּךָ מְשִׁיחֶךָ.

Stand until after "Barekhu" on page 278.

יִשְׁתַּבַּח May Your name be praised for ever,
our King,
the great and holy God, King in heaven and on earth.
For to You, LORD our God and God of our ancestors,
it is right to offer song and praise, hymn and psalm,
strength and dominion,
eternity, greatness, and power,
song of praise and glory, holiness and kingship,
▸ blessings and thanks, from now and for ever.
Blessed are You, LORD,
God and King, exalted in praises,
God of thanksgivings, Master of wonders,
who delights in hymns of song,
King, God, Giver of life to the worlds.

On Shabbat Shuva, many congregations open the Ark and say this psalm responsively, verse by verse.

שִׁיר הַמַּעֲלוֹת A song of ascents. From the depths I have called to You, LORD. LORD, hear my voice; let Your ears be attentive to my plea. If You, LORD, should keep account of sins, O LORD, who could stand? But with You there is forgiveness, that You may be held in awe. I wait for the LORD, my soul waits, and in His word I put my hope. My soul waits for the LORD more than watchmen wait for the morning, more than watchmen wait for the morning. Israel, put your hope in the LORD, for with the LORD there is loving-kindness, and great is His power to redeem. It is He who will redeem Israel from all their sins. *Ps. 130*

Stand until after בָּרְכוּ *on page 279.*

Stand until after בָּרְכוּ *on page 279.*

יִשְׁתַּבַּח שִׁמְךָ לָעַד, מַלְכֵּנוּ
הָאֵל הַמֶּלֶךְ הַגָּדוֹל וְהַקָּדוֹשׁ בַּשָּׁמַיִם וּבָאָרֶץ
כִּי לְךָ נָאֶה, יהוה אֱלֹהֵינוּ וֵאלֹהֵי אֲבוֹתֵינוּ
שִׁיר וּשְׁבָחָה, הַלֵּל וְזִמְרָה
עֹז וּמֶמְשָׁלָה, נֶצַח, גְּדֻלָּה וּגְבוּרָה
תְּהִלָּה וְתִפְאֶרֶת, קְדֻשָּׁה וּמַלְכוּת
◄ בְּרָכוֹת וְהוֹדָאוֹת, מֵעַתָּה וְעַד עוֹלָם.
בָּרוּךְ אַתָּה יהוה, אֵל מֶלֶךְ גָּדוֹל בַּתִּשְׁבָּחוֹת
אֵל הַהוֹדָאוֹת, אֲדוֹן הַנִּפְלָאוֹת
הַבּוֹחֵר בְּשִׁירֵי זִמְרָה, מֶלֶךְ, אֵל, חֵי הָעוֹלָמִים.

On שבת שובה*, many congregations open the* ארון קודש *and say this psalm responsively, verse by verse.*

תהלים קל
שִׁיר הַמַּעֲלוֹת, מִמַּעֲמַקִּים קְרָאתִיךָ יהוה: אֲדֹנָי שִׁמְעָה
בְקוֹלִי, תִּהְיֶינָה אָזְנֶיךָ קַשֻּׁבוֹת לְקוֹל תַּחֲנוּנָי: אִם־עֲוֹנוֹת
תִּשְׁמָר־יָהּ, אֲדֹנָי מִי יַעֲמֹד: כִּי־עִמְּךָ הַסְּלִיחָה, לְמַעַן
תִּוָּרֵא: קִוִּיתִי יהוה קִוְּתָה נַפְשִׁי, וְלִדְבָרוֹ הוֹחָלְתִּי:
נַפְשִׁי לַאדֹנָי, מִשֹּׁמְרִים לַבֹּקֶר, שֹׁמְרִים לַבֹּקֶר: יַחֵל
יִשְׂרָאֵל אֶל יהוה, כִּי־עִם־יהוה הַחֶסֶד, וְהַרְבֵּה עִמּוֹ
פְדוּת: וְהוּא יִפְדֶּה אֶת־יִשְׂרָאֵל, מִכֹּל עֲוֹנוֹתָיו:

HALF KADDISH

Leader: יִתְגַּדַּל Magnified and sanctified
may His great name be,
in the world He created by His will.
May He establish His kingdom
in your lifetime
and in your days,
and in the lifetime
of all the house of Israel,
swiftly and soon –
and say: Amen.

All: May His great name be blessed
for ever and all time.

Leader: Blessed and praised,
glorified and exalted,
raised and honored,
uplifted and lauded
be the name of the Holy One,
blessed be He,
beyond any blessing,
song, praise, and consolation
uttered in the world –
and say: Amen.

חצי קדיש

ש״ץ: יִתְגַּדַּל וְיִתְקַדַּשׁ שְׁמֵהּ רַבָּא (קהל: אָמֵן)
בְּעָלְמָא דִּי בְרָא כִרְעוּתֵהּ
וְיַמְלִיךְ מַלְכוּתֵהּ
בְּחַיֵּיכוֹן וּבְיוֹמֵיכוֹן
וּבְחַיֵּי דְכָל בֵּית יִשְׂרָאֵל
בַּעֲגָלָא וּבִזְמַן קָרִיב
וְאִמְרוּ אָמֵן. (קהל: אָמֵן)

קהל וש״ץ: יְהֵא שְׁמֵהּ רַבָּא מְבָרַךְ
לְעָלַם וּלְעָלְמֵי עָלְמַיָּא.

ש״ץ: יִתְבָּרַךְ וְיִשְׁתַּבַּח וְיִתְפָּאַר
וְיִתְרוֹמַם וְיִתְנַשֵּׂא וְיִתְהַדָּר וְיִתְעַלֶּה וְיִתְהַלָּל
שְׁמֵהּ דְּקֻדְשָׁא בְּרִיךְ הוּא (קהל: בְּרִיךְ הוּא)
לְעֵלָּא מִן כָּל בִּרְכָתָא
/בשבת שובה: לְעֵלָּא לְעֵלָּא מִכָּל בִּרְכָתָא/
וְשִׁירָתָא, תֻּשְׁבְּחָתָא וְנֶחֱמָתָא
דַּאֲמִירָן בְּעָלְמָא
וְאִמְרוּ אָמֵן. (קהל: אָמֵן)

BLESSINGS OF THE SHEMA

The following blessing and response are said only in the presence of a minyan. They represent a formal summons to the congregation to engage in an act of collective prayer. The custom of bowing at this point is based on 1 Chronicles 29:20, "David said to the whole assembly, 'Now bless the Lord *your God.' All the assembly blessed the* Lord *God of their fathers and bowed their heads low to the* Lord *and the King."*

The Leader says the following, bowing at "Bless," standing straight at "the Lord*." The congregation, followed by the Leader, responds, bowing at "Bless," standing straight at "the* Lord*."*

Leader: **BLESS**
the Lord, the blessed One.

Congregation: Bless the Lord, the blessed One,
for ever and all time.

Leader: Bless the Lord, the blessed One,
for ever and all time.

The custom is to sit from this point until the Amida, since the predominant emotion of this section of the prayers is love rather than awe. Conversation is forbidden until after the Amida.

בָּרוּךְ Blessed are You, Lord our God,
King of the Universe,
who forms light and creates darkness, *Is. 45*
makes peace and creates all.

קריאת שמע וברכותיה

The following blessing and response are said only in the presence of a מנין*. They represent a formal summons to the* קהל *to engage in an act of collective prayer. The custom of bowing at this point is based on* דברי הימים א׳ כט, כ*, "David said to the whole assembly, 'Now bless the* Lord *your God.' All the assembly blessed the* Lord *God of their fathers and bowed their heads low to the* Lord *and the King."*

The שליח ציבור *says the following, bowing at* בָּרְכוּ*, standing straight at* ה׳*. The* קהל*, followed by the* שליח ציבור*, responds, bowing at* בָּרוּךְ*, standing straight at* ה׳*.*

ש״ץ: בָּרְכוּ

אֶת יהוה הַמְבֹרָךְ.

קהל: בָּרוּךְ יהוה הַמְבֹרָךְ לְעוֹלָם וָעֶד.

ש״ץ: בָּרוּךְ יהוה הַמְבֹרָךְ לְעוֹלָם וָעֶד.

The custom is to sit from this point until the עמידה*, since the predominant emotion of this section of the prayers is love rather than awe. Conversation is forbidden until after the* עמידה*.*

בָּרוּךְ אַתָּה יהוה אֱלֹהֵינוּ מֶלֶךְ הָעוֹלָם

ישעיה מה יוֹצֵר אוֹר וּבוֹרֵא חֹשֶׁךְ

עֹשֶׂה שָׁלוֹם וּבוֹרֵא אֶת הַכֹּל.

All will thank You.
All will praise You.
All will declare:
Nothing is as holy as the Lord.
All will exalt You, Selah, You who form all –
the God who daily opens the doors
of the gates of the East
and cleaves the windows of the sky,
who brings out the sun from its place
and the moon from its abode,
giving light to the whole world and its inhabitants
whom He created by the attribute of compassion.
In compassion
He gives light to the earth and its inhabitants,
and in His goodness daily, continually,
renews the work of creation.
He is the King who alone was exalted
since time began,
praised, glorified, and raised high from days of old.
Eternal God,
in Your great compassion, have compassion on us,
Lord of our strength,
Rock of our refuge,
Shield of our salvation,
Stronghold of our safety.

הַכֹּל יוֹדְוּךָ וְהַכֹּל יְשַׁבְּחוּךָ
וְהַכֹּל יֹאמְרוּ אֵין קָדוֹשׁ כַּיהוה
הַכֹּל יְרוֹמְמוּךָ סֶּלָה, יוֹצֵר הַכֹּל.
הָאֵל הַפּוֹתֵחַ בְּכָל יוֹם דַּלְתוֹת שַׁעֲרֵי מִזְרָח
וּבוֹקֵעַ חַלּוֹנֵי רָקִיעַ
מוֹצִיא חַמָּה מִמְּקוֹמָהּ
וּלְבָנָה מִמְּכוֹן שִׁבְתָּהּ
וּמֵאִיר לָעוֹלָם כֻּלּוֹ וּלְיוֹשְׁבָיו
שֶׁבָּרָא בְּמִדַּת הָרַחֲמִים.
הַמֵּאִיר לָאָרֶץ וְלַדָּרִים עָלֶיהָ בְּרַחֲמִים
וּבְטוּבוֹ מְחַדֵּשׁ בְּכָל יוֹם תָּמִיד
מַעֲשֵׂה בְרֵאשִׁית.
הַמֶּלֶךְ הַמְרוֹמָם לְבַדּוֹ מֵאָז
הַמְשֻׁבָּח וְהַמְפֹאָר וְהַמִּתְנַשֵּׂא מִימוֹת עוֹלָם.
אֱלֹהֵי עוֹלָם, בְּרַחֲמֶיךָ הָרַבִּים רַחֵם עָלֵינוּ
אֲדוֹן עֻזֵּנוּ, צוּר מִשְׂגַּבֵּנוּ
מָגֵן יִשְׁעֵנוּ, מִשְׂגָּב בַּעֲדֵנוּ.

אֵין כְּעֶרְכֶּךָ None can be compared to You,
there is none besides You;
None without You.
Who is like You?

▸ None can be compared to You,
LORD our God – in this world.
There is none besides You, our King –
in the life of the World to Come.
There is none but You, our Redeemer –
in the days of the Messiah.
There is none like You, our Savior –
at the resurrection of the dead.

א אֵל אָדוֹן God, LORD of all creation,
ב the Blessed, is blessed by every soul.
ג His greatness and goodness fill the world;
ד knowledge and wisdom surround Him.

ה Exalted above the holy Ḥayyot,
ו adorned in glory on the Chariot;
ז Merit and right are before His throne,
ח kindness and compassion before
His glory.

אֵין כְּעֶרְכֶּךָ
וְאֵין זוּלָתֶךָ
אֶפֶס בִּלְתֶּךָ
וּמִי דּוֹמֶה לָּךְ.

▸ אֵין כְּעֶרְכְּךָ, יהוה אֱלֹהֵינוּ, בָּעוֹלָם הַזֶּה
וְאֵין זוּלָתְךָ, מַלְכֵּנוּ, לְחַיֵּי הָעוֹלָם הַבָּא
אֶפֶס בִּלְתְּךָ, גּוֹאֲלֵנוּ, לִימוֹת הַמָּשִׁיחַ
וְאֵין דּוֹמֶה לְּךָ, מוֹשִׁיעֵנוּ, לִתְחִיַּת הַמֵּתִים.

א אֵל אָדוֹן עַל כָּל הַמַּעֲשִׂים
ב בָּרוּךְ וּמְבֹרָךְ בְּפִי כָּל נְשָׁמָה
ג גָּדְלוֹ וְטוּבוֹ מָלֵא עוֹלָם
ד דַּעַת וּתְבוּנָה סוֹבְבִים אוֹתוֹ.

ה הַמִּתְגָּאֶה עַל חַיּוֹת הַקֹּדֶשׁ
ו וְנֶהְדָּר בְּכָבוֹד עַל הַמֶּרְכָּבָה
ז זְכוּת וּמִישׁוֹר לִפְנֵי כִסְאוֹ
ח חֶסֶד וְרַחֲמִים לִפְנֵי כְבוֹדוֹ.

ט Good are the radiant stars our God
created;
י He formed them with knowledge,
understanding and deliberation.
כ He gave them strength and might
ל to rule throughout the world.

מ Full of splendor, radiating light,
נ beautiful is their splendor throughout
the world.
ס Glad as they go forth, joyous as they return,
ע they fulfill with awe their Creator's will.

פ Glory and honor they give to His name,
צ jubilation and song at the mention of
His majesty.
ק He called the sun into being and it shone
with light.
ר He looked and fashioned the form of
the moon.

ש All the hosts on high give Him praise;
ת the Seraphim, Ophanim, and holy Ḥayyot
ascribe glory and greatness –

ט טוֹבִים מְאוֹרוֹת שֶׁבָּרָא אֱלֹהֵינוּ
י יְצָרָם בְּדַעַת בְּבִינָה וּבְהַשְׂכֵּל
כ כֹּחַ וּגְבוּרָה נָתַן בָּהֶם
ל לִהְיוֹת מוֹשְׁלִים בְּקֶרֶב תֵּבֵל.

מ מְלֵאִים זִיו וּמְפִיקִים נֹגַהּ
נ נָאֶה זִיוָם בְּכָל הָעוֹלָם
ס שְׂמֵחִים בְּצֵאתָם וְשָׂשִׂים בְּבוֹאָם
ע עוֹשִׂים בְּאֵימָה רְצוֹן קוֹנָם.

פ פְּאֵר וְכָבוֹד נוֹתְנִים לִשְׁמוֹ
צ צָהֳלָה וְרִנָּה לְזֵכֶר מַלְכוּתוֹ
ק קָרָא לַשֶּׁמֶשׁ וַיִּזְרַח אוֹר
ר רָאָה וְהִתְקִין צוּרַת הַלְּבָנָה.

ש שֶׁבַח נוֹתְנִים לוֹ כָּל צְבָא מָרוֹם
ת תִּפְאֶרֶת וּגְדֻלָּה
שְׂרָפִים וְאוֹפַנִּים וְחַיּוֹת הַקֹּדֶשׁ.

לָאֵל To God who rested from all works,
and on the seventh day
ascended and sat on His throne of glory.
He robed the day of rest in glory
and called the Sabbath day a delight.
This is the praise of the seventh day,
that on it God rested from all His work.
The seventh day itself gives praise,
saying,
"A psalm, a song for the Sabbath day. *Ps. 92*
It is good to give thanks to the LORD."
Therefore let all He has formed
glorify and bless God.
Let them give praise,
honor and grandeur to God,
the King, who formed all things
and in His holiness gave a heritage of rest
to His people Israel on the holy Sabbath day.
May Your name, O LORD our God, be sanctified,
and Your renown, O our King, be glorified
in the heavens above and on earth below.
May You be blessed, our Deliverer,
by the praises of Your handiwork,
and by the radiant lights You have made:
may they glorify You.
Selah!

לָאֵל אֲשֶׁר שָׁבַת מִכׇּל הַמַּעֲשִׂים

בַּיּוֹם הַשְּׁבִיעִי נִתְעַלָּה וְיָשַׁב עַל כִּסֵּא כְבוֹדוֹ.

תִּפְאֶרֶת עָטָה לְיוֹם הַמְּנוּחָה

עֹנֶג קָרָא לְיוֹם הַשַּׁבָּת.

זֶה שֶׁבַח שֶׁלַּיּוֹם הַשְּׁבִיעִי

שֶׁבּוֹ שָׁבַת אֵל מִכׇּל מְלַאכְתּוֹ

וְיוֹם הַשְּׁבִיעִי מְשַׁבֵּחַ וְאוֹמֵר

תהלים צב מִזְמוֹר שִׁיר לְיוֹם הַשַּׁבָּת

טוֹב לְהֹדוֹת לַיהוה:

לְפִיכָךְ יְפָאֲרוּ וִיבָרְכוּ לָאֵל כׇּל יְצוּרָיו

שֶׁבַח יְקָר וּגְדֻלָּה יִתְּנוּ לָאֵל מֶלֶךְ יוֹצֵר כֹּל

הַמַּנְחִיל מְנוּחָה לְעַמּוֹ יִשְׂרָאֵל בִּקְדֻשָּׁתוֹ

בְּיוֹם שַׁבַּת קֹדֶשׁ.

שִׁמְךָ יהוה אֱלֹהֵינוּ יִתְקַדַּשׁ

וְזִכְרְךָ מַלְכֵּנוּ יִתְפָּאַר

בַּשָּׁמַיִם מִמַּעַל וְעַל הָאָרֶץ מִתָּחַת.

תִּתְבָּרַךְ מוֹשִׁיעֵנוּ עַל שֶׁבַח מַעֲשֵׂה יָדֶיךָ

וְעַל מְאוֹרֵי אוֹר שֶׁעָשִׂיתָ, יְפָאֲרוּךָ סֶּלָה.

תִּתְבָּרַךְ May You be blessed,
our Rock, King, and Redeemer,
Creator of holy beings.
May Your name be praised for ever,
our King,
Creator of the ministering angels,
all of whom stand in the universe's heights,
proclaiming together,
in awe, aloud,
the words of the living God, the eternal King.
They are all beloved,
all pure,
all mighty,
and all perform in awe and reverence
the will of their Maker.
▸ All open their mouths
in holiness and purity,
with song and psalm,
and bless, praise,
glorify, revere,
sanctify and declare
the sovereignty of – ◂

The name of the great, mighty
and awesome God and King,
holy is He.

תִּתְבָּרַךְ

צוּרֵנוּ מַלְכֵּנוּ וְגוֹאֲלֵנוּ

בּוֹרֵא קְדוֹשִׁים

יִשְׁתַּבַּח שִׁמְךָ לָעַד

מַלְכֵּנוּ, יוֹצֵר מְשָׁרְתִים

וַאֲשֶׁר מְשָׁרְתָיו כֻּלָּם עוֹמְדִים בְּרוּם עוֹלָם

וּמַשְׁמִיעִים בְּיִרְאָה יַחַד בְּקוֹל

דִּבְרֵי אֱלֹהִים חַיִּים וּמֶלֶךְ עוֹלָם.

כֻּלָּם אֲהוּבִים, כֻּלָּם בְּרוּרִים, כֻּלָּם גִּבּוֹרִים

וְכֻלָּם עוֹשִׂים בְּאֵימָה וּבְיִרְאָה רְצוֹן קוֹנָם

◂ וְכֻלָּם פּוֹתְחִים אֶת פִּיהֶם בִּקְדֻשָּׁה וּבְטָהֳרָה

בְּשִׁירָה וּבְזִמְרָה

וּמְבָרְכִים וּמְשַׁבְּחִים

וּמְפָאֲרִים וּמַעֲרִיצִים

וּמַקְדִּישִׁים וּמַמְלִיכִים ◂

אֶת שֵׁם הָאֵל הַמֶּלֶךְ הַגָּדוֹל, הַגִּבּוֹר וְהַנּוֹרָא

קָדוֹשׁ הוּא.

▸ All accept on themselves,
one from another,
the yoke of the kingdom of heaven,
granting permission to one another
to sanctify the One who formed them,
in serene spirit,
pure speech,
and sweet melody.
All, as one, proclaim His holiness,
saying in awe:

All say aloud:

Holy, holy, holy is the LORD of hosts; *Is. 6*
the whole world is filled
with His glory.

▸ Then the Ophanim and the Holy Ḥayyot,
with a roar of noise,
raise themselves toward the Seraphim and,
facing them, give praise,
saying:

All say aloud:

Blessed is the LORD's glory *Ezek. 3*
from His place.

› וְכֻלָּם מְקַבְּלִים עֲלֵיהֶם
עֹל מַלְכוּת שָׁמַיִם זֶה מִזֶּה
וְנוֹתְנִים רְשׁוּת זֶה לָזֶה
לְהַקְדִּישׁ לְיוֹצְרָם בְּנַחַת רוּחַ
בְּשָׂפָה בְרוּרָה וּבִנְעִימָה
קְדֻשָּׁה כֻּלָּם כְּאֶחָד
עוֹנִים וְאוֹמְרִים בְּיִרְאָה

All say aloud:

קָדוֹשׁ, קָדוֹשׁ, קָדוֹשׁ יהוה צְבָאוֹת ישעיה ו
מְלֹא כָל־הָאָרֶץ כְּבוֹדוֹ:

› וְהָאוֹפַנִּים וְחַיּוֹת הַקֹּדֶשׁ
בְּרַעַשׁ גָּדוֹל
מִתְנַשְּׂאִים לְעֻמַּת שְׂרָפִים
לְעֻמָּתָם מְשַׁבְּחִים וְאוֹמְרִים

All say aloud:

בָּרוּךְ כְּבוֹד־יהוה מִמְּקוֹמוֹ: יחזקאל ג

לָאֵל To the blessed God they offer melodies.
To the King,
living and eternal God,
they say psalms
and proclaim praises.
For it is He alone
who does mighty deeds
and creates new things,
who is Master of battles
and sows righteousness,
who makes salvation grow
and creates cures,
who is is revered in praises,
the LORD of wonders,

who in His goodness,
continually renews the work of creation,
day after day,
as it is said:
"[Praise] Him who made the great lights, *Ps. 136*
for His love endures for ever."

▸ May You make a new light shine over Zion,
and may we all soon be worthy of its light.
Blessed are You, LORD,
who forms the radiant lights.

לָאֵל בָּרוּךְ נְעִימוֹת יִתֵּנוּ
לַמֶּלֶךְ אֵל חַי וְקַיָּם
זְמִירוֹת יֹאמֵרוּ וְתִשְׁבָּחוֹת יַשְׁמִיעוּ
כִּי הוּא לְבַדּוֹ
פּוֹעֵל גְּבוּרוֹת, עוֹשֶׂה חֲדָשׁוֹת
בַּעַל מִלְחָמוֹת, זוֹרֵעַ צְדָקוֹת
מַצְמִיחַ יְשׁוּעוֹת, בּוֹרֵא רְפוּאוֹת
נוֹרָא תְהִלּוֹת, אֲדוֹן הַנִּפְלָאוֹת
הַמְחַדֵּשׁ בְּטוּבוֹ בְּכָל יוֹם תָּמִיד
מַעֲשֵׂה בְרֵאשִׁית
כָּאָמוּר
לְעֹשֵׂה אוֹרִים גְּדֹלִים תהלים קלו
כִּי לְעוֹלָם חַסְדּוֹ:
› אוֹר חָדָשׁ עַל צִיּוֹן תָּאִיר
וְנִזְכֶּה כֻלָּנוּ מְהֵרָה לְאוֹרוֹ.
בָּרוּךְ אַתָּה יהוה, יוֹצֵר הַמְּאוֹרוֹת.

אַהֲבָה You have loved us with great love,
LORD our God,
and with surpassing compassion
have You had compassion on us.
Our Father, our King,
for the sake of our ancestors who trusted in You,
and to whom You taught the laws of life,
be gracious also to us and teach us.
Our Father, compassionate Father,
ever compassionate,
have compassion on us.
Instill in our hearts the desire to understand
and discern, to listen, learn and teach,
to observe, perform and fulfill
all the teachings of Your Torah in love.
Enlighten our eyes in Your Torah
and let our hearts cling to Your commandments.
Unite our hearts to love and revere Your name,
so that we may never be ashamed.
And because we have trusted in Your holy, great
and revered name,
may we be glad and rejoice in Your salvation.

At this point, gather the four tzitziot of the tallit, holding them in the left hand.

Bring us back in peace
from the four quarters of the earth
and lead us upright to our land.

אַהֲבָה רַבָּה אֲהַבְתָּנוּ, יהוה אֱלֹהֵינוּ
חֶמְלָה גְדוֹלָה וִיתֵרָה חָמַלְתָּ עָלֵינוּ.
אָבִינוּ מַלְכֵּנוּ
בַּעֲבוּר אֲבוֹתֵינוּ שֶׁבָּטְחוּ בְךָ
וַתְּלַמְּדֵם חֻקֵּי חַיִּים, כֵּן תְּחָנֵּנוּ וּתְלַמְּדֵנוּ.
אָבִינוּ, הָאָב הָרַחֲמָן, הַמְרַחֵם
רַחֵם עָלֵינוּ
וְתֵן בְּלִבֵּנוּ לְהָבִין וּלְהַשְׂכִּיל
לִשְׁמֹעַ, לִלְמֹד וּלְלַמֵּד, לִשְׁמֹר וְלַעֲשׂוֹת, וּלְקַיֵּם
אֶת כָּל דִּבְרֵי תַלְמוּד תּוֹרָתֶךָ בְּאַהֲבָה.
וְהָאֵר עֵינֵינוּ בְּתוֹרָתֶךָ, וְדַבֵּק לִבֵּנוּ בְּמִצְוֹתֶיךָ
וְיַחֵד לְבָבֵנוּ לְאַהֲבָה וּלְיִרְאָה אֶת שְׁמֶךָ
וְלֹא נֵבוֹשׁ לְעוֹלָם וָעֶד.
כִּי בְשֵׁם קָדְשְׁךָ הַגָּדוֹל וְהַנּוֹרָא בָּטָחְנוּ
נָגִילָה וְנִשְׂמְחָה בִּישׁוּעָתֶךָ.

At this point, gather the four ציציות *of the* טלית*, holding them in the left hand.*

וַהֲבִיאֵנוּ לְשָׁלוֹם מֵאַרְבַּע כַּנְפוֹת הָאָרֶץ
וְתוֹלִיכֵנוּ קוֹמְמִיּוּת לְאַרְצֵנוּ.

▸ For You are a God who performs acts of salvation,
and You chose us from all peoples and tongues,
bringing us close to Your great name
for ever in truth,
that we may thank You
and proclaim Your oneness in love.
Blessed are You, LORD,
who chooses His people Israel in love.

The Shema must be said with intense concentration. In the first paragraph one should accept, with love, the sovereignty of God; in the second, the mitzvot as the will of God. The end of the third paragraph constitutes fulfillment of the mitzva to remember, morning and evening, the exodus from Egypt.

When not praying with a minyan, say:

God, faithful King!

The following verse should be said aloud, while covering the eyes with the right hand:

Listen, Israel: the LORD is our God, the LORD is One. *Deut. 6*

Quietly: Blessed be the name of His glorious kingdom for ever and all time.

וְאָהַבְתָּ Love the LORD your God with all your heart, with all your soul, and with all your might. These words which I command you today shall be on your heart. Teach them repeatedly to your children, speaking of them when you sit at home and when you travel on the way, when you lie *Deut. 6*

◂ כִּי אֵל פּוֹעֵל יְשׁוּעוֹת אָתָּה
וּבָנוּ בָחַרְתָּ מִכָּל עַם וְלָשׁוֹן
וְקֵרַבְתָּנוּ לְשִׁמְךָ הַגָּדוֹל סֶלָה, בֶּאֱמֶת
לְהוֹדוֹת לְךָ וּלְיַחֶדְךָ בְּאַהֲבָה.
בָּרוּךְ אַתָּה יהוה
הַבּוֹחֵר בְּעַמּוֹ יִשְׂרָאֵל בְּאַהֲבָה.

The שמע must be said with intense concentration. In the first paragraph one should accept, with love, the sovereignty of God; in the second, the מצוות as the will of God. The end of the third paragraph constitutes fulfillment of the מצווה to remember, morning and evening, the exodus from Egypt.

When not praying with a מניין, say:

אֵל מֶלֶךְ נֶאֱמָן

The following verse should be said aloud, while covering the eyes with the right hand:

דברים ו שְׁמַע יִשְׂרָאֵל, יהוה אֱלֹהֵינוּ יהוה ׀ אֶחָד:

Quietly בָּרוּךְ שֵׁם כְּבוֹד מַלְכוּתוֹ לְעוֹלָם וָעֶד.

דברים ו וְאָהַבְתָּ אֵת יהוה אֱלֹהֶיךָ, בְּכָל־לְבָבְךָ וּבְכָל־
נַפְשְׁךָ וּבְכָל־מְאֹדֶךָ: וְהָיוּ הַדְּבָרִים הָאֵלֶּה,
אֲשֶׁר אָנֹכִי מְצַוְּךָ הַיּוֹם, עַל־לְבָבֶךָ: וְשִׁנַּנְתָּם
לְבָנֶיךָ וְדִבַּרְתָּ בָּם, בְּשִׁבְתְּךָ בְּבֵיתֶךָ וּבְלֶכְתְּךָ
בַדֶּרֶךְ, וּבְשָׁכְבְּךָ וּבְקוּמֶךָ: וּקְשַׁרְתָּם לְאוֹת

down and when you rise. Bind them as a sign on your hand, and they shall be an emblem between your eyes. Write them on the doorposts of your house and and gates.

וְהָיָה If you indeed heed My commandments with which I charge you today, to love the LORD your God and worship Him with all your heart and with all your soul, I will give rain in your land in its season, the early and late rain; and you shall gather in your grain, wine, and oil. I will give grass in your field for your cattle, and you shall eat and be satisfied. Be careful lest your heart be tempted and you go astray and worship other gods, bowing down to them. Then the LORD's anger will flare against you and He will close the heavens so that there will be no rain. The land will not yield its crops, and you will perish swiftly from the good land that the LORD is giving you. Therefore, set these, My words, on your heart and soul. Bind them as a sign on your hand, and they shall be an emblem between your eyes. Teach them to your children, speaking of them when you sit at home and when you travel on the way, when you lie down and when

Deut. 11

עַל־יָדֶךָ וְהָיוּ לְטֹטָפֹת בֵּין עֵינֶיךָ: וּכְתַבְתָּם
עַל־מְזֻזוֹת בֵּיתֶךָ וּבִשְׁעָרֶיךָ:

וְהָיָה אִם־שָׁמֹעַ תִּשְׁמְעוּ אֶל־מִצְוֹתַי אֲשֶׁר דברים יא
אָנֹכִי מְצַוֶּה אֶתְכֶם הַיּוֹם, לְאַהֲבָה אֶת־יהוה
אֱלֹהֵיכֶם וּלְעָבְדוֹ, בְּכָל־לְבַבְכֶם וּבְכָל־נַפְשְׁכֶם:
וְנָתַתִּי מְטַר־אַרְצְכֶם בְּעִתּוֹ, יוֹרֶה וּמַלְקוֹשׁ,
וְאָסַפְתָּ דְגָנֶךָ וְתִירֹשְׁךָ וְיִצְהָרֶךָ: וְנָתַתִּי עֵשֶׂב
בְּשָׂדְךָ לִבְהֶמְתֶּךָ, וְאָכַלְתָּ וְשָׂבָעְתָּ: הִשָּׁמְרוּ
לָכֶם פֶּן־יִפְתֶּה לְבַבְכֶם, וְסַרְתֶּם וַעֲבַדְתֶּם
אֱלֹהִים אֲחֵרִים וְהִשְׁתַּחֲוִיתֶם לָהֶם: וְחָרָה
אַף־יהוה בָּכֶם, וְעָצַר אֶת־הַשָּׁמַיִם וְלֹא־יִהְיֶה
מָטָר, וְהָאֲדָמָה לֹא תִתֵּן אֶת־יְבוּלָהּ, וַאֲבַדְתֶּם
מְהֵרָה מֵעַל הָאָרֶץ הַטֹּבָה אֲשֶׁר יהוה נֹתֵן
לָכֶם: וְשַׂמְתֶּם אֶת־דְּבָרַי אֵלֶּה עַל־לְבַבְכֶם
וְעַל־נַפְשְׁכֶם, וּקְשַׁרְתֶּם אֹתָם לְאוֹת עַל־יֶדְכֶם,
וְהָיוּ לְטוֹטָפֹת בֵּין עֵינֵיכֶם: וְלִמַּדְתֶּם אֹתָם אֶת־
בְּנֵיכֶם לְדַבֵּר בָּם, בְּשִׁבְתְּךָ בְּבֵיתֶךָ וּבְלֶכְתְּךָ
בַדֶּרֶךְ, וּבְשָׁכְבְּךָ וּבְקוּמֶךָ: וּכְתַבְתָּם עַל־מְזוּזוֹת

you rise. Write them on the doorposts of your house and gates, so that you and your children may live long in the land that the LORD swore to your ancestors to give them, for as long as the heavens are above the earth.

Hold the tzitziot in the right hand also (some transfer to the right hand), kissing them at °.

וַיֹּאמֶר The LORD spoke to Moses, saying: Speak Num. 15
to the Israelites and tell them to make °tassels on the corners of their garments for all generations. They shall attach to the °tassel at each corner a thread of blue. This shall be your °tassel, and you shall see it and remember all of the LORD's commandments and keep them, not straying after your heart and after your eyes, following your own sinful desires. Thus you will be reminded to keep all My commandments, and be holy to your God. I am the LORD your God, who brought you out of the land of Egypt to be your God. I am the LORD your God.

°True –

The Leader repeats:

▸ The LORD your God is true –

בֵּיתֶךָ וּבִשְׁעָרֶיךָ: לְמַעַן יִרְבּוּ יְמֵיכֶם וִימֵי בְנֵיכֶם
עַל הָאֲדָמָה אֲשֶׁר נִשְׁבַּע יהוה לַאֲבֹתֵיכֶם לָתֵת
לָהֶם, כִּימֵי הַשָּׁמַיִם עַל־הָאָרֶץ:

Hold the ציציות *in the right hand also*
(some transfer to the right hand), kissing them at °.

במדבר טו וַיֹּאמֶר יהוה אֶל־מֹשֶׁה לֵּאמֹר: דַּבֵּר אֶל־בְּנֵי
יִשְׂרָאֵל וְאָמַרְתָּ אֲלֵהֶם, וְעָשׂוּ לָהֶם °צִיצִת עַל־
כַּנְפֵי בִגְדֵיהֶם לְדֹרֹתָם, וְנָתְנוּ °עַל־צִיצִת הַכָּנָף
פְּתִיל תְּכֵלֶת: וְהָיָה לָכֶם °לְצִיצִת, וּרְאִיתֶם אֹתוֹ
וּזְכַרְתֶּם אֶת־כָּל־מִצְוֹת יהוה וַעֲשִׂיתֶם אֹתָם,
וְלֹא תָתוּרוּ אַחֲרֵי לְבַבְכֶם וְאַחֲרֵי עֵינֵיכֶם,
אֲשֶׁר־אַתֶּם זֹנִים אַחֲרֵיהֶם: לְמַעַן תִּזְכְּרוּ
וַעֲשִׂיתֶם אֶת־כָּל־מִצְוֹתָי, וִהְיִיתֶם קְדֹשִׁים
לֵאלֹהֵיכֶם: אֲנִי יהוה אֱלֹהֵיכֶם, אֲשֶׁר הוֹצֵאתִי
אֶתְכֶם מֵאֶרֶץ מִצְרַיִם, לִהְיוֹת לָכֶם לֵאלֹהִים,
אֲנִי יהוה אֱלֹהֵיכֶם:

אֱמֶת°

The שליח ציבור *repeats:*

◄ יהוה אֱלֹהֵיכֶם אֱמֶת

וְיַצִּיב And firm, established and enduring,
right, faithful,
beloved, cherished, delightful, pleasant,
awesome, mighty, perfect, accepted,
good, and beautiful
is this faith for us for ever.

True is the eternal God, our King, Rock of Jacob,
Shield of our salvation.
He exists and His name exists
through all generations.
His throne is established,
His kingship and faithfulness
endure for ever.

At °, kiss the tzitziot and release them.

His words live and persist,
faithful and desirable
°for ever and all time.
▸ So they were for our ancestors,
so they are for us,
and so they will be for our children
and all our generations and for all future generations
of the seed of Israel, Your servants.

For the early and the later generations
this faith has proved good
and enduring for ever –

וְיַצִּיב, וְנָכוֹן וְקַיָּם, וְיָשָׁר וְנֶאֱמָן
וְאָהוּב וְחָבִיב, וְנֶחְמָד וְנָעִים
וְנוֹרָא וְאַדִּיר, וּמְתֻקָּן וּמְקֻבָּל, וְטוֹב וְיָפֶה
הַדָּבָר הַזֶּה עָלֵינוּ לְעוֹלָם וָעֶד.

אֱמֶת אֱלֹהֵי עוֹלָם מַלְכֵּנוּ
צוּר יַעֲקֹב מָגֵן יִשְׁעֵנוּ
לְדוֹר וָדוֹר הוּא קַיָּם וּשְׁמוֹ קַיָּם
וְכִסְאוֹ נָכוֹן
וּמַלְכוּתוֹ וֶאֱמוּנָתוֹ לָעַד קַיֶּמֶת.

At °, kiss the ציציות *and release them.*

וּדְבָרָיו חָיִים וְקַיָּמִים
נֶאֱמָנִים וְנֶחֱמָדִים
°לָעַד וּלְעוֹלְמֵי עוֹלָמִים
◂ עַל אֲבוֹתֵינוּ וְעָלֵינוּ
עַל בָּנֵינוּ וְעַל דּוֹרוֹתֵינוּ
וְעַל כָּל דּוֹרוֹת זֶרַע יִשְׂרָאֵל עֲבָדֶיךָ.

עַל הָרִאשׁוֹנִים וְעַל הָאַחֲרוֹנִים
דָּבָר טוֹב וְקַיָּם לְעוֹלָם וָעֶד

True and faithful, an irrevocable law.

True You are the LORD:
our God
and God of our ancestors,
▸ our King
and King of our ancestors,
our Redeemer
and Redeemer of our ancestors,
our Maker, Rock of our salvation,
our Deliverer and Rescuer:
this has ever been Your name.
There is no God but You.

עֶזְרַת You have always been the help
of our ancestors,
Shield and Savior of their children
after them in every generation.
Your dwelling is in the heights of the universe,
and Your judgments and righteousness
reach to the ends of the earth.
Happy is the one
who obeys Your commandments
and takes to heart Your teaching
and Your word.

True You are the Master of Your people
and a mighty King who pleads their cause.

אֱמֶת וֶאֱמוּנָה, חֹק וְלֹא יַעֲבֹר.

אֱמֶת שָׁאַתָּה הוּא יהוה אֱלֹהֵינוּ
וֵאלֹהֵי אֲבוֹתֵינוּ
◂ מַלְכֵּנוּ מֶלֶךְ אֲבוֹתֵינוּ
גּוֹאֲלֵנוּ גּוֹאֵל אֲבוֹתֵינוּ
יוֹצְרֵנוּ צוּר יְשׁוּעָתֵנוּ
פּוֹדֵנוּ וּמַצִּילֵנוּ מֵעוֹלָם שְׁמֶךָ
אֵין אֱלֹהִים זוּלָתֶךָ.

עֶזְרַת אֲבוֹתֵינוּ אַתָּה הוּא מֵעוֹלָם
מָגֵן וּמוֹשִׁיעַ לִבְנֵיהֶם אַחֲרֵיהֶם
בְּכָל דּוֹר וָדוֹר.
בְּרוּם עוֹלָם מוֹשָׁבֶךָ
וּמִשְׁפָּטֶיךָ וְצִדְקָתְךָ עַד אַפְסֵי אָרֶץ.
אַשְׁרֵי אִישׁ שֶׁיִּשְׁמַע לְמִצְוֹתֶיךָ
וְתוֹרָתְךָ וּדְבָרְךָ יָשִׂים עַל לִבּוֹ.

אֱמֶת אַתָּה הוּא אָדוֹן לְעַמֶּךָ
וּמֶלֶךְ גִּבּוֹר לָרִיב רִיבָם.

True You are the first and You are the last.
Besides You,
we have no king, redeemer or savior.
From Egypt You redeemed us,
LORD our God,
and from the slave-house You delivered us.
All their firstborn You killed,
but Your firstborn You redeemed.
You split the Sea of Reeds
and drowned the arrogant.
You brought Your beloved ones across.
The water covered their foes; *Ps. 106*
not one of them was left.

For this, the beloved ones
praised and exalted God,
the cherished ones
sang psalms, songs and praises,
blessings and thanksgivings to the King,
the living and enduring God.
High and exalted, great and awesome,
He humbles the haughty and raises the lowly,
freeing captives and redeeming those in need,
helping the poor
and answering His people
when they cry out to Him.

אֱמֶת אַתָּה הוּא רִאשׁוֹן וְאַתָּה הוּא אַחֲרוֹן
וּמִבַּלְעָדֶיךָ אֵין לָנוּ מֶלֶךְ
גּוֹאֵל וּמוֹשִׁיעַ.
מִמִּצְרַיִם גְּאַלְתָּנוּ, יהוה אֱלֹהֵינוּ
וּמִבֵּית עֲבָדִים פְּדִיתָנוּ
כָּל בְּכוֹרֵיהֶם הָרָגְתָּ, וּבְכוֹרְךָ גָּאָלְתָּ
וְיַם סוּף בָּקַעְתָּ, וְזֵדִים טִבַּעְתָּ
וִידִידִים הֶעֱבַרְתָּ
וַיְכַסּוּ־מַיִם צָרֵיהֶם תהלים קו
אֶחָד מֵהֶם לֹא נוֹתָר:

עַל זֹאת שִׁבְּחוּ אֲהוּבִים, וְרוֹמְמוּ אֵל
וְנָתְנוּ יְדִידִים זְמִירוֹת, שִׁירוֹת וְתִשְׁבָּחוֹת
בְּרָכוֹת וְהוֹדָאוֹת לְמֶלֶךְ אֵל חַי וְקַיָּם
רָם וְנִשָּׂא, גָּדוֹל וְנוֹרָא
מַשְׁפִּיל גֵּאִים וּמַגְבִּיהַּ שְׁפָלִים
מוֹצִיא אֲסִירִים, וּפוֹדֶה עֲנָוִים וְעוֹזֵר דַּלִּים
וְעוֹנֶה לְעַמּוֹ בְּעֵת שַׁוְּעָם אֵלָיו.

Stand in preparation for the Amida.
Take three steps back before beginning the Amida.

▸ Praises to God Most High,
the Blessed One who is blessed.
Moses and the children of Israel
recited to You a song with great joy,
and they all exclaimed:
"Who is like You, LORD, among the mighty? *Ex. 15*
Who is like You, majestic in holiness,
awesome in praises, doing wonders?"

▸ With a new song, the redeemed people praised
Your name at the seashore.
Together they all gave thanks,
proclaimed Your kingship,
and declared:
"The LORD shall reign for ever and ever." *Ex. 15*

Congregants should end the following blessing together with the Leader so as to be able to move directly from the words "redeemed Israel" to the Amida, without the interruption of saying Amen.

▸ צוּר יִשְׂרָאֵל Rock of Israel!
Arise to the help of Israel.
Deliver, as You promised, Judah and Israel.
Our Redeemer, *Is. 47*
the LORD of hosts is His name,
the Holy One of Israel.

Blessed are You, LORD,
who redeemed Israel.

Stand in preparation for the עמידה*.*
Take three steps back before beginning the עמידה*.*

› תְּהִלּוֹת לְאֵל עֶלְיוֹן, בָּרוּךְ הוּא וּמְבֹרָךְ
מֹשֶׁה וּבְנֵי יִשְׂרָאֵל, לְךָ עָנוּ שִׁירָה
בְּשִׂמְחָה רַבָּה, וְאָמְרוּ כֻלָּם

שמות טו מִי־כָמֹכָה בָּאֵלִם, יהוה
מִי כָּמֹכָה נֶאְדָּר בַּקֹּדֶשׁ
נוֹרָא תְהִלֹּת, עֹשֵׂה פֶלֶא:

› שִׁירָה חֲדָשָׁה שִׁבְּחוּ גְאוּלִים לְשִׁמְךָ
עַל שְׂפַת הַיָּם
יַחַד כֻּלָּם הוֹדוּ וְהִמְלִיכוּ, וְאָמְרוּ

שמות טו יהוה יִמְלֹךְ לְעֹלָם וָעֶד:

The קהל *should end the following blessing together with the* שליח ציבור
so as to be able to move directly from the words גָּאַל יִשְׂרָאֵל
to the עמידה*, without the interruption of saying* אמן*.*

› צוּר יִשְׂרָאֵל, קוּמָה בְּעֶזְרַת יִשְׂרָאֵל
וּפְדֵה כִנְאֻמֶךָ יְהוּדָה וְיִשְׂרָאֵל.

ישעיה מז גֹּאֲלֵנוּ יהוה צְבָאוֹת שְׁמוֹ
קְדוֹשׁ יִשְׂרָאֵל:

בָּרוּךְ אַתָּה יהוה, גָּאַל יִשְׂרָאֵל.

THE AMIDA

The following prayer, until "in former years" on page 334, is said silently, standing with feet together. If there is a minyan, the Amida is repeated aloud by the Leader. Take three steps forward and at the points indicated by ▾, bend the knees at the first word, bow at the second, and stand straight before saying God's name.

O LORD, open my lips, *Ps. 51*
so that my mouth may declare Your praise.

PATRIARCHS

▾בָּרוּךְ▾ Blessed are You,
LORD our God and God of our fathers,
God of Abraham, God of Isaac, and God of Jacob;
the great, mighty, and awesome God,
God Most High,
who bestows acts of loving-kindness
and creates all,
who remembers the loving-kindness of the fathers
and will bring a Redeemer
to their children's children
for the sake of His name, in love.

On Shabbat Shuva: Remember us for life, O King who desires life,
and write us in the book of life –
for Your sake, O God of life.

King, Helper, Savior, Shield:
▾Blessed are You, LORD,
Shield of Abraham.

עמידה

The following prayer, until קַדְמֹנִיּוֹת *on page 335, is said silently, standing with feet together. If there is a* מניין*, the* עמידה *is repeated aloud by the* שליח ציבור*. Take three steps forward and at the points indicated by* ˅*, bend the knees at the first word, bow at the second, and stand straight before saying God's name.*

תהלים נא

אֲדֹנָי, שְׂפָתַי תִּפְתָּח, וּפִי יַגִּיד תְּהִלָּתֶךָ:

אבות

˅בָּרוּךְ אַתָּה יהוה, אֱלֹהֵינוּ וֵאלֹהֵי אֲבוֹתֵינוּ
אֱלֹהֵי אַבְרָהָם, אֱלֹהֵי יִצְחָק, וֵאלֹהֵי יַעֲקֹב
הָאֵל הַגָּדוֹל הַגִּבּוֹר וְהַנּוֹרָא, אֵל עֶלְיוֹן
גּוֹמֵל חֲסָדִים טוֹבִים, וְקוֹנֵה הַכֹּל
וְזוֹכֵר חַסְדֵי אָבוֹת
וּמֵבִיא גוֹאֵל לִבְנֵי בְנֵיהֶם
לְמַעַן שְׁמוֹ בְּאַהֲבָה.

בשבת שובה: זָכְרֵנוּ לְחַיִּים, מֶלֶךְ חָפֵץ בַּחַיִּים
וְכָתְבֵנוּ בְּסֵפֶר הַחַיִּים
לְמַעַנְךָ אֱלֹהִים חַיִּים.

מֶלֶךְ עוֹזֵר וּמוֹשִׁיעַ וּמָגֵן.
˅בָּרוּךְ אַתָּה יהוה, מָגֵן אַבְרָהָם.

DIVINE MIGHT

אַתָּה גִּבּוֹר You are eternally mighty, LORD.
You give life to the dead
and have great power to save.

The phrase "He makes the wind blow and the rain fall" is added from Simhat Torah until Pesah. In Israel, the phrase "He causes the dew to fall" is added from Pesah until Shemini Atzeret.

In fall & winter: He makes the wind blow
and the rain fall.

In Israel, in spring & summer: He causes the dew to fall.

He sustains the living with loving-kindness,
and with great compassion revives the dead.
He supports the fallen, heals the sick,
sets captives free,
and keeps His faith
with those who sleep in the dust.
Who is like You, Master of might,
and and who can compare to You,
O King who brings death and gives life,
and makes salvation grow?

On Shabbat Shuva: Who is like You, compassionate Father,
who remembers His creatures
in compassion, for life?

Faithful are You to revive the dead.
Blessed are You, LORD, who revives the dead.

When saying the Amida silently, continue with "You are holy" on page 316.

גבורות

אַתָּה גִּבּוֹר לְעוֹלָם, אֲדֹנָי
מְחַיֵּה מֵתִים אַתָּה, רַב לְהוֹשִׁיעַ

The phrase מַשִּׁיב הָרְוּחַ *is added from* שמחת תורה *until* פסח.
In ארץ ישראל *the phrase* מוֹרִיד הַטָּל *is added from* פסח *until* שמיני עצרת.

בחורף: **מַשִּׁיב הָרְוּחַ וּמוֹרִיד הַגֶּשֶׁם**
בארץ ישראל בקיץ: **מוֹרִיד הַטָּל**

מְכַלְכֵּל חַיִּים בְּחֶסֶד
מְחַיֵּה מֵתִים בְּרַחֲמִים רַבִּים
סוֹמֵךְ נוֹפְלִים, וְרוֹפֵא חוֹלִים
וּמַתִּיר אֲסוּרִים
וּמְקַיֵּם אֱמוּנָתוֹ לִישֵׁנֵי עָפָר.
מִי כָמְוֹךָ, בַּעַל גְּבוּרוֹת, וּמִי דּוֹמֶה לָּךְ
מֶלֶךְ, מֵמִית וּמְחַיֶּה וּמַצְמִיחַ יְשׁוּעָה.

בשבת שובה: **מִי כָמְוֹךָ אַב הָרַחֲמִים**
זוֹכֵר יְצוּרָיו לְחַיִּים בְּרַחֲמִים.

וְנֶאֱמָן אַתָּה לְהַחֲיוֹת מֵתִים.
בָּרוּךְ אַתָּה יהוה, מְחַיֵּה הַמֵּתִים.

When saying the עמידה *silently, continue with* אַתָּה קָדוֹשׁ *on page 317.*

KEDUSHA

During the Leader's Repetition, the following is said standing with feet together, rising on the toes at the words indicated by ▴.

Congregation then Leader:

נְקַדֵּשׁ We will sanctify Your name on earth,
as they sanctify it in the highest heavens,
as is written by Your prophet,
"And they [the angels] call to one another saying: *Is. 6*

Congregation then Leader:

▴Holy, ▴holy, ▴holy is the LORD of hosts
the whole world is filled with His glory."
Then with a sound of mighty noise,
majestic and strong,
they make their voice heard,
raising themselves toward the Seraphim,
and facing them say: "Blessed…

Congregation then Leader:

▴"Blessed is the LORD's glory from His place." *Ezek. 3*
Reveal Yourself from Your place, O our King,
and reign over us,
for we are waiting for You.
When will You reign in Zion?
May it be soon in our days,
and may You dwell there for ever and all time.
May You be exalted and sanctified
in the midst of Jerusalem, Your city,
from generation to generation for evermore.

קדושה

During the חזרת הש״ץ*, the following is said standing with feet together, rising on the toes at the words indicated by* ˄.

קהל *then* ש״ץ:

נְקַדֵּשׁ אֶת שִׁמְךָ בָּעוֹלָם
כְּשֵׁם שֶׁמַּקְדִּישִׁים אוֹתוֹ בִּשְׁמֵי מָרוֹם
כַּכָּתוּב עַל יַד נְבִיאֶךָ: וְקָרָא זֶה אֶל־זֶה וְאָמַר ישעיה ו

קהל *then* ש״ץ:

˄קָדוֹשׁ, ˄קָדוֹשׁ, ˄קָדוֹשׁ, יהוה צְבָאוֹת
מְלֹא כָל־הָאָרֶץ כְּבוֹדוֹ:
אָז בְּקוֹל רַעַשׁ גָּדוֹל אַדִּיר וְחָזָק
מַשְׁמִיעִים קוֹל מִתְנַשְּׂאִים לְעֻמַּת שְׂרָפִים
לְעֻמָּתָם בָּרוּךְ יֹאמֵרוּ

קהל *then* ש״ץ:

˄בָּרוּךְ כְּבוֹד־יהוה מִמְּקוֹמוֹ: יחזקאל ג
מִמְּקוֹמְךָ מַלְכֵּנוּ תוֹפִיעַ וְתִמְלֹךְ עָלֵינוּ
כִּי מְחַכִּים אֲנַחְנוּ לָךְ
מָתַי תִּמְלֹךְ בְּצִיּוֹן
בְּקָרוֹב בְּיָמֵינוּ לְעוֹלָם וָעֶד תִּשְׁכֹּן
תִּתְגַּדַּל וְתִתְקַדַּשׁ בְּתוֹךְ יְרוּשָׁלַיִם עִירְךָ
לְדוֹר וָדוֹר וּלְנֵצַח נְצָחִים.

May our eyes see Your kingdom,
as is said in the songs of Your splendor,
written by David your righteous anointed one:

Congregation then Leader:

▲"The LORD shall reign for ever. *Ps. 146*
He is your God, Zion,
from generation to generation, Halleluya!"

Leader:

From generation to generation
we will declare Your greatness,
and we will proclaim Your holiness for evermore.
Your praise, our God,
shall not leave our mouth forever,
for You, God, are a great and holy King.
Blessed are You, LORD,
the holy God. / *On Shabbat Shuva:* the holy King./

The Leader continues with "Moses rejoiced" on the next page.

HOLINESS

אַתָּה קָדוֹשׁ You are holy
and Your name is holy,
and holy ones praise You daily, Selah!
Blessed are You, LORD,
the holy God. / *On Shabbat Shuva:* the holy King./
(*If forgotten, repeat the Amida.*)

וְעֵינֵינוּ תִרְאֶינָה מַלְכוּתֶךָ
כַּדָּבָר הָאָמוּר בְּשִׁירֵי עֻזֶּךָ
עַל יְדֵי דָוִד מְשִׁיחַ צִדְקֶךָ

then ש״ץ קהל:

תהלים קמו

יִמְלֹךְ יהוה לְעוֹלָם
אֱלֹהַיִךְ צִיּוֹן לְדֹר וָדֹר, הַלְלוּיָהּ:

ש״ץ:

לְדוֹר וָדוֹר נַגִּיד גָּדְלֶךָ
וּלְנֵצַח נְצָחִים קְדֻשָּׁתְךָ נַקְדִּישׁ
וְשִׁבְחֲךָ אֱלֹהֵינוּ מִפִּינוּ לֹא יָמוּשׁ לְעוֹלָם וָעֶד
כִּי אֵל מֶלֶךְ גָּדוֹל וְקָדוֹשׁ אָתָּה.
בָּרוּךְ אַתָּה יהוה
הָאֵל הַקָּדוֹשׁ. / בשבת שובה: הַמֶּלֶךְ הַקָּדוֹשׁ./

The שליח ציבור *continues with* יִשְׂמַח משֶׁה *on the next page.*

קדושת השם

אַתָּה קָדוֹשׁ וְשִׁמְךָ קָדוֹשׁ
וּקְדוֹשִׁים בְּכָל יוֹם יְהַלְלוּךָ סֶּלָה.
בָּרוּךְ אַתָּה יהוה
הָאֵל הַקָּדוֹשׁ. / בשבת שובה: הַמֶּלֶךְ הַקָּדוֹשׁ./

(*If forgotten, repeat the* עמידה.)

HOLINESS OF THE DAY

יִשְׂמַח Moses rejoiced at the gift of his portion
when You called him "faithful servant."
A crown of glory You placed on his head
when he stood before You on Mount Sinai.
He brought down in his hands two tablets of stone
on which was engraved
the observance of the Sabbath.
So it is written in Your Torah:

וְשָׁמְרוּ The children of Israel *Ex. 31*
must keep the Sabbath,
observing the Sabbath in every generation
as an everlasting covenant.
It is a sign
between Me and the children of Israel for ever,
for in six days
God made the heavens and the earth,
but on the seventh day
He ceased work and refreshed Himself.

וְלֹא You, O LORD our God, did not give it
to the other nations of the world,
nor did You, our King, give it as a heritage
to those who worship idols.
In its rest the uncircumcised do not dwell,

קדושת היום

יִשְׂמַח מֹשֶׁה בְּמַתְּנַת חֶלְקוֹ

כִּי עֶבֶד נֶאֱמָן קָרָֽאתָ לּוֹ

כְּלִיל תִּפְאֶֽרֶת בְּרֹאשׁוֹ נָתַֽתָּ לּוֹ

בְּעָמְדוֹ לְפָנֶֽיךָ עַל הַר סִינַי

וּשְׁנֵי לוּחוֹת אֲבָנִים הוֹרִיד בְּיָדוֹ

וְכָתוּב בָּהֶם שְׁמִירַת שַׁבָּת

וְכֵן כָּתוּב בְּתוֹרָתֶֽךָ

שמות לא

וְשָׁמְרוּ בְנֵי־יִשְׂרָאֵל אֶת־הַשַּׁבָּת

לַעֲשׂוֹת אֶת־הַשַּׁבָּת לְדֹרֹתָם בְּרִית עוֹלָם:

בֵּינִי וּבֵין בְּנֵי יִשְׂרָאֵל אוֹת הִוא לְעֹלָם

כִּי־שֵֽׁשֶׁת יָמִים

עָשָׂה יהוה אֶת־הַשָּׁמַֽיִם וְאֶת־הָאָֽרֶץ

וּבַיּוֹם הַשְּׁבִיעִי שָׁבַת וַיִּנָּפַשׁ:

וְלֹא נְתַתּוֹ, יהוה אֱלֹהֵינוּ, לְגוֹיֵי הָאֲרָצוֹת

וְלֹא הִנְחַלְתּוֹ, מַלְכֵּנוּ, לְעוֹבְדֵי פְסִילִים

וְגַם בִּמְנוּחָתוֹ לֹא יִשְׁכְּנוּ עֲרֵלִים

for You gave it in love
to Israel Your people,
to the descendants of Jacob
whom You chose.
May the people
who sanctify the seventh day
all find satisfaction and delight in Your goodness,
for You favored the seventh day
and made it holy,
calling it the most cherished of days,
a remembrance of the act of creation.

אֱלֹהֵינוּ Our God and God of our ancestors,
find favor in our rest.
Make us holy through Your commandments
and grant us our share in Your Torah.
Satisfy us with Your goodness,
grant us joy in Your salvation,
and purify our hearts to serve You in truth.
In love and favor, LORD our God,
grant us as our heritage Your holy Sabbath,
so that Israel who sanctify Your name
may find rest on it.
Blessed are You, LORD,
who sanctifies the Sabbath.

כִּי לְיִשְׂרָאֵל עַמְּךָ נְתַתּוֹ בְּאַהֲבָה
לְזֶרַע יַעֲקֹב אֲשֶׁר בָּם בָּחָרְתָּ.
עַם מְקַדְּשֵׁי שְׁבִיעִי
כֻּלָּם יִשְׂבְּעוּ וְיִתְעַנְּגוּ מִטּוּבֶךָ
וּבַשְּׁבִיעִי רָצִיתָ בּוֹ וְקִדַּשְׁתּוֹ
חֶמְדַּת יָמִים אוֹתוֹ קָרָאתָ
זֵכֶר לְמַעֲשֵׂה בְרֵאשִׁית.

אֱלֹהֵינוּ וֵאלֹהֵי אֲבוֹתֵינוּ, רְצֵה בִמְנוּחָתֵנוּ
קַדְּשֵׁנוּ בְּמִצְוֹתֶיךָ
וְתֵן חֶלְקֵנוּ בְּתוֹרָתֶךָ
שַׂבְּעֵנוּ מִטּוּבֶךָ
וְשַׂמְּחֵנוּ בִּישׁוּעָתֶךָ
וְטַהֵר לִבֵּנוּ לְעָבְדְּךָ בֶּאֱמֶת
וְהַנְחִילֵנוּ, יהוה אֱלֹהֵינוּ
בְּאַהֲבָה וּבְרָצוֹן שַׁבַּת קָדְשֶׁךָ
וְיָנוּחוּ בוֹ יִשְׂרָאֵל מְקַדְּשֵׁי שְׁמֶךָ.
בָּרוּךְ אַתָּה יהוה, מְקַדֵּשׁ הַשַּׁבָּת.

TEMPLE SERVICE

רְצֵה Find favor, LORD our God,
in Your people Israel and their prayer.
Restore the service to Your most holy House,
and accept in love and favor
the fire-offerings of Israel and their prayer.
May the service of Your people Israel
always find favor with You.

On Rosh Ḥodesh, say:

אֱלֹהֵינוּ Our God and God of our ancestors, may there rise, come, reach, appear, be favored, heard, regarded, and remembered before You, our recollection and remembrance, as well as the remembrance of our ancestors, and of the Messiah son of David Your servant, and of Jerusalem Your holy city, and of all Your people the house of Israel – for deliverance and well-being, grace, loving-kindness and compassion, life and peace, on this day of Rosh Ḥodesh. On it remember us, LORD our God, for good; recollect us for blessing, and deliver us for life. In accord with Your promise of salvation and compassion, spare us and be gracious to us; have compassion on us and deliver us, for our eyes are turned to You because You, God, are a gracious and compassionate King.

וְתֶחֱזֶינָה And may our eyes witness Your return
to Zion in compassion.
Blessed are You, LORD,
who restores His Presence to Zion.

עבודה

רְצֵה יהוה אֱלֹהֵינוּ בְּעַמְּךָ יִשְׂרָאֵל, וּבִתְפִלָּתָם
וְהָשֵׁב אֶת הָעֲבוֹדָה לִדְבִיר בֵּיתֶךָ
וְאִשֵּׁי יִשְׂרָאֵל וּתְפִלָּתָם
בְּאַהֲבָה תְקַבֵּל בְּרָצוֹן
וּתְהִי לְרָצוֹן תָּמִיד עֲבוֹדַת יִשְׂרָאֵל עַמֶּךָ.

On ראש חודש*, say:*

אֱלֹהֵינוּ וֵאלֹהֵי אֲבוֹתֵינוּ, יַעֲלֶה וְיָבוֹא וְיַגִּיעַ, וְיֵרָאֶה וְיֵרָצֶה וְיִשָּׁמַע, וְיִפָּקֵד וְיִזָּכֵר זִכְרוֹנֵנוּ וּפִקְדוֹנֵנוּ וְזִכְרוֹן אֲבוֹתֵינוּ, וְזִכְרוֹן מָשִׁיחַ בֶּן דָּוִד עַבְדֶּךָ, וְזִכְרוֹן יְרוּשָׁלַיִם עִיר קָדְשֶׁךָ, וְזִכְרוֹן כָּל עַמְּךָ בֵּית יִשְׂרָאֵל, לְפָנֶיךָ, לִפְלֵיטָה לְטוֹבָה, לְחֵן וּלְחֶסֶד וּלְרַחֲמִים, לְחַיִּים וּלְשָׁלוֹם בְּיוֹם רֹאשׁ הַחֹדֶשׁ הַזֶּה. זָכְרֵנוּ יהוה אֱלֹהֵינוּ בּוֹ לְטוֹבָה, וּפָקְדֵנוּ בוֹ לִבְרָכָה, וְהוֹשִׁיעֵנוּ בוֹ לְחַיִּים. וּבִדְבַר יְשׁוּעָה וְרַחֲמִים, חוּס וְחָנֵּנוּ וְרַחֵם עָלֵינוּ וְהוֹשִׁיעֵנוּ, כִּי אֵלֶיךָ עֵינֵינוּ, כִּי אֵל מֶלֶךְ חַנּוּן וְרַחוּם אָתָּה.

וְתֶחֱזֶינָה עֵינֵינוּ בְּשׁוּבְךָ לְצִיּוֹן בְּרַחֲמִים.
בָּרוּךְ אַתָּה יהוה, הַמַּחֲזִיר שְׁכִינָתוֹ לְצִיּוֹן.

During the Leader's Repetition, the Congregation says "We give thanks" below the line. When saying the Amida silently, continue here.

THANKSGIVING

Bow at the first nine words.

מוֹדִים We give thanks to You,
for You are the LORD our God
and God of our ancestors for ever and all time.
You are the Rock of our lives,
Shield of our salvation
from generation to generation.
We will thank You and
declare Your praise for our lives,
which are entrusted into Your hand;
for our souls, which are placed in Your charge;
for Your miracles which are with us every day;
and for Your wonders and favors
at all times, evening, morning, and midday.

During the Leader's Repetition, the congregation says quietly:

מוֹדִים We give thanks to You, for You are the LORD our God and God of our ancestors, God of all flesh, who formed us and formed the universe. Blessings and thanks are due to Your great and holy name for giving us life and sustaining us. May You continue to give us life and sustain us; and may You gather our exiles to Your holy courts, to keep Your decrees, do Your will, and serve You with a perfect heart, for it is for us to give You thanks. Blessed be God to whom thanksgiving is due.

During the חזרת הש״ץ, *the* קהל *says* מודים *below the line.*
When saying the Amida silently, continue here.

הודאה

Bow at the first five words.

מוֹדִים אֲנַחְנוּ לָךְ שָׁאַתָּה הוּא יהוה אֱלֹהֵינוּ
וֵאלֹהֵי אֲבוֹתֵינוּ לְעוֹלָם וָעֶד.
צוּר חַיֵּינוּ, מָגֵן יִשְׁעֵנוּ, אַתָּה הוּא לְדוֹר וָדוֹר.
נוֹדֶה לְּךָ וּנְסַפֵּר תְּהִלָּתֶךָ
עַל חַיֵּינוּ הַמְּסוּרִים בְּיָדֶךָ
וְעַל נִשְׁמוֹתֵינוּ הַפְּקוּדוֹת לָךְ
וְעַל נִסֶּיךָ שֶׁבְּכָל יוֹם עִמָּנוּ
וְעַל נִפְלְאוֹתֶיךָ וְטוֹבוֹתֶיךָ
שֶׁבְּכָל עֵת, עֶרֶב וָבֹקֶר וְצָהֳרָיִם.

During the חזרת הש״ץ, *the* קהל *says quietly:*

מוֹדִים אֲנַחְנוּ לָךְ, שָׁאַתָּה הוּא יהוה אֱלֹהֵינוּ וֵאלֹהֵי אֲבוֹתֵינוּ, אֱלֹהֵי כָל בָּשָׂר, יוֹצְרֵנוּ, יוֹצֵר בְּרֵאשִׁית. בְּרָכוֹת וְהוֹדָאוֹת, לְשִׁמְךָ הַגָּדוֹל וְהַקָּדוֹשׁ, עַל שֶׁהֶחֱיִיתָנוּ וְקִיַּמְתָּנוּ. כֵּן תְּחַיֵּנוּ וּתְקַיְּמֵנוּ, וְתֶאֱסֹף גָּלֻיּוֹתֵינוּ לְחַצְרוֹת קָדְשֶׁךָ, לִשְׁמֹר חֻקֶּיךָ וְלַעֲשׂוֹת רְצוֹנֶךָ, וּלְעָבְדְּךָ בְּלֵבָב שָׁלֵם, עַל שֶׁאֲנַחְנוּ מוֹדִים לָךְ. בָּרוּךְ אֵל הַהוֹדָאוֹת.

You are good –
for Your compassion never fails.
You are compassionate –
for Your loving-kindnesses never cease.
We have always placed our hope in You.

On Ḥanukka:

עַל הַנִּסִּים [We thank You also] for the miracles, the redemption, the mighty deeds, the salvations, and the victories in battle which You performed for our ancestors in those days, at this time.

בִּימֵי מַתִּתְיָהוּ In the days of Mattityahu, son of Yoḥanan, the High Priest, the Hasmonean, and his sons, the wicked Greek kingdom rose up against Your people Israel to make them forget Your Torah and to force them to transgress the statutes of Your will. It was then that You in Your great compassion stood by them in the time of their distress. You championed their cause, judged their claim, and avenged their wrong. You delivered the strong into the hands of the weak, the many into the hands of the few, the impure into the hands of the pure, the wicked into the hands of the righteous, and the arrogant into the hands of those who were engaged in the study of Your Torah. You made for Yourself great and holy renown in Your world, and for Your people Israel You performed a great salvation and redemption as of this very day. Your children then entered the holiest part of Your House, cleansed Your Temple, purified Your Sanctuary, kindled lights in Your holy courts, and designated these eight days of Ḥanukka for giving thanks and praise to Your great name.

Continue with "For all these things."

הַטּוֹב, כִּי לֹא כָלוּ רַחֲמֶיךָ
וְהַמְרַחֵם, כִּי לֹא תַמּוּ חֲסָדֶיךָ
מֵעוֹלָם קִוִּינוּ לָךְ.

בחנוכה:

עַל הַנִּסִּים וְעַל הַפֻּרְקָן וְעַל הַגְּבוּרוֹת וְעַל הַתְּשׁוּעוֹת וְעַל הַמִּלְחָמוֹת שֶׁעָשִׂיתָ לַאֲבוֹתֵינוּ בַּיָּמִים הָהֵם בַּזְּמַן הַזֶּה.

בִּימֵי מַתִּתְיָהוּ בֶּן יוֹחָנָן כֹּהֵן גָּדוֹל חַשְׁמוֹנַאי וּבָנָיו, כְּשֶׁעָמְדָה מַלְכוּת יָוָן הָרְשָׁעָה עַל עַמְּךָ יִשְׂרָאֵל לְהַשְׁכִּיחָם תּוֹרָתֶךָ וּלְהַעֲבִירָם מֵחֻקֵּי רְצוֹנֶךָ, וְאַתָּה בְּרַחֲמֶיךָ הָרַבִּים עָמַדְתָּ לָהֶם בְּעֵת צָרָתָם, רַבְתָּ אֶת רִיבָם, דַּנְתָּ אֶת דִּינָם, נָקַמְתָּ אֶת נִקְמָתָם, מָסַרְתָּ גִבּוֹרִים בְּיַד חַלָּשִׁים, וְרַבִּים בְּיַד מְעַטִּים, וּטְמֵאִים בְּיַד טְהוֹרִים, וּרְשָׁעִים בְּיַד צַדִּיקִים, וְזֵדִים בְּיַד עוֹסְקֵי תוֹרָתֶךָ, וּלְךָ עָשִׂיתָ שֵׁם גָּדוֹל וְקָדוֹשׁ בְּעוֹלָמֶךָ, וּלְעַמְּךָ יִשְׂרָאֵל עָשִׂיתָ תְּשׁוּעָה גְדוֹלָה וּפֻרְקָן כְּהַיּוֹם הַזֶּה. וְאַחַר כֵּן בָּאוּ בָנֶיךָ לִדְבִיר בֵּיתֶךָ, וּפִנּוּ אֶת הֵיכָלֶךָ, וְטִהֲרוּ אֶת מִקְדָּשֶׁךָ, וְהִדְלִיקוּ נֵרוֹת בְּחַצְרוֹת קָדְשֶׁךָ, וְקָבְעוּ שְׁמוֹנַת יְמֵי חֲנֻכָּה אֵלּוּ, לְהוֹדוֹת וּלְהַלֵּל לְשִׁמְךָ הַגָּדוֹל.

Continue with וְעַל כֻּלָּם.

On Shushan Purim in Jerusalem:

עַל הַנִּסִּים [We thank You also] for the miracles, the redemption, the mighty deeds, the salvations, and the victories in battle which You performed for our ancestors in those days, at this time.

בִּימֵי מָרְדְּכַי In the days of Mordekhai and Esther, in Shushan the capital, the wicked Haman rose up against them and sought to destroy, slay, and exterminate all the Jews, young and old, children and women, on one day, the thirteenth day of the twelfth month, which is the month of Adar, and to plunder their possessions. Then You in Your great compassion thwarted his counsel, frustrated his plans, and caused his scheme to recoil on his own head, so that they hanged him and his sons on the gallows. *Esther 3*

Continue with "For all these things."

וְעַל כֻּלָּם For all these things
may Your name be blessed and exalted, our King,
continually, for ever and all time.

On Shabbat Shuva: And write, for a good life,
all the children of Your covenant.

Let all that lives thank You, Selah!
and praise Your name in truth,
God, our Savior and Help, Selah!
▾Blessed are You, Lord,
whose name is "the Good"
and to whom thanks are due.

בשושן פורים בירושלים:

עַל הַנִּסִּים וְעַל הַפֻּרְקָן וְעַל הַגְּבוּרוֹת וְעַל הַתְּשׁוּעוֹת וְעַל הַמִּלְחָמוֹת שֶׁעָשִׂיתָ לַאֲבוֹתֵינוּ בַּיָּמִים הָהֵם בַּזְּמַן הַזֶּה.

בִּימֵי מָרְדְּכַי וְאֶסְתֵּר בְּשׁוּשַׁן הַבִּירָה, כְּשֶׁעָמַד עֲלֵיהֶם הָמָן הָרָשָׁע, בִּקֵּשׁ לְהַשְׁמִיד לַהֲרֹג וּלְאַבֵּד אֶת־ אסתר ג
כָּל־הַיְּהוּדִים מִנַּעַר וְעַד־זָקֵן טַף וְנָשִׁים בְּיוֹם אֶחָד, בִּשְׁלוֹשָׁה עָשָׂר לְחֹדֶשׁ שְׁנֵים־עָשָׂר, הוּא־חֹדֶשׁ אֲדָר, וּשְׁלָלָם לָבוֹז: וְאַתָּה בְּרַחֲמֶיךָ הָרַבִּים הֵפַרְתָּ אֶת עֲצָתוֹ, וְקִלְקַלְתָּ אֶת מַחֲשַׁבְתּוֹ, וַהֲשֵׁבוֹתָ לּוֹ גְּמוּלוֹ בְּרֹאשׁוֹ, וְתָלוּ אוֹתוֹ וְאֶת בָּנָיו עַל הָעֵץ.

Continue with וְעַל כֻּלָּם.

וְעַל כֻּלָּם יִתְבָּרַךְ וְיִתְרוֹמַם שִׁמְךָ מַלְכֵּנוּ תָּמִיד לְעוֹלָם וָעֶד.

בשבת שובה: וּכְתֹב לְחַיִּים טוֹבִים כָּל בְּנֵי בְרִיתֶךָ.

וְכֹל הַחַיִּים יוֹדוּךָ סֶּלָה
וִיהַלְלוּ אֶת שִׁמְךָ בֶּאֱמֶת
הָאֵל יְשׁוּעָתֵנוּ וְעֶזְרָתֵנוּ סֶלָה.
בָּרוּךְ אַתָּה יהוה
הַטּוֹב שִׁמְךָ וּלְךָ נָאֶה לְהוֹדוֹת.

The following is said by the Leader during the Repetition of the Amida. In Israel, if Kohanim bless the congregation, *turn to page 754.*

Our God and God of our fathers, bless us with the threefold blessing in the Torah, written by the hand of Moses Your servant and pronounced by Aaron and his sons the priests, Your holy people, as it is said:

May the LORD bless you *Num. 6*
and protect you. *Cong:* May it be Your will.
May the LORD make His face shine on you
and be gracious to you. *Cong:* May it be Your will.
May the LORD turn His face toward you,
and grant you peace. *Cong:* May it be Your will.

PEACE

שִׂים שָׁלוֹם Grant peace, goodness and blessing,
grace, loving-kindness and compassion to us
and all Israel Your people.
Bless us, our Father, all as one,
with the light of Your face,
for by the light of Your face You have given us,
LORD our God,
the Torah of life and love of kindness,
righteousness, blessing, compassion,
life, and peace.
May it be good in Your eyes
to bless Your people Israel
at every time, in every hour, with Your peace.

The following is said by the שליח ציבור *during* חזרת הש״ץ.
In ארץ ישראל, *if* כוהנים *say* ברכת כוהנים, *turn to page 755.*

אֱלֹהֵינוּ וֵאלֹהֵי אֲבוֹתֵינוּ, בָּרְכֵנוּ בַּבְּרָכָה הַמְשֻׁלֶּשֶׁת בַּתּוֹרָה, הַכְּתוּבָה עַל יְדֵי מֹשֶׁה עַבְדֶּךָ, הָאֲמוּרָה מִפִּי אַהֲרֹן וּבָנָיו כֹּהֲנִים עַם קְדוֹשֶׁיךָ, כָּאָמוּר

יְבָרֶכְךָ יהוה וְיִשְׁמְרֶךָ: קהל: כֵּן יְהִי רָצוֹן במדבר ו

יָאֵר יהוה פָּנָיו אֵלֶיךָ וִיחֻנֶּךָּ: קהל: כֵּן יְהִי רָצוֹן

יִשָּׂא יהוה פָּנָיו אֵלֶיךָ וְיָשֵׂם לְךָ שָׁלוֹם: קהל: כֵּן יְהִי רָצוֹן

ברכת שלום

שִׂים שָׁלוֹם טוֹבָה וּבְרָכָה
חֵן וָחֶסֶד וְרַחֲמִים
עָלֵינוּ וְעַל כָּל יִשְׂרָאֵל עַמֶּךָ.
בָּרְכֵנוּ אָבִינוּ כֻּלָּנוּ כְּאֶחָד בְּאוֹר פָּנֶיךָ
כִּי בְאוֹר פָּנֶיךָ נָתַתָּ לָּנוּ, יהוה אֱלֹהֵינוּ
תּוֹרַת חַיִּים וְאַהֲבַת חֶסֶד
וּצְדָקָה וּבְרָכָה וְרַחֲמִים וְחַיִּים וְשָׁלוֹם.
וְטוֹב בְּעֵינֶיךָ לְבָרֵךְ אֶת עַמְּךָ יִשְׂרָאֵל
בְּכָל עֵת וּבְכָל שָׁעָה בִּשְׁלוֹמֶךָ.

On Shabbat Shuva: In the book of life, blessing,
peace, and prosperity,
may we and all Your people the house of Israel
be remembered and written
before You for a good life, and for peace.*

Blessed are You, LORD,
who blesses His people Israel with peace.

On Shabbat Shuva outside Israel, many end the blessing:
Blessed are You, LORD, who makes peace.

The following verse concludes the Leader's Repetition of the Amida. Some also say it here as part of the silent Amida.

May the words of my mouth and the meditation of my heart *Ps. 19*
find favor before You, LORD, my Rock and Redeemer.

אֱלֹהַי My God, *Berakhot 17a*
guard my tongue from evil
and my lips from deceitful speech.
To those who curse me, let my soul be silent;
may my soul be to all like the dust.
Open my heart to Your Torah
and let my soul pursue Your commandments.
As for all who plan evil against me,
swiftly thwart their counsel and frustrate their plans.
Act for the sake of Your name;
act for the sake of Your right hand;
act for the sake of Your holiness;
act for the sake of Your Torah.

בשבת שובה: בְּסֵפֶר חַיִּים, בְּרָכָה וְשָׁלוֹם, וּפַרְנָסָה טוֹבָה
נִזָּכֵר וְנִכָּתֵב לְפָנֶיךָ, אֲנַחְנוּ וְכָל עַמְּךָ
בֵּית יִשְׂרָאֵל, לְחַיִּים טוֹבִים וּלְשָׁלוֹם.*

בָּרוּךְ אַתָּה יהוה
הַמְבָרֵךְ אֶת עַמּוֹ יִשְׂרָאֵל בַּשָּׁלוֹם.

*During the שבת שובה in חוץ לארץ, many end the blessing:

בָּרוּךְ אַתָּה יהוה, עוֹשֵׂה הַשָּׁלוֹם.

The following verse concludes the חזרת הש״ץ.
Some also say it here as part of the silent עמידה.

תהלים יט יִהְיוּ לְרָצוֹן אִמְרֵי־פִי וְהֶגְיוֹן לִבִּי לְפָנֶיךָ, יהוה צוּרִי וְגֹאֲלִי:

ברכות יז. אֱלֹהַי
נְצֹר לְשׁוֹנִי מֵרָע, וּשְׂפָתַי מִדַּבֵּר מִרְמָה
וְלִמְקַלְלַי נַפְשִׁי תִדֹּם, וְנַפְשִׁי כֶּעָפָר לַכֹּל תִּהְיֶה.
פְּתַח לִבִּי בְּתוֹרָתֶךָ, וּבְמִצְוֹתֶיךָ תִּרְדֹּף נַפְשִׁי.
וְכָל הַחוֹשְׁבִים עָלַי רָעָה
מְהֵרָה הָפֵר עֲצָתָם וְקַלְקֵל מַחֲשַׁבְתָּם.
עֲשֵׂה לְמַעַן שְׁמֶךָ, עֲשֵׂה לְמַעַן יְמִינֶךָ
עֲשֵׂה לְמַעַן קְדֻשָּׁתֶךָ, עֲשֵׂה לְמַעַן תּוֹרָתֶךָ.

That Your beloved ones may be delivered, Ps. 60
save with Your right hand and answer me.
May the words of my mouth Ps. 19
and the meditation of my heart
find favor before You, LORD, my Rock and Redeemer.

Bow, take three steps back, then bow, first left, then right, then center, while saying:

May He who makes peace in His high places,
make peace for us and all Israel –
and say: Amen.

יְהִי רָצוֹן May it be Your will,
LORD our God and God of our ancestors,
that the Temple be rebuilt speedily in our days,
and grant us a share in Your Torah.
And there we will serve You with reverence,
as in the days of old and as in former years.
Then the offering of Judah and Jerusalem Mal. 3
will be pleasing to the LORD
as in the days of old and as in former years.

On Rosh Ḥodesh, and Ḥanukka, the service continues with Hallel on page 700.

FULL KADDISH

Leader: יִתְגַּדַּל Magnified and sanctified
may His great name be,
in the world He created by His will.
May He establish His kingdom
in your lifetime and in your days,
and in the lifetime of all the house of Israel,
swiftly and soon – and say: Amen.

לְמַעַן יֵחָלְצוּן יְדִידֶיךָ, הוֹשִׁיעָה יְמִינְךָ וַעֲנֵנִי: תהלים ס

יִהְיוּ לְרָצוֹן אִמְרֵי־פִי וְהֶגְיוֹן לִבִּי לְפָנֶיךָ תהלים יט

יהוה צוּרִי וְגֹאֲלִי:

Bow, take three steps back, then bow, first left, then right, then center, while saying:

עֹשֶׂה שָׁלוֹם/ בשבת שובה: הַשָּׁלוֹם/ בִּמְרוֹמָיו

הוּא יַעֲשֶׂה שָׁלוֹם עָלֵינוּ וְעַל כָּל יִשְׂרָאֵל,

וְאִמְרוּ אָמֵן.

יְהִי רָצוֹן מִלְּפָנֶיךָ יהוה אֱלֹהֵינוּ וֵאלֹהֵי אֲבוֹתֵינוּ

שֶׁיִּבָּנֶה בֵּית הַמִּקְדָּשׁ בִּמְהֵרָה בְיָמֵינוּ

וְתֵן חֶלְקֵנוּ בְּתוֹרָתֶךָ

וְשָׁם נַעֲבָדְךָ בְּיִרְאָה כִּימֵי עוֹלָם וּכְשָׁנִים קַדְמֹנִיּוֹת.

וְעָרְבָה לַיהוה מִנְחַת יְהוּדָה וִירוּשָׁלָםִ מלאכי ג

כִּימֵי עוֹלָם וּכְשָׁנִים קַדְמֹנִיּוֹת:

On ראש חודש*, and* חנוכה*, the service continues with* הלל *on page 701.*

קדיש שלם

ש״ץ: יִתְגַּדַּל וְיִתְקַדַּשׁ שְׁמֵהּ רַבָּא (קהל: אָמֵן)

בְּעָלְמָא דִּי בְרָא כִרְעוּתֵהּ, וְיַמְלִיךְ מַלְכוּתֵהּ

בְּחַיֵּיכוֹן וּבְיוֹמֵיכוֹן וּבְחַיֵּי דְכָל בֵּית יִשְׂרָאֵל

בַּעֲגָלָא וּבִזְמַן קָרִיב, וְאִמְרוּ אָמֵן. (קהל: אָמֵן)

All: May His great name be blessed
for ever and all time.

Leader: Blessed and praised,
glorified and exalted,
raised and honored,
uplifted and lauded
be the name of the Holy One,
blessed be He,
beyond any blessing,
song, praise, and consolation
uttered in the world –
and say: Amen.

May the prayers and pleas of all Israel
be accepted by their Father in heaven –
and say: Amen.

May there be great peace from heaven,
and life for us and all Israel –
and say: Amen.

Bow, take three steps back, as if taking leave of the Divine Presence, then bow, first left, then right, then center, while saying:

May He who makes peace
in His high places,
make peace for us and all Israel –
and say: Amen.

קהל וש״ץ: **יְהֵא שְׁמֵהּ רַבָּא מְבָרַךְ לְעָלַם וּלְעָלְמֵי עָלְמַיָּא.**

ש״ץ: **יִתְבָּרַךְ וְיִשְׁתַּבַּח וְיִתְפָּאַר**

וְיִתְרוֹמַם וְיִתְנַשֵּׂא וְיִתְהַדָּר וְיִתְעַלֶּה וְיִתְהַלָּל

שְׁמֵהּ דְּקֻדְשָׁא בְּרִיךְ הוּא (קהל: **בְּרִיךְ הוּא**)

לְעֵלָּא מִן כָּל בִּרְכָתָא

/בשבת שובה: **לְעֵלָּא לְעֵלָּא מִכָּל בִּרְכָתָא**/

וְשִׁירָתָא, תֻּשְׁבְּחָתָא וְנֶחֱמָתָא

דַּאֲמִירָן בְּעָלְמָא

וְאִמְרוּ אָמֵן. (קהל: **אָמֵן**)

תִּתְקַבַּל צְלוֹתְהוֹן וּבָעוּתְהוֹן דְּכָל יִשְׂרָאֵל

קֳדָם אֲבוּהוֹן דִּי בִשְׁמַיָּא

וְאִמְרוּ אָמֵן. (קהל: **אָמֵן**)

יְהֵא שְׁלָמָא רַבָּא מִן שְׁמַיָּא

וְחַיִּים, עָלֵינוּ וְעַל כָּל יִשְׂרָאֵל

וְאִמְרוּ אָמֵן. (קהל: **אָמֵן**)

Bow, take three steps back, as if taking leave of the Divine Presence, then bow, first left, then right, then center, while saying:

עֹשֶׂה שָׁלוֹם/ בשבת שובה: **הַשָּׁלוֹם**/ **בִּמְרוֹמָיו**

הוּא יַעֲשֶׂה שָׁלוֹם עָלֵינוּ וְעַל כָּל יִשְׂרָאֵל

וְאִמְרוּ אָמֵן. (קהל: **אָמֵן**)

REMOVING THE TORAH FROM THE ARK

אֵין־כָּמְוֹךָ There is none like You Ps. 86
among the heavenly powers,
LORD, and there are no works like Yours.
Your kingdom is an eternal kingdom, Ps. 145
and Your dominion is for all generations.

The LORD is King, the LORD was King,
the LORD shall be King for ever and all time.
The LORD will give strength to His people; Ps. 29
the LORD will bless His people with peace.

Father of compassion,
favor Zion with Your goodness; Ps. 51
rebuild the walls of Jerusalem.
For we trust in You alone, King, God,
high and exalted, Master of worlds.

The Ark is opened and the congregation stands. All say:

וַיְהִי בִּנְסֹעַ Whenever the Ark set out, Num. 10
Moses would say,
"Arise, LORD, and may Your enemies be scattered.
May those who hate You flee before You."
For the Torah shall come forth from Zion, Is. 2
and the word of the LORD from Jerusalem.
Blessed is He who in His Holiness
gave the Torah to His people Israel.

הוצאת ספר תורה

תהלים פו אֵין־כָּמְוֹךָ בָאֱלֹהִים, אֲדֹנָי, וְאֵין כְּמַעֲשֶׂיךָ:

תהלים קמה מַלְכוּתְךָ מַלְכוּת כָּל־עֹלָמִים
וּמֶמְשַׁלְתְּךָ בְּכָל־דּוֹר וָדֹר:

יהוה מֶלֶךְ, יהוה מָלָךְ, יהוה יִמְלֹךְ לְעֹלָם וָעֶד.

תהלים כט יהוה עֹז לְעַמּוֹ יִתֵּן
יהוה יְבָרֵךְ אֶת־עַמּוֹ בַשָּׁלוֹם:

אַב הָרַחֲמִים
תהלים נא הֵיטִיבָה בִרְצוֹנְךָ אֶת־צִיּוֹן
תִּבְנֶה חוֹמוֹת יְרוּשָׁלָםִ:
כִּי בְךָ לְבַד בָּטָחְנוּ
מֶלֶךְ אֵל רָם וְנִשָּׂא, אֲדוֹן עוֹלָמִים.

The ארון קודש *is opened and the* קהל *stands. All say:*

במדבר י וַיְהִי בִּנְסֹעַ הָאָרֹן וַיֹּאמֶר מֹשֶׁה
קוּמָה יהוה וְיָפֻצוּ אֹיְבֶיךָ
וְיָנֻסוּ מְשַׂנְאֶיךָ מִפָּנֶיךָ:
ישעיה ב כִּי מִצִּיּוֹן תֵּצֵא תוֹרָה וּדְבַר־יהוה מִירוּשָׁלָםִ:
בָּרוּךְ שֶׁנָּתַן תּוֹרָה לְעַמּוֹ יִשְׂרָאֵל בִּקְדֻשָּׁתוֹ.

Blessed is the name of the Master of the Universe. Blessed is Your crown and Your place. May Your favor always be with Your people Israel. Show Your people the salvation of Your right hand in Your Temple. Grant us the gift of Your good light, and accept our prayers in mercy. May it be Your will to prolong our life in goodness. May I be counted among the righteous, so that You will have compassion on me and protect me and all that is mine and all that is Your people Israel's. You feed all; You sustain all; You rule over all; You rule over kings, for sovereignty is Yours. I am a servant of the Holy One, blessed be He, before whom and before whose glorious Torah I bow at all times. Not in man do I trust, nor on any angel do I rely, but on the God of heaven who is the God of truth, whose Torah is truth, whose prophets speak truth, and who abounds in acts of love and truth. ▸ In Him I trust, and to His holy and glorious name I offer praises. May it be Your will to open my heart to the Torah, and to fulfill the wishes of my heart and of the hearts of all Your people Israel for good, for life, and for peace. *Zohar, Vayak-hel*

The Leader takes the Torah scroll in his right arm. Leader then congregation:

Listen, Israel: the LORD is our God, *Deut. 6*
the LORD is One.

Leader then congregation:

One is our God; great is our Master;
holy is His name.

The Leader turns to face the Ark, bows and says:

Magnify the LORD with me,
and let us exalt His name together. *Ps. 34*

זוהר ויקהל

בְּרִיךְ שְׁמֵהּ דְּמָרֵא עָלְמָא, בְּרִיךְ כִּתְרָךְ וְאַתְרָךְ. יְהֵא רְעוּתָךְ עִם עַמָּךְ יִשְׂרָאֵל לְעָלַם, וּפֻרְקַן יְמִינָךְ אַחֲזִי לְעַמָּךְ בְּבֵית מַקְדְּשָׁךְ, וּלְאַמְטוּיֵי לַנָא מִטּוּב נְהוֹרָךְ, וּלְקַבֵּל צְלוֹתַנָא בְּרַחֲמִין. יְהֵא רַעֲוָא קֳדָמָךְ דְּתוֹרִיךְ לַן חַיִּין בְּטִיבוּ, וְלֶהֱוֵי אֲנָא פְקִידָא בְּגוֹ צַדִּיקַיָּא, לְמִרְחַם עֲלַי וּלְמִנְטַר יָתִי וְיַת כָּל דִּי לִי וְדִי לְעַמָּךְ יִשְׂרָאֵל. אַנְתְּ הוּא זָן לְכֹלָּא וּמְפַרְנֵס לְכֹלָּא, אַנְתְּ הוּא שַׁלִּיט עַל כֹּלָּא, אַנְתְּ הוּא דְּשַׁלִּיט עַל מַלְכַיָּא, וּמַלְכוּתָא דִּילָךְ הִיא. אֲנָא עַבְדָּא דְקֻדְשָׁא בְּרִיךְ הוּא, דְּסָגֵדְנָא קַמֵּהּ וּמִקַּמֵּי דִּיקָר אוֹרַיְתֵהּ בְּכָל עִדָּן וְעִדָּן. לָא עַל אֱנָשׁ רָחִיצְנָא וְלָא עַל בַּר אֱלָהִין סָמִיכְנָא, אֶלָּא בֶּאֱלָהָא דִשְׁמַיָּא, דְּהוּא אֱלָהָא קְשׁוֹט, וְאוֹרַיְתֵהּ קְשׁוֹט, וּנְבִיאוֹהִי קְשׁוֹט, וּמַסְגֵּא לְמֶעְבַּד טַבְוָן וּקְשׁוֹט. ‹ בֵּהּ אֲנָא רָחִיץ, וְלִשְׁמֵהּ קַדִּישָׁא יַקִּירָא אֲנָא אֵמַר תֻּשְׁבְּחָן. יְהֵא רַעֲוָא קֳדָמָךְ דְּתִפְתַּח לִבָּאִי בְּאוֹרַיְתָא, וְתַשְׁלִים מִשְׁאֲלִין דְּלִבָּאִי וְלִבָּא דְכָל עַמָּךְ יִשְׂרָאֵל לְטָב וּלְחַיִּין וְלִשְׁלָם.

The שליח ציבור *takes the* ספר תורה *in his right arm.* קהל *then* שליח ציבור:

דברים ו

שְׁמַע יִשְׂרָאֵל, יהוה אֱלֹהֵינוּ, יהוה אֶחָד:

קהל *then* שליח ציבור:

אֶחָד אֱלֹהֵינוּ, גָּדוֹל אֲדוֹנֵינוּ, קָדוֹשׁ שְׁמוֹ.

The שליח ציבור *turns to face the* ארון קודש*, bows and says:*

תהלים לד

גַּדְּלוּ לַיהוה אִתִּי וּנְרוֹמְמָה שְׁמוֹ יַחְדָּו:

The Ark is closed. The Leader carries the Torah scroll to the bima and the congregation says:

לְךָ Yours, LORD, are the greatness and the power, *1 Chr. 29*
the glory and the majesty and splendor,
for everything in heaven and earth is Yours.
Yours, LORD, is the kingdom;
You are exalted as Head over all.

רוֹמְמוּ Exalt the LORD our God *Ps. 99*
and bow to His footstool;
He is holy.
Exalt the LORD our God,
and bow at His holy mountain,
for holy is the LORD our God.

Over all may the name of the Supreme King of kings, the Holy One blessed be He, be magnified and sanctified, praised and glorified, exalted and extolled, in the worlds that He has created – this world and the World to Come – in accordance with His will, and the will of those who fear Him, and the will of the whole house of Israel. He is the Rock of worlds, LORD of all creatures, God of all souls, who dwells in the spacious heights and inhabits the high heavens of old. His holiness is over the Ḥayyot and over the throne of glory. Therefore may Your name, LORD our God, be sanctified among us in the sight of all that lives. Let us sing before Him a new song, as it is written: "Sing to God, *Ps. 68* make music for His name, extol Him who rides the clouds –

The ארון קודש *is closed. The* שליח ציבור *carries the* ספר תורה *to the* בימה *and the* קהל *says:*

דברי הימים א׳ כט
לְךָ יהוה הַגְּדֻלָּה וְהַגְּבוּרָה
וְהַתִּפְאֶרֶת וְהַנֵּצַח וְהַהוֹד
כִּי־כֹל בַּשָּׁמַיִם וּבָאָרֶץ
לְךָ יהוה הַמַּמְלָכָה וְהַמִּתְנַשֵּׂא לְכֹל לְרֹאשׁ:

תהלים צט
רוֹמְמוּ יהוה אֱלֹהֵינוּ וְהִשְׁתַּחֲווּ לַהֲדֹם רַגְלָיו
קָדוֹשׁ הוּא:
רוֹמְמוּ יהוה אֱלֹהֵינוּ וְהִשְׁתַּחֲווּ לְהַר קָדְשׁוֹ
כִּי־קָדוֹשׁ יהוה אֱלֹהֵינוּ:

עַל הַכֹּל יִתְגַּדַּל וְיִתְקַדַּשׁ וְיִשְׁתַּבַּח וְיִתְפָּאַר וְיִתְרוֹמַם וְיִתְנַשֵּׂא שְׁמוֹ שֶׁל מֶלֶךְ מַלְכֵי הַמְּלָכִים הַקָּדוֹשׁ בָּרוּךְ הוּא בָּעוֹלָמוֹת שֶׁבָּרָא, הָעוֹלָם הַזֶּה וְהָעוֹלָם הַבָּא, כִּרְצוֹנוֹ וְכִרְצוֹן יְרֵאָיו וְכִרְצוֹן כָּל בֵּית יִשְׂרָאֵל. צוּר הָעוֹלָמִים, אֲדוֹן כָּל הַבְּרִיּוֹת, אֱלוֹהַּ כָּל הַנְּפָשׁוֹת, הַיּוֹשֵׁב בְּמֶרְחֲבֵי מָרוֹם, הַשּׁוֹכֵן בִּשְׁמֵי שְׁמֵי קֶדֶם, קְדֻשָּׁתוֹ עַל הַחַיּוֹת, וּקְדֻשָּׁתוֹ עַל כִּסֵּא הַכָּבוֹד. וּבְכֵן יִתְקַדַּשׁ שִׁמְךָ בָּנוּ יהוה אֱלֹהֵינוּ לְעֵינֵי כָּל חָי, וְנֹאמַר
תהלים סח
לְפָנָיו שִׁיר חָדָשׁ, כַּכָּתוּב: שִׁירוּ לֵאלֹהִים זַמְּרוּ שְׁמוֹ,

the LORD is His name – and exult before Him." And may we see Him eye to eye when He returns to His abode as it is written: "For they shall see eye to eye when the LORD *Is. 52*
returns to Zion." And it is said: "Then will the glory of the *Is. 40*
LORD be revealed, and all mankind together shall see that the mouth of the LORD has spoken."

Father of mercy, have compassion on the people borne by Him. May He remember the covenant with the mighty (patriarchs), and deliver us from evil times. May He reproach the evil instinct in the people carried by Him, and graciously grant that we be an eternal remnant. May He fulfill in good measure our requests for salvation and compassion.

The Torah scroll is placed on the bima and the Gabbai calls a Kohen to the Torah.

וְיַעֲזֹר May He help, shield and save all who seek refuge in Him, and let us say: Amen. Let us all render greatness to our God and give honor to the Torah. *Let the Kohen come forward. Arise (*name* son of *father's name*), the Kohen.

**If no Kohen is present, a Levi or Yisrael is called up as follows:*

/As there is no Kohen, arise (*name* son of *father's name*) in place of a Kohen./

Blessed is He who, in His holiness, gave the Torah to His people Israel.

The congregation followed by the Gabbai:

You who cling to the LORD your God are all alive today. *Deut. 4*

The appropriate Torah portion is read.

סֹלּוּ לָרֹכֵב בָּעֲרָבוֹת, בְּיָהּ שְׁמוֹ, וְעִלְזוּ לְפָנָיו: וְנִרְאֵהוּ
עַיִן בְּעַיִן בְּשׁוּבוֹ אֶל נָוֵהוּ, כַּכָּתוּב: כִּי עַיִן בְּעַיִן יִרְאוּ ישעיה נב
בְּשׁוּב יהוה צִיּוֹן: וְנֶאֱמַר: וְנִגְלָה כְּבוֹד יהוה, וְרָאוּ כָל־ ישעיה מ
בָּשָׂר יַחְדָּו כִּי פִּי יהוה דִּבֵּר:

אַב הָרַחֲמִים הוּא יְרַחֵם עַם עֲמוּסִים, וְיִזְכֹּר בְּרִית אֵיתָנִים, וְיַצִּיל נַפְשׁוֹתֵינוּ מִן הַשָּׁעוֹת הָרָעוֹת, וְיִגְעַר בְּיֵצֶר הָרָע מִן הַנְּשׂוּאִים, וְיָחֹן אוֹתָנוּ לִפְלֵיטַת עוֹלָמִים, וִימַלֵּא מִשְׁאֲלוֹתֵינוּ בְּמִדָּה טוֹבָה יְשׁוּעָה וְרַחֲמִים.

The ספר תורה is placed on the שולחן and the גבאי calls a כוהן to the תורה.

וְיַעֲזֹר וְיָגֵן וְיוֹשִׁיעַ לְכָל הַחוֹסִים בּוֹ, וְנֹאמַר אָמֵן. הַכֹּל הָבוּ גֹדֶל לֵאלֹהֵינוּ וּתְנוּ כָבוֹד לַתּוֹרָה. *כֹּהֵן קְרַב, יַעֲמֹד (פלוני בֶּן פלוני) הַכֹּהֵן.

**If no כוהן is present, a לוי or ישראל is called up as follows:*

/אֵין כָּאן כֹּהֵן, יַעֲמֹד (פלוני בֶּן פלוני) בִּמְקוֹם כֹּהֵן./

בָּרוּךְ שֶׁנָּתַן תּוֹרָה לְעַמּוֹ יִשְׂרָאֵל בִּקְדֻשָּׁתוֹ.

The קהל followed by the גבאי:

דברים ד
וְאַתֶּם הַדְּבֵקִים בַּיהוה אֱלֹהֵיכֶם
חַיִּים כֻּלְּכֶם הַיּוֹם:

The appropriate תורה portion is read.

The Reader shows the oleh the section to be read. The oleh touches the scroll at that place with the tzitzit of his tallit, which he then kisses. Holding the handles of the scroll, he says:

Oleh: Bless the LORD, the blessed One.

Cong: Bless the LORD, the blessed One,
for ever and all time.

Oleh: Bless the LORD, the blessed One,
for ever and all time.
Blessed are You, LORD our God,
King of the Universe,
who has chosen us from all peoples
and has given us His Torah.
Blessed are You, LORD, Giver of the Torah.

After the reading, the oleh says:

Oleh: Blessed are You, LORD our God,
King of the Universe,
who has given us the Torah of truth,
planting everlasting life in our midst.
Blessed are You, LORD, Giver of the Torah.

One who has survived a situation of danger says:

Blessed are You, LORD our God, King of the Universe, who bestows good on the unworthy, who has bestowed on me much good.

The congregation responds:

Amen. May He who bestowed much good on you continue to bestow on you much good, Selah.

The קורא *shows the* עולה *the section to be read. The* עולה *touches the scroll at that place with the* ציצית *of his* טלית*, which he then kisses. Holding the handles of the scroll, he says:*

עולה: בָּרְכוּ אֶת יהוה הַמְבֹרָךְ.

קהל: בָּרוּךְ יהוה הַמְבֹרָךְ לְעוֹלָם וָעֶד.

עולה: בָּרוּךְ יהוה הַמְבֹרָךְ לְעוֹלָם וָעֶד.
בָּרוּךְ אַתָּה יהוה אֱלֹהֵינוּ מֶלֶךְ הָעוֹלָם
אֲשֶׁר בָּחַר בָּנוּ מִכָּל הָעַמִּים
וְנָתַן לָנוּ אֶת תּוֹרָתוֹ.
בָּרוּךְ אַתָּה יהוה, נוֹתֵן הַתּוֹרָה.

After the קריאת התורה*, the* עולה *says:*

עולה: בָּרוּךְ אַתָּה יהוה אֱלֹהֵינוּ מֶלֶךְ הָעוֹלָם
אֲשֶׁר נָתַן לָנוּ תּוֹרַת אֱמֶת
וְחַיֵּי עוֹלָם נָטַע בְּתוֹכֵנוּ.
בָּרוּךְ אַתָּה יהוה, נוֹתֵן הַתּוֹרָה.

One who has survived a situation of danger says:

בָּרוּךְ אַתָּה יהוה אֱלֹהֵינוּ מֶלֶךְ הָעוֹלָם, הַגּוֹמֵל לְחַיָּבִים טוֹבוֹת, שֶׁגְּמָלַנִי כָּל טוֹב.

The קהל *responds:*

אָמֵן. מִי שֶׁגְּמָלְךָ כָּל טוֹב הוּא יִגְמָלְךָ כָּל טוֹב, סֶלָה.

After a Bar Mitzva boy has finished the Torah blessing, his father says aloud:

Blessed is He who has released me
from the responsibility for this child.

In some congregations, during the week before a yahrzeit, "God, full of mercy" for a relative is said

For a male close relative:

אֵל מָלֵא רַחֲמִים God, full of mercy, who dwells on high, grant fitting rest on the wings of the Divine Presence, in the heights of the holy and the pure who shine like the radiance of heaven, to the soul of (*name* son of *father's name*) who has gone to his eternal home, and to this I pledge (without formal vow) to give charity in his memory, may his resting place be in the Garden of Eden. Therefore, Master of compassion, shelter him in the shadow of Your wings forever and bind his soul in the bond of everlasting life. The LORD is his heritage; may he rest in peace, and let us say: Amen.

For a female close relative:

אֵל מָלֵא רַחֲמִים God, full of mercy, who dwells on high, grant fitting rest on the wings of the Divine Presence, in the heights of the holy and the pure who shine like the radiance of heaven, to the soul of (*name* daughter of *father's name*) who has gone to her eternal home, and to this I pledge (without formal vow) to give charity in her memory, may her resting place be in the Garden of Eden. Therefore, Master of compassion, shelter her in the shadow of Your wings forever and bind her soul in the bond of everlasting life. The LORD is her heritage; may she rest in peace, and let us say: Amen.

After a בר מצווה *has finished the* תורה *blessing, his father says aloud:*

בָּרוּךְ שֶׁפְּטָרַנִי מֵעָנְשׁוֹ שֶׁלָּזֶה.

In some congregations, during the week before a yahrzeit,
אֵל מָלֵא רַחֲמִים *for a relative is said.*

For a male close relative:

אֵל מָלֵא רַחֲמִים, שׁוֹכֵן בַּמְּרוֹמִים, הַמְצֵא מְנוּחָה נְכוֹנָה עַל כַּנְפֵי הַשְּׁכִינָה, בְּמַעֲלוֹת קְדוֹשִׁים וּטְהוֹרִים, כְּזֹהַר הָרָקִיעַ מַזְהִירִים, לְנִשְׁמַת (פלוני בֶּן פלוני) שֶׁהָלַךְ לְעוֹלָמוֹ, בַּעֲבוּר שֶׁבְּלִי נֶדֶר אֶתֵּן צְדָקָה בְּעַד הַזְכָּרַת נִשְׁמָתוֹ, בְּגַן עֵדֶן תְּהֵא מְנוּחָתוֹ. לָכֵן, בַּעַל הָרַחֲמִים יַסְתִּירֵהוּ בְּסֵתֶר כְּנָפָיו לְעוֹלָמִים, וְיִצְרֹר בִּצְרוֹר הַחַיִּים אֶת נִשְׁמָתוֹ, יהוה הוּא נַחֲלָתוֹ, וְיָנְוּחַ בְּשָׁלוֹם עַל מִשְׁכָּבוֹ, וְנֹאמַר אָמֵן.

For a female close relative:

אֵל מָלֵא רַחֲמִים, שׁוֹכֵן בַּמְּרוֹמִים, הַמְצֵא מְנוּחָה נְכוֹנָה עַל כַּנְפֵי הַשְּׁכִינָה, בְּמַעֲלוֹת קְדוֹשִׁים וּטְהוֹרִים, כְּזֹהַר הָרָקִיעַ מַזְהִירִים, לְנִשְׁמַת (פלונית בַּת פלוני) שֶׁהָלְכָה לְעוֹלָמָהּ, בַּעֲבוּר שֶׁבְּלִי נֶדֶר אֶתֵּן צְדָקָה בְּעַד הַזְכָּרַת נִשְׁמָתָהּ, בְּגַן עֵדֶן תְּהֵא מְנוּחָתָהּ. לָכֵן, בַּעַל הָרַחֲמִים יַסְתִּירֶהָ בְּסֵתֶר כְּנָפָיו לְעוֹלָמִים, וְיִצְרֹר בִּצְרוֹר הַחַיִּים אֶת נִשְׁמָתָהּ, יהוה הוּא נַחֲלָתָהּ, וְתָנְוּחַ בְּשָׁלוֹם עַל מִשְׁכָּבָהּ, וְנֹאמַר אָמֵן.

FOR AN OLEH

May He who blessed our fathers, Abraham, Isaac, and Jacob, bless (*name*, son of *father's name*) who has been called up in honor of the All-Present, in honor of the Torah, and in honor of the Sabbath. As a reward for this, may the Holy One, blessed be He, protect and deliver him from all trouble and distress, all infection and illness, and send blessing and success to all the work of his hands, together with all Israel, his brethren, and let us say: Amen.

FOR A SICK MAN

May He who blessed our fathers, Abraham, Isaac, and Jacob, Moses and Aaron, David and Solomon, bless and heal one who is ill, (*sick person's name*, son of *mother's name*), on whose behalf (*name of the one making the offering*) is making a contribution to charity. As a reward for this, may the Holy One, blessed be He, be filled with compassion for him, to restore his health, cure him, strengthen and revive him, sending him a swift and full recovery from heaven to all his 248 organs and 365 sinews, amongst the other sick ones in Israel, a healing of the spirit and a healing of the body – though on the Sabbath it is forbidden to cry out, may healing be quick to come – now, swiftly and soon, and let us say: Amen.

FOR A SICK WOMAN

May He who blessed our fathers, Abraham, Isaac, and Jacob, Moses and Aaron, David and Solomon, bless and heal one who is ill, (*sick person's name*, daughter of *mother's name*),

מי שבירך לעולה לתורה

מִי שֶׁבֵּרַךְ אֲבוֹתֵינוּ אַבְרָהָם יִצְחָק וְיַעֲקֹב, הוּא יְבָרֵךְ אֶת (פלוני בֶּן פלוני), בַּעֲבוּר שֶׁעָלָה לִכְבוֹד הַמָּקוֹם וְלִכְבוֹד הַתּוֹרָה וְלִכְבוֹד הַשַּׁבָּת. בִּשְׂכַר זֶה הַקָּדוֹשׁ בָּרוּךְ הוּא יִשְׁמְרֵהוּ וְיַצִּילֵהוּ מִכָּל צָרָה וְצוּקָה וּמִכָּל נֶגַע וּמַחֲלָה, וְיִשְׁלַח בְּרָכָה וְהַצְלָחָה בְּכָל מַעֲשֵׂה יָדָיו עִם כָּל יִשְׂרָאֵל אֶחָיו, וְנֹאמַר אָמֵן.

מי שבירך לחולֶה

מִי שֶׁבֵּרַךְ אֲבוֹתֵינוּ אַבְרָהָם יִצְחָק וְיַעֲקֹב, מֹשֶׁה וְאַהֲרֹן דָּוִד וּשְׁלֹמֹה הוּא יְבָרֵךְ וִירַפֵּא אֶת הַחוֹלֶה (פלוני בֶּן פלונית) בַּעֲבוּר שֶׁ(פלוני בֶּן פלוני) נוֹדֵר צְדָקָה בַּעֲבוּרוֹ. בִּשְׂכַר זֶה הַקָּדוֹשׁ בָּרוּךְ הוּא יִמָּלֵא רַחֲמִים עָלָיו לְהַחֲלִימוֹ וּלְרַפֹּאתוֹ וּלְהַחֲזִיקוֹ וּלְהַחֲיוֹתוֹ וְיִשְׁלַח לוֹ מְהֵרָה רְפוּאָה שְׁלֵמָה מִן הַשָּׁמַיִם לִרְמַ״ח אֵבָרָיו וּשְׁסָ״ה גִּידָיו בְּתוֹךְ שְׁאָר חוֹלֵי יִשְׂרָאֵל, רְפוּאַת הַנֶּפֶשׁ וּרְפוּאַת הַגּוּף. שַׁבָּת הִיא מִלִּזְעֹק וּרְפוּאָה קְרוֹבָה לָבוֹא, הַשְׁתָּא בַּעֲגָלָא וּבִזְמַן קָרִיב, וְנֹאמַר אָמֵן.

מי שבירך לחולָה

מִי שֶׁבֵּרַךְ אֲבוֹתֵינוּ אַבְרָהָם יִצְחָק וְיַעֲקֹב, מֹשֶׁה וְאַהֲרֹן דָּוִד וּשְׁלֹמֹה הוּא יְבָרֵךְ וִירַפֵּא אֶת הַחוֹלָה (פלונית בַּת

on whose behalf (*name of the one making the offering*) is making a contribution to charity. As a reward for this, may the Holy One, blessed be He, be filled with compassion for her, to restore her health, cure her, strengthen and revive her, sending her a swift and full recovery from heaven to all her organs and sinews, amongst the other sick ones in Israel, a healing of the spirit and a healing of the body – though on the Sabbath it is forbidden to cry out, may healing be quick to come – now, swiftly and soon, and let us say: Amen.

ON THE BIRTH OF A SON

May He who blessed our fathers, Abraham, Isaac, and Jacob, Moses and Aaron, David and Solomon, Sarah, Rebecca, Rachel, and Leah, bless the woman who has given birth (*name,* daughter of *father's name*), and her son who has been born to her as an auspicious sign. Her husband, the child's father, is making a contribution to charity. As a reward for this, may father and mother merit to bring the child into the covenant of Abraham and to a life of Torah, to the marriage canopy and to good deeds, and let us say: Amen.

ON THE BIRTH OF A DAUGHTER

May He who blessed our fathers, Abraham, Isaac, and Jacob, Moses and Aaron, David and Solomon, Sarah, Rebecca, Rachel, and Leah, bless the woman who has given birth (*name,* daughter of *father's name*), and her

פלונית) בַּעֲבוּר שֶׁ(פלוני בֶּן פלוני) נוֹדֵר צְדָקָה בַּעֲבוּרָהּ. בִּשְׂכַר זֶה הַקָּדוֹשׁ בָּרוּךְ הוּא יִמָּלֵא רַחֲמִים עָלֶיהָ לְהַחֲלִימָהּ וּלְרַפְּאתָהּ וּלְהַחֲזִיקָהּ וּלְהַחֲיוֹתָהּ וְיִשְׁלַח לָהּ מְהֵרָה רְפוּאָה שְׁלֵמָה מִן הַשָּׁמַיִם לְכָל אֵבָרֶיהָ וּלְכָל גִּידֶיהָ בְּתוֹךְ שְׁאָר חוֹלֵי יִשְׂרָאֵל, רְפוּאַת הַנֶּפֶשׁ וּרְפוּאַת הַגּוּף. שַׁבָּת הִיא מִלִּזְעֹק וּרְפוּאָה קְרוֹבָה לָבוֹא, הַשְׁתָּא בַּעֲגָלָא וּבִזְמַן קָרִיב, וְנֹאמַר אָמֵן.

מי שבירך ליולדת בן

מִי שֶׁבֵּרַךְ אֲבוֹתֵינוּ אַבְרָהָם יִצְחָק וְיַעֲקֹב, מֹשֶׁה וְאַהֲרֹן דָּוִד וּשְׁלֹמֹה, שָׂרָה רִבְקָה רָחֵל וְלֵאָה הוּא יְבָרֵךְ אֶת הָאִשָּׁה הַיּוֹלֶדֶת (פלונית בַּת פלוני) וְאֶת בְּנָהּ שֶׁנּוֹלַד לָהּ לְמַזָּל טוֹב בַּעֲבוּר שֶׁבַּעְלָהּ וְאָבִיו נוֹדֵר צְדָקָה בַּעֲדָם. בִּשְׂכַר זֶה יִזְכּוּ אָבִיו וְאִמּוֹ לְהַכְנִיסוֹ בִּבְרִיתוֹ שֶׁל אַבְרָהָם אָבִינוּ וּלְגַדְּלוֹ לְתוֹרָה וּלְחֻפָּה וּלְמַעֲשִׂים טוֹבִים, וְנֹאמַר אָמֵן.

מי שבירך ליולדת בת

מִי שֶׁבֵּרַךְ אֲבוֹתֵינוּ אַבְרָהָם יִצְחָק וְיַעֲקֹב, מֹשֶׁה וְאַהֲרֹן דָּוִד וּשְׁלֹמֹה, שָׂרָה רִבְקָה רָחֵל וְלֵאָה הוּא יְבָרֵךְ אֶת הָאִשָּׁה הַיּוֹלֶדֶת (פלונית בַּת פלוני) וְאֶת בִּתָּהּ שֶׁנּוֹלְדָה

daughter who has been born to her as an auspicious sign; and may her name be called in Israel (*baby's name*, daughter of *father's name*). Her husband, the child's father, is making a contribution to charity. As a reward for this, may father and mother merit to raise her to a life of Torah, to the marriage canopy, and to good deeds, and let us say: Amen.

FOR A BAR MITZVA

May He who blessed our fathers, Abraham, Isaac, and Jacob, bless (*name*, son of *father's name*) who has completed thirteen years and attained the age of the commandments, who has been called to the Torah to give praise and thanks to God, may His name be blessed, for all the good He has bestowed on him. May the Holy One, blessed be He, protect and sustain him and direct his heart to be perfect with God, to walk in His ways and keep the commandments all the days of his life, and let us say: Amen.

FOR A BAT MITZVA

May He who blessed our fathers, Abraham, Isaac, and Jacob, Sarah, Rebecca, Rachel, and Leah, bless (*name*, daughter of *father's name*) who has completed twelve years and attained the age of the commandments, and gives praise and thanks to God, may His name be blessed, for all the good He has bestowed on her. May the Holy One, blessed be He, protect and sustain her and direct her heart to be perfect with God, to walk in His ways and keep the commandments all the days of her life, and let us say: Amen.

לָהּ לְמַזָּל טוֹב וְיִקָּרֵא שְׁמָהּ בְּיִשְׂרָאֵל (פלונית בַּת פלוני), בַּעֲבוּר שֶׁבַּעְלָהּ וְאָבִיהָ נוֹדֵר צְדָקָה בַּעֲדָן. בִּשְׂכַר זֶה יִזְכּוּ אָבִיהָ וְאִמָּהּ לְגַדְּלָהּ לְתוֹרָה וּלְחֻפָּה וּלְמַעֲשִׂים טוֹבִים, וְנֹאמַר אָמֵן.

מי שבירך לבר מצווה

מִי שֶׁבֵּרַךְ אֲבוֹתֵינוּ אַבְרָהָם יִצְחָק וְיַעֲקֹב הוּא יְבָרֵךְ אֶת (פלוני בֶּן פלוני) שֶׁמָּלְאוּ לוֹ שְׁלֹשׁ עֶשְׂרֵה שָׁנָה וְהִגִּיעַ לְמִצְוֹת, וְעָלָה לַתּוֹרָה, לָתֵת שֶׁבַח וְהוֹדָיָה לְהַשֵּׁם יִתְבָּרַךְ עַל כָּל הַטּוֹבָה שֶׁגָּמַל אִתּוֹ. יִשְׁמְרֵהוּ הַקָּדוֹשׁ בָּרוּךְ הוּא וִיחַיֵּהוּ, וִיכוֹנֵן אֶת לִבּוֹ לִהְיוֹת שָׁלֵם עִם יהוה וְלָלֶכֶת בִּדְרָכָיו וְלִשְׁמֹר מִצְוֹתָיו כָּל הַיָּמִים, וְנֹאמַר אָמֵן.

מי שבירך לבת מצווה

מִי שֶׁבֵּרַךְ אֲבוֹתֵינוּ אַבְרָהָם יִצְחָק וְיַעֲקֹב, שָׂרָה רִבְקָה רָחֵל וְלֵאָה, הוּא יְבָרֵךְ אֶת (פלונית בַּת פלוני) שֶׁמָּלְאוּ לָהּ שְׁתֵּים עֶשְׂרֵה שָׁנָה וְהִגִּיעָה לְמִצְוֹת, וְנוֹתֶנֶת שֶׁבַח וְהוֹדָיָה לְהַשֵּׁם יִתְבָּרַךְ עַל כָּל הַטּוֹבָה שֶׁגָּמַל אִתָּהּ. יִשְׁמְרֶהָ הַקָּדוֹשׁ בָּרוּךְ הוּא וִיחַיֶּהָ, וִיכוֹנֵן אֶת לִבָּהּ לִהְיוֹת שָׁלֵם עִם יהוה וְלָלֶכֶת בִּדְרָכָיו וְלִשְׁמֹר מִצְוֹתָיו כָּל הַיָּמִים, וְנֹאמַר אָמֵן.

HALF KADDISH

Before Maftir is read, the Reader says Half Kaddish:

Reader: יִתְגַּדַּל Magnified and sanctified
may His great name be,
in the world He created by His will.
May He establish His kingdom
in your lifetime
and in your days,
and in the lifetime
of all the house of Israel,
swiftly and soon –
and say: Amen.

All: May His great name be blessed
for ever and all time.

Reader: Blessed and praised,
glorified and exalted,
raised and honored,
uplifted and lauded
be the name of the Holy One,
blessed be He,
beyond any blessing,
song, praise, and consolation
uttered in the world –
and say: Amen.

חצי קדיש

Before מפטיר *is read, the* קורא *says* חצי קדיש:

קורא: יִתְגַּדַּל וְיִתְקַדַּשׁ שְׁמֵהּ רַבָּא (קהל: אָמֵן)
בְּעָלְמָא דִּי בְרָא כִרְעוּתֵהּ
וְיַמְלִיךְ מַלְכוּתֵהּ
בְּחַיֵּיכוֹן וּבְיוֹמֵיכוֹן וּבְחַיֵּי דְכָל בֵּית יִשְׂרָאֵל
בַּעֲגָלָא וּבִזְמַן קָרִיב
וְאִמְרוּ אָמֵן. (קהל: אָמֵן)

קהל קורא: יְהֵא שְׁמֵהּ רַבָּא מְבָרַךְ
לְעָלַם וּלְעָלְמֵי עָלְמַיָּא.

קורא: יִתְבָּרַךְ וְיִשְׁתַּבַּח וְיִתְפָּאַר
וְיִתְרוֹמַם וְיִתְנַשֵּׂא וְיִתְהַדָּר וְיִתְעַלֶּה וְיִתְהַלָּל
שְׁמֵהּ דְּקֻדְשָׁא בְּרִיךְ הוּא (קהל: בְּרִיךְ הוּא)
לְעֵלָּא מִן כָּל בִּרְכָתָא
/ בשבת שובה: לְעֵלָּא לְעֵלָּא מִכָּל בִּרְכָתָא/
וְשִׁירָתָא, תֻּשְׁבְּחָתָא וְנֶחֱמָתָא
דַּאֲמִירָן בְּעָלְמָא
וְאִמְרוּ אָמֵן. (קהל: אָמֵן)

HAGBAHA AND GELILA

The Torah scroll is lifted and the congregation says:

וְזֹאת הַתּוֹרָה This is the Torah *Deut. 4*
that Moses placed before the children of Israel, *Num. 9*
at the LORD's commandment,
by the hand of Moses.

Some add: It is a tree of life to those who grasp it, *Prov. 3*
and those who uphold it are happy.
Its ways are ways of pleasantness, and all its paths are peace.
Long life is in its right hand; in its left, riches and honor.
It pleased the LORD for the sake of [Israel's] righteousness, *Is. 42*
to make the Torah great and glorious.

The Torah scroll is bound and covered.

BLESSINGS BEFORE AND AFTER READING THE HAFTARA

Before reading the Haftara, the person called up for Maftir says:

בָּרוּךְ Blessed are You, LORD our God, King of the Universe, who chose good prophets and was pleased with their words, spoken in truth. Blessed are You, LORD, who chose the Torah, His servant Moses, His people Israel, and the prophets of truth and righteousness.

After the Haftara, the person called up for Maftir says the following blessings:

בָּרוּךְ Blessed are You, LORD our God, King of the Universe, Rock of all worlds, righteous for all generations, the faithful God who says and does, speaks and fulfills, all of whose words are truth and righteousness. You are faithful, LORD our God, and

הגבהה וגלילה

The ספר תורה *is lifted and the* קהל *says:*

וְזֹאת הַתּוֹרָה אֲשֶׁר־שָׂם מֹשֶׁה לִפְנֵי בְּנֵי יִשְׂרָאֵל׃ דברים ד

עַל־פִּי יהוה בְּיַד מֹשֶׁה׃ במדבר ט

Some add עֵץ־חַיִּים הִיא לַמַּחֲזִיקִים בָּהּ וְתֹמְכֶיהָ מְאֻשָּׁר׃ משלי ג

דְּרָכֶיהָ דַרְכֵי־נֹעַם וְכָל־נְתִיבֹתֶיהָ שָׁלוֹם׃

אֹרֶךְ יָמִים בִּימִינָהּ, בִּשְׂמֹאולָהּ עֹשֶׁר וְכָבוֹד׃

יהוה חָפֵץ לְמַעַן צִדְקוֹ יַגְדִּיל תּוֹרָה וְיַאְדִּיר׃ ישעיה מב

The ספר תורה *is bound and covered.*

ברכות ההפטרה

Before reading the הפטרה*, the person called up for* מפטיר *says:*

בָּרוּךְ אַתָּה יהוה אֱלֹהֵינוּ מֶלֶךְ הָעוֹלָם אֲשֶׁר בָּחַר בִּנְבִיאִים טוֹבִים, וְרָצָה בְדִבְרֵיהֶם הַנֶּאֱמָרִים בֶּאֱמֶת. בָּרוּךְ אַתָּה יהוה, הַבּוֹחֵר בַּתּוֹרָה וּבְמֹשֶׁה עַבְדּוֹ וּבְיִשְׂרָאֵל עַמּוֹ וּבִנְבִיאֵי הָאֱמֶת וָצֶדֶק.

After the הפטרה*, the person called up for* מפטיר *says the following blessings:*

בָּרוּךְ אַתָּה יהוה אֱלֹהֵינוּ מֶלֶךְ הָעוֹלָם, צוּר כָּל הָעוֹלָמִים, צַדִּיק בְּכָל הַדּוֹרוֹת, הָאֵל הַנֶּאֱמָן, הָאוֹמֵר וְעוֹשֶׂה, הַמְדַבֵּר וּמְקַיֵּם, שֶׁכָּל דְּבָרָיו אֱמֶת וָצֶדֶק. נֶאֱמָן אַתָּה הוּא יהוה אֱלֹהֵינוּ

faithful are Your words, not one of which returns unfulfilled, for You, God, are a faithful (and compassionate) King. Blessed are You, LORD, faithful in all His words.

רַחֵם Have compassion on Zion for it is the source of our life, and save the one grieved in spirit swiftly in our days. Blessed are You, LORD, who makes Zion rejoice in her children.

שַׂמְּחֵנוּ Grant us joy, LORD our God, through Elijah the prophet Your servant, and through the kingdom of the house of David Your anointed – may he soon come and make our hearts glad. May no stranger sit on his throne, and may others not continue to inherit his glory, for You promised him by Your holy name that his light would never be extinguished. Blessed are You, LORD, Shield of David.

עַל הַתּוֹרָה For the Torah, for divine worship, for the prophets, and for this Sabbath day which You, LORD our God, have given us for holiness and rest, honor and glory – for all these we thank and bless You, LORD our God, and may Your name be blessed by the mouth of all that lives, continually, for ever and all time. Blessed are You, LORD, who sanctifies the Sabbath.

וְנֶאֱמָנִים דְּבָרֶיךָ, וְדָבָר אֶחָד מִדְּבָרֶיךָ אָחוֹר לֹא יָשׁוּב רֵיקָם, כִּי אֵל מֶלֶךְ נֶאֱמָן (וְרַחֲמָן) אָתָּה. בָּרוּךְ אַתָּה יהוה, הָאֵל הַנֶּאֱמָן בְּכָל דְּבָרָיו.

רַחֵם עַל צִיּוֹן כִּי הִיא בֵּית חַיֵּינוּ, וְלַעֲלוּבַת נֶפֶשׁ תּוֹשִׁיעַ בִּמְהֵרָה בְיָמֵינוּ. בָּרוּךְ אַתָּה יהוה, מְשַׂמֵּחַ צִיּוֹן בְּבָנֶיהָ.

שַׂמְּחֵנוּ יהוה אֱלֹהֵינוּ בְּאֵלִיָּהוּ הַנָּבִיא עַבְדֶּךָ, וּבְמַלְכוּת בֵּית דָּוִד מְשִׁיחֶךָ, בִּמְהֵרָה יָבוֹא וְיָגֵל לִבֵּנוּ. עַל כִּסְאוֹ לֹא יֵשֶׁב זָר, וְלֹא יִנְחֲלוּ עוֹד אֲחֵרִים אֶת כְּבוֹדוֹ, כִּי בְשֵׁם קָדְשְׁךָ נִשְׁבַּעְתָּ לּוֹ שֶׁלֹּא יִכְבֶּה נֵרוֹ לְעוֹלָם וָעֶד. בָּרוּךְ אַתָּה יהוה, מָגֵן דָּוִד.

עַל הַתּוֹרָה וְעַל הָעֲבוֹדָה וְעַל הַנְּבִיאִים וְעַל יוֹם הַשַּׁבָּת הַזֶּה, שֶׁנָּתַתָּ לָּנוּ יהוה אֱלֹהֵינוּ לִקְדֻשָּׁה וְלִמְנוּחָה, לְכָבוֹד וּלְתִפְאָרֶת. עַל הַכֹּל יהוה אֱלֹהֵינוּ אֲנַחְנוּ מוֹדִים לָךְ וּמְבָרְכִים אוֹתָךְ, יִתְבָּרַךְ שִׁמְךָ בְּפִי כָּל חַי תָּמִיד לְעוֹלָם וָעֶד. בָּרוּךְ אַתָּה יהוה, מְקַדֵּשׁ הַשַּׁבָּת.

They are only said when praying with a minyan (some say the first paragraph without a minyan).

יְקוּם פֻּרְקָן May deliverance arise from heaven, bringing grace, love and compassion, long life, ample sustenance and heavenly help, physical health and enlightenment of mind, living and thriving children who will neither interrupt nor cease from the words of the Torah – to our masters and teachers of the holy communities in the land of Israel and Babylon; to the leaders of assemblies and the leaders of communities in exile; to the heads of academies and to the judges in the gates; to all their disciples and their disciples' disciples, and to all who occupy themselves in study of the Torah. May the King of the Universe bless them, prolonging their lives, increasing their days, and adding to their years. May they be redeemed and delivered from all distress and illness. May our Master in heaven be their help at all times and seasons; and let us say: Amen.

יְקוּם פֻּרְקָן May deliverance arise from heaven, bringing grace, love and compassion, long life, ample sustenance and heavenly help, physical health and enlightenment of mind, living and thriving children who will neither interrupt nor cease from the words of the Torah – to all this

They are only said when praying with a מניין
(*some say the first paragraph without a* מניין).

יְקוּם פֻּרְקָן מִן שְׁמַיָּא, חִנָּא וְחִסְדָּא וְרַחֲמֵי וְחַיֵּי אֲרִיכֵי וּמְזוֹנֵי רְוִיחֵי, וְסִיַּעְתָּא דִשְׁמַיָּא, וּבַרְיוּת גּוּפָא וּנְהוֹרָא מְעַלְּיָא, זַרְעָא חַיָּא וְקַיָּמָא, זַרְעָא דִּי לָא יִפְסֻק וְדִי לָא יִבְטֻל מִפִּתְגָּמֵי אוֹרַיְתָא, לְמָרָנָן וְרַבָּנָן חֲבוּרָתָא קַדִּישָׁתָא דִּי בְאַרְעָא דְיִשְׂרָאֵל וְדִי בְבָבֶל, לְרֵישֵׁי כַלָּה, וּלְרֵישֵׁי גַלְוָתָא, וּלְרֵישֵׁי מְתִיבָתָא, וּלְדַיָּנֵי דְבָבָא, לְכָל תַּלְמִידֵיהוֹן, וּלְכָל תַּלְמִידֵי תַלְמִידֵיהוֹן, וּלְכָל מָאן דְּעָסְקִין בְּאוֹרַיְתָא. מַלְכָּא דְעָלְמָא יְבָרֵךְ יָתְהוֹן, יַפֵּשׁ חַיֵּיהוֹן וְיַסְגֵּא יוֹמֵיהוֹן, וְיִתֵּן אַרְכָא לִשְׁנֵיהוֹן, וְיִתְפָּרְקוּן וְיִשְׁתֵּיזְבוּן מִן כָּל עָקָא וּמִן כָּל מַרְעִין בִּישִׁין. מָרַן דִּי בִשְׁמַיָּא יְהֵא בְסַעְדְּהוֹן כָּל זְמַן וְעִדָּן, וְנֹאמַר אָמֵן.

יְקוּם פֻּרְקָן מִן שְׁמַיָּא, חִנָּא וְחִסְדָּא וְרַחֲמֵי וְחַיֵּי אֲרִיכֵי וּמְזוֹנֵי רְוִיחֵי, וְסִיַּעְתָּא דִשְׁמַיָּא, וּבַרְיוּת גּוּפָא וּנְהוֹרָא מְעַלְּיָא, זַרְעָא חַיָּא וְקַיָּמָא, זַרְעָא דִּי לָא יִפְסֻק וְדִי לָא יִבְטֻל מִפִּתְגָּמֵי אוֹרַיְתָא,

holy congregation, great and small, women and children. May the King of the Universe bless you, prolonging your lives, increasing your days, and adding to your years. May you be redeemed and delivered from all distress and illness. May our Master in heaven be your help at all times and seasons; and let us say: Amen.

מִי שֶׁבֵּרַךְ May He who blessed our fathers, Abraham, Isaac, and Jacob, bless all this holy congregation, together with all other holy congregations: them, their wives, their sons and daughters, and all that is theirs. May He bless those who unite to form synagogues for prayer and those who come there to pray; those who provide lamps for light and wine for Kiddush and Havdala, food for visitors and charity for the poor, and all who faithfully occupy themselves with the needs of the community. May the Holy One, blessed be He, give them their reward; may He remove from them all illness, grant them complete healing, and forgive all their sins. May He send blessing and success to all the work of their hands, together with all Israel their brethren; and let us say: Amen.

לְכָל קְהָלָא קַדִּישָׁא הָדֵין, רַבְרְבַיָּא עִם זְעֵרַיָּא, טַפְלָא וּנְשַׁיָּא. מַלְכָּא דְעָלְמָא יְבָרֵךְ יָתְכוֹן, יַפֵּשׁ חַיֵּיכוֹן וְיַסְגֵּא יוֹמֵיכוֹן, וְיִתֵּן אַרְכָא לִשְׁנֵיכוֹן, וְתִתְפָּרְקוּן וְתִשְׁתֵּיזְבוּן מִן כָּל עָקָא וּמִן כָּל מַרְעִין בִּישִׁין. מָרַן דִּי בִשְׁמַיָּא יְהֵא בְסַעְדְּכוֹן כָּל זְמַן וְעִדָּן, וְנֹאמַר אָמֵן.

מִי שֶׁבֵּרַךְ אֲבוֹתֵינוּ אַבְרָהָם יִצְחָק וְיַעֲקֹב, הוּא יְבָרֵךְ אֶת כָּל הַקָּהָל הַקָּדוֹשׁ הַזֶּה עִם כָּל קְהִלּוֹת הַקֹּדֶשׁ, הֵם וּנְשֵׁיהֶם וּבְנֵיהֶם וּבְנוֹתֵיהֶם וְכָל אֲשֶׁר לָהֶם, וּמִי שֶׁמְּיַחֲדִים בָּתֵּי כְנֵסִיּוֹת לִתְפִלָּה, וּמִי שֶׁבָּאִים בְּתוֹכָם לְהִתְפַּלֵּל, וּמִי שֶׁנּוֹתְנִים נֵר לַמָּאוֹר וְיַיִן לְקִדּוּשׁ וּלְהַבְדָּלָה וּפַת לָאוֹרְחִים וּצְדָקָה לָעֲנִיִּים, וְכָל מִי שֶׁעוֹסְקִים בְּצָרְכֵי צִבּוּר בֶּאֱמוּנָה. הַקָּדוֹשׁ בָּרוּךְ הוּא יְשַׁלֵּם שְׂכָרָם, וְיָסִיר מֵהֶם כָּל מַחֲלָה, וְיִרְפָּא לְכָל גּוּפָם, וְיִסְלַח לְכָל עֲוֹנָם, וְיִשְׁלַח בְּרָכָה וְהַצְלָחָה בְּכָל מַעֲשֵׂי יְדֵיהֶם עִם כָּל יִשְׂרָאֵל אֲחֵיהֶם, וְנֹאמַר אָמֵן.

The prayer for the Welfare of the Canadian Government is on the next page.

PRAYER FOR THE WELFARE OF THE AMERICAN GOVERNMENT

The Leader says the following:

הַנּוֹתֵן תְּשׁוּעָה May He who gives salvation to kings and dominion to princes, whose kingdom is an everlasting kingdom, who delivers His servant David from the evil sword, who makes a way in the sea and a path through the mighty waters, bless and protect, guard and help, exalt, magnify, and uplift the President, Vice President and all officials of this land. May the Supreme King of kings in His mercy put into their hearts and the hearts of all their counselors and officials, to deal kindly with us and all Israel. In their days and in ours, may Judah be saved and Israel dwell in safety, and may the Redeemer come to Zion. May this be His will, and let us say: Amen.

PRAYER FOR THE SAFETY OF THE AMERICAN MILITARY

The Leader says the following:

אַדִּיר בַּמָּרוֹם God on high who dwells in might, the King to whom peace belongs, look down from Your holy habitation and bless the soldiers of the American military forces who risk their lives for the sake of peace on earth. Be their shelter and stronghold, and let them not falter. Give them the

The prayer for the Welfare of the Canadian Government is on the next page.

תפילה לשלום המלכות – ארצות הברית

The שליח ציבור *says the following:*

הַנּוֹתֵן תְּשׁוּעָה לַמְּלָכִים וּמֶמְשָׁלָה לַנְּסִיכִים, מַלְכוּתוֹ מַלְכוּת כָּל עוֹלָמִים, הַפּוֹצֶה אֶת דָּוִד עַבְדּוֹ מֵחֶרֶב רָעָה, הַנּוֹתֵן בַּיָּם דֶּרֶךְ וּבְמַיִם עַזִּים נְתִיבָה, הוּא יְבָרֵךְ וְיִשְׁמֹר וְיִנְצֹר וְיַעֲזֹר וִירוֹמֵם וִיגַדֵּל וִינַשֵּׂא לְמַעְלָה אֶת הַנָּשִׂיא וְאֵת מִשְׁנֵהוּ וְאֶת כָּל שָׂרֵי הָאָרֶץ הַזֹּאת. מֶלֶךְ מַלְכֵי הַמְּלָכִים, בְּרַחֲמָיו יִתֵּן בְּלִבָּם וּבְלֵב כָּל יוֹעֲצֵיהֶם וְשָׂרֵיהֶם לַעֲשׂוֹת טוֹבָה עִמָּנוּ וְעִם כָּל יִשְׂרָאֵל. בִּימֵיהֶם וּבְיָמֵינוּ תִּוָּשַׁע יְהוּדָה, וְיִשְׂרָאֵל יִשְׁכֹּן לָבֶטַח, וּבָא לְצִיּוֹן גּוֹאֵל. וְכֵן יְהִי רָצוֹן, וְנֹאמַר אָמֵן.

תפילה לשלום חיילי צבא ארצות הברית

The שליח ציבור *says the following:*

אַדִּיר בַּמָּרוֹם שׁוֹכֵן בִּגְבוּרָה, מֶלֶךְ שֶׁהַשָּׁלוֹם שֶׁלּוֹ, הַשְׁקִיפָה מִמְּעוֹן קָדְשֶׁךָ, וּבָרֵךְ אֶת חַיָּלֵי צְבָא אַרְצוֹת הַבְּרִית, הַמְחָרְפִים נַפְשָׁם בְּלֶכְתָּם לָשִׂים שָׁלוֹם בָּאָרֶץ. הֱיֵה נָא לָהֶם מַחֲסֶה וּמָעוֹז, וְאַל תִּתֵּן לַמּוֹט רַגְלָם, חַזֵּק יְדֵיהֶם וְאַמֵּץ רוּחָם

strength and courage to thwart the plans of the enemy and end the rule of evil. May their enemies be scattered and their foes flee before them, and may they rejoice in Your salvation. Bring them back safely to their homes, as is written: "The LORD will *Ps. 121*
guard you from all harm, He will guard your life. The LORD will guard your going and coming, now and for evermore." And may there be fulfilled for
us the verse: "Nation shall not lift up sword against *Is. 2*
nation, nor shall they learn war any more." Let all the inhabitants on earth know that sovereignty is Yours and Your name inspires awe over all You have created – and let us say: Amen.

Continue with on page 372.

PRAYER FOR THE WELFARE
OF THE CANADIAN GOVERNMENT

The Leader says the following:

הַנּוֹתֵן תְּשׁוּעָה May He who gives salvation to kings and dominion to princes, whose kingdom is an everlasting kingdom, who delivers His servant David from the evil sword, who makes a way in the sea and a path through the mighty waters, bless and protect, guard and help, exalt, magnify, and uplift the Prime Minister and all the elected and appointed officials of Canada. May the Supreme King of kings in His mercy put into their hearts and the hearts of all their counselors and officials,

לְהָפֵר עֲצַת אוֹיֵב וּלְהַעֲבִיר מֶמְשֶׁלֶת זָדוֹן, יָפוּצוּ
אוֹיְבֵיהֶם וְיָנוּסוּ מְשַׂנְאֵיהֶם מִפְּנֵיהֶם, וְיִשְׂמְחוּ
בִּישׁוּעָתֶךָ. הֲשִׁיבֵם בְּשָׁלוֹם אֶל בֵּיתָם, כַּכָּתוּב
בְּדִבְרֵי קָדְשֶׁךָ: יהוה יִשְׁמָרְךָ מִכָּל־רָע, יִשְׁמֹר תהלים קכא
אֶת־נַפְשֶׁךָ: יהוה יִשְׁמָר־צֵאתְךָ וּבוֹאֶךָ, מֵעַתָּה
וְעַד־עוֹלָם: וְקַיֵּם בָּנוּ מִקְרָא שֶׁכָּתוּב: לֹא־ ישעיה ב
יִשָּׂא גוֹי אֶל־גּוֹי חֶרֶב, וְלֹא־יִלְמְדוּ עוֹד מִלְחָמָה:
וְיֵדְעוּ כָּל יוֹשְׁבֵי תֵבֵל כִּי לְךָ מְלוּכָה יָאֲתָה,
וְשִׁמְךָ נוֹרָא עַל כָּל מַה שֶּׁבָּרָאתָ. וְנֹאמַר אָמֵן.

Continue with on page 373.

תפילה לשלום המלכות – קנדה

The שליח ציבור *says the following:*

הַנּוֹתֵן תְּשׁוּעָה לַמְּלָכִים וּמֶמְשָׁלָה לַנְּסִיכִים,
מַלְכוּתוֹ מַלְכוּת כָּל עוֹלָמִים, הַפּוֹצֶה אֶת דָּוִד
עַבְדּוֹ מֵחֶרֶב רָעָה, הַנּוֹתֵן בַּיָּם דֶּרֶךְ וּבְמַיִם עַזִּים
נְתִיבָה, הוּא יְבָרֵךְ וְיִשְׁמֹר וְיִנְצֹר וְיַעֲזֹר וִירוֹמֵם
וִיגַדֵּל וִינַשֵּׂא לְמַעְלָה אֶת רֹאשׁ הַמֶּמְשָׁלָה וְאֶת
כָּל שָׂרֵי הָאָרֶץ הַזֹּאת. מֶלֶךְ מַלְכֵי הַמְּלָכִים,
בְּרַחֲמָיו יִתֵּן בְּלִבָּם וּבְלֵב כָּל יוֹעֲצֵיהֶם וְשָׂרֵיהֶם

to deal kindly with us and all Israel. In their days and in ours, may Judah be saved and Israel dwell in safety, and may the Redeemer come to Zion. May this be His will, and let us say: Amen.

PRAYER FOR THE SAFETY OF THE CANADIAN MILITARY FORCES

The Leader says the following:

אַדִּיר בַּמָּרוֹם God on high who dwells in might, the King to whom peace belongs, look down from Your holy habitation and bless the soldiers of the Canadian Forces who risk their lives for the sake of peace on earth. Be their shelter and stronghold, and let them not falter. Give them the strength and courage to thwart the plans of the enemy and end the rule of evil. May their enemies be scattered and their foes flee before them, and may they rejoice in Your salvation. Bring them back safely to their homes, as is written: "The LORD will guard you *Ps. 121*
from all harm, He will guard your life. The LORD will guard your going and coming, now and for evermore." And may there be fulfilled for us the verse: "Nation shall not lift up sword against nation, *Is. 2*
nor shall they learn war any more." Let all the inhabitants on earth know that sovereignty is Yours and Your name inspires awe over all You have created – and let us say: Amen.

לַעֲשׂוֹת טוֹבָה עִמָּנוּ וְעִם כָּל יִשְׂרָאֵל. בְּיָמֵיהֶם וּבְיָמֵינוּ תִּוָּשַׁע יְהוּדָה, וְיִשְׂרָאֵל יִשְׁכֹּן לָבֶטַח, וּבָא לְצִיּוֹן גּוֹאֵל. וְכֵן יְהִי רָצוֹן, וְנֹאמַר אָמֵן.

תפילה לשלום חיילי צבא קנדה

The שליח ציבור *says the following:*

אַדִּיר בַּמָּרוֹם שׁוֹכֵן בִּגְבוּרָה, מֶלֶךְ שֶׁהַשָּׁלוֹם שֶׁלּוֹ, הַשְׁקִיפָה מִמְּעוֹן קָדְשְׁךָ, וּבָרֵךְ אֶת חַיָּלֵי צְבָא קָנָדָה, הַמְחָרְפִים נַפְשָׁם בְּלֶכְתָּם לָשִׂים שָׁלוֹם בָּאָרֶץ. הֱיֵה נָא לָהֶם מַחֲסֶה וּמָעוֹז, וְאַל תִּתֵּן לַמּוֹט רַגְלָם, חַזֵּק יְדֵיהֶם וְאַמֵּץ רוּחָם לְהָפֵר עֲצַת אוֹיֵב וּלְהַעֲבִיר מֶמְשֶׁלֶת זָדוֹן, יָפֽוּצוּ אוֹיְבֵיהֶם וְיָנֽוּסוּ מְשַׂנְאֵיהֶם מִפְּנֵיהֶם, וְיִשְׂמְחוּ בִּישׁוּעָתֶךָ. הֲשִׁיבֵם בְּשָׁלוֹם אֶל בֵּיתָם, כַּכָּתוּב בְּדִבְרֵי קָדְשֶׁךָ: יהוה יִשְׁמָרְךָ מִכָּל־רָע, יִשְׁמֹר אֶת־נַפְשֶׁךָ: יהוה יִשְׁמָר־צֵאתְךָ וּבוֹאֶךָ, מֵעַתָּה וְעַד־עוֹלָם: וְקַיֵּם בָּנוּ מִקְרָא שֶׁכָּתוּב: לֹא־יִשָּׂא גוֹי אֶל־גּוֹי חֶרֶב, וְלֹא־יִלְמְדוּ עוֹד מִלְחָמָה: וְיֵדְעוּ כָּל יוֹשְׁבֵי תֵבֵל כִּי לְךָ מְלוּכָה יָאָתָה, וְשִׁמְךָ נוֹרָא עַל כָּל מַה שֶּׁבָּרָאתָ. וְנֹאמַר אָמֵן.

תהלים קכא

ישעיה ב

PRAYER FOR THE STATE OF ISRAEL

The Leader says the following prayer:

אָבִינוּ שֶׁבַּשָּׁמַיִם Heavenly Father, Israel's Rock and Redeemer, bless the State of Israel, the first flowering of our redemption. Shield it under the wings of Your loving-kindness and spread over it the Tabernacle of Your peace. Send Your light and truth to its leaders, ministers, and counselors, and direct them with good counsel before You.

Strengthen the hands of the defenders of our Holy Land; grant them deliverance, our God, and crown them with the crown of victory. Grant peace in the land and everlasting joy to its inhabitants.

As for our brothers, the whole house of Israel, remember them in all the lands of our (*In Israel say:* their) dispersion, and swiftly lead us (*In Israel say:* them) upright to Zion Your city, and Jerusalem Your dwelling place, as is written in the Torah of Moses Your servant: "Even if you are scattered to the furthermost lands under the heavens, from there the LORD your God will gather you and take you back. The LORD your God will bring you to the land your ancestors possessed and you will possess it; and He will make you more prosperous and numerous than your ancestors. Then the LORD your God will open up

Deut. 30

תפילה לשלום מדינת ישראל

The שליח ציבור *says the following prayer:*

אָבִינוּ שֶׁבַּשָּׁמַיִם, צוּר יִשְׂרָאֵל וְגוֹאֲלוֹ, בָּרֵךְ אֶת מְדִינַת יִשְׂרָאֵל, רֵאשִׁית צְמִיחַת גְּאֻלָּתֵנוּ. הָגֵן עָלֶיהָ בְּאֶבְרַת חַסְדֶּךָ וּפְרֹשׂ עָלֶיהָ סֻכַּת שְׁלוֹמֶךָ, וּשְׁלַח אוֹרְךָ וַאֲמִתְּךָ לְרָאשֶׁיהָ, שָׂרֶיהָ וְיוֹעֲצֶיהָ, וְתַקְּנֵם בְּעֵצָה טוֹבָה מִלְּפָנֶיךָ.

חַזֵּק אֶת יְדֵי מְגִנֵּי אֶרֶץ קָדְשֵׁנוּ, וְהַנְחִילֵם אֱלֹהֵינוּ יְשׁוּעָה וַעֲטֶרֶת נִצָּחוֹן תְּעַטְּרֵם, וְנָתַתָּ שָׁלוֹם בָּאָרֶץ וְשִׂמְחַת עוֹלָם לְיוֹשְׁבֶיהָ.

וְאֶת אַחֵינוּ כָּל בֵּית יִשְׂרָאֵל, פְּקָד נָא בְּכָל אַרְצוֹת
פְּזוּרֵינוּ, וְתוֹלִיכֵנוּ / בארץ ישראל: פְּזוּרֵיהֶם, וְתוֹלִיכֵם/
מְהֵרָה קוֹמְמִיּוּת לְצִיּוֹן עִירֶךָ וְלִירוּשָׁלַיִם מִשְׁכַּן
שְׁמֶךָ, כַּכָּתוּב בְּתוֹרַת מֹשֶׁה עַבְדֶּךָ: אִם־יִהְיֶה דברים ל
נִדַּחֲךָ בִּקְצֵה הַשָּׁמָיִם, מִשָּׁם יְקַבֶּצְךָ יהוה אֱלֹהֶיךָ
וּמִשָּׁם יִקָּחֶךָ: וֶהֱבִיאֲךָ יהוה אֱלֹהֶיךָ אֶל־הָאָרֶץ
אֲשֶׁר־יָרְשׁוּ אֲבֹתֶיךָ וִירִשְׁתָּהּ, וְהֵיטִבְךָ וְהִרְבְּךָ
מֵאֲבֹתֶיךָ: וּמָל יהוה אֱלֹהֶיךָ אֶת־לְבָבְךָ וְאֶת־

your heart and the heart of your descendants, to love the LORD your God with all your heart and with all your soul, that you may live."

Unite our hearts to love and revere Your name and observe all the words of Your Torah, and swiftly send us Your righteous anointed one of the house of David, to redeem those who long for Your salvation.

Appear in Your glorious majesty over all the dwellers on earth, and let all who breathe declare: The LORD God of Israel is King and His kingship has dominion over all. Amen, Selah.

PRAYER FOR ISRAEL'S DEFENSE FORCES

The Leader says the following prayer:

מִי שֶׁבֵּרַךְ May He who blessed our ancestors, Abraham, Isaac, and Jacob, bless the members of Israel's Defense Forces and its security services who stand guard over our land and the cities of our God from the Lebanese border to the Egyptian desert, from the Mediterranean sea to the approach of the Aravah, and wherever else they are, on land, in air and at sea. May the LORD make the enemies who rise against us be struck down before them. May the Holy One, blessed be He, protect and deliver them from all trouble and distress, affliction and illness, and send blessing and success to all the work of their

לְבַב זַרְעֶךָ, לְאַהֲבָה אֶת־יהוה אֱלֹהֶיךָ בְּכָל־לְבָבְךָ וּבְכָל־נַפְשְׁךָ, לְמַעַן חַיֶּיךָ:

וְיַחֵד לְבָבֵנוּ לְאַהֲבָה וּלְיִרְאָה אֶת שְׁמֶךָ, וְלִשְׁמֹר אֶת כָּל דִּבְרֵי תוֹרָתֶךָ, וּשְׁלַח לָנוּ מְהֵרָה בֶּן דָּוִד מְשִׁיחַ צִדְקֶךָ, לִפְדּוֹת מְחַכֵּי קֵץ יְשׁוּעָתֶךָ.

וְהוֹפַע בַּהֲדַר גְּאוֹן עֻזֶּךָ עַל כָּל יוֹשְׁבֵי תֵבֵל אַרְצֶךָ וְיֹאמַר כֹּל אֲשֶׁר נְשָׁמָה בְאַפּוֹ, יהוה אֱלֹהֵי יִשְׂרָאֵל מֶלֶךְ וּמַלְכוּתוֹ בַּכֹּל מָשָׁלָה, אָמֵן סֶלָה.

מי שבירך לחיילי צה״ל

The שליח ציבור *says the following prayer:*

מִי שֶׁבֵּרַךְ אֲבוֹתֵינוּ אַבְרָהָם יִצְחָק וְיַעֲקֹב הוּא יְבָרֵךְ אֶת חַיָּלֵי צְבָא הַהֲגָנָה לְיִשְׂרָאֵל וְאַנְשֵׁי כֹּחוֹת הַבִּטָּחוֹן, הָעוֹמְדִים עַל מִשְׁמַר אַרְצֵנוּ וְעָרֵי אֱלֹהֵינוּ, מִגְּבוּל הַלְּבָנוֹן וְעַד מִדְבַּר מִצְרַיִם וּמִן הַיָּם הַגָּדוֹל עַד לְבוֹא הָעֲרָבָה וּבְכָל מָקוֹם שֶׁהֵם, בַּיַּבָּשָׁה, בָּאֲוִיר וּבַיָּם. יִתֵּן יהוה אֶת אוֹיְבֵינוּ הַקָּמִים עָלֵינוּ נִגָּפִים לִפְנֵיהֶם. הַקָּדוֹשׁ בָּרוּךְ הוּא יִשְׁמֹר וְיַצִּיל אֶת חַיָּלֵינוּ מִכָּל צָרָה וְצוּקָה וּמִכָּל

hands. May He subdue our enemies under them and crown them with deliverance and victory. And may there be fulfilled in them the verse, "It is the LORD your God who goes with you to fight for you against your enemies, to deliver you." And let us say: Amen. *Deut. 20*

PRAYER FOR THOSE BEING HELD IN CAPTIVITY

If Israeli soldiers or civilians are being held in captivity, the Leader says the following:

מִי שֶׁבֵּרַךְ May He who blessed our ancestors, Abraham, Isaac, and Jacob, Joseph, Moses and Aaron, David and Solomon, bless, protect and guard the members of Israel's Defense Forces missing in action or held captive, and other captives among our brethren, the whole house of Israel, who are in distress or captivity, as we, the members of this holy congregation, pray on their behalf. May the Holy One, blessed be He, have compassion on them and bring them out from darkness and the shadow of death; may He break their bonds, deliver them from their distress, and bring them swiftly back to their families' embrace. Give thanks to the LORD for His loving-kindness and for the wonders He does for the children of men; *Ps. 107* and may there be fulfilled in them the verse: "Those redeemed by the LORD will return; they will enter Zion with singing, and everlasting joy will crown their heads. Gladness and joy will overtake them, and sorrow and sighing will flee away." And let us say: Amen. *Is. 35*

נֶֽגַע וּמַחֲלָה, וְיִשְׁלַח בְּרָכָה וְהַצְלָחָה בְּכָל מַעֲשֵׂי
יְדֵיהֶם. יַדְבֵּר שׂוֹנְאֵינוּ תַּחְתֵּיהֶם וִיעַטְּרֵם בְּכֶֽתֶר
יְשׁוּעָה וּבַעֲטֶֽרֶת נִצָּחוֹן. וִיקֻיַּם בָּהֶם הַכָּתוּב:
כִּי יהוה אֱלֹהֵיכֶם הַהֹלֵךְ עִמָּכֶם לְהִלָּחֵם לָכֶם דברים כ
עִם־אֹיְבֵיכֶם לְהוֹשִֽׁיעַ אֶתְכֶם: וְנֹאמַר אָמֵן.

מי שבירך לשבויים

If Israeli soldiers or civilians are being held in captivity, the שליח ציבור *says the following:*

מִי שֶׁבֵּרַךְ אֲבוֹתֵֽינוּ אַבְרָהָם יִצְחָק וְיַעֲקֹב, יוֹסֵף
מֹשֶׁה וְאַהֲרֹן, דָּוִד וּשְׁלֹמֹה, הוּא יְבָרֵךְ וְיִשְׁמֹר וְיִנְצֹר
אֶת נֶעְדְּרֵי צְבָא הַהֲגָנָה לְיִשְׂרָאֵל וּשְׁבוּיָו, וְאֶת
כָּל אַחֵֽינוּ הַנְּתוּנִים בְּצָרָה וּבְשִׁבְיָה, בַּעֲבוּר שֶׁכָּל
הַקָּהָל הַקָּדוֹשׁ הַזֶּה מִתְפַּלֵּל בַּעֲבוּרָם. הַקָּדוֹשׁ
בָּרוּךְ הוּא יִמָּלֵא רַחֲמִים עֲלֵיהֶם, וְיוֹצִיאֵם מֵחֹֽשֶׁךְ
וְצַלְמָֽוֶת, וּמוֹסְרוֹתֵיהֶם יְנַתֵּק, וּמִמְּצוּקוֹתֵיהֶם
יוֹשִׁיעֵם, וִישִׁיבֵם מְהֵרָה לְחֵיק מִשְׁפְּחוֹתֵיהֶם.
יוֹדוּ לַיהוה חַסְדּוֹ וְנִפְלְאוֹתָיו לִבְנֵי אָדָם: וִיקֻיַּם תהלים קז
בָּהֶם מִקְרָא שֶׁכָּתוּב: וּפְדוּיֵי יהוה יְשֻׁבוּן, וּבָֽאוּ ישעיה לה
צִיּוֹן בְּרִנָּה, וְשִׂמְחַת עוֹלָם עַל־רֹאשָׁם, שָׂשׂוֹן
וְשִׂמְחָה יַשִּׂיגוּ, וְנָסוּ יָגוֹן וַאֲנָחָה: וְנֹאמַר אָמֵן.

BLESSING THE NEW MONTH

On the Shabbat before Rosh Ḥodesh, the following is said by the congregation, and repeated by the Leader:

יְהִי רָצוֹן May it be Your will, *Berakhot 16b*
LORD our God and God of our fathers,
to renew for us this coming month for good and blessing.
Grant us long life,
a life of peace,
a life of goodness,
a life of blessing,
a life of sustenance,
a life of physical health,
a life marked by reverence for heaven and dread of sin,
a life without shame or disgrace,
a life of wealth and honor,
a life in which we have love for the Torah
and reverence for heaven,
a life in which our hearts' desires are fulfilled for good.
Amen, Selah.

The new moon is announced, then the Leader takes the Torah scroll in his right arm and says:

מִי שֶׁעָשָׂה May He who performed miracles
for our ancestors
and redeemed them from slavery to freedom,
redeem us soon,
and gather in our dispersed people
from the four quarters of the earth,
so that all Israel may be united in friendship,
and let us say: Amen.

ברכת החודש

On the שבת *before* ראש חודש*, the following is said by the* קהל*,*
and repeated by the שליח ציבור*:*

יְהִי רָצוֹן מִלְּפָנֶיךָ, יהוה אֱלֹהֵינוּ וֵאלֹהֵי אֲבוֹתֵינוּ ברכות טז:
שֶׁתְּחַדֵּשׁ עָלֵינוּ אֶת הַחֹדֶשׁ הַזֶּה לְטוֹבָה וְלִבְרָכָה.
וְתִתֶּן לָנוּ חַיִּים אֲרוּכִים
חַיִּים שֶׁל שָׁלוֹם
חַיִּים שֶׁל טוֹבָה, חַיִּים שֶׁל בְּרָכָה
חַיִּים שֶׁל פַּרְנָסָה, חַיִּים שֶׁל חִלּוּץ עֲצָמוֹת
חַיִּים שֶׁיֵּשׁ בָּהֶם יִרְאַת שָׁמַיִם וְיִרְאַת חֵטְא
חַיִּים שֶׁאֵין בָּהֶם בּוּשָׁה וּכְלִמָּה
חַיִּים שֶׁל עֹשֶׁר וְכָבוֹד
חַיִּים שֶׁתְּהֵא בָנוּ אַהֲבַת תּוֹרָה וְיִרְאַת שָׁמַיִם
חַיִּים שֶׁיִּמָּלְאוּ מִשְׁאֲלוֹת לִבֵּנוּ לְטוֹבָה, אָמֵן סֶלָה.

The מולד *is announced,*
then the שליח ציבור *takes the* ספר תורה *in his right arm and says:*

מִי שֶׁעָשָׂה נִסִּים לַאֲבוֹתֵינוּ
וְגָאַל אוֹתָם מֵעַבְדוּת לְחֵרוּת
הוּא יִגְאַל אוֹתָנוּ בְּקָרוֹב
וִיקַבֵּץ נִדָּחֵינוּ מֵאַרְבַּע כַּנְפוֹת הָאָרֶץ
חֲבֵרִים כָּל יִשְׂרָאֵל, וְנֹאמַר אָמֵן.

The Leader, then the congregation:

The new month of (*Hebrew month*)
will occur on (*day of week*).
May it come to us and all Israel for good.

The congregation and Leader continue:

Outside Israel:

May the Holy One, blessed be He,
renew this new month for us
and for all His people,
the house of Israel,
for life and peace,
gladness and joy,
salvation and consolation;
and let us say: Amen.

In Israel:

May the Holy One, blessed be He,
renew this month for us and for all His people
the house of Israel, wherever they are,
for good and blessing,
gladness and joy,
for salvation and consolation,
livelihood and sustenance,
for life and peace,
good tidings and good news,
(*In winter:* for rain in its due season,)
for complete healing and imminent redemption,
and let us say: Amen.

The שליח ציבור*, then the* קהל*:*

רֹאשׁ חֹדֶשׁ *month* **יִהְיֶה בְּיוֹם** *day* **(*וּבְיוֹם** *day***)**
הַבָּא עָלֵינוּ וְעַל כָּל יִשְׂרָאֵל לְטוֹבָה.

**if the second day falls on Sunday, then substitute:* וּלְמָחֳרָתוֹ בְּיוֹם

The קהל *and* שליח ציבור *continue:*

In חוץ לארץ *say:*

יְחַדְּשֵׁהוּ הַקָּדוֹשׁ בָּרוּךְ הוּא
עָלֵינוּ וְעַל כָּל עַמּוֹ בֵּית יִשְׂרָאֵל
לְחַיִּים וּלְשָׁלוֹם, לְשָׂשׂוֹן וּלְשִׂמְחָה
לִישׁוּעָה וּלְנֶחָמָה
וְנֹאמַר אָמֵן.

In ארץ ישראל *say:*

יְחַדְּשֵׁהוּ הַקָּדוֹשׁ בָּרוּךְ הוּא
עָלֵינוּ וְעַל כָּל עַמּוֹ בֵּית יִשְׂרָאֵל בְּכָל מְקוֹם שֶׁהֵם
לְטוֹבָה וְלִבְרָכָה, לְשָׂשׂוֹן וּלְשִׂמְחָה
לִישׁוּעָה וּלְנֶחָמָה, לְפַרְנָסָה וּלְכַלְכָּלָה, לְחַיִּים וּלְשָׁלוֹם
לִשְׁמוּעוֹת טוֹבוֹת וְלִבְשׂוֹרוֹת טוֹבוֹת
(בחורף: **וְלִגְשָׁמִים בְּעִתָּם)**
וְלִרְפוּאָה שְׁלֵמָה, וְלִגְאֻלָּה קְרוֹבָה
וְנֹאמַר אָמֵן.

The following is omitted on days when Taḥanun is not said. Taḥanun is not said on: Rosh Ḥodesh, Ḥanukka, Tu BiShvat, the 14th and 15th of Adar I, Shushan Purim, in the month of Nisan, the 14th of Iyar (Pesaḥ Sheni), Lag BaOmer, Yom Yerushalayim, from Rosh Ḥodesh Sivan through the day after Shavuot (in Israel through 12th of Sivan), Tu B'Av, and from Erev Yom Kippur through the day after Simḥat Torah (in Israel through Rosh Ḥodesh Marḥeshvan).

Taḥanun is also not said: on the morning of a Brit Mila, either where the brit will take place or where the father, Sandek, or Mohel are present; if a groom is present (and some say a bride) on the Shabbat of Sheva Berakhot.

It is also omitted on a Shabbat before Rosh Ḥodesh (except for the Shabbat before Rosh Ḥodesh Iyar and Rosh Ḥodesh Sivan) and on Shabbat Shekalim, Zakhor, Para, and HaḤodesh.

אַב הָרַחֲמִים Father of compassion, who dwells on high: may He remember in His compassion the pious, the upright and the blameless – holy communities who sacrificed their lives for the sanctification of God's name. Lovely and pleasant in their lives, in death they were not parted. They were swifter than eagles and stronger than lions to do the will of their Maker and the desire of their Creator. O our God, remember them for good with the other righteous of the world, and may He exact retribution for the shed blood of His servants, as it is written in the Torah of Moses, the
man of God: "O nations, acclaim His people, for He will *Deut. 32*
avenge the blood of His servants, wreak vengeance on His foes, and make clean His people's land." And by Your ser-
vants, the prophets, it is written: "I shall cleanse their blood *Joel 4*
which I have not yet cleansed, says the LORD who dwells
in Zion." And in the holy Writings it says: "Why should *Ps. 79*
the nations say: Where is their God? Before our eyes, may those nations know that You avenge the shed blood of Your
servants." And it also says: "For the Avenger of blood re- *Ps. 9*
members them and does not forget the cry of the afflicted."

The following is omitted on days when תחנון is not said.
תחנון is not said on: ראש חודש, חנוכה, ט״ו בשבט, the 14th and 15th of אדר א׳, שושן פורים, in the month of ניסן, the 14th of אייר (פסח שני), ל״ג בעומר, יום ירושלים, from ראש חודש סיוון through the day after שבועות (in ארץ ישראל through י״ב סיוון), ט״ו באב, and from ערב יום כיפור through the day after שמחת תורה (in ארץ ישראל through ראש חודש מרחשוון).
תחנון is also not said: on the morning of a ברית מילה, either where the ברית will take place or where the father, סנדק or מוהל are present; if a חתן is present (and some say a כלה) on שבת שבע ברכות.
It is also omitted on שבת מברכים (except for the שבת before ראש חודש אייר and ראש חודש סיוון) and on the "ארבע פרשיות," שקלים, זכור, פרה, and החודש.

אַב הָרַחֲמִים שׁוֹכֵן מְרוֹמִים, בְּרַחֲמָיו הָעֲצוּמִים הוּא
יִפְקֹד בְּרַחֲמִים הַחֲסִידִים וְהַיְשָׁרִים וְהַתְּמִימִים,
קְהִלּוֹת הַקֹּדֶשׁ שֶׁמָּסְרוּ נַפְשָׁם עַל קְדֻשַּׁת הַשֵּׁם,
הַנֶּאֱהָבִים וְהַנְּעִימִים בְּחַיֵּיהֶם, וּבְמוֹתָם לֹא נִפְרָדוּ,
מִנְּשָׁרִים קַלּוּ וּמֵאֲרָיוֹת גָּבֵרוּ לַעֲשׂוֹת רְצוֹן קוֹנָם
וְחֵפֶץ צוּרָם. יִזְכְּרֵם אֱלֹהֵינוּ לְטוֹבָה עִם שְׁאָר צַדִּיקֵי
עוֹלָם, וְיִנְקֹם לְעֵינֵינוּ נִקְמַת דַּם עֲבָדָיו הַשָּׁפוּךְ,
כַּכָּתוּב בְּתוֹרַת מֹשֶׁה אִישׁ הָאֱלֹהִים: הַרְנִינוּ גוֹיִם דברים לב
עַמּוֹ, כִּי דַם־עֲבָדָיו יִקּוֹם, וְנָקָם יָשִׁיב לְצָרָיו, וְכִפֶּר
אַדְמָתוֹ עַמּוֹ: וְעַל יְדֵי עֲבָדֶיךָ הַנְּבִיאִים כָּתוּב
לֵאמֹר: וְנִקֵּיתִי, דָּמָם לֹא־נִקֵּיתִי, וַיהוה שֹׁכֵן בְּצִיּוֹן: יואל ד
וּבְכִתְבֵי הַקֹּדֶשׁ נֶאֱמַר: לָמָּה יֹאמְרוּ הַגּוֹיִם אַיֵּה תהלים עט
אֱלֹהֵיהֶם, יִוָּדַע בַּגּוֹיִם לְעֵינֵינוּ נִקְמַת דַּם־עֲבָדֶיךָ
הַשָּׁפוּךְ: וְאוֹמֵר: כִּי־דֹרֵשׁ דָּמִים אוֹתָם זָכָר, לֹא־ תהלים ט

And it further says: "He will execute judgment among the nations, filled with the dead, crushing rulers far and wide. From the brook by the wayside he will drink, then he will hold his head high." *Ps. 110*

אַשְׁרֵי Happy are those who dwell in Your House; they shall continue to praise You, Selah! *Ps. 84*
Happy are the people for whom this is so; happy are the people whose God is the LORD. *Ps. 144*
A song of praise by David. *Ps. 145*

א I will exalt You, my God, the King, and bless Your name for ever and all time.

ב Every day I will bless You, and praise Your name for ever and all time.

ג Great is the LORD and greatly to be praised; His greatness is unfathomable.

ד One generation will praise Your works to the next, and tell of Your mighty deeds.

ה On the glorious splendor of Your majesty I will meditate, and on the acts of Your wonders.

ו They shall talk of the power of Your awesome deeds, and I will tell of Your greatness.

ז They shall recite the record of Your great goodness, and sing with joy of Your righteousness.

ח The LORD is gracious and compassionate, slow to anger and great in loving-kindness.

ט The LORD is good to all, and His compassion extends to all His works.

י All Your works shall thank You, LORD, and Your devoted ones shall bless You.

תהלים קי
שַׁבַּח צַעֲקַת עֲנָוִים: וְאוֹמֵר: יָדִין בַּגּוֹיִם מָלֵא גְוִיּוֹת,
מָחַץ רֹאשׁ עַל־אֶרֶץ רַבָּה: מִנַּחַל בַּדֶּרֶךְ יִשְׁתֶּה,
עַל־כֵּן יָרִים רֹאשׁ:

תהלים פד
אַשְׁרֵי יוֹשְׁבֵי בֵיתֶךָ, עוֹד יְהַלְלְוּךָ סֶּלָה:

תהלים קמד
אַשְׁרֵי הָעָם שֶׁכָּכָה לּוֹ
אַשְׁרֵי הָעָם שֶׁיהוה אֱלֹהָיו:

תהלים קמה
תְּהִלָּה לְדָוִד
א אֲרוֹמִמְךָ אֱלוֹהַי הַמֶּלֶךְ, וַאֲבָרְכָה שִׁמְךָ
לְעוֹלָם וָעֶד:
ב בְּכָל־יוֹם אֲבָרְכֶךָּ, וַאֲהַלְלָה שִׁמְךָ לְעוֹלָם וָעֶד:
ג גָּדוֹל יהוה וּמְהֻלָּל מְאֹד, וְלִגְדֻלָּתוֹ אֵין חֵקֶר:
ד דּוֹר לְדוֹר יְשַׁבַּח מַעֲשֶׂיךָ, וּגְבוּרֹתֶיךָ יַגִּידוּ:
ה הֲדַר כְּבוֹד הוֹדֶךָ, וְדִבְרֵי נִפְלְאֹתֶיךָ אָשִׂיחָה:
ו וֶעֱזוּז נוֹרְאֹתֶיךָ יֹאמֵרוּ, וּגְדוּלָּתְךָ אֲסַפְּרֶנָּה:
ז זֵכֶר רַב־טוּבְךָ יַבִּיעוּ, וְצִדְקָתְךָ יְרַנֵּנוּ:
ח חַנּוּן וְרַחוּם יהוה, אֶרֶךְ אַפַּיִם וּגְדָל־חָסֶד:
ט טוֹב־יהוה לַכֹּל, וְרַחֲמָיו עַל־כָּל־מַעֲשָׂיו:
י יוֹדוּךָ יהוה כָּל־מַעֲשֶׂיךָ, וַחֲסִידֶיךָ יְבָרְכוּכָה:

כ They shall talk of the glory of Your kingship, and speak of Your might.

ל To make known to mankind His mighty deeds and the glorious majesty of His kingship.

מ Your kingdom is an everlasting kingdom, and Your reign is for all generations.

ס The LORD supports all who fall, and raises all who are bowed down.

ע All raise their eyes to You in hope, and You give them their food in due season.

פ You open Your hand, and satisfy every living thing with favor.

צ The LORD is righteous in all His ways, and kind in all He does.

ק The LORD is close to all who call on Him, to all who call on Him in truth.

ר He fulfills the will of those who revere Him; He hears their cry and saves them.

ש The LORD guards all who love Him, but all the wicked He will destroy.

▸ ת My mouth shall speak the praise of the LORD, and all creatures shall bless His holy name for ever and all time.

We will bless the LORD now and for ever. Halleluya! *Ps. 115*

כ כְּבוֹד מַלְכוּתְךָ יֹאמֵרוּ, וּגְבוּרָתְךָ יְדַבֵּרוּ:

ל לְהוֹדִיעַ לִבְנֵי הָאָדָם גְּבוּרֹתָיו, וּכְבוֹד הֲדַר מַלְכוּתוֹ:

מ מַלְכוּתְךָ מַלְכוּת כָּל־עֹלָמִים, וּמֶמְשַׁלְתְּךָ בְּכָל־דּוֹר וָדֹר:

ס סוֹמֵךְ יהוה לְכָל־הַנֹּפְלִים, וְזוֹקֵף לְכָל־הַכְּפוּפִים:

ע עֵינֵי־כֹל אֵלֶיךָ יְשַׂבֵּרוּ, וְאַתָּה נוֹתֵן־לָהֶם אֶת־אָכְלָם בְּעִתּוֹ:

פ פּוֹתֵחַ אֶת־יָדֶךָ, וּמַשְׂבִּיעַ לְכָל־חַי רָצוֹן:

צ צַדִּיק יהוה בְּכָל־דְּרָכָיו, וְחָסִיד בְּכָל־מַעֲשָׂיו:

ק קָרוֹב יהוה לְכָל־קֹרְאָיו, לְכֹל אֲשֶׁר יִקְרָאֻהוּ בֶאֱמֶת:

ר רְצוֹן־יְרֵאָיו יַעֲשֶׂה, וְאֶת־שַׁוְעָתָם יִשְׁמַע וְיוֹשִׁיעֵם:

ש שׁוֹמֵר יהוה אֶת־כָּל־אֹהֲבָיו, וְאֵת כָּל־הָרְשָׁעִים יַשְׁמִיד:

◄ ת תְּהִלַּת יהוה יְדַבֶּר פִּי, וִיבָרֵךְ כָּל־בָּשָׂר שֵׁם קָדְשׁוֹ לְעוֹלָם וָעֶד:

תהלים קטו וַאֲנַחְנוּ נְבָרֵךְ יָהּ מֵעַתָּה וְעַד־עוֹלָם, הַלְלוּיָהּ:

RETURNING THE TORAH TO THE ARK

The Ark is opened. All stand. The Leader takes the Torah scroll and says:

יְהַלְלוּ Let them praise the name of the LORD, *Ps. 148*
for His name alone is sublime.

The congregation responds:

הוֹדוֹ His majesty is above earth and heaven.
He has raised the horn of His people,
for the glory of all His devoted ones,
the children of Israel, the people close to Him.
Halleluya!

While the Torah scroll is being returned to the Ark, say:

מִזְמוֹר לְדָוִד A psalm of David. Render to the LORD, *Ps. 29* you angelic powers, render to the LORD glory and might. Render to the LORD the glory due to His name. Bow to the LORD in the beauty of holiness. The LORD's voice echoes over the waters; the God of glory thunders; the LORD is over the mighty waters. The LORD's voice in power, the LORD's voice in beauty, the LORD's voice breaks cedars, the LORD shatters the cedars of Lebanon. He makes Lebanon skip like a calf, Sirion like a young wild ox. The LORD's voice cleaves flames of fire. The LORD's voice makes the desert quake, the LORD shakes the desert of Kadesh. The LORD's voice makes hinds

הכנסת ספר תורה

The ארון קודש *is opened. All stand.*
The שליח ציבור *takes the* ספר תורה *and says:*

תהלים קמח
יְהַלְלוּ אֶת־שֵׁם יהוה, כִּי־נִשְׂגָּב שְׁמוֹ, לְבַדּוֹ

The קהל *responds:*

הוֹדוֹ עַל־אֶרֶץ וְשָׁמָיִם:
וַיָּרֶם קֶרֶן לְעַמּוֹ, תְּהִלָּה לְכָל־חֲסִידָיו
לִבְנֵי יִשְׂרָאֵל עַם קְרֹבוֹ, הַלְלוּיָהּ:

While the ספר תורה *is being returned to the* ארון קודש*, say:*

תהלים כט
מִזְמוֹר לְדָוִד, הָבוּ לַיהוה בְּנֵי אֵלִים, הָבוּ לַיהוה
כָּבוֹד וָעֹז: הָבוּ לַיהוה כְּבוֹד שְׁמוֹ, הִשְׁתַּחֲווּ
לַיהוה בְּהַדְרַת־קֹדֶשׁ: קוֹל יהוה עַל־הַמָּיִם,
אֵל־הַכָּבוֹד הִרְעִים, יהוה עַל־מַיִם רַבִּים:
קוֹל־יהוה בַּכֹּחַ, קוֹל יהוה בֶּהָדָר: קוֹל יהוה
שֹׁבֵר אֲרָזִים, וַיְשַׁבֵּר יהוה אֶת־אַרְזֵי הַלְּבָנוֹן:
וַיַּרְקִידֵם כְּמוֹ־עֵגֶל, לְבָנוֹן וְשִׂרְיֹן כְּמוֹ בֶן־
רְאֵמִים: קוֹל־יהוה חֹצֵב לַהֲבוֹת אֵשׁ: קוֹל
יהוה יָחִיל מִדְבָּר, יָחִיל יהוה מִדְבַּר קָדֵשׁ: קוֹל

calve and strips the forests bare, and in His temple all say: "Glory!" The LORD sat enthroned at the Flood, the LORD sits enthroned as King for ever. The LORD will give strength to His people; the LORD will bless His people with peace.

As the Torah scroll is placed into the Ark, all say:

וּבְנֻחֹה יֹאמַר When the Ark came to rest,
Moses would say:
"Return, O LORD, to the myriad thousands of Israel." *Num. 10*
Advance, LORD, to Your resting place, *Ps. 132*
You and Your mighty Ark.
Your priests are clothed in righteousness,
and Your devoted ones sing in joy.
For the sake of Your servant David,
do not reject Your anointed one.
For I give you good instruction; *Prov. 4*
do not forsake My Torah.
It is a tree of life to those who grasp it, *Prov. 3*
and those who uphold it are happy.
Its ways are ways of pleasantness,
and all its paths are peace.
▸ Turn us back, O LORD, to You, and we will return. *Lam. 5*
Renew our days as of old.

The Ark is closed.

יהוה יָחוּלֵל אַיָּלוֹת וַיֶּחֱשֹׂף יְעָרוֹת, וּבְהֵיכָלוֹ,
כֻּלּוֹ אֹמֵר כָּבוֹד: יהוה לַמַּבּוּל יָשָׁב, וַיֵּשֶׁב יהוה
מֶלֶךְ לְעוֹלָם: יהוה עֹז לְעַמּוֹ יִתֵּן, יהוה יְבָרֵךְ
אֶת־עַמּוֹ בַשָּׁלוֹם:

As the ספר תורה *is placed into the* ארון קודש*, all say:*

במדבר י וּבְנֻחֹה יֹאמַר
שׁוּבָה יהוה רִבְבוֹת אַלְפֵי יִשְׂרָאֵל:
תהלים קלב קוּמָה יהוה לִמְנוּחָתֶךָ, אַתָּה וַאֲרוֹן עֻזֶּךָ:
כֹּהֲנֶיךָ יִלְבְּשׁוּ־צֶדֶק, וַחֲסִידֶיךָ יְרַנֵּנוּ:
בַּעֲבוּר דָּוִד עַבְדֶּךָ אַל־תָּשֵׁב פְּנֵי מְשִׁיחֶךָ:
משלי ד כִּי לֶקַח טוֹב נָתַתִּי לָכֶם, תּוֹרָתִי אַל־תַּעֲזֹבוּ:
משלי ג עֵץ־חַיִּים הִיא לַמַּחֲזִיקִים בָּהּ
וְתֹמְכֶיהָ מְאֻשָּׁר:
דְּרָכֶיהָ דַרְכֵי־נֹעַם וְכָל־נְתִיבוֹתֶיהָ שָׁלוֹם:
איכה ה ◄ הֲשִׁיבֵנוּ יהוה אֵלֶיךָ וְנָשׁוּבָה
חַדֵּשׁ יָמֵינוּ כְּקֶדֶם:

The ארון קודש *is closed.*

HALF KADDISH

Leader: יִתְגַּדַּל Magnified and sanctified
may His great name be,
in the world He created by His will.
May He establish His kingdom
in your lifetime
and in your days,
and in the lifetime
of all the house of Israel,
swiftly and soon –
and say: Amen.

All: May His great name be blessed
for ever and all time.

Leader: Blessed and praised,
glorified and exalted,
raised and honored,
uplifted and lauded
be the name of the Holy One,
blessed be He,
beyond any blessing,
song, praise, and consolation
uttered in the world –
and say: Amen.

חצי קדיש

ש״ץ: יִתְגַּדַּל וְיִתְקַדַּשׁ שְׁמֵהּ רַבָּא (קהל: אָמֵן)

בְּעָלְמָא דִּי בְרָא כִרְעוּתֵהּ

וְיַמְלִיךְ מַלְכוּתֵהּ

בְּחַיֵּיכוֹן וּבְיוֹמֵיכוֹן

וּבְחַיֵּי דְכָל בֵּית יִשְׂרָאֵל

בַּעֲגָלָא וּבִזְמַן קָרִיב

וְאִמְרוּ אָמֵן. (קהל: אָמֵן)

קהל ושי״ץ: יְהֵא שְׁמֵהּ רַבָּא מְבָרַךְ

לְעָלַם וּלְעָלְמֵי עָלְמַיָּא.

ש״ץ: יִתְבָּרַךְ וְיִשְׁתַּבַּח וְיִתְפָּאַר

וְיִתְרוֹמַם וְיִתְנַשֵּׂא וְיִתְהַדָּר וְיִתְעַלֶּה וְיִתְהַלָּל

שְׁמֵהּ דְּקֻדְשָׁא בְּרִיךְ הוּא (קהל: בְּרִיךְ הוּא)

לְעֵלָּא מִן כָּל בִּרְכָתָא

/בשבת שובה: לְעֵלָּא לְעֵלָּא מִכָּל בִּרְכָתָא/

וְשִׁירָתָא, תֻּשְׁבְּחָתָא וְנֶחֱמָתָא

דַּאֲמִירָן בְּעָלְמָא

וְאִמְרוּ אָמֵן. (קהל: אָמֵן)

Musaf for Shabbat

On Shabbat Rosh Ḥodesh say the Musaf for Shabbat Rosh Ḥodesh on page 716.

THE AMIDA

The following prayer, until "in former years" on page 418, is said silently, standing with feet together. If there is a minyan, the Amida is repeated aloud by the Leader.

Take three steps forward and at the points indicated by ▾, bend the knees at the first word, bow at the second, and stand straight before saying God's name.

When I proclaim the LORD's name, give glory to our God. *Deut. 32*

O LORD, open my lips, so that my mouth may declare Your praise. *Ps. 51*

PATRIARCHS

▾בָּרוּךְ Blessed are You,
LORD our God and God of our fathers,
God of Abraham, God of Isaac, and God of Jacob;
the great, mighty, and awesome God,
God Most High,
who bestows acts of loving-kindness and creates all,
who remembers the loving-kindness of the fathers
and will bring a Redeemer
to their children's children
for the sake of His name, in love.

On Shabbat Shuva: Remember us for life, O King who desires life,
and write us in the book of life –
for Your sake, O God of life.

King, Helper, Savior, Shield:
▾Blessed are You, LORD, Shield of Abraham.

מוסף לשבת

On שבת ראש חודש *say the* מוסף לשבת ראש חודש *on page 717.*

עמידה

The following prayer, until קַדְמֹנִיּוֹת *on page 419, is said standing with feet together. If there is a* מנין*, the* עמידה *is repeated aloud by the* שליח ציבור*.*

Take three steps forward and at the points indicated by ᵀ*, bend the knees at the first word, bow at the second, and stand straight before saying God's name.*

כִּי שֵׁם יהוה אֶקְרָא, הָבוּ גֹדֶל לֵאלֹהֵינוּ: דברים לב

אֲדֹנָי, שְׂפָתַי תִּפְתָּח, וּפִי יַגִּיד תְּהִלָּתֶךָ: תהלים נא

אבות

ᵀבָּרוּךְ אַתָּה יהוה, אֱלֹהֵינוּ וֵאלֹהֵי אֲבוֹתֵינוּ
אֱלֹהֵי אַבְרָהָם, אֱלֹהֵי יִצְחָק, וֵאלֹהֵי יַעֲקֹב
הָאֵל הַגָּדוֹל הַגִּבּוֹר וְהַנּוֹרָא, אֵל עֶלְיוֹן
גּוֹמֵל חֲסָדִים טוֹבִים, וְקוֹנֵה הַכֹּל
וְזוֹכֵר חַסְדֵי אָבוֹת
וּמֵבִיא גוֹאֵל לִבְנֵי בְנֵיהֶם לְמַעַן שְׁמוֹ בְּאַהֲבָה.

בשבת שובה: זָכְרֵנוּ לְחַיִּים, מֶלֶךְ חָפֵץ בַּחַיִּים
וְכָתְבֵנוּ בְּסֵפֶר הַחַיִּים, לְמַעַנְךָ אֱלֹהִים חַיִּים.

מֶלֶךְ עוֹזֵר וּמוֹשִׁיעַ וּמָגֵן.
ᵀבָּרוּךְ אַתָּה יהוה, מָגֵן אַבְרָהָם.

DIVINE MIGHT

אַתָּה גִּבּוֹר You are eternally mighty, Lord.
You give life to the dead
and have great power to save.

The phrase "He makes the wind blow and the rain fall" is added from Simḥat Torah until Pesaḥ. In Israel, the phrase "He causes the dew to fall" is added from Pesaḥ until Shemini Atzeret.

In fall & winter: He makes the wind blow
and the rain fall.

In Israel, in spring & summer: He causes the dew to fall.

He sustains the living with loving-kindness,
and with great compassion revives the dead.
He supports the fallen, heals the sick,
sets captives free,
and keeps His faith
with those who sleep in the dust.
Who is like You, Master of might,
and and who can compare to You,
O King who brings death and gives life,
and makes salvation grow?

On Shabbat Shuva: Who is like You, compassionate Father,
who remembers His creatures
in compassion, for life?

Faithful are You to revive the dead.
Blessed are You, Lord, who revives the dead.

When saying the Amida silently, continue with "You are holy" on page 402.

גבורות

אַתָּה גִּבּוֹר לְעוֹלָם, אֲדֹנָי
מְחַיֵּה מֵתִים אַתָּה, רַב לְהוֹשִׁיעַ

The phrase מַשִּׁיב הָרְוּחַ *is added from* שמחת תורה *until* פסח.
In ארץ ישראל *the phrase* מוֹרִיד הַטָּל *is added from* פסח *until* שמיני עצרת.

בחורף: **מַשִּׁיב הָרְוּחַ וּמוֹרִיד הַגֶּשֶׁם**
בארץ ישראל בקיץ: **מוֹרִיד הַטָּל**

מְכַלְכֵּל חַיִּים בְּחֶסֶד
מְחַיֵּה מֵתִים בְּרַחֲמִים רַבִּים
סוֹמֵךְ נוֹפְלִים, וְרוֹפֵא חוֹלִים
וּמַתִּיר אֲסוּרִים
וּמְקַיֵּם אֱמוּנָתוֹ לִישֵׁנֵי עָפָר.
מִי כָמְוֹךָ, בַּעַל גְּבוּרוֹת, וּמִי דּוֹמֶה לָּךְ
מֶלֶךְ, מֵמִית וּמְחַיֶּה וּמַצְמִיחַ יְשׁוּעָה.

בשבת שובה: **מִי כָמְוֹךָ אַב הָרַחֲמִים**
זוֹכֵר יְצוּרָיו לְחַיִּים בְּרַחֲמִים.

וְנֶאֱמָן אַתָּה לְהַחֲיוֹת מֵתִים.
בָּרוּךְ אַתָּה יהוה, מְחַיֵּה הַמֵּתִים.

When saying the עמידה *silently, continue with* אַתָּה קָדוֹשׁ *on page 403.*

KEDUSHA

During the Leader's Repetition, the following is said standing with feet together, rising on the toes at the words indicated by ▴.

Congregation then Leader:

נַעֲרִיצְךָ We will revere and sanctify You
with the words uttered by the holy Seraphim
who sanctify Your name in the Sanctuary;
as is written by Your prophet:
"They call out to one another, saying: *Is. 6*

Congregation then Leader:

▴Holy, ▴holy, ▴holy is the LORD of hosts;
the whole world is filled with His glory."

His glory fills the universe.
His ministering angels ask each other,
"Where is the place of His glory?"
Those facing them reply "Blessed –

Congregation then Leader:

▴"Blessed is the LORD's glory from His place." *Ezek. 3*

From His place may He turn with compassion
and be gracious to the people
who proclaim the unity of His name,
morning and evening, every day, continually,
twice each day reciting in love the Shema:

קדושה

During the חזרת הש״ץ*, the following is said standing with feet together, rising on the toes at the words indicated by* ˄.

קהל *then* ש״ץ:

נַעֲרִיצְךָ וְנַקְדִּישְׁךָ כְּסוֹד שִׂיחַ שַׂרְפֵי קֹדֶשׁ
הַמַּקְדִּישִׁים שִׁמְךָ בַּקֹּדֶשׁ
כַּכָּתוּב עַל יַד נְבִיאֶךָ:
וְקָרָא זֶה אֶל־זֶה וְאָמַר ישעיה ו

קהל *then* ש״ץ:

˄קָדוֹשׁ, ˄קָדוֹשׁ, ˄קָדוֹשׁ, יהוה צְבָאוֹת
מְלֹא כָל הָאָרֶץ כְּבוֹדוֹ:

כְּבוֹדוֹ מָלֵא עוֹלָם, מְשָׁרְתָיו שׁוֹאֲלִים זֶה לָזֶה
אַיֵּה מְקוֹם כְּבוֹדוֹ
לְעֻמָּתָם בָּרוּךְ יֹאמֵרוּ

קהל *then* ש״ץ:

˄בָּרוּךְ כְּבוֹד־יהוה מִמְּקוֹמוֹ: יחזקאל ג

מִמְּקוֹמוֹ הוּא יִפֶן בְּרַחֲמִים
וְיָחֹן עַם הַמְיַחֲדִים שְׁמוֹ
עֶרֶב וָבֹקֶר בְּכָל יוֹם תָּמִיד
פַּעֲמַיִם בְּאַהֲבָה שְׁמַע אוֹמְרִים

Congregation then Leader:

"Listen, Israel: the LORD is our God, Deut.6
the LORD is One."

He is our God, He is our Father,
He is our King, He is our Savior –
and He, in His compassion,
will let us hear a second time
in the presence of all that lives,
His promise to be "Your God." Num. 15
"I am the LORD your God."

Leader:

And in Your holy Writings it is written:

Congregation then Leader:

▲"The LORD shall reign for ever. Ps. 146
He is your God, Zion,
from generation to generation, Halleluya!"

Leader:

From generation to generation
we will declare Your greatness,
and we will proclaim Your holiness for evermore.
Your praise, our God, shall not leave our mouth forever,
for You, God, are a great and holy King.
Blessed are You, LORD,
the holy God. / *On Shabbat Shuva:* the holy King./

The Leader continues on the next page with "You instituted the Sabbath."

קהל *then* ש״ץ:

שְׁמַע יִשְׂרָאֵל, יהוה אֱלֹהֵינוּ, יהוה אֶחָד: דברים ו

הוּא אֱלֹהֵינוּ, הוּא אָבִינוּ

הוּא מַלְכֵּנוּ, הוּא מוֹשִׁיעֵנוּ

וְהוּא יַשְׁמִיעֵנוּ בְּרַחֲמָיו שֵׁנִית לְעֵינֵי כָּל חָי

לִהְיוֹת לָכֶם לֵאלֹהִים במדבר טו

אֲנִי יהוה אֱלֹהֵיכֶם:

ש״ץ:

וּבְדִבְרֵי קָדְשְׁךָ כָּתוּב לֵאמֹר

קהל *then* ש״ץ:

יִמְלֹךְ יהוה לְעוֹלָם תהלים קמו

אֱלֹהַיִךְ צִיּוֹן לְדֹר וָדֹר, הַלְלוּיָהּ:

ש״ץ:

לְדוֹר וָדוֹר נַגִּיד גָּדְלֶךָ

וּלְנֵצַח נְצָחִים קְדֻשָּׁתְךָ נַקְדִּישׁ

וְשִׁבְחֲךָ אֱלֹהֵינוּ מִפִּינוּ לֹא יָמוּשׁ לְעוֹלָם וָעֶד

כִּי אֵל מֶלֶךְ גָּדוֹל וְקָדוֹשׁ אָתָּה.

בָּרוּךְ אַתָּה יהוה

הָאֵל הַקָּדוֹשׁ. / בשבת שובה: הַמֶּלֶךְ הַקָּדוֹשׁ./

The שליח ציבור *continues on the next page with* תִּכַּנְתָּ שַׁבָּת

HOLINESS

אַתָּה קָדוֹשׁ You are holy and Your name is holy,
and holy ones praise You daily, Selah!
Blessed are You, LORD,
the holy God. / *On Shabbat Shuva:* the holy King./
(*If forgotten, repeat the Amida.*)

HOLINESS OF THE DAY

תִּכַּנְתָּ שַׁבָּת You instituted the Sabbath,
You favored its offerings.
You commanded its specific laws
along with the order of its libations.
Those who delight in it inherit eternal glory,
those who relish it merit life,
and those who love its teachings
have chosen greatness.
Even before Sinai they were commanded about it.
Then You, LORD our God, commanded us
to offer on it the additional offering of the Sabbath
in the proper way.

יְהִי רָצוֹן May it be Your will,
LORD our God and God of our ancestors,
to lead us back in joy
to our land and to plant us within our borders.
There we will prepare for You our obligatory offerings:
the regular daily offerings in their order,
and the additional offerings according to their laws.

קדושת השם

אַתָּה קָדוֹשׁ וְשִׁמְךָ קָדוֹשׁ
וּקְדוֹשִׁים בְּכָל יוֹם יְהַלְלוּךָ סֶּלָה.
בָּרוּךְ אַתָּה יהוה
הָאֵל הַקָּדוֹשׁ. / בשבת שובה: הַמֶּלֶךְ הַקָּדוֹשׁ./

(*If forgotten, repeat the* עמידה.)

קדושת היום

תִּכַּנְתָּ שַׁבָּת, רָצִיתָ קָרְבְּנוֹתֶיהָ
צִוִּיתָ פֵּרוּשֶׁיהָ עִם סִדּוּרֵי נְסָכֶיהָ
מְעַנְּגֶיהָ לְעוֹלָם כָּבוֹד יִנְחָלוּ, טוֹעֲמֶיהָ חַיִּים זָכוּ
וְגַם הָאוֹהֲבִים דְּבָרֶיהָ גְּדֻלָּה בָּחָרוּ.
אָז מִסִּינַי נִצְטַוּוּ עָלֶיהָ
וַתְּצַוֵּנוּ יהוה אֱלֹהֵינוּ
לְהַקְרִיב בָּהּ קָרְבַּן מוּסַף שַׁבָּת כָּרָאוּי.

יְהִי רָצוֹן מִלְּפָנֶיךָ
יהוה אֱלֹהֵינוּ וֵאלֹהֵי אֲבוֹתֵינוּ
שֶׁתַּעֲלֵנוּ בְשִׂמְחָה לְאַרְצֵנוּ וְתִטָּעֵנוּ בִּגְבוּלֵנוּ
וְשָׁם נַעֲשֶׂה לְפָנֶיךָ אֶת קָרְבְּנוֹת חוֹבוֹתֵינוּ
תְּמִידִים כְּסִדְרָם וּמוּסָפִים כְּהִלְכָתָם.

וְאֶת מוּסַף And the additional offering
of this Sabbath day
we will prepare and offer before You in love,
in accord with Your will's commandment,
as You wrote for us in Your Torah
through Your servant Moses, by Your own word,
as it is said:

"On the Sabbath day, *Num. 28*
make an offering of two lambs
a year old, without blemish,
together with two-tenths of an ephah
of fine flour
mixed with oil as a meal-offering,
and its appropriate libation.
This is the burnt-offering for every Sabbath,
in addition to the regular daily burnt-offering
and its libation."

יִשְׂמְחוּ Those who keep the Sabbath
and call it a delight
shall rejoice in Your kingship.
The people who sanctify the seventh day
shall all be satisfied
and take delight in Your goodness,
for You favored the seventh day and declared it holy.
You called it "most desirable of days"
in remembrance of Creation.

וְאֶת מוּסַף יוֹם הַשַּׁבָּת הַזֶּה
נַעֲשֶׂה וְנַקְרִיב לְפָנֶיךָ בְּאַהֲבָה כְּמִצְוַת רְצוֹנֶךָ
כְּמוֹ שֶׁכָּתַבְתָּ עָלֵינוּ בְּתוֹרָתֶךָ
עַל יְדֵי מֹשֶׁה עַבְדֶּךָ מִפִּי כְבוֹדֶךָ
כָּאָמוּר

במדבר כח
וּבְיוֹם הַשַּׁבָּת
שְׁנֵי־כְבָשִׂים בְּנֵי־שָׁנָה תְּמִימִם
וּשְׁנֵי עֶשְׂרֹנִים סֹלֶת מִנְחָה
בְּלוּלָה בַשֶּׁמֶן וְנִסְכּוֹ:
עֹלַת שַׁבַּת בְּשַׁבַּתּוֹ
עַל־עֹלַת הַתָּמִיד וְנִסְכָּהּ:

יִשְׂמְחוּ בְמַלְכוּתְךָ שׁוֹמְרֵי שַׁבָּת
וְקוֹרְאֵי עֹנֶג
עַם מְקַדְּשֵׁי שְׁבִיעִי
כֻּלָּם יִשְׂבְּעוּ וְיִתְעַנְּגוּ מִטּוּבֶךָ
וּבַשְּׁבִיעִי רָצִיתָ בּוֹ וְקִדַּשְׁתּוֹ
חֶמְדַּת יָמִים אוֹתוֹ קָרָאתָ
זֵכֶר לְמַעֲשֵׂה בְרֵאשִׁית.

אֱלֹהֵינוּ Our God and God of our ancestors,
find favor in our rest.
Make us holy through Your commandments
and grant us our share in Your Torah.
Satisfy us with Your goodness,
grant us joy in Your salvation,
and purify our hearts to serve You in truth.
In love and favor, LORD our God,
grant us as our heritage Your holy Sabbath,
so that Israel who sanctify Your name
may find rest on it.
Blessed are You, LORD,
who sanctifies the Sabbath.

TEMPLE SERVICE

רְצֵה Find favor, LORD our God,
in Your people Israel and their prayer.
Restore the service to Your most holy House,
and accept in love and favor
the fire-offerings of Israel and their prayer.
May the service of Your people Israel
always find favor with You.
And may our eyes witness Your return
to Zion in compassion.
Blessed are You, LORD,
who restores His Presence to Zion.

אֱלֹהֵינוּ וֵאלֹהֵי אֲבוֹתֵינוּ, רְצֵה בִמְנוּחָתֵנוּ
קַדְּשֵׁנוּ בְּמִצְוֹתֶיךָ וְתֵן חֶלְקֵנוּ בְּתוֹרָתֶךָ
שַׂבְּעֵנוּ מִטּוּבֶךָ
וְשַׂמְּחֵנוּ בִּישׁוּעָתֶךָ
וְטַהֵר לִבֵּנוּ לְעָבְדְּךָ בֶּאֱמֶת
וְהַנְחִילֵנוּ יהוה אֱלֹהֵינוּ
בְּאַהֲבָה וּבְרָצוֹן שַׁבַּת קָדְשֶׁךָ
וְיָנוּחוּ בוֹ יִשְׂרָאֵל מְקַדְּשֵׁי שְׁמֶךָ.
בָּרוּךְ אַתָּה יהוה, מְקַדֵּשׁ הַשַּׁבָּת.

עבודה

רְצֵה יהוה אֱלֹהֵינוּ בְּעַמְּךָ יִשְׂרָאֵל, וּבִתְפִלָּתָם
וְהָשֵׁב אֶת הָעֲבוֹדָה לִדְבִיר בֵּיתֶךָ
וְאִשֵּׁי יִשְׂרָאֵל וּתְפִלָּתָם
בְּאַהֲבָה תְקַבֵּל בְּרָצוֹן
וּתְהִי לְרָצוֹן תָּמִיד עֲבוֹדַת יִשְׂרָאֵל עַמֶּךָ.
וְתֶחֱזֶינָה עֵינֵינוּ בְּשׁוּבְךָ לְצִיּוֹן בְּרַחֲמִים.
בָּרוּךְ אַתָּה יהוה, הַמַּחֲזִיר שְׁכִינָתוֹ לְצִיּוֹן.

During the Leader's Repetition, the Congregation says "We give thanks" below the line. When saying the Amida silently, continue here.

THANKSGIVING

Bow at the first nine words.

מוֹדִים׳ We give thanks to You,
for You are the LORD our God
and God of our ancestors for ever and all time.
You are the Rock of our lives,
Shield of our salvation
from generation to generation.
We will thank You and
declare Your praise for our lives,
which are entrusted into Your hand;
for our souls, which are placed in Your charge;
for Your miracles which are with us every day;
and for Your wonders and favors
at all times, evening, morning, and midday.

During the Leader's Repetition, the congregation says quietly:

מוֹדִים׳ We give thanks to You, for You are the LORD our God and God of our ancestors, God of all flesh, who formed us and formed the universe. Blessings and thanks are due to Your great and holy name for giving us life and sustaining us. May You continue to give us life and sustain us; and may You gather our exiles to Your holy courts, to keep Your decrees, do Your will, and serve You with a perfect heart, for it is for us to give You thanks. Blessed be God to whom thanksgiving is due.

During the חזרת הש״ץ*, the* קהל *says* מוֹדִים *below the line. When saying the Amida silently, continues here.*

הודאה

Bow at the first five words.

מוֹדִים אֲנַחְנוּ לָךְ שָׁאַתָּה הוּא יהוה אֱלֹהֵינוּ וֵאלֹהֵי אֲבוֹתֵינוּ לְעוֹלָם וָעֶד.
צוּר חַיֵּינוּ, מָגֵן יִשְׁעֵנוּ, אַתָּה הוּא לְדוֹר וָדוֹר.
נוֹדֶה לְּךָ וּנְסַפֵּר תְּהִלָּתֶךָ
עַל חַיֵּינוּ הַמְּסוּרִים בְּיָדֶךָ
וְעַל נִשְׁמוֹתֵינוּ הַפְּקוּדוֹת לָךְ
וְעַל נִסֶּיךָ שֶׁבְּכָל יוֹם עִמָּנוּ
וְעַל נִפְלְאוֹתֶיךָ וְטוֹבוֹתֶיךָ
שֶׁבְּכָל עֵת, עֶרֶב וָבֹקֶר וְצָהֳרָיִם.

During the חזרת הש״ץ*, the* קהל *says quietly:*

מוֹדִים אֲנַחְנוּ לָךְ, שָׁאַתָּה הוּא יהוה אֱלֹהֵינוּ וֵאלֹהֵי אֲבוֹתֵינוּ, אֱלֹהֵי כָל בָּשָׂר, יוֹצְרֵנוּ, יוֹצֵר בְּרֵאשִׁית. בְּרָכוֹת וְהוֹדָאוֹת, לְשִׁמְךָ הַגָּדוֹל וְהַקָּדוֹשׁ, עַל שֶׁהֶחֱיִיתָנוּ וְקִיַּמְתָּנוּ. כֵּן תְּחַיֵּנוּ וּתְקַיְּמֵנוּ, וְתֶאֱסֹף גָּלֻיּוֹתֵינוּ לְחַצְרוֹת קָדְשֶׁךָ, לִשְׁמֹר חֻקֶּיךָ וְלַעֲשׂוֹת רְצוֹנֶךָ, וּלְעָבְדְּךָ בְּלֵבָב שָׁלֵם, עַל שֶׁאֲנַחְנוּ מוֹדִים לָךְ. בָּרוּךְ אֵל הַהוֹדָאוֹת.

You are good –
for Your compassion never fails.
You are compassionate –
for Your loving-kindnesses never cease.
We have always placed our hope in You.

On Ḥanukka:

עַל הַנִּסִּים [We thank You also] for the miracles, the redemption, the mighty deeds, the salvations, and the victories in battle which You performed for our ancestors in those days, at this time.

בִּימֵי מַתִּתְיָהוּ In the days of Mattityahu, son of Yoḥanan, the High Priest, the Hasmonean, and his sons, the wicked Greek kingdom rose up against Your people Israel to make them forget Your Torah and to force them to transgress the statutes of Your will. It was then that You in Your great compassion stood by them in the time of their distress. You championed their cause, judged their claim, and avenged their wrong. You delivered the strong into the hands of the weak, the many into the hands of the few, the impure into the hands of the pure, the wicked into the hands of the righteous, and the arrogant into the hands of those who were engaged in the study of Your Torah. You made for Yourself great and holy renown in Your world, and for Your people Israel You performed a great salvation and redemption as of this very day. Your children then entered the holiest part of Your House, cleansed Your Temple, purified Your Sanctuary, kindled lights in Your holy courts, and designated these eight days of Ḥanukka for giving thanks and praise to Your great name.

Continue with "For all these things."

הַטּוֹב, כִּי לֹא כָלוּ רַחֲמֶיךָ
וְהַמְרַחֵם, כִּי לֹא תַמּוּ חֲסָדֶיךָ
מֵעוֹלָם קִוִּינוּ לָךְ.

בחנוכה:

עַל הַנִּסִּים וְעַל הַפֻּרְקָן וְעַל הַגְּבוּרוֹת וְעַל הַתְּשׁוּעוֹת וְעַל הַמִּלְחָמוֹת שֶׁעָשִׂיתָ לַאֲבוֹתֵינוּ בַּיָּמִים הָהֵם בַּזְּמַן הַזֶּה.

בִּימֵי מַתִּתְיָהוּ בֶּן יוֹחָנָן כֹּהֵן גָּדוֹל חַשְׁמוֹנַאי וּבָנָיו, כְּשֶׁעָמְדָה מַלְכוּת יָוָן הָרְשָׁעָה עַל עַמְּךָ יִשְׂרָאֵל לְהַשְׁכִּיחָם תּוֹרָתֶךָ וּלְהַעֲבִירָם מֵחֻקֵּי רְצוֹנֶךָ, וְאַתָּה בְּרַחֲמֶיךָ הָרַבִּים עָמַדְתָּ לָהֶם בְּעֵת צָרָתָם, רַבְתָּ אֶת רִיבָם, דַּנְתָּ אֶת דִּינָם, נָקַמְתָּ אֶת נִקְמָתָם, מָסַרְתָּ גִבּוֹרִים בְּיַד חַלָּשִׁים, וְרַבִּים בְּיַד מְעַטִּים, וּטְמֵאִים בְּיַד טְהוֹרִים, וּרְשָׁעִים בְּיַד צַדִּיקִים, וְזֵדִים בְּיַד עוֹסְקֵי תוֹרָתֶךָ, וּלְךָ עָשִׂיתָ שֵׁם גָּדוֹל וְקָדוֹשׁ בְּעוֹלָמֶךָ, וּלְעַמְּךָ יִשְׂרָאֵל עָשִׂיתָ תְּשׁוּעָה גְדוֹלָה וּפֻרְקָן כְּהַיּוֹם הַזֶּה. וְאַחַר כֵּן בָּאוּ בָנֶיךָ לִדְבִיר בֵּיתֶךָ, וּפִנּוּ אֶת הֵיכָלֶךָ, וְטִהֲרוּ אֶת מִקְדָּשֶׁךָ, וְהִדְלִיקוּ נֵרוֹת בְּחַצְרוֹת קָדְשֶׁךָ, וְקָבְעוּ שְׁמוֹנַת יְמֵי חֲנֻכָּה אֵלּוּ, לְהוֹדוֹת וּלְהַלֵּל לְשִׁמְךָ הַגָּדוֹל.

Continue with וְעַל כֻּלָּם.

On Shushan Purim in Jerusalem:

עַל הַנִּסִּים [We thank You also] for the miracles, the redemption, the mighty deeds, the salvations, and the victories in battle which You performed for our ancestors in those days, at this time.

בִּימֵי מָרְדְּכַי In the days of Mordekhai and Esther, in Shushan the capital, the wicked Haman rose up against them and sought to destroy, slay, and exterminate all *Esther 3* the Jews, young and old, children and women, on one day, the thirteenth day of the twelfth month, which is the month of Adar, and to plunder their possessions. Then You in Your great compassion thwarted his counsel, frustrated his plans, and caused his scheme to recoil on his own head, so that they hanged him and his sons on the gallows.

Continue with "For all these things."

וְעַל כֻּלָּם For all these things
may Your name be blessed and exalted, our King,
continually, for ever and all time.

On Shabbat Shuva: And write, for a good life,
all the children of Your covenant.

Let all that lives thank You, Selah!
and praise Your name in truth,
God, our Savior and Help, Selah!
▾Blessed are You, LORD,
whose name is "the Good"
and to whom thanks are due.

בשושן פורים בירושלים:

עַל הַנִּסִּים וְעַל הַפֻּרְקָן וְעַל הַגְּבוּרוֹת וְעַל הַתְּשׁוּעוֹת וְעַל הַמִּלְחָמוֹת שֶׁעָשִׂיתָ לַאֲבוֹתֵינוּ בַּיָּמִים הָהֵם בַּזְּמַן הַזֶּה.

בִּימֵי מָרְדְּכַי וְאֶסְתֵּר בְּשׁוּשַׁן הַבִּירָה, כְּשֶׁעָמַד עֲלֵיהֶם הָמָן הָרָשָׁע, בִּקֵּשׁ לְהַשְׁמִיד לַהֲרֹג וּלְאַבֵּד אֶת־ אסתר ג
כָּל־הַיְּהוּדִים מִנַּעַר וְעַד־זָקֵן טַף וְנָשִׁים בְּיוֹם אֶחָד, בִּשְׁלוֹשָׁה עָשָׂר לְחֹדֶשׁ שְׁנֵים־עָשָׂר, הוּא־חֹדֶשׁ אֲדָר, וּשְׁלָלָם לָבוֹז: וְאַתָּה בְּרַחֲמֶיךָ הָרַבִּים הֵפַרְתָּ אֶת עֲצָתוֹ, וְקִלְקַלְתָּ אֶת מַחֲשַׁבְתּוֹ, וַהֲשֵׁבוֹתָ לּוֹ גְּמוּלוֹ בְּרֹאשׁוֹ, וְתָלוּ אוֹתוֹ וְאֶת בָּנָיו עַל הָעֵץ.

Continue with וְעַל כֻּלָּם.

וְעַל כֻּלָּם יִתְבָּרַךְ וְיִתְרוֹמַם שִׁמְךָ מַלְכֵּנוּ תָּמִיד לְעוֹלָם וָעֶד.

בשבת שובה: וּכְתֹב לְחַיִּים טוֹבִים כָּל בְּנֵי בְרִיתֶךָ.

וְכֹל הַחַיִּים יוֹדְוּךָ סֶּלָה
וִיהַלְלוּ אֶת שִׁמְךָ בֶּאֱמֶת
הָאֵל יְשׁוּעָתֵנוּ וְעֶזְרָתֵנוּ סֶלָה.
בָּרוּךְ אַתָּה יהוה
הַטּוֹב שִׁמְךָ וּלְךָ נָאֶה לְהוֹדוֹת.

The following is said by the Leader during the Repetition of the Amida. In Israel, if Kohanim bless the congregation, *turn to page 754.*

Our God and God of our fathers, bless us with the threefold blessing in the Torah, written by the hand of Moses Your servant and pronounced by Aaron and his sons the priests, Your holy people, as it is said:

May the LORD bless you *Num. 6*
and protect you. *Cong:* May it be Your will.
May the LORD make His face shine on you
and be gracious to you. *Cong:* May it be Your will.
May the LORD turn His face toward you,
and grant you peace. *Cong:* May it be Your will.

PEACE

שִׂים שָׁלוֹם Grant peace, goodness and blessing,
grace, loving-kindness and compassion to us
and all Israel Your people.
Bless us, our Father, all as one,
with the light of Your face,
for by the light of Your face You have given us,
LORD our God,
the Torah of life and love of kindness,
righteousness, blessing, compassion,
life, and peace.
May it be good in Your eyes
to bless Your people Israel
at every time, in every hour, with Your peace.

The following is said by the שליח ציבור *during* חזרת הש״ץ.
In ארץ ישראל, *if* כוהנים *say* ברכת כוהנים, *turn to page 755.*

אֱלֹהֵינוּ וֵאלֹהֵי אֲבוֹתֵינוּ, בָּרְכֵנוּ בַּבְּרָכָה הַמְשֻׁלֶּשֶׁת
בַּתּוֹרָה, הַכְּתוּבָה עַל יְדֵי מֹשֶׁה עַבְדֶּךָ, הָאֲמוּרָה
מִפִּי אַהֲרֹן וּבָנָיו כֹּהֲנִים עַם קְדוֹשֶׁיךָ, כָּאָמוּר

במדבר ו
יְבָרֶכְךָ יהוה וְיִשְׁמְרֶךָ: קהל: כֵּן יְהִי רָצוֹן
יָאֵר יהוה פָּנָיו אֵלֶיךָ וִיחֻנֶּךָּ: קהל: כֵּן יְהִי רָצוֹן
יִשָּׂא יהוה פָּנָיו אֵלֶיךָ וְיָשֵׂם לְךָ שָׁלוֹם: קהל: כֵּן יְהִי רָצוֹן

ברכת שלום

שִׂים שָׁלוֹם טוֹבָה וּבְרָכָה
חֵן וָחֶסֶד וְרַחֲמִים
עָלֵינוּ וְעַל כָּל יִשְׂרָאֵל עַמֶּךָ.
בָּרְכֵנוּ אָבִינוּ כֻּלָּנוּ כְּאֶחָד בְּאוֹר פָּנֶיךָ
כִּי בְאוֹר פָּנֶיךָ נָתַתָּ לָּנוּ, יהוה אֱלֹהֵינוּ
תּוֹרַת חַיִּים וְאַהֲבַת חֶסֶד
וּצְדָקָה וּבְרָכָה וְרַחֲמִים וְחַיִּים וְשָׁלוֹם.
וְטוֹב בְּעֵינֶיךָ לְבָרֵךְ אֶת עַמְּךָ יִשְׂרָאֵל
בְּכָל עֵת וּבְכָל שָׁעָה בִּשְׁלוֹמֶךָ.

On Shabbat Shuva: In the book of life, blessing,
peace, and prosperity,
may we and all Your people the house of Israel
be remembered and written
before You for a good life, and for peace.*

Blessed are You, Lord,
who blesses His people Israel with peace.

**On Shabbat Shuva outside Israel, many end the blessing:*
Blessed are You, Lord, who makes peace.

The following verse concludes the Leader's Repetition of the Amida. Some also say it here as part of the silent Amida.

May the words of my mouth and the meditation of my heart find favor before You, Lord, my Rock and Redeemer. *Ps. 19*

אֱלֹהַי My God, *Berakhot 17a*
guard my tongue from evil
and my lips from deceitful speech.
To those who curse me, let my soul be silent;
may my soul be to all like the dust.
Open my heart to Your Torah
and let my soul pursue Your commandments.
As for all who plan evil against me,
swiftly thwart their counsel and frustrate their plans.
Act for the sake of Your name;
act for the sake of Your right hand;
act for the sake of Your holiness;
act for the sake of Your Torah.

בשבת שובה: בְּסֵפֶר חַיִּים, בְּרָכָה וְשָׁלוֹם, וּפַרְנָסָה טוֹבָה
נִזָּכֵר וְנִכָּתֵב לְפָנֶיךָ, אֲנַחְנוּ וְכָל עַמְּךָ
בֵּית יִשְׂרָאֵל, לְחַיִּים טוֹבִים וּלְשָׁלוֹם.*

בָּרוּךְ אַתָּה יהוה
הַמְבָרֵךְ אֶת עַמּוֹ יִשְׂרָאֵל בַּשָּׁלוֹם.

**During the* שבת שובה *in* חוץ לארץ, *many end the blessing:*

בָּרוּךְ אַתָּה יהוה, עוֹשֶׂה הַשָּׁלוֹם.

The following verse concludes the חזרת הש״ץ.
Some also say it here as part of the silent עמידה.

יִהְיוּ לְרָצוֹן אִמְרֵי־פִי וְהֶגְיוֹן לִבִּי לְפָנֶיךָ, יהוה צוּרִי וְגֹאֲלִי: תהלים יט

אֱלֹהַי ברכות יז.
נְצֹר לְשׁוֹנִי מֵרָע, וּשְׂפָתַי מִדַּבֵּר מִרְמָה
וְלִמְקַלְלַי נַפְשִׁי תִדֹּם, וְנַפְשִׁי כֶּעָפָר לַכֹּל תִּהְיֶה.
פְּתַח לִבִּי בְּתוֹרָתֶךָ, וּבְמִצְוֹתֶיךָ תִּרְדֹּף נַפְשִׁי.
וְכָל הַחוֹשְׁבִים עָלַי רָעָה
מְהֵרָה הָפֵר עֲצָתָם וְקַלְקֵל מַחֲשַׁבְתָּם.
עֲשֵׂה לְמַעַן שְׁמֶךָ, עֲשֵׂה לְמַעַן יְמִינֶךָ
עֲשֵׂה לְמַעַן קְדֻשָּׁתֶךָ, עֲשֵׂה לְמַעַן תּוֹרָתֶךָ.

That Your beloved ones may be delivered, *Ps. 60*
save with Your right hand and answer me.
May the words of my mouth *Ps. 19*
and the meditation of my heart
find favor before You, Lord, my Rock and Redeemer.

Bow, take three steps back, then bow, first left,
then right, then center, while saying:

May He who makes peace in His high places,
make peace for us and all Israel –
and say: Amen.

יְהִי רָצוֹן May it be Your will,
Lord our God and God of our ancestors,
that the Temple be rebuilt speedily in our days,
and grant us a share in Your Torah.
And there we will serve You with reverence,
as in the days of old and as in former years.
Then the offering of Judah and Jerusalem *Mal. 3*
will be pleasing to the Lord
as in the days of old and as in former years.

FULL KADDISH

Leader: יִתְגַּדַּל Magnified and sanctified
may His great name be,
in the world He created by His will.
May He establish His kingdom
in your lifetime and in your days,
and in the lifetime of all the house of Israel,
swiftly and soon – and say: Amen.

לְמַעַן יֵחָלְצוּן יְדִידֶיךָ, הוֹשִׁיעָה יְמִינְךָ וַעֲנֵנִי׃ תהלים ס
יִהְיוּ לְרָצוֹן אִמְרֵי־פִי וְהֶגְיוֹן לִבִּי לְפָנֶיךָ תהלים יט
יהוה צוּרִי וְגֹאֲלִי׃

Bow, take three steps back, then bow, first left, then right, then center, while saying:

עֹשֶׂה שָׁלוֹם/ בשבת שובה: הַשָּׁלוֹם/ בִּמְרוֹמָיו
הוּא יַעֲשֶׂה שָׁלוֹם עָלֵינוּ וְעַל כָּל יִשְׂרָאֵל
וְאִמְרוּ אָמֵן.

יְהִי רָצוֹן מִלְּפָנֶיךָ יהוה אֱלֹהֵינוּ וֵאלֹהֵי אֲבוֹתֵינוּ
שֶׁיִּבָּנֶה בֵּית הַמִּקְדָּשׁ בִּמְהֵרָה בְיָמֵינוּ
וְתֵן חֶלְקֵנוּ בְּתוֹרָתֶךָ
וְשָׁם נַעֲבָדְךָ בְּיִרְאָה כִּימֵי עוֹלָם וּכְשָׁנִים קַדְמֹנִיּוֹת.
וְעָרְבָה לַיהוה מִנְחַת יְהוּדָה וִירוּשָׁלָםִ מלאכי ג
כִּימֵי עוֹלָם וּכְשָׁנִים קַדְמֹנִיּוֹת׃

קדיש שלם

ש״ץ: יִתְגַּדַּל וְיִתְקַדַּשׁ שְׁמֵהּ רַבָּא (קהל: אָמֵן)
בְּעָלְמָא דִּי בְרָא כִרְעוּתֵהּ, וְיַמְלִיךְ מַלְכוּתֵהּ
בְּחַיֵּיכוֹן וּבְיוֹמֵיכוֹן וּבְחַיֵּי דְכָל בֵּית יִשְׂרָאֵל
בַּעֲגָלָא וּבִזְמַן קָרִיב, וְאִמְרוּ אָמֵן. (קהל: אָמֵן)

All: May His great name be blessed
for ever and all time.

Leader: Blessed and praised,
glorified and exalted,
raised and honored,
uplifted and lauded
be the name of the Holy One,
blessed be He,
beyond any blessing,
song, praise, and consolation
uttered in the world –
and say: Amen.

May the prayers and pleas of all Israel
be accepted by their Father in heaven –
and say: Amen.

May there be great peace from heaven,
and life for us and all Israel –
and say: Amen.

Bow, take three steps back, as if taking leave of the Divine Presence, then bow, first left, then right, then center, while saying:

May He who makes peace
in His high places,
make peace for us and all Israel –
and say: Amen.

קהל ושׁ״ץ: יְהֵא שְׁמֵהּ רַבָּא מְבָרַךְ לְעָלַם וּלְעָלְמֵי עָלְמַיָּא.

ש״ץ: יִתְבָּרַךְ וְיִשְׁתַּבַּח וְיִתְפָּאַר
וְיִתְרוֹמַם וְיִתְנַשֵּׂא וְיִתְהַדָּר וְיִתְעַלֶּה וְיִתְהַלָּל
שְׁמֵהּ דְּקֻדְשָׁא בְּרִיךְ הוּא (קהל: בְּרִיךְ הוּא)
לְעֵלָּא מִן כָּל בִּרְכָתָא
/בשבת שובה: לְעֵלָּא לְעֵלָּא מִכָּל בִּרְכָתָא/
וְשִׁירָתָא, תֻּשְׁבְּחָתָא וְנֶחֱמָתָא
דַּאֲמִירָן בְּעָלְמָא
וְאִמְרוּ אָמֵן. (קהל: אָמֵן)

תִּתְקַבַּל צְלוֹתְהוֹן וּבָעוּתְהוֹן דְּכָל יִשְׂרָאֵל
קֳדָם אֲבוּהוֹן דִּי בִשְׁמַיָּא
וְאִמְרוּ אָמֵן. (קהל: אָמֵן)

יְהֵא שְׁלָמָא רַבָּא מִן שְׁמַיָּא
וְחַיִּים, עָלֵינוּ וְעַל כָּל יִשְׂרָאֵל
וְאִמְרוּ אָמֵן. (קהל: אָמֵן)

Bow, take three steps back, as if taking leave of the Divine Presence, then bow, first left, then right, then center, while saying:

עֹשֶׂה שָׁלוֹם/בשבת שובה: הַשָּׁלוֹם/ בִּמְרוֹמָיו
הוּא יַעֲשֶׂה שָׁלוֹם עָלֵינוּ וְעַל כָּל יִשְׂרָאֵל
וְאִמְרוּ אָמֵן. (קהל: אָמֵן)

אֵין כֵּאלֹהֵינוּ There is none like our God,
none like our LORD,
none like our King,
none like our Savior.

Who is like our God?
Who is like our LORD?
Who is like our King?
Who is like our Savior?

We will thank our God,
we will thank our LORD,
we will thank our King,
we will thank our Savior.

Blessed is our God,
blessed is our LORD,
blessed is our King,
blessed is our Savior.

You are our God,
You are our LORD,
You are our King,
You are our Savior.

You are He to whom
our ancestors offered the fragrant incense.

פִּטּוּם הַקְּטֹרֶת The incense mixture consisted of balsam, *Keritot 6a*
onycha, galbanum, and frankincense, each weighing seventy manehs; myrrh, cassia, spikenard, and saffron, each weighing sixteen manehs; twelve manehs of costus, three of aromatic bark; nine of cinnamon; nine kabs of

אֵין כֵּאלֹהֵֽינוּ, אֵין כַּאדוֹנֵֽינוּ
אֵין כְּמַלְכֵּֽנוּ, אֵין כְּמוֹשִׁיעֵֽנוּ.
מִי כֵאלֹהֵֽינוּ, מִי כַאדוֹנֵֽינוּ
מִי כְמַלְכֵּֽנוּ, מִי כְמוֹשִׁיעֵֽנוּ.
נוֹדֶה לֵאלֹהֵֽינוּ, נוֹדֶה לַאדוֹנֵֽינוּ
נוֹדֶה לְמַלְכֵּֽנוּ, נוֹדֶה לְמוֹשִׁיעֵֽנוּ.
בָּרוּךְ אֱלֹהֵֽינוּ, בָּרוּךְ אֲדוֹנֵֽינוּ
בָּרוּךְ מַלְכֵּֽנוּ, בָּרוּךְ מוֹשִׁיעֵֽנוּ.
אַתָּה הוּא אֱלֹהֵֽינוּ, אַתָּה הוּא אֲדוֹנֵֽינוּ
אַתָּה הוּא מַלְכֵּֽנוּ, אַתָּה הוּא מוֹשִׁיעֵֽנוּ.
אַתָּה הוּא שֶׁהִקְטִֽירוּ אֲבוֹתֵֽינוּ
לְפָנֶֽיךָ אֶת קְטֹֽרֶת הַסַּמִּים.

פִּטּוּם הַקְּטֹֽרֶת. הַצֳּרִי, וְהַצִּפֹּֽרֶן, וְהַחֶלְבְּנָה, וְהַלְּבוֹנָה כריתות ו.
מִשְׁקַל שִׁבְעִים שִׁבְעִים מָנֶה, מֹר, וּקְצִיעָה, שִׁבֹּֽלֶת
נֵרְדְּ, וְכַרְכֹּם מִשְׁקַל שִׁשָּׁה עָשָׂר שִׁשָּׁה עָשָׂר מָנֶה,
הַקֹּשְׁטְ שְׁנֵים עָשָׂר, קִלּוּפָה שְׁלֹשָׁה, וְקִנָּמוֹן תִּשְׁעָה,
בֹּרִית כַּרְשִׁינָה תִּשְׁעָה קַבִּין, יֵין קַפְרִיסִין סְאִין תְּלָת

Carsina lye; three seahs and three kabs of Cyprus wine. If Cyprus wine was not available, old white wine might be used. A quarter of a kab of Sodom salt, and a minute amount of a smoke-raising herb. Rabbi Nathan says: Also a minute amount of Jordan amber. If one added honey to the mixture, he rendered it unfit for sacred use. If he omitted any one of its ingredients, he is guilty of a capital offense.

Rabban Shimon ben Gamliel says: "Balsam" refers to the sap that drips from the balsam tree. The Carsina lye was used for bleaching the onycha to improve it. The Cyprus wine was used to soak the onycha in it to make it pungent. Though urine is suitable for this purpose, it is not brought into the Temple out of respect.

These were the psalms which the Levites used to recite in the Temple: *Mishna, Tamid 7*

On the first day of the week they used to say:

"The earth is the Lord's and all it contains, the world and all who live in it." *Ps. 24*

On the second day they used to say:

"Great is the Lord and greatly to be praised in the city of God, on His holy mountain." *Ps. 48*

On the third day they used to say:

"God stands in the divine assembly. Among the judges He delivers judgment." *Ps. 82*

On the fourth day they used to say:

"God of retribution, Lord, God of retribution, appear." *Ps. 94*

וְקַבִּין תְּלָתָא, וְאִם אֵין לוֹ יֵין קַפְרִיסִין, מֵבִיא חֲמַר חִוַּרְיָן עַתִּיק. מֶלַח סְדוֹמִית רֹבַע, מַעֲלֶה עָשָׁן כָּל שֶׁהוּא. רַבִּי נָתָן הַבַּבְלִי אוֹמֵר: אַף כִּפַּת הַיַּרְדֵּן כָּל שֶׁהוּא, וְאִם נָתַן בָּהּ דְּבַשׁ פְּסָלָהּ, וְאִם חִסַּר אֶחָד מִכָּל סַמָּנֶיהָ, חַיָּב מִיתָה.

רַבָּן שִׁמְעוֹן בֶּן גַּמְלִיאֵל אוֹמֵר: הַצֳּרִי אֵינוֹ אֶלָּא שְׂרָף הַנּוֹטֵף מֵעֲצֵי הַקְּטָף. בֹּרִית כַּרְשִׁינָה שֶׁשָּׁפִין בָּהּ אֶת הַצִּפֹּרֶן כְּדֵי שֶׁתְּהֵא נָאָה, יֵין קַפְרִיסִין שֶׁשּׁוֹרִין בּוֹ אֶת הַצִּפֹּרֶן כְּדֵי שֶׁתְּהֵא עַזָּה, וַהֲלֹא מֵי רַגְלַיִם יָפִין לָהּ, אֶלָּא שֶׁאֵין מַכְנִיסִין מֵי רַגְלַיִם בַּמִּקְדָּשׁ מִפְּנֵי הַכָּבוֹד.

הַשִּׁיר שֶׁהַלְוִיִּם הָיוּ אוֹמְרִים בְּבֵית הַמִּקְדָּשׁ: משנה תמיד ז
בַּיּוֹם הָרִאשׁוֹן הָיוּ אוֹמְרִים
לַיהוה הָאָרֶץ וּמְלוֹאָהּ, תֵּבֵל וְיֹשְׁבֵי בָהּ: תהלים כד
בַּשֵּׁנִי הָיוּ אוֹמְרִים
גָּדוֹל יהוה וּמְהֻלָּל מְאֹד, בְּעִיר אֱלֹהֵינוּ הַר־קָדְשׁוֹ: תהלים מח
בַּשְּׁלִישִׁי הָיוּ אוֹמְרִים
אֱלֹהִים נִצָּב בַּעֲדַת־אֵל, בְּקֶרֶב אֱלֹהִים יִשְׁפֹּט: תהלים פב
בָּרְבִיעִי הָיוּ אוֹמְרִים
אֵל־נְקָמוֹת יהוה, אֵל נְקָמוֹת הוֹפִיעַ: תהלים צד

On the fifth day they used to say:
"Sing for joy to God, our strength. Shout aloud to the God of Jacob." *Ps. 81*

On the sixth day they used to say:
"The LORD reigns: He is robed in majesty; the LORD is robed, girded with strength; the world is firmly established; it cannot be moved." *Ps. 93*

On the Sabbath they used to say:
"A psalm, a song for the Sabbath day" – [meaning] a psalm and song for the time to come, for the day which will be entirely Sabbath and rest for life everlasting. *Ps. 92*

It was taught in the Academy of Elijah: Whoever studies [Torah] laws every day is assured that he will be destined for the World to Come, as it is said, "The ways of the world are His" – read not, "ways" [*halikhot*] but "laws" [*halakhot*]. *Megilla 28b* *Hab. 3*

Rabbi Elazar said in the name of Rabbi Ḥanina: The disciples of the sages increase peace in the world, as it is said, "And all your children shall be taught of the LORD, and great shall be the peace of your children [*banayikh*]." Read not *banayikh*, "your children," but *bonayikh*, "your builders." Those who love Your Torah have great peace; there is no stumbling block for them. May there be peace within your ramparts, prosperity in your palaces. For the sake of my brothers and friends, I shall say, "Peace be within you." For the sake of the House of the LORD our God, I will seek your good. ▸ May the LORD grant strength to His people; may the LORD bless His people with peace. *Berakhot 64a* *Is. 54* *Ps. 119* *Ps. 122* *Ps. 29*

בַּחֲמִישִׁי הָיוּ אוֹמְרִים
הַרְנִינוּ לֵאלֹהִים עוּזֵּנוּ, הָרִיעוּ לֵאלֹהֵי יַעֲקֹב: תהלים פא
בַּשִּׁשִּׁי הָיוּ אוֹמְרִים
יהוה מָלָךְ גֵּאוּת לָבֵשׁ, לָבֵשׁ יהוה עֹז הִתְאַזָּר תהלים צג
אַף־תִּכּוֹן תֵּבֵל בַּל־תִּמּוֹט:
בַּשַּׁבָּת הָיוּ אוֹמְרִים, מִזְמוֹר שִׁיר לְיוֹם הַשַּׁבָּת: תהלים צב
מִזְמוֹר שִׁיר לֶעָתִיד לָבוֹא
לְיוֹם שֶׁכֻּלּוֹ שַׁבָּת וּמְנוּחָה לְחַיֵּי הָעוֹלָמִים.

תָּנָא דְבֵי אֵלִיָּהוּ: כָּל הַשּׁוֹנֶה הֲלָכוֹת בְּכָל יוֹם, מגילה כח:
מֻבְטָח לוֹ שֶׁהוּא בֶּן עוֹלָם הַבָּא, שֶׁנֶּאֱמַר, הֲלִיכוֹת חבקוק ג
עוֹלָם לוֹ: אַל תִּקְרֵי הֲלִיכוֹת אֶלָּא הֲלָכוֹת.

אָמַר רַבִּי אֶלְעָזָר, אָמַר רַבִּי חֲנִינָא: תַּלְמִידֵי חֲכָמִים ברכות סד.
מַרְבִּים שָׁלוֹם בָּעוֹלָם, שֶׁנֶּאֱמַר, וְכָל־בָּנַיִךְ לִמּוּדֵי ישעיה נד
יהוה, וְרַב שְׁלוֹם בָּנָיִךְ: אַל תִּקְרֵי בָּנָיִךְ, אֶלָּא בּוֹנָיִךְ.
שָׁלוֹם רָב לְאֹהֲבֵי תוֹרָתֶךָ, וְאֵין־לָמוֹ מִכְשׁוֹל: יְהִי־ תהלים קיט תהלים קכב
שָׁלוֹם בְּחֵילֵךְ, שַׁלְוָה בְּאַרְמְנוֹתָיִךְ: לְמַעַן אַחַי וְרֵעָי
אֲדַבְּרָה־נָּא שָׁלוֹם בָּךְ: לְמַעַן בֵּית־יהוה אֱלֹהֵינוּ
אֲבַקְשָׁה טוֹב לָךְ: ◂ יהוה עֹז לְעַמּוֹ יִתֵּן, יהוה יְבָרֵךְ תהלים כט
אֶת־עַמּוֹ בַשָּׁלוֹם:

THE RABBIS' KADDISH

The following prayer, said by mourners, requires the presence of a minyan. A transliteration can be found on page 839.

Mourner: יִתְגַּדַּל Magnified and sanctified
may His great name be,
in the world He created by His will.
May He establish His kingdom
in your lifetime
and in your days,
and in the lifetime
of all the house of Israel,
swiftly and soon –
and say: Amen.

All: May His great name be blessed
for ever and all time.

Mourner: Blessed and praised,
glorified and exalted,
raised and honored,
uplifted and lauded
be the name of the Holy One,
blessed be He,
beyond any blessing,
song, praise, and consolation
uttered in the world –
and say: Amen.

קדיש דרבנן

The following prayer, said by mourners, requires the presence of a מניין.
A transliteration can be found on page 839.

אבל: יִתְגַּדַּל וְיִתְקַדַּשׁ שְׁמֵהּ רַבָּא (קהל: אָמֵן)
בְּעָלְמָא דִּי בְרָא כִרְעוּתֵהּ
וְיַמְלִיךְ מַלְכוּתֵהּ
בְּחַיֵּיכוֹן וּבְיוֹמֵיכוֹן וּבְחַיֵּי דְכָל בֵּית יִשְׂרָאֵל
בַּעֲגָלָא וּבִזְמַן קָרִיב
וְאִמְרוּ אָמֵן. (קהל: אָמֵן)

קהל ואבל: יְהֵא שְׁמֵהּ רַבָּא מְבָרַךְ
לְעָלַם וּלְעָלְמֵי עָלְמַיָּא.

אבל: יִתְבָּרַךְ וְיִשְׁתַּבַּח וְיִתְפָּאַר
וְיִתְרוֹמַם וְיִתְנַשֵּׂא וְיִתְהַדָּר וְיִתְעַלֶּה וְיִתְהַלָּל
שְׁמֵהּ דְּקֻדְשָׁא בְּרִיךְ הוּא (קהל: בְּרִיךְ הוּא)
לְעֵלָּא מִן כָּל בִּרְכָתָא
/בשבת שובה: לְעֵלָּא לְעֵלָּא מִכָּל בִּרְכָתָא/
וְשִׁירָתָא, תֻּשְׁבְּחָתָא וְנֶחָמָתָא
דַּאֲמִירָן בְּעָלְמָא
וְאִמְרוּ אָמֵן. (קהל: אָמֵן)

To Israel,
to the teachers,
their disciples
and their disciples' disciples,
and to all who engage in the study of Torah,
in this (*In Israel add:* holy) place or elsewhere,
may there come to them
and you great peace,
grace, kindness and compassion,
long life,
ample sustenance and deliverance,
from their Father in Heaven –
and say: Amen.

May there be great peace from heaven,
and (good) life for us
and all Israel –
and say: Amen.

Bow, take three steps back,
as if taking leave of the Divine Presence,
then bow, first left, then right, then center, while saying:

May He who makes peace
in His high places,
in His compassion make peace for us
and all Israel –
and say: Amen.

עַל יִשְׂרָאֵל וְעַל רַבָּנָן
וְעַל תַּלְמִידֵיהוֹן וְעַל כָּל תַּלְמִידֵי תַלְמִידֵיהוֹן
וְעַל כָּל מָאן דְּעָסְקִין בְּאוֹרַיְתָא
דִּי בְּאַתְרָא (בארץ ישראל: קַדִּישָׁא) הָדֵין
וְדִי בְּכָל אֲתַר וַאֲתַר
יְהֵא לְהוֹן וּלְכוֹן שְׁלָמָא רַבָּא
חִנָּא וְחִסְדָּא, וְרַחֲמֵי, וְחַיֵּי אֲרִיכֵי
וּמְזוֹנֵי רְוִיחֵי
וּפֻרְקָנָא מִן קֳדָם אֲבוּהוֹן דִּי בִשְׁמַיָּא
וְאִמְרוּ אָמֵן. (קהל: אָמֵן)

יְהֵא שְׁלָמָא רַבָּא מִן שְׁמַיָּא
וְחַיִּים (טוֹבִים) עָלֵינוּ וְעַל כָּל יִשְׂרָאֵל
וְאִמְרוּ אָמֵן. (קהל: אָמֵן)

Bow, take three steps back, as if taking leave of the Divine Presence, then bow, first left, then right, then center, while saying:

עֹשֶׂה שָׁלוֹם/ בשבת שובה: הַשָּׁלוֹם/ בִּמְרוֹמָיו
הוּא יַעֲשֶׂה בְרַחֲמָיו שָׁלוֹם
עָלֵינוּ וְעַל כָּל יִשְׂרָאֵל
וְאִמְרוּ אָמֵן. (קהל: אָמֵן)

Stand while saying Aleinu. Bow at ▾.

עָלֵינוּ It is our duty
to praise the Master of all,
and ascribe greatness
to the Author of creation,
who has not made us like the nations of the lands
nor placed us like the families of the earth;
who has not made our portion like theirs,
nor our destiny like all their multitudes.
(For they worship vanity and emptiness,
and pray to a god who cannot save.)
▾But we bow in worship
and thank the Supreme King of kings,
the Holy One, blessed be He,
who extends the heavens and establishes the earth,
whose throne of glory
is in the heavens above,
and whose power's Presence
is in the highest of heights.
He is our God; there is no other.
Truly He is our King, there is none else,
as it is written in His Torah:
"You shall know and take to heart this day *Deut. 4*
that the LORD is God,
in heaven above and on earth below.
There is no other."

Stand while saying עָלֵינוּ*. Bow at* ▾.

עָלֵינוּ לְשַׁבֵּחַ לַאֲדוֹן הַכֹּל
לָתֵת גְּדֻלָּה לְיוֹצֵר בְּרֵאשִׁית
שֶׁלֹּא עָשָׂנוּ כְּגוֹיֵי הָאֲרָצוֹת
וְלֹא שָׂמָנוּ כְּמִשְׁפְּחוֹת הָאֲדָמָה
שֶׁלֹּא שָׂם חֶלְקֵנוּ כָּהֶם וְגוֹרָלֵנוּ כְּכָל הֲמוֹנָם.
(שֶׁהֵם מִשְׁתַּחֲוִים לְהֶבֶל וָרִיק
וּמִתְפַּלְּלִים אֶל אֵל לֹא יוֹשִׁיעַ.)
▾וַאֲנַחְנוּ כּוֹרְעִים וּמִשְׁתַּחֲוִים וּמוֹדִים
לִפְנֵי מֶלֶךְ מַלְכֵי הַמְּלָכִים, הַקָּדוֹשׁ בָּרוּךְ הוּא
שֶׁהוּא נוֹטֶה שָׁמַיִם וְיוֹסֵד אָרֶץ
וּמוֹשַׁב יְקָרוֹ בַּשָּׁמַיִם מִמַּעַל
וּשְׁכִינַת עֻזּוֹ בְּגָבְהֵי מְרוֹמִים.
הוּא אֱלֹהֵינוּ, אֵין עוֹד.
אֱמֶת מַלְכֵּנוּ, אֶפֶס זוּלָתוֹ, כַּכָּתוּב בְּתוֹרָתוֹ
דברים ד וְיָדַעְתָּ הַיּוֹם וַהֲשֵׁבֹתָ אֶל־לְבָבֶךָ
כִּי יהוה הוּא הָאֱלֹהִים
בַּשָּׁמַיִם מִמַּעַל וְעַל־הָאָרֶץ מִתָּחַת
אֵין עוֹד:

Therefore, we place our hope in You,
LORD our God,
that we may soon see the glory of Your power,
when You will remove abominations
from the earth,
and idols will be utterly destroyed,
when the world will be perfected
under the sovereignty of the Almighty,
when all humanity will call on Your name,
to turn all the earth's wicked toward You.
All the world's inhabitants will realize and know
that to You every knee must bow
and every tongue swear loyalty.
Before You, LORD our God,
they will kneel and bow down
and give honor to Your glorious name.
They will all accept the yoke of Your kingdom,
and You will reign over them soon and for ever.
For the kingdom is Yours,
and to all eternity You will reign in glory,
as it is written in Your Torah:
"The LORD will reign for ever and ever." *Ex. 15*
▸ And it is said:
"Then the LORD shall be King over all the earth; *Zech. 14*
on that day the LORD shall be One
and His name One."

עַל כֵּן נְקַוֶּה לְּךָ יהוה אֱלֹהֵינוּ
לִרְאוֹת מְהֵרָה בְּתִפְאֶרֶת עֻזֶּךָ
לְהַעֲבִיר גִּלּוּלִים מִן הָאָרֶץ
וְהָאֱלִילִים כָּרוֹת יִכָּרֵתוּן
לְתַקֵּן עוֹלָם בְּמַלְכוּת שַׁדַּי.
וְכָל בְּנֵי בָשָׂר יִקְרְאוּ בִשְׁמֶךָ
לְהַפְנוֹת אֵלֶיךָ כָּל רִשְׁעֵי אָרֶץ.
יַכִּירוּ וְיֵדְעוּ כָּל יוֹשְׁבֵי תֵבֵל
כִּי לְךָ תִּכְרַע כָּל בֶּרֶךְ, תִּשָּׁבַע כָּל לָשׁוֹן.
לְפָנֶיךָ יהוה אֱלֹהֵינוּ יִכְרְעוּ וְיִפֹּלוּ
וְלִכְבוֹד שִׁמְךָ יְקָר יִתֵּנוּ
וִיקַבְּלוּ כֻלָּם אֶת עֹל מַלְכוּתֶךָ
וְתִמְלֹךְ עֲלֵיהֶם מְהֵרָה לְעוֹלָם וָעֶד.
כִּי הַמַּלְכוּת שֶׁלְּךָ הִיא
וּלְעוֹלְמֵי עַד תִּמְלוֹךְ בְּכָבוֹד
כַּכָּתוּב בְּתוֹרָתֶךָ
שמות טו יהוה יִמְלֹךְ לְעֹלָם וָעֶד:
זכריה יד ◂ וְנֶאֱמַר, וְהָיָה יהוה לְמֶלֶךְ עַל־כָּל־הָאָרֶץ
בַּיּוֹם הַהוּא יִהְיֶה יהוה אֶחָד וּשְׁמוֹ אֶחָד:

Some add:

Have no fear of sudden terror or of the ruin *Prov. 3*
when it overtakes the wicked.
Devise your strategy, but it will be thwarted; *Is. 8*
propose your plan, but it will not stand, for God is with us.
When you grow old, I will still be the same.
When your hair turns gray, I will still carry you. *Is. 46*
I made you, I will bear you,
I will carry you, and I will rescue you.

MOURNER'S KADDISH

The following prayer, said by mourners, requires the presence of a minyan. A transliteration can be found on page 841.

Mourner: יִתְגַּדַּל Magnified and sanctified
may His great name be,
in the world He created by His will.
May He establish His kingdom
in your lifetime and in your days,
and in the lifetime of all the house of Israel,
swiftly and soon – and say: Amen.

All: May His great name be blessed
for ever and all time.

Mourner: Blessed and praised, glorified and exalted,
raised and honored, uplifted and lauded
be the name of the Holy One, blessed be He,
beyond any blessing,
song, praise, and consolation
uttered in the world – and say: Amen.

Some add:

אַל־תִּירָא מִפַּחַד פִּתְאֹם וּמִשֹּׁאַת רְשָׁעִים כִּי תָבֹא: משלי ג
עֻצוּ עֵצָה וְתֻפָר, דַּבְּרוּ דָבָר וְלֹא יָקוּם, כִּי עִמָּנוּ אֵל: ישעיה ח
וְעַד־זִקְנָה אֲנִי הוּא, וְעַד־שֵׂיבָה אֲנִי אֶסְבֹּל ישעיה מו
אֲנִי עָשִׂיתִי וַאֲנִי אֶשָּׂא וַאֲנִי אֶסְבֹּל וַאֲמַלֵּט:

קדיש יתום

The following prayer, said by mourners, requires the presence of a מנין*.*
A transliteration can be found on page 841.

אבל: יִתְגַּדַּל וְיִתְקַדַּשׁ שְׁמֵהּ רַבָּא (קהל: אָמֵן)
בְּעָלְמָא דִּי בְרָא כִרְעוּתֵהּ
וְיַמְלִיךְ מַלְכוּתֵהּ
בְּחַיֵּיכוֹן וּבְיוֹמֵיכוֹן וּבְחַיֵּי דְכָל בֵּית יִשְׂרָאֵל
בַּעֲגָלָא וּבִזְמַן קָרִיב, וְאִמְרוּ אָמֵן. (קהל: אָמֵן)

קהל ואבל: יְהֵא שְׁמֵהּ רַבָּא מְבָרַךְ לְעָלַם וּלְעָלְמֵי עָלְמַיָּא.

אבל: יִתְבָּרַךְ וְיִשְׁתַּבַּח וְיִתְפָּאַר
וְיִתְרוֹמַם וְיִתְנַשֵּׂא וְיִתְהַדָּר וְיִתְעַלֶּה וְיִתְהַלָּל
שְׁמֵהּ דְּקֻדְשָׁא בְּרִיךְ הוּא (קהל: בְּרִיךְ הוּא)
לְעֵלָּא מִן כָּל בִּרְכָתָא
/בשבת שובה: לְעֵלָּא לְעֵלָּא מִכָּל בִּרְכָתָא/
וְשִׁירָתָא, תֻּשְׁבְּחָתָא וְנֶחֱמָתָא
דַּאֲמִירָן בְּעָלְמָא, וְאִמְרוּ אָמֵן. (קהל: אָמֵן)

May there be great peace from heaven,
and life for us and all Israel – and say: Amen.

Bow, take three steps back, as if taking leave of the Divine Presence, then bow, first left, then right, then center, while saying:

May He who makes peace in His high places,
make peace for us
and all Israel – and say: Amen.

Many congregations say the Daily Psalm after the Song of Glory, on page 448.
(In Israel on Shabbat Rosh Ḥodesh, some say Barekhi Nafshi, on the next page, as the Daily Psalm.)

Today is the holy Sabbath,
on which the Levites used to say this psalm in the Temple:

מִזְמוֹר A psalm. A song for the Sabbath day. It is *Ps. 92*
good to thank the LORD and sing psalms to Your name, Most High – to tell of Your loving-kindness in the morning and Your faithfulness at night, to the music of the ten-stringed lyre and the melody of the harp. For You have made me rejoice by Your work, O LORD; I sing for joy at the deeds of Your hands. How great are Your deeds, LORD, and how very deep Your thoughts. A boor cannot know, nor can a fool understand, that though the wicked spring up like grass and all evildoers flourish, it is only that they may be destroyed for ever. But You, LORD, are

יְהֵא שְׁלָמָא רַבָּא מִן שְׁמַיָּא, וְחַיִּים, עָלֵינוּ
וְעַל כָּל יִשְׂרָאֵל, וְאִמְרוּ אָמֵן. (קהל: אָמֵן)

Bow, take three steps back, as if taking leave of the Divine Presence, then bow, first left, then right, then center, while saying:

עֹשֶׂה שָׁלוֹם/ בשבת שובה: הַשָּׁלוֹם/ בִּמְרוֹמָיו
הוּא יַעֲשֶׂה שָׁלוֹם
עָלֵינוּ וְעַל כָּל יִשְׂרָאֵל, וְאִמְרוּ אָמֵן. (קהל: אָמֵן)

Many congregations say the שיר של יום *after the* שיר הכבוד*, on page 449.*
(In ארץ ישראל *on* שבת ראש חודש*, some say* בָּרְכִי נַפְשִׁי*,*
on the next page, as the שיר של יום*.)*

הַיּוֹם יוֹם שַׁבַּת קֹדֶשׁ
שֶׁבּוֹ הָיוּ הַלְוִיִּם אוֹמְרִים בְּבֵית הַמִּקְדָּשׁ:

מִזְמוֹר שִׁיר לְיוֹם הַשַּׁבָּת: טוֹב לְהֹדוֹת לַיהוה, תהלים צב
וּלְזַמֵּר לְשִׁמְךָ עֶלְיוֹן: לְהַגִּיד בַּבֹּקֶר חַסְדֶּךָ,
וֶאֱמוּנָתְךָ בַּלֵּילוֹת: עֲלֵי־עָשׂוֹר וַעֲלֵי־נָבֶל,
עֲלֵי הִגָּיוֹן בְּכִנּוֹר: כִּי שִׂמַּחְתַּנִי יהוה בְּפָעֳלֶךָ,
בְּמַעֲשֵׂי יָדֶיךָ אֲרַנֵּן: מַה־גָּדְלוּ מַעֲשֶׂיךָ יהוה,
מְאֹד עָמְקוּ מַחְשְׁבֹתֶיךָ: אִישׁ־בַּעַר לֹא יֵדָע,
וּכְסִיל לֹא־יָבִין אֶת־זֹאת: בִּפְרֹחַ רְשָׁעִים כְּמוֹ־

eternally exalted. For behold Your enemies, LORD, behold Your enemies will perish; all evildoers will be scattered. You have raised my pride like that of a wild ox; I am anointed with fresh oil. My eyes shall look in triumph on my adversaries; my ears shall hear the downfall of the wicked who rise against me. The righteous will flourish like a palm tree and grow tall like a cedar in Lebanon. Planted in the LORD's House, blossoming in our God's courtyards, ▸ they will still bear fruit in old age, and stay vigorous and fresh, proclaiming that the LORD is upright: He is my Rock, in whom there is no wrong.

Mourner's Kaddish (page 436)

On Ḥanukka, many congregations add Psalm 30 on page 208, followed by Mourner's Kaddish.

On Rosh Ḥodesh, say Barekhi Nafshi.

בָּרְכִי נַפְשִׁי Bless the LORD, my soul. LORD, my God, *Ps. 104*
You are very great, clothed in majesty and splendor, wrapped in a robe of light. You have spread out the heavens like a tent. He has laid the beams of His lofts in the waters. He makes the clouds His chariot, riding on the wings of the wind. He makes the winds His messengers, flames of fire His ministers. He has fixed the earth on its foundations so that it will never be shaken. You covered it with the deep

עֵשֶׂב, וַיָּצִיצוּ כָּל־פֹּעֲלֵי אָוֶן, לְהִשָּׁמְדָם עֲדֵי־עַד: וְאַתָּה מָרוֹם לְעֹלָם יהוה: כִּי הִנֵּה אֹיְבֶיךָ יהוה, כִּי־הִנֵּה אֹיְבֶיךָ יֹאבֵדוּ, יִתְפָּרְדוּ כָּל־פֹּעֲלֵי אָוֶן: וַתָּרֶם כִּרְאֵים קַרְנִי, בַּלֹּתִי בְּשֶׁמֶן רַעֲנָן: וַתַּבֵּט עֵינִי בְּשׁוּרָי, בַּקָּמִים עָלַי מְרֵעִים תִּשְׁמַעְנָה אָזְנָי: צַדִּיק כַּתָּמָר יִפְרָח, כְּאֶרֶז בַּלְּבָנוֹן יִשְׂגֶּה: שְׁתוּלִים בְּבֵית יהוה, בְּחַצְרוֹת אֱלֹהֵינוּ יַפְרִיחוּ: ‹ עוֹד יְנוּבוּן בְּשֵׂיבָה, דְּשֵׁנִים וְרַעֲנַנִּים יִהְיוּ: לְהַגִּיד כִּי־יָשָׁר יהוה, צוּרִי, וְלֹא־עַוְלָתָה בּוֹ:

קדיש יתום (*page 437*)

On חנוכה*, many congregations add* מִזְמוֹר שִׁיר־חֲנֻכַּת הַבַּיִת *page 209, followed by* קדיש יתום*.*

On ראש חודש*, say* בָּרְכִי נַפְשִׁי*.*

תהלים קד

בָּרְכִי נַפְשִׁי אֶת־יהוה, יהוה אֱלֹהַי גָּדַלְתָּ מְּאֹד, הוֹד וְהָדָר לָבָשְׁתָּ: עֹטֶה־אוֹר כַּשַּׂלְמָה, נוֹטֶה שָׁמַיִם כַּיְרִיעָה: הַמְקָרֶה בַמַּיִם עֲלִיּוֹתָיו, הַשָּׂם־עָבִים רְכוּבוֹ, הַמְהַלֵּךְ עַל־כַּנְפֵי־רוּחַ: עֹשֶׂה מַלְאָכָיו רוּחוֹת, מְשָׁרְתָיו אֵשׁ לֹהֵט: יָסַד־

like a cloak; the waters stood above the mountains. At Your rebuke they fled; at the sound of Your thunder they rushed away, flowing over the hills, pouring down into the valleys to the place You appointed for them. You fixed a boundary they were not to pass, so that they would never cover the earth again. He makes springs flow in the valleys; they make their way between the hills, giving drink to all the beasts of the field; the wild donkeys quench their thirst. The birds of the sky dwell beside them, singing among the foliage. He waters the mountains from His lofts: the earth is sated with the fruit of Your work. He makes grass grow for the cattle, and plants for the use of man, that he may produce bread from the earth, wine to cheer the heart of man, oil to make the face shine, and bread to sustain man's heart. The trees of the LORD drink their fill, the cedars of Lebanon which He planted. There, birds build their nests; the stork makes its home in the cypresses. High hills are for the wild goats; crags are shelter for the badgers. He made the moon to mark the seasons, and makes the sun know when to set. You bring darkness and it is night; then all the beasts of the forests stir. The young lions roar for prey, seeking their food from God. When the sun rises, they slink away and seek rest in their lairs. Man goes out to his work and his

אֶֽרֶץ עַל־מְכוֹנֶֽיהָ, בַּל־תִּמּוֹט עוֹלָם וָעֶד: תְּהוֹם
כַּלְּבוּשׁ כִּסִּיתוֹ, עַל־הָרִים יַֽעַמְדוּ־מָֽיִם: מִן־גַּעֲרָתְךָ
יְנוּסוּן, מִן־קוֹל רַעַמְךָ יֵחָפֵזוּן: יַעֲלוּ הָרִים, יֵרְדוּ
בְקָעוֹת, אֶל־מְקוֹם זֶה יָסַֽדְתָּ לָהֶם: גְּבוּל־שַֽׂמְתָּ
בַּל־יַעֲבֹרוּן, בַּל־יְשׁוּבוּן לְכַסּוֹת הָאָֽרֶץ: הַמְשַׁלֵּחַ
מַעְיָנִים בַּנְּחָלִים, בֵּין הָרִים יְהַלֵּכוּן: יַשְׁקוּ כָּל־
חַיְתוֹ שָׂדָי, יִשְׁבְּרוּ פְרָאִים צְמָאָם: עֲלֵיהֶם עוֹף־
הַשָּׁמַֽיִם יִשְׁכּוֹן, מִבֵּין עֳפָאיִם יִתְּנוּ־קוֹל: מַשְׁקֶה
הָרִים מֵעֲלִיּוֹתָיו, מִפְּרִי מַעֲשֶֽׂיךָ תִּשְׂבַּע הָאָֽרֶץ:
מַצְמִֽיחַ חָצִיר לַבְּהֵמָה, וְעֵֽשֶׂב לַעֲבֹדַת הָאָדָם,
לְהֽוֹצִיא לֶֽחֶם מִן־הָאָֽרֶץ: וְיַֽיִן יְשַׂמַּח לְבַב־אֱנוֹשׁ,
לְהַצְהִיל פָּנִים מִשָּֽׁמֶן, וְלֶֽחֶם לְבַב־אֱנוֹשׁ יִסְעָד:
יִשְׂבְּעוּ עֲצֵי יהוה, אַרְזֵי לְבָנוֹן אֲשֶׁר נָטָע: אֲשֶׁר־
שָׁם צִפֳּרִים יְקַנֵּֽנוּ, חֲסִידָה בְּרוֹשִׁים בֵּיתָהּ: הָרִים
הַגְּבֹהִים לַיְּעֵלִים, סְלָעִים מַחְסֶה לַשְׁפַנִּים: עָשָׂה
יָרֵֽחַ לְמוֹעֲדִים, שֶֽׁמֶשׁ יָדַע מְבוֹאוֹ: תָּֽשֶׁת־חֹֽשֶׁךְ
וִֽיהִי לָֽיְלָה, בּוֹ־תִרְמֹשׂ כָּל־חַיְתוֹ־יָֽעַר: הַכְּפִירִים
שֹׁאֲגִים לַטָּֽרֶף, וּלְבַקֵּשׁ מֵאֵל אָכְלָם: תִּזְרַח

labor until evening. How numerous are Your works, LORD; You made them all in wisdom; the earth is full of Your creations. There is the vast, immeasurable sea with its countless swarming creatures, living things great and small. There ships sail. There is Leviathan You formed to sport there. All of them look to You in hope, to give them their food when it is due. What You give them, they gather up. When You open Your hand, they are sated with good. When You hide Your face, they are dismayed. When You take away their breath, they die and return to dust. When You send back Your breath, they are created, giving new life to the earth. May the glory of the LORD be for ever; may the LORD rejoice in His works. When He looks at the earth, it trembles. When He touches the mountains, they pour forth smoke. I will sing to the LORD as long as I live; I will sing psalms to my God all my life. ▸ May my meditation be pleasing to Him; I shall rejoice in the LORD. May sinners vanish from the earth, and the wicked be no more. Bless the LORD, my soul. Halleluya!

Mourner's Kaddish (*page 436*)

From the second day of Rosh Ḥodesh Elul through Shemini Atzeret (in Israel through Hoshana Raba), the following psalm is said:

לְדָוִד A psalm of David. The LORD is my light and my salvation – whom then shall I fear? The LORD is the stronghold of my life – of whom shall I be afraid? When evil men close in on me to devour my flesh, it Ps. 27

הַשֶּׁמֶשׁ יֵאָסֵפוּן, וְאֶל־מְעוֹנֹתָם יִרְבָּצוּן: יֵצֵא אָדָם לְפָעֳלוֹ, וְלַעֲבֹדָתוֹ עֲדֵי־עָרֶב: מָה־רַבּוּ מַעֲשֶׂיךָ יהוה, כֻּלָּם בְּחָכְמָה עָשִׂיתָ, מָלְאָה הָאָרֶץ קִנְיָנֶךָ: זֶה הַיָּם גָּדוֹל וּרְחַב יָדָיִם, שָׁם־רֶמֶשׂ וְאֵין מִסְפָּר, חַיּוֹת קְטַנּוֹת עִם־גְּדֹלוֹת: שָׁם אֳנִיּוֹת יְהַלֵּכוּן, לִוְיָתָן זֶה־יָצַרְתָּ לְשַׂחֶק־בּוֹ: כֻּלָּם אֵלֶיךָ יְשַׂבֵּרוּן, לָתֵת אָכְלָם בְּעִתּוֹ: תִּתֵּן לָהֶם יִלְקֹטוּן, תִּפְתַּח יָדְךָ יִשְׂבְּעוּן טוֹב: תַּסְתִּיר פָּנֶיךָ יִבָּהֵלוּן, תֹּסֵף רוּחָם יִגְוָעוּן, וְאֶל־עֲפָרָם יְשׁוּבוּן: תְּשַׁלַּח רוּחֲךָ יִבָּרֵאוּן, וּתְחַדֵּשׁ פְּנֵי אֲדָמָה: יְהִי כְבוֹד יהוה לְעוֹלָם, יִשְׂמַח יהוה בְּמַעֲשָׂיו: הַמַּבִּיט לָאָרֶץ וַתִּרְעָד, יִגַּע בֶּהָרִים וְיֶעֱשָׁנוּ: אָשִׁירָה לַיהוה בְּחַיָּי, אֲזַמְּרָה לֵאלֹהַי בְּעוֹדִי: ‹ יֶעֱרַב עָלָיו שִׂיחִי, אָנֹכִי אֶשְׂמַח בַּיהוה: יִתַּמּוּ חַטָּאִים מִן־הָאָרֶץ, וּרְשָׁעִים עוֹד אֵינָם, בָּרְכִי נַפְשִׁי אֶת־יהוה, הַלְלוּיָהּ:

קדיש יתום (*page 437*)

From the second day of ראש חודש אלול *through* שמיני עצרת *(in* ארץ ישראל *through* הושענא רבה*), the following psalm is said:*

תהלים כז

לְדָוִד, יהוה אוֹרִי וְיִשְׁעִי, מִמִּי אִירָא, יהוה מָעוֹז־ חַיַּי, מִמִּי אֶפְחָד: בִּקְרֹב עָלַי מְרֵעִים לֶאֱכֹל אֶת־

is they, my enemies and foes, who stumble and fall. Should an army besiege me, my heart would not fear. Should war break out against me, still I would be confident. One thing I ask of the LORD, only this do I seek: to live in the House of the LORD all the days of my life, to gaze on the beauty of the LORD and worship in His Temple. For He will keep me safe in His pavilion on the day of trouble. He will hide me under the cover of His tent. He will set me high upon a rock. Now my head is high above my enemies who surround me. I will sacrifice in His tent with shouts of joy. I will sing and chant praises to the LORD. LORD, hear my voice when I call. Be gracious to me and answer me. On Your behalf my heart says, "Seek My face." Your face, LORD, will I seek. Do not hide Your face from me. Do not turn Your servant away in anger. You have been my help. Do not reject or forsake me, God, my Savior. Were my father and my mother to forsake me, the LORD would take me in. Teach me Your way, LORD, and lead me on a level path, because of my oppressors. Do not abandon me to the will of my foes, for false witnesses have risen against me, breathing violence. ▸ Were it not for my faith that I shall see the LORD's goodness in the land of the living. Hope in the LORD. Be strong and of good courage, and hope in the LORD!

Mourner's Kaddish (page 436)

בְּשָׂרִי, צָרַי וְאֹיְבַי לִי, הֵמָּה כָשְׁלוּ וְנָפָלוּ: אִם־
תַּחֲנֶה עָלַי מַחֲנֶה, לֹא־יִירָא לִבִּי, אִם־תָּקוּם
עָלַי מִלְחָמָה, בְּזֹאת אֲנִי בוֹטֵחַ: אַחַת שָׁאַלְתִּי
מֵאֵת־יהוה, אוֹתָהּ אֲבַקֵּשׁ, שִׁבְתִּי בְּבֵית־יהוה
כָּל־יְמֵי חַיַּי, לַחֲזוֹת בְּנֹעַם־יהוה, וּלְבַקֵּר בְּהֵיכָלוֹ:
כִּי יִצְפְּנֵנִי בְּסֻכֹּה בְּיוֹם רָעָה, יַסְתִּרֵנִי בְּסֵתֶר אָהֳלוֹ,
בְּצוּר יְרוֹמְמֵנִי: וְעַתָּה יָרוּם רֹאשִׁי עַל אֹיְבַי
סְבִיבוֹתַי, וְאֶזְבְּחָה בְאָהֳלוֹ זִבְחֵי תְרוּעָה, אָשִׁירָה
וַאֲזַמְּרָה לַיהוה: שְׁמַע־יהוה קוֹלִי אֶקְרָא, וְחָנֵּנִי
וַעֲנֵנִי: לְךָ אָמַר לִבִּי בַּקְּשׁוּ פָנָי, אֶת־פָּנֶיךָ יהוה
אֲבַקֵּשׁ: אַל־תַּסְתֵּר פָּנֶיךָ מִמֶּנִּי, אַל תַּט־בְּאַף
עַבְדֶּךָ, עֶזְרָתִי הָיִיתָ, אַל־תִּטְּשֵׁנִי וְאַל־תַּעַזְבֵנִי,
אֱלֹהֵי יִשְׁעִי: כִּי־אָבִי וְאִמִּי עֲזָבוּנִי, וַיהוה יַאַסְפֵנִי:
הוֹרֵנִי יהוה דַּרְכֶּךָ, וּנְחֵנִי בְּאֹרַח מִישׁוֹר, לְמַעַן
שׁוֹרְרָי: אַל־תִּתְּנֵנִי בְּנֶפֶשׁ צָרָי, כִּי קָמוּ־בִי עֵדֵי־
שֶׁקֶר, וִיפֵחַ חָמָס: ◂ לוּלֵא הֶאֱמַנְתִּי לִרְאוֹת
בְּטוּב־יהוה בְּאֶרֶץ חַיִּים: קַוֵּה אֶל־יהוה, חֲזַק
וְיַאֲמֵץ לִבֶּךָ, וְקַוֵּה אֶל־יהוה:

קדיש יתום (*page 437*)

SONG OF GLORY

The Ark is opened and all stand.

Leader: I will sing sweet psalms
and I will weave songs,
to You for whom my soul longs.

Cong: My soul yearns for the shelter of Your hand,
that all Your mystic secrets I might understand.

Leader: Whenever I speak of Your glory above,
my heart is yearning for Your love.

Cong: So Your glories I will proclaim,
and in songs of love give honor to Your name.

Leader: I will tell of Your glory
though I have not seen You,
imagine and describe You,
though I have not known You.

Cong: By the hand of Your prophets,
through Your servants' mystery,
You gave a glimpse of Your wondrous majesty.

Leader: Recounting Your grandeur and Your glory,
of Your great deeds
they told the story.

Cong: They depicted You, though not as You are,
but as You do: Your acts, Your power.

שיר הכבוד

The ארון קודש *is opened and all stand.*

ש״ץ: אַנְעִים זְמִירוֹת וְשִׁירִים אֶאֱרֹג
כִּי אֵלֶיךָ נַפְשִׁי תַעֲרֹג.

קהל: נַפְשִׁי חִמְּדָה בְּצֵל יָדֶךָ, לָדַעַת כָּל רָז סוֹדֶךָ.

ש״ץ: מִדֵּי דַבְּרִי בִּכְבוֹדֶךָ
הוֹמֶה לִבִּי אֶל דּוֹדֶיךָ.

קהל: עַל כֵּן אֲדַבֵּר בְּךָ נִכְבָּדוֹת
וְשִׁמְךָ אֲכַבֵּד בְּשִׁירֵי יְדִידוֹת.

ש״ץ: אֲסַפְּרָה כְבוֹדְךָ וְלֹא רְאִיתִיךָ
אֲדַמְּךָ אֲכַנְּךָ וְלֹא יְדַעְתִּיךָ.

קהל: בְּיַד נְבִיאֶיךָ בְּסוֹד עֲבָדֶיךָ
דִּמִּיתָ הֲדַר כְּבוֹד הוֹדֶךָ.

ש״ץ: גְּדֻלָּתְךָ וּגְבוּרָתֶךָ
כִּנּוּ לְתֹקֶף פְּעֻלָּתֶךָ.

קהל: דִּמּוּ אוֹתְךָ וְלֹא כְּפִי יֶשְׁךָ, וַיְשַׁוּוּךָ לְפִי מַעֲשֶׂיךָ.

Leader: They represented You in many visions;
through them all You are One
without divisions.

Cong: They saw You, now old, then young,
Your head with gray, with black hair hung.

Leader: Aged on the day of judgment,
yet on the day of war,
a young warrior
with mighty hands they saw.

Cong: Triumph like a helmet He wore on his head;
His right hand and holy arm to victory have led.

Leader: His curls are filled
with dew drops of light,
His locks with fragments
of the night.

Cong: He will glory in me,
for He delights in me;
My diadem of beauty He shall be.

Leader: His head is like pure beaten gold;
Engraved on His brow,
His sacred name behold.

Cong: For grace and glory, beauty and renown,
His people have adorned Him with a crown.

ש״ץ: הִמְשִׁילְוּךָ בְּרֹב חֶזְיוֹנוֹת
הִנְּךָ אֶחָד בְּכָל דִּמְיוֹנוֹת.

קהל: וַיֶּחֱזוּ בְךָ זִקְנָה וּבַחֲרוּת
וּשְׂעַר רֹאשְׁךָ בְּשֵׂיבָה וְשַׁחֲרוּת.

ש״ץ: זִקְנָה בְּיוֹם דִּין וּבַחֲרוּת בְּיוֹם קְרָב
כְּאִישׁ מִלְחָמוֹת יָדָיו לוֹ רָב.

קהל: חָבַשׁ כּוֹבַע יְשׁוּעָה בְּרֹאשׁוֹ
הוֹשִׁיעָה לּוֹ יְמִינוֹ וּזְרוֹעַ קָדְשׁוֹ.

ש״ץ: טַלְלֵי אוֹרוֹת רֹאשׁוֹ נִמְלָא
קְוֻצּוֹתָיו רְסִיסֵי לָיְלָה.

קהל: יִתְפָּאֵר בִּי כִּי חָפֵץ בִּי
וְהוּא יִהְיֶה לִּי לַעֲטֶרֶת צְבִי.

ש״ץ: כֶּתֶם טָהוֹר פָּז דְּמוּת רֹאשׁוֹ
וְחַק עַל מֵצַח כְּבוֹד שֵׁם קָדְשׁוֹ.

קהל: לְחֵן וּלְכָבוֹד צְבִי תִפְאָרָה
אֻמָּתוֹ לוֹ עִטְּרָה עֲטָרָה.

Leader: Like a youth's, His hair in locks unfurls;
Its black tresses flowing in curls.

Cong: Jerusalem, His splendor,
is the dwelling place of right;
may He prize it as His highest delight.

Leader: Like a crown in His hand
may His treasured people be,
a turban of beauty and of majesty.

Cong: He bore them, carried them,
with a crown He adorned them.
They were precious in His sight,
and He honored them.

Leader: His glory is on me; my glory is on Him.
He is near to me when I call to Him.

Cong: He is bright and rosy; red will be His dress,
when He comes from Edom,
treading the winepress.

Leader: He showed the tefillin-knot
to Moses, humble, wise,
when the Lord's likeness
was before his eyes.

Cong: He delights in His people;
the humble He does raise –
He glories in them;
He sits enthroned upon their praise.

ש״ץ: מַחְלְפוֹת רֹאשׁוֹ כְּבִימֵי בְחוּרוֹת
קְוֻצּוֹתָיו תַּלְתַּלִּים שְׁחוֹרוֹת.

קהל: נְוֵה הַצֶּדֶק צְבִי תִפְאַרְתּוֹ
יַעֲלֶה נָּא עַל רֹאשׁ שִׂמְחָתוֹ.

ש״ץ: סְגֻלָּתוֹ תְּהִי בְיָדוֹ עֲטֶרֶת
וּצְנִיף מְלוּכָה צְבִי תִפְאֶרֶת.

קהל: עֲמוּסִים נְשָׂאָם, עֲטֶרֶת עִנְּדָם
מֵאֲשֶׁר יָקְרוּ בְעֵינָיו כִּבְּדָם.

ש״ץ: פְּאֵרוֹ עָלַי וּפְאֵרִי עָלָיו
וְקָרוֹב אֵלַי בְּקָרְאִי אֵלָיו.

קהל: צַח וְאָדֹם לִלְבוּשׁוֹ אָדֹם
פּוּרָה בְדָרְכוֹ בְּבוֹאוֹ מֵאֱדוֹם.

ש״ץ: קֶשֶׁר תְּפִלִּין הֶרְאָה לֶעָנָו
תְּמוּנַת יהוה לְנֶגֶד עֵינָיו.

קהל: רוֹצֶה בְעַמּוֹ עֲנָוִים יְפָאֵר
יוֹשֵׁב תְּהִלּוֹת בָּם לְהִתְפָּאֵר.

Leader: Your first word,
Your call to every age, is true:
O seek the people who seek You.

Cong: My many songs please take and hear
and may my hymn of joy to You come near.

Leader: May my praise be a crown for Your head,
and like incense before You,
the prayers I have said.

Cong: May a poor man's song be precious in Your eyes,
like a song sung over sacrifice.

Leader: To the One who sustains all,
may my blessing take flight:
Creator, Life-Giver,
God of right and might.

Cong: And when I offer blessing,
to me Your head incline:
accepting it as spice, fragrant and fine.

Leader: May my prayer be to You sweet song.
For You my soul will always long.

The Ark is closed.

Yours, LORD, are the greatness and the power, the *I Chr. 29*
glory, the majesty and splendor, for everything
in heaven and earth is Yours. Yours, LORD, is the
kingdom; You are exalted as Head over all. ▸ Who *Ps. 106*
can tell of the mighty acts of the LORD and make all
His praise be heard?

ש״ץ: רֹאשׁ דְּבָרְךָ אֱמֶת קוֹרֵא מֵרֹאשׁ דּוֹר
וָדוֹר, עַם דּוֹרֶשְׁךָ דְּרֹשׁ.

קהל: שִׁית הֲמוֹן שִׁירַי נָא עָלֶיךָ, וְרִנָּתִי תִּקְרַב אֵלֶיךָ.

ש״ץ: תְּהִלָּתִי תְּהִי לְרֹאשְׁךָ עֲטֶרֶת
וּתְפִלָּתִי תִּכּוֹן קְטֹרֶת.

קהל: תִּיקַר שִׁירַת רָשׁ בְּעֵינֶיךָ, כַּשִּׁיר יוּשַׁר עַל קָרְבָּנֶיךָ.

ש״ץ: בִּרְכָתִי תַעֲלֶה לְרֹאשׁ מַשְׁבִּיר
מְחוֹלֵל וּמוֹלִיד, צַדִּיק כַּבִּיר.

קהל: וּבְבִרְכָתִי תְנַעְנַע לִי רֹאשׁ
וְאוֹתָהּ קַח לְךָ כִּבְשָׂמִים רֹאשׁ.

ש״ץ: יֶעֱרַב נָא שִׂיחִי עָלֶיךָ
כִּי נַפְשִׁי תַעֲרֹג אֵלֶיךָ.

The ארון קודש *is closed.*

לְךָ יהוה הַגְּדֻלָּה וְהַגְּבוּרָה וְהַתִּפְאֶרֶת וְהַנֵּצַח דברי הימים א׳ כט
וְהַהוֹד, כִּי־כֹל בַּשָּׁמַיִם וּבָאָרֶץ, לְךָ יהוה הַמַּמְלָכָה
וְהַמִּתְנַשֵּׂא לְכֹל לְרֹאשׁ: • מִי יְמַלֵּל גְּבוּרוֹת יהוה, תהלים קו
יַשְׁמִיעַ כָּל־תְּהִלָּתוֹ:

MOURNER'S KADDISH

The following prayer, said by mourners, requires the presence of a minyan. A transliteration can be found on page 841.

Mourner: יִתְגַּדַּל Magnified and sanctified
may His great name be,
in the world He created by His will.
May He establish His kingdom
in your lifetime and in your days,
and in the lifetime of all the house of Israel,
swiftly and soon – and say: Amen.

All: May His great name
be blessed for ever and all time.

Mourner: Blessed and praised, glorified and exalted,
raised and honored, uplifted and lauded
be the name of the Holy One,
blessed be He,
beyond any blessing,
song, praise, and consolation
uttered in the world – and say: Amen.

May there be great peace from heaven,
and life for us and all Israel – and say: Amen.

Bow, take three steps back, as if taking leave of the Divine Presence, then bow, first left, then right, then center, while saying:

May He who makes peace in His high places,
make peace for us
and all Israel – and say: Amen.

קדיש יתום

The following prayer, said by mourners, requires the presence of a מנין*.*
A transliteration can be found on page 841.

אבל: יִתְגַּדַּל וְיִתְקַדַּשׁ שְׁמֵהּ רַבָּא (קהל: אָמֵן)
בְּעָלְמָא דִּי בְרָא כִרְעוּתֵהּ, וְיַמְלִיךְ מַלְכוּתֵהּ
בְּחַיֵּיכוֹן וּבְיוֹמֵיכוֹן וּבְחַיֵּי דְכָל בֵּית יִשְׂרָאֵל
בַּעֲגָלָא וּבִזְמַן קָרִיב, וְאִמְרוּ אָמֵן. (קהל: אָמֵן)

קהל ואבל: יְהֵא שְׁמֵהּ רַבָּא מְבָרַךְ לְעָלַם וּלְעָלְמֵי עָלְמַיָּא.

אבל: יִתְבָּרַךְ וְיִשְׁתַּבַּח וְיִתְפָּאַר
וְיִתְרוֹמַם וְיִתְנַשֵּׂא וְיִתְהַדָּר וְיִתְעַלֶּה וְיִתְהַלָּל
שְׁמֵהּ דְּקֻדְשָׁא בְּרִיךְ הוּא (קהל: בְּרִיךְ הוּא)
לְעֵלָּא מִן כָּל בִּרְכָתָא
/בשבת שובה: לְעֵלָּא לְעֵלָּא מִכָּל בִּרְכָתָא/
וְשִׁירָתָא, תֻּשְׁבְּחָתָא וְנֶחֱמָתָא
דַּאֲמִירָן בְּעָלְמָא, וְאִמְרוּ אָמֵן. (קהל: אָמֵן)

יְהֵא שְׁלָמָא רַבָּא מִן שְׁמַיָּא, וְחַיִּים, עָלֵינוּ
וְעַל כָּל יִשְׂרָאֵל, וְאִמְרוּ אָמֵן. (קהל: אָמֵן)

Bow, take three steps back, as if taking leave of the Divine Presence,
then bow, first left, then right, then center, while saying:

עֹשֶׂה שָׁלוֹם/בשבת שובה: הַשָּׁלוֹם/ בִּמְרוֹמָיו
הוּא יַעֲשֶׂה שָׁלוֹם
עָלֵינוּ וְעַל כָּל יִשְׂרָאֵל, וְאִמְרוּ אָמֵן. (קהל: אָמֵן)

LORD OF THE UNIVERSE,
who reigned before the birth of any thing –

When by His will all things were made
then was His name proclaimed King.

And when all things shall cease to be
He alone will reign in awe.

He was, He is, and He shall be
glorious for evermore.

He is One, there is none else,
alone, unique, beyond compare;

Without beginning, without end,
His might, His rule are everywhere.

He is my God; my Redeemer lives.
He is the Rock on whom I rely –

My banner and my safe retreat,
my cup, my portion when I cry.

Into His hand my soul I place,
when I awake and when I sleep.

The LORD is with me, I shall not fear;
body and soul from harm will He keep.

אֲדוֹן עוֹלָם

אֲשֶׁר מָלַךְ בְּטֶרֶם כָּל־יְצִיר נִבְרָא.
לְעֵת נַעֲשָׂה בְחֶפְצוֹ כֹּל אֲזַי מֶלֶךְ שְׁמוֹ נִקְרָא.
וְאַחֲרֵי כִּכְלוֹת הַכֹּל לְבַדּוֹ יִמְלֹךְ נוֹרָא.
וְהוּא הָיָה וְהוּא הֹוֶה וְהוּא יִהְיֶה בְּתִפְאָרָה.
וְהוּא אֶחָד וְאֵין שֵׁנִי לְהַמְשִׁיל לוֹ לְהַחְבִּירָה.
בְּלִי רֵאשִׁית בְּלִי תַכְלִית וְלוֹ הָעֹז וְהַמִּשְׂרָה.
וְהוּא אֵלִי וְחַי גֹּאֲלִי וְצוּר חֶבְלִי בְּעֵת צָרָה.
וְהוּא נִסִּי וּמָנוֹס לִי מְנָת כּוֹסִי בְּיוֹם אֶקְרָא.
בְּיָדוֹ אַפְקִיד רוּחִי בְּעֵת אִישַׁן וְאָעִירָה.
וְעִם רוּחִי גְּוִיָּתִי יהוה לִי וְלֹא אִירָא.

Kiddush for Shabbat Morning

Some say "A psalm of David," most begin on the next page:

מִזְמוֹר לְדָוִד A psalm of David. The LORD is my Shepherd, *Ps. 23*
I shall not want. He makes me lie down in green pastures.
He leads me beside the still waters. He refreshes my soul.
He guides me in the paths of righteousness
for His name's sake.
Though I walk through the valley of the shadow of death,
I will fear no evil, for You are with me;
Your rod and Your staff, they comfort me.
You set a table before me in the presence of my enemies;
You anoint my head with oil;
my cup is filled to overflowing.
May goodness and kindness follow me
all the days of my life,
and may I live in the House of the LORD for evermore.

Some say "If you keep," most begin on the next page:

אִם־תָּשִׁיב If you keep your feet from breaking the Sabbath, *Is. 58*
and from pursuing your affairs on My holy day,
if you call the Sabbath a delight,
and the LORD's holy day honorable,
and if you honor it by not going your own way
or attending to your own affairs,
or speaking idle words,
then you will find joy in the LORD,
and I will cause you to ride on the heights of the earth
and to feast on the inheritance of your father Jacob,
for the mouth of the LORD has spoken.

קידוש ליום שבת

Some say מִזְמוֹר לְדָוִד*, most begin on the next page:*

מִזְמוֹר לְדָוִד, יהוה רֹעִי לֹא אֶחְסָר: תהלים כג
בִּנְאוֹת דֶּשֶׁא יַרְבִּיצֵנִי, עַל־מֵי מְנֻחוֹת יְנַהֲלֵנִי:
נַפְשִׁי יְשׁוֹבֵב, יַנְחֵנִי בְמַעְגְּלֵי־צֶדֶק לְמַעַן שְׁמוֹ:
גַּם כִּי־אֵלֵךְ בְּגֵיא צַלְמָוֶת לֹא־אִירָא רָע
כִּי־אַתָּה עִמָּדִי, שִׁבְטְךָ וּמִשְׁעַנְתֶּךָ הֵמָּה יְנַחֲמֻנִי:
תַּעֲרֹךְ לְפָנַי שֻׁלְחָן נֶגֶד צֹרְרָי
דִּשַּׁנְתָּ בַשֶּׁמֶן רֹאשִׁי, כּוֹסִי רְוָיָה:
אַךְ טוֹב וָחֶסֶד יִרְדְּפוּנִי כָּל־יְמֵי חַיָּי
וְשַׁבְתִּי בְּבֵית־יהוה לְאֹרֶךְ יָמִים:

Some say אִם־תָּשִׁיב*, most begin on the next page:*

אִם־תָּשִׁיב מִשַּׁבָּת רַגְלֶךָ עֲשׂוֹת חֲפָצֶךָ בְּיוֹם קָדְשִׁי ישעיה נח
וְקָרָאתָ לַשַּׁבָּת עֹנֶג לִקְדוֹשׁ יהוה מְכֻבָּד
וְכִבַּדְתּוֹ מֵעֲשׂוֹת דְּרָכֶיךָ מִמְּצוֹא חֶפְצְךָ וְדַבֵּר דָּבָר:
אָז תִּתְעַנַּג עַל־יהוה
וְהִרְכַּבְתִּיךָ עַל־בָּמֳתֵי אָרֶץ
וְהַאֲכַלְתִּיךָ נַחֲלַת יַעֲקֹב אָבִיךָ
כִּי פִּי יהוה דִּבֵּר:

Most begin Kiddush here.

וְשָׁמְרוּ The children of Israel must keep the Sabbath, *Ex. 31*
observing the Sabbath in every generation
as an everlasting covenant.
It is a sign
between Me and the children of Israel for ever,
for in six days
the LORD made the heavens and the earth,
but on the seventh day He ceased work
and refreshed Himself.

זָכוֹר Remember the Sabbath day to keep it holy. *Ex. 20*
Six days you shall labor and do all your work,
but the seventh day
is a Sabbath of the LORD your God;
on it you shall not do any work –
you, your son or daughter,
your male or female slave,
or your cattle, or the stranger within your gates.
For in six days the LORD made heaven and earth
and sea and all that is in them,
and rested on the seventh day;
therefore the LORD blessed the Sabbath day
and declared it holy.

When saying Kiddush for others, add: Please pay attention, my masters.

בָּרוּךְ Blessed are You, LORD our God,
King of the Universe,
who creates the fruit of the vine.

Most begin קידוש *here.*

וְשָׁמְרוּ בְנֵי־יִשְׂרָאֵל אֶת־הַשַּׁבָּת שמות לא
לַעֲשׂוֹת אֶת־הַשַּׁבָּת לְדֹרֹתָם בְּרִית עוֹלָם:
בֵּינִי וּבֵין בְּנֵי יִשְׂרָאֵל אוֹת הִוא לְעֹלָם
כִּי־שֵׁשֶׁת יָמִים
עָשָׂה יהוה אֶת־הַשָּׁמַיִם וְאֶת־הָאָרֶץ
וּבַיּוֹם הַשְּׁבִיעִי שָׁבַת וַיִּנָּפַשׁ:

זָכוֹר אֶת־יוֹם הַשַּׁבָּת לְקַדְּשׁוֹ: שמות כ
שֵׁשֶׁת יָמִים תַּעֲבֹד, וְעָשִׂיתָ כָּל־מְלַאכְתֶּךָ:
וְיוֹם הַשְּׁבִיעִי שַׁבָּת לַיהוה אֱלֹהֶיךָ
לֹא־תַעֲשֶׂה כָל־מְלָאכָה אַתָּה וּבִנְךָ וּבִתֶּךָ
עַבְדְּךָ וַאֲמָתְךָ וּבְהֶמְתֶּךָ, וְגֵרְךָ אֲשֶׁר בִּשְׁעָרֶיךָ:
כִּי שֵׁשֶׁת־יָמִים
עָשָׂה יהוה אֶת־הַשָּׁמַיִם וְאֶת־הָאָרֶץ
אֶת־הַיָּם וְאֶת־כָּל־אֲשֶׁר־בָּם
וַיָּנַח בַּיּוֹם הַשְּׁבִיעִי
עַל־כֵּן בֵּרַךְ יהוה אֶת־יוֹם הַשַּׁבָּת וַיְקַדְּשֵׁהוּ:

When saying קידוש *for others, add* סַבְרִי מָרָנָן

בָּרוּךְ אַתָּה יהוה אֱלֹהֵינוּ מֶלֶךְ הָעוֹלָם
בּוֹרֵא פְּרִי הַגָּפֶן.

Minḥa for Shabbat

אַשְׁרֵי Happy are those who dwell in Your House; *Ps. 84*
they shall continue to praise You, Selah!
Happy are the people for whom this is so; *Ps. 144*
happy are the people whose God is the Lord.
A song of praise by David. *Ps. 145*

א I will exalt You, my God, the King, and bless Your name for ever and all time.

ב Every day I will bless You, and praise Your name for ever and all time.

ג Great is the Lord and greatly to be praised; His greatness is unfathomable.

ד One generation will praise Your works to the next, and tell of Your mighty deeds.

ה On the glorious splendor of Your majesty I will meditate, and on the acts of Your wonders.

ו They shall talk of the power of Your awesome deeds, and I will tell of Your greatness.

ז They shall recite the record of Your great goodness, and sing with joy of Your righteousness.

ח The Lord is gracious and compassionate, slow to anger and great in loving-kindness.

ט The Lord is good to all, and His compassion extends to all His works.

י All Your works shall thank You, Lord, and Your devoted ones shall bless You.

כ They shall talk of the glory of Your kingship, and speak of Your might.

מנחה לשבת

אַשְׁרֵי יוֹשְׁבֵי בֵיתֶךָ, עוֹד יְהַלְלוּךָ סֶּלָה: תהלים פד
אַשְׁרֵי הָעָם שֶׁכָּכָה לּוֹ תהלים קמד
אַשְׁרֵי הָעָם שֶׁיהוה אֱלֹהָיו:
תְּהִלָּה לְדָוִד תהלים קמה
א אֲרוֹמִמְךָ אֱלוֹהַי הַמֶּלֶךְ, וַאֲבָרְכָה שִׁמְךָ לְעוֹלָם וָעֶד:
ב בְּכָל־יוֹם אֲבָרְכֶךָּ, וַאֲהַלְלָה שִׁמְךָ לְעוֹלָם וָעֶד:
ג גָּדוֹל יהוה וּמְהֻלָּל מְאֹד, וְלִגְדֻלָּתוֹ אֵין חֵקֶר:
ד דּוֹר לְדוֹר יְשַׁבַּח מַעֲשֶׂיךָ, וּגְבוּרֹתֶיךָ יַגִּידוּ:
ה הֲדַר כְּבוֹד הוֹדֶךָ, וְדִבְרֵי נִפְלְאֹתֶיךָ אָשִׂיחָה:
ו וֶעֱזוּז נוֹרְאֹתֶיךָ יֹאמֵרוּ, וּגְדוּלָּתְךָ אֲסַפְּרֶנָּה:
ז זֵכֶר רַב־טוּבְךָ יַבִּיעוּ, וְצִדְקָתְךָ יְרַנֵּנוּ:
ח חַנּוּן וְרַחוּם יהוה, אֶרֶךְ אַפַּיִם וּגְדָל־חָסֶד:
ט טוֹב־יהוה לַכֹּל, וְרַחֲמָיו עַל־כָּל־מַעֲשָׂיו:
י יוֹדוּךָ יהוה כָּל־מַעֲשֶׂיךָ, וַחֲסִידֶיךָ יְבָרְכוּכָה:
כ כְּבוֹד מַלְכוּתְךָ יֹאמֵרוּ, וּגְבוּרָתְךָ יְדַבֵּרוּ:

ל To make known to mankind His mighty deeds and the glorious majesty of His kingship.

מ Your kingdom is an everlasting kingdom, and Your reign is for all generations.

ס The Lord supports all who fall, and raises all who are bowed down.

ע All raise their eyes to You in hope, and You give them their food in due season.

פ You open Your hand, and satisfy every living thing with favor.

צ The Lord is righteous in all His ways, and kind in all He does.

ק The Lord is close to all who call on Him, to all who call on Him in truth.

ר He fulfills the will of those who revere Him; He hears their cry and saves them.

ש The Lord guards all who love Him, but all the wicked He will destroy.

▸ ת My mouth shall speak the praise of the Lord, and all creatures shall bless His holy name for ever and all time.

We will bless the Lord now and for ever. Halleluya! *Ps. 115*

ל לְהוֹדִיעַ לִבְנֵי הָאָדָם גְּבוּרֹתָיו, וּכְבוֹד הֲדַר מַלְכוּתוֹ:

מ מַלְכוּתְךָ מַלְכוּת כׇּל־עֹלָמִים, וּמֶמְשַׁלְתְּךָ בְּכׇל־דּוֹר וָדֹר:

ס סוֹמֵךְ יהוה לְכׇל־הַנֹּפְלִים, וְזוֹקֵף לְכׇל־הַכְּפוּפִים:

ע עֵינֵי־כֹל אֵלֶיךָ יְשַׂבֵּרוּ, וְאַתָּה נוֹתֵן־לָהֶם אֶת־אׇכְלָם בְּעִתּוֹ:

פ פּוֹתֵחַ אֶת־יָדֶךָ, וּמַשְׂבִּיעַ לְכׇל־חַי רָצוֹן:

צ צַדִּיק יהוה בְּכׇל־דְּרָכָיו, וְחָסִיד בְּכׇל־מַעֲשָׂיו:

ק קָרוֹב יהוה לְכׇל־קֹרְאָיו, לְכֹל אֲשֶׁר יִקְרָאֻהוּ בֶאֱמֶת:

ר רְצוֹן־יְרֵאָיו יַעֲשֶׂה, וְאֶת־שַׁוְעָתָם יִשְׁמַע וְיוֹשִׁיעֵם:

ש שׁוֹמֵר יהוה אֶת־כׇּל־אֹהֲבָיו, וְאֵת כׇּל־הָרְשָׁעִים יַשְׁמִיד:

ת תְּהִלַּת יהוה יְדַבֶּר פִּי, וִיבָרֵךְ כׇּל־בָּשָׂר שֵׁם קׇדְשׁוֹ לְעוֹלָם וָעֶד:

וַאֲנַחְנוּ נְבָרֵךְ יָהּ מֵעַתָּה וְעַד־עוֹלָם, הַלְלוּיָהּ: תהלים קטו

וּבָא לְצִיּוֹן גּוֹאֵל "A redeemer will come to Zion, Is. 59
to those of Jacob who repent of their sins,"
declares the LORD.
"As for Me, this is My covenant with them,"
says the LORD.
"My spirit, that is on you,
and My words I have placed in your mouth
will not depart from your mouth,
or from the mouth of your children,
or from the mouth of their descendants
from this time on and for ever," says the LORD.

▸ You are the Holy One, Ps. 22
enthroned on the praises of Israel.
And [the angels] call to one another, saying, ◂ Is. 6
"Holy, holy, holy is the LORD of hosts;
the whole world is filled with His glory."
And they receive permission from one another, saying: Targum Yonatan Is. 6
"Holy in the highest heavens, home of His Presence;
holy on earth, the work of His strength;
holy for ever and all time is the LORD of hosts;
the whole earth is full of His radiant glory."

▸ Then a wind lifted me up and I heard behind me Ezek. 3
the sound of a great noise, saying, ◂
"Blessed is the LORD's glory from His place."
Then a wind lifted me up and I heard behind me Targum Yonatan Ezek. 3
the sound of a great tempest of those who uttered praise,
saying, "Blessed is the LORD's glory
from the place of the home of His Presence."

ישעיה נט
וּבָא לְצִיּוֹן גּוֹאֵל, וּלְשָׁבֵי פֶשַׁע בְּיַעֲקֹב
נְאֻם יהוה:
וַאֲנִי זֹאת בְּרִיתִי אוֹתָם, אָמַר יהוה
רוּחִי אֲשֶׁר עָלֶיךָ וּדְבָרַי אֲשֶׁר־שַׂמְתִּי בְּפִיךָ
לֹא־יָמְוּשׁוּ מִפִּיךָ וּמִפִּי זַרְעֲךָ וּמִפִּי זֶרַע זַרְעֲךָ
אָמַר יהוה, מֵעַתָּה וְעַד־עוֹלָם:

תהלים כב
◂ וְאַתָּה קָדוֹשׁ יוֹשֵׁב תְּהִלּוֹת יִשְׂרָאֵל:

ישעיה ו
וְקָרָא זֶה אֶל־זֶה וְאָמַר ◂
קָדוֹשׁ, קָדוֹשׁ, קָדוֹשׁ, יהוה צְבָאוֹת
מְלֹא כָל־הָאָרֶץ כְּבוֹדוֹ:

תרגום יונתן ישעיה ו
וּמְקַבְּלִין דֵּין מִן דֵּין וְאָמְרִין
קַדִּישׁ בִּשְׁמֵי מְרוֹמָא עִלָּאָה בֵּית שְׁכִינְתֵּהּ
קַדִּישׁ עַל אַרְעָא עוֹבַד גְּבוּרְתֵּהּ
קַדִּישׁ לְעָלַם וּלְעָלְמֵי עָלְמַיָּא, יהוה צְבָאוֹת
מַלְיָא כָל אַרְעָא זִיו יְקָרֵהּ.

יחזקאל ג
◂ וַתִּשָּׂאֵנִי רְוּחַ, וָאֶשְׁמַע אַחֲרַי קוֹל רַעַשׁ גָּדוֹל ◂
בָּרוּךְ כְּבוֹד־יהוה מִמְּקוֹמוֹ:

תרגום יונתן יחזקאל ג
וּנְטָלַתְנִי רוּחָא, וּשְׁמָעִית בַּתְרַי קָל זִיעַ סַגִּיא, דִּמְשַׁבְּחִין
וְאָמְרִין, בְּרִיךְ יְקָרָא דַיהוה מֵאֲתַר בֵּית שְׁכִינְתֵּהּ.

The LORD shall reign for ever and all time. *Ex. 15*

The LORD's kingdom is established for ever and all time. *Targum Onkelos Ex. 15*

יהוה LORD, God of Abraham, Isaac, and Yisrael, our ancestors, may You keep this for ever so that it forms the thoughts in Your people's heart, and directs their heart toward You. He is compassionate. He forgives iniquity and does not destroy. Repeatedly He suppresses His anger, not rousing His full wrath. For You, my LORD, are good and forgiving, abundantly kind to all who call on You. Your righteousness is eternally righteous, and Your Torah is truth. Grant truth to Jacob, loving-kindness to Abraham, as You promised our ancestors in ancient times. Blessed is my LORD for day after day He burdens us [with His blessings]; is our salvation, Selah! The LORD of hosts is with us; the God of Jacob is our refuge, Selah! LORD of hosts, happy is the one who trusts in You. LORD, save. May the King answer us on the day we call.

1 Chr. 29 *Ps. 78* *Ps. 86* *Ps. 119* *Micah 7* *Ps. 68* *Ps. 46* *Ps. 84* *Ps. 20*

בָּרוּךְ Blessed is He, our God, who created us for His glory, separating us from those who go astray; who gave us the Torah of truth, planting within us

יהוה יִמְלֹךְ לְעֹלָם וָעֶד: שמות טו

יהוה מַלְכוּתֵהּ קָאֵם לְעָלַם וּלְעָלְמֵי עָלְמַיָּא. תרגום אונקלוס שמות טו

יהוה אֱלֹהֵי אַבְרָהָם יִצְחָק וְיִשְׂרָאֵל אֲבֹתֵינוּ, דברי הימים א׳ כט
שָׁמְרָה־זֹּאת לְעוֹלָם לְיֵצֶר מַחְשְׁבוֹת לְבַב
עַמֶּךָ, וְהָכֵן לְבָבָם אֵלֶיךָ: וְהוּא רַחוּם יְכַפֵּר תהלים עח
עָוֹן וְלֹא־יַשְׁחִית, וְהִרְבָּה לְהָשִׁיב אַפּוֹ, וְלֹא־
יָעִיר כָּל־חֲמָתוֹ: כִּי־אַתָּה אֲדֹנָי טוֹב וְסַלָּח, תהלים פו
וְרַב־חֶסֶד לְכָל־קֹרְאֶיךָ: צִדְקָתְךָ צֶדֶק לְעוֹלָם תהלים קיט
וְתוֹרָתְךָ אֱמֶת: תִּתֵּן אֱמֶת לְיַעֲקֹב, חֶסֶד מיכה ז
לְאַבְרָהָם, אֲשֶׁר־נִשְׁבַּעְתָּ לַאֲבֹתֵינוּ מִימֵי קֶדֶם:
בָּרוּךְ אֲדֹנָי יוֹם יוֹם יַעֲמָס־לָנוּ, הָאֵל יְשׁוּעָתֵנוּ תהלים סח
סֶלָה: יהוה צְבָאוֹת עִמָּנוּ, מִשְׂגָּב לָנוּ אֱלֹהֵי תהלים מו
יַעֲקֹב סֶלָה: יהוה צְבָאוֹת, אַשְׁרֵי אָדָם בֹּטֵחַ תהלים כ
בָּךְ: יהוה הוֹשִׁיעָה, הַמֶּלֶךְ יַעֲנֵנוּ בְיוֹם־קָרְאֵנוּ: תהלים פד

בָּרוּךְ הוּא אֱלֹהֵינוּ שֶׁבְּרָאָנוּ לִכְבוֹדוֹ, וְהִבְדִּילָנוּ
מִן הַתּוֹעִים, וְנָתַן לָנוּ תּוֹרַת אֱמֶת, וְחַיֵּי עוֹלָם

eternal life. May He open our heart to His Torah, imbuing our heart with the love and awe of Him, that we may do His will and serve Him with a perfect heart, so that we neither toil in vain nor give birth to confusion.

יְהִי רָצוֹן May it be Your will,
O Lord our God and God of our ancestors,
that we keep Your laws in this world,
and thus be worthy to live,
see and inherit goodness and blessing
in the Messianic Age
and in the life of the World to Come.
So that my soul may sing to You *Ps. 30*
and not be silent.
Lord, my God, for ever I will thank You.
Blessed is the man who trusts in the Lord, *Jer. 17*
whose trust is in the Lord alone.
Trust in the Lord for evermore, *Is. 26*
for God, the Lord, is an everlasting Rock.
▸ Those who know Your name trust in You, *Ps. 9*
for You, Lord,
do not forsake those who seek You.
The Lord desired, *Is. 42*
for the sake of Israel's merit,
to make the Torah great and glorious.

נָטַע בְּתוֹכֵנוּ. הוּא יִפְתַּח לִבֵּנוּ בְּתוֹרָתוֹ, וְיָשֵׂם
בְּלִבֵּנוּ אַהֲבָתוֹ וְיִרְאָתוֹ וְלַעֲשׂוֹת רְצוֹנוֹ וּלְעָבְדוֹ
בְּלֵבָב שָׁלֵם, לְמַעַן לֹא נִיגַע לָרִיק וְלֹא נֵלֵד
לַבֶּהָלָה.

יְהִי רָצוֹן מִלְּפָנֶיךָ יהוה אֱלֹהֵינוּ וֵאלֹהֵי אֲבוֹתֵינוּ,
שֶׁנִּשְׁמֹר חֻקֶּיךָ בָּעוֹלָם הַזֶּה
וְנִזְכֶּה וְנִחְיֶה וְנִרְאֶה וְנִירַשׁ טוֹבָה וּבְרָכָה
לִשְׁנֵי יְמוֹת הַמָּשִׁיחַ וּלְחַיֵּי הָעוֹלָם הַבָּא.
לְמַעַן יְזַמֶּרְךָ כָבוֹד וְלֹא יִדֹּם, יהוה אֱלֹהַי תהלים ל
לְעוֹלָם אוֹדֶךָּ:
בָּרוּךְ הַגֶּבֶר אֲשֶׁר יִבְטַח בַּיהוה ירמיה יז
וְהָיָה יהוה מִבְטַחוֹ:
בִּטְחוּ בַיהוה עֲדֵי־עַד ישעיה כו
כִּי בְּיָהּ יהוה צוּר עוֹלָמִים:
› וְיִבְטְחוּ בְךָ יוֹדְעֵי שְׁמֶךָ תהלים ט
כִּי לֹא־עָזַבְתָּ דֹרְשֶׁיךָ, יהוה:
יהוה חָפֵץ לְמַעַן צִדְקוֹ, יַגְדִּיל תּוֹרָה וְיַאְדִּיר: ישעיה מב

HALF KADDISH

Leader: יִתְגַּדַּל Magnified and sanctified
may His great name be,
in the world He created by His will.
May He establish His kingdom
in your lifetime
and in your days,
and in the lifetime
of all the house of Israel,
swiftly and soon –
and say: Amen.

All: May His great name be blessed
for ever and all time.

Leader: Blessed and praised,
glorified and exalted,
raised and honored,
uplifted and lauded
be the name of the Holy One,
blessed be He,
beyond any blessing,
song, praise, and consolation
uttered in the world –
and say: Amen.

חצי קדיש

ש״ץ: יִתְגַּדַּל וְיִתְקַדַּשׁ שְׁמֵהּ רַבָּא (קהל: אָמֵן)
בְּעָלְמָא דִּי בְרָא כִרְעוּתֵהּ
וְיַמְלִיךְ מַלְכוּתֵהּ
בְּחַיֵּיכוֹן וּבְיוֹמֵיכוֹן
וּבְחַיֵּי דְכָל בֵּית יִשְׂרָאֵל
בַּעֲגָלָא וּבִזְמַן קָרִיב
וְאִמְרוּ אָמֵן. (קהל: אָמֵן)

קהל וש״ץ: יְהֵא שְׁמֵהּ רַבָּא מְבָרַךְ
לְעָלַם וּלְעָלְמֵי עָלְמַיָּא.

ש״ץ: יִתְבָּרַךְ וְיִשְׁתַּבַּח וְיִתְפָּאַר
וְיִתְרוֹמַם וְיִתְנַשֵּׂא וְיִתְהַדָּר וְיִתְעַלֶּה וְיִתְהַלָּל
שְׁמֵהּ דְּקֻדְשָׁא בְּרִיךְ הוּא (קהל: בְּרִיךְ הוּא)
לְעֵלָּא מִן כָּל בִּרְכָתָא
/בשבת שובה: לְעֵלָּא לְעֵלָּא מִכָּל בִּרְכָתָא/
וְשִׁירָתָא, תֻּשְׁבְּחָתָא וְנֶחֱמָתָא
דַּאֲמִירָן בְּעָלְמָא
וְאִמְרוּ אָמֵן. (קהל: אָמֵן)

REMOVING THE TORAH FROM THE ARK

וַאֲנִי As for me, may my prayer come to You, LORD, *Ps. 69*
at a time of favor.
O God, in Your great love,
answer me with Your faithful salvation.

The Ark is opened and the congregation stands. All say:

וַיְהִי בִּנְסֹעַ Whenever the Ark set out, *Num. 10*
Moses would say,
"Arise, LORD, and may Your enemies be scattered.
May those who hate You flee before You."
For the Torah shall come forth from Zion, *Is. 2*
and the word of the LORD from Jerusalem.
Blessed is He who in His Holiness
gave the Torah to His people Israel.

Zohar, Vayak-hel

Blessed is the name of the Master of the Universe. Blessed is Your crown and Your place. May Your favor always be with Your people Israel. Show Your people the salvation of Your right hand in Your Temple. Grant us the gift of Your good light, and accept our prayers in mercy. May it be Your will to prolong our life in goodness. May I be counted among the righteous, so that You will have compassion on me and protect me and all that is mine and all that is Your people Israel's. You feed all; You sustain all; You rule over all; You rule over kings, for sovereignty is Yours. I am a servant of the Holy One, blessed be He, before whom and before

הוצאת ספר תורה

וַאֲנִי תְפִלָּתִי־לְךָ יהוה, עֵת רָצוֹן תהלים סט
אֱלֹהִים בְּרָב־חַסְדֶּךָ, עֲנֵנִי בֶּאֱמֶת יִשְׁעֶךָ:

The ארון קודש *is opened and the* קהל *stands. All say:*

וַיְהִי בִּנְסֹעַ הָאָרֹן וַיֹּאמֶר מֹשֶׁה במדבר י
קוּמָה יהוה וְיָפֻצוּ אֹיְבֶיךָ
וְיָנֻסוּ מְשַׂנְאֶיךָ מִפָּנֶיךָ:
כִּי מִצִּיּוֹן תֵּצֵא תוֹרָה וּדְבַר־יהוה מִירוּשָׁלָםִ: ישעיה ב
בָּרוּךְ שֶׁנָּתַן תּוֹרָה לְעַמּוֹ יִשְׂרָאֵל בִּקְדֻשָּׁתוֹ.

בְּרִיךְ שְׁמֵהּ דְּמָרֵא עָלְמָא, בְּרִיךְ כִּתְרָךְ וְאַתְרָךְ. יְהֵא רְעוּתָךְ עִם עַמָּךְ יִשְׂרָאֵל לְעָלַם, וּפֻרְקַן יְמִינָךְ אַחֲזֵי לְעַמָּךְ בְּבֵית מַקְדְּשָׁךְ, וּלְאַמְטוּיֵי לַנָא מִטּוּב נְהוֹרָךְ, וּלְקַבֵּל צְלוֹתַנָא בְּרַחֲמִין. יְהֵא רַעֲוָא קֳדָמָךְ דְּתוֹרִיךְ לַן חַיִּין בְּטִיבוּ, וְלֶהֱוֵי אֲנָא פְקִידָא בְּגוֹ צַדִּיקַיָּא, לְמִרְחַם עָלַי וּלְמִנְטַר יָתִי וְיַת כָּל דִּי לִי וְדִי לְעַמָּךְ יִשְׂרָאֵל. אַנְתְּ הוּא זָן לְכֹלָּא וּמְפַרְנֵס לְכֹלָּא, אַנְתְּ הוּא שַׁלִּיט עַל כֹּלָּא, אַנְתְּ הוּא דְּשַׁלִּיט עַל מַלְכַיָּא, וּמַלְכוּתָא דִּילָךְ הִיא. אֲנָא עַבְדָּא דְקֻדְשָׁא בְּרִיךְ הוּא, דְּסָגֵדְנָא קַמֵּהּ וּמִקַּמֵּי דִּיקַר אוֹרַיְתֵהּ בְּכָל עִדָּן וְעִדָּן. לָא עַל אֱנָשׁ רְחִיצְנָא וְלָא זוהר ויקהל

whose glorious Torah I bow at all times. Not in man do I trust, nor on any angel do I rely, but on the God of heaven who is the God of truth, whose Torah is truth, whose prophets speak truth, and who abounds in acts of love and truth. ▸ In Him I trust, and to His holy and glorious name I offer praises. May it be Your will to open my heart to the Torah, and to fulfill the wishes of my heart and of the hearts of all Your people Israel for good, for life, and for peace.

The Leader takes the Torah scroll in his right arm, bows toward the Ark and says:

Magnify the LORD with me,
and let us exalt His name together. *Ps. 34*

The Ark is closed. The Leader carries the Torah scroll to the bima and the congregation says:

לְךָ Yours, LORD, are the greatness and the power, the glory and the majesty and splendor, for everything in heaven and earth is Yours. Yours, LORD, is the kingdom; You are exalted as Head over all. *1 Chr. 29*

רוֹמְמוּ Exalt the LORD our God and bow to His footstool; He is holy. Exalt the LORD our God, and bow at His holy mountain, for holy is the LORD our God. *Ps. 99*

אַב הָרַחֲמִים May the Father of compassion have compassion on the people borne by Him. May He remember the covenant with the mighty [patriarchs], and deliver us from evil times. May He reproach the evil instinct in the people carried by Him, and graciously grant that we be an everlasting remnant. May He fulfill in good measure our requests for salvation and compassion.

עַל בַּר אֱלָהִין סָמִיכְנָא, אֶלָּא בֶּאֱלָהָא דִשְׁמַיָּא, דְּהוּא אֱלָהָא קְשׁוֹט, וְאוֹרַיְתֵהּ קְשׁוֹט, וּנְבִיאוֹהִי קְשׁוֹט, וּמַסְגֵּא לְמֶעְבַּד טַבְוָן וּקְשׁוֹט. ‹ בֵּהּ אֲנָא רָחִיץ, וְלִשְׁמֵהּ קַדִּישָׁא יַקִּירָא אֲנָא אֵמַר תֻּשְׁבְּחָן. יְהֵא רַעֲוָא קֳדָמָךְ דְּתִפְתַּח לִבַּאי בְּאוֹרַיְתָא, וְתַשְׁלִים מִשְׁאֲלִין דְּלִבַּאי וְלִבָּא דְכָל עַמָּךְ יִשְׂרָאֵל לְטָב וּלְחַיִּין וְלִשְׁלָם.

The שליח ציבור *takes the* ספר תורה *in his right arm, bows toward the* ארון קודש *and says:*

תהלים לד

גַּדְּלוּ לַיהוה אִתִּי וּנְרוֹמְמָה שְׁמוֹ יַחְדָּו:

The ארון קודש *is closed. The* שליח ציבור *carries the* ספר תורה *to the* בימה *and the* קהל *says:*

דברי הימים א׳ כט

לְךָ יהוה הַגְּדֻלָּה וְהַגְּבוּרָה וְהַתִּפְאֶרֶת וְהַנֵּצַח וְהַהוֹד, כִּי־כֹל בַּשָּׁמַיִם וּבָאָרֶץ: לְךָ יהוה הַמַּמְלָכָה וְהַמִּתְנַשֵּׂא לְכֹל לְרֹאשׁ:

תהלים צט

רוֹמְמוּ יהוה אֱלֹהֵינוּ וְהִשְׁתַּחֲווּ לַהֲדֹם רַגְלָיו, קָדוֹשׁ הוּא: רוֹמְמוּ יהוה אֱלֹהֵינוּ וְהִשְׁתַּחֲווּ לְהַר קָדְשׁוֹ, כִּי־קָדוֹשׁ יהוה אֱלֹהֵינוּ:

אַב הָרַחֲמִים הוּא יְרַחֵם עַם עֲמוּסִים, וְיִזְכֹּר בְּרִית אֵיתָנִים, וְיַצִּיל נַפְשׁוֹתֵינוּ מִן הַשָּׁעוֹת הָרָעוֹת, וְיִגְעַר בְּיֵצֶר הָרָע מִן הַנְּשׂוּאִים, וְיָחֹן אוֹתָנוּ לִפְלֵיטַת עוֹלָמִים, וִימַלֵּא מִשְׁאֲלוֹתֵינוּ בְּמִדָּה טוֹבָה יְשׁוּעָה וְרַחֲמִים.

The Torah scroll is placed on the bima and the Gabbai calls a Kohen to the Torah.

וְתִגָּלֶה May His kingship over us be soon revealed and made manifest. May He be gracious to our surviving remnant, the remnant of His people the house of Israel in grace, loving-kindness, compassion, and favor, and let us say: Amen. Let us all render greatness to our God and give honor to the Torah. *Let the Kohen come forward. Arise (*name* son of father's *name*), the Kohen.

**If no Kohen is present, a Levi or Yisrael is called up as follows:*
/As there is no Kohen, arise (*name* son of father's *name*) in place of a Kohen./

Blessed is He who, in His holiness, gave the Torah to His people Israel.

The congregation followed by the Gabbai:

You who cling to the LORD your God are all alive today. *Deut. 4*

The appropriate Torah portions are to be found from page 758.

The Reader shows the oleh the section to be read. The oleh touches the scroll at that place with the tzitzit of his tallit or the fabric belt of the Torah scroll, which he then kisses. Holding the handles of the scroll, he says:

Oleh: Bless the LORD, the blessed One.

Cong: Bless the LORD, the blessed One, for ever and all time.

Oleh: Bless the LORD, the blessed One,
for ever and all time.
Blessed are You, LORD our God, King of the Universe, who has chosen us from all peoples and has given us His Torah. Blessed are You, LORD, Giver of the Torah.

After the reading, the oleh says:

Oleh: Blessed are You, LORD our God, King of the Universe, who has given us the Torah of truth, planting everlasting life in our midst. Blessed are You, LORD, Giver of the Torah.

The ספר תורה *is placed on the* שולחן *and the* גבאי *calls a* כוהן *to the* תורה.

וְתִגָּלֶה וְתֵרָאֶה מַלְכוּתוֹ עָלֵינוּ בִּזְמַן קָרוֹב, וְיָחֹן פְּלֵיטָתֵנוּ וּפְלֵיטַת עַמּוֹ בֵּית יִשְׂרָאֵל לְחֵן וּלְחֶסֶד וּלְרַחֲמִים וּלְרָצוֹן וְנֹאמַר אָמֵן. הַכֹּל הָבוּ גֹדֶל לֵאלֹהֵינוּ וּתְנוּ כָבוֹד לַתּוֹרָה. *כֹּהֵן קְרַב, יַעֲמֹד (פלוני בֶּן פלוני) **הַכֹּהֵן.**

**If no* כוהן *is present, a* לוי *or* ישראל *is called up as follows:*

/אֵין כָּאן כֹּהֵן, יַעֲמֹד (פלוני בֶּן פלוני) **בִּמְקוֹם כֹּהֵן./**

בָּרוּךְ שֶׁנָּתַן תּוֹרָה לְעַמּוֹ יִשְׂרָאֵל בִּקְדֻשָּׁתוֹ.

The קהל *followed by the* גבאי:

וְאַתֶּם הַדְּבֵקִים בַּיהוה אֱלֹהֵיכֶם חַיִּים כֻּלְּכֶם הַיּוֹם: דברים ד

The appropriate תורה *portions are to be found from page 758.*

The קורא *shows the* עולה *the section to be read. The* עולה *touches the scroll at that place with the* ציצית *of his* טלית *or the gartel of the* ספר תורה*, which he then kisses. Holding the handles of the scroll, he says:*

עולה: **בָּרְכוּ אֶת יהוה הַמְבֹרָךְ.**

קהל: **בָּרוּךְ יהוה הַמְבֹרָךְ לְעוֹלָם וָעֶד.**

עולה: **בָּרוּךְ יהוה הַמְבֹרָךְ לְעוֹלָם וָעֶד.**

בָּרוּךְ אַתָּה יהוה אֱלֹהֵינוּ מֶלֶךְ הָעוֹלָם, אֲשֶׁר בָּחַר בָּנוּ מִכָּל הָעַמִּים וְנָתַן לָנוּ אֶת תּוֹרָתוֹ. בָּרוּךְ אַתָּה יהוה, נוֹתֵן הַתּוֹרָה.

After the קריאת התורה*, the* עולה *says:*

עולה: **בָּרוּךְ אַתָּה יהוה אֱלֹהֵינוּ מֶלֶךְ הָעוֹלָם, אֲשֶׁר נָתַן לָנוּ תּוֹרַת אֱמֶת וְחַיֵּי עוֹלָם נָטַע בְּתוֹכֵנוּ. בָּרוּךְ אַתָּה יהוה, נוֹתֵן הַתּוֹרָה.**

The Torah scroll is lifted and the congregation says:

וְזֹאת הַתּוֹרָה This is the Torah Deut. 4
that Moses placed before the children of Israel, Num. 9
at the LORD's commandment, by the hand of Moses.

Some add: It is a tree of life to those who grasp it, Prov. 3
and those who uphold it are happy.
Its ways are ways of pleasantness, and all its paths are peace.
Long life is in its right hand; in its left, riches and honor.
It pleased the LORD for the sake of [Israel's] righteousness, Is. 42
to make the Torah great and glorious.

The Torah scroll is bound and covered.

In some congregations, during the week before a yahrzeit, "God, full of mercy" for a relative is said

For a male close relative:

אֵל מָלֵא רַחֲמִים God, full of mercy, who dwells on high, grant fitting rest on the wings of the Divine Presence, in the heights of the holy and the pure who shine like the radiance of heaven, to the soul of (*name* son of *father's name*) who has gone to his eternal home, and to this I pledge (without formal vow) to give charity in his memory, may his resting place be in the Garden of Eden. Therefore, Master of compassion, shelter him in the shadow of Your wings forever and bind his soul in the bond of everlasting life. The LORD is his heritage; may he rest in peace, and let us say: Amen.

For a female close relative:

אֵל מָלֵא רַחֲמִים God, full of mercy, who dwells on high, grant fitting rest on the wings of the Divine Presence, in the heights of the holy and the pure who shine like the radiance of heaven, to the soul of (*name* daughter of *father's*

The ספר תורה *is lifted and the* קהל *says:*

וְזֹאת הַתּוֹרָה אֲשֶׁר־שָׂם מֹשֶׁה לִפְנֵי בְּנֵי יִשְׂרָאֵל: דברים ד

עַל־פִּי יהוה בְּיַד מֹשֶׁה: במדבר ט

Some add עֵץ־חַיִּים הִיא לַמַּחֲזִיקִים בָּהּ וְתֹמְכֶיהָ מְאֻשָּׁר: משלי ג
דְּרָכֶיהָ דַרְכֵי־נֹעַם וְכָל־נְתִיבֹתֶיהָ שָׁלוֹם:
אֹרֶךְ יָמִים בִּימִינָהּ, בִּשְׂמֹאולָהּ עֹשֶׁר וְכָבוֹד:
יהוה חָפֵץ לְמַעַן צִדְקוֹ יַגְדִּיל תּוֹרָה וְיַאְדִּיר: ישעיה מב

The ספר תורה *is bound and covered.*

In some congregations, during the week before a yahrzeit, אֵל מָלֵא רַחֲמִים *for a relative is said.*

For a male close relative:

אֵל מָלֵא רַחֲמִים, שׁוֹכֵן בַּמְּרוֹמִים, הַמְצֵא מְנוּחָה נְכוֹנָה עַל כַּנְפֵי הַשְּׁכִינָה, בְּמַעֲלוֹת קְדוֹשִׁים וּטְהוֹרִים, כְּזֹהַר הָרָקִיעַ מַזְהִירִים, לְנִשְׁמַת (פלוני בֶּן פלוני) **שֶׁהָלַךְ לְעוֹלָמוֹ, בַּעֲבוּר שֶׁבְּלִי נֶדֶר אֶתֵּן צְדָקָה בְּעַד הַזְכָּרַת נִשְׁמָתוֹ, בְּגַן עֵדֶן תְּהֵא מְנוּחָתוֹ. לָכֵן, בַּעַל הָרַחֲמִים יַסְתִּירֵהוּ בְּסֵתֶר כְּנָפָיו לְעוֹלָמִים, וְיִצְרֹר בִּצְרוֹר הַחַיִּים אֶת נִשְׁמָתוֹ, יהוה הוּא נַחֲלָתוֹ, וְיָנוּחַ בְּשָׁלוֹם עַל מִשְׁכָּבוֹ, וְנֹאמַר אָמֵן.**

For a female close relative:

אֵל מָלֵא רַחֲמִים, שׁוֹכֵן בַּמְּרוֹמִים, הַמְצֵא מְנוּחָה נְכוֹנָה עַל כַּנְפֵי הַשְּׁכִינָה, בְּמַעֲלוֹת קְדוֹשִׁים וּטְהוֹרִים, כְּזֹהַר הָרָקִיעַ מַזְהִירִים, לְנִשְׁמַת (פלונית בַּת פלוני) **שֶׁהָלְכָה**

name) who has gone to her eternal home, and to this I pledge (without formal vow) to give charity in her memory, may her resting place be in the Garden of Eden. Therefore, Master of compassion, shelter her in the shadow of Your wings forever and bind her soul in the bond of everlasting life. The LORD is her heritage; may she rest in peace, and let us say: Amen.

RETURNING THE TORAH TO THE ARK

The Ark is opened. All stand. The Leader takes the Torah scroll and says:

יְהַלְלוּ Let them praise the name of the LORD, *Ps. 148*
for His name alone is sublime.

The congregation responds:

הוֹדוֹ His majesty is above earth and heaven.
He has raised the horn of His people,
for the glory of all His devoted ones,
the children of Israel, the people close to Him.
Halleluya!

As the Torah scroll is returned to the Ark say:

לְדָוִד מִזְמוֹר A psalm of David. The earth is the LORD's *Ps. 24*
and all it contains, the world and all who live in it. For He founded it on the seas and established it on the streams. Who may climb the mountain of the LORD? Who may stand in His holy place? He who has clean hands and a pure heart, who has not taken My name in vain, or sworn deceitfully. He shall receive blessing from the LORD, and just

לְעוֹלָמָהּ, בַּעֲבוּר שֶׁבְּלִי נֶדֶר אֶתֵּן צְדָקָה בְּעַד הַזְכָּרַת נִשְׁמָתָהּ, בְּגַן עֵדֶן תְּהֵא מְנוּחָתָהּ. לָכֵן, בַּעַל הָרַחֲמִים יַסְתִּירֶהָ בְּסֵתֶר כְּנָפָיו לְעוֹלָמִים, וְיִצְרֹר בִּצְרוֹר הַחַיִּים אֶת נִשְׁמָתָהּ, יהוה הוּא נַחֲלָתָהּ, וְתָנוּחַ בְּשָׁלוֹם עַל מִשְׁכָּבָהּ, וְנֹאמַר אָמֵן.

הכנסת ספר תורה

The ארון קודש *is opened. The* שליח ציבור *takes the* ספר תורה *and says:*

יְהַלְלוּ אֶת־שֵׁם יהוה, כִּי־נִשְׂגָּב שְׁמוֹ, לְבַדּוֹ תהלים קמח

The קהל *responds:*

הוֹדוֹ עַל־אֶרֶץ וְשָׁמָיִם:
וַיָּרֶם קֶרֶן לְעַמּוֹ, תְּהִלָּה לְכָל־חֲסִידָיו
לִבְנֵי יִשְׂרָאֵל עַם קְרֹבוֹ, הַלְלוּיָהּ:

As the ספר תורה *is returned to the* ארון קודש*, say:*

לְדָוִד מִזְמוֹר, לַיהוה הָאָרֶץ וּמְלוֹאָהּ, תֵּבֵל וְיֹשְׁבֵי תהלים כד בָהּ: כִּי־הוּא עַל־יַמִּים יְסָדָהּ, וְעַל־נְהָרוֹת יְכוֹנְנֶהָ: מִי־יַעֲלֶה בְהַר־יהוה, וּמִי־יָקוּם בִּמְקוֹם קָדְשׁוֹ: נְקִי כַפַּיִם וּבַר־לֵבָב, אֲשֶׁר לֹא־נָשָׂא לַשָּׁוְא נַפְשִׁי וְלֹא נִשְׁבַּע לְמִרְמָה: יִשָּׂא בְרָכָה מֵאֵת יהוה, וּצְדָקָה מֵאֱלֹהֵי יִשְׁעוֹ: זֶה דּוֹר דֹּרְשָׁו, מְבַקְשֵׁי

reward from God, his salvation. This is a generation of those who seek Him, the descendants of Jacob who seek Your presence, Selah! Lift up your heads, O gates; be uplifted, eternal doors, so that the King of glory may enter. Who is the King of glory? It is the LORD, strong and mighty, the LORD mighty in battle. Lift up your heads, O gates; lift them up, eternal doors, so that the King of glory may enter. Who is He, the King of glory? The LORD of hosts, He is the King of glory, Selah!

As the Torah scroll is placed into the Ark, say:

וּבְנֻחֹה יֹאמַר When the Ark came to rest, Moses would say: "Return, O LORD, to the myriad thousands of Israel." Advance, LORD, to Your resting place, You and Your mighty Ark. Your priests are clothed in righteousness, and Your devoted ones sing in joy. For the sake of Your servant David, do not reject Your anointed one. For I give you good instruction; do not forsake My Torah. It is a tree of life to those who grasp it, and those who uphold it are happy. Its ways are ways of pleasantness, and all its paths are peace. ▸ Turn us back, O LORD, to You, and we will return. Renew our days as of old.

Num. 10 *Ps. 132* *Prov. 4* *Prov. 3* *Lam. 5*

The Ark is closed.

פָּנֶיךָ, יַעֲקֹב, סֶלָה: שְׂאוּ שְׁעָרִים רָאשֵׁיכֶם, וְהִנָּשְׂאוּ פִּתְחֵי עוֹלָם, וְיָבוֹא מֶלֶךְ הַכָּבוֹד: מִי זֶה מֶלֶךְ הַכָּבוֹד, יהוה עִזּוּז וְגִבּוֹר, יהוה גִּבּוֹר מִלְחָמָה: שְׂאוּ שְׁעָרִים רָאשֵׁיכֶם, וּשְׂאוּ פִּתְחֵי עוֹלָם, וְיָבֹא מֶלֶךְ הַכָּבוֹד: מִי הוּא זֶה מֶלֶךְ הַכָּבוֹד, יהוה צְבָאוֹת הוּא מֶלֶךְ הַכָּבוֹד, סֶלָה:

As the ספר תורה *is placed into the* ארון קודש*, say:*

וּבְנֻחֹה יֹאמַר במדבר י

שׁוּבָה יהוה רִבְבוֹת אַלְפֵי יִשְׂרָאֵל:

קוּמָה יהוה לִמְנוּחָתֶךָ, אַתָּה וַאֲרוֹן עֻזֶּךָ: תהלים קלב

כֹּהֲנֶיךָ יִלְבְּשׁוּ־צֶדֶק, וַחֲסִידֶיךָ יְרַנֵּנוּ:

בַּעֲבוּר דָּוִד עַבְדֶּךָ אַל־תָּשֵׁב פְּנֵי מְשִׁיחֶךָ:

כִּי לֶקַח טוֹב נָתַתִּי לָכֶם, תּוֹרָתִי אַל־תַּעֲזֹבוּ: משלי ד

עֵץ־חַיִּים הִיא לַמַּחֲזִיקִים בָּהּ, וְתֹמְכֶיהָ מְאֻשָּׁר: משלי ג

דְּרָכֶיהָ דַרְכֵי־נֹעַם וְכָל־נְתִיבוֹתֶיהָ שָׁלוֹם:

◄ הֲשִׁיבֵנוּ יהוה אֵלֶיךָ וְנָשׁוּבָ איכה ה

חַדֵּשׁ יָמֵינוּ כְּקֶדֶם:

The ארון קודש *is closed.*

HALF KADDISH

Leader: יִתְגַּדַּל Magnified and sanctified
may His great name be,
in the world He created by His will.
May He establish His kingdom
in your lifetime
and in your days,
and in the lifetime
of all the house of Israel,
swiftly and soon –
and say: Amen.

All: May His great name be blessed
for ever and all time.

Leader: Blessed and praised,
glorified and exalted,
raised and honored,
uplifted and lauded
be the name of the Holy One,
blessed be He,
beyond any blessing,
song, praise, and consolation
uttered in the world –
and say: Amen.

חצי קדיש

ש״ץ: יִתְגַּדַּל וְיִתְקַדַּשׁ שְׁמֵהּ רַבָּא (קהל: אָמֵן)

בְּעָלְמָא דִּי בְרָא כִרְעוּתֵהּ

וְיַמְלִיךְ מַלְכוּתֵהּ

בְּחַיֵּיכוֹן וּבְיוֹמֵיכוֹן

וּבְחַיֵּי דְכָל בֵּית יִשְׂרָאֵל

בַּעֲגָלָא וּבִזְמַן קָרִיב

וְאִמְרוּ אָמֵן. (קהל: אָמֵן)

קהל וש״ץ: יְהֵא שְׁמֵהּ רַבָּא מְבָרַךְ

לְעָלַם וּלְעָלְמֵי עָלְמַיָּא.

ש״ץ: יִתְבָּרַךְ וְיִשְׁתַּבַּח וְיִתְפָּאַר

וְיִתְרוֹמַם וְיִתְנַשֵּׂא וְיִתְהַדָּר וְיִתְעַלֶּה וְיִתְהַלָּל

שְׁמֵהּ דְּקֻדְשָׁא בְּרִיךְ הוּא (קהל: בְּרִיךְ הוּא)

לְעֵלָּא מִן כָּל בִּרְכָתָא

/בשבת שובה: לְעֵלָּא לְעֵלָּא מִכָּל בִּרְכָתָא/

וְשִׁירָתָא, תֻּשְׁבְּחָתָא וְנֶחֱמָתָא

דַּאֲמִירָן בְּעָלְמָא

וְאִמְרוּ אָמֵן. (קהל: אָמֵן)

THE AMIDA

The following prayer, until "in former years" on page 510, is said silently, standing with feet together. If there is a minyan, the Amida is repeated aloud by the Leader. Take three steps forward and at the points indicated by ▾, bend the knees at the first word, bow at the second, and stand straight before saying God's name.

When I proclaim the LORD's name, give glory to our God. *Deut. 32*

O LORD, open my lips, *Ps. 51*
so that my mouth may declare Your praise.

PATRIARCHS

▾בָּרוּךְ▾ Blessed are You,
LORD our God and God of our fathers,
God of Abraham, God of Isaac, and God of Jacob;
the great, mighty, and awesome God,
God Most High,
who bestows acts of loving-kindness
and creates all,
who remembers the loving-kindness of the fathers
and will bring a Redeemer
to their children's children
for the sake of His name, in love.

On Shabbat Shuva: Remember us for life, O King who desires life,
and write us in the book of life –
for Your sake, O God of life.

King, Helper, Savior, Shield:
▾Blessed are You, LORD,
Shield of Abraham.

עמידה

The following prayer, until קַדְמֹנִיּוֹת *on page 511, is said silently, standing with feet together. If there is a* מנין*, the* עמידה *is repeated aloud by the* שליח ציבור*. Take three steps forward and at the points indicated by* ˚*, bend the knees at the first word, bow at the second, and stand straight before saying God's name.*

דברים לב כִּי שֵׁם יהוה אֶקְרָא, הָבוּ גֹדֶל לֵאלֹהֵינוּ:

תהלים נא אֲדֹנָי, שְׂפָתַי תִּפְתָּח, וּפִי יַגִּיד תְּהִלָּתֶךָ:

אבות

˚בָּרוּךְ אַתָּה יהוה, אֱלֹהֵינוּ וֵאלֹהֵי אֲבוֹתֵינוּ
אֱלֹהֵי אַבְרָהָם, אֱלֹהֵי יִצְחָק, וֵאלֹהֵי יַעֲקֹב
הָאֵל הַגָּדוֹל הַגִּבּוֹר וְהַנּוֹרָא, אֵל עֶלְיוֹן
גּוֹמֵל חֲסָדִים טוֹבִים, וְקֹנֵה הַכֹּל
וְזוֹכֵר חַסְדֵי אָבוֹת
וּמֵבִיא גוֹאֵל לִבְנֵי בְנֵיהֶם
לְמַעַן שְׁמוֹ בְּאַהֲבָה.

בשבת שובה: זָכְרֵנוּ לְחַיִּים, מֶלֶךְ חָפֵץ בַּחַיִּים
וְכָתְבֵנוּ בְּסֵפֶר הַחַיִּים
לְמַעַנְךָ אֱלֹהִים חַיִּים.

מֶלֶךְ עוֹזֵר וּמוֹשִׁיעַ וּמָגֵן.
˚בָּרוּךְ אַתָּה יהוה, מָגֵן אַבְרָהָם.

DIVINE MIGHT

אַתָּה גִּבּוֹר You are eternally mighty, LORD.
You give life to the dead
and have great power to save.

The phrase "He makes the wind blow and the rain fall" is added from Simḥat Torah until Pesaḥ. In Israel, the phrase "He causes the dew to fall" is added from Pesaḥ until Shemini Atzeret.

In fall & winter: He makes the wind blow
and the rain fall.

In Israel, in spring & summer: He causes the dew to fall.

He sustains the living with loving-kindness,
and with great compassion revives the dead.
He supports the fallen, heals the sick,
sets captives free,
and keeps His faith
with those who sleep in the dust.
Who is like You, Master of might,
and and who can compare to You,
O King who brings death and gives life,
and makes salvation grow?

On Shabbat Shuva: Who is like You, compassionate Father,
who remembers His creatures
in compassion, for life?

Faithful are You to revive the dead.
Blessed are You, LORD, who revives the dead.

When saying the Amida silently, continue with "You are holy" on page 496.

גבורות

אַתָּה גִּבּוֹר לְעוֹלָם, אֲדֹנָי
מְחַיֵּה מֵתִים אַתָּה, רַב לְהוֹשִׁיעַ

The phrase מַשִּׁיב הָרוּחַ *is added from* שמחת תורה *until* פסח.
In ארץ ישראל *the phrase* מוֹרִיד הַטָּל *is added from* פסח *until* שמיני עצרת.

בחורף: מַשִּׁיב הָרְוּחַ וּמוֹרִיד הַגֶּשֶׁם

בארץ ישראל בקיץ: מוֹרִיד הַטָּל

מְכַלְכֵּל חַיִּים בְּחֶסֶד
מְחַיֵּה מֵתִים בְּרַחֲמִים רַבִּים
סוֹמֵךְ נוֹפְלִים, וְרוֹפֵא חוֹלִים
וּמַתִּיר אֲסוּרִים
וּמְקַיֵּם אֱמוּנָתוֹ לִישֵׁנֵי עָפָר.
מִי כָמְוֹךָ, בַּעַל גְּבוּרוֹת, וּמִי דּוֹמֶה לָּךְ
מֶלֶךְ, מֵמִית וּמְחַיֶּה וּמַצְמִיחַ יְשׁוּעָה.

בשבת שובה: מִי כָמְוֹךָ אַב הָרַחֲמִים
זוֹכֵר יְצוּרָיו לְחַיִּים בְּרַחֲמִים.

וְנֶאֱמָן אַתָּה לְהַחֲיוֹת מֵתִים.
בָּרוּךְ אַתָּה יהוה, מְחַיֵּה הַמֵּתִים.

When saying the עמידה *silently, continue with* אַתָּה קָדוֹשׁ *on page 497.*

KEDUSHA

During the Leader's Repetition, the following is said standing with feet together, rising on the toes at the words indicated by ▴.

Congregation then Leader:

נְקַדֵּשׁ We will sanctify Your name on earth,
as they sanctify it in the highest heavens,
as is written by Your prophet,
"And they [the angels] call to one another saying: *Is. 6*

Congregation then Leader:

▴Holy, ▴holy, ▴holy is the LORD of hosts
the whole world is filled with His glory."

Those facing them say "Blessed – "

Congregation then Leader:

▴"Blessed is the LORD's glory from His place." *Ezek. 3*

And in Your holy Writings it is written thus:

Congregation then Leader:

▴"The LORD shall reign for ever. He is your God, Zion, *Ps. 146*
from generation to generation, Halleluya!"

Leader:

From generation to generation
we will declare Your greatness,
and we will proclaim Your holiness for evermore.
Your praise, our God, shall not leave our mouth forever,
for You, God, are a great and holy King.
Blessed are You, LORD,
the holy God. / *On Shabbat Shuva:* the holy King. /

The Leader continues with "You are One" on the next page.

קדושה

During the חזרת הש״ץ, *the following is said standing with feet together, rising on the toes at the words indicated by* ˄.

קהל *then* ש״ץ:

נְקַדֵּשׁ אֶת שִׁמְךָ בָּעוֹלָם, כְּשֵׁם שֶׁמַּקְדִּישִׁים אוֹתוֹ
בִּשְׁמֵי מָרוֹם, כַּכָּתוּב עַל יַד נְבִיאֶךָ:
וְקָרָא זֶה אֶל־זֶה וְאָמַר ישעיה ו

קהל *then* ש״ץ:

˄קָדוֹשׁ, ˄קָדוֹשׁ, ˄קָדוֹשׁ, יהוה צְבָאוֹת
מְלֹא כָל־הָאָרֶץ כְּבוֹדוֹ:
לְעֻמָּתָם בָּרוּךְ יֹאמֵרוּ

קהל *then* ש״ץ:

˄בָּרוּךְ כְּבוֹד־יהוה מִמְּקוֹמוֹ: יחזקאל ג
וּבְדִבְרֵי קָדְשְׁךָ כָּתוּב לֵאמֹר

קהל *then* ש״ץ:

˄יִמְלֹךְ יהוה לְעוֹלָם, אֱלֹהַיִךְ צִיּוֹן לְדֹר וָדֹר, הַלְלוּיָהּ: תהלים קמו

ש״ץ:

לְדוֹר וָדוֹר נַגִּיד גָּדְלֶךָ, וּלְנֵצַח נְצָחִים קְדֻשָּׁתְךָ נַקְדִּישׁ,
וְשִׁבְחֲךָ אֱלֹהֵינוּ מִפִּינוּ לֹא יָמוּשׁ לְעוֹלָם וָעֶד
כִּי אֵל מֶלֶךְ גָּדוֹל וְקָדוֹשׁ אָתָּה.
בָּרוּךְ אַתָּה יהוה
הָאֵל הַקָּדוֹשׁ. /בשבת שובה: הַמֶּלֶךְ הַקָּדוֹשׁ./

The שליח ציבור *continues with* אַתָּה אֶחָד *on the next page.*

HOLINESS

אַתָּה קָדוֹשׁ You are holy
and Your name is holy,
and holy ones praise You daily, Selah!
Blessed are You, LORD,
the holy God. / *On Shabbat Shuva:* the holy King./

(*If forgotten, repeat the Amida.*)

HOLINESS OF THE DAY

אַתָּה You are One, Your name is One;
and who is like Your people Israel,
a nation unique on earth?
Splendor of greatness and a crown of salvation
is the day of rest and holiness
You have given Your people.
Abraham will rejoice,
Isaac will sing for joy,
Jacob and his children will find rest in it –
a rest of love and generosity,
a rest of truth and faith,
a rest of peace and tranquility,
calm and trust;
a complete rest in which You find favor.
May Your children recognize and know
that their rest comes from You,
and that by their rest they sanctify Your name.

קדושת השם

אַתָּה קָדוֹשׁ וְשִׁמְךָ קָדוֹשׁ
וּקְדוֹשִׁים בְּכָל יוֹם יְהַלְלְוּךָ סֶּלָה.
בָּרוּךְ אַתָּה יהוה
הָאֵל הַקָּדוֹשׁ. / בשבת שובה: הַמֶּלֶךְ הַקָּדוֹשׁ./

(*If forgotten, repeat the* עמידה.)

קדושת היום

אַתָּה אֶחָד וְשִׁמְךָ אֶחָד
וּמִי כְּעַמְּךָ יִשְׂרָאֵל גּוֹי אֶחָד בָּאָרֶץ.
תִּפְאֶרֶת גְּדֻלָּה וַעֲטֶרֶת יְשׁוּעָה
יוֹם מְנוּחָה וּקְדֻשָּׁה לְעַמְּךָ נָתָתָּ.
אַבְרָהָם יָגֵל, יִצְחָק יְרַנֵּן, יַעֲקֹב וּבָנָיו יָנְוּחוּ בוֹ
מְנוּחַת אַהֲבָה וּנְדָבָה
מְנוּחַת אֱמֶת וֶאֱמוּנָה
מְנוּחַת שָׁלוֹם וְשַׁלְוָה וְהַשְׁקֵט וָבֶטַח
מְנוּחָה שְׁלֵמָה שֶׁאַתָּה רוֹצֶה בָּהּ.
יַכִּירוּ בָנֶיךָ וְיֵדְעוּ, כִּי מֵאִתְּךָ הִיא מְנוּחָתָם
וְעַל מְנוּחָתָם יַקְדִּישׁוּ אֶת שְׁמֶךָ.

אֱלֹהֵינוּ Our God and God of our ancestors,
find favor in our rest.
Make us holy through Your commandments
and grant us our share in Your Torah.
Satisfy us with Your goodness,
grant us joy in Your salvation,
and purify our hearts to serve You in truth.
In love and favor, LORD our God,
grant us as our heritage Your holy Sabbaths,
so that Israel who sanctify Your name
may find rest on them.
Blessed are You, LORD, who sanctifies the Sabbath.

TEMPLE SERVICE

רְצֵה Find favor, LORD our God,
in Your people Israel and their prayer.
Restore the service to Your most holy House,
and accept in love and favor
the fire-offerings of Israel and their prayer.
May the service of Your people Israel
always find favor with You.

On Rosh Ḥodesh, say:

אֱלֹהֵינוּ Our God and God of our ancestors, may there rise, come, reach, appear, be favored, heard, regarded, and remembered before You, our recollection and remembrance, as well as the remembrance of our ancestors, and of the Messiah son of David Your servant, and of Jerusalem Your holy city, and of all Your people the house of Israel – for deliverance and

אֱלֹהֵינוּ וֵאלֹהֵי אֲבוֹתֵינוּ, רְצֵה בִמְנוּחָתֵנוּ
קַדְּשֵׁנוּ בְּמִצְוֹתֶיךָ וְתֵן חֶלְקֵנוּ בְּתוֹרָתֶךָ
שַׂבְּעֵנוּ מִטּוּבֶךָ וְשַׂמְּחֵנוּ בִּישׁוּעָתֶךָ
וְטַהֵר לִבֵּנוּ לְעָבְדְּךָ בֶּאֱמֶת.
וְהַנְחִילֵנוּ יהוה אֱלֹהֵינוּ
בְּאַהֲבָה וּבְרָצוֹן שַׁבְּתוֹת קָדְשֶׁךָ
וְיָנוּחוּ בָם יִשְׂרָאֵל מְקַדְּשֵׁי שְׁמֶךָ.
בָּרוּךְ אַתָּה יהוה, מְקַדֵּשׁ הַשַּׁבָּת.

עבודה

רְצֵה יהוה אֱלֹהֵינוּ בְּעַמְּךָ יִשְׂרָאֵל, וּבִתְפִלָּתָם
וְהָשֵׁב אֶת הָעֲבוֹדָה לִדְבִיר בֵּיתֶךָ
וְאִשֵּׁי יִשְׂרָאֵל וּתְפִלָּתָם בְּאַהֲבָה תְקַבֵּל בְּרָצוֹן
וּתְהִי לְרָצוֹן תָּמִיד עֲבוֹדַת יִשְׂרָאֵל עַמֶּךָ.

On ראש חודש*, say:*

אֱלֹהֵינוּ וֵאלֹהֵי אֲבוֹתֵינוּ, יַעֲלֶה וְיָבוֹא וְיַגִּיעַ, וְיֵרָאֶה וְיֵרָצֶה וְיִשָּׁמַע, וְיִפָּקֵד וְיִזָּכֵר זִכְרוֹנֵנוּ וּפִקְדוֹנֵנוּ וְזִכְרוֹן אֲבוֹתֵינוּ, וְזִכְרוֹן מָשִׁיחַ בֶּן דָּוִד עַבְדֶּךָ, וְזִכְרוֹן יְרוּשָׁלַיִם עִיר קָדְשֶׁךָ, וְזִכְרוֹן כָּל עַמְּךָ בֵּית יִשְׂרָאֵל, לְפָנֶיךָ, לִפְלֵיטָה לְטוֹבָה, לְחֵן וּלְחֶסֶד

well-being, grace, loving-kindness and compassion, life and peace, on this day of Rosh Ḥodesh. On it remember us, Lord our God, for good; recollect us for blessing, and deliver us for life. In accord with Your promise of salvation and compassion, spare us and be gracious to us; have compassion on us and deliver us, for our eyes are turned to You because You, God, are a gracious and compassionate King.

וְתֶחֱזֶינָה And may our eyes witness Your return
to Zion in compassion.
Blessed are You, Lord,
who restores His Presence to Zion.

During the Leader's Repetition, the Congregation says "We give thanks" below the line. When saying the Amida silently, continue here.

THANKSGIVING

Bow at the first nine words.

מוֹדִים We give thanks to You,
for You are the Lord our God
and God of our ancestors for ever and all time.
You are the Rock of our lives,
Shield of our salvation from generation to generation.

During the Leader's Repetition, the congregation says quietly:

מוֹדִים We give thanks to You, for You are the Lord our God and God of our ancestors, God of all flesh, who formed us and formed the universe. Blessings and thanks are due to Your great and holy name for giving us life and sustaining us. May You continue to give us life and sustain us; and may You gather our exiles to Your holy courts, to keep Your decrees, do Your will, and serve You with a perfect heart, for it is for us to give You thanks. Blessed be God to whom thanksgiving is due.

וּלְרַחֲמִים, לְחַיִּים וּלְשָׁלוֹם בְּיוֹם רֹאשׁ הַחֹדֶשׁ הַזֶּה. זָכְרֵנוּ יהוה אֱלֹהֵינוּ בּוֹ לְטוֹבָה, וּפָקְדֵנוּ בוֹ לִבְרָכָה, וְהוֹשִׁיעֵנוּ בוֹ לְחַיִּים. וּבִדְבַר יְשׁוּעָה וְרַחֲמִים, חוּס וְחָנֵּנוּ וְרַחֵם עָלֵינוּ וְהוֹשִׁיעֵנוּ, כִּי אֵלֶיךָ עֵינֵינוּ, כִּי אֵל מֶלֶךְ חַנּוּן וְרַחוּם אָתָּה.

וְתֶחֱזֶינָה עֵינֵינוּ בְּשׁוּבְךָ לְצִיּוֹן בְּרַחֲמִים.
בָּרוּךְ אַתָּה יהוה, הַמַּחֲזִיר שְׁכִינָתוֹ לְצִיּוֹן.

During the חזרת הש״ץ*, the* קהל *says* מודים *below the line.*
When saying the Amida silently, continues here.

הודאה

Bow at the first five words.

מוֹדִים אֲנַחְנוּ לָךְ שָׁאַתָּה הוּא יהוה אֱלֹהֵינוּ וֵאלֹהֵי אֲבוֹתֵינוּ לְעוֹלָם וָעֶד.
צוּר חַיֵּינוּ, מָגֵן יִשְׁעֵנוּ, אַתָּה הוּא לְדוֹר וָדוֹר.

During the חזרת הש״ץ*, the* קהל *says quietly:*

מוֹדִים אֲנַחְנוּ לָךְ, שָׁאַתָּה הוּא יהוה אֱלֹהֵינוּ וֵאלֹהֵי אֲבוֹתֵינוּ, אֱלֹהֵי כָל בָּשָׂר, יוֹצְרֵנוּ, יוֹצֵר בְּרֵאשִׁית. בְּרָכוֹת וְהוֹדָאוֹת, לְשִׁמְךָ הַגָּדוֹל וְהַקָּדוֹשׁ, עַל שֶׁהֶחֱיִיתָנוּ וְקִיַּמְתָּנוּ. כֵּן תְּחַיֵּנוּ וּתְקַיְּמֵנוּ, וְתֶאֱסֹף גָּלֻיּוֹתֵינוּ לְחַצְרוֹת קָדְשֶׁךָ, לִשְׁמֹר חֻקֶּיךָ וְלַעֲשׂוֹת רְצוֹנֶךָ, וּלְעָבְדְּךָ בְּלֵבָב שָׁלֵם, עַל שֶׁאֲנַחְנוּ מוֹדִים לָךְ. בָּרוּךְ אֵל הַהוֹדָאוֹת.

We will thank You and
declare Your praise for our lives,
which are entrusted into Your hand;
for our souls, which are placed in Your charge;
for Your miracles which are with us every day;
and for Your wonders and favors
at all times, evening, morning, and midday.
You are good –
for Your compassion never fails.
You are compassionate –
for Your loving-kindnesses never cease.
We have always placed our hope in You.

On Ḥanukka:

עַל הַנִּסִּים [We thank You also] for the miracles, the redemption, the mighty deeds, the salvations, and the victories in battle which You performed for our ancestors in those days, at this time.

בִּימֵי מַתִּתְיָהוּ In the days of Mattityahu, son of Yoḥanan, the High Priest, the Hasmonean, and his sons, the wicked Greek kingdom rose up against Your people Israel to make them forget Your Torah and to force them to transgress the statutes of Your will. It was then that You in Your great compassion stood by them in the time of their distress. You championed their cause, judged their claim, and avenged their wrong. You delivered the strong into the hands of the weak, the many into the hands of the few, the impure into the hands of the pure, the wicked

נוֹדֶה לְּךָ וּנְסַפֵּר תְּהִלָּתֶךָ
עַל חַיֵּינוּ הַמְּסוּרִים בְּיָדֶךָ
וְעַל נִשְׁמוֹתֵינוּ הַפְּקוּדוֹת לָךְ
וְעַל נִסֶּיךָ שֶׁבְּכָל יוֹם עִמָּנוּ
וְעַל נִפְלְאוֹתֶיךָ וְטוֹבוֹתֶיךָ
שֶׁבְּכָל עֵת, עֶרֶב וָבֹקֶר וְצָהֳרָיִם.
הַטּוֹב, כִּי לֹא כָלוּ רַחֲמֶיךָ
וְהַמְרַחֵם, כִּי לֹא תַמּוּ חֲסָדֶיךָ
מֵעוֹלָם קִוִּינוּ לָךְ.

בחנוכה:

עַל הַנִּסִּים וְעַל הַפֻּרְקָן וְעַל הַגְּבוּרוֹת וְעַל הַתְּשׁוּעוֹת וְעַל הַמִּלְחָמוֹת שֶׁעָשִׂיתָ לַאֲבוֹתֵינוּ בַּיָּמִים הָהֵם בַּזְּמַן הַזֶּה.

בִּימֵי מַתִּתְיָהוּ בֶּן יוֹחָנָן כֹּהֵן גָּדוֹל חַשְׁמוֹנַאי וּבָנָיו, כְּשֶׁעָמְדָה מַלְכוּת יָוָן הָרְשָׁעָה עַל עַמְּךָ יִשְׂרָאֵל לְהַשְׁכִּיחָם תּוֹרָתֶךָ וּלְהַעֲבִירָם מֵחֻקֵּי רְצוֹנֶךָ, וְאַתָּה בְּרַחֲמֶיךָ הָרַבִּים עָמַדְתָּ לָהֶם בְּעֵת צָרָתָם, רַבְתָּ אֶת רִיבָם, דַּנְתָּ אֶת דִּינָם, נָקַמְתָּ אֶת נִקְמָתָם, מָסַרְתָּ גִבּוֹרִים בְּיַד חַלָּשִׁים, וְרַבִּים בְּיַד מְעַטִּים,

into the hands of the righteous, and the arrogant into the hands of those who were engaged in the study of Your Torah. You made for Yourself great and holy renown in Your world, and for Your people Israel You performed a great salvation and redemption as of this very day. Your children then entered the holiest part of Your House, cleansed Your Temple, purified Your Sanctuary, kindled lights in Your holy courts, and designated these eight days of Ḥanukka for giving thanks and praise to Your great name.

Continue with "For all these things."

On Shushan Purim in Jerusalem:

עַל הַנִּסִּים [We thank You also] for the miracles, the redemption, the mighty deeds, the salvations, and the victories in battle which You performed for our ancestors in those days, at this time.

בִּימֵי מָרְדְּכַי In the days of Mordekhai and Esther, in Shushan the capital, the wicked Haman rose up against them and sought to destroy, slay, and exterminate all *Esther 3* the Jews, young and old, children and women, on one day, the thirteenth day of the twelfth month, which is the month of Adar, and to plunder their possessions. Then You in Your great compassion thwarted his counsel, frustrated his plans, and caused his scheme to recoil on his own head, so that they hanged him and his sons on the gallows.

Continue with "For all these things."

וְעַל כֻּלָּם For all these things
may Your name be blessed and exalted, our King,
continually, for ever and all time.

וּטְמֵאִים בְּיַד טְהוֹרִים, וּרְשָׁעִים בְּיַד צַדִּיקִים, וְזֵדִים בְּיַד עוֹסְקֵי תוֹרָתֶךָ, וּלְךָ עָשִׂיתָ שֵׁם גָּדוֹל וְקָדוֹשׁ בְּעוֹלָמֶךָ, וּלְעַמְּךָ יִשְׂרָאֵל עָשִׂיתָ תְּשׁוּעָה גְדוֹלָה וּפֻרְקָן כְּהַיּוֹם הַזֶּה. וְאַחַר כֵּן בָּאוּ בָנֶיךָ לִדְבִיר בֵּיתֶךָ, וּפִנּוּ אֶת הֵיכָלֶךָ, וְטִהֲרוּ אֶת מִקְדָּשֶׁךָ, וְהִדְלִיקוּ נֵרוֹת בְּחַצְרוֹת קָדְשֶׁךָ, וְקָבְעוּ שְׁמוֹנַת יְמֵי חֲנֻכָּה אֵלּוּ, לְהוֹדוֹת וּלְהַלֵּל לְשִׁמְךָ הַגָּדוֹל.

Continue with וְעַל כֻּלָּם.

בשושן פורים בירושלים:

עַל הַנִּסִּים וְעַל הַפֻּרְקָן וְעַל הַגְּבוּרוֹת וְעַל הַתְּשׁוּעוֹת וְעַל הַמִּלְחָמוֹת שֶׁעָשִׂיתָ לַאֲבוֹתֵינוּ בַּיָּמִים הָהֵם בַּזְּמַן הַזֶּה.

בִּימֵי מָרְדְּכַי וְאֶסְתֵּר בְּשׁוּשַׁן הַבִּירָה, כְּשֶׁעָמַד עֲלֵיהֶם
הָמָן הָרָשָׁע, בִּקֵּשׁ לְהַשְׁמִיד לַהֲרֹג וּלְאַבֵּד אֶת־ אסתר ג
כָּל־הַיְּהוּדִים מִנַּעַר וְעַד־זָקֵן טַף וְנָשִׁים בְּיוֹם אֶחָד, בִּשְׁלוֹשָׁה עָשָׂר לְחֹדֶשׁ שְׁנֵים־עָשָׂר, הוּא־חֹדֶשׁ אֲדָר, וּשְׁלָלָם לָבוֹז: וְאַתָּה בְּרַחֲמֶיךָ הָרַבִּים הֵפַרְתָּ אֶת עֲצָתוֹ, וְקִלְקַלְתָּ אֶת מַחֲשַׁבְתּוֹ, וַהֲשֵׁבוֹתָ לּוֹ גְּמוּלוֹ בְּרֹאשׁוֹ, וְתָלוּ אוֹתוֹ וְאֶת בָּנָיו עַל הָעֵץ.

Continue with וְעַל כֻּלָּם.

וְעַל כֻּלָּם יִתְבָּרַךְ וְיִתְרוֹמַם שִׁמְךָ מַלְכֵּנוּ תָּמִיד לְעוֹלָם וָעֶד.

On Shabbat Shuva: And write, for a good life,
all the children of Your covenant.

Let all that lives thank You, Selah!
and praise Your name in truth,
God, our Savior and Help, Selah!
▾Blessed are You, LORD,
whose name is "the Good"
and to whom thanks are due.

In Israel, say "Grant peace" below the line.

PEACE
שָׁלוֹם רָב Grant great peace to
Your people Israel for ever,
for You are the sovereign LORD of all peace;
and may it be good in Your eyes
to bless Your people Israel
at every time, at every hour, with Your peace.

In Israel, say:
שִׂים שָׁלוֹם Grant peace, goodness and blessing, grace, loving-kindness and compassion to us and all Israel Your people. Bless us, our Father, all as one, with the light of Your face, for by the light of Your face You have given us, LORD our God, the Torah of life and love of kindness, righteousness, blessing, compassion, life, and peace. May it be good in Your eyes to bless Your people Israel at every time, in every hour, with Your peace.

בשבת שובה: וּכְתֹב לְחַיִּים טוֹבִים כָּל בְּנֵי בְרִיתֶךָ.

וְכֹל הַחַיִּים יוֹדוּךָ סֶּלָה
וִיהַלְלוּ אֶת שִׁמְךָ בֶּאֱמֶת
הָאֵל יְשׁוּעָתֵנוּ וְעֶזְרָתֵנוּ סֶלָה.
ׄבָּרוּךְ אַתָּה יהוה
הַטּוֹב שִׁמְךָ וּלְךָ נָאֶה לְהוֹדוֹת.

In ארץ ישראל*, say* שִׂים שָׁלוֹם *below the line.*

ברכת שלום

שָׁלוֹם רָב עַל יִשְׂרָאֵל עַמְּךָ תָּשִׂים לְעוֹלָם
כִּי אַתָּה הוּא מֶלֶךְ אָדוֹן לְכָל הַשָּׁלוֹם.
וְטוֹב בְּעֵינֶיךָ לְבָרֵךְ אֶת עַמְּךָ יִשְׂרָאֵל
בְּכָל עֵת וּבְכָל שָׁעָה בִּשְׁלוֹמֶךָ.

In ארץ ישראל*, say:*

שִׂים שָׁלוֹם טוֹבָה וּבְרָכָה, חֵן וָחֶסֶד וְרַחֲמִים עָלֵינוּ וְעַל כָּל יִשְׂרָאֵל עַמֶּךָ. בָּרְכֵנוּ אָבִינוּ כֻּלָּנוּ כְּאֶחָד בְּאוֹר פָּנֶיךָ, כִּי בְאוֹר פָּנֶיךָ נָתַתָּ לָּנוּ יהוה אֱלֹהֵינוּ, תּוֹרַת חַיִּים וְאַהֲבַת חֶסֶד, וּצְדָקָה וּבְרָכָה וְרַחֲמִים וְחַיִּים וְשָׁלוֹם. וְטוֹב בְּעֵינֶיךָ לְבָרֵךְ אֶת עַמְּךָ יִשְׂרָאֵל, בְּכָל עֵת וּבְכָל שָׁעָה בִּשְׁלוֹמֶךָ.

On Shabbat Shuva: In the book of life,
blessing, peace, and prosperity,
may we and all Your people the house of Israel
be remembered and written before You
for a good life, and for peace.*

Blessed are You, Lord,
who blesses His people Israel with peace.

On Shabbat Shuva outside Israel, many end the blessing:
Blessed are You, Lord, who makes peace.

Some say the following verse:
May the words of my mouth and the meditation of my heart *Ps. 19*
find favor before You, Lord, my Rock and Redeemer.

אֱלֹהַי My God, *Berakhot 17a*
guard my tongue from evil
and my lips from deceitful speech.
To those who curse me, let my soul be silent;
may my soul be to all like the dust.
Open my heart to Your Torah
and let my soul pursue Your commandments.
As for all who plan evil against me,
swiftly thwart their counsel and frustrate their plans.
Act for the sake of Your name;
act for the sake of Your right hand;
act for the sake of Your holiness;
act for the sake of Your Torah.

בשבת שובה: בְּסֵפֶר חַיִּים, בְּרָכָה וְשָׁלוֹם, וּפַרְנָסָה טוֹבָה
נִזָּכֵר וְנִכָּתֵב לְפָנֶיךָ, אֲנַחְנוּ וְכָל עַמְּךָ
בֵּית יִשְׂרָאֵל, לְחַיִּים טוֹבִים וּלְשָׁלוֹם.*

בָּרוּךְ אַתָּה יהוה
הַמְבָרֵךְ אֶת עַמּוֹ יִשְׂרָאֵל בַּשָּׁלוֹם.

*During the שבת שובה in חוץ לארץ, many end the blessing:

בָּרוּךְ אַתָּה יהוה, עוֹשֵׂה הַשָּׁלוֹם.

The following verse concludes the חזרת הש״ץ.
Some also say it here as part of the silent עמידה.

תהלים יט יִהְיוּ לְרָצוֹן אִמְרֵי־פִי וְהֶגְיוֹן לִבִּי לְפָנֶיךָ, יהוה צוּרִי וְגֹאֲלִי:

ברכות יז. אֱלֹהַי
נְצֹר לְשׁוֹנִי מֵרָע, וּשְׂפָתַי מִדַּבֵּר מִרְמָה
וְלִמְקַלְלַי נַפְשִׁי תִדֹּם, וְנַפְשִׁי כֶּעָפָר לַכֹּל תִּהְיֶה.
פְּתַח לִבִּי בְּתוֹרָתֶךָ, וּבְמִצְוֹתֶיךָ תִּרְדֹּף נַפְשִׁי.
וְכָל הַחוֹשְׁבִים עָלַי רָעָה
מְהֵרָה הָפֵר עֲצָתָם וְקַלְקֵל מַחֲשַׁבְתָּם.
עֲשֵׂה לְמַעַן שְׁמֶךָ, עֲשֵׂה לְמַעַן יְמִינֶךָ
עֲשֵׂה לְמַעַן קְדֻשָּׁתֶךָ, עֲשֵׂה לְמַעַן תּוֹרָתֶךָ.

That Your beloved ones may be delivered, *Ps. 60*
save with Your right hand and answer me.
May the words of my mouth *Ps. 19*
and the meditation of my heart
find favor before You,
LORD, my Rock and Redeemer.

Bow, take three steps back, then bow, first left, then right, then center, while saying:

May He who makes peace in His high places,
make peace for us and all Israel –
and say: Amen.

יְהִי רָצוֹן May it be Your will,
LORD our God and God of our ancestors,
that the Temple be rebuilt speedily in our days,
and grant us a share in Your Torah.
And there we will serve You with reverence,
as in the days of old and as in former years.
Then the offering of Judah and Jerusalem *Mal. 3*
will be pleasing to the LORD
as in the days of old and as in former years.

The following is omitted on days when Taḥanun is not said *(see page 382).*

צִדְקָתְךָ Your righteousness is an everlasting *Ps. 119*
righteousness, and Your Torah is truth.
Your righteousness, O God, reaches to the highest *Ps. 71*
heights, for You have done great things.
O God, who is like You?
Your righteousness is like the mighty mountains; *Ps. 36*
Your judgments like the great depths.
O LORD, You save both man and beast.

תהלים ס
לְמַעַן יֵחָלְצוּן יְדִידֶיךָ, הוֹשִׁיעָה יְמִינְךָ וַעֲנֵנִי:

תהלים יט
יִהְיוּ לְרָצוֹן אִמְרֵי־פִי וְהֶגְיוֹן לִבִּי לְפָנֶיךָ
יהוה צוּרִי וְגֹאֲלִי:

Bow, take three steps back, then bow, first left, then right, then center, while saying:

עֹשֶׂה שָׁלוֹם/ בשבת שובה: הַשָּׁלוֹם/ בִּמְרוֹמָיו
הוּא יַעֲשֶׂה שָׁלוֹם עָלֵינוּ וְעַל כָּל יִשְׂרָאֵל,
וְאִמְרוּ אָמֵן.

יְהִי רָצוֹן מִלְּפָנֶיךָ יהוה אֱלֹהֵינוּ וֵאלֹהֵי אֲבוֹתֵינוּ
שֶׁיִּבָּנֶה בֵּית הַמִּקְדָּשׁ בִּמְהֵרָה בְיָמֵינוּ
וְתֵן חֶלְקֵנוּ בְּתוֹרָתֶךָ
וְשָׁם נַעֲבָדְךָ בְּיִרְאָה כִּימֵי עוֹלָם וּכְשָׁנִים קַדְמֹנִיּוֹת.

מלאכי ג
וְעָרְבָה לַיהוה מִנְחַת יְהוּדָה וִירוּשָׁלָיִם
כִּימֵי עוֹלָם וּכְשָׁנִים קַדְמֹנִיּוֹת:

The following is omitted on days when תחנון *is not said* (*see page 383*).

תהלים קיט
צִדְקָתְךָ צֶדֶק לְעוֹלָם וְתוֹרָתְךָ אֱמֶת:

תהלים עא
וְצִדְקָתְךָ אֱלֹהִים עַד־מָרוֹם
אֲשֶׁר־עָשִׂיתָ גְדֹלוֹת, אֱלֹהִים, מִי כָמוֹךָ:

תהלים לו
צִדְקָתְךָ כְּהַרְרֵי־אֵל, מִשְׁפָּטֶיךָ תְּהוֹם רַבָּה
אָדָם וּבְהֵמָה תוֹשִׁיעַ יהוה:

FULL KADDISH

Leader: יִתְגַּדַּל Magnified and sanctified
may His great name be,
in the world He created by His will.
May He establish His kingdom
in your lifetime and in your days,
and in the lifetime
of all the house of Israel,
swiftly and soon –
and say: Amen.

All: May His great name be blessed
for ever and all time.

Leader: Blessed and praised,
glorified and exalted,
raised and honored,
uplifted and lauded
be the name of the Holy One,
blessed be He,
beyond any blessing,
song, praise, and consolation
uttered in the world –
and say: Amen.

May the prayers and pleas of all Israel
be accepted by their Father in heaven –
and say: Amen.

קדיש שלם

ש״ץ: יִתְגַּדַּל וְיִתְקַדַּשׁ שְׁמֵהּ רַבָּא (קהל: אָמֵן)
בְּעָלְמָא דִּי בְרָא כִרְעוּתֵהּ
וְיַמְלִיךְ מַלְכוּתֵהּ
בְּחַיֵּיכוֹן וּבְיוֹמֵיכוֹן וּבְחַיֵּי דְכָל בֵּית יִשְׂרָאֵל
בַּעֲגָלָא וּבִזְמַן קָרִיב
וְאִמְרוּ אָמֵן. (קהל: אָמֵן)

קהל וש״ץ: יְהֵא שְׁמֵהּ רַבָּא מְבָרַךְ לְעָלַם וּלְעָלְמֵי עָלְמַיָּא.

ש״ץ: יִתְבָּרַךְ וְיִשְׁתַּבַּח וְיִתְפָּאַר
וְיִתְרוֹמַם וְיִתְנַשֵּׂא וְיִתְהַדָּר וְיִתְעַלֶּה וְיִתְהַלָּל
שְׁמֵהּ דְּקֻדְשָׁא בְּרִיךְ הוּא (קהל: בְּרִיךְ הוּא)
לְעֵלָּא מִן כָּל בִּרְכָתָא
/בשבת שובה: לְעֵלָּא לְעֵלָּא מִכָּל בִּרְכָתָא/
וְשִׁירָתָא, תֻּשְׁבְּחָתָא וְנֶחֱמָתָא
דַּאֲמִירָן בְּעָלְמָא
וְאִמְרוּ אָמֵן. (קהל: אָמֵן)

תִּתְקַבַּל צְלוֹתְהוֹן וּבָעוּתְהוֹן דְּכָל יִשְׂרָאֵל
קֳדָם אֲבוּהוֹן דִּי בִשְׁמַיָּא
וְאִמְרוּ אָמֵן. (קהל: אָמֵן)

May there be great peace from heaven,
and life for us and all Israel –
and say: Amen.

Bow, take three steps back, as if taking leave of the Divine Presence, then bow, first left, then right, then center, while saying:

May He who makes peace in His high places,
make peace for us and all Israel –
and say: Amen.

Between Sukkot and Pesaḥ, some recite Barekhi Nafshi, page 522, at this point. Between Pesaḥ and Rosh HaShana some recite Ethics of the Fathers, page 538, at this point.

Stand while saying Aleinu. Bow at ▾.

עָלֵינוּ It is our duty
to praise the Master of all,
and ascribe greatness
to the Author of creation,
who has not made us like the nations of the lands
nor placed us like the families of the earth;
who has not made our portion like theirs,
nor our destiny like all their multitudes.
(For they worship vanity and emptiness,
and pray to a god who cannot save.)
▾But we bow in worship
and thank the Supreme King of kings,
the Holy One, blessed be He,

יְהֵא שְׁלָמָא רַבָּא מִן שְׁמַיָּא
וְחַיִּים, עָלֵינוּ וְעַל כָּל יִשְׂרָאֵל
וְאִמְרוּ אָמֵן. (קהל: אָמֵן)

Bow, take three steps back, as if taking leave of the Divine Presence, then bow, first left, then right, then center, while saying:

עֹשֶׂה שָׁלוֹם/ בשבת שובה: הַשָּׁלוֹם/ בִּמְרוֹמָיו
הוּא יַעֲשֶׂה שָׁלוֹם עָלֵינוּ וְעַל כָּל יִשְׂרָאֵל
וְאִמְרוּ אָמֵן. (קהל: אָמֵן)

Between סוכות *and* פסח*, some recite* ברכי נפשי*, page 523, at this point.*
Between פסח *and* ראש השנה *some recite* פרקי אבות*, page 538, at this point.*

Stand while saying עָלֵינוּ*. Bow at* ▾*.*

עָלֵינוּ לְשַׁבֵּחַ לַאֲדוֹן הַכֹּל
לָתֵת גְּדֻלָּה לְיוֹצֵר בְּרֵאשִׁית
שֶׁלֹּא עָשָׂנוּ כְּגוֹיֵי הָאֲרָצוֹת
וְלֹא שָׂמָנוּ כְּמִשְׁפְּחוֹת הָאֲדָמָה
שֶׁלֹּא שָׂם חֶלְקֵנוּ כָּהֶם וְגוֹרָלֵנוּ כְּכָל הֲמוֹנָם.
(שֶׁהֵם מִשְׁתַּחֲוִים לְהֶבֶל וָרִיק
וּמִתְפַּלְלִים אֶל אֵל לֹא יוֹשִׁיעַ.)
▾וַאֲנַחְנוּ כּוֹרְעִים וּמִשְׁתַּחֲוִים וּמוֹדִים
לִפְנֵי מֶלֶךְ מַלְכֵי הַמְּלָכִים, הַקָּדוֹשׁ בָּרוּךְ הוּא

who extends the heavens
and establishes the earth,
whose throne of glory
is in the heavens above,
and whose power's Presence
is in the highest of heights.
He is our God; there is no other.
Truly He is our King,
there is none else,
as it is written in His Torah:
"You shall know and take to heart this day *Deut. 4*
that the LORD is God,
in heaven above and on earth below.
There is no other."

Therefore, we place our hope in You,
LORD our God,
that we may soon see
the glory of Your power,
when You will remove abominations
from the earth,
and idols will be utterly destroyed,
when the world will be perfected
under the sovereignty of the Almighty,
when all humanity will call on Your name,
to turn all the earth's wicked toward You.

שֶׁהוּא נוֹטֶה שָׁמַיִם וְיוֹסֵד אָרֶץ
וּמוֹשַׁב יְקָרוֹ בַּשָּׁמַיִם מִמַּעַל
וּשְׁכִינַת עֻזּוֹ בְּגָבְהֵי מְרוֹמִים.
הוּא אֱלֹהֵינוּ, אֵין עוֹד.
אֱמֶת מַלְכֵּנוּ, אֶפֶס זוּלָתוֹ
כַּכָּתוּב בְּתוֹרָתוֹ
וְיָדַעְתָּ הַיּוֹם וַהֲשֵׁבֹתָ אֶל־לְבָבֶךָ דברים ד
כִּי יהוה הוּא הָאֱלֹהִים
בַּשָּׁמַיִם מִמַּעַל וְעַל־הָאָרֶץ מִתָּחַת
אֵין עוֹד:

עַל כֵּן נְקַוֶּה לְּךָ יהוה אֱלֹהֵינוּ
לִרְאוֹת מְהֵרָה בְּתִפְאֶרֶת עֻזֶּךָ
לְהַעֲבִיר גִּלּוּלִים מִן הָאָרֶץ
וְהָאֱלִילִים כָּרוֹת יִכָּרֵתוּן
לְתַקֵּן עוֹלָם בְּמַלְכוּת שַׁדַּי.
וְכָל בְּנֵי בָשָׂר יִקְרְאוּ בִשְׁמֶךָ
לְהַפְנוֹת אֵלֶיךָ כָּל רִשְׁעֵי אָרֶץ.

All the world's inhabitants will realize and know
that to You every knee must bow
and every tongue swear loyalty.
Before You, LORD our God,
they will kneel and bow down
and give honor to Your glorious name.
They will all accept the yoke of Your kingdom,
and You will reign over them soon and for ever.
For the kingdom is Yours,
and to all eternity You will reign in glory,
as it is written in Your Torah:
"The LORD will reign for ever and ever." *Ex. 15*
▸ And it is said:
"Then the LORD shall be King over all the earth; *Zech. 14*
on that day the LORD shall be One
and His name One."

Some add:

Have no fear of sudden terror or of the ruin *Prov. 3*
when it overtakes the wicked.
Devise your strategy, but it will be thwarted; *Is. 8*
propose your plan,
but it will not stand, for God is with us.
When you grow old, I will still be the same. *Is. 46*
When your hair turns gray, I will still carry you.
I made you, I will bear you,
I will carry you, and I will rescue you.

יַכִּירוּ וְיֵדְעוּ כָּל יוֹשְׁבֵי תֵבֵל
כִּי לְךָ תִּכְרַע כָּל בֶּרֶךְ, תִּשָּׁבַע כָּל לָשׁוֹן.
לְפָנֶיךָ יהוה אֱלֹהֵינוּ יִכְרְעוּ וְיִפֹּלוּ
וְלִכְבוֹד שִׁמְךָ יְקָר יִתֵּנוּ
וִיקַבְּלוּ כֻלָּם אֶת עֹל מַלְכוּתֶךָ
וְתִמְלֹךְ עֲלֵיהֶם מְהֵרָה לְעוֹלָם וָעֶד.
כִּי הַמַּלְכוּת שֶׁלְּךָ הִיא
וּלְעוֹלְמֵי עַד תִּמְלֹךְ בְּכָבוֹד
כַּכָּתוּב בְּתוֹרָתֶךָ
יהוה יִמְלֹךְ לְעֹלָם וָעֶד: שמות טו
◂ וְנֶאֱמַר
וְהָיָה יהוה לְמֶלֶךְ עַל־כָּל־הָאָרֶץ זכריה יד
בַּיּוֹם הַהוּא יִהְיֶה יהוה אֶחָד וּשְׁמוֹ אֶחָד:

Some add:

אַל־תִּירָא מִפַּחַד פִּתְאֹם וּמִשֹּׁאַת רְשָׁעִים כִּי תָבֹא: משלי ג
עֻצוּ עֵצָה וְתֻפָר, דַּבְּרוּ דָבָר וְלֹא יָקוּם, כִּי עִמָּנוּ אֵל: ישעיה ח
וְעַד־זִקְנָה אֲנִי הוּא, וְעַד־שֵׂיבָה אֲנִי אֶסְבֹּל ישעיה מו
אֲנִי עָשִׂיתִי וַאֲנִי אֶשָּׂא וַאֲנִי אֶסְבֹּל וַאֲמַלֵּט:

MOURNER'S KADDISH

The following prayer, said by mourners, requires the presence of a minyan. A transliteration can be found on page 841.

Mourner: יִתְגַּדַּל Magnified and sanctified
may His great name be,
in the world He created by His will.
May He establish His kingdom
in your lifetime and in your days,
and in the lifetime of all the house of Israel,
swiftly and soon – and say: Amen.

All: May His great name be blessed
for ever and all time.

Mourner: Blessed and praised, glorified and exalted,
raised and honored, uplifted and lauded
be the name of the Holy One, blessed be He,
beyond any blessing,
song, praise, and consolation
uttered in the world – and say: Amen.

May there be great peace from heaven,
and life for us
and all Israel – and say: Amen.

Bow, take three steps back, as if taking leave of the Divine Presence, then bow, first left, then right, then center, while saying:

May He who makes peace in His high places,
make peace for us
and all Israel – and say: Amen.

קדיש יתום

The following prayer, said by mourners, requires the presence of a מניין*.*
A transliteration can be found on page 841.

A transliteration can be found on page 841.

אבל: יִתְגַּדַּל וְיִתְקַדַּשׁ שְׁמֵהּ רַבָּא (קהל: אָמֵן)
בְּעָלְמָא דִּי בְרָא כִרְעוּתֵהּ, וְיַמְלִיךְ מַלְכוּתֵהּ
בְּחַיֵּיכוֹן וּבְיוֹמֵיכוֹן וּבְחַיֵּי דְכָל בֵּית יִשְׂרָאֵל
בַּעֲגָלָא וּבִזְמַן קָרִיב, וְאִמְרוּ אָמֵן. (קהל: אָמֵן)

קהל ואבל: יְהֵא שְׁמֵהּ רַבָּא מְבָרַךְ לְעָלַם וּלְעָלְמֵי עָלְמַיָּא.

אבל: יִתְבָּרַךְ וְיִשְׁתַּבַּח וְיִתְפָּאַר
וְיִתְרוֹמַם וְיִתְנַשֵּׂא וְיִתְהַדָּר וְיִתְעַלֶּה וְיִתְהַלָּל
שְׁמֵהּ דְּקֻדְשָׁא בְּרִיךְ הוּא (קהל: בְּרִיךְ הוּא)
לְעֵֽלָּא מִן כָּל בִּרְכָתָא
/ בשבת שובה: לְעֵֽלָּא לְעֵֽלָּא מִכָּל בִּרְכָתָא/
וְשִׁירָתָא, תֻּשְׁבְּחָתָא וְנֶחֱמָתָא
דַּאֲמִירָן בְּעָלְמָא, וְאִמְרוּ אָמֵן. (קהל: אָמֵן)

יְהֵא שְׁלָמָא רַבָּא מִן שְׁמַיָּא, וְחַיִּים, עָלֵֽינוּ
וְעַל כָּל יִשְׂרָאֵל, וְאִמְרוּ אָמֵן. (קהל: אָמֵן)

Bow, take three steps back, as if taking leave of the Divine Presence, then bow, first left, then right, then center, while saying:

עֹשֶׂה שָׁלוֹם/ בשבת שובה: הַשָּׁלוֹם/ בִּמְרוֹמָיו
הוּא יַעֲשֶׂה שָׁלוֹם עָלֵֽינוּ וְעַל כָּל יִשְׂרָאֵל
וְאִמְרוּ אָמֵן. (קהל: אָמֵן)

BAREKHI NAFSHI

The following psalms are said from the Shabbat after Simḥat Torah until (but not including) the Shabbat before Pesaḥ.

בָּרְכִי נַפְשִׁי Bless the LORD, my soul. LORD, my God, You are very great, clothed in majesty and splendor, wrapped in a robe of light. You have spread out the heavens like a tent. He has laid the beams of His lofts in the waters. He makes the clouds His chariot, riding on the wings of the wind. He makes the winds His messengers, flames of fire His ministers. He has fixed the earth on its foundations so that it will never be shaken. You covered it with the deep like a cloak; the waters stood above the mountains. At Your rebuke they fled; at the sound of Your thunder they rushed away, flowing over the hills, pouring down into the valleys to the place You appointed for them. You fixed a boundary they were not to pass, so that they would never cover the earth again. He makes springs flow in the valleys; they make their way between the hills, giving drink to all the beasts of the field; the wild donkeys quench their thirst. The birds of the sky dwell beside them, singing among the foliage. He waters the mountains from His lofts: the earth is sated with the fruit of Your work. He makes grass grow for the cattle, and plants for the use of man, that he may produce bread from the earth, wine to cheer the heart of man, oil to make the face shine, and bread to sustain man's heart. The trees of the LORD Ps. 104

ברכי נפשי

The following psalms are said from שבת בראשית *until (but not including)* שבת הגדול.

תהלים קד
בָּרְכִי נַפְשִׁי אֶת־יהוה, יהוה אֱלֹהַי גָּדַלְתָּ מְּאֹד,
הוֹד וְהָדָר לָבָשְׁתָּ: עֹטֶה־אוֹר כַּשַּׂלְמָה, נוֹטֶה
שָׁמַיִם כַּיְרִיעָה: הַמְקָרֶה בַמַּיִם עֲלִיּוֹתָיו, הַשָּׂם־
עָבִים רְכוּבוֹ, הַמְהַלֵּךְ עַל־כַּנְפֵי־רוּחַ: עֹשֶׂה מַלְאָכָיו
רוּחוֹת, מְשָׁרְתָיו אֵשׁ לֹהֵט: יָסַד־אֶרֶץ עַל־מְכוֹנֶיהָ,
בַּל־תִּמּוֹט עוֹלָם וָעֶד: תְּהוֹם כַּלְּבוּשׁ כִּסִּיתוֹ, עַל־
הָרִים יַעַמְדוּ־מָיִם: מִן־גַּעֲרָתְךָ יְנוּסוּן, מִן־קוֹל
רַעַמְךָ יֵחָפֵזוּן: יַעֲלוּ הָרִים, יֵרְדוּ בְקָעוֹת, אֶל־
מְקוֹם זֶה יָסַדְתָּ לָהֶם: גְּבוּל־שַׂמְתָּ בַּל־יַעֲבֹרוּן, בַּל־
יְשׁוּבוּן לְכַסּוֹת הָאָרֶץ: הַמְשַׁלֵּחַ מַעְיָנִים בַּנְּחָלִים,
בֵּין הָרִים יְהַלֵּכוּן: יַשְׁקוּ כָּל־חַיְתוֹ שָׂדָי, יִשְׁבְּרוּ
פְרָאִים צְמָאָם: עֲלֵיהֶם עוֹף־הַשָּׁמַיִם יִשְׁכּוֹן, מִבֵּין
עֳפָאיִם יִתְּנוּ־קוֹל: מַשְׁקֶה הָרִים מֵעֲלִיּוֹתָיו, מִפְּרִי
מַעֲשֶׂיךָ תִּשְׂבַּע הָאָרֶץ: מַצְמִיחַ חָצִיר לַבְּהֵמָה,
וְעֵשֶׂב לַעֲבֹדַת הָאָדָם, לְהוֹצִיא לֶחֶם מִן־הָאָרֶץ:
וְיַיִן יְשַׂמַּח לְבַב־אֱנוֹשׁ, לְהַצְהִיל פָּנִים מִשָּׁמֶן,
וְלֶחֶם לְבַב־אֱנוֹשׁ יִסְעָד: יִשְׂבְּעוּ עֲצֵי יהוה, אַרְזֵי

drink their fill, the cedars of Lebanon which He planted. There, birds build their nests; the stork makes its home in the cypresses. High hills are for the wild goats; crags are shelter for the badgers. He made the moon to mark the seasons, and makes the sun know when to set. You bring darkness and it is night; then all the beasts of the forests stir. The young lions roar for prey, seeking their food from God. When the sun rises, they slink away and seek rest in their lairs. Man goes out to his work and his labor until evening. How numerous are Your works, Lord; You made them all in wisdom; the earth is full of Your creations. There is the vast, immeasurable sea with its countless swarming creatures, living things great and small. There ships sail. There is Leviathan You formed to sport there. All of them look to You in hope, to give them their food when it is due. What You give them, they gather up. When You open Your hand, they are sated with good. When You hide Your face, they are dismayed. When You take away their breath, they die and return to dust. When You send back Your breath, they are created, giving new life to the earth. May the glory of the Lord be for ever; may the Lord rejoice in His works. When He looks at the earth, it trembles. When He touches the mountains, they pour forth smoke. I will sing to the Lord as long as I live; I will sing psalms to my God all my life. May my meditation be pleasing to Him; I shall rejoice in the Lord. May sinners vanish from the earth, and the wicked be no more. Bless the Lord, my soul. Halleluya!

לְבָנוֹן אֲשֶׁר נָטָע: אֲשֶׁר־שָׁם צִפֳּרִים יְקַנֵּנוּ, חֲסִידָה
בְּרוֹשִׁים בֵּיתָהּ: הָרִים הַגְּבֹהִים לַיְּעֵלִים, סְלָעִים
מַחְסֶה לַשְׁפַנִּים: עָשָׂה יָרֵחַ לְמוֹעֲדִים, שֶׁמֶשׁ
יָדַע מְבוֹאוֹ: תָּשֶׁת־חֹשֶׁךְ וִיהִי לָיְלָה, בּוֹ־תִרְמֹשׂ
כָּל־חַיְתוֹ־יָעַר: הַכְּפִירִים שֹׁאֲגִים לַטָּרֶף, וּלְבַקֵּשׁ
מֵאֵל אָכְלָם: תִּזְרַח הַשֶּׁמֶשׁ יֵאָסֵפוּן, וְאֶל־מְעוֹנֹתָם
יִרְבָּצוּן: יֵצֵא אָדָם לְפָעֳלוֹ, וְלַעֲבֹדָתוֹ עֲדֵי־עָרֶב:
מָה־רַבּוּ מַעֲשֶׂיךָ יהוה, כֻּלָּם בְּחָכְמָה עָשִׂיתָ, מָלְאָה
הָאָרֶץ קִנְיָנֶךָ: זֶה הַיָּם גָּדוֹל וּרְחַב יָדָיִם, שָׁם־רֶמֶשׂ
וְאֵין מִסְפָּר, חַיּוֹת קְטַנּוֹת עִם־גְּדֹלוֹת: שָׁם אֳנִיּוֹת
יְהַלֵּכוּן, לִוְיָתָן זֶה־יָצַרְתָּ לְשַׂחֶק־בּוֹ: כֻּלָּם אֵלֶיךָ
יְשַׂבֵּרוּן, לָתֵת אָכְלָם בְּעִתּוֹ: תִּתֵּן לָהֶם יִלְקֹטוּן,
תִּפְתַּח יָדְךָ יִשְׂבְּעוּן טוֹב: תַּסְתִּיר פָּנֶיךָ יִבָּהֵלוּן,
תֹּסֵף רוּחָם יִגְוָעוּן, וְאֶל־עֲפָרָם יְשׁוּבוּן: תְּשַׁלַּח
רוּחֲךָ יִבָּרֵאוּן, וּתְחַדֵּשׁ פְּנֵי אֲדָמָה: יְהִי כְבוֹד יהוה
לְעוֹלָם, יִשְׂמַח יהוה בְּמַעֲשָׂיו: הַמַּבִּיט לָאָרֶץ
וַתִּרְעָד, יִגַּע בֶּהָרִים וְיֶעֱשָׁנוּ: אָשִׁירָה לַיהוה בְּחַיָּי,
אֲזַמְּרָה לֵאלֹהַי בְּעוֹדִי: יֶעֱרַב עָלָיו שִׂיחִי, אָנֹכִי
אֶשְׂמַח בַּיהוה: יִתַּמּוּ חַטָּאִים מִן־הָאָרֶץ, וּרְשָׁעִים
עוֹד אֵינָם, בָּרְכִי נַפְשִׁי אֶת־יהוה, הַלְלוּיָהּ:

A song of ascents. I called to the LORD in my distress *Ps. 120*
and He answered me. "LORD, save my soul from lying lips, from a deceitful tongue." What will a deceitful tongue profit you? What will you gain? Only a warrior's sharp arrows, and hot coals of broom-wood. Woe to me that I dwell in Meshekh, that I live among the tents of Kedar. I have lived too long among those who hate peace. I am for peace, but whenever I speak of it, they are for war.

A song of ascents. I lift my eyes up to the hills; from *Ps. 121*
where will my help come? My help comes from the LORD, Maker of heaven and earth. He will not let your foot stumble; He who guards you does not slumber. See: the Guardian of Israel neither slumbers nor sleeps. The LORD is your Guardian; the LORD is your Shade at your right hand. The sun will not strike you by day, nor the moon by night. The LORD will guard you from all harm; He will guard your life. The LORD will guard your going and coming, now and for evermore.

A song of ascents. Of David. I rejoiced when they said *Ps. 122*
to me, "Let us go to the House of the LORD." Our feet stood within your gates, Jerusalem: Jerusalem built as a city joined together. There the tribes went up, the tribes of the LORD – as a testimony to Israel – to give thanks to the name of the LORD. For there the thrones of justice are set, the thrones of the house of

תהלים קכ

שִׁיר הַמַּעֲלוֹת, אֶל־יהוה בַּצָּרָתָה לִּי, קָרָאתִי וַיַּעֲנֵנִי: יהוה הַצִּילָה נַפְשִׁי מִשְּׂפַת־שֶׁקֶר, מִלָּשׁוֹן רְמִיָּה: מַה־יִּתֵּן לְךָ וּמַה־יֹּסִיף לָךְ, לָשׁוֹן רְמִיָּה: חִצֵּי גִבּוֹר שְׁנוּנִים, עִם גַּחֲלֵי רְתָמִים: אוֹיָה־לִי כִּי־גַרְתִּי מֶשֶׁךְ, שָׁכַנְתִּי עִם־אָהֳלֵי קֵדָר: רַבַּת שָׁכְנָה־לָּהּ נַפְשִׁי, עִם שׂוֹנֵא שָׁלוֹם: אֲנִי־שָׁלוֹם וְכִי אֲדַבֵּר, הֵמָּה לַמִּלְחָמָה:

תהלים קכא

שִׁיר לַמַּעֲלוֹת, אֶשָּׂא עֵינַי אֶל־הֶהָרִים, מֵאַיִן יָבֹא עֶזְרִי: עֶזְרִי מֵעִם יהוה, עֹשֵׂה שָׁמַיִם וָאָרֶץ: אַל־יִתֵּן לַמּוֹט רַגְלֶךָ, אַל־יָנוּם שֹׁמְרֶךָ: הִנֵּה לֹא־יָנוּם וְלֹא יִישָׁן, שׁוֹמֵר יִשְׂרָאֵל: יהוה שֹׁמְרֶךָ, יהוה צִלְּךָ עַל־יַד יְמִינֶךָ: יוֹמָם הַשֶּׁמֶשׁ לֹא־יַכֶּכָּה, וְיָרֵחַ בַּלָּיְלָה: יהוה יִשְׁמָרְךָ מִכָּל־רָע, יִשְׁמֹר אֶת־נַפְשֶׁךָ: יהוה יִשְׁמָר־צֵאתְךָ וּבוֹאֶךָ, מֵעַתָּה וְעַד־עוֹלָם:

תהלים קכב

שִׁיר הַמַּעֲלוֹת לְדָוִד, שָׂמַחְתִּי בְּאֹמְרִים לִי בֵּית יהוה נֵלֵךְ: עֹמְדוֹת הָיוּ רַגְלֵינוּ, בִּשְׁעָרַיִךְ יְרוּשָׁלָםִ: יְרוּשָׁלַםִ הַבְּנוּיָה, כְּעִיר שֶׁחֻבְּרָה־לָּהּ יַחְדָּו: שֶׁשָּׁם עָלוּ שְׁבָטִים שִׁבְטֵי־יָהּ, עֵדוּת לְיִשְׂרָאֵל, לְהֹדוֹת לְשֵׁם יהוה: כִּי שָׁמָּה יָשְׁבוּ כִסְאוֹת לְמִשְׁפָּט,

David. Pray for the peace of Jerusalem: "May those who love you prosper. May there be peace within your ramparts, tranquility in your citadels." For the sake of my brothers and my friends, I shall say, "Peace be within you." For the sake of the House of the LORD our God, I shall seek your good.

A song of ascents. To You, enthroned in heaven, I lift *Ps. 123*
my eyes. As the eyes of slaves turn to their master's hand, or the eyes of a slave-girl to the hand of her mistress, so our eyes are turned to the LORD our God, awaiting His favor. Show us favor, LORD, show us favor, for we have suffered more than enough contempt. Too long have we suffered the scorn of the complacent, the contempt of arrogant men.

A song of ascents. Of David. Had the LORD not been *Ps. 124*
on our side – let Israel say it – had the LORD not been on our side when men rose up against us, they would have swallowed us alive when their anger raged against us. The waters would have engulfed us; the torrent would have swept over us; over us would have swept the raging waters. Blessed be the LORD who did not leave us as a prey for their teeth. We escaped like a bird from the fowler's trap; the trap broke and we escaped. Our help is in the name of the LORD, Maker of heaven and earth.

כִּסְאוֹת לְבֵית דָּוִד: שַׁאֲלוּ שְׁלוֹם יְרוּשָׁלָםִ, יִשְׁלָיוּ
אֹהֲבָיִךְ: יְהִי־שָׁלוֹם בְּחֵילֵךְ, שַׁלְוָה בְּאַרְמְנוֹתָיִךְ:
לְמַעַן אַחַי וְרֵעָי, אֲדַבְּרָה־נָּא שָׁלוֹם בָּךְ: לְמַעַן
בֵּית־יהוה אֱלֹהֵינוּ, אֲבַקְשָׁה טוֹב לָךְ:

שִׁיר הַמַּעֲלוֹת, אֵלֶיךָ נָשָׂאתִי אֶת־עֵינַי, הַיּשְׁבִי תהלים קכג
בַּשָּׁמָיִם: הִנֵּה כְעֵינֵי עֲבָדִים אֶל־יַד אֲדוֹנֵיהֶם, כְּעֵינֵי
שִׁפְחָה אֶל־יַד גְּבִרְתָּהּ, כֵּן עֵינֵינוּ אֶל־יהוה אֱלֹהֵינוּ,
עַד שֶׁיְּחָנֵּנוּ: חָנֵּנוּ יהוה חָנֵּנוּ, כִּי־רַב שָׂבַעְנוּ בוּז:
רַבַּת שָׂבְעָה־לָּהּ נַפְשֵׁנוּ, הַלַּעַג הַשַּׁאֲנַנִּים, הַבּוּז
לִגְאֵי יוֹנִים:

שִׁיר הַמַּעֲלוֹת לְדָוִד, לוּלֵי יהוה שֶׁהָיָה לָנוּ, יֹאמַר־ תהלים קכד
נָא יִשְׂרָאֵל: לוּלֵי יהוה שֶׁהָיָה לָנוּ, בְּקוּם עָלֵינוּ
אָדָם: אֲזַי חַיִּים בְּלָעוּנוּ, בַּחֲרוֹת אַפָּם בָּנוּ: אֲזַי
הַמַּיִם שְׁטָפוּנוּ, נַחְלָה עָבַר עַל־נַפְשֵׁנוּ: אֲזַי עָבַר
עַל־נַפְשֵׁנוּ, הַמַּיִם הַזֵּידוֹנִים: בָּרוּךְ יהוה, שֶׁלֹּא
נְתָנָנוּ טֶרֶף לְשִׁנֵּיהֶם: נַפְשֵׁנוּ כְּצִפּוֹר נִמְלְטָה מִפַּח
יוֹקְשִׁים, הַפַּח נִשְׁבָּר וַאֲנַחְנוּ נִמְלָטְנוּ: עֶזְרֵנוּ בְּשֵׁם
יהוה, עֹשֵׂה שָׁמַיִם וָאָרֶץ:

A song of ascents. Those who trust in the Lord are like Mount Zion that cannot be moved, that stands firm for ever. As hills surround Jerusalem so the Lord surrounds His people, now and forever. The scepter of the wicked shall not rest on the land allotted to the righteous, so that the righteous shall not set their hand to wrongdoing. Do good, Lord, to those who are good, to those who are upright in heart. As for those who turn aside to crooked ways, may the Lord make them go the way of evildoers. Peace be on Israel! *Ps. 125*

A song of ascents. When the Lord brought back the exiles of Zion we were like people who dream. Then were our mouths filled with laughter, and our tongues with songs of joy. Then was it said among the nations, "The Lord has done great things for them." The Lord did do great things for us and we rejoiced. Bring back our exiles, Lord, like streams in a dry land. May those who sowed in tears, reap in joy. May one who goes out weeping, carrying a bag of seed, come back with songs of joy, carrying his sheaves. *Ps. 126*

A song of ascents. Of Solomon. Unless the Lord builds the house, its builders labor in vain. Unless the Lord guards the city, in vain does the guard keep watch. In vain do you rise early and go late to rest, toiling for the bread you eat. He provides for His loved ones while they sleep. Children are a heritage from the Lord; the fruit of the womb, His reward. Like arrows *Ps. 127*

שִׁיר הַמַּעֲלוֹת, הַבֹּטְחִים בַּיהוה, כְּהַר־צִיּוֹן לֹא־ תהלים קכה
יִמּוֹט, לְעוֹלָם יֵשֵׁב: יְרוּשָׁלַםִ, הָרִים סָבִיב לָהּ,
וַיהוה סָבִיב לְעַמּוֹ, מֵעַתָּה וְעַד־עוֹלָם: כִּי לֹא יָנְוּחַ
שֵׁבֶט הָרֶשַׁע עַל גּוֹרַל הַצַּדִּיקִים, לְמַעַן לֹא־יִשְׁלְחוּ
הַצַּדִּיקִים בְּעַוְלָתָה יְדֵיהֶם: הֵיטִיבָה יהוה לַטּוֹבִים,
וְלִישָׁרִים בְּלִבּוֹתָם: וְהַמַּטִּים עֲקַלְקַלּוֹתָם יוֹלִיכֵם
יהוה אֶת־פֹּעֲלֵי הָאָוֶן, שָׁלוֹם עַל־יִשְׂרָאֵל:

שִׁיר הַמַּעֲלוֹת, בְּשׁוּב יהוה אֶת־שִׁיבַת צִיּוֹן, הָיִינוּ תהלים קכו
כְּחֹלְמִים: אָז יִמָּלֵא שְׂחוֹק פִּינוּ וּלְשׁוֹנֵנוּ רִנָּה, אָז
יֹאמְרוּ בַגּוֹיִם הִגְדִּיל יהוה לַעֲשׂוֹת עִם־אֵלֶּה: הִגְדִּיל
יהוה לַעֲשׂוֹת עִמָּנוּ, הָיִינוּ שְׂמֵחִים: שׁוּבָה יהוה
אֶת־שְׁבִיתֵנוּ, כַּאֲפִיקִים בַּנֶּגֶב: הַזֹּרְעִים בְּדִמְעָה
בְּרִנָּה יִקְצֹרוּ: הָלוֹךְ יֵלֵךְ וּבָכֹה נֹשֵׂא מֶשֶׁךְ־הַזָּרַע,
בֹּא־יָבֹא בְרִנָּה נֹשֵׂא אֲלֻמֹּתָיו:

שִׁיר הַמַּעֲלוֹת לִשְׁלֹמֹה, אִם־יהוה לֹא־יִבְנֶה בַיִת, תהלים קכז
שָׁוְא עָמְלוּ בוֹנָיו בּוֹ, אִם־יהוה לֹא־יִשְׁמָר־עִיר,
שָׁוְא שָׁקַד שׁוֹמֵר: שָׁוְא לָכֶם מַשְׁכִּימֵי קוּם מְאַחֲרֵי־
שֶׁבֶת, אֹכְלֵי לֶחֶם הָעֲצָבִים, כֵּן יִתֵּן לִידִידוֹ שֵׁנָא:
הִנֵּה נַחֲלַת יהוה בָּנִים, שָׂכָר פְּרִי הַבָּטֶן: כְּחִצִּים

in the hand of a warrior are the sons of one's youth. Happy is the man who fills his quiver with them; they shall not be put to shame when they contend with the enemy at the gate.

A song of ascents. Happy are all who fear the LORD, *Ps. 128*
who walk in His ways. When you eat the fruit of your labor, happy and fortunate are you. Your wife shall be like a fruitful vine within your house; your sons like olive saplings around your table. So shall the man who fears the LORD be blessed. May the LORD bless you from Zion; may you see the good of Jerusalem all the days of your life; and may you live to see your children's children. Peace be on Israel!

A song of ascents. Often since I was young I have been *Ps. 129*
attacked – let Israel now say – often since I was young I have been attacked, but never have my attackers prevailed. Ploughmen ploughed across my back, making long furrows. But the LORD is just; He has cut the bonds of the wicked. Let all who hate Zion be driven back in shame. Let them be like the grass on roofs that fades before it can be pulled up. It will never fill a reaper's hand nor yield an armful for the gatherer of sheaves. No passersby will say to them: "The LORD's blessing be upon you. We bless you in the name of the LORD."

A song of ascents. From the depths I have called to You, *Ps. 130*
O LORD. LORD, hear my voice; let Your ears be attentive

כְּיַד־גִּבּוֹר כֵּן בְּנֵי הַנְּעוּרִים: אַשְׁרֵי הַגֶּבֶר אֲשֶׁר מִלֵּא אֶת־אַשְׁפָּתוֹ מֵהֶם, לֹא־יֵבֹשׁוּ כִּי־יְדַבְּרוּ אֶת־אוֹיְבִים בַּשָּׁעַר:

שִׁיר הַמַּעֲלוֹת, אַשְׁרֵי כָּל־יְרֵא יהוה, הַהֹלֵךְ בִּדְרָכָיו: יְגִיעַ כַּפֶּיךָ כִּי תֹאכֵל, אַשְׁרֶיךָ וְטוֹב לָךְ: אֶשְׁתְּךָ כְּגֶפֶן פֹּרִיָּה בְּיַרְכְּתֵי בֵיתֶךָ, בָּנֶיךָ כִּשְׁתִלֵי זֵיתִים, סָבִיב לְשֻׁלְחָנֶךָ: הִנֵּה כִי־כֵן יְבֹרַךְ גָּבֶר יְרֵא יהוה: יְבָרֶכְךָ יהוה מִצִּיּוֹן, וּרְאֵה בְּטוּב יְרוּשָׁלָםִ, כֹּל יְמֵי חַיֶּיךָ: וּרְאֵה־בָנִים לְבָנֶיךָ, שָׁלוֹם עַל־יִשְׂרָאֵל: תהלים קכח

שִׁיר הַמַּעֲלוֹת, רַבַּת צְרָרוּנִי מִנְּעוּרָי, יֹאמַר־נָא יִשְׂרָאֵל: רַבַּת צְרָרוּנִי מִנְּעוּרָי, גַּם לֹא־יָכְלוּ לִי: עַל־גַּבִּי חָרְשׁוּ חֹרְשִׁים, הֶאֱרִיכוּ לְמַעֲנִיתָם: יהוה צַדִּיק, קִצֵּץ עֲבוֹת רְשָׁעִים: יֵבֹשׁוּ וְיִסֹּגוּ אָחוֹר כֹּל שֹׂנְאֵי צִיּוֹן: יִהְיוּ כַּחֲצִיר גַּגּוֹת שֶׁקַּדְמַת שָׁלַף יָבֵשׁ: שֶׁלֹּא מִלֵּא כַפּוֹ קוֹצֵר, וְחִצְנוֹ מְעַמֵּר: וְלֹא אָמְרוּ הָעֹבְרִים, בִּרְכַּת־יהוה אֲלֵיכֶם, בֵּרַכְנוּ אֶתְכֶם בְּשֵׁם יהוה: תהלים קכט

שִׁיר הַמַּעֲלוֹת, מִמַּעֲמַקִּים קְרָאתִיךָ יהוה: אֲדֹנָי שִׁמְעָה בְקוֹלִי, תִּהְיֶינָה אָזְנֶיךָ קַשֻּׁבוֹת לְקוֹל תהלים קל

to my plea. If You, Lord, should keep account of sins, O Lord, who could stand? But with You there is forgiveness, that You may be held in awe. I wait for the Lord, my soul waits, and in His word I put my hope. My soul waits for the Lord more than watchmen wait for the morning, more than watchmen wait for the morning. Israel, put your hope in the Lord, for with the Lord there is loving-kindness, and great is His power to redeem. It is He who will redeem Israel from all their sins.

A song of ascents. By David. Lord, my heart is not *Ps. 131*
proud, nor are my eyes haughty. I do not busy myself with great affairs or with things beyond me. But I have made my soul still and quiet, like a weaned child with its mother; like a weaned child is my soul within me. Israel, put your hope in the Lord, now and for evermore.

A song of ascents. Lord, remember David and all the *Ps. 132*
hardship he endured. He swore an oath to the Lord and made a vow to the Mighty One of Jacob: "I will not enter my house, nor go to bed; I will not give sleep to my eyes or slumber to my eyelids, until I find a place for the Lord, a dwelling for the Mighty One of Jacob." We heard of it in Efrat, we found it in the fields of Yaar. Let us enter His dwelling, worship at His footstool. Advance, Lord, to Your resting place, You and Your mighty Ark. Your priests are robed in righteousness;

תַּחֲנוּנָי: אִם־עֲוֺנוֹת תִּשְׁמָר־יָהּ, אֲדֹנָי מִי יַעֲמֹד: כִּי־עִמְּךָ הַסְּלִיחָה, לְמַעַן תִּוָּרֵא: קִוִּיתִי יהוה קִוְּתָה נַפְשִׁי, וְלִדְבָרוֹ הוֹחָלְתִּי: נַפְשִׁי לַאדֹנָי, מִשֹּׁמְרִים לַבֹּקֶר, שֹׁמְרִים לַבֹּקֶר: יַחֵל יִשְׂרָאֵל אֶל־יהוה, כִּי־עִם־יהוה הַחֶסֶד, וְהַרְבֵּה עִמּוֹ פְדוּת: וְהוּא יִפְדֶּה אֶת־יִשְׂרָאֵל, מִכֹּל עֲוֺנוֹתָיו:

שִׁיר הַמַּעֲלוֹת לְדָוִד, יהוה לֹא־גָבַהּ לִבִּי, וְלֹא־רָמוּ עֵינַי, וְלֹא־הִלַּכְתִּי בִּגְדֹלוֹת וּבְנִפְלָאוֹת מִמֶּנִּי: אִם־לֹא שִׁוִּיתִי וְדוֹמַמְתִּי נַפְשִׁי, כְּגָמֻל עֲלֵי אִמּוֹ, כַּגָּמֻל עָלַי נַפְשִׁי: יַחֵל יִשְׂרָאֵל אֶל־יהוה, מֵעַתָּה וְעַד־עוֹלָם: תהלים קלא

שִׁיר הַמַּעֲלוֹת, זְכוֹר־יהוה לְדָוִד אֵת כָּל־עֻנּוֹתוֹ: אֲשֶׁר נִשְׁבַּע לַיהוה, נָדַר לַאֲבִיר יַעֲקֹב: אִם־אָבֹא בְּאֹהֶל בֵּיתִי, אִם־אֶעֱלֶה עַל־עֶרֶשׂ יְצוּעָי: אִם־אֶתֵּן שְׁנַת לְעֵינָי, לְעַפְעַפַּי תְּנוּמָה: עַד־אֶמְצָא מָקוֹם לַיהוה, מִשְׁכָּנוֹת לַאֲבִיר יַעֲקֹב: הִנֵּה־שְׁמַעֲנוּהָ בְאֶפְרָתָה, מְצָאנוּהָ בִּשְׂדֵי־יָעַר: נָבוֹאָה לְמִשְׁכְּנוֹתָיו, נִשְׁתַּחֲוֶה לַהֲדֹם רַגְלָיו: קוּמָה יהוה לִמְנוּחָתֶךָ, אַתָּה וַאֲרוֹן עֻזֶּךָ: כֹּהֲנֶיךָ יִלְבְּשׁוּ־צֶדֶק, תהלים קלב

Your devoted ones sing for joy. For the sake of Your servant David, do not reject Your anointed one. The LORD swore to David a firm oath that He will not revoke: "One of your own descendants I will set upon your throne. If your sons keep My covenant and My decrees that I teach them, then their sons shall sit upon your throne for all time." For the LORD has chosen Zion; He desired it for His home. This is My resting place for all time; here I will dwell, for that is My desire. I will amply bless its store of food; its poor I will satisfy with bread. I will clothe its priests with salvation; its loyal ones shall sing for joy. There I will make David's dynasty flourish; I will prepare a lamp for My anointed one. I will clothe his enemies with shame, but on him will be a shining crown.

A song of ascents. By David. How good and pleasant *Ps. 133*
it is when brothers dwell together. It is like fragrant oil on the head, running down onto the beard, Aaron's beard, that runs down over the collar of his robes. It is like the dew of Hermon that falls on the mountains of Zion. There the LORD bestows His blessing, life for evermore.

A song of ascents. Come, bless the LORD, all you ser- *Ps. 134*
vants of the LORD, who nightly stand in the House of the LORD. Lift up your hands toward the Sanctuary and bless the LORD. May the LORD, Maker of heaven and earth, bless you from Zion!

וַחֲסִידֶיךָ יְרַנֵּנוּ: בַּעֲבוּר דָּוִד עַבְדֶּךָ, אַל־תָּשֵׁב פְּנֵי מְשִׁיחֶךָ: נִשְׁבַּע־יהוה לְדָוִד, אֱמֶת לֹא־יָשׁוּב מִמֶּנָּה, מִפְּרִי בִטְנְךָ אָשִׁית לְכִסֵּא־לָךְ: אִם־יִשְׁמְרוּ בָנֶיךָ בְּרִיתִי, וְעֵדֹתִי זוֹ אֲלַמְּדֵם, גַּם־בְּנֵיהֶם עֲדֵי־עַד, יֵשְׁבוּ לְכִסֵּא־לָךְ: כִּי־בָחַר יהוה בְּצִיּוֹן, אִוָּהּ לְמוֹשָׁב לוֹ: זֹאת־מְנוּחָתִי עֲדֵי־עַד, פֹּה אֵשֵׁב כִּי אִוִּתִיהָ: צֵידָהּ בָּרֵךְ אֲבָרֵךְ, אֶבְיוֹנֶיהָ אַשְׂבִּיעַ לָחֶם: וְכֹהֲנֶיהָ אַלְבִּישׁ יֶשַׁע, וַחֲסִידֶיהָ רַנֵּן יְרַנֵּנוּ: שָׁם אַצְמִיחַ קֶרֶן לְדָוִד, עָרַכְתִּי נֵר לִמְשִׁיחִי: אוֹיְבָיו אַלְבִּישׁ בֹּשֶׁת, וְעָלָיו יָצִיץ נִזְרוֹ:

שִׁיר הַמַּעֲלוֹת לְדָוִד, הִנֵּה מַה־טּוֹב וּמַה־נָּעִים, תהלים קלג
שֶׁבֶת אַחִים גַּם־יָחַד: כַּשֶּׁמֶן הַטּוֹב עַל־הָרֹאשׁ, יֹרֵד עַל־הַזָּקָן, זְקַן־אַהֲרֹן שֶׁיֹּרֵד עַל־פִּי מִדּוֹתָיו: כְּטַל־חֶרְמוֹן שֶׁיֹּרֵד עַל־הַרְרֵי צִיּוֹן, כִּי שָׁם צִוָּה יהוה אֶת־הַבְּרָכָה, חַיִּים עַד־הָעוֹלָם:

שִׁיר הַמַּעֲלוֹת, הִנֵּה בָּרְכוּ אֶת־יהוה כָּל־עַבְדֵי תהלים קלד
יהוה, הָעֹמְדִים בְּבֵית־יהוה בַּלֵּילוֹת: שְׂאוּ־יְדֵכֶם קֹדֶשׁ, וּבָרְכוּ אֶת־יהוה: יְבָרֶכְךָ יהוה מִצִּיּוֹן, עֹשֵׂה שָׁמַיִם וָאָרֶץ:

פרקי אבות

ETHICS OF THE FATHERS

One of the following chapters is read each Shabbat after Pesaḥ until the Shabbat before Rosh HaShana. On the last three Shabbatot before Rosh HaShana, two chapters are read.

כָּל יִשְׂרָאֵל יֵשׁ לָהֶם חֵלֶק לָעוֹלָם הַבָּא. שֶׁנֶּאֱמַר: סנהדרין צ.
וְעַמֵּךְ כֻּלָּם צַדִּיקִים, לְעוֹלָם יִירְשׁוּ אָרֶץ ישעיה ס
נֵצֶר מַטָּעַי, מַעֲשֵׂה יָדַי לְהִתְפָּאֵר:

פרק ראשון

א מֹשֶׁה קִבֵּל תּוֹרָה מִסִּינַי וּמְסָרָהּ לִיהוֹשֻׁעַ, וִיהוֹשֻׁעַ לִזְקֵנִים, וּזְקֵנִים לִנְבִיאִים, וּנְבִיאִים מְסָרוּהָ לְאַנְשֵׁי כְנֶסֶת הַגְּדוֹלָה. הֵם אָמְרוּ שְׁלֹשָׁה דְבָרִים: הֱווּ מְתוּנִים בַּדִּין, וְהַעֲמִידוּ תַלְמִידִים הַרְבֵּה, וַעֲשׂוּ סְיָג לַתּוֹרָה.

ב שִׁמְעוֹן הַצַּדִּיק הָיָה מִשְּׁיָרֵי כְנֶסֶת הַגְּדוֹלָה. הוּא הָיָה אוֹמֵר: עַל שְׁלֹשָׁה דְבָרִים הָעוֹלָם עוֹמֵד, עַל הַתּוֹרָה, וְעַל הָעֲבוֹדָה, וְעַל גְּמִילוּת חֲסָדִים.

ג אַנְטִיגְנוֹס אִישׁ סוֹכוֹ קִבֵּל מִשִּׁמְעוֹן הַצַּדִּיק. הוּא הָיָה אוֹמֵר: אַל תִּהְיוּ כַּעֲבָדִים הַמְשַׁמְּשִׁים אֶת הָרַב עַל מְנָת לְקַבֵּל פְּרָס, אֶלָּא הֱווּ כַּעֲבָדִים הַמְשַׁמְּשִׁים אֶת הָרַב שֶׁלֹּא עַל מְנָת לְקַבֵּל פְּרָס, וִיהִי מוֹרָא שָׁמַיִם עֲלֵיכֶם.

ד יוֹסֵי בֶּן יוֹעֶזֶר אִישׁ צְרֵדָה וְיוֹסֵי בֶּן יוֹחָנָן אִישׁ יְרוּשָׁלַיִם קִבְּלוּ מֵהֶם. יוֹסֵי בֶּן יוֹעֶזֶר אִישׁ צְרֵדָה אוֹמֵר: יְהִי בֵיתְךָ בֵּית וַעַד לַחֲכָמִים, וֶהֱוֵי מִתְאַבֵּק בַּעֲפַר רַגְלֵיהֶם, וֶהֱוֵי שׁוֹתֶה בַצָּמָא אֶת דִּבְרֵיהֶם.

ה יוֹסֵי בֶּן יוֹחָנָן אִישׁ יְרוּשָׁלַיִם אוֹמֵר: יְהִי בֵיתְךָ פָּתוּחַ לִרְוָחָה, וְיִהְיוּ עֲנִיִּים בְּנֵי בֵיתֶךָ, וְאַל תַּרְבֶּה שִׂיחָה עִם הָאִשָּׁה. בְּאִשְׁתּוֹ אָמְרוּ, קַל וָחֹמֶר בְּאֵשֶׁת חֲבֵרוֹ. מִכָּאן אָמְרוּ חֲכָמִים: כָּל הַמַּרְבֶּה שִׂיחָה עִם הָאִשָּׁה, גּוֹרֵם רָעָה לְעַצְמוֹ, וּבוֹטֵל מִדִּבְרֵי תוֹרָה, וְסוֹפוֹ יוֹרֵשׁ גֵּיהִנָּם.

ו יְהוֹשֻׁעַ בֶּן פְּרַחְיָה וְנִתַּאי הָאַרְבֵּלִי קִבְּלוּ מֵהֶם. יְהוֹשֻׁעַ בֶּן פְּרַחְיָה אוֹמֵר: עֲשֵׂה לְךָ רַב, וּקְנֵה לְךָ חָבֵר, וֶהֱוֵי דָן אֶת כָּל הָאָדָם לְכַף זְכוּת.

ז נִתַּאי הָאַרְבֵּלִי אוֹמֵר: הַרְחֵק מִשָּׁכֵן רָע, וְאַל תִּתְחַבֵּר לָרָשָׁע, וְאַל תִּתְיָאֵשׁ מִן הַפֻּרְעָנוּת.

ח יְהוּדָה בֶּן טַבַּאי וְשִׁמְעוֹן בֶּן שָׁטָח קִבְּלוּ מֵהֶם. יְהוּדָה בֶּן טַבַּאי אוֹמֵר: אַל תַּעַשׂ עַצְמְךָ כְּעוֹרְכֵי הַדַּיָּנִין, וּכְשֶׁיִּהְיוּ בַּעֲלֵי הַדִּין עוֹמְדִים לְפָנֶיךָ יִהְיוּ בְעֵינֶיךָ כִּרְשָׁעִים, וּכְשֶׁנִּפְטָרִים מִלְּפָנֶיךָ יִהְיוּ בְעֵינֶיךָ כְּזַכָּאִין, כְּשֶׁקִּבְּלוּ עֲלֵיהֶם אֶת הַדִּין.

ט שִׁמְעוֹן בֶּן שָׁטָח אוֹמֵר: הֱוֵי מַרְבֶּה לַחְקֹר אֶת הָעֵדִים, וֶהֱוֵי זָהִיר בִּדְבָרֶיךָ, שֶׁמָּא מִתּוֹכָם יִלְמְדוּ לְשַׁקֵּר.

י שְׁמַעְיָה וְאַבְטַלְיוֹן קִבְּלוּ מֵהֶם. שְׁמַעְיָה אוֹמֵר: אֱהֹב אֶת הַמְּלָאכָה, וּשְׂנָא אֶת הָרַבָּנוּת, וְאַל תִּתְוַדַּע לָרָשׁוּת.

יא אַבְטַלְיוֹן אוֹמֵר: חֲכָמִים הִזָּהֲרוּ בְדִבְרֵיכֶם, שֶׁמָּא תָחוּבוּ חוֹבַת גָּלוּת, וְתִגְלוּ לִמְקוֹם מַיִם הָרָעִים, וְיִשְׁתּוּ הַתַּלְמִידִים הַבָּאִים אַחֲרֵיכֶם וְיָמוּתוּ, וְנִמְצָא שֵׁם שָׁמַיִם מִתְחַלֵּל.

יב הִלֵּל וְשַׁמַּאי קִבְּלוּ מֵהֶם. הִלֵּל אוֹמֵר: הֱוֵי מִתַּלְמִידָיו שֶׁל אַהֲרֹן, אוֹהֵב שָׁלוֹם וְרוֹדֵף שָׁלוֹם, אוֹהֵב אֶת הַבְּרִיּוֹת וּמְקָרְבָן לַתּוֹרָה.

יג הוּא הָיָה אוֹמֵר: נְגַד שְׁמָא אֲבַד שְׁמֵהּ, וּדְלָא מוֹסִיף יְסוּף, וּדְלָא יָלֵף קְטָלָא חַיָּב, וּדְאִשְׁתַּמַּשׁ בְּתָגָא חֲלָף.

יד הוּא הָיָה אוֹמֵר: אִם אֵין אֲנִי לִי מִי לִי, וּכְשֶׁאֲנִי לְעַצְמִי מָה אֲנִי, וְאִם לֹא עַכְשָׁו אֵימָתָי.

טו שַׁמַּאי אוֹמֵר: עֲשֵׂה תוֹרָתְךָ קֶבַע, אֱמֹר מְעַט וַעֲשֵׂה הַרְבֵּה, וֶהֱוֵי מְקַבֵּל אֶת כָּל הָאָדָם בְּסֵבֶר פָּנִים יָפוֹת.

טז רַבָּן גַּמְלִיאֵל אוֹמֵר: עֲשֵׂה לְךָ רַב, וְהִסְתַּלֵּק מִן הַסָּפֵק, וְאַל תַּרְבֶּה לְעַשֵּׂר אֻמָּדוֹת.

יז שִׁמְעוֹן בְּנוֹ אוֹמֵר: כָּל יָמַי גָּדַלְתִּי בֵּין הַחֲכָמִים, וְלֹא מָצָאתִי לַגּוּף טוֹב מִשְּׁתִיקָה, וְלֹא הַמִּדְרָשׁ עִקָּר אֶלָּא הַמַּעֲשֶׂה, וְכָל הַמַּרְבֶּה דְבָרִים מֵבִיא חֵטְא.

יח רַבָּן שִׁמְעוֹן בֶּן גַּמְלִיאֵל אוֹמֵר: עַל שְׁלשָׁה דְבָרִים הָעוֹלָם
קַיָּם, עַל הַדִּין, וְעַל הָאֱמֶת, וְעַל הַשָּׁלוֹם. שֶׁנֶּאֱמַר: אֱמֶת זכריה ח
וּמִשְׁפַּט שָׁלוֹם שִׁפְטוּ בְּשַׁעֲרֵיכֶם:

רַבִּי חֲנַנְיָא בֶּן עֲקַשְׁיָא אוֹמֵר: רָצָה הַקָּדוֹשׁ בָּרוּךְ הוּא לְזַכּוֹת מכות כג:
אֶת יִשְׂרָאֵל, לְפִיכָךְ הִרְבָּה לָהֶם תּוֹרָה וּמִצְוֹת. שֶׁנֶּאֱמַר: יהוה ישעיה מב
חָפֵץ לְמַעַן צִדְקוֹ, יַגְדִּיל תּוֹרָה וְיַאְדִּיר:

If there is a מנין*, mourners say* קדיש דרבנן *(page 429).*

(page 429)

* * *

כָּל יִשְׂרָאֵל יֵשׁ לָהֶם חֵלֶק לָעוֹלָם הַבָּא. שֶׁנֶּאֱמַר: סנהדרין צ.
וְעַמֵּךְ כֻּלָּם צַדִּיקִים, לְעוֹלָם יִירְשׁוּ אָרֶץ ישעיה ס
נֵצֶר מַטָּעַי, מַעֲשֵׂה יָדַי לְהִתְפָּאֵר:

פרק שני

א רַבִּי אוֹמֵר: אֵיזוֹ הִיא דֶּרֶךְ יְשָׁרָה שֶׁיָּבֹר לוֹ הָאָדָם, כָּל שֶׁהִיא תִּפְאֶרֶת לְעֹשֶׂיהָ וְתִפְאֶרֶת לוֹ מִן הָאָדָם. וֶהֱוֵי זָהִיר בְּמִצְוָה קַלָּה כְּבַחֲמוּרָה, שֶׁאֵין אַתָּה יוֹדֵעַ מַתַּן שְׂכָרָן שֶׁל מִצְוֹת. וֶהֱוֵי מְחַשֵּׁב הֶפְסֵד מִצְוָה כְּנֶגֶד שְׂכָרָהּ, וּשְׂכַר עֲבֵרָה כְּנֶגֶד הֶפְסֵדָהּ. הִסְתַּכֵּל בִּשְׁלֹשָׁה דְבָרִים, וְאֵין אַתָּה בָא לִידֵי עֲבֵרָה. דַּע מַה לְּמַעְלָה מִמְּךָ, עַיִן רוֹאָה, וְאֹזֶן שׁוֹמַעַת, וְכָל מַעֲשֶׂיךָ בַּסֵּפֶר נִכְתָּבִים.

ב רַבָּן גַּמְלִיאֵל בְּנוֹ שֶׁל רַבִּי יְהוּדָה הַנָּשִׂיא אוֹמֵר: יָפֶה תַלְמוּד תּוֹרָה עִם דֶּרֶךְ אֶרֶץ, שֶׁיְּגִיעַת שְׁנֵיהֶם מְשַׁכַּחַת עָוֹן. וְכָל תּוֹרָה שֶׁאֵין עִמָּהּ מְלָאכָה, סוֹפָהּ בְּטֵלָה וְגוֹרֶרֶת עָוֹן. וְכָל הָעוֹסְקִים עִם הַצִּבּוּר, יִהְיוּ עוֹסְקִים עִמָּהֶם לְשֵׁם שָׁמַיִם, שֶׁזְּכוּת אֲבוֹתָם מְסַיַּעְתָּם, וְצִדְקָתָם עוֹמֶדֶת לָעַד. וְאַתֶּם, מַעֲלֶה אֲנִי עֲלֵיכֶם שָׂכָר הַרְבֵּה כְּאִלּוּ עֲשִׂיתֶם.

ג הֱווּ זְהִירִין בָּרָשׁוּת, שֶׁאֵין מְקָרְבִין לוֹ לָאָדָם אֶלָּא לְצֹרֶךְ עַצְמָן. נִרְאִין כְּאוֹהֲבִין בִּשְׁעַת הֲנָאָתָן, וְאֵין עוֹמְדִין לוֹ לָאָדָם בִּשְׁעַת דָּחְקוֹ.

ד הוּא הָיָה אוֹמֵר: עֲשֵׂה רְצוֹנוֹ כִּרְצוֹנְךָ, כְּדֵי שֶׁיַּעֲשֶׂה רְצוֹנְךָ כִּרְצוֹנוֹ. בַּטֵּל רְצוֹנְךָ מִפְּנֵי רְצוֹנוֹ, כְּדֵי שֶׁיְּבַטֵּל רְצוֹן אֲחֵרִים מִפְּנֵי רְצוֹנֶךָ.

ה הִלֵּל אוֹמֵר: אַל תִּפְרֹשׁ מִן הַצִּבּוּר, וְאַל תַּאֲמִין בְּעַצְמְךָ
עַד יוֹם מוֹתְךָ, וְאַל תָּדִין אֶת חֲבֵרְךָ עַד שֶׁתַּגִּיעַ לִמְקוֹמוֹ.
וְאַל תֹּאמַר דָּבָר שֶׁאִי אֶפְשָׁר לִשְׁמֹעַ, שֶׁסּוֹפוֹ לְהִשָּׁמַע.
וְאַל תֹּאמַר לִכְשֶׁאֶפָּנֶה אֶשְׁנֶה, שֶׁמָּא לֹא תִפָּנֶה.

ו הוּא הָיָה אוֹמֵר: אֵין בּוּר יְרֵא חֵטְא, וְלֹא עַם הָאָרֶץ חָסִיד,
וְלֹא הַבַּיְשָׁן לָמֵד, וְלֹא הַקַּפְּדָן מְלַמֵּד, וְלֹא כָל הַמַּרְבֶּה
בִסְחוֹרָה מַחְכִּים. וּבְמָקוֹם שֶׁאֵין אֲנָשִׁים, הִשְׁתַּדֵּל לִהְיוֹת
אִישׁ.

ז אַף הוּא רָאָה גֻּלְגֹּלֶת אַחַת שֶׁצָּפָה עַל פְּנֵי הַמָּיִם. אָמַר
לָהּ: עַל דַּאֲטֵפְתְּ אֲטִיפוּךְ, וְסוֹף מְטִיפַיִךְ יְטוּפוּן.

ח הוּא הָיָה אוֹמֵר: מַרְבֶּה בָשָׂר, מַרְבֶּה רִמָּה. מַרְבֶּה נְכָסִים,
מַרְבֶּה דְאָגָה. מַרְבֶּה נָשִׁים, מַרְבֶּה כְשָׁפִים. מַרְבֶּה שְׁפָחוֹת,
מַרְבֶּה זִמָּה. מַרְבֶּה עֲבָדִים, מַרְבֶּה גָזֵל. מַרְבֶּה תוֹרָה, מַרְבֶּה
חַיִּים. מַרְבֶּה יְשִׁיבָה, מַרְבֶּה חָכְמָה. מַרְבֶּה עֵצָה, מַרְבֶּה
תְבוּנָה. מַרְבֶּה צְדָקָה, מַרְבֶּה שָׁלוֹם. קָנָה שֵׁם טוֹב, קָנָה
לְעַצְמוֹ. קָנָה לוֹ דִבְרֵי תוֹרָה, קָנָה לוֹ חַיֵּי הָעוֹלָם הַבָּא.

ט רַבָּן יוֹחָנָן בֶּן זַכַּאי קִבֵּל מֵהִלֵּל וּמִשַּׁמַּאי. הוּא הָיָה אוֹמֵר:
אִם לָמַדְתָּ תוֹרָה הַרְבֵּה, אַל תַּחֲזִיק טוֹבָה לְעַצְמְךָ, כִּי
לְכָךְ נוֹצָרְתָּ.

י חֲמִשָּׁה תַלְמִידִים הָיוּ לְרַבָּן יוֹחָנָן בֶּן זַכַּאי. וְאֵלּוּ הֵן: רַבִּי
אֱלִיעֶזֶר בֶּן הוֹרְקְנוֹס, רַבִּי יְהוֹשֻׁעַ בֶּן חֲנַנְיָה, רַבִּי יוֹסֵי
הַכֹּהֵן, רַבִּי שִׁמְעוֹן בֶּן נְתַנְאֵל, רַבִּי אֶלְעָזָר בֶּן עֲרָךְ.

יא הוּא הָיָה מוֹנֶה שִׁבְחָם: אֱלִיעֶזֶר בֶּן הוֹרְקָנוֹס, בּוֹר סוּד שֶׁאֵינוֹ מְאַבֵּד טִפָּה. יְהוֹשֻׁעַ בֶּן חֲנַנְיָה, אַשְׁרֵי יוֹלַדְתּוֹ. יוֹסֵי הַכֹּהֵן, חָסִיד. שִׁמְעוֹן בֶּן נְתַנְאֵל, יְרֵא חֵטְא. אֶלְעָזָר בֶּן עֲרָךְ, כְּמַעְיָן הַמִּתְגַּבֵּר.

יב הוּא הָיָה אוֹמֵר: אִם יִהְיוּ כָּל חַכְמֵי יִשְׂרָאֵל בְּכַף מֹאזְנַיִם, וֶאֱלִיעֶזֶר בֶּן הוֹרְקָנוֹס בְּכַף שְׁנִיָּה, מַכְרִיעַ אֶת כֻּלָּם. אַבָּא שָׁאוּל אוֹמֵר מִשְּׁמוֹ: אִם יִהְיוּ כָּל חַכְמֵי יִשְׂרָאֵל בְּכַף מֹאזְנַיִם, וֶאֱלִיעֶזֶר בֶּן הוֹרְקָנוֹס אַף עִמָּהֶם, וְאֶלְעָזָר בֶּן עֲרָךְ בְּכַף שְׁנִיָּה, מַכְרִיעַ אֶת כֻּלָּם.

יג אָמַר לָהֶם: צְאוּ וּרְאוּ אֵיזוֹ הִיא דֶּרֶךְ טוֹבָה, שֶׁיִּדְבַּק בָּהּ הָאָדָם. רַבִּי אֱלִיעֶזֶר אוֹמֵר: עַיִן טוֹבָה. רַבִּי יְהוֹשֻׁעַ אוֹמֵר: חָבֵר טוֹב. רַבִּי יוֹסֵי אוֹמֵר: שָׁכֵן טוֹב. רַבִּי שִׁמְעוֹן אוֹמֵר: הָרוֹאֶה אֶת הַנּוֹלָד. רַבִּי אֶלְעָזָר אוֹמֵר: לֵב טוֹב. אָמַר לָהֶם, רוֹאֶה אֲנִי אֶת דִּבְרֵי אֶלְעָזָר בֶּן עֲרָךְ מִדִּבְרֵיכֶם, שֶׁבִּכְלַל דְּבָרָיו דִּבְרֵיכֶם.

יד אָמַר לָהֶם: צְאוּ וּרְאוּ, אֵיזוֹ הִיא דֶּרֶךְ רָעָה, שֶׁיִּתְרַחֵק מִמֶּנָּה הָאָדָם. רַבִּי אֱלִיעֶזֶר אוֹמֵר: עַיִן רָעָה. רַבִּי יְהוֹשֻׁעַ אוֹמֵר: חָבֵר רָע. רַבִּי יוֹסֵי אוֹמֵר: שָׁכֵן רָע. רַבִּי שִׁמְעוֹן אוֹמֵר: הַלֹּוֶה וְאֵינוֹ מְשַׁלֵּם, אֶחָד הַלֹּוֶה מִן הָאָדָם כְּלֹוֶה מִן הַמָּקוֹם, שֶׁנֶּאֱמַר: לֹוֶה רָשָׁע וְלֹא יְשַׁלֵּם, וְצַדִּיק חוֹנֵן וְנוֹתֵן: רַבִּי אֶלְעָזָר אוֹמֵר: לֵב רָע. אָמַר לָהֶם: רוֹאֶה אֲנִי אֶת דִּבְרֵי אֶלְעָזָר בֶּן עֲרָךְ מִדִּבְרֵיכֶם, שֶׁבִּכְלַל דְּבָרָיו דִּבְרֵיכֶם. תהלים לז

טו הֵם אָמְרוּ שְׁלֹשָׁה דְבָרִים. רַבִּי אֱלִיעֶזֶר אוֹמֵר: יְהִי כְבוֹד חֲבֵרְךָ חָבִיב עָלֶיךָ כְּשֶׁלָּךְ, וְאַל תְּהִי נוֹחַ לִכְעֹס. וְשׁוּב יוֹם אֶחָד לִפְנֵי מִיתָתְךָ. וֶהֱוֵי מִתְחַמֵּם כְּנֶגֶד אוּרָן שֶׁל חֲכָמִים, וֶהֱוֵי זָהִיר בְּגַחַלְתָּן שֶׁלֹּא תִכָּוֶה, שֶׁנְּשִׁיכָתָן נְשִׁיכַת שׁוּעָל, וַעֲקִיצָתָן עֲקִיצַת עַקְרָב, וּלְחִישָׁתָן לְחִישַׁת שָׂרָף, וְכָל דִּבְרֵיהֶם כְּגַחֲלֵי אֵשׁ.

טז רַבִּי יְהוֹשֻׁעַ אוֹמֵר: עַיִן הָרָע וְיֵצֶר הָרָע וְשִׂנְאַת הַבְּרִיּוֹת, מוֹצִיאִין אֶת הָאָדָם מִן הָעוֹלָם.

יז רַבִּי יוֹסֵי אוֹמֵר: יְהִי מָמוֹן חֲבֵרְךָ חָבִיב עָלֶיךָ כְּשֶׁלָּךְ. וְהַתְקֵן עַצְמְךָ לִלְמֹד תּוֹרָה, שֶׁאֵינָהּ יְרֻשָּׁה לָךְ. וְכָל מַעֲשֶׂיךָ יִהְיוּ לְשֵׁם שָׁמָיִם.

יח רַבִּי שִׁמְעוֹן אוֹמֵר: הֱוֵי זָהִיר בִּקְרִיאַת שְׁמַע וּבִתְפִלָּה.
וּכְשֶׁאַתָּה מִתְפַּלֵּל אַל תַּעַשׂ תְּפִלָּתְךָ קֶבַע, אֶלָּא רַחֲמִים
וְתַחֲנוּנִים לִפְנֵי הַמָּקוֹם, שֶׁנֶּאֱמַר: כִּי חַנּוּן וְרַחוּם הוּא, יואל ב
אֶרֶךְ אַפַּיִם וְרַב־חֶסֶד וְנִחָם עַל־הָרָעָה: וְאַל תְּהִי רָשָׁע
בִּפְנֵי עַצְמְךָ.

יט רַבִּי אֶלְעָזָר אוֹמֵר: הֱוֵי שָׁקוּד לִלְמֹד תּוֹרָה. וְדַע מַה שֶּׁתָּשִׁיב לְאֶפִּיקוֹרוֹס. וְדַע לִפְנֵי מִי אַתָּה עָמֵל, וּמִי הוּא בַּעַל מְלַאכְתְּךָ, שֶׁיְּשַׁלֶּם לְךָ שְׂכַר פְּעֻלָּתֶךָ.

כ רַבִּי טַרְפוֹן אוֹמֵר: הַיּוֹם קָצָר, וְהַמְּלָאכָה מְרֻבָּה, וְהַפּוֹעֲלִים עֲצֵלִים, וְהַשָּׂכָר הַרְבֵּה, וּבַעַל הַבַּיִת דּוֹחֵק.

כא הוּא הָיָה אוֹמֵר: לֹא עָלֶיךָ הַמְּלָאכָה לִגְמֹר, וְלֹא אַתָּה בֶן חוֹרִין לִבָּטֵל מִמֶּנָּה. אִם לָמַדְתָּ תּוֹרָה הַרְבֵּה, נוֹתְנִין לְךָ

שָׂכָר הַרְבֵּה. וְנֶאֱמָן הוּא בַּעַל מְלַאכְתְּךָ, שֶׁיְּשַׁלֶּם לְךָ שְׂכַר פְּעֻלָּתֶךָ. וְדַע, שֶׁמַּתַּן שְׂכָרָן שֶׁל צַדִּיקִים לֶעָתִיד לָבוֹא.

רַבִּי חֲנַנְיָא בֶּן עֲקַשְׁיָא אוֹמֵר: רָצָה הַקָּדוֹשׁ בָּרוּךְ הוּא לְזַכּוֹת מכות כג:
אֶת יִשְׂרָאֵל, לְפִיכָךְ הִרְבָּה לָהֶם תּוֹרָה וּמִצְוֹת. שֶׁנֶּאֱמַר: יהוה ישעיה מב
חָפֵץ לְמַעַן צִדְקוֹ, יַגְדִּיל תּוֹרָה וְיַאְדִּיר:

If there is a מניין*, mourners say* קדיש דרבנן *(page 429).*

* * *

כָּל יִשְׂרָאֵל יֵשׁ לָהֶם חֵלֶק לָעוֹלָם הַבָּא. שֶׁנֶּאֱמַר: סנהדרין צ.
וְעַמֵּךְ כֻּלָּם צַדִּיקִים, לְעוֹלָם יִירְשׁוּ אָרֶץ ישעיה ס
נֵצֶר מַטָּעַי, מַעֲשֵׂה יָדַי לְהִתְפָּאֵר:

פרק שלישי

א עֲקַבְיָא בֶּן מַהֲלַלְאֵל אוֹמֵר: הִסְתַּכֵּל בִּשְׁלֹשָׁה דְבָרִים, וְאֵין אַתָּה בָא לִידֵי עֲבֵרָה. דַּע מֵאַיִן בָּאתָ, וּלְאָן אַתָּה הוֹלֵךְ, וְלִפְנֵי מִי אַתָּה עָתִיד לִתֵּן דִּין וְחֶשְׁבּוֹן. מֵאַיִן בָּאתָ, מִטִּפָּה סְרוּחָה. וּלְאָן אַתָּה הוֹלֵךְ, לִמְקוֹם עָפָר, רִמָּה וְתוֹלֵעָה. וְלִפְנֵי מִי אַתָּה עָתִיד לִתֵּן דִּין וְחֶשְׁבּוֹן, לִפְנֵי מֶלֶךְ מַלְכֵי הַמְּלָכִים, הַקָּדוֹשׁ בָּרוּךְ הוּא.

ב רַבִּי חֲנִינָא סְגַן הַכֹּהֲנִים אוֹמֵר: הֱוֵי מִתְפַּלֵּל בִּשְׁלוֹמָהּ שֶׁל מַלְכוּת, שֶׁאִלְמָלֵא מוֹרָאָהּ, אִישׁ אֶת רֵעֵהוּ חַיִּים בְּלָעוֹ.

ג רַבִּי חֲנִינָא בֶּן תְּרַדְיוֹן אוֹמֵר: שְׁנַיִם שֶׁיּוֹשְׁבִין, וְאֵין בֵּינֵיהֶם
דִּבְרֵי תוֹרָה, הֲרֵי זֶה מוֹשַׁב לֵצִים, שֶׁנֶּאֱמַר: וּבְמוֹשַׁב לֵצִים תהלים א
לֹא יָשָׁב: אֲבָל שְׁנַיִם שֶׁיּוֹשְׁבִין, וְיֵשׁ בֵּינֵיהֶם דִּבְרֵי תוֹרָה,

שְׁכִינָה שְׁרוּיָה בֵינֵיהֶם, שֶׁנֶּאֱמַר: אָז נִדְבְּרוּ יִרְאֵי יהוה מלאכי ג
אִישׁ אֶל־רֵעֵהוּ, וַיַּקְשֵׁב יהוה וַיִּשְׁמָע, וַיִּכָּתֵב סֵפֶר זִכָּרוֹן
לְפָנָיו לְיִרְאֵי יהוה וּלְחֹשְׁבֵי שְׁמוֹ: אֵין לִי אֶלָּא שְׁנַיִם, מִנַּיִן
אֲפִלּוּ אֶחָד שֶׁיּוֹשֵׁב וְעוֹסֵק בַּתּוֹרָה שֶׁהַקָּדוֹשׁ בָּרוּךְ הוּא
קוֹבֵעַ לוֹ שָׂכָר, שֶׁנֶּאֱמַר: יֵשֵׁב בָּדָד וְיִדֹּם כִּי נָטַל עָלָיו: איכה ג

ד רַבִּי שִׁמְעוֹן אוֹמֵר: שְׁלֹשָׁה שֶׁאָכְלוּ עַל שֻׁלְחָן אֶחָד וְלֹא
אָמְרוּ עָלָיו דִּבְרֵי תוֹרָה, כְּאִלּוּ אָכְלוּ מִזִּבְחֵי מֵתִים,
שֶׁנֶּאֱמַר: כִּי כָּל־שֻׁלְחָנוֹת מָלְאוּ קִיא צֹאָה בְּלִי מָקוֹם: ישעיה כח
אֲבָל שְׁלֹשָׁה שֶׁאָכְלוּ עַל שֻׁלְחָן אֶחָד, וְאָמְרוּ עָלָיו דִּבְרֵי
תוֹרָה, כְּאִלּוּ אָכְלוּ מִשֻּׁלְחָנוֹ שֶׁל מָקוֹם, שֶׁנֶּאֱמַר: וַיְדַבֵּר יחזקאל מא
אֵלַי, זֶה הַשֻּׁלְחָן אֲשֶׁר לִפְנֵי יהוה:

ה רַבִּי חֲנִינָא בֶּן חֲכִינַאי אוֹמֵר: הַנֵּעוֹר בַּלַּיְלָה, וְהַמְהַלֵּךְ
בַּדֶּרֶךְ יְחִידִי, וְהַמְפַנֶּה לִבּוֹ לְבַטָּלָה, הֲרֵי זֶה מִתְחַיֵּב
בְּנַפְשׁוֹ.

ו רַבִּי נְחוּנְיָא בֶּן הַקָּנָה אוֹמֵר: כָּל הַמְקַבֵּל עָלָיו עֹל תּוֹרָה,
מַעֲבִירִין מִמֶּנּוּ עֹל מַלְכוּת וְעֹל דֶּרֶךְ אֶרֶץ. וְכָל הַפּוֹרֵק
מִמֶּנּוּ עֹל תּוֹרָה, נוֹתְנִין עָלָיו עֹל מַלְכוּת וְעֹל דֶּרֶךְ אֶרֶץ.

ז רַבִּי חֲלַפְתָּא בֶּן דּוֹסָא אִישׁ כְּפַר חֲנַנְיָה אוֹמֵר: עֲשָׂרָה
שֶׁיּוֹשְׁבִין וְעוֹסְקִין בַּתּוֹרָה שְׁכִינָה שְׁרוּיָה בֵינֵיהֶם, שֶׁנֶּאֱמַר:
אֱלֹהִים נִצָּב בַּעֲדַת־אֵל: וּמִנַּיִן אֲפִלּוּ חֲמִשָּׁה, שֶׁנֶּאֱמַר: תהלים פב
וַאֲגֻדָּתוֹ עַל־אֶרֶץ יְסָדָהּ: וּמִנַּיִן אֲפִלּוּ שְׁלֹשָׁה, שֶׁנֶּאֱמַר: עמוס ט
בְּקֶרֶב אֱלֹהִים יִשְׁפֹּט: וּמִנַּיִן אֲפִלּוּ שְׁנַיִם, שֶׁנֶּאֱמַר: תהלים פב
אָז נִדְבְּרוּ יִרְאֵי יהוה אִישׁ אֶל־רֵעֵהוּ, וַיַּקְשֵׁב יהוה וַיִּשְׁמָע: מלאכי ג

וּמִנַּיִן אֲפִלּוּ אֶחָד, שֶׁנֶּאֱמַר: בְּכָל־הַמָּקוֹם אֲשֶׁר אַזְכִּיר שמות כ
אֶת־שְׁמִי, אָבוֹא אֵלֶיךָ וּבֵרַכְתִּיךָ:

ח רַבִּי אֶלְעָזָר אִישׁ בַּרְתּוֹתָא אוֹמֵר: תֶּן לוֹ מִשֶּׁלּוֹ, שֶׁאַתָּה
וְשֶׁלְּךָ שֶׁלּוֹ. וְכֵן בְּדָוִד הוּא אוֹמֵר: כִּי־מִמְּךָ הַכֹּל, וּמִיָּדְךָ דברי הימים א׳ כט
נָתַנּוּ לָךְ:

ט רַבִּי יַעֲקֹב אוֹמֵר: הַמְהַלֵּךְ בַּדֶּרֶךְ וְשׁוֹנֶה, וּמַפְסִיק מִמִּשְׁנָתוֹ
וְאוֹמֵר, מַה נָּאֶה אִילָן זֶה, מַה נָּאֶה נִיר זֶה, מַעֲלֶה עָלָיו
הַכָּתוּב כְּאִלּוּ מִתְחַיֵּב בְּנַפְשׁוֹ.

י רַבִּי דּוֹסְתָּאִי בְּרַבִּי יַנַּאי מִשּׁוּם רַבִּי מֵאִיר אוֹמֵר: כָּל
הַשּׁוֹכֵחַ דָּבָר אֶחָד מִמִּשְׁנָתוֹ, מַעֲלֶה עָלָיו הַכָּתוּב כְּאִלּוּ
מִתְחַיֵּב בְּנַפְשׁוֹ, שֶׁנֶּאֱמַר: רַק הִשָּׁמֶר לְךָ וּשְׁמֹר נַפְשְׁךָ דברים ד
מְאֹד, פֶּן־תִּשְׁכַּח אֶת־הַדְּבָרִים אֲשֶׁר־רָאוּ עֵינֶיךָ: יָכוֹל
אֲפִלּוּ תָּקְפָה עָלָיו מִשְׁנָתוֹ, תַּלְמוּד לוֹמַר: וּפֶן יָסוּרוּ דברים ד
מִלְּבָבְךָ כֹּל יְמֵי חַיֶּיךָ: הָא אֵינוֹ מִתְחַיֵּב בְּנַפְשׁוֹ, עַד שֶׁיֵּשֵׁב
וִיסִירֵם מִלִּבּוֹ.

יא רַבִּי חֲנִינָא בֶּן דּוֹסָא אוֹמֵר: כָּל שֶׁיִּרְאַת חֶטְאוֹ קוֹדֶמֶת
לְחָכְמָתוֹ, חָכְמָתוֹ מִתְקַיֶּמֶת. וְכָל שֶׁחָכְמָתוֹ קוֹדֶמֶת
לְיִרְאַת חֶטְאוֹ, אֵין חָכְמָתוֹ מִתְקַיֶּמֶת.

יב הוּא הָיָה אוֹמֵר: כָּל שֶׁמַּעֲשָׂיו מְרֻבִּין מֵחָכְמָתוֹ, חָכְמָתוֹ
מִתְקַיֶּמֶת. וְכָל שֶׁחָכְמָתוֹ מְרֻבָּה מִמַּעֲשָׂיו, אֵין חָכְמָתוֹ
מִתְקַיֶּמֶת.

יג הוּא הָיָה אוֹמֵר: כָּל שֶׁרוּחַ הַבְּרִיּוֹת נוֹחָה הֵימֶנּוּ, רוּחַ

הַמָּקוֹם נוֹחָה הֵימֶנּוּ. וְכָל שֶׁאֵין רוּחַ הַבְּרִיּוֹת נוֹחָה הֵימֶנּוּ,
אֵין רוּחַ הַמָּקוֹם נוֹחָה הֵימֶנּוּ.

יד רַבִּי דוֹסָא בֶּן הַרְכִּינַס אוֹמֵר: שֵׁנָה שֶׁל שַׁחֲרִית, וְיַיִן שֶׁל
צָהֳרַיִם, וְשִׂיחַת הַיְלָדִים, וִישִׁיבַת בָּתֵּי כְנֵסִיּוֹת שֶׁל עַמֵּי
הָאָרֶץ, מוֹצִיאִין אֶת הָאָדָם מִן הָעוֹלָם.

טו רַבִּי אֶלְעָזָר הַמּוֹדָעִי אוֹמֵר: הַמְחַלֵּל אֶת הַקָּדָשִׁים, וְהַמְבַזֶּה
אֶת הַמּוֹעֲדוֹת, וְהַמַּלְבִּין פְּנֵי חֲבֵרוֹ בָּרַבִּים, וְהַמֵּפֵר בְּרִיתוֹ
שֶׁל אַבְרָהָם אָבִינוּ, וְהַמְגַלֶּה פָנִים בַּתּוֹרָה שֶׁלֹּא כַהֲלָכָה,
אַף עַל פִּי שֶׁיֵּשׁ בְּיָדוֹ תּוֹרָה וּמַעֲשִׂים טוֹבִים, אֵין לוֹ חֵלֶק
לָעוֹלָם הַבָּא.

טז רַבִּי יִשְׁמָעֵאל אוֹמֵר: הֱוֵי קַל לְרֹאשׁ וְנוֹחַ לְתִשְׁחֹרֶת, וֶהֱוֵי
מְקַבֵּל אֶת כָּל הָאָדָם בְּשִׂמְחָה.

יז רַבִּי עֲקִיבָא אוֹמֵר: שְׂחוֹק וְקַלּוּת רֹאשׁ מַרְגִּילִין אֶת הָאָדָם
לְעֶרְוָה. מָסֹרֶת סְיָג לַתּוֹרָה, מַעַשְׂרוֹת סְיָג לָעֹשֶׁר, נְדָרִים
סְיָג לַפְּרִישׁוּת, סְיָג לַחָכְמָה שְׁתִיקָה.

יח הוּא הָיָה אוֹמֵר, חָבִיב אָדָם שֶׁנִּבְרָא בְצֶלֶם, חִבָּה יְתֵרָה
נוֹדַעַת לוֹ שֶׁנִּבְרָא בְצֶלֶם, שֶׁנֶּאֱמַר: כִּי בְּצֶלֶם אֱלֹהִים בראשית ט
עָשָׂה אֶת־הָאָדָם: חֲבִיבִין יִשְׂרָאֵל שֶׁנִּקְרְאוּ בָנִים לַמָּקוֹם,
חִבָּה יְתֵרָה נוֹדַעַת לָהֶם שֶׁנִּקְרְאוּ בָנִים לַמָּקוֹם, שֶׁנֶּאֱמַר:
בָּנִים אַתֶּם לַיהוה אֱלֹהֵיכֶם: חֲבִיבִין יִשְׂרָאֵל שֶׁנִּתַּן לָהֶם דברים יד
כְּלִי חֶמְדָּה, חִבָּה יְתֵרָה נוֹדַעַת לָהֶם שֶׁנִּתַּן לָהֶם כְּלִי
חֶמְדָּה שֶׁבּוֹ נִבְרָא הָעוֹלָם, שֶׁנֶּאֱמַר: כִּי לֶקַח טוֹב נָתַתִּי משלי ד
לָכֶם, תּוֹרָתִי אַל־תַּעֲזֹבוּ:

יט הַכֹּל צָפוּי, וְהָרְשׁוּת נְתוּנָה, וּבְטוּב הָעוֹלָם נִדּוֹן, וְהַכֹּל לְפִי רֹב הַמַּעֲשֶׂה.

כ הוּא הָיָה אוֹמֵר: הַכֹּל נָתוּן בְּעֵרָבוֹן, וּמְצוּדָה פְּרוּסָה עַל כָּל הַחַיִּים. הֶחָנוּת פְּתוּחָה, וְהַחֶנְוָנִי מַקִּיף, וְהַפִּנְקָס פָּתוּחַ, וְהַיָּד כּוֹתֶבֶת, וְכָל הָרוֹצֶה לִלְווֹת יָבֹא וְיִלְוֶה. וְהַגַּבָּאִין מַחֲזִירִין תָּדִיר בְּכָל יוֹם, וְנִפְרָעִין מִן הָאָדָם מִדַּעְתּוֹ וְשֶׁלֹּא מִדַּעְתּוֹ, וְיֵשׁ לָהֶם עַל מַה שֶּׁיִּסְמֹכוּ. וְהַדִּין, דִּין אֱמֶת. וְהַכֹּל מְתֻקָּן לִסְעוּדָה.

כא רַבִּי אֶלְעָזָר בֶּן עֲזַרְיָה אוֹמֵר: אִם אֵין תּוֹרָה אֵין דֶּרֶךְ אֶרֶץ, אִם אֵין דֶּרֶךְ אֶרֶץ אֵין תּוֹרָה. אִם אֵין חָכְמָה אֵין יִרְאָה, אִם אֵין יִרְאָה אֵין חָכְמָה. אִם אֵין דַּעַת אֵין בִּינָה, אִם אֵין בִּינָה אֵין דַּעַת. אִם אֵין קֶמַח אֵין תּוֹרָה, אִם אֵין תּוֹרָה אֵין קֶמַח.

כב הוּא הָיָה אוֹמֵר: כָּל שֶׁחָכְמָתוֹ מְרֻבָּה מִמַּעֲשָׂיו, לְמָה הוּא דוֹמֶה, לְאִילָן שֶׁעֲנָפָיו מְרֻבִּין וְשָׁרָשָׁיו מֻעָטִין, וְהָרוּחַ בָּאָה
ירמיה יז וְעוֹקַרְתּוֹ וְהוֹפַכְתּוֹ עַל פָּנָיו. שֶׁנֶּאֱמַר, וְהָיָה כְּעַרְעָר בָּעֲרָבָה, וְלֹא יִרְאֶה כִּי־יָבוֹא טוֹב, וְשָׁכַן חֲרֵרִים בַּמִּדְבָּר, אֶרֶץ מְלֵחָה וְלֹא תֵשֵׁב: אֲבָל כָּל שֶׁמַּעֲשָׂיו מְרֻבִּין מֵחָכְמָתוֹ, לְמָה הוּא דוֹמֶה, לְאִילָן שֶׁעֲנָפָיו מֻעָטִין וְשָׁרָשָׁיו מְרֻבִּין, שֶׁאֲפִלּוּ כָּל הָרוּחוֹת שֶׁבָּעוֹלָם בָּאוֹת וְנוֹשְׁבוֹת בּוֹ, אֵין
ירמיה יז מְזִיזִין אוֹתוֹ מִמְּקוֹמוֹ. שֶׁנֶּאֱמַר: וְהָיָה כְּעֵץ שָׁתוּל עַל־מַיִם, וְעַל־יוּבַל יְשַׁלַּח שָׁרָשָׁיו, וְלֹא יִרְאֶ כִּי־יָבֹא חֹם, וְהָיָה עָלֵהוּ רַעֲנָן, וּבִשְׁנַת בַּצֹּרֶת לֹא יִדְאָג, וְלֹא יָמִישׁ מֵעֲשׂוֹת פֶּרִי:

כג רַבִּי אֱלִיעֶזֶר בֶּן חִסְמָא אוֹמֵר: קִנִּין וּפִתְחֵי נִדָּה הֵן הֵן גּוּפֵי הֲלָכוֹת, תְּקוּפוֹת וְגִימַטְרִיָּאוֹת פַּרְפְּרָאוֹת לַחָכְמָה.

מכות כג: רַבִּי חֲנַנְיָא בֶּן עֲקַשְׁיָא אוֹמֵר: רָצָה הַקָּדוֹשׁ בָּרוּךְ הוּא לְזַכּוֹת

ישעיה מב אֶת יִשְׂרָאֵל, לְפִיכָךְ הִרְבָּה לָהֶם תּוֹרָה וּמִצְוֹת. שֶׁנֶּאֱמַר: יְהוָה חָפֵץ לְמַעַן צִדְקוֹ, יַגְדִּיל תּוֹרָה וְיַאְדִּיר:

If there is a מנין*, mourners say* קדיש דרבנן (*page 429*).

* * *

סנהדרין צ. כָּל יִשְׂרָאֵל יֵשׁ לָהֶם חֵלֶק לָעוֹלָם הַבָּא. שֶׁנֶּאֱמַר:

ישעיה ס וְעַמֵּךְ כֻּלָּם צַדִּיקִים, לְעוֹלָם יִירְשׁוּ אָרֶץ

נֵצֶר מַטָּעַי, מַעֲשֵׂה יָדַי לְהִתְפָּאֵר:

פרק רביעי

א בֶּן זוֹמָא אוֹמֵר: אֵיזֶהוּ חָכָם, הַלּוֹמֵד מִכָּל אָדָם, שֶׁנֶּאֱמַר:

תהלים קיט מִכָּל־מְלַמְּדַי הִשְׂכַּלְתִּי, כִּי עֵדְוֺתֶיךָ שִׂיחָה לִּי: אֵיזֶהוּ גִבּוֹר,

משלי טז הַכּוֹבֵשׁ אֶת יִצְרוֹ, שֶׁנֶּאֱמַר: טוֹב אֶרֶךְ אַפַּיִם מִגִּבּוֹר וּמשֵׁל בְּרוּחוֹ מִלֹּכֵד עִיר: אֵיזֶהוּ עָשִׁיר, הַשָּׂמֵחַ בְּחֶלְקוֹ, שֶׁנֶּאֱמַר:

תהלים קכח יְגִיעַ כַּפֶּיךָ כִּי תֹאכֵל אַשְׁרֶיךָ וְטוֹב לָךְ: אַשְׁרֶיךָ בָּעוֹלָם הַזֶּה וְטוֹב לָךְ לָעוֹלָם הַבָּא. אֵיזֶהוּ מְכֻבָּד, הַמְכַבֵּד אֶת

שמואל א׳ ב הַבְּרִיּוֹת, שֶׁנֶּאֱמַר: כִּי־מְכַבְּדַי אֲכַבֵּד, וּבֹזַי יֵקָלּוּ:

ב בֶּן עַזַּאי אוֹמֵר: הֱוֵי רָץ לְמִצְוָה קַלָּה וּבוֹרֵחַ מִן הָעֲבֵרָה. שֶׁמִּצְוָה גּוֹרֶרֶת מִצְוָה, וַעֲבֵרָה גּוֹרֶרֶת עֲבֵרָה. שֶׁשְּׂכַר מִצְוָה מִצְוָה, וּשְׂכַר עֲבֵרָה עֲבֵרָה.

ג הוּא הָיָה אוֹמֵר: אַל תְּהִי בָז לְכָל אָדָם, וְאַל תְּהִי מַפְלִיג

לְכָל דָּבָר. שֶׁאֵין לְךָ אָדָם שֶׁאֵין לוֹ שָׁעָה, וְאֵין לְךָ דָבָר שֶׁאֵין לוֹ מָקוֹם.

ד רַבִּי לְוִיטַס אִישׁ יַבְנֶה אוֹמֵר: מְאֹד מְאֹד הֱוֵי שְׁפַל רוּחַ, שֶׁתִּקְוַת אֱנוֹשׁ רִמָּה.

ה רַבִּי יוֹחָנָן בֶּן בְּרוֹקָא אוֹמֵר: כָּל הַמְחַלֵּל שֵׁם שָׁמַיִם בַּסֵּתֶר, נִפְרָעִין מִמֶּנּוּ בַּגָּלוּי. אֶחָד שׁוֹגֵג וְאֶחָד מֵזִיד בְּחִלּוּל הַשֵּׁם.

ו רַבִּי יִשְׁמָעֵאל בְּנוֹ אוֹמֵר: הַלּוֹמֵד עַל מְנָת לְלַמֵּד, מַסְפִּיקִין בְּיָדוֹ לִלְמֹד וּלְלַמֵּד. וְהַלּוֹמֵד עַל מְנָת לַעֲשׂוֹת, מַסְפִּיקִין בְּיָדוֹ לִלְמֹד וּלְלַמֵּד, לִשְׁמֹר וְלַעֲשׂוֹת.

ז רַבִּי צָדוֹק אוֹמֵר: אַל תִּפְרֹשׁ מִן הַצִּבּוּר, וְאַל תַּעַשׂ עַצְמְךָ כְּעוֹרְכֵי הַדַּיָּנִין, וְאַל תַּעֲשֶׂהָ עֲטָרָה לְהִתְגַּדֶּל בָּהּ, וְלֹא קַרְדֹּם לַחְפֹּר בָּהּ. וְכָךְ הָיָה הִלֵּל אוֹמֵר: וּדְאִשְׁתַּמֵּשׁ בְּתָגָא חֲלָף. הָא לָמַדְתָּ, כָּל הַנֶּהֱנֶה מִדִּבְרֵי תוֹרָה, נוֹטֵל חַיָּיו מִן הָעוֹלָם.

ח רַבִּי יוֹסֵי אוֹמֵר: כָּל הַמְכַבֵּד אֶת הַתּוֹרָה, גּוּפוֹ מְכֻבָּד עַל הַבְּרִיּוֹת. וְכָל הַמְחַלֵּל אֶת הַתּוֹרָה, גּוּפוֹ מְחֻלָּל עַל הַבְּרִיּוֹת.

ט רַבִּי יִשְׁמָעֵאל בְּנוֹ אוֹמֵר: הַחוֹשֵׂךְ עַצְמוֹ מִן הַדִּין, פּוֹרֵק מִמֶּנּוּ אֵיבָה וְגָזֵל וּשְׁבוּעַת שָׁוְא. וְהַגַּס לִבּוֹ בְּהוֹרָאָה, שׁוֹטֶה, רָשָׁע וְגַס רוּחַ.

י הוּא הָיָה אוֹמֵר: אַל תְּהִי דָן יְחִידִי, שֶׁאֵין דָּן יְחִידִי אֶלָּא אֶחָד. וְאַל תֹּאמַר קַבְּלוּ דַעְתִּי, שֶׁהֵן רַשָּׁאִין וְלֹא אָתָּה.

יא רַבִּי יוֹנָתָן אוֹמֵר: כָּל הַמְקַיֵּם אֶת הַתּוֹרָה מֵעֹנִי, סוֹפוֹ לְקַיְּמָהּ מֵעֹשֶׁר. וְכָל הַמְבַטֵּל אֶת הַתּוֹרָה מֵעֹשֶׁר, סוֹפוֹ לְבַטְּלָהּ מֵעֹנִי.

יב רַבִּי מֵאִיר אוֹמֵר: הֱוֵי מְמַעֵט בְּעֵסֶק וַעֲסֹק בַּתּוֹרָה, וֶהֱוֵי שְׁפַל רוּחַ בִּפְנֵי כָל אָדָם. וְאִם בָּטַלְתָּ מִן הַתּוֹרָה, יֶשׁ לְךָ בְּטֵלִים הַרְבֵּה כְּנֶגְדְּךָ. וְאִם עָמַלְתָּ בַּתּוֹרָה, יֶשׁ לוֹ שָׂכָר הַרְבֵּה לִתֶּן לָךְ.

יג רַבִּי אֱלִיעֶזֶר בֶּן יַעֲקֹב אוֹמֵר: הָעוֹשֶׂה מִצְוָה אַחַת, קוֹנֶה לוֹ פְּרַקְלִיט אֶחָד. וְהָעוֹבֵר עֲבֵרָה אַחַת, קוֹנֶה לוֹ קַטֵּגוֹר אֶחָד. תְּשׁוּבָה וּמַעֲשִׂים טוֹבִים, כִּתְרִיס בִּפְנֵי הַפֻּרְעָנוּת.

יד רַבִּי יוֹחָנָן הַסַּנְדְּלָר אוֹמֵר: כָּל כְּנֵסִיָּה שֶׁהִיא לְשֵׁם שָׁמַיִם, סוֹפָהּ לְהִתְקַיֵּם. וְשֶׁאֵינָהּ לְשֵׁם שָׁמַיִם, אֵין סוֹפָהּ לְהִתְקַיֵּם.

טו רַבִּי אֶלְעָזָר בֶּן שַׁמּוּעַ אוֹמֵר: יְהִי כְבוֹד תַּלְמִידְךָ חָבִיב עָלֶיךָ כְּשֶׁלָּךְ, וּכְבוֹד חֲבֵרְךָ כְּמוֹרָא רַבָּךְ, וּמוֹרָא רַבָּךְ כְּמוֹרָא שָׁמָיִם.

טז רַבִּי יְהוּדָה אוֹמֵר: הֱוֵי זָהִיר בְּתַלְמוּד, שֶׁשִּׁגְגַת תַּלְמוּד עוֹלָה זָדוֹן.

יז רַבִּי שִׁמְעוֹן אוֹמֵר: שְׁלֹשָׁה כְתָרִים הֵן, כֶּתֶר תּוֹרָה וְכֶתֶר כְּהֻנָּה וְכֶתֶר מַלְכוּת, וְכֶתֶר שֵׁם טוֹב עוֹלֶה עַל גַּבֵּיהֶן.

יח רַבִּי נְהוֹרַאי אוֹמֵר: הֱוֵי גוֹלֶה לִמְקוֹם תּוֹרָה. וְאַל תֹּאמַר
שֶׁהִיא תָבוֹא אַחֲרֶיךָ, שֶׁחֲבֵרֶיךָ יְקַיְּמוּהָ בְיָדֶךָ. וְאֶל־בִּינָתְךָ משלי ג
אַל־תִּשָּׁעֵן:

יט רַבִּי יַנַּאי אוֹמֵר: אֵין בְּיָדֵינוּ לֹא מִשַּׁלְוַת הָרְשָׁעִים וְאַף לֹא מִיִּסּוּרֵי הַצַּדִּיקִים.

כ רַבִּי מַתְיָא בֶּן חָרָשׁ אוֹמֵר: הֱוֵי מַקְדִּים בִּשְׁלוֹם כָּל אָדָם, וֶהֱוֵי זָנָב לָאֲרָיוֹת, וְאַל תְּהִי רֹאשׁ לַשּׁוּעָלִים.

כא רַבִּי יַעֲקֹב אוֹמֵר: הָעוֹלָם הַזֶּה דּוֹמֶה לִפְרוֹזְדוֹר בִּפְנֵי הָעוֹלָם הַבָּא. הַתְקֵן עַצְמְךָ בִּפְרוֹזְדוֹר, כְּדֵי שֶׁתִּכָּנֵס לַטְּרַקְלִין.

כב הוּא הָיָה אוֹמֵר: יָפָה שָׁעָה אַחַת בִּתְשׁוּבָה וּמַעֲשִׂים טוֹבִים בָּעוֹלָם הַזֶּה, מִכֹּל חַיֵּי הָעוֹלָם הַבָּא. וְיָפָה שָׁעָה אַחַת שֶׁל קוֹרַת רוּחַ בָּעוֹלָם הַבָּא, מִכֹּל חַיֵּי הָעוֹלָם הַזֶּה.

כג רַבִּי שִׁמְעוֹן בֶּן אֶלְעָזָר אוֹמֵר: אַל תְּרַצֶּה אֶת חֲבֵרְךָ בִּשְׁעַת כַּעְסוֹ, וְאַל תְּנַחֲמֵהוּ בְּשָׁעָה שֶׁמֵּתוֹ מֻטָּל לְפָנָיו, וְאַל תִּשְׁאַל לוֹ בִּשְׁעַת נִדְרוֹ, וְאַל תִּשְׁתַּדֵּל לִרְאוֹתוֹ בִּשְׁעַת קַלְקָלָתוֹ.

כד שְׁמוּאֵל הַקָּטָן אוֹמֵר: בִּנְפֹל אוֹיִבְךָ אַל־תִּשְׂמָח, וּבִכָּשְׁלוֹ משלי כד
אַל־יָגֵל לִבֶּךָ: פֶּן־יִרְאֶה יהוה וְרַע בְּעֵינָיו, וְהֵשִׁיב מֵעָלָיו אַפּוֹ:

כה אֱלִישָׁע בֶּן אֲבוּיָה אוֹמֵר: הַלּוֹמֵד יֶלֶד, לְמָה הוּא דוֹמֶה, לִדְיוֹ כְתוּבָה עַל נְיָר חָדָשׁ. וְהַלּוֹמֵד זָקֵן, לְמָה הוּא דוֹמֶה, לִדְיוֹ כְתוּבָה עַל נְיָר מָחוּק.

כו רַבִּי יוֹסֵי בַּר יְהוּדָה אִישׁ כְּפַר הַבַּבְלִי אוֹמֵר: הַלּוֹמֵד מִן

הַקְּטַנִּים, לְמָה הוּא דוֹמֶה, לְאוֹכֵל עֲנָבִים קֵהוֹת וְשׁוֹתֶה יַיִן מִגִּתּוֹ. וְהַלּוֹמֵד מִן הַזְּקֵנִים, לְמָה הוּא דוֹמֶה, לְאוֹכֵל עֲנָבִים בְּשׁוּלוֹת וְשׁוֹתֶה יַיִן יָשָׁן.

כז רַבִּי מֵאִיר אוֹמֵר: אַל תִּסְתַּכֵּל בַּקַּנְקַן, אֶלָּא בְּמַה שֶּׁיֵּשׁ בּוֹ. יֵשׁ קַנְקַן חָדָשׁ מָלֵא יָשָׁן, וְיָשָׁן שֶׁאֲפִלּוּ חָדָשׁ אֵין בּוֹ.

כח רַבִּי אֶלְעָזָר הַקַּפָּר אוֹמֵר: הַקִּנְאָה וְהַתַּאֲוָה וְהַכָּבוֹד, מוֹצִיאִין אֶת הָאָדָם מִן הָעוֹלָם.

כט הוּא הָיָה אוֹמֵר: הַיִּלּוֹדִים לָמוּת, וְהַמֵּתִים לְחָיוֹת, וְהַחַיִּים לִדּוֹן, לֵידַע וּלְהוֹדִיעַ וּלְהִוָּדַע, שֶׁהוּא אֵל, הוּא הַיּוֹצֵר, הוּא הַבּוֹרֵא, הוּא הַמֵּבִין, הוּא הַדַּיָּן, הוּא הָעֵד, הוּא בַּעַל דִּין, הוּא עָתִיד לָדוּן. בָּרוּךְ הוּא, שֶׁאֵין לְפָנָיו לֹא עַוְלָה וְלֹא שִׁכְחָה, וְלֹא מַשּׂוֹא פָנִים וְלֹא מִקַּח שֹׁחַד, שֶׁהַכֹּל שֶׁלּוֹ. וְדַע, שֶׁהַכֹּל לְפִי הַחֶשְׁבּוֹן. וְאַל יַבְטִיחֲךָ יִצְרְךָ שֶׁהַשְּׁאוֹל בֵּית מָנוֹס לָךְ, שֶׁעַל כָּרְחֲךָ אַתָּה נוֹצָר, וְעַל כָּרְחֲךָ אַתָּה נוֹלָד, וְעַל כָּרְחֲךָ אַתָּה חַי, וְעַל כָּרְחֲךָ אַתָּה מֵת, וְעַל כָּרְחֲךָ אַתָּה עָתִיד לִתֵּן דִּין וְחֶשְׁבּוֹן לִפְנֵי מֶלֶךְ מַלְכֵי הַמְּלָכִים הַקָּדוֹשׁ בָּרוּךְ הוּא.

מכות כג: רַבִּי חֲנַנְיָא בֶּן עֲקַשְׁיָא אוֹמֵר: רָצָה הַקָּדוֹשׁ בָּרוּךְ הוּא לְזַכּוֹת
ישעיה מב אֶת יִשְׂרָאֵל, לְפִיכָךְ הִרְבָּה לָהֶם תּוֹרָה וּמִצְוֹת. שֶׁנֶּאֱמַר: יהוה חָפֵץ לְמַעַן צִדְקוֹ, יַגְדִּיל תּוֹרָה וְיַאְדִּיר:

If there is a מנין*, mourners say* קדיש דרבנן *(page 429).*

* * *

כָּל יִשְׂרָאֵל יֵשׁ לָהֶם חֵלֶק לָעוֹלָם הַבָּא. שֶׁנֶּאֱמַר: סנהדרין צ.
וְעַמֵּךְ כֻּלָּם צַדִּיקִים, לְעוֹלָם יִירְשׁוּ אָרֶץ ישעיה ס
נֵצֶר מַטָּעַי, מַעֲשֵׂה יָדַי לְהִתְפָּאֵר:

פרק חמישי

א בַּעֲשָׂרָה מַאֲמָרוֹת נִבְרָא הָעוֹלָם. וּמַה תַּלְמוּד לוֹמַר, וַהֲלֹא בְּמַאֲמָר אֶחָד יָכוֹל לְהִבָּרְאוֹת, אֶלָּא לְהִפָּרַע מִן הָרְשָׁעִים, שֶׁמְּאַבְּדִין אֶת הָעוֹלָם שֶׁנִּבְרָא בַּעֲשָׂרָה מַאֲמָרוֹת, וְלִתֵּן שָׂכָר טוֹב לַצַּדִּיקִים, שֶׁמְּקַיְּמִין אֶת הָעוֹלָם שֶׁנִּבְרָא בַּעֲשָׂרָה מַאֲמָרוֹת.

ב עֲשָׂרָה דוֹרוֹת מֵאָדָם וְעַד נֹחַ, לְהוֹדִיעַ כַּמָּה אֶרֶךְ אַפַּיִם לְפָנָיו, שֶׁכָּל הַדּוֹרוֹת הָיוּ מַכְעִיסִין וּבָאִין, עַד שֶׁהֵבִיא עֲלֵיהֶם אֶת מֵי הַמַּבּוּל.

ג עֲשָׂרָה דוֹרוֹת מִנֹּחַ וְעַד אַבְרָהָם, לְהוֹדִיעַ כַּמָּה אֶרֶךְ אַפַּיִם לְפָנָיו, שֶׁכָּל הַדּוֹרוֹת הָיוּ מַכְעִיסִין וּבָאִין, עַד שֶׁבָּא אַבְרָהָם אָבִינוּ וְקִבֵּל שְׂכַר כֻּלָּם.

ד עֲשָׂרָה נִסְיוֹנוֹת נִתְנַסָּה אַבְרָהָם אָבִינוּ וְעָמַד בְּכֻלָּם, לְהוֹדִיעַ כַּמָּה חִבָּתוֹ שֶׁל אַבְרָהָם אָבִינוּ.

ה עֲשָׂרָה נִסִּים נַעֲשׂוּ לַאֲבוֹתֵינוּ בְּמִצְרַיִם, וַעֲשָׂרָה עַל הַיָּם. עֶשֶׂר מַכּוֹת הֵבִיא הַקָּדוֹשׁ בָּרוּךְ הוּא עַל הַמִּצְרִיִּים בְּמִצְרַיִם, וְעֶשֶׂר עַל הַיָּם.

ו עֲשָׂרָה נִסְיוֹנוֹת נִסּוּ אֲבוֹתֵינוּ אֶת הַקָּדוֹשׁ בָּרוּךְ הוּא
בַּמִּדְבָּר, שֶׁנֶּאֱמַר: וַיְנַסּוּ אֹתִי זֶה עֶשֶׂר פְּעָמִים, וְלֹא שָׁמְעוּ בְּקוֹלִי: במדבר יד

ז עֲשָׂרָה נִסִּים נַעֲשׂוּ לַאֲבוֹתֵינוּ בְּבֵית הַמִּקְדָּשׁ. לֹא הִפִּילָה אִשָּׁה מֵרֵיחַ בְּשַׂר הַקֹּדֶשׁ, וְלֹא הִסְרִיחַ בְּשַׂר הַקֹּדֶשׁ מֵעוֹלָם, וְלֹא נִרְאָה זְבוּב בְּבֵית הַמִּטְבְּחַיִם, וְלֹא אֵרַע קֶרִי לְכֹהֵן גָּדוֹל בְּיוֹם הַכִּפּוּרִים, וְלֹא כִבּוּ הַגְּשָׁמִים אֵשׁ שֶׁל עֲצֵי הַמַּעֲרָכָה, וְלֹא נִצְּחָה הָרוּחַ אֶת עַמּוּד הֶעָשָׁן, וְלֹא נִמְצָא פְסוּל בָּעֹמֶר וּבִשְׁתֵּי הַלֶּחֶם וּבְלֶחֶם הַפָּנִים, עוֹמְדִים צְפוּפִים וּמִשְׁתַּחֲוִים רְוָחִים, וְלֹא הִזִּיק נָחָשׁ וְעַקְרָב בִּירוּשָׁלַיִם מֵעוֹלָם, וְלֹא אָמַר אָדָם לַחֲבֵרוֹ: צַר לִי הַמָּקוֹם שֶׁאָלִין בִּירוּשָׁלַיִם.

ח עֲשָׂרָה דְבָרִים נִבְרְאוּ בְּעֶרֶב שַׁבָּת בֵּין הַשְּׁמָשׁוֹת. וְאֵלּוּ הֵן, פִּי הָאָרֶץ, פִּי הַבְּאֵר, פִּי הָאָתוֹן, הַקֶּשֶׁת, וְהַמָּן, וְהַמַּטֶּה, וְהַשָּׁמִיר, הַכְּתָב, וְהַמִּכְתָּב, וְהַלּוּחוֹת. וְיֵשׁ אוֹמְרִים, אַף הַמַּזִּיקִין, וּקְבוּרָתוֹ שֶׁל מֹשֶׁה, וְאֵילוֹ שֶׁל אַבְרָהָם אָבִינוּ. וְיֵשׁ אוֹמְרִים, אַף צְבַת בִּצְבַת עֲשׂוּיָה.

ט שִׁבְעָה דְבָרִים בְּגֹלֶם, וְשִׁבְעָה בְּחָכָם. חָכָם אֵינוֹ מְדַבֵּר לִפְנֵי מִי שֶׁגָּדוֹל מִמֶּנּוּ בְּחָכְמָה, וְאֵינוֹ נִכְנָס לְתוֹךְ דִּבְרֵי חֲבֵרוֹ, וְאֵינוֹ נִבְהָל לְהָשִׁיב, שׁוֹאֵל כָּעִנְיָן וּמֵשִׁיב כַּהֲלָכָה, וְאוֹמֵר עַל רִאשׁוֹן רִאשׁוֹן וְעַל אַחֲרוֹן אַחֲרוֹן, וְעַל מַה שֶּׁלֹּא שָׁמַע אוֹמֵר לֹא שָׁמַעְתִּי, וּמוֹדֶה עַל הָאֱמֶת. וְחִלּוּפֵיהֶן בְּגֹלֶם.

י שִׁבְעָה מִינֵי פֻרְעָנִיּוֹת בָּאִין לָעוֹלָם עַל שִׁבְעָה גוּפֵי עֲבֵרָה. מִקְצָתָן מְעַשְּׂרִין וּמִקְצָתָן אֵינָן מְעַשְּׂרִין, רָעָב שֶׁל בַּצֹּרֶת בָּא, מִקְצָתָן רְעֵבִים וּמִקְצָתָן שְׂבֵעִים. גָּמְרוּ שֶׁלֹּא לְעַשֵּׂר,

רָעָב שֶׁל מְהוּמָה וְשֶׁל בַּצֹּרֶת בָּא. וְשֶׁלֹּא לִטּוֹל אֶת הַחַלָּה,
רָעָב שֶׁל כְּלָיָה בָּא.

יא דֶּבֶר בָּא לָעוֹלָם עַל מִיתוֹת הָאֲמוּרוֹת בַּתּוֹרָה שֶׁלֹּא נִמְסְרוּ
לְבֵית דִּין, וְעַל פֵּרוֹת שְׁבִיעִית. חֶרֶב בָּאָה לָעוֹלָם עַל עִנּוּי
הַדִּין, וְעַל עִוּוּת הַדִּין, וְעַל הַמּוֹרִים בַּתּוֹרָה שֶׁלֹּא כַהֲלָכָה.

יב חַיָּה רָעָה בָּאָה לָעוֹלָם עַל שְׁבוּעַת שָׁוְא וְעַל חִלּוּל הַשֵּׁם.
גָּלוּת בָּאָה לָעוֹלָם עַל עֲבוֹדָה זָרָה, וְעַל גִּלּוּי עֲרָיוֹת, וְעַל
שְׁפִיכוּת דָּמִים, וְעַל שְׁמִטַּת הָאָרֶץ.

יג בְּאַרְבָּעָה פְרָקִים הַדֶּבֶר מִתְרַבֶּה, בָּרְבִיעִית, וּבַשְּׁבִיעִית,
וּבְמוֹצָאֵי שְׁבִיעִית, וּבְמוֹצָאֵי הֶחָג שֶׁבְּכָל שָׁנָה וְשָׁנָה.
בָּרְבִיעִית, מִפְּנֵי מַעְשַׂר עָנִי שֶׁבַּשְּׁלִישִׁית. בַּשְּׁבִיעִית, מִפְּנֵי
מַעְשַׂר עָנִי שֶׁבַּשִּׁשִּׁית. בְּמוֹצָאֵי שְׁבִיעִית, מִפְּנֵי פֵרוֹת
שְׁבִיעִית. בְּמוֹצָאֵי הֶחָג שֶׁבְּכָל שָׁנָה וְשָׁנָה, מִפְּנֵי גֶּזֶל
מַתְּנוֹת עֲנִיִּים.

יד אַרְבַּע מִדּוֹת בָּאָדָם. הָאוֹמֵר שֶׁלִּי שֶׁלִּי וְשֶׁלְּךָ שֶׁלָּךְ, זוֹ
מִדָּה בֵינוֹנִית, וְיֵשׁ אוֹמְרִים, זוֹ מִדַּת סְדוֹם. שֶׁלִּי שֶׁלָּךְ
וְשֶׁלְּךָ שֶׁלִּי, עַם הָאָרֶץ. שֶׁלִּי שֶׁלָּךְ וְשֶׁלְּךָ שֶׁלָּךְ, חָסִיד.
שֶׁלְּךָ שֶׁלִּי וְשֶׁלִּי שֶׁלִּי, רָשָׁע.

טו אַרְבַּע מִדּוֹת בַּדֵּעוֹת. נוֹחַ לִכְעוֹס וְנוֹחַ לִרְצוֹת, יָצָא הֶפְסֵדוֹ
בִּשְׂכָרוֹ. קָשֶׁה לִכְעוֹס וְקָשֶׁה לִרְצוֹת, יָצָא שְׂכָרוֹ בְּהֶפְסֵדוֹ.
קָשֶׁה לִכְעוֹס וְנוֹחַ לִרְצוֹת, חָסִיד. נוֹחַ לִכְעוֹס וְקָשֶׁה לִרְצוֹת,
רָשָׁע.

טז אַרְבַּע מִדּוֹת בַּתַּלְמִידִים. מָהִיר לִשְׁמוֹעַ וּמָהִיר לְאַבֵּד, יָצָא

שְׂכָרוֹ בְּהֶפְסֵדוֹ. קָשֶׁה לִשְׁמֹעַ וְקָשֶׁה לְאַבֵּד, יָצָא הֶפְסֵדוֹ בִּשְׂכָרוֹ. מָהִיר לִשְׁמֹעַ וְקָשֶׁה לְאַבֵּד, זֶה חֵלֶק טוֹב. קָשֶׁה לִשְׁמֹעַ וּמָהִיר לְאַבֵּד, זֶה חֵלֶק רָע.

יז אַרְבַּע מִדּוֹת בְּנוֹתְנֵי צְדָקָה. הָרוֹצֶה שֶׁיִּתֵּן וְלֹא יִתְּנוּ אֲחֵרִים, עֵינוֹ רָעָה בְּשֶׁל אֲחֵרִים. יִתְּנוּ אֲחֵרִים וְהוּא לֹא יִתֵּן, עֵינוֹ רָעָה בְּשֶׁלּוֹ. יִתֵּן וְיִתְּנוּ אֲחֵרִים, חָסִיד. לֹא יִתֵּן וְלֹא יִתְּנוּ אֲחֵרִים, רָשָׁע.

יח אַרְבַּע מִדּוֹת בְּהוֹלְכֵי בֵית הַמִּדְרָשׁ. הוֹלֵךְ וְאֵינוֹ עוֹשֶׂה, שְׂכַר הֲלִיכָה בְּיָדוֹ. עוֹשֶׂה וְאֵינוֹ הוֹלֵךְ, שְׂכַר מַעֲשֶׂה בְּיָדוֹ. הוֹלֵךְ וְעוֹשֶׂה, חָסִיד. לֹא הוֹלֵךְ וְלֹא עוֹשֶׂה, רָשָׁע.

יט אַרְבַּע מִדּוֹת בְּיוֹשְׁבִים לִפְנֵי חֲכָמִים, סְפוֹג, וּמַשְׁפֵּךְ, מְשַׁמֶּרֶת, וְנָפָה. סְפוֹג, שֶׁהוּא סוֹפֵג אֶת הַכֹּל. וּמַשְׁפֵּךְ, שֶׁמַּכְנִיס בְּזוֹ וּמוֹצִיא בְזוֹ. מְשַׁמֶּרֶת, שֶׁמּוֹצִיאָה אֶת הַיַּיִן וְקוֹלֶטֶת אֶת הַשְּׁמָרִים. וְנָפָה, שֶׁמּוֹצִיאָה אֶת הַקֶּמַח וְקוֹלֶטֶת אֶת הַסֹּלֶת.

כ כָּל אַהֲבָה שֶׁהִיא תְלוּיָה בְדָבָר, בָּטֵל דָּבָר, בְּטֵלָה אַהֲבָה. וְשֶׁאֵינָהּ תְּלוּיָה בְדָבָר, אֵינָהּ בְּטֵלָה לְעוֹלָם. אֵיזוֹ הִיא אַהֲבָה שֶׁהִיא תְלוּיָה בְדָבָר, זוֹ אַהֲבַת אַמְנוֹן וְתָמָר. וְשֶׁאֵינָהּ תְּלוּיָה בְדָבָר, זוֹ אַהֲבַת דָּוִד וִיהוֹנָתָן.

כא כָּל מַחֲלֹקֶת שֶׁהִיא לְשֵׁם שָׁמַיִם, סוֹפָהּ לְהִתְקַיֵּם. וְשֶׁאֵינָהּ לְשֵׁם שָׁמַיִם, אֵין סוֹפָהּ לְהִתְקַיֵּם. אֵיזוֹ הִיא מַחֲלֹקֶת שֶׁהִיא לְשֵׁם שָׁמַיִם, זוֹ מַחֲלֹקֶת הִלֵּל וְשַׁמַּאי. וְשֶׁאֵינָהּ לְשֵׁם שָׁמַיִם, זוֹ מַחֲלֹקֶת קֹרַח וְכָל עֲדָתוֹ.

כב כָּל הַמְזַכֶּה אֶת הָרַבִּים, אֵין חֵטְא בָּא עַל יָדוֹ. וְכָל הַמַּחֲטִיא
אֶת הָרַבִּים, אֵין מַסְפִּיקִין בְּיָדוֹ לַעֲשׂוֹת תְּשׁוּבָה. מֹשֶׁה זָכָה
וְזִכָּה אֶת הָרַבִּים, זְכוּת הָרַבִּים תָּלוּי בּוֹ, שֶׁנֶּאֱמַר: צִדְקַת דברים לג
יהוה עָשָׂה וּמִשְׁפָּטָיו עִם־יִשְׂרָאֵל: יָרָבְעָם בֶּן נְבָט, חָטָא
וְהֶחֱטִיא אֶת הָרַבִּים, חֵטְא הָרַבִּים תָּלוּי בּוֹ, שֶׁנֶּאֱמַר: עַל־ מלכים א׳ טו
חַטֹּאות יָרָבְעָם אֲשֶׁר חָטָא וַאֲשֶׁר הֶחֱטִיא אֶת־יִשְׂרָאֵל:

כג כָּל מִי שֶׁיֵּשׁ בּוֹ שְׁלשָׁה דְבָרִים הַלָּלוּ, הוּא מִתַּלְמִידָיו שֶׁל
אַבְרָהָם אָבִינוּ. וּשְׁלשָׁה דְבָרִים אֲחֵרִים, הוּא מִתַּלְמִידָיו
שֶׁל בִּלְעָם הָרָשָׁע. עַיִן טוֹבָה, וְרוּחַ נְמוּכָה, וְנֶפֶשׁ שְׁפָלָה,
תַּלְמִידָיו שֶׁל אַבְרָהָם אָבִינוּ. עַיִן רָעָה, וְרוּחַ גְּבוֹהָה וְנֶפֶשׁ
רְחָבָה, תַּלְמִידָיו שֶׁל בִּלְעָם הָרָשָׁע. מַה בֵּין תַּלְמִידָיו שֶׁל
אַבְרָהָם אָבִינוּ לְתַלְמִידָיו שֶׁל בִּלְעָם הָרָשָׁע. תַּלְמִידָיו
שֶׁל אַבְרָהָם אָבִינוּ אוֹכְלִין בָּעוֹלָם הַזֶּה וְנוֹחֲלִין הָעוֹלָם
הַבָּא, שֶׁנֶּאֱמַר: לְהַנְחִיל אֹהֲבַי יֵשׁ וְאֹצְרֹתֵיהֶם אֲמַלֵּא: משלי ח
אֲבָל תַּלְמִידָיו שֶׁל בִּלְעָם הָרָשָׁע יוֹרְשִׁין גֵּיהִנָּם וְיוֹרְדִין
לִבְאֵר שַׁחַת, שֶׁנֶּאֱמַר: וְאַתָּה אֱלֹהִים תּוֹרִדֵם לִבְאֵר שַׁחַת, תהלים נה
אַנְשֵׁי דָמִים וּמִרְמָה לֹא־יֶחֱצוּ יְמֵיהֶם, וַאֲנִי אֶבְטַח־בָּךְ:

כד יְהוּדָה בֶן תֵּימָא אוֹמֵר: הֱוֵי עַז כַּנָּמֵר וְקַל כַּנֶּשֶׁר, רָץ כַּצְּבִי
וְגִבּוֹר כָּאֲרִי, לַעֲשׂוֹת רְצוֹן אָבִיךָ שֶׁבַּשָּׁמָיִם. הוּא הָיָה
אוֹמֵר: עַז פָּנִים לְגֵיהִנָּם, וּבֹשֶׁת פָּנִים לְגַן עֵדֶן. יְהִי רָצוֹן
מִלְּפָנֶיךָ, יהוה אֱלֹהֵינוּ וֵאלֹהֵי אֲבוֹתֵינוּ, שֶׁיִּבָּנֶה בֵּית
הַמִּקְדָּשׁ בִּמְהֵרָה בְיָמֵינוּ, וְתֵן חֶלְקֵנוּ בְּתוֹרָתֶךָ:

כה הוּא הָיָה אוֹמֵר: בֶּן חָמֵשׁ שָׁנִים לַמִּקְרָא, בֶּן עֶשֶׂר שָׁנִים

לַמִּשְׁנָה, בֶּן שְׁלשׁ עֶשְׂרֵה לַמִּצְוֹת, בֶּן חֲמֵשׁ עֶשְׂרֵה לַגְּמָרָא,
בֶּן שְׁמוֹנֶה עֶשְׂרֵה לַחֻפָּה, בֶּן עֶשְׂרִים לִרְדֹּף, בֶּן שְׁלשִׁים
לַכֹּחַ, בֶּן אַרְבָּעִים לַבִּינָה, בֶּן חֲמִשִּׁים לָעֵצָה, בֶּן שִׁשִּׁים
לַזִּקְנָה, בֶּן שִׁבְעִים לַשֵּׂיבָה, בֶּן שְׁמוֹנִים לַגְּבוּרָה, בֶּן
תִּשְׁעִים לָשׁוּחַ, בֶּן מֵאָה כְּאִלּוּ מֵת וְעָבַר וּבָטֵל מִן הָעוֹלָם.

כו בֶּן בַּג בַּג אוֹמֵר: הֲפָךְ בָּהּ וַהֲפָךְ בָּהּ דְּכֹלָּא בָהּ, וּבַהּ תֶּחֱזֵי,
וְסִיב וּבְלֵה בַהּ, וּמִנַּהּ לָא תְזוּעַ, שֶׁאֵין לְךָ מִדָּה טוֹבָה
הֵימֶנָּה. בֶּן הֵא הֵא אוֹמֵר: לְפוּם צַעֲרָא אַגְרָא.

מכות כג: רַבִּי חֲנַנְיָא בֶּן עֲקַשְׁיָא אוֹמֵר: רָצָה הַקָּדוֹשׁ בָּרוּךְ הוּא לְזַכּוֹת
ישעיה מב אֶת יִשְׂרָאֵל, לְפִיכָךְ הִרְבָּה לָהֶם תּוֹרָה וּמִצְוֹת. שֶׁנֶּאֱמַר: יהוה
חָפֵץ לְמַעַן צִדְקוֹ, יַגְדִּיל תּוֹרָה וְיַאְדִּיר:

If there is a מניין, *mourners say* קדיש דרבנן *(page 429).*

* * *

סנהדרין צ. כָּל יִשְׂרָאֵל יֵשׁ לָהֶם חֵלֶק לָעוֹלָם הַבָּא. שֶׁנֶּאֱמַר:
ישעיה ס וְעַמֵּךְ כֻּלָּם צַדִּיקִים, לְעוֹלָם יִירְשׁוּ אָרֶץ
נֵצֶר מַטָּעַי, מַעֲשֵׂה יָדַי לְהִתְפָּאֵר:

פרק שישי

שָׁנוּ חֲכָמִים בִּלְשׁוֹן הַמִּשְׁנָה, בָּרוּךְ שֶׁבָּחַר בָּהֶם וּבְמִשְׁנָתָם.

א רַבִּי מֵאִיר אוֹמֵר: כָּל הָעוֹסֵק בַּתּוֹרָה לִשְׁמָהּ, זוֹכֶה לִדְבָרִים
הַרְבֵּה. וְלֹא עוֹד, אֶלָּא שֶׁכָּל הָעוֹלָם כֻּלּוֹ כְּדַאי הוּא לוֹ.
נִקְרָא רֵעַ, אָהוּב, אוֹהֵב אֶת הַמָּקוֹם, אוֹהֵב אֶת הַבְּרִיּוֹת,
מְשַׂמֵּחַ אֶת הַמָּקוֹם, מְשַׂמֵּחַ אֶת הַבְּרִיּוֹת, וּמַלְבַּשְׁתּוֹ
עֲנָוָה וְיִרְאָה, וּמַכְשַׁרְתּוֹ לִהְיוֹת צַדִּיק, חָסִיד, יָשָׁר, וְנֶאֱמָן,

וּמְרַחַקְתּוֹ מִן הַחֵטְא, וּמְקָרַבְתּוֹ לִידֵי זְכוּת, וְנֶהֱנִין מִמֶּנּוּ
עֵצָה וְתוּשִׁיָּה, בִּינָה וּגְבוּרָה, שֶׁנֶּאֱמַר: לִי־עֵצָה וְתוּשִׁיָּה, משלי ח
אֲנִי בִינָה, לִי גְבוּרָה: וְנוֹתֶנֶת לוֹ מַלְכוּת וּמֶמְשָׁלָה, וְחִקּוּר
דִּין, וּמְגַלִּין לוֹ רָזֵי תוֹרָה, וְנַעֲשֶׂה כְּמַעְיָן הַמִּתְגַּבֵּר וּכְנָהָר
שֶׁאֵינוֹ פּוֹסֵק, וְהֹוֶה צָנוּעַ, וְאֶרֶךְ רוּחַ, וּמוֹחֵל עַל עֶלְבּוֹנוֹ,
וּמְגַדַּלְתּוֹ וּמְרוֹמַמְתּוֹ עַל כָּל הַמַּעֲשִׂים.

ב אָמַר רַבִּי יְהוֹשֻׁעַ בֶּן לֵוִי: בְּכָל יוֹם וָיוֹם, בַּת קוֹל יוֹצֵאת
מֵהַר חוֹרֵב וּמַכְרֶזֶת וְאוֹמֶרֶת, אוֹי לָהֶם לַבְּרִיּוֹת מֵעֶלְבּוֹנָהּ
שֶׁל תּוֹרָה, שֶׁכָּל מִי שֶׁאֵינוֹ עוֹסֵק בַּתּוֹרָה נִקְרָא נָזוּף,
שֶׁנֶּאֱמַר: נֶזֶם זָהָב בְּאַף חֲזִיר, אִשָּׁה יָפָה וְסָרַת טָעַם: משלי יא
וְאוֹמֵר: וְהַלֻּחֹת מַעֲשֵׂה אֱלֹהִים הֵמָּה, וְהַמִּכְתָּב מִכְתַּב שמות לב
אֱלֹהִים הוּא, חָרוּת עַל־הַלֻּחֹת: אַל תִּקְרָא חָרוּת אֶלָּא
חֵרוּת, שֶׁאֵין לְךָ בֶּן חוֹרִין אֶלָּא מִי שֶׁעוֹסֵק בְּתַלְמוּד תּוֹרָה.
וְכָל מִי שֶׁעוֹסֵק בְּתַלְמוּד תּוֹרָה, הֲרֵי זֶה מִתְעַלֶּה, שֶׁנֶּאֱמַר:
וּמִמַּתָּנָה נַחֲלִיאֵל, וּמִנַּחֲלִיאֵל בָּמוֹת: במדבר כא

ג הַלּוֹמֵד מֵחֲבֵרוֹ פֶּרֶק אֶחָד, אוֹ הֲלָכָה אַחַת, אוֹ פָּסוּק
אֶחָד, אוֹ דִבּוּר אֶחָד, אוֹ אֲפִלּוּ אוֹת אַחַת, צָרִיךְ לִנְהָג
בּוֹ כָּבוֹד. שֶׁכֵּן מָצִינוּ בְּדָוִד מֶלֶךְ יִשְׂרָאֵל, שֶׁלֹּא לָמַד
מֵאֲחִיתֹפֶל אֶלָּא שְׁנֵי דְבָרִים בִּלְבָד, קְרָאוֹ רַבּוֹ אלופו
וּמְיֻדָּעוֹ, שֶׁנֶּאֱמַר: וְאַתָּה אֱנוֹשׁ כְּעֶרְכִּי, אַלּוּפִי וּמְיֻדָּעִי: תהלים נה
וַהֲלֹא דְבָרִים קַל וָחֹמֶר. וּמַה דָּוִד מֶלֶךְ יִשְׂרָאֵל, שֶׁלֹּא לָמַד
מֵאֲחִיתֹפֶל אֶלָּא שְׁנֵי דְבָרִים בִּלְבָד, קְרָאוֹ רַבּוֹ אַלּוּפוֹ
וּמְיֻדָּעוֹ, הַלּוֹמֵד מֵחֲבֵרוֹ פֶּרֶק אֶחָד, אוֹ הֲלָכָה אַחַת, אוֹ

פָּסוּק אֶחָד, אוֹ דִבּוּר אֶחָד, אוֹ אֲפִלּוּ אוֹת אַחַת, עַל
אַחַת כַּמָּה וְכַמָּה שֶׁצָּרִיךְ לִנְהָג בּוֹ כָּבוֹד. וְאֵין כָּבוֹד
אֶלָּא תוֹרָה, שֶׁנֶּאֱמַר: כָּבוֹד חֲכָמִים יִנְחָלוּ: וּתְמִימִים משלי ג
יִנְחֲלוּ־טוֹב: וְאֵין טוֹב אֶלָּא תוֹרָה, שֶׁנֶּאֱמַר: כִּי לֶקַח טוֹב משלי כח / משלי ד
נָתַתִּי לָכֶם, תּוֹרָתִי אַל־תַּעֲזֹבוּ:

ד כָּךְ הִיא דַּרְכָּהּ שֶׁל תּוֹרָה. פַּת בַּמֶּלַח תֹּאכֵל, וּמַיִם בַּמְּשׂוּרָה תִּשְׁתֶּה, וְעַל הָאָרֶץ תִּישַׁן, וְחַיֵּי צַעַר תִּחְיֶה, וּבַתּוֹרָה אַתָּה עָמֵל. אִם אַתָּה עוֹשֶׂה כֵּן, אַשְׁרֶיךָ וְטוֹב לָךְ, אַשְׁרֶיךָ בָּעוֹלָם הַזֶּה, וְטוֹב לָךְ לָעוֹלָם הַבָּא.

ה אַל תְּבַקֵּשׁ גְּדֻלָּה לְעַצְמְךָ, וְאַל תַּחְמֹד כָּבוֹד. יוֹתֵר מִלִּמּוּדְךָ עֲשֵׂה. וְאַל תִּתְאַוֶּה לְשֻׁלְחָנָם שֶׁל מְלָכִים, שֶׁשֻּׁלְחָנְךָ גָּדוֹל מִשֻּׁלְחָנָם, וְכִתְרְךָ גָּדוֹל מִכִּתְרָם. וְנֶאֱמָן הוּא בַּעַל מְלַאכְתְּךָ, שֶׁיְּשַׁלֶּם לְךָ שְׂכַר פְּעֻלָּתֶךָ.

ו גְּדוֹלָה תוֹרָה יוֹתֵר מִן הַכְּהֻנָּה וּמִן הַמַּלְכוּת. שֶׁהַמַּלְכוּת נִקְנֵית בִּשְׁלֹשִׁים מַעֲלוֹת, וְהַכְּהֻנָּה בְּעֶשְׂרִים וְאַרְבַּע, וְהַתּוֹרָה נִקְנֵית בְּאַרְבָּעִים וּשְׁמוֹנָה דְבָרִים. וְאֵלּוּ הֵן, בְּתַלְמוּד, בִּשְׁמִיעַת הָאֹזֶן, בַּעֲרִיכַת שְׂפָתַיִם, בְּבִינַת הַלֵּב, בְּאֵימָה, בְּיִרְאָה, בַּעֲנָוָה, בְּשִׂמְחָה, בְּטָהֳרָה, בְּשִׁמּוּשׁ חֲכָמִים, בְּדִקְדּוּק חֲבֵרִים, בְּפִלְפּוּל הַתַּלְמִידִים, בְּיִשּׁוּב, בְּמִקְרָא, בְּמִשְׁנָה, בְּמִעוּט סְחוֹרָה, בְּמִעוּט דֶּרֶךְ אֶרֶץ, בְּמִעוּט תַּעֲנוּג, בְּמִעוּט שֵׁנָה, בְּמִעוּט שִׂיחָה, בְּמִעוּט שְׂחוֹק, בְּאֶרֶךְ אַפַּיִם, בְּלֵב טוֹב, בֶּאֱמוּנַת חֲכָמִים, בְּקַבָּלַת הַיִּסּוּרִין, הַמַּכִּיר אֶת מְקוֹמוֹ, וְהַשָּׂמֵחַ בְּחֶלְקוֹ, וְהָעוֹשֶׂה

סְיָג לִדְבָרָיו, וְאֵינוֹ מַחֲזִיק טוֹבָה לְעַצְמוֹ, אָהוּב, אוֹהֵב אֶת הַמָּקוֹם, אוֹהֵב אֶת הַבְּרִיּוֹת, אוֹהֵב אֶת הַצְּדָקוֹת, אוֹהֵב אֶת הַמֵּישָׁרִים, אוֹהֵב אֶת הַתּוֹכָחוֹת, וּמִתְרַחֵק מִן הַכָּבוֹד, וְלֹא מֵגִיס לִבּוֹ בְּתַלְמוּדוֹ, וְאֵינוֹ שָׂמֵחַ בְּהוֹרָאָה, נוֹשֵׂא בְעֹל עִם חֲבֵרוֹ, וּמַכְרִיעוֹ לְכַף זְכוּת, וּמַעֲמִידוֹ עַל הָאֱמֶת, וּמַעֲמִידוֹ עַל הַשָּׁלוֹם, וּמִתְיַשֵּׁב לִבּוֹ בְּתַלְמוּדוֹ, שׁוֹאֵל וּמֵשִׁיב, שׁוֹמֵעַ וּמוֹסִיף, הַלּוֹמֵד עַל מְנָת לְלַמֵּד, וְהַלּוֹמֵד עַל מְנָת לַעֲשׂוֹת, הַמַּחְכִּים אֶת רַבּוֹ, וְהַמְכַוֵּן אֶת שְׁמוּעָתוֹ, וְהָאוֹמֵר דָּבָר בְּשֵׁם אוֹמְרוֹ. הָא לָמַדְתָּ, כָּל הָאוֹמֵר דָּבָר בְּשֵׁם אוֹמְרוֹ, מֵבִיא גְאֻלָּה לָעוֹלָם, שֶׁנֶּאֱמַר:
וַתֹּאמֶר אֶסְתֵּר לַמֶּלֶךְ בְּשֵׁם מָרְדֳּכָי: אסתר ב

ז גְּדוֹלָה תוֹרָה, שֶׁהִיא נוֹתֶנֶת חַיִּים לְעוֹשֶׂיהָ בָּעוֹלָם
הַזֶּה וּבָעוֹלָם הַבָּא, שֶׁנֶּאֱמַר: כִּי־חַיִּים הֵם לְמֹצְאֵיהֶם, משלי ד
וּלְכָל־בְּשָׂרוֹ מַרְפֵּא: וְאוֹמֵר: רִפְאוּת תְּהִי לְשָׁרֶּךָ, וְשִׁקּוּי משלי ג
לְעַצְמוֹתֶיךָ: וְאוֹמֵר: עֵץ־חַיִּים הִיא לַמַּחֲזִיקִים בָּהּ,
וְתֹמְכֶיהָ מְאֻשָּׁר: וְאוֹמֵר: כִּי לִוְיַת חֵן הֵם לְרֹאשֶׁךָ, וַעֲנָקִים משלי א
לְגַרְגְּרֹתֶיךָ: וְאוֹמֵר: תִּתֵּן לְרֹאשְׁךָ לִוְיַת־חֵן, עֲטֶרֶת תִּפְאֶרֶת משלי ד
תְּמַגְּנֶךָּ: וְאוֹמֵר: כִּי־בִי יִרְבּוּ יָמֶיךָ, וְיוֹסִיפוּ לְּךָ שְׁנוֹת חַיִּים: משלי ט
וְאוֹמֵר: אֹרֶךְ יָמִים בִּימִינָהּ, בִּשְׂמֹאולָהּ עֹשֶׁר וְכָבוֹד: משלי ג
וְאוֹמֵר: כִּי אֹרֶךְ יָמִים וּשְׁנוֹת חַיִּים וְשָׁלוֹם יוֹסִיפוּ לָךְ: משלי ג

ח רַבִּי שִׁמְעוֹן בֶּן מְנַסְיָא מִשּׁוּם רַבִּי שִׁמְעוֹן בֶּן יוֹחַאי אוֹמֵר: הַנּוֹי, וְהַכֹּחַ, וְהָעֹשֶׁר, וְהַכָּבוֹד, וְהַחָכְמָה, וְהַזִּקְנָה, וְהַשֵּׂיבָה, וְהַבָּנִים, נָאֶה לַצַּדִּיקִים וְנָאֶה לָעוֹלָם, שֶׁנֶּאֱמַר:

משלי טז עֲטֶרֶת תִּפְאֶרֶת שֵׂיבָה, בְּדֶרֶךְ צְדָקָה תִּמָּצֵא: וְאוֹמֵר:
משלי יד משלי יז עֲטֶרֶת חֲכָמִים עָשְׁרָם: וְאוֹמֵר: עֲטֶרֶת זְקֵנִים בְּנֵי בָנִים,
משלי כ וְתִפְאֶרֶת בָּנִים אֲבוֹתָם: וְאוֹמֵר: תִּפְאֶרֶת בַּחוּרִים כֹּחָם,
ישעיה כד וַהֲדַר זְקֵנִים שֵׂיבָה: וְאוֹמֵר: וְחָפְרָה הַלְּבָנָה וּבוֹשָׁה הַחַמָּה,
כִּי־מָלַךְ יהוה צְבָאוֹת בְּהַר צִיּוֹן וּבִירוּשָׁלִַם, וְנֶגֶד זְקֵנָיו
כָּבוֹד: רַבִּי שִׁמְעוֹן בֶּן מְנַסְיָא אוֹמֵר: אֵלּוּ שֶׁבַע מִדּוֹת
שֶׁמָּנוּ חֲכָמִים לַצַּדִּיקִים, כֻּלָּם נִתְקַיְּמוּ בְּרַבִּי וּבְבָנָיו.

ט אָמַר רַבִּי יוֹסֵי בֶּן קִסְמָא: פַּעַם אַחַת הָיִיתִי מְהַלֵּךְ בַּדֶּרֶךְ,
וּפָגַע בִּי אָדָם אֶחָד, וְנָתַן לִי שָׁלוֹם וְהֶחֱזַרְתִּי לוֹ שָׁלוֹם.
אָמַר לִי, רַבִּי, מֵאֵיזֶה מָקוֹם אָתָּה. אָמַרְתִּי לוֹ, מֵעִיר גְּדוֹלָה
שֶׁל חֲכָמִים וְשֶׁל סוֹפְרִים אָנִי. אָמַר לִי, רַבִּי, רְצוֹנְךָ שֶׁתָּדוּר
עִמָּנוּ בִּמְקוֹמֵנוּ, וַאֲנִי אֶתֵּן לְךָ אֶלֶף אֲלָפִים דִּינְרֵי זָהָב
וַאֲבָנִים טוֹבוֹת וּמַרְגָּלִיּוֹת. אָמַרְתִּי לוֹ, אִם אַתָּה נוֹתֵן לִי
כָּל כֶּסֶף וְזָהָב וַאֲבָנִים טוֹבוֹת וּמַרְגָּלִיּוֹת שֶׁבָּעוֹלָם, אֵינִי
דָר אֶלָּא בִּמְקוֹם תּוֹרָה, וְכֵן כָּתוּב בְּסֵפֶר תְּהִלִּים עַל יְדֵי
תהלים קיט דָוִד מֶלֶךְ יִשְׂרָאֵל: טוֹב־לִי תוֹרַת־פִּיךָ מֵאַלְפֵי זָהָב וָכָסֶף:
וְלֹא עוֹד, אֶלָּא שֶׁבִּשְׁעַת פְּטִירָתוֹ שֶׁל אָדָם, אֵין מְלַוִּין לוֹ
לְאָדָם לֹא כֶסֶף וְלֹא זָהָב וְלֹא אֲבָנִים טוֹבוֹת וּמַרְגָּלִיּוֹת,
משלי ו אֶלָּא תוֹרָה וּמַעֲשִׂים טוֹבִים בִּלְבָד, שֶׁנֶּאֱמַר: בְּהִתְהַלֶּכְךָ
תַּנְחֶה אֹתָךְ, בְּשָׁכְבְּךָ תִּשְׁמֹר עָלֶיךָ, וַהֲקִיצוֹתָ הִיא
תְשִׂיחֶךָ: בְּהִתְהַלֶּכְךָ תַּנְחֶה אֹתָךְ, בָּעוֹלָם הַזֶּה. בְּשָׁכְבְּךָ
תִּשְׁמֹר עָלֶיךָ, בַּקֶּבֶר. וַהֲקִיצוֹתָ הִיא תְשִׂיחֶךָ, לָעוֹלָם
חגי ב הַבָּא. וְאוֹמֵר: לִי הַכֶּסֶף וְלִי הַזָּהָב, נְאֻם יהוה צְבָאוֹת:

י חֲמִשָּׁה קִנְיָנִים קָנָה הַקָּדוֹשׁ בָּרוּךְ הוּא בְּעוֹלָמוֹ. וְאֵלּוּ הֵן,
תּוֹרָה קִנְיָן אֶחָד, שָׁמַיִם וָאָרֶץ קִנְיָן אֶחָד, אַבְרָהָם קִנְיָן
אֶחָד, יִשְׂרָאֵל קִנְיָן אֶחָד, בֵּית הַמִּקְדָּשׁ קִנְיָן אֶחָד. תּוֹרָה
מִנַּיִן, דִּכְתִיב: יהוה קָנָנִי רֵאשִׁית דַּרְכּוֹ, קֶדֶם מִפְעָלָיו משלי ח
מֵאָז: שָׁמַיִם וָאָרֶץ מִנַּיִן, דִּכְתִיב: כֹּה אָמַר יהוה הַשָּׁמַיִם ישעיה סו
כִּסְאִי וְהָאָרֶץ הֲדֹם רַגְלָי, אֵי־זֶה בַיִת אֲשֶׁר תִּבְנוּ־לִי,
וְאֵי־זֶה מָקוֹם מְנוּחָתִי: וְאוֹמֵר: מָה־רַבּוּ מַעֲשֶׂיךָ יהוה, תהלים קד
כֻּלָּם בְּחָכְמָה עָשִׂיתָ, מָלְאָה הָאָרֶץ קִנְיָנֶךָ: אַבְרָהָם
מִנַּיִן, דִּכְתִיב: וַיְבָרְכֵהוּ וַיֹּאמַר, בָּרוּךְ אַבְרָם לְאֵל עֶלְיוֹן, בראשית יד
קֹנֵה שָׁמַיִם וָאָרֶץ: יִשְׂרָאֵל מִנַּיִן, דִּכְתִיב: עַד־יַעֲבֹר עַמְּךָ שמות טו
יהוה, עַד־יַעֲבֹר עַם־זוּ קָנִיתָ: וְאוֹמֵר: לִקְדוֹשִׁים אֲשֶׁר־ תהלים טז
בָּאָרֶץ הֵמָּה, וְאַדִּירֵי כָּל־חֶפְצִי־בָם: בֵּית הַמִּקְדָּשׁ מִנַּיִן,
דִּכְתִיב: מָכוֹן לְשִׁבְתְּךָ פָּעַלְתָּ יהוה, מִקְּדָשׁ אֲדֹנָי כּוֹנְנוּ שמות טו
יָדֶיךָ: וְאוֹמֵר: וַיְבִיאֵם אֶל־גְּבוּל קָדְשׁוֹ, הַר־זֶה קָנְתָה תהלים עח
יְמִינוֹ:

יא כָּל מַה שֶּׁבָּרָא הַקָּדוֹשׁ בָּרוּךְ הוּא בְּעוֹלָמוֹ, לֹא בְרָאוֹ
אֶלָּא לִכְבוֹדוֹ, שֶׁנֶּאֱמַר: כֹּל הַנִּקְרָא בִשְׁמִי וְלִכְבוֹדִי ישעיה מג
בְּרָאתִיו, יְצַרְתִּיו אַף־עֲשִׂיתִיו: וְאוֹמֵר: יהוה יִמְלֹךְ לְעֹלָם שמות טו
וָעֶד:

רַבִּי חֲנַנְיָא בֶּן עֲקַשְׁיָא אוֹמֵר: רָצָה הַקָּדוֹשׁ בָּרוּךְ הוּא לְזַכּוֹת מכות כג:
אֶת יִשְׂרָאֵל, לְפִיכָךְ הִרְבָּה לָהֶם תּוֹרָה וּמִצְוֹת. שֶׁנֶּאֱמַר: יהוה ישעיה מב
חָפֵץ לְמַעַן צִדְקוֹ, יַגְדִּיל תּוֹרָה וְיַאְדִּיר:

If there is a מניין*, mourners say* קדיש דרבנן (*page 429*).

סעודה שלישית של שבת
Se'uda Shelishit for Shabbat

אַתְקִֽינוּ סְעוּדָתָא דִמְהֵימְנוּתָא שְׁלִֽימְתָא
חֶדְוָתָא דְמַלְכָּא קַדִּישָׁא.
אַתְקִֽינוּ סְעוּדָתָא דְמַלְכָּא.
דָּא הִיא סְעוּדָתָא דִּזְעֵיר אַנְפִּין
וְעַתִּיקָא קַדִּישָׁא וַחֲקַל תַּפּוּחִין
קַדִּישִׁין אָתַיִן לְסַעֲדָה בַּהֲדֵהּ.

בְּנֵי הֵיכְלָא, דִּכְסִיפִין לְמֶחֱזֵי זִיו זְעֵיר אַנְפִּין
יְהוֹן הָכָא, בְּהַאי תַּכָּא, דְּבֵהּ מַלְכָּא בְּגִלּוּפִין.
צְבוּ לַחְדָא, בְּהַאי וַעְדָא, בְּגוֹ עִירִין וְכָל גַּדְפִּין.
חֲדוּ הַשְׁתָּא, בְּהַאי שַׁעְתָּא, דְּבֵהּ רַעֲוָא וְלֵית זַעְפִין.
קְרִֽיבוּ לִי, חֲזוּ חֵילִי, דְּלֵית דִּינִין דְּתַקִּיפִין.
לְבַר נַטְלִין, וְלָא עָלִין, הָנֵי כַּלְבִּין דַּחֲצִיפִין.
וְהָא אַזְמִין עַתִּיק יוֹמִין, לְמִצְחֵהּ עֲדֵי יְהוֹן חָלְפִין.
רְעוּ דִי לֵהּ, דְּגַלֵּי לֵהּ, לְבַטָּלָה בְּכָל קְלִיפִין.
יְשַׁוֵּי לוֹן, בְּנִקְבֵּיהוֹן, וִיטַמְּרוּן בְּגוֹ כֵפִין.
אֲרֵי הַשְׁתָּא, בְּמִנְחָתָא, בְּחֶדְוָתָא דִּזְעֵיר אַנְפִּין.

תהלים כג
מִזְמוֹר לְדָוִד, יהוה רֹעִי לֹא אֶחְסָר: בִּנְאוֹת דֶּשֶׁא
יַרְבִּיצֵנִי, עַל־מֵי מְנֻחוֹת יְנַהֲלֵנִי: נַפְשִׁי יְשׁוֹבֵב, יַנְחֵנִי

בְּמַעְגְּלֵי־צֶדֶק לְמַעַן שְׁמוֹ: גַּם כִּי־אֵלֵךְ בְּגֵיא צַלְמָוֶת
לֹא־אִירָא רָע, כִּי־אַתָּה עִמָּדִי, שִׁבְטְךָ וּמִשְׁעַנְתֶּךָ
הֵמָּה יְנַחֲמֻנִי: תַּעֲרֹךְ לְפָנַי שֻׁלְחָן נֶגֶד צֹרְרָי, דִּשַּׁנְתָּ
בַשֶּׁמֶן רֹאשִׁי, כּוֹסִי רְוָיָה: אַךְ טוֹב וָחֶסֶד יִרְדְּפוּנִי
כָּל־יְמֵי חַיָּי, וְשַׁבְתִּי בְּבֵית־יהוה לְאֹרֶךְ יָמִים:

יְדִיד נֶפֶשׁ, אָב הָרַחֲמָן, מְשֹׁךְ עַבְדְּךָ אֶל רְצוֹנְךָ
יָרוּץ עַבְדְּךָ כְּמוֹ אַיָּל, יִשְׁתַּחֲוֶה מוּל הֲדָרֶךָ
כִּי יֶעֱרַב לוֹ יְדִידוּתֶךָ, מִנֹּפֶת צוּף וְכָל טָעַם.

הָדוּר, נָאֶה, זִיו הָעוֹלָם, נַפְשִׁי חוֹלַת אַהֲבָתֶךָ
אָנָּא, אֵל נָא, רְפָא נָא לָהּ, בְּהַרְאוֹת לָהּ נֹעַם זִיוֶךָ
אָז תִּתְחַזֵּק וְתִתְרַפֵּא, וְהָיְתָה לָךְ שִׁפְחַת עוֹלָם.

וָתִיק, יֶהֱמוּ רַחֲמֶיךָ, וְחוּס נָא עַל בֵּן אוֹהֲבָךְ
כִּי זֶה כַּמָּה נִכְסֹף נִכְסַף לִרְאוֹת בְּתִפְאֶרֶת עֻזָּךְ
אָנָּא, אֵלִי, מַחְמַד לִבִּי, חוּשָׁה נָּא וְאַל תִּתְעַלָּם.

הִגָּלֵה נָא וּפְרֹשׂ, חָבִיב, עָלַי אֶת סֻכַּת שְׁלוֹמָךְ
תָּאִיר אֶרֶץ מִכְּבוֹדָךְ, נָגִילָה וְנִשְׂמְחָה בָךְ.
מַהֵר, אָהוּב, כִּי בָא מוֹעֵד, וְחָנֵּנִי כִּימֵי עוֹלָם.

אֵל מִסְתַּתֵּר בְּשַׁפְרִיר חֶבְיוֹן
הַשֵּׂכֶל הַנֶּעְלָם מִכָּל רַעְיוֹן
עִלַּת הָעִלּוֹת מֻכְתָּר בְּכֶתֶר עֶלְיוֹן כֶּתֶר יִתְּנוּ לְךָ יהוה.

בְּרֵאשִׁית תּוֹרָתְךָ הַקְּדוּמָה
רְשׁוּמָה חָכְמָתְךָ הַסְּתוּמָה
מֵאַיִן תִּמָּצֵא וְהִיא נֶעְלָמָה רֵאשִׁית חָכְמָה יִרְאַת יהוה.

רְחוֹבוֹת הַנָּהָר נַחֲלֵי אֱמוּנָה
מַיִם עֲמֻקִּים יִדְלֵם אִישׁ תְּבוּנָה
תּוֹצְאוֹתֶיהָ חֲמִשִּׁים שַׁעֲרֵי בִינָה אֱמוּנִים נוֹצֵר יהוה.

הָאֵל הַגָּדוֹל עֵינֵי כֹל נֶגְדֶּךָ
רַב חֶסֶד גָּדוֹל עַל הַשָּׁמַיִם חַסְדֶּךָ
אֱלֹהֵי אַבְרָהָם זְכֹר לְעַבְדֶּךָ
חַסְדֵי יהוה אַזְכִּיר תְּהִלּוֹת יהוה.

מָרוֹם נֶאְדָּר בְּכֹחַ וּגְבוּרָה
מוֹצִיא אוֹרָה מֵאֵין תְּמוּרָה
פַּחַד יִצְחָק מִשְׁפָּטֵנוּ הָאִירָה אַתָּה גִּבּוֹר לְעוֹלָם יהוה.

מִי אֵל כָּמוֹךָ עוֹשֶׂה גְדוֹלוֹת
אֲבִיר יַעֲקֹב נוֹרָא תְהִלּוֹת
תִּפְאֶרֶת יִשְׂרָאֵל שׁוֹמֵעַ תְּפִלּוֹת
כִּי שׁוֹמֵעַ אֶל אֶבְיוֹנִים יהוה.

יָהּ, זְכוּת אָבוֹת יָגֵן עָלֵינוּ
נֵצַח יִשְׂרָאֵל, מִצָּרוֹתֵינוּ גְּאָלֵנוּ
וּמִבּוֹר גָּלוּת דְּלֵנוּ וְהַעֲלֵנוּ
לְנַצֵּחַ עַל מְלֶאכֶת בֵּית יהוה.

מִיָּמִין וּמִשְּׂמֹאל יְנִיקַת הַנְּבִיאִים
נֵצַח וָהוֹד מֵהֶם נִמְצָאִים
יָכִין וּבֹעַז בְּשֵׁם נִקְרָאִים　　　וְכָל בָּנַיִךְ לִמּוּדֵי יהוה.

יְסוֹד צַדִּיק בְּשִׁבְעָה נֶעְלָם
אוֹת בְּרִית הוּא לְעוֹלָם
מַעְיַן הַבְּרָכָה צַדִּיק יְסוֹד עוֹלָם　　　צַדִּיק אַתָּה יהוה.

נָא הָקֵם מַלְכוּת דָּוִד וּשְׁלֹמֹה
בָּעֲטָרָה שֶׁעִטְּרָה לּוֹ אִמּוֹ
כְּנֶסֶת יִשְׂרָאֵל כַּלָּה קְרוּאָה בִּנְעִימָה
עֲטֶרֶת תִּפְאֶרֶת בְּיַד יהוה.

חָזָק מְיַחֵד כְּאֶחָד עֶשֶׂר סְפִירוֹת
וּמַפְרִיד אַלּוּף לֹא יִרְאֶה מְאוֹרוֹת
סַפִּיר גִּזְרָתָם יַחַד מְאִירוֹת　　　תִּקְרַב רִנָּתִי לְפָנֶיךָ יהוה.

Ma'ariv for Motza'ei Shabbat

In many congregations, the following two psalms are sung before Ma'ariv at the end of Shabbat. In congregations that the psalms are not said, the service starts on page 574.

לְדָוִד Of David. Blessed is the LORD, my Rock, who trains my hands for war, my fingers for battle. He is my Benefactor, my Fortress, my Stronghold and my Refuge, my Shield in whom I trust, He who subdues nations under me. LORD, what is man that You care for him, what are mortals that You think of them? Man is no more than a breath, his days like a fleeting shadow. LORD, part Your heavens and come down; touch the mountains so that they pour forth smoke. Flash forth lightning and scatter them; shoot Your arrows and panic them. Reach out Your hand from on high; deliver me and rescue me from the mighty waters, from the hands of strangers, whose every word is worthless, whose right hands are raised in falsehood. To You, God, I will sing a new song; to You I will play music on a ten-stringed harp. He who gives salvation to kings, who saved His servant David from the cruel sword: may He deliver me and rescue me from the hands of strangers, whose every word is worthless, whose Ps. 144

מעריב למוצאי שבת

In many congregations, the following two psalms are sung before מעריב *on* מוצאי שבת*. In congregations that the psalms are not said, the service starts on page 575.*

the service starts on page 575.

תהלים קמד

לְדָוִד, בָּרוּךְ יהוה צוּרִי, הַמְלַמֵּד יָדַי לַקְרָב, אֶצְבְּעוֹתַי לַמִּלְחָמָה: חַסְדִּי וּמְצוּדָתִי מִשְׂגַּבִּי וּמְפַלְטִי לִי, מָגִנִּי וּבוֹ חָסִיתִי, הָרוֹדֵד עַמִּי תַחְתָּי: יהוה מָה־אָדָם וַתֵּדָעֵהוּ, בֶּן־אֱנוֹשׁ וַתְּחַשְּׁבֵהוּ: אָדָם לַהֶבֶל דָּמָה, יָמָיו כְּצֵל עוֹבֵר: יהוה הַט־שָׁמֶיךָ וְתֵרֵד, גַּע בֶּהָרִים וְיֶעֱשָׁנוּ: בְּרוֹק בָּרָק וּתְפִיצֵם, שְׁלַח חִצֶּיךָ וּתְהֻמֵּם: שְׁלַח יָדֶיךָ מִמָּרוֹם, פְּצֵנִי וְהַצִּילֵנִי מִמַּיִם רַבִּים, מִיַּד בְּנֵי נֵכָר: אֲשֶׁר פִּיהֶם דִּבֶּר־שָׁוְא, וִימִינָם יְמִין שָׁקֶר: אֱלֹהִים שִׁיר חָדָשׁ אָשִׁירָה לָּךְ, בְּנֵבֶל עָשׂוֹר אֲזַמְּרָה־לָּךְ: הַנּוֹתֵן תְּשׁוּעָה לַמְּלָכִים, הַפּוֹצֶה אֶת־דָּוִד עַבְדּוֹ מֵחֶרֶב רָעָה: פְּצֵנִי וְהַצִּילֵנִי מִיַּד בְּנֵי נֵכָר, אֲשֶׁר פִּיהֶם דִּבֶּר־

right hands are raised in falsehood. Then our sons will be like saplings, well nurtured in their youth. Our daughters will be like pillars carved for a palace. Our barns will be filled with every kind of provision. Our sheep will increase by thousands, even tens of thousands in our fields. Our oxen will draw heavy loads. There will be no breach in the walls, no going into captivity, no cries of distress in our streets. Happy are the people for whom this is so; happy are the people whose God is the Lord.

לַמְנַצֵּחַ For the conductor of music. With stringed instruments. A psalm, a song. May God be gracious to us and bless us. May He make His face shine on us, Selah. Then will Your way be known on earth, Your salvation among all the nations. Let the peoples praise You, God; let all peoples praise You. Let nations rejoice and sing for joy, for You judge the peoples with equity, and guide the nations of the earth, Selah. Let the peoples praise You, God; let all peoples praise You. The earth has yielded its harvest. May God, our God, bless us. God will bless us, and all the ends of the earth will fear Him. *Ps. 67*

שָׁוְא, וִימִינָם יְמִין שָׁקֶר: אֲשֶׁר בָּנֵינוּ כִּנְטִעִים, מְגֻדָּלִים בִּנְעוּרֵיהֶם, בְּנוֹתֵינוּ כְזָוִיֹּת, מְחֻטָּבוֹת תַּבְנִית הֵיכָל: מְזָוֵינוּ מְלֵאִים, מְפִיקִים מִזַּן אֶל־זַן, צֹאונֵנוּ מַאֲלִיפוֹת מְרֻבָּבוֹת בְּחוּצוֹתֵינוּ: אַלּוּפֵינוּ מְסֻבָּלִים, אֵין פֶּרֶץ וְאֵין יוֹצֵאת, וְאֵין צְוָחָה בִּרְחֹבֹתֵינוּ: אַשְׁרֵי הָעָם שֶׁכָּכָה לּוֹ, אַשְׁרֵי הָעָם שֶׁיהוה אֱלֹהָיו:

לַמְנַצֵּחַ בִּנְגִינֹת, מִזְמוֹר שִׁיר: אֱלֹהִים יְחָנֵּנוּ וִיבָרְכֵנוּ, יָאֵר פָּנָיו אִתָּנוּ סֶלָה: לָדַעַת בָּאָרֶץ דַּרְכֶּךָ, בְּכָל־גּוֹיִם יְשׁוּעָתֶךָ: יוֹדוּךָ עַמִּים אֱלֹהִים, יוֹדוּךָ עַמִּים כֻּלָּם: יִשְׂמְחוּ וִירַנְּנוּ לְאֻמִּים, כִּי־תִשְׁפֹּט עַמִּים מִישֹׁר, וּלְאֻמִּים בָּאָרֶץ תַּנְחֵם סֶלָה: יוֹדוּךָ עַמִּים אֱלֹהִים, יוֹדוּךָ עַמִּים כֻּלָּם: אֶרֶץ נָתְנָה יְבוּלָהּ, יְבָרְכֵנוּ אֱלֹהִים אֱלֹהֵינוּ: יְבָרְכֵנוּ אֱלֹהִים, וְיִירְאוּ אוֹתוֹ כָּל־אַפְסֵי־אָרֶץ: תהלים סז

וְהוּא רַחוּם He is compassionate. *Ps. 78*
He forgives iniquity and does not destroy.
Repeatedly He suppresses His anger,
not rousing His full wrath.
LORD, save! May the King, *Ps. 20*
answer us on the day we call.

BLESSINGS OF THE SHEMA

The Leader says the following, bowing at "Bless," standing straight at "the LORD"; the congregation, followed by the Leader, responds, bowing at "Bless," standing straight at "the LORD":

Leader: **BLESS**
the LORD, the blessed One.

Congregation: Bless the LORD, the blessed One,
for ever and all time.

Leader: Bless the LORD, the blessed One,
for ever and all time.

בָּרוּךְ Blessed are You, LORD our God,
King of the Universe,
who by His word brings on evenings,
by His wisdom opens the gates of heaven,
with understanding makes time change
and the seasons rotate,
and by His will
orders the stars in their constellations in the sky.

וְהוּא רַחוּם, יְכַפֵּר עָוֹן וְלֹא־יַשְׁחִית תהלים עח
וְהִרְבָּה לְהָשִׁיב אַפּוֹ, וְלֹא־יָעִיר כָּל־חֲמָתוֹ:
יהוה הוֹשִׁיעָה, הַמֶּלֶךְ יַעֲנֵנוּ בְיוֹם־קָרְאֵנוּ: תהלים כ

קריאת שמע וברכותיה

The שליח ציבור *says the following, bowing at* בָּרְכוּ*, standing straight at* ה׳*; the* קהל*, followed by the* שליח ציבור*, responds, bowing at* בָּרוּךְ*, standing straight at* ה׳*:*

ש״ץ: בָּרְכוּ
אֶת יהוה הַמְבֹרָךְ.

קהל: בָּרוּךְ יהוה הַמְבֹרָךְ לְעוֹלָם וָעֶד.

ש״ץ: בָּרוּךְ יהוה הַמְבֹרָךְ לְעוֹלָם וָעֶד.

בָּרוּךְ אַתָּה יהוה אֱלֹהֵינוּ מֶלֶךְ הָעוֹלָם
אֲשֶׁר בִּדְבָרוֹ מַעֲרִיב עֲרָבִים
בְּחָכְמָה פּוֹתֵחַ שְׁעָרִים
וּבִתְבוּנָה מְשַׁנֶּה עִתִּים וּמַחֲלִיף אֶת הַזְּמַנִּים
וּמְסַדֵּר אֶת הַכּוֹכָבִים
בְּמִשְׁמְרוֹתֵיהֶם בָּרָקִיעַ כִּרְצוֹנוֹ.

He creates day and night,
rolling away the light before the darkness,
and darkness before the light.
▸ He makes the day pass and brings on night,
distinguishing day from night:
the LORD of hosts is His name.
May the living and forever enduring God
rule over us for all time.
Blessed are You,
LORD, who brings on evenings.

אַהֲבַת עוֹלָם With everlasting love
have You loved Your people, the house of Israel.
You have taught us Torah and commandments,
decrees and laws of justice.
Therefore, LORD our God,
when we lie down and when we rise up
we will speak of Your decrees,
rejoicing in the words of Your Torah
and Your commandments for ever.
▸ For they are our life and the length of our days;
on them will we meditate day and night.
May You never take away Your love from us.
Blessed are You, LORD,
who loves His people Israel.

בּוֹרֵא יוֹם וָלָיְלָה

גּוֹלֵל אוֹר מִפְּנֵי חֹשֶׁךְ וְחֹשֶׁךְ מִפְּנֵי אוֹר

◂ וּמַעֲבִיר יוֹם וּמֵבִיא לָיְלָה

וּמַבְדִּיל בֵּין יוֹם וּבֵין לָיְלָה

יהוה צְבָאוֹת שְׁמוֹ.

אֵל חַי וְקַיָּם תָּמִיד, יִמְלֹךְ עָלֵינוּ לְעוֹלָם וָעֶד.

בָּרוּךְ אַתָּה יהוה, הַמַּעֲרִיב עֲרָבִים.

אַהֲבַת עוֹלָם בֵּית יִשְׂרָאֵל עַמְּךָ אָהָבְתָּ

תּוֹרָה וּמִצְוֹת, חֻקִּים וּמִשְׁפָּטִים, אוֹתָנוּ לִמַּדְתָּ

עַל כֵּן יהוה אֱלֹהֵינוּ בְּשָׁכְבֵנוּ וּבְקוּמֵנוּ

נָשִׂיחַ בְּחֻקֶּיךָ

וְנִשְׂמַח בְּדִבְרֵי תוֹרָתֶךָ

וּבְמִצְוֹתֶיךָ לְעוֹלָם וָעֶד

◂ כִּי הֵם חַיֵּינוּ וְאֹרֶךְ יָמֵינוּ

וּבָהֶם נֶהְגֶּה יוֹמָם וָלָיְלָה.

וְאַהֲבָתְךָ אַל תָּסִיר מִמֶּנּוּ לְעוֹלָמִים.

בָּרוּךְ אַתָּה יהוה, אוֹהֵב עַמּוֹ יִשְׂרָאֵל.

The Shema must be said with intense concentration.
When not with a minyan, say:

God, faithful King!

The following verse should be said aloud,
while covering the eyes with the right hand:

Listen, Israel: the LORD is our God, the LORD is One. *Deut. 6*

Quietly: Blessed be the name of His glorious kingdom for ever and all time.

וְאָהַבְתָּ Love the LORD your God with all your heart, with all your soul, and with all your might. These words which I command you today shall be on your heart. Teach them repeatedly to your children, speaking of them when you sit at home and when you travel on the way, when you lie down and when you rise. Bind them as a sign on your hand, and they shall be an emblem between your eyes. Write them on the doorposts of your house and gates. *Deut. 6*

וְהָיָה If you indeed heed My commandments with which I charge you today, to love the LORD your God and worship Him with all your heart and with all your soul, I will give rain in *Deut. 11*

The שמע must be said with intense concentration.
When not with a מנין, say:

אֵל מֶלֶךְ נֶאֱמָן

The following verse should be said aloud,
while covering the eyes with the right hand:

דברים ו שְׁמַע יִשְׂרָאֵל, יְהוָה אֱלֹהֵינוּ
יְהוָה | אֶחָד:

Quietly בָּרוּךְ שֵׁם כְּבוֹד מַלְכוּתוֹ לְעוֹלָם וָעֶד.

דברים ו וְאָהַבְתָּ אֵת יְהוָה אֱלֹהֶיךָ, בְּכָל־לְבָבְךָ וּבְכָל־
נַפְשְׁךָ וּבְכָל־מְאֹדֶךָ: וְהָיוּ הַדְּבָרִים הָאֵלֶּה,
אֲשֶׁר אָנֹכִי מְצַוְּךָ הַיּוֹם, עַל־לְבָבֶךָ: וְשִׁנַּנְתָּם
לְבָנֶיךָ וְדִבַּרְתָּ בָּם, בְּשִׁבְתְּךָ בְּבֵיתֶךָ וּבְלֶכְתְּךָ
בַדֶּרֶךְ, וּבְשָׁכְבְּךָ וּבְקוּמֶךָ: וּקְשַׁרְתָּם לְאוֹת
עַל־יָדֶךָ וְהָיוּ לְטֹטָפֹת בֵּין עֵינֶיךָ: וּכְתַבְתָּם
עַל־מְזֻזוֹת בֵּיתֶךָ וּבִשְׁעָרֶיךָ:

דברים יא וְהָיָה אִם־שָׁמֹעַ תִּשְׁמְעוּ אֶל־מִצְוֹתַי אֲשֶׁר
אָנֹכִי מְצַוֶּה אֶתְכֶם הַיּוֹם, לְאַהֲבָה אֶת־יְהוָה
אֱלֹהֵיכֶם וּלְעָבְדוֹ, בְּכָל־לְבַבְכֶם וּבְכָל־נַפְשְׁכֶם:

your land in its season, the early and late rain; and you shall gather in your grain, wine, and oil. I will give grass in your field for your cattle, and you shall eat and be satisfied. Be careful lest your heart be tempted and you go astray and worship other gods, bowing down to them. Then the Lord's anger will flare against you and He will close the heavens so that there will be no rain. The land will not yield its crops, and you will perish swiftly from the good land that the Lord is giving you. Therefore, set these, My words, on your heart and soul. Bind them as a sign on your hand, and they shall be an emblem between your eyes. Teach them to your children, speaking of them when you sit at home and when you travel on the way, when you lie down and when you rise. Write them on the doorposts of your house and gates, so that you and your children may live long in the land that the Lord swore to your ancestors to give them, for as long as the heavens are above the earth.

וַיֹּאמֶר The Lord spoke to Moses, saying: Speak *Num. 15*
to the Israelites and tell them to make tassels on

וְנָתַתִּי מְטַר־אַרְצְכֶם בְּעִתּוֹ, יוֹרֶה וּמַלְקוֹשׁ, וְאָסַפְתָּ דְגָנֶךָ וְתִירֹשְׁךָ וְיִצְהָרֶךָ: וְנָתַתִּי עֵשֶׂב בְּשָׂדְךָ לִבְהֶמְתֶּךָ, וְאָכַלְתָּ וְשָׂבָעְתָּ: הִשָּׁמְרוּ לָכֶם פֶּן־יִפְתֶּה לְבַבְכֶם, וְסַרְתֶּם וַעֲבַדְתֶּם אֱלֹהִים אֲחֵרִים וְהִשְׁתַּחֲוִיתֶם לָהֶם: וְחָרָה אַף־יְהוָה בָּכֶם, וְעָצַר אֶת־הַשָּׁמַיִם וְלֹא־יִהְיֶה מָטָר, וְהָאֲדָמָה לֹא תִתֵּן אֶת־יְבוּלָהּ, וַאֲבַדְתֶּם מְהֵרָה מֵעַל הָאָרֶץ הַטֹּבָה אֲשֶׁר יְהוָה נֹתֵן לָכֶם: וְשַׂמְתֶּם אֶת־דְּבָרַי אֵלֶּה עַל־לְבַבְכֶם וְעַל־נַפְשְׁכֶם, וּקְשַׁרְתֶּם אֹתָם לְאוֹת עַל־יֶדְכֶם, וְהָיוּ לְטוֹטָפֹת בֵּין עֵינֵיכֶם: וְלִמַּדְתֶּם אֹתָם אֶת־בְּנֵיכֶם לְדַבֵּר בָּם, בְּשִׁבְתְּךָ בְּבֵיתֶךָ וּבְלֶכְתְּךָ בַדֶּרֶךְ, וּבְשָׁכְבְּךָ וּבְקוּמֶךָ: וּכְתַבְתָּם עַל־מְזוּזוֹת בֵּיתֶךָ וּבִשְׁעָרֶיךָ: לְמַעַן יִרְבּוּ יְמֵיכֶם וִימֵי בְנֵיכֶם עַל הָאֲדָמָה אֲשֶׁר נִשְׁבַּע יְהוָה לַאֲבֹתֵיכֶם לָתֵת לָהֶם, כִּימֵי הַשָּׁמַיִם עַל־הָאָרֶץ:

וַיֹּאמֶר יְהוָה אֶל־מֹשֶׁה לֵּאמֹר: דַּבֵּר אֶל־בְּנֵי יִשְׂרָאֵל וְאָמַרְתָּ אֲלֵהֶם, וְעָשׂוּ לָהֶם צִיצִת עַל־ במדבר טו

the corners of their garments for all generations. They shall attach to the tassel at each corner a thread of blue. This shall be your tassel, and you shall see it and remember all of the LORD's commandments and keep them, not straying after your heart and after your eyes, following your own sinful desires. Thus you will be reminded to keep all My commandments, and be holy to your God. I am the LORD your God, who brought you out of the land of Egypt to be your God. I am the LORD your God.

True –

The Leader repeats:

▸ The LORD your God is true –

וֶאֱמוּנָה – and faithful is all this,
and firmly established for us
that He is the LORD our God,
and there is none besides Him,
and that we, Israel, are His people.
He is our King,
who redeems us from the hand of kings
and delivers us from the grasp
of all tyrants.

כַּנְפֵי בִגְדֵיהֶם לְדֹרֹתָם, וְנָתְנוּ עַל־צִיצִת הַכָּנָף פְּתִיל תְּכֵלֶת: וְהָיָה לָכֶם לְצִיצִת, וּרְאִיתֶם אֹתוֹ וּזְכַרְתֶּם אֶת־כׇּל־מִצְוֺת יהוה וַעֲשִׂיתֶם אֹתָם, וְלֹא תָתֻרוּ אַחֲרֵי לְבַבְכֶם וְאַחֲרֵי עֵינֵיכֶם, אֲשֶׁר־אַתֶּם זֹנִים אַחֲרֵיהֶם: לְמַעַן תִּזְכְּרוּ וַעֲשִׂיתֶם אֶת־כׇּל־מִצְוֺתָי, וִהְיִיתֶם קְדֹשִׁים לֵאלֹהֵיכֶם: אֲנִי יהוה אֱלֹהֵיכֶם, אֲשֶׁר הוֹצֵאתִי אֶתְכֶם מֵאֶרֶץ מִצְרַיִם, לִהְיוֹת לָכֶם לֵאלֹהִים, אֲנִי יהוה אֱלֹהֵיכֶם:

אֱמֶת

The שליח ציבור *repeats:*

‹ יהוה אֱלֹהֵיכֶם אֱמֶת

וֶאֱמוּנָה כׇּל זֹאת וְקַיָּם עָלֵינוּ\
כִּי הוּא יהוה אֱלֹהֵינוּ וְאֵין זוּלָתוֹ\
וַאֲנַחְנוּ יִשְׂרָאֵל עַמּוֹ.\
הַפּוֹדֵנוּ מִיַּד מְלָכִים\
מַלְכֵּנוּ הַגּוֹאֲלֵנוּ מִכַּף כׇּל הֶעָרִיצִים.

He is our God,
who on our behalf repays our foes
and brings just retribution
on our mortal enemies;
who performs great deeds
beyond understanding
and wonders beyond number;
who kept us alive, not letting our foot slip; *Ps. 66*
who led us on the high places of our enemies,
raising our pride above all our foes;
who did miracles for us
and brought vengeance against Pharaoh;
who performed signs and wonders
in the land of Ham's children;
who smote in His wrath
all the firstborn of Egypt,
and brought out His people Israel
from their midst
into everlasting freedom;
who led His children
through the divided Reed Sea,
plunging their pursuers and enemies
into the depths.
When His children saw His might,
they gave praise and thanks to His name,

הָאֵל הַנִּפְרָע לָנוּ מִצָּרֵינוּ
וְהַמְשַׁלֵּם גְּמוּל לְכָל אוֹיְבֵי נַפְשֵׁנוּ.
הָעוֹשֶׂה גְדוֹלוֹת עַד אֵין חֵקֶר
וְנִפְלָאוֹת עַד אֵין מִסְפָּר
הַשָּׂם נַפְשֵׁנוּ בַּחַיִּים תהלים סו
וְלֹא־נָתַן לַמּוֹט רַגְלֵנוּ:
הַמַּדְרִיכֵנוּ עַל בָּמוֹת אוֹיְבֵינוּ
וַיָּרֶם קַרְנֵנוּ עַל כָּל שׂוֹנְאֵינוּ.
הָעוֹשֶׂה לָּנוּ נִסִּים וּנְקָמָה בְּפַרְעֹה
אוֹתוֹת וּמוֹפְתִים בְּאַדְמַת בְּנֵי חָם.
הַמַּכֶּה בְעֶבְרָתוֹ כָּל בְּכוֹרֵי מִצְרָיִם
וַיּוֹצֵא אֶת עַמּוֹ יִשְׂרָאֵל מִתּוֹכָם
לְחֵרוּת עוֹלָם.
הַמַּעֲבִיר בָּנָיו בֵּין גִּזְרֵי יַם סוּף
אֶת רוֹדְפֵיהֶם וְאֶת שׂוֹנְאֵיהֶם
בִּתְהוֹמוֹת טִבַּע
וְרָאוּ בָנָיו גְּבוּרָתוֹ, שִׁבְּחוּ וְהוֹדוּ לִשְׁמוֹ

▸ and willingly accepted His Sovereignty.
Moses and the children of Israel
then sang a song to You with great joy,
and they all exclaimed:

"Who is like You, Lord, among the mighty? *Ex. 15*
Who is like You, majestic in holiness,
awesome in praises, doing wonders?"

▸ Your children beheld Your majesty
as You parted the sea before Moses.
"This is my God!" they responded,
and then said:

"The Lord shall reign for ever and ever." *Ex. 15*

▸ And it is said,

"For the Lord has redeemed Jacob *Jer. 31*
and rescued him from a power
stronger than his own."

Blessed are You, Lord,
who redeemed Israel.

הַשְׁכִּיבֵנוּ Help us lie down, O Lord our God,
in peace,
and rise up, O our King, to life.
Spread over us Your canopy of peace.
Direct us with Your good counsel,
and save us for the sake of Your name.

‹ וּמַלְכוּתוֹ בְּרָצוֹן קִבְּלוּ עֲלֵיהֶם.
מֹשֶׁה וּבְנֵי יִשְׂרָאֵל, לְךָ עָנוּ שִׁירָה
בְּשִׂמְחָה רַבָּה, וְאָמְרוּ כֻלָּם

מִי־כָמְכָה בָּאֵלִם יהוה — שמות טו
מִי כָּמְכָה נֶאְדָּר בַּקֹּדֶשׁ
נוֹרָא תְהִלֹּת עֹשֵׂה פֶלֶא:

‹ מַלְכוּתְךָ רָאוּ בָנֶיךָ, בּוֹקֵעַ יָם לִפְנֵי מֹשֶׁה
זֶה אֵלִי עָנוּ, וְאָמְרוּ
יהוה יִמְלֹךְ לְעֹלָם וָעֶד: — שמות טו
‹ וְנֶאֱמַר

כִּי־פָדָה יהוה אֶת־יַעֲקֹב — ירמיהו לא
וּגְאָלוֹ מִיַּד חָזָק מִמֶּנּוּ:
בָּרוּךְ אַתָּה יהוה, גָּאַל יִשְׂרָאֵל.

הַשְׁכִּיבֵנוּ יהוה אֱלֹהֵינוּ לְשָׁלוֹם
וְהַעֲמִידֵנוּ מַלְכֵּנוּ לְחַיִּים
וּפְרֹשׂ עָלֵינוּ סֻכַּת שְׁלוֹמֶךָ
וְתַקְּנֵנוּ בְּעֵצָה טוֹבָה מִלְּפָנֶיךָ
וְהוֹשִׁיעֵנוּ לְמַעַן שְׁמֶךָ.

Shield us
and remove from us every enemy,
plague, sword, famine, and sorrow.
Remove the adversary from before and behind us.
Shelter us in the shadow of Your wings,
for You, God, are our Guardian and Deliverer;
You, God, are a gracious and compassionate King.
▸ Guard our going out and our coming in,
for life and peace,
from now and for ever.
Blessed are You, LORD,
who guards His people Israel for ever.

In Israel the service continues with Half Kaddish on page 594.

בָּרוּךְ Blessed be the LORD for ever. *Ps. 89*
Amen and Amen.
Blessed from Zion be the LORD *Ps. 135*
who dwells in Jerusalem. Halleluya!
Blessed be the LORD, God of Israel, *Ps. 72*
who alone does wondrous things.
Blessed be His glorious name for ever,
and may the whole earth be filled with His glory.
Amen and Amen.
May the glory of the LORD endure for ever; *Ps. 104*
may the LORD rejoice in His works.
May the name of the LORD be blessed *Ps. 113*
now and for all time.

וְהָגֵן בַּעֲדֵנוּ

וְהָסֵר מֵעָלֵינוּ אוֹיֵב, דֶּבֶר וְחֶרֶב וְרָעָב וְיָגוֹן

וְהָסֵר שָׂטָן מִלְּפָנֵינוּ וּמֵאַחֲרֵינוּ

וּבְצֵל כְּנָפֶיךָ תַּסְתִּירֵנוּ

כִּי אֵל שׁוֹמְרֵנוּ וּמַצִּילֵנוּ אָתָּה

כִּי אֵל מֶלֶךְ חַנּוּן וְרַחוּם אָתָּה.

◄ וּשְׁמֹר צֵאתֵנוּ וּבוֹאֵנוּ לְחַיִּים וּלְשָׁלוֹם

מֵעַתָּה וְעַד עוֹלָם.

בָּרוּךְ אַתָּה יהוה, שׁוֹמֵר עַמּוֹ יִשְׂרָאֵל לָעַד.

In ארץ ישראל *the service continues with* חצי קדיש *on page 595.*

בָּרוּךְ יהוה לְעוֹלָם, אָמֵן וְאָמֵן: תהלים פט

בָּרוּךְ יהוה מִצִּיּוֹן, שֹׁכֵן יְרוּשָׁלָםִ, הַלְלוּיָהּ: תהלים קלה

בָּרוּךְ יהוה אֱלֹהִים אֱלֹהֵי יִשְׂרָאֵל תהלים עב

עֹשֵׂה נִפְלָאוֹת לְבַדּוֹ:

וּבָרוּךְ שֵׁם כְּבוֹדוֹ לְעוֹלָם

וְיִמָּלֵא כְבוֹדוֹ אֶת־כָּל־הָאָרֶץ, אָמֵן וְאָמֵן:

יְהִי כְבוֹד יהוה לְעוֹלָם, יִשְׂמַח יהוה בְּמַעֲשָׂיו: תהלים קד

יְהִי שֵׁם יהוה מְבֹרָךְ מֵעַתָּה וְעַד־עוֹלָם: תהלים קיג

For the sake of His great name *1 Sam. 12*
the LORD will not abandon His people,
for the LORD vowed
to make you a people of His own.
When all the people saw [God's wonders] *1 Kings 18*
they fell on their faces
and said:
"The LORD, He is God; the LORD, He is God."
Then the LORD shall be King over all the earth; *Zech. 14*
on that day the LORD shall be One
and His name One.
May Your loving-kindness, LORD, be upon us, *Ps. 33*
as we have put our hope in You.

הוֹשִׁיעֵנוּ Save us, LORD our God, *Ps. 106*
gather us and deliver us from the nations,
to thank Your holy name,
and glory in Your praise.
All the nations You made *Ps. 86*
shall come and bow before You, LORD,
and pay honor to Your name,
for You are great
and You perform wonders:
You alone are God.
We, Your people, the flock of Your pasture, *Ps. 79*
will praise You for ever.
For all generations we will relate Your praise.

כִּי לֹא־יִטֹּשׁ יהוה אֶת־עַמּוֹ שמואל א׳ יב
בַּעֲבוּר שְׁמוֹ הַגָּדוֹל
כִּי הוֹאִיל יהוה לַעֲשׂוֹת אֶתְכֶם לוֹ לְעָם:
וַיַּרְא כָּל־הָעָם וַיִּפְּלוּ עַל־פְּנֵיהֶם מלכים א׳ יח
וַיֹּאמְרוּ
יהוה הוּא הָאֱלֹהִים, יהוה הוּא הָאֱלֹהִים:
וְהָיָה יהוה לְמֶלֶךְ עַל־כָּל־הָאָרֶץ זכריה יד
בַּיּוֹם הַהוּא יִהְיֶה יהוה אֶחָד וּשְׁמוֹ אֶחָד:
יְהִי־חַסְדְּךָ יהוה עָלֵינוּ, כַּאֲשֶׁר יִחַלְנוּ לָךְ: תהלים לג

הוֹשִׁיעֵנוּ יהוה אֱלֹהֵינוּ, וְקַבְּצֵנוּ מִן־הַגּוֹיִם תהלים קו
לְהוֹדוֹת לְשֵׁם קָדְשֶׁךָ, לְהִשְׁתַּבֵּחַ בִּתְהִלָּתֶךָ:
כָּל־גּוֹיִם אֲשֶׁר עָשִׂיתָ תהלים פו
יָבוֹאוּ וְיִשְׁתַּחֲווּ לְפָנֶיךָ, אֲדֹנָי
וִיכַבְּדוּ לִשְׁמֶךָ:
כִּי־גָדוֹל אַתָּה וְעֹשֵׂה נִפְלָאוֹת
אַתָּה אֱלֹהִים לְבַדֶּךָ:
וַאֲנַחְנוּ עַמְּךָ וְצֹאן מַרְעִיתֶךָ, נוֹדֶה לְּךָ לְעוֹלָם תהלים עט
לְדוֹר וָדֹר נְסַפֵּר תְּהִלָּתֶךָ:

בָּרוּךְ Blessed is the LORD by day,
blessed is the LORD by night.
Blessed is the LORD when we lie down;
blessed is the LORD when we rise.
For in Your hand are the souls
of the living and the dead,
[as it is written:]
"In His hand is every living soul, *Job 12*
and the breath of all mankind."
Into Your hand I entrust my spirit: *Ps. 31*
You redeemed me, LORD, God of truth.
Our God in heaven, bring unity to Your name,
establish Your kingdom constantly
and reign over us for ever and all time.

יִרְאוּ May our eyes see, our hearts rejoice,
and our souls be glad in Your true salvation,
when Zion is told, "Your God reigns."
The LORD is King, the LORD was King,
the LORD will be King for ever and all time.
▸ For sovereignty is Yours,
and to all eternity You will reign in glory,
for we have no king but You.
Blessed are You, LORD,
the King who in His constant glory
will reign over us
and all His creation for ever and all time.

בָּרוּךְ יהוה בַּיּוֹם, בָּרוּךְ יהוה בַּלָּיְלָה
בָּרוּךְ יהוה בְּשָׁכְבֵנוּ, בָּרוּךְ יהוה בְּקוּמֵנוּ.
כִּי בְיָדְךָ נַפְשׁוֹת הַחַיִּים וְהַמֵּתִים.
אֲשֶׁר בְּיָדוֹ נֶפֶשׁ כָּל־חָי, וְרוּחַ כָּל־בְּשַׂר־אִישׁ: איוב יב
בְּיָדְךָ אַפְקִיד רוּחִי תהלים לא
פָּדִיתָה אוֹתִי יהוה אֵל אֱמֶת:
אֱלֹהֵינוּ שֶׁבַּשָּׁמַיִם
יַחֵד שִׁמְךָ וְקַיֵּם מַלְכוּתְךָ תָּמִיד
וּמְלֹךְ עָלֵינוּ לְעוֹלָם וָעֶד.

יִרְאוּ עֵינֵינוּ וְיִשְׂמַח לִבֵּנוּ
וְתָגֵל נַפְשֵׁנוּ בִּישׁוּעָתְךָ בֶּאֱמֶת
בֶּאֱמֹר לְצִיּוֹן מָלַךְ אֱלֹהָיִךְ.
יהוה מֶלֶךְ, יהוה מָלָךְ, יהוה יִמְלֹךְ לְעֹלָם וָעֶד.
◄ כִּי הַמַּלְכוּת שֶׁלְּךָ הִיא
וּלְעוֹלְמֵי עַד תִּמְלֹךְ בְּכָבוֹד
כִּי אֵין לָנוּ מֶלֶךְ אֶלָּא אָתָּה.
בָּרוּךְ אַתָּה יהוה, הַמֶּלֶךְ בִּכְבוֹדוֹ תָּמִיד
יִמְלֹךְ עָלֵינוּ לְעוֹלָם וָעֶד, וְעַל כָּל מַעֲשָׂיו.

HALF KADDISH

Leader: יִתְגַּדַּל Magnified and sanctified
may His great name be,
in the world He created by His will.
May He establish His kingdom
in your lifetime
and in your days,
and in the lifetime
of all the house of Israel,
swiftly and soon –
and say: Amen.

All: May His great name be blessed
for ever and all time.

Leader: Blessed and praised,
glorified and exalted,
raised and honored,
uplifted and lauded
be the name of the Holy One,
blessed be He,
beyond any blessing,
song, praise, and consolation
uttered in the world –
and say: Amen.

חצי קדיש

ש״ץ: יִתְגַּדַּל וְיִתְקַדַּשׁ שְׁמֵהּ רַבָּא (קהל: אָמֵן)
בְּעָלְמָא דִּי בְרָא כִרְעוּתֵהּ
וְיַמְלִיךְ מַלְכוּתֵהּ
בְּחַיֵּיכוֹן וּבְיוֹמֵיכוֹן
וּבְחַיֵּי דְכָל בֵּית יִשְׂרָאֵל
בַּעֲגָלָא וּבִזְמַן קָרִיב
וְאִמְרוּ אָמֵן. (קהל: אָמֵן)

קהל וש״ץ: יְהֵא שְׁמֵהּ רַבָּא מְבָרַךְ
לְעָלַם וּלְעָלְמֵי עָלְמַיָּא.

ש״ץ: יִתְבָּרַךְ וְיִשְׁתַּבַּח וְיִתְפָּאַר
וְיִתְרוֹמַם וְיִתְנַשֵּׂא וְיִתְהַדָּר וְיִתְעַלֶּה וְיִתְהַלָּל
שְׁמֵהּ דְּקֻדְשָׁא בְּרִיךְ הוּא (קהל: בְּרִיךְ הוּא)
לְעֵלָּא מִן כָּל בִּרְכָתָא
/בעשרת ימי תשובה: לְעֵלָּא לְעֵלָּא מִכָּל בִּרְכָתָא/
וְשִׁירָתָא, תֻּשְׁבְּחָתָא וְנֶחֱמָתָא
דַּאֲמִירָן בְּעָלְמָא
וְאִמְרוּ אָמֵן. (קהל: אָמֵן)

THE AMIDA

The following prayer, until "in former years" on page 622, is said silently, standing with feet together. Take three steps forward and at the points indicated by ▾, bend the knees at the first word, bow at the second, and stand straight before saying God's name.

O LORD, open my lips, *Ps. 51*
so that my mouth may declare Your praise.

PATRIARCHS

▾בָּרוּךְ Blessed are You,
LORD our God and God of our fathers,
God of Abraham, God of Isaac, and God of Jacob;
the great, mighty, and awesome God,
God Most High,
who bestows acts of loving-kindness
and creates all,
who remembers the loving-kindness of the fathers
and will bring a Redeemer
to their children's children
for the sake of His name, in love.

Between Rosh HaShana & Yom Kippur: Remember us for life, O King who desires life,
and write us in the book of life –
for Your sake, O God of life.

King, Helper, Savior, Shield:
▾Blessed are You, LORD,
Shield of Abraham.

עמידה

The following prayer, until קַדְמֹנִיּוֹת *on page 623, is said silently, standing with feet together. Take three steps forward and at the points indicated by* ▾, *bend the knees at the first word, bow at the second, and stand straight before saying God's name.*

אֲדֹנָי, שְׂפָתַי תִּפְתָּח, וּפִי יַגִּיד תְּהִלָּתֶךָ: תהלים נא

אבות

▾בָּרוּךְ אַתָּה יהוה, אֱלֹהֵינוּ וֵאלֹהֵי אֲבוֹתֵינוּ
אֱלֹהֵי אַבְרָהָם, אֱלֹהֵי יִצְחָק, וֵאלֹהֵי יַעֲקֹב
הָאֵל הַגָּדוֹל הַגִּבּוֹר וְהַנּוֹרָא, אֵל עֶלְיוֹן
גּוֹמֵל חֲסָדִים טוֹבִים, וְקוֹנֵה הַכֹּל
וְזוֹכֵר חַסְדֵי אָבוֹת
וּמֵבִיא גוֹאֵל לִבְנֵי בְנֵיהֶם
לְמַעַן שְׁמוֹ בְּאַהֲבָה.

בעשרת ימי תשובה: זָכְרֵנוּ לְחַיִּים, מֶלֶךְ חָפֵץ בַּחַיִּים
וְכָתְבֵנוּ בְּסֵפֶר הַחַיִּים
לְמַעַנְךָ אֱלֹהִים חַיִּים.

מֶלֶךְ עוֹזֵר וּמוֹשִׁיעַ וּמָגֵן.
▾בָּרוּךְ אַתָּה יהוה, מָגֵן אַבְרָהָם.

DIVINE MIGHT

אַתָּה גִּבּוֹר You are eternally mighty, LORD.
You give life to the dead
and have great power to save.

The phrase "He makes the wind blow and the rain fall" is added from Simḥat Torah until Pesaḥ. In Israel the phrase "He causes the dew to fall" is added from Pesaḥ until Shemini Atzeret.

In fall & winter: He makes the wind blow
and the rain fall.
In Israel, in spring & summer: He causes the dew to fall.

He sustains the living with loving-kindness,
and with great compassion revives the dead.
He supports the fallen, heals the sick,
sets captives free,
and keeps His faith
with those who sleep in the dust.
Who is like You, Master of might,
and who can compare to You,
O King who brings death and gives life,
and makes salvation grow?

Between Rosh HaShana & Yom Kippur: Who is like You, compassionate Father,
who remembers His creatures in
compassion, for life?

Faithful are You to revive the dead.
Blessed are You, LORD, who revives the dead.

גבורות

אַתָּה גִּבּוֹר לְעוֹלָם, אֲדֹנָי
מְחַיֵּה מֵתִים אַתָּה, רַב לְהוֹשִׁיעַ

The phrase מַשִּׁיב הָרְוּחַ *is added from* שמחת תורה *until* פסח.
In ארץ ישראל *the phrase* מוֹרִיד הַטָּל *is added from* פסח *until* שמיני עצרת.

בחורף: מַשִּׁיב הָרְוּחַ וּמוֹרִיד הַגֶּשֶׁם
בארץ ישראל בקיץ: מוֹרִיד הַטָּל

מְכַלְכֵּל חַיִּים בְּחֶסֶד
מְחַיֵּה מֵתִים בְּרַחֲמִים רַבִּים
סוֹמֵךְ נוֹפְלִים, וְרוֹפֵא חוֹלִים
וּמַתִּיר אֲסוּרִים
וּמְקַיֵּם אֱמוּנָתוֹ לִישֵׁנֵי עָפָר.
מִי כָמְוֹךָ, בַּעַל גְּבוּרוֹת, וּמִי דּוֹמֶה לָּךְ
מֶלֶךְ, מֵמִית וּמְחַיֶּה וּמַצְמִיחַ יְשׁוּעָה.

בעשרת ימי תשובה: מִי כָמְוֹךָ אַב הָרַחֲמִים
זוֹכֵר יְצוּרָיו לְחַיִּים בְּרַחֲמִים.

וְנֶאֱמָן אַתָּה לְהַחֲיוֹת מֵתִים.
בָּרוּךְ אַתָּה יהוה, מְחַיֵּה הַמֵּתִים.

HOLINESS

אַתָּה קָדוֹשׁ You are holy and Your name is holy,
and holy ones praise You daily, Selah!
Blessed are You, LORD,
the holy God.

/ *Between Rosh HaShana & Yom Kippur:* the holy King./
(*If forgotten, repeat the Amida.*)

KNOWLEDGE

אַתָּה חוֹנֵן You grace humanity with knowledge
and teach mortals understanding.
You have graced us
with the knowledge of Your Torah,
and taught us to perform the statutes of Your will.
You have distinguished, LORD our God,
between sacred and profane, light and darkness,
Israel and the nations,
and between
the seventh day and the six days of work.
Our Father, our King,
may the days approaching us bring peace;
may we be free from all sin,
cleansed from all iniquity,
holding fast to our reverence of You.
And Grace us with the knowledge, understanding
and discernment that come from You.
Blessed are You, LORD,
who graciously grants knowledge.

קדושת השם

אַתָּה קָדוֹשׁ וְשִׁמְךָ קָדוֹשׁ
וּקְדוֹשִׁים בְּכָל יוֹם יְהַלְלוּךָ סֶּלָה.
בָּרוּךְ אַתָּה יהוה
הָאֵל הַקָּדוֹשׁ. /בעשרת ימי תשובה: הַמֶּלֶךְ הַקָּדוֹשׁ./

(*If forgotten, repeat the* עמידה.)

דעת

אַתָּה חוֹנֵן לְאָדָם דַּעַת, וּמְלַמֵּד לֶאֱנוֹשׁ בִּינָה.
אַתָּה חוֹנַנְתָּנוּ לְמַדַּע תּוֹרָתֶךָ
וַתְּלַמְּדֵנוּ לַעֲשׂוֹת חֻקֵּי רְצוֹנֶךָ
וַתַּבְדֵּל יהוה אֱלֹהֵינוּ בֵּין קֹדֶשׁ לְחֹל
בֵּין אוֹר לְחֹשֶׁךְ, בֵּין יִשְׂרָאֵל לָעַמִּים
בֵּין יוֹם הַשְּׁבִיעִי לְשֵׁשֶׁת יְמֵי הַמַּעֲשֶׂה.
אָבִינוּ מַלְכֵּנוּ
הָחֵל עָלֵינוּ הַיָּמִים הַבָּאִים לִקְרָאתֵנוּ לְשָׁלוֹם
חֲשׂוּכִים מִכָּל חֵטְא וּמְנֻקִּים מִכָּל עָוֹן
וּמְדֻבָּקִים בְּיִרְאָתֶךָ.
וְחָנֵּנוּ מֵאִתְּךָ דֵּעָה בִּינָה וְהַשְׂכֵּל.
בָּרוּךְ אַתָּה יהוה, חוֹנֵן הַדָּעַת.

REPENTANCE

הֲשִׁיבֵנוּ Bring us back, our Father, to Your Torah.
Draw us near, our King, to Your service.
Lead us back to You in perfect repentance.
Blessed are You, LORD,
who desires repentance.

FORGIVENESS

Strike the left side of the chest at °.

סְלַח לָנוּ Forgive us, our Father, for we have °sinned.
Pardon us, our King, for we have °transgressed;
for You pardon and forgive.
Blessed are You, LORD,
the gracious One who repeatedly forgives.

REDEMPTION

רְאֵה Look on our affliction,
plead our cause,
and redeem us soon for Your name's sake,
for You are a powerful Redeemer.
Blessed are You, LORD,
the Redeemer of Israel.

HEALING

רְפָאֵנוּ Heal us, LORD, and we shall be healed.
Save us and we shall be saved,
for You are our praise.
Bring complete recovery for all our ailments,

תשובה

הֲשִׁיבֵנוּ אָבִינוּ לְתוֹרָתֶךָ
וְקָרְבֵנוּ מַלְכֵּנוּ לַעֲבוֹדָתֶךָ
וְהַחֲזִירֵנוּ בִּתְשׁוּבָה שְׁלֵמָה לְפָנֶיךָ.
בָּרוּךְ אַתָּה יהוה, הָרוֹצֶה בִּתְשׁוּבָה.

סליחה

Strike the left side of the chest at °.

סְלַח לָנוּ אָבִינוּ כִּי °חָטָאנוּ
מְחַל לָנוּ מַלְכֵּנוּ כִּי °פָשָׁעְנוּ
כִּי מוֹחֵל וְסוֹלֵחַ אָתָּה.
בָּרוּךְ אַתָּה יהוה, חַנּוּן הַמַּרְבֶּה לִסְלֹחַ.

גאולה

רְאֵה בְעָנְיֵנוּ, וְרִיבָה רִיבֵנוּ
וּגְאָלֵנוּ מְהֵרָה לְמַעַן שְׁמֶךָ, כִּי גוֹאֵל חָזָק אָתָּה.
בָּרוּךְ אַתָּה יהוה, גוֹאֵל יִשְׂרָאֵל.

רפואה

רְפָאֵנוּ יהוה וְנֵרָפֵא, הוֹשִׁיעֵנוּ וְנִוָּשֵׁעָה
כִּי תְהִלָּתֵנוּ אָתָּה
וְהַעֲלֵה רְפוּאָה שְׁלֵמָה לְכָל מַכּוֹתֵינוּ

The following prayer for a sick person may be said here:

May it be Your will, O LORD my God and God of my ancestors, that You speedily send a complete recovery from heaven, a healing of both soul and body, to the patient (*name*), son/daughter of (*mother's name*) among the other afflicted of Israel.

for You, God, King,
are a faithful and compassionate Healer.
Blessed are You, LORD,
Healer of the sick of His people Israel.

PROSPERITY

The phrase "Grant dew and rain as a blessing" is said from December 5th (in the year before a civil leap year, December 6th) until Pesaḥ. In Israel, it is said from the 7th of Marḥeshvan. The phrase "Grant blessing" is said from Ḥol HaMo'ed Pesaḥ until December 4th (in the year before a civil leap year, December 5th). In Israel it is said through the 6th of Marḥeshvan.

בָּרֵךְ Bless this year for us, LORD our God,
and all its types of produce for good.

In winter: Grant dew and rain as a blessing
In other seasons: Grant blessing

on the face of the earth,
and from its goodness satisfy us,
blessing our year as the best of years.
Blessed are You, LORD,
who blesses the years.

The following prayer for a sick person may be said here:

יְהִי רָצוֹן מִלְּפָנֶיךָ יהוה אֱלֹהַי וֵאלֹהֵי אֲבוֹתַי, שֶׁתִּשְׁלַח מְהֵרָה רְפוּאָה שְׁלֵמָה מִן הַשָּׁמַיִם רְפוּאַת הַנֶּפֶשׁ וּרְפוּאַת הַגּוּף לַחוֹלֶה/לַחוֹלָה *name of patient* בֶּן/בַּת *mother's name* בְּתוֹךְ שְׁאָר חוֹלֵי יִשְׂרָאֵל.

כִּי אֵל מֶלֶךְ רוֹפֵא נֶאֱמָן וְרַחֲמָן אָתָּה. בָּרוּךְ אַתָּה יהוה, רוֹפֵא חוֹלֵי עַמּוֹ יִשְׂרָאֵל.

ברכת השנים

The phrase וְתֵן טַל וּמָטָר לִבְרָכָה *is said from December 5th (in the year before a civil leap year, December 6th) until* פסח. *In* ארץ ישראל, *it is said from* ז׳ מרחשוון. *The phrase* וְתֵן בְּרָכָה *is said from* חול המועד פסח *until December 4th (in the year before a civil leap year, December 5th). In* ארץ ישראל *it is said through* ו׳ מרחשוון.

בָּרֵךְ עָלֵינוּ יהוה אֱלֹהֵינוּ אֶת הַשָּׁנָה הַזֹּאת וְאֶת כָּל מִינֵי תְבוּאָתָהּ, לְטוֹבָה

בחורף: וְתֵן טַל וּמָטָר לִבְרָכָה

בקיץ: וְתֵן בְּרָכָה

עַל פְּנֵי הָאֲדָמָה, וְשַׂבְּעֵנוּ מִטּוּבָהּ וּבָרֵךְ שְׁנָתֵנוּ כַּשָּׁנִים הַטּוֹבוֹת. בָּרוּךְ אַתָּה יהוה, מְבָרֵךְ הַשָּׁנִים.

INGATHERING OF EXILES

תְּקַע Sound the great shofar for our freedom,
raise high the banner to gather our exiles,
and gather us together
from the four quarters of the earth.
Blessed are You, LORD,
who gathers the dispersed of His people Israel.

JUSTICE

הָשִׁיבָה Restore our judges as at first,
and our counselors as at the beginning,
and remove from us sorrow and sighing.
May You alone, LORD, reign over us
with loving-kindness and compassion,
and vindicate us in justice.
Blessed are You, LORD,
the King who loves righteousness and justice.
/ *Between Rosh HaShana & Yom Kippur, end the blessing:* the King of justice./

AGAINST INFORMERS

וְלַמַּלְשִׁינִים For the slanderers let there be no hope,
and may all wickedness
perish in an instant.
May all Your people's enemies
swiftly be cut down.

קיבוץ גלויות

תְּקַע בְּשׁוֹפָר גָּדוֹל לְחֵרוּתֵנוּ
וְשָׂא נֵס לְקַבֵּץ גָּלֻיּוֹתֵינוּ
וְקַבְּצֵנוּ יַחַד מֵאַרְבַּע כַּנְפוֹת הָאָרֶץ.
בָּרוּךְ אַתָּה יהוה, מְקַבֵּץ נִדְחֵי עַמּוֹ יִשְׂרָאֵל.

השבת המשפט

הָשִׁיבָה שׁוֹפְטֵינוּ כְּבָרִאשׁוֹנָה
וְיוֹעֲצֵינוּ כְּבַתְּחִלָּה
וְהָסֵר מִמֶּנּוּ יָגוֹן וַאֲנָחָה
וּמְלֹךְ עָלֵינוּ אַתָּה יהוה לְבַדְּךָ
בְּחֶסֶד וּבְרַחֲמִים, וְצַדְּקֵנוּ בַּמִּשְׁפָּט.
בָּרוּךְ אַתָּה יהוה, מֶלֶךְ אוֹהֵב צְדָקָה וּמִשְׁפָּט.
/ בעשרת ימי תשובה: הַמֶּלֶךְ הַמִּשְׁפָּט./

ברכת המינים

וְלַמַּלְשִׁינִים אַל תְּהִי תִקְוָה
וְכָל הָרִשְׁעָה כְּרֶגַע תֹּאבֵד
וְכָל אוֹיְבֵי עַמְּךָ מְהֵרָה יִכָּרֵתוּ

May You swiftly uproot, crush, cast down,
and humble the arrogant swiftly in our days.
Blessed are You, Lord,
who destroys enemies and humbles the arrogant.

THE RIGHTEOUS

עַל הַצַּדִּיקִים To the righteous, the pious,
the elders of Your people the house of Israel,
the remnant of their scholars,
the righteous converts, and to us,
may Your compassion be aroused, Lord our God.
Grant a good reward to all
who sincerely trust in Your name.
Set our lot with them,
so that we may never be ashamed,
for in You we trust.
Blessed are You, Lord,
who is the support and trust of the righteous.

REBUILDING JERUSALEM

וְלִירוּשָׁלַיִם To Jerusalem, Your city,
may You return in compassion,
and may You dwell in it as You promised.
May You rebuild it rapidly in our days
as an everlasting structure,
and install within it soon the throne of David.
Blessed are You, Lord,
who builds Jerusalem.

וְהַזֵּדִים מְהֵרָה תְעַקֵּר וּתְשַׁבֵּר וּתְמַגֵּר וְתַכְנִיעַ

בִּמְהֵרָה בְיָמֵינוּ.

בָּרוּךְ אַתָּה יהוה, שׁוֹבֵר אוֹיְבִים וּמַכְנִיעַ זֵדִים.

על הצדיקים

עַל הַצַּדִּיקִים וְעַל הַחֲסִידִים

וְעַל זִקְנֵי עַמְּךָ בֵּית יִשְׂרָאֵל

וְעַל פְּלֵיטַת סוֹפְרֵיהֶם, וְעַל גֵּרֵי הַצֶּדֶק, וְעָלֵינוּ

יֶהֱמוּ רַחֲמֶיךָ יהוה אֱלֹהֵינוּ

וְתֵן שָׂכָר טוֹב לְכָל הַבּוֹטְחִים בְּשִׁמְךָ בֶּאֱמֶת

וְשִׂים חֶלְקֵנוּ עִמָּהֶם

וּלְעוֹלָם לֹא נֵבוֹשׁ כִּי בְךָ בָטָחְנוּ.

בָּרוּךְ אַתָּה יהוה, מִשְׁעָן וּמִבְטָח לַצַּדִּיקִים.

בניין ירושלים

וְלִירוּשָׁלַיִם עִירְךָ בְּרַחֲמִים תָּשׁוּב

וְתִשְׁכֹּן בְּתוֹכָהּ כַּאֲשֶׁר דִּבַּרְתָּ

וּבְנֵה אוֹתָהּ בְּקָרוֹב בְּיָמֵינוּ בִּנְיַן עוֹלָם

וְכִסֵּא דָוִד מְהֵרָה לְתוֹכָהּ תָּכִין.

בָּרוּךְ אַתָּה יהוה, בּוֹנֵה יְרוּשָׁלָיִם.

KINGDOM OF DAVID

אֶת צֶמַח May the offshoot of Your servant David soon flower,
and may his pride be raised high by Your salvation,
for we wait for Your salvation all day.
Blessed are You, LORD,
who makes the glory of salvation flourish.

RESPONSE TO PRAYER

שְׁמַע קוֹלֵנוּ Listen to our voice, LORD our God.
Spare us and have compassion on us,
and in compassion and favor accept our prayer,
for You, God, listen to prayers and pleas.
Do not turn us away, O our King,
empty-handed from Your presence,*
for You listen with compassion
to the prayer of Your people Israel.
Blessed are You, LORD, who listens to prayer.

**At this point, in times of drought in Israel, say "And answer us" on page 24.*

TEMPLE SERVICE

רְצֵה Find favor, LORD our God,
in Your people Israel and their prayer.
Restore the service to Your most holy House,
and accept in love and favor
the fire-offerings of Israel and their prayer.
May the service of Your people Israel
always find favor with You.

משיח בן דוד

אֶת צֶמַח דָּוִד עַבְדְּךָ מְהֵרָה תַצְמִיחַ
וְקַרְנוֹ תָּרוּם בִּישׁוּעָתֶךָ
כִּי לִישׁוּעָתְךָ קִוִּינוּ כָּל הַיּוֹם.
בָּרוּךְ אַתָּה יהוה, מַצְמִיחַ קֶרֶן יְשׁוּעָה.

שומע תפילה

שְׁמַע קוֹלֵנוּ יהוה אֱלֹהֵינוּ, חוּס וְרַחֵם עָלֵינוּ
וְקַבֵּל בְּרַחֲמִים וּבְרָצוֹן אֶת תְּפִלָּתֵנוּ
כִּי אֵל שׁוֹמֵעַ תְּפִלּוֹת וְתַחֲנוּנִים אָתָּה
וּמִלְּפָנֶיךָ מַלְכֵּנוּ רֵיקָם אַל תְּשִׁיבֵנוּ*
כִּי אַתָּה שׁוֹמֵעַ תְּפִלַּת עַמְּךָ יִשְׂרָאֵל בְּרַחֲמִים.
בָּרוּךְ אַתָּה יהוה, שׁוֹמֵעַ תְּפִלָּה.

**At this point, in times of drought in* ארץ ישראל*, say* וַעֲנֵנוּ *on page 25.*

עבודה

רְצֵה יהוה אֱלֹהֵינוּ בְּעַמְּךָ יִשְׂרָאֵל, וּבִתְפִלָּתָם
וְהָשֵׁב אֶת הָעֲבוֹדָה לִדְבִיר בֵּיתֶךָ
וְאִשֵּׁי יִשְׂרָאֵל וּתְפִלָּתָם בְּאַהֲבָה תְקַבֵּל בְּרָצוֹן
וּתְהִי לְרָצוֹן תָּמִיד עֲבוֹדַת יִשְׂרָאֵל עַמֶּךָ.

On Rosh Ḥodesh, say:

אֱלֹהֵינוּ Our God and God of our ancestors, may there rise, come, reach, appear, be favored, heard, regarded, and remembered before You, our recollection and remembrance, as well as the remembrance of our ancestors, and of the Messiah son of David Your servant, and of Jerusalem Your holy city, and of all Your people the house of Israel – for deliverance and well-being, grace, loving-kindness and compassion, life and peace, on this day of Rosh Ḥodesh. On it remember us, LORD our God, for good; recollect us for blessing, and deliver us for life. In accord with Your promise of salvation and compassion, spare us and be gracious to us; have compassion on us and deliver us, for our eyes are turned to You because You, God, are a gracious and compassionate King.

וְתֶחֱזֶינָה And may our eyes witness Your return
to Zion in compassion.
Blessed are You, LORD,
who restores His Presence to Zion.

THANKSGIVING

Bow at the first nine words.

מוֹדִים We give thanks to You,
for You are the LORD our God
and God of our ancestors for ever and all time.
You are the Rock of our lives,
Shield of our salvation
from generation to generation.

On ראש חודש*, say:*

אֱלֹהֵינוּ וֵאלֹהֵי אֲבוֹתֵינוּ, יַעֲלֶה וְיָבוֹא וְיַגִּיעַ, וְיֵרָאֶה וְיֵרָצֶה וְיִשָּׁמַע, וְיִפָּקֵד וְיִזָּכֵר זִכְרוֹנֵנוּ וּפִקְדוֹנֵנוּ וְזִכְרוֹן אֲבוֹתֵינוּ, וְזִכְרוֹן מָשִׁיחַ בֶּן דָּוִד עַבְדֶּךָ, וְזִכְרוֹן יְרוּשָׁלַיִם עִיר קָדְשֶׁךָ, וְזִכְרוֹן כָּל עַמְּךָ בֵּית יִשְׂרָאֵל, לְפָנֶיךָ, לִפְלֵיטָה לְטוֹבָה, לְחֵן וּלְחֶסֶד וּלְרַחֲמִים, לְחַיִּים וּלְשָׁלוֹם בְּיוֹם רֹאשׁ הַחֹדֶשׁ הַזֶּה. זָכְרֵנוּ יהוה אֱלֹהֵינוּ בּוֹ לְטוֹבָה, וּפָקְדֵנוּ בוֹ לִבְרָכָה, וְהוֹשִׁיעֵנוּ בוֹ לְחַיִּים. וּבִדְבַר יְשׁוּעָה וְרַחֲמִים, חוּס וְחָנֵּנוּ וְרַחֵם עָלֵינוּ וְהוֹשִׁיעֵנוּ, כִּי אֵלֶיךָ עֵינֵינוּ, כִּי אֵל מֶלֶךְ חַנּוּן וְרַחוּם אָתָּה.

וְתֶחֱזֶינָה עֵינֵינוּ בְּשׁוּבְךָ לְצִיּוֹן בְּרַחֲמִים.
בָּרוּךְ אַתָּה יהוה, הַמַּחֲזִיר שְׁכִינָתוֹ לְצִיּוֹן.

הודאה

Bow at the first five words.

מוֹדִים אֲנַחְנוּ לָךְ
שָׁאַתָּה הוּא יהוה אֱלֹהֵינוּ
וֵאלֹהֵי אֲבוֹתֵינוּ לְעוֹלָם וָעֶד.
צוּר חַיֵּינוּ, מָגֵן יִשְׁעֵנוּ, אַתָּה הוּא לְדוֹר וָדוֹר.

We will thank You and
declare Your praise for our lives,
which are entrusted into Your hand;
for our souls, which are placed in Your charge;
for Your miracles which are with us every day;
and for Your wonders and favors
at all times, evening, morning, and midday.
You are good –
for Your compassion never fails.
You are compassionate –
for Your loving-kindnesses never cease.
We have always placed our hope in You.

On Ḥanukka:

עַל הַנִּסִּים [We thank You also] for the miracles, the redemption, the mighty deeds, the salvations, and the victories in battle which You performed for our ancestors in those days, at this time.

בִּימֵי מַתִּתְיָהוּ In the days of Mattityahu, son of Yoḥanan, the High Priest, the Hasmonean, and his sons, the wicked Greek kingdom rose up against Your people Israel to make them forget Your Torah and to force them to transgress the statutes of Your will. It was then that You in Your great compassion stood by them in the time of their distress. You championed their cause, judged their claim, and avenged their wrong. You delivered the strong into the hands of the weak, the many into the hands of the few, the impure into the hands of the pure,

נוֹדֶה לְּךָ וּנְסַפֵּר תְּהִלָּתֶךָ
עַל חַיֵּינוּ הַמְּסוּרִים בְּיָדֶךָ
וְעַל נִשְׁמוֹתֵינוּ הַפְּקוּדוֹת לָךְ
וְעַל נִסֶּיךָ שֶׁבְּכָל יוֹם עִמָּנוּ
וְעַל נִפְלְאוֹתֶיךָ וְטוֹבוֹתֶיךָ
שֶׁבְּכָל עֵת, עֶרֶב וָבֹקֶר וְצָהֳרָיִם.
הַטּוֹב, כִּי לֹא כָלוּ רַחֲמֶיךָ
וְהַמְרַחֵם, כִּי לֹא תַמּוּ חֲסָדֶיךָ
מֵעוֹלָם קִוִּינוּ לָךְ.

בחנוכה:

עַל הַנִּסִּים וְעַל הַפֻּרְקָן וְעַל הַגְּבוּרוֹת וְעַל הַתְּשׁוּעוֹת וְעַל הַמִּלְחָמוֹת שֶׁעָשִׂיתָ לַאֲבוֹתֵינוּ בַּיָּמִים הָהֵם בַּזְּמַן הַזֶּה.

בִּימֵי מַתִּתְיָהוּ בֶּן יוֹחָנָן כֹּהֵן גָּדוֹל חַשְׁמוֹנַאי וּבָנָיו, כְּשֶׁעָמְדָה מַלְכוּת יָוָן הָרְשָׁעָה עַל עַמְּךָ יִשְׂרָאֵל לְהַשְׁכִּיחָם תּוֹרָתֶךָ וּלְהַעֲבִירָם מֵחֻקֵּי רְצוֹנֶךָ, וְאַתָּה בְּרַחֲמֶיךָ הָרַבִּים עָמַדְתָּ לָהֶם בְּעֵת צָרָתָם, רַבְתָּ אֶת רִיבָם, דַּנְתָּ אֶת דִּינָם, נָקַמְתָּ אֶת נִקְמָתָם, מָסַרְתָּ גִבּוֹרִים בְּיַד חַלָּשִׁים, וְרַבִּים בְּיַד מְעַטִּים,

the wicked into the hands of the righteous, and the arrogant into the hands of those who were engaged in the study of Your Torah. You made for Yourself great and holy renown in Your world, and for Your people Israel You performed a great salvation and redemption as of this very day. Your children then entered the holiest part of Your House, cleansed Your Temple, purified Your Sanctuary, kindled lights in Your holy courts, and designated these eight days of Ḥanukka for giving thanks and praise to Your great name.

Continue with "For all these things."

On Purim:

עַל הַנִּסִּים [We thank You also] for the miracles, the redemption, the mighty deeds, the salvations, and the victories in battle which You performed for our ancestors in those days, at this time.

בִּימֵי מָרְדֳּכַי In the days of Mordekhai and Esther, in Shushan the capital, the wicked Haman rose up against them and sought to destroy, slay, and exterminate all *Esther 3* the Jews, young and old, children and women, on one day, the thirteenth day of the twelfth month, which is the month of Adar, and to plunder their possessions. Then You in Your great compassion thwarted his counsel, frustrated his plans, and caused his scheme to recoil on his own head, so that they hanged him and his sons on the gallows.

Continue with "For all these things."

וְעַל כֻּלָּם For all these things
may Your name be blessed and exalted, our King, continually, for ever and all time.

וּטְמֵאִים בְּיַד טְהוֹרִים, וּרְשָׁעִים בְּיַד צַדִּיקִים, וְזֵדִים בְּיַד עוֹסְקֵי תוֹרָתֶךָ, וּלְךָ עָשִׂיתָ שֵׁם גָּדוֹל וְקָדוֹשׁ בְּעוֹלָמֶךָ, וּלְעַמְּךָ יִשְׂרָאֵל עָשִׂיתָ תְּשׁוּעָה גְדוֹלָה וּפֻרְקָן כְּהַיּוֹם הַזֶּה. וְאַחַר כֵּן בָּאוּ בָנֶיךָ לִדְבִיר בֵּיתֶךָ, וּפִנּוּ אֶת הֵיכָלֶךָ, וְטִהֲרוּ אֶת מִקְדָּשֶׁךָ, וְהִדְלִיקוּ נֵרוֹת בְּחַצְרוֹת קָדְשֶׁךָ, וְקָבְעוּ שְׁמוֹנַת יְמֵי חֲנֻכָּה אֵלּוּ, לְהוֹדוֹת וּלְהַלֵּל לְשִׁמְךָ הַגָּדוֹל.

Continue with וְעַל כֻּלָּם.

בפורים:

עַל הַנִּסִּים וְעַל הַפֻּרְקָן וְעַל הַגְּבוּרוֹת וְעַל הַתְּשׁוּעוֹת וְעַל הַמִּלְחָמוֹת שֶׁעָשִׂיתָ לַאֲבוֹתֵינוּ בַּיָּמִים הָהֵם בַּזְּמַן הַזֶּה.

בִּימֵי מָרְדְּכַי וְאֶסְתֵּר בְּשׁוּשַׁן הַבִּירָה, כְּשֶׁעָמַד
עֲלֵיהֶם הָמָן הָרָשָׁע, בִּקֵּשׁ לְהַשְׁמִיד לַהֲרֹג וּלְאַבֵּד אסתר ג
אֶת־כָּל־הַיְּהוּדִים מִנַּעַר וְעַד־זָקֵן טַף וְנָשִׁים בְּיוֹם אֶחָד, בִּשְׁלוֹשָׁה עָשָׂר לְחֹדֶשׁ שְׁנֵים־עָשָׂר, הוּא־חֹדֶשׁ אֲדָר, וּשְׁלָלָם לָבוֹז: וְאַתָּה בְּרַחֲמֶיךָ הָרַבִּים הֵפַרְתָּ אֶת עֲצָתוֹ, וְקִלְקַלְתָּ אֶת מַחֲשַׁבְתּוֹ, וַהֲשֵׁבוֹתָ לּוֹ גְּמוּלוֹ בְּרֹאשׁוֹ, וְתָלוּ אוֹתוֹ וְאֶת בָּנָיו עַל הָעֵץ.

Continue with וְעַל כֻּלָּם.

וְעַל כֻּלָּם יִתְבָּרַךְ וְיִתְרוֹמַם שִׁמְךָ מַלְכֵּנוּ תָּמִיד לְעוֹלָם וָעֶד.

Between Rosh HaShana & Yom Kippur: And write, for a good life,
all the children of Your covenant.

Let all that lives thank You, Selah!
and praise Your name in truth,
God, our Savior and Help, Selah!
▾Blessed are You, LORD,
whose name is "the Good"
and to whom thanks are due.

PEACE

שָׁלוֹם רָב Grant great peace
to Your people Israel for ever,
for You are the sovereign LORD of all peace;
and may it be good in Your eyes
to bless Your people Israel
at every time, at every hour, with Your peace.

Between Rosh HaShana & Yom Kippur: In the book of life,
blessing, peace, and prosperity,
may we and all Your people the house of Israel
be remembered and written
before You for a good life, and for peace.*

Blessed are You, LORD,
who blesses His people Israel with peace.

**Between Rosh HaShana and Yom Kippur outside Israel, many end the blessing:*
Blessed are You, LORD, who makes peace.

בעשרת ימי תשובה: וּכְתֹב לְחַיִּים טוֹבִים כָּל בְּנֵי בְרִיתֶךָ.

וְכֹל הַחַיִּים יוֹדוּךָ סֶּלָה
וִיהַלְלוּ אֶת שִׁמְךָ בֶּאֱמֶת
הָאֵל יְשׁוּעָתֵנוּ וְעֶזְרָתֵנוּ סֶלָה.
בָּרוּךְ אַתָּה יהוה
הַטּוֹב שִׁמְךָ וּלְךָ נָאֶה לְהוֹדוֹת.

ברכת שלום

שָׁלוֹם רָב עַל יִשְׂרָאֵל עַמְּךָ תָּשִׂים לְעוֹלָם
כִּי אַתָּה הוּא מֶלֶךְ אָדוֹן לְכָל הַשָּׁלוֹם.
וְטוֹב בְּעֵינֶיךָ לְבָרֵךְ אֶת עַמְּךָ יִשְׂרָאֵל
בְּכָל עֵת וּבְכָל שָׁעָה בִּשְׁלוֹמֶךָ.

בעשרת ימי תשובה: בְּסֵפֶר חַיִּים, בְּרָכָה וְשָׁלוֹם, וּפַרְנָסָה טוֹבָה
נִזָּכֵר וְנִכָּתֵב לְפָנֶיךָ, אֲנַחְנוּ וְכָל עַמְּךָ
בֵּית יִשְׂרָאֵל, לְחַיִּים טוֹבִים וּלְשָׁלוֹם.*

בָּרוּךְ אַתָּה יהוה
הַמְבָרֵךְ אֶת עַמּוֹ יִשְׂרָאֵל בַּשָּׁלוֹם.

**During the* עשרת ימי תשובה *in* חוץ לארץ*, many end the blessing:*

בָּרוּךְ אַתָּה יהוה, עוֹשֵׂה הַשָּׁלוֹם.

The following verse concludes the Leader's Repetition of the Amida. Some also say it here as part of the silent Amida.

May the words of my mouth and the meditation of my heart *Ps. 19*
find favor before You, LORD, my Rock and Redeemer.

אֱלֹהַי My God, *Berakhot 17a*
guard my tongue from evil
and my lips from deceitful speech.
To those who curse me, let my soul be silent;
may my soul be to all like the dust.
Open my heart to Your Torah and let my soul
pursue Your commandments.
As for all who plan evil against me,
swiftly thwart their counsel and frustrate their plans.
Act for the sake of Your name;
act for the sake of Your right hand;
act for the sake of Your holiness;
act for the sake of Your Torah.
That Your beloved ones may be delivered, *Ps. 60*
save with Your right hand and answer me.
May the words of my mouth *Ps. 19*
and the meditation of my heart
find favor before You, LORD, my Rock and Redeemer.

Bow, take three steps back, then bow, first left, then right, then center, while saying:

May He who makes peace in His high places,
make peace for us and all Israel –
and say: Amen.

The following verse concludes the חזרת הש״ץ.
Some also say it here as part of the silent עמידה.

יִהְיוּ לְרָצוֹן אִמְרֵי־פִי וְהֶגְיוֹן לִבִּי לְפָנֶיךָ תהלים יט
יהוה צוּרִי וְגֹאֲלִי:

אֱלֹהַי ברכות יז.
נְצֹר לְשׁוֹנִי מֵרָע וּשְׂפָתַי מִדַּבֵּר מִרְמָה
וְלִמְקַלְלַי נַפְשִׁי תִדֹּם, וְנַפְשִׁי כֶּעָפָר לַכֹּל תִּהְיֶה.
פְּתַח לִבִּי בְּתוֹרָתֶךָ, וּבְמִצְוֹתֶיךָ תִּרְדֹּף נַפְשִׁי.
וְכָל הַחוֹשְׁבִים עָלַי רָעָה
מְהֵרָה הָפֵר עֲצָתָם וְקַלְקֵל מַחֲשַׁבְתָּם.
עֲשֵׂה לְמַעַן שְׁמֶךָ, עֲשֵׂה לְמַעַן יְמִינֶךָ
עֲשֵׂה לְמַעַן קְדֻשָּׁתֶךָ, עֲשֵׂה לְמַעַן תּוֹרָתֶךָ.
לְמַעַן יֵחָלְצוּן יְדִידֶיךָ, הוֹשִׁיעָה יְמִינְךָ וַעֲנֵנִי: תהלים ס
יִהְיוּ לְרָצוֹן אִמְרֵי־פִי וְהֶגְיוֹן לִבִּי לְפָנֶיךָ תהלים יט
יהוה צוּרִי וְגֹאֲלִי:

Bow, take three steps back, then bow, first left, then right, then center, while saying:

עֹשֶׂה שָׁלוֹם/ בעשרת ימי תשובה: הַשָּׁלוֹם/ בִּמְרוֹמָיו
הוּא יַעֲשֶׂה שָׁלוֹם עָלֵינוּ וְעַל כָּל יִשְׂרָאֵל
וְאִמְרוּ אָמֵן.

יְהִי רָצוֹן May it be Your will, LORD our God and God of our ancestors, that the Temple be rebuilt speedily in our days, and grant us a share in Your Torah. And there we will serve You with reverence, as in the days of old and as in former years. Then the offering of Judah and Jerusalem will be pleasing to the LORD as in the days of old and as in former years. *Mal. 3*

On Tisha B'Av and Purim the service continues with Full Kaddish (page 632), on Purim, Megillat Esther is then read (blessings for the Megilla are on page 748), on Tisha B'Av the blessing of "Who creates the lights of fire" is made on an appropriate candle and then Megillat Eikha is read, followed by Kinot. On Motza'ei Shabbat when Yom Tov falls in the following week, the service continues on page 632.

HALF KADDISH

Leader: יִתְגַּדַּל Magnified and sanctified
may His great name be,
in the world He created by His will.
May He establish His kingdom
in your lifetime and in your days,
and in the lifetime of all the house of Israel,
swiftly and soon – and say: Amen.

All: May His great name be blessed
for ever and all time.

Leader: Blessed and praised, glorified and exalted,
raised and honored, uplifted and lauded
be the name of the Holy One,
blessed be He,
beyond any blessing,
song, praise, and consolation
uttered in the world – and say: Amen.

יְהִי רָצוֹן מִלְּפָנֶיךָ יהוה אֱלֹהֵינוּ וֵאלֹהֵי אֲבוֹתֵינוּ, שֶׁיִּבָּנֶה בֵּית הַמִּקְדָּשׁ בִּמְהֵרָה בְיָמֵינוּ, וְתֵן חֶלְקֵנוּ בְּתוֹרָתֶךָ, וְשָׁם נַעֲבָדְךָ בְּיִרְאָה כִּימֵי עוֹלָם וּכְשָׁנִים קַדְמֹנִיּוֹת. וְעָרְבָה לַיהוה מִנְחַת יְהוּדָה וִירוּשָׁלָםִ, כִּימֵי עוֹלָם וּכְשָׁנִים קַדְמֹנִיּוֹת: מלאכי ג

On תשעה באב *and* פורים *the service continues with* קדיש שלם *(page 633), on* פורים, מגילת אסתר *is then read (the blessings for the* מגילה *are on page 749), on* תשעה באב, *the* ברכה *of* מאורי האש *is made on an appropriate candle and then* מגילת איכה *is read, followed by* קינות. *On* מוצאי שבת *when* יום טוב *falls in the following week, the service continues on page 633.*

חצי קדיש

ש״ץ: יִתְגַּדַּל וְיִתְקַדַּשׁ שְׁמֵהּ רַבָּא (קהל: אָמֵן)
בְּעָלְמָא דִּי בְרָא כִרְעוּתֵהּ, וְיַמְלִיךְ מַלְכוּתֵהּ
בְּחַיֵּיכוֹן וּבְיוֹמֵיכוֹן וּבְחַיֵּי דְכָל בֵּית יִשְׂרָאֵל
בַּעֲגָלָא וּבִזְמַן קָרִיב, וְאִמְרוּ אָמֵן. (קהל: אָמֵן)

קהל וש״ץ: יְהֵא שְׁמֵהּ רַבָּא מְבָרַךְ לְעָלַם וּלְעָלְמֵי עָלְמַיָּא.

ש״ץ: יִתְבָּרַךְ וְיִשְׁתַּבַּח וְיִתְפָּאַר
וְיִתְרוֹמַם וְיִתְנַשֵּׂא וְיִתְהַדָּר וְיִתְעַלֶּה וְיִתְהַלָּל
שְׁמֵהּ דְּקֻדְשָׁא בְּרִיךְ הוּא (קהל: בְּרִיךְ הוּא)
לְעֵלָּא מִן כָּל בִּרְכָתָא
/בעשרת ימי תשובה: לְעֵלָּא לְעֵלָּא מִכָּל בִּרְכָתָא/
וְשִׁירָתָא, תֻּשְׁבְּחָתָא וְנֶחֱמָתָא
דַּאֲמִירָן בְּעָלְמָא, וְאִמְרוּ אָמֵן. (קהל: אָמֵן)

וִיהִי נֹעַם May the pleasantness of the LORD our God be upon us. Establish for us the work of our hands, O establish the work of our hands. *Ps. 90*

יֹשֵׁב He who lives in the shelter of the Most High dwells in the shadow of the Almighty. I say of the LORD, my Refuge and Stronghold, my God in whom I trust, that He will save you from the fowler's snare and the deadly pestilence. With His pinions He will cover you, and beneath His wings you will find shelter; His faithfulness is an encircling shield. You need not fear terror by night, nor the arrow that flies by day; not the pestilence that stalks in darkness, nor the plague that ravages at noon. A thousand may fall at your side, ten thousand at your right hand, but it will not come near you. You will only look with your eyes and see the punishment of the wicked. Because you [have said:] "The LORD is my Refuge," taking the Most High as your shelter, no harm will befall you, no plague come near your tent, for He will command His angels about you, to guard you in all your ways. They will lift you in their hands, lest your foot stumble on a stone. You will tread on lions and vipers; you will trample on young lions and snakes. [God says:] "Because he loves Me, I will rescue him; I will protect him, because he acknowledges My name. When he calls on Me, I will answer him; I will be with him in distress, I will deliver him and bring him honor. *Ps. 91*

וִיהִי נֹעַם אֲדֹנָי אֱלֹהֵינוּ עָלֵינוּ וּמַעֲשֵׂה יָדֵינוּ תהלים צ
כּוֹנְנָה עָלֵינוּ וּמַעֲשֵׂה יָדֵינוּ כּוֹנְנֵהוּ:

יֹשֵׁב בְּסֵתֶר עֶלְיוֹן, בְּצֵל שַׁדַּי יִתְלוֹנָן: אֹמַר תהלים צא
לַיהוה מַחְסִי וּמְצוּדָתִי, אֱלֹהַי אֶבְטַח־בּוֹ: כִּי
הוּא יַצִּילְךָ מִפַּח יָקוּשׁ, מִדֶּבֶר הַוּוֹת: בְּאֶבְרָתוֹ
יָסֶךְ לָךְ, וְתַחַת־כְּנָפָיו תֶּחְסֶה, צִנָּה וְסֹחֵרָה
אֲמִתּוֹ: לֹא־תִירָא מִפַּחַד לָיְלָה, מֵחֵץ יָעוּף
יוֹמָם: מִדֶּבֶר בָּאֹפֶל יַהֲלֹךְ, מִקֶּטֶב יָשׁוּד צָהֳרָיִם:
יִפֹּל מִצִּדְּךָ אֶלֶף, וּרְבָבָה מִימִינֶךָ, אֵלֶיךָ לֹא יִגָּשׁ:
רַק בְּעֵינֶיךָ תַבִּיט, וְשִׁלֻּמַת רְשָׁעִים תִּרְאֶה:
כִּי־אַתָּה יהוה מַחְסִי, עֶלְיוֹן שַׂמְתָּ מְעוֹנֶךָ: לֹא־
תְאֻנֶּה אֵלֶיךָ רָעָה, וְנֶגַע לֹא־יִקְרַב בְּאָהֳלֶךָ: כִּי
מַלְאָכָיו יְצַוֶּה־לָּךְ, לִשְׁמָרְךָ בְּכָל־דְּרָכֶיךָ: עַל־
כַּפַּיִם יִשָּׂאוּנְךָ, פֶּן־תִּגֹּף בָּאֶבֶן רַגְלֶךָ: עַל־שַׁחַל
וָפֶתֶן תִּדְרֹךְ, תִּרְמֹס כְּפִיר וְתַנִּין: כִּי בִי חָשַׁק
וַאֲפַלְּטֵהוּ, אֲשַׂגְּבֵהוּ כִּי־יָדַע שְׁמִי: יִקְרָאֵנִי
וְאֶעֱנֵהוּ, עִמּוֹ אָנֹכִי בְצָרָה, אֲחַלְּצֵהוּ וַאֲכַבְּדֵהוּ:

▸ With long life I will satisfy him and show him My salvation. With long life I will satisfy him and show him My salvation.

▸ You are the Holy One, *Ps. 22*
enthroned on the praises of Israel.
And [the angels] call to one another, saying,
"Holy, holy, holy is the LORD of hosts; *Is. 6*
the whole world is filled with His glory."
And they receive permission from one another, saying: *Targum Yonatan Is. 6*
"Holy in the highest heavens, home of His Presence;
holy on earth, the work of His strength;
holy for ever and all time is the LORD of hosts;
the whole earth is full of His radiant glory."

▸ Then a wind lifted me up *Ezek. 3*
and I heard behind me
the sound of a great noise, saying,
"Blessed is the LORD's glory from His place."
Then a wind lifted me up *Targum Yonatan Ezek. 3*
and I heard behind me
the sound of a great tempest
of those who uttered praise, saying,
"Blessed is the LORD's glory
from the place of the home of His Presence."

The LORD shall reign for ever and all time. *Ex. 15*
The LORD's kingdom is established *Targum Onkelos Ex. 15*
for ever and all time.

◂ אֹֽרֶךְ יָמִים אַשְׂבִּיעֵֽהוּ, וְאַרְאֵֽהוּ בִּישׁוּעָתִי:

אֹֽרֶךְ יָמִים אַשְׂבִּיעֵֽהוּ, וְאַרְאֵֽהוּ בִּישׁוּעָתִי:

◂ וְאַתָּה קָדוֹשׁ יוֹשֵׁב תְּהִלּוֹת יִשְׂרָאֵל: (תהלים כב)

וְקָרָא זֶה אֶל־זֶה וְאָמַר

קָדוֹשׁ, קָדוֹשׁ, קָדוֹשׁ (ישעיה ו)

יהוה צְבָאוֹת, מְלֹא כָל־הָאָֽרֶץ כְּבוֹדוֹ:

וּמְקַבְּלִין דֵּין מִן דֵּין וְאָמְרִין (תרגום יונתן ישעיה ו)

קַדִּישׁ בִּשְׁמֵי מְרוֹמָא עִלָּאָה בֵּית שְׁכִינְתֵהּ

קַדִּישׁ עַל אַרְעָא עוֹבַד גְּבוּרְתֵהּ

קַדִּישׁ לְעָלַם וּלְעָלְמֵי עָלְמַיָּא

יהוה צְבָאוֹת, מַלְיָא כָל אַרְעָא זִיו יְקָרֵהּ.

◂ וַתִּשָּׂאֵֽנִי רֽוּחַ, וָאֶשְׁמַע אַחֲרַי קוֹל רַֽעַשׁ גָּדוֹל (יחזקאל ג)

בָּרוּךְ כְּבוֹד־יהוה מִמְּקוֹמוֹ:

וּנְטָלַֽתְנִי רוּחָא, וּשְׁמָעִית בַּתְרַי קָל זִֽיעַ סַגִּיא (תרגום יונתן יחזקאל ג)

דִּמְשַׁבְּחִין וְאָמְרִין

בְּרִיךְ יְקָרָא דַיהוה מֵאֲתַר בֵּית שְׁכִינְתֵהּ.

יהוה יִמְלֹךְ לְעֹלָם וָעֶד: (שמות טו)

יהוה מַלְכוּתֵהּ קָאֵם לְעָלַם וּלְעָלְמֵי עָלְמַיָּא. (תרגום אונקלוס שמות טו)

יהוה LORD, God of Abraham, Isaac, and Yisrael, *1 Chr. 29*
our ancestors, may You keep this for ever so that
it forms the thoughts in Your people's heart, and
directs their heart toward You. He is compassion- *Ps. 78*
ate. He forgives iniquity and does not destroy.
Repeatedly He suppresses His anger, not rous-
ing His full wrath. For You, my LORD, are good *Ps. 86*
and forgiving, abundantly kind to all who call
on You. Your righteousness is eternally righteous, *Ps. 119*
and Your Torah is truth. Grant truth to Jacob, lov- *Micah 7*
ing-kindness to Abraham, as You promised our
ancestors in ancient times. Blessed is my LORD for *Ps. 68*
day after day He burdens us [with His blessings];
God is our salvation, Selah! The LORD of hosts *Ps. 46*
is with us; the God of Jacob is our refuge, Selah!
LORD of hosts, happy is the one who trusts in You. *Ps. 84*
LORD, save! May the King answer us on the day *Ps. 20*
we call.

בָּרוּךְ Blessed is He, our God,
who created us for His glory,
separating us from those who go astray;
who gave us the Torah of truth,
planting within us eternal life.
May He open our heart to His Torah,

יהוה אֱלֹהֵי אַבְרָהָם יִצְחָק וְיִשְׂרָאֵל אֲבֹתֵינוּ, דברי הימים א׳ כט
שָׁמְרָה־זֹּאת לְעוֹלָם לְיֵצֶר מַחְשְׁבוֹת לְבַב
עַמֶּךָ, וְהָכֵן לְבָבָם אֵלֶיךָ: וְהוּא רַחוּם יְכַפֵּר עָוֹן תהלים עח
וְלֹא־יַשְׁחִית, וְהִרְבָּה לְהָשִׁיב אַפּוֹ, וְלֹא־יָעִיר
כָּל־חֲמָתוֹ: כִּי־אַתָּה אֲדֹנָי טוֹב וְסַלָּח, וְרַב־חֶסֶד תהלים פו
לְכָל־קֹרְאֶיךָ: צִדְקָתְךָ צֶדֶק לְעוֹלָם וְתוֹרָתְךָ תהלים קיט
אֱמֶת: תִּתֵּן אֱמֶת לְיַעֲקֹב, חֶסֶד לְאַבְרָהָם, מיכה ז
אֲשֶׁר־נִשְׁבַּעְתָּ לַאֲבֹתֵינוּ מִימֵי קֶדֶם: בָּרוּךְ תהלים סח
אֲדֹנָי יוֹם יוֹם יַעֲמָס־לָנוּ, הָאֵל יְשׁוּעָתֵנוּ סֶלָה:
יהוה צְבָאוֹת עִמָּנוּ, מִשְׂגָּב לָנוּ אֱלֹהֵי יַעֲקֹב תהלים מו
סֶלָה: יהוה צְבָאוֹת, אַשְׁרֵי אָדָם בֹּטֵחַ בָּךְ: תהלים פד
יהוה הוֹשִׁיעָה, הַמֶּלֶךְ יַעֲנֵנוּ בְיוֹם־קָרְאֵנוּ: תהלים כ

בָּרוּךְ הוּא אֱלֹהֵינוּ שֶׁבְּרָאָנוּ לִכְבוֹדוֹ
וְהִבְדִּילָנוּ מִן הַתּוֹעִים
וְנָתַן לָנוּ תּוֹרַת אֱמֶת
וְחַיֵּי עוֹלָם נָטַע בְּתוֹכֵנוּ.
הוּא יִפְתַּח לִבֵּנוּ בְּתוֹרָתוֹ

imbuing our heart with the love and awe of Him,
that we may do His will
and serve Him with a perfect heart,
so that we neither toil in vain
nor give birth to confusion.

יְהִי רָצוֹן May it be Your will,
O Lord our God and God of our ancestors,
that we keep Your laws in this world,
and thus be worthy to live,
see and inherit goodness and blessing
in the Messianic Age
and in the life of the World to Come.
So that my soul may sing to You *Ps. 30*
and not be silent.
Lord, my God, for ever I will thank You.
Blessed is the man who trusts in the Lord, *Jer. 17*
whose trust is in the Lord alone.
Trust in the Lord for evermore, for God, *Is. 26*
the Lord, is an everlasting Rock.
▸ Those who know Your name trust in You, *Ps. 9*
for You, Lord,
do not forsake those who seek You.
The Lord desired, *Is. 42*
for the sake of Israel's merit,
to make the Torah great and glorious.

וְיָשֵׂם בְּלִבֵּנוּ אַהֲבָתוֹ וְיִרְאָתוֹ
וְלַעֲשׂוֹת רְצוֹנוֹ וּלְעָבְדוֹ בְּלֵבָב שָׁלֵם
לְמַעַן לֹא נִיגַע לָרִיק וְלֹא נֵלֵד לַבֶּהָלָה.

יְהִי רָצוֹן מִלְּפָנֶיךָ
יהוה אֱלֹהֵינוּ וֵאלֹהֵי אֲבוֹתֵינוּ
שֶׁנִּשְׁמֹר חֻקֶּיךָ בָּעוֹלָם הַזֶּה
וְנִזְכֶּה וְנִחְיֶה וְנִרְאֶה וְנִירַשׁ טוֹבָה וּבְרָכָה
לִשְׁנֵי יְמוֹת הַמָּשִׁיחַ וּלְחַיֵּי הָעוֹלָם הַבָּא.
תהלים ל לְמַעַן יְזַמֶּרְךָ כָבוֹד וְלֹא יִדֹּם, יהוה אֱלֹהַי
לְעוֹלָם אוֹדֶךָּ:
ירמיה יז בָּרוּךְ הַגֶּבֶר אֲשֶׁר יִבְטַח בַּיהוה
וְהָיָה יהוה מִבְטַחוֹ:
ישעיה כו בִּטְחוּ בַיהוה עֲדֵי־עַד
כִּי בְּיָהּ יהוה צוּר עוֹלָמִים:
תהלים ט ◄ וְיִבְטְחוּ בְךָ יוֹדְעֵי שְׁמֶךָ
כִּי לֹא־עָזַבְתָּ דֹרְשֶׁיךָ, יהוה:
ישעיה מב יהוה חָפֵץ לְמַעַן צִדְקוֹ, יַגְדִּיל תּוֹרָה וְיַאְדִּיר:

FULL KADDISH

Leader: יִתְגַּדַּל Magnified and sanctified
may His great name be,
in the world He created by His will.
May He establish His kingdom
in your lifetime and in your days,
and in the lifetime of all the house of Israel,
swiftly and soon –
and say: Amen.

All: May His great name be blessed
for ever and all time.

Leader: Blessed and praised,
glorified and exalted,
raised and honored,
uplifted and lauded
be the name of the Holy One,
blessed be He,
beyond any blessing,
song, praise, and consolation
uttered in the world –
and say: Amen.

On Purim and Tisha B'Av, omit the next verse and continue with "May there be great peace" on the next page.

May the prayers and pleas of all Israel
be accepted by their Father in heaven –
and say: Amen.

קדיש שלם

ש״ץ: יִתְגַּדַּל וְיִתְקַדַּשׁ שְׁמֵהּ רַבָּא (קהל: אָמֵן)
בְּעָלְמָא דִּי בְרָא כִרְעוּתֵהּ, וְיַמְלִיךְ מַלְכוּתֵהּ
בְּחַיֵּיכוֹן וּבְיוֹמֵיכוֹן וּבְחַיֵּי דְכָל בֵּית יִשְׂרָאֵל
בַּעֲגָלָא וּבִזְמַן קָרִיב
וְאִמְרוּ אָמֵן. (קהל: אָמֵן)

קהל וש״ץ: יְהֵא שְׁמֵהּ רַבָּא מְבָרַךְ לְעָלַם וּלְעָלְמֵי עָלְמַיָּא.

ש״ץ: יִתְבָּרַךְ וְיִשְׁתַּבַּח וְיִתְפָּאַר
וְיִתְרוֹמַם וְיִתְנַשֵּׂא וְיִתְהַדָּר וְיִתְעַלֶּה וְיִתְהַלָּל
שְׁמֵהּ דְּקֻדְשָׁא בְּרִיךְ הוּא (קהל: בְּרִיךְ הוּא)
לְעֵלָּא מִן כָּל בִּרְכָתָא
/בעשרת ימי תשובה: לְעֵלָּא לְעֵלָּא מִכָּל בִּרְכָתָא/
וְשִׁירָתָא, תֻּשְׁבְּחָתָא וְנֶחֱמָתָא
דַּאֲמִירָן בְּעָלְמָא
וְאִמְרוּ אָמֵן. (קהל: אָמֵן)

On פורים *and* תשעה באב, *omit the next verse and continue with* יְהֵא שְׁלָמָא *on the next page.*

תִּתְקַבַּל צְלוֹתְהוֹן וּבָעוּתְהוֹן דְּכָל יִשְׂרָאֵל
קֳדָם אֲבוּהוֹן דִּי בִשְׁמַיָּא
וְאִמְרוּ אָמֵן. (קהל: אָמֵן)

May there be great peace from heaven,
and life for us and all Israel –
and say: Amen.

Bow, take three steps back, as if taking leave of the Divine Presence, then bow, first left, then right, then center, while saying:

May He who makes peace in His high places,
make peace for us
and all Israel –
and say: Amen.

Between Pesaḥ and Shavuot the Omer is counted at this point on page 684.

On Ḥanukka, the candles are lit at this point, page 742.

On Tisha B'Av, the following prayers are omitted and the service continues with Aleinu on page 650.

BIBLICAL VERSES OF BLESSING

וְיִתֶּן־לְךָ May God give you dew from heaven and the richness of the earth, and corn and wine in plenty. May peoples serve you and nations bow down to you. Be lord over your brothers, and may your mother's sons bow down to you. A curse on those who curse you, but a blessing on those who bless you. *Gen. 27*

וְאֵל שַׁדַּי May God Almighty bless you; may He make you fruitful and numerous until you become an assembly of peoples. May He give you and your descendants the blessing of Abraham, that you may possess *Gen. 28*

יְהֵא שְׁלָמָא רַבָּא מִן שְׁמַיָּא
וְחַיִּים, עָלֵינוּ וְעַל כָּל יִשְׂרָאֵל
וְאִמְרוּ אָמֵן. (קהל: אָמֵן)

Bow, take three steps back, as if taking leave of the Divine Presence, then bow, first left, then right, then center, while saying:

עֹשֶׂה שָׁלוֹם/ בעשרת ימי תשובה: הַשָּׁלוֹם/ בִּמְרוֹמָיו
הוּא יַעֲשֶׂה שָׁלוֹם עָלֵינוּ וְעַל כָּל יִשְׂרָאֵל
וְאִמְרוּ אָמֵן. (קהל: אָמֵן)

Between פסח *and* שבועות *the* עומר *is counted at this point on page 685.*

On חנוכה*, the candles are lit at this point, page 743.*

On תשעה באב*, the following prayers are omitted and the service continues with* עָלֵינוּ *on page 651.*

פסוקי ברכה

וְיִתֶּן־לְךָ הָאֱלֹהִים מִטַּל הַשָּׁמַיִם וּמִשְׁמַנֵּי הָאָרֶץ, בראשית כז
וְרֹב דָּגָן וְתִירֹשׁ: יַעַבְדוּךָ עַמִּים וְיִשְׁתַּחֲוֻ לְךָ לְאֻמִּים,
הֱוֵה גְבִיר לְאַחֶיךָ וְיִשְׁתַּחֲווּ לְךָ בְּנֵי אִמֶּךָ, אֹרְרֶיךָ
אָרוּר וּמְבָרְכֶיךָ בָּרוּךְ:

וְאֵל שַׁדַּי יְבָרֵךְ אֹתְךָ וְיַפְרְךָ וְיַרְבֶּךָ, וְהָיִיתָ לִקְהַל בראשית כח
עַמִּים: וְיִתֶּן־לְךָ אֶת־בִּרְכַּת אַבְרָהָם, לְךָ וּלְזַרְעֲךָ

the land where you are now staying, the land God gave
to Abraham. This comes from the God of your father – *Gen. 49*
may He help you – and from the Almighty – may He
bless you with blessings of the heaven above and the
blessings of the deep that lies below, the blessings of
breast and womb. The blessings of your father surpass
the blessings of my fathers to the bounds of the end-
less hills. May they rest on the head of Joseph, on the
brow of the prince among his brothers. He will love *Deut. 7*
you and bless you and increase your numbers. He will
bless the fruit of your womb and the fruit of your land:
your corn, your wine, and oil, the calves of your herds
and the lambs of your flocks, in the land He swore to
your fathers to give you. You will be blessed more than
any other people. None of your men or women will be
childless, nor any of your livestock without young. The
LORD will keep you free from any disease. He will not
inflict on you the terrible diseases you knew in Egypt,
but He will inflict them on those who hate you.

הַמַּלְאָךְ May the angel who rescued me from all harm, *Gen. 48*
bless these boys. May they be called by my name and
the names of my fathers Abraham and Isaac, and may
they increase greatly on the earth. The LORD your God *Deut. 1*
has increased your numbers so that today you are as
many as the stars in the sky. May the LORD, God of
your fathers, increase you a thousand times, and bless
you as He promised you.

אֹתָךְ, לְרִשְׁתְּךָ אֶת־אֶרֶץ מְגֻרֶיךָ אֲשֶׁר־נָתַן אֱלֹהִים
לְאַבְרָהָם: מֵאֵל אָבִיךָ וְיַעְזְרֶךָּ וְאֵת שַׁדַּי וִיבָרְכֶךָּ, בראשית מט
בִּרְכֹת שָׁמַיִם מֵעָל בִּרְכֹת תְּהוֹם רֹבֶצֶת תָּחַת,
בִּרְכֹת שָׁדַיִם וָרָחַם: בִּרְכֹת אָבִיךָ גָּבְרוּ עַל־בִּרְכֹת
הוֹרַי עַד־תַּאֲוַת גִּבְעֹת עוֹלָם, תִּהְיֶיןָ לְרֹאשׁ יוֹסֵף
וּלְקָדְקֹד נְזִיר אֶחָיו: וַאֲהֵבְךָ וּבֵרַכְךָ וְהִרְבֶּךָ, וּבֵרַךְ דברים ז
פְּרִי־בִטְנְךָ וּפְרִי־אַדְמָתֶךָ, דְּגָנְךָ וְתִירֹשְׁךָ וְיִצְהָרֶךָ,
שְׁגַר־אֲלָפֶיךָ וְעַשְׁתְּרֹת צֹאנֶךָ, עַל הָאֲדָמָה אֲשֶׁר־
נִשְׁבַּע לַאֲבֹתֶיךָ לָתֶת לָךְ: בָּרוּךְ תִּהְיֶה מִכָּל־
הָעַמִּים, לֹא־יִהְיֶה בְךָ עָקָר וַעֲקָרָה וּבִבְהֶמְתֶּךָ:
וְהֵסִיר יהוה מִמְּךָ כָּל־חֹלִי, וְכָל־מַדְוֵי מִצְרַיִם
הָרָעִים אֲשֶׁר יָדַעְתָּ, לֹא יְשִׂימָם בָּךְ, וּנְתָנָם בְּכָל־
שֹׂנְאֶיךָ:

הַמַּלְאָךְ הַגֹּאֵל אֹתִי מִכָּל־רָע יְבָרֵךְ אֶת־הַנְּעָרִים, בראשית מח
וְיִקָּרֵא בָהֶם שְׁמִי וְשֵׁם אֲבֹתַי אַבְרָהָם וְיִצְחָק,
וְיִדְגּוּ לָרֹב בְּקֶרֶב הָאָרֶץ: יהוה אֱלֹהֵיכֶם הִרְבָּה דברים א
אֶתְכֶם, וְהִנְּכֶם הַיּוֹם כְּכוֹכְבֵי הַשָּׁמַיִם לָרֹב: יהוה
אֱלֹהֵי אֲבֹתֵיכֶם יֹסֵף עֲלֵיכֶם כָּכֶם אֶלֶף פְּעָמִים,
וִיבָרֵךְ אֶתְכֶם כַּאֲשֶׁר דִּבֶּר לָכֶם:

בָּרוּךְ You will be blessed in the city, and blessed in the field. You will be blessed when you come in, and blessed when you go out. Your basket and your kneading trough will be blessed. The fruit of your womb will be blessed, and the crops of your land, and the young of your livestock, the calves of your herds, and the lambs of your flocks. The LORD will send a blessing on your barns, and on everything you put your hand to. The LORD your God will bless you in the land He is giving you. The LORD will open for you the heavens, the storehouse of His bounty, to send rain on your land in season, and to bless all the work of your hands. You will lend to many nations but will borrow from none. For the LORD your God will bless you as He has promised: you will lend to many nations but will borrow from none. You will rule over many nations, but none will rule over you. Happy are you, Israel! Who is like you, a people saved by the LORD? He is your Shield and Helper and your glorious Sword. Your enemies will cower before you, and you will tread on their high places. *Deut. 28* *Deut. 15* *Deut. 33*

מָחִיתִי I have wiped away your transgressions like a cloud, your sins like the morning mist. Return to Me for I have redeemed you. Sing for joy, O heavens, for the LORD has done this; shout aloud, you depths of the earth; burst into song, you mountains, you forests and all your trees, for the LORD has redeemed Jacob, and will glory in Israel. Our Redeemer, the LORD of hosts is His name, the Holy One of Israel. *Is. 44* *Is. 47*

דברים כח בָּרוּךְ אַתָּה בָּעִיר, וּבָרוּךְ אַתָּה בַּשָּׂדֶה: בָּרוּךְ
אַתָּה בְּבֹאֶךָ, וּבָרוּךְ אַתָּה בְּצֵאתֶךָ: בָּרוּךְ טַנְאֲךָ
וּמִשְׁאַרְתֶּךָ: בָּרוּךְ פְּרִי־בִטְנְךָ וּפְרִי אַדְמָתְךָ וּפְרִי
בְהֶמְתֶּךָ, שְׁגַר אֲלָפֶיךָ וְעַשְׁתְּרוֹת צֹאנֶךָ: יְצַו יהוה
אִתְּךָ אֶת־הַבְּרָכָה בַּאֲסָמֶיךָ וּבְכֹל מִשְׁלַח יָדֶךָ,
וּבֵרַכְךָ בָּאָרֶץ אֲשֶׁר־יהוה אֱלֹהֶיךָ נֹתֵן לָךְ: יִפְתַּח
יהוה לְךָ אֶת־אוֹצָרוֹ הַטּוֹב אֶת־הַשָּׁמַיִם, לָתֵת
מְטַר־אַרְצְךָ בְּעִתּוֹ, וּלְבָרֵךְ אֵת כָּל־מַעֲשֵׂה יָדֶךָ,
דברים טו וְהִלְוִיתָ גּוֹיִם רַבִּים וְאַתָּה לֹא תִלְוֶה: כִּי־יהוה
אֱלֹהֶיךָ בֵּרַכְךָ כַּאֲשֶׁר דִּבֶּר־לָךְ, וְהַעֲבַטְתָּ גּוֹיִם
רַבִּים וְאַתָּה לֹא תַעֲבֹט, וּמָשַׁלְתָּ בְּגוֹיִם רַבִּים וּבְךָ
דברים לג לֹא יִמְשֹׁלוּ: אַשְׁרֶיךָ יִשְׂרָאֵל, מִי כָמוֹךָ, עַם נוֹשַׁע
בַּיהוה, מָגֵן עֶזְרֶךָ וַאֲשֶׁר־חֶרֶב גַּאֲוָתֶךָ, וְיִכָּחֲשׁוּ
אֹיְבֶיךָ לָךְ, וְאַתָּה עַל־בָּמוֹתֵימוֹ תִדְרֹךְ:

ישעיה מד מָחִיתִי כָעָב פְּשָׁעֶיךָ וְכֶעָנָן חַטֹּאותֶיךָ, שׁוּבָה אֵלַי
כִּי גְאַלְתִּיךָ: רָנּוּ שָׁמַיִם כִּי־עָשָׂה יהוה, הָרִיעוּ
תַּחְתִּיּוֹת אָרֶץ, פִּצְחוּ הָרִים רִנָּה, יַעַר וְכָל־עֵץ בּוֹ,
ישעיה מז כִּי־גָאַל יהוה יַעֲקֹב וּבְיִשְׂרָאֵל יִתְפָּאָר: גֹּאֲלֵנוּ,
יהוה צְבָאוֹת שְׁמוֹ, קְדוֹשׁ יִשְׂרָאֵל:

יִשְׂרָאֵל Israel is saved by the LORD with everlasting *Is. 45*
salvation. You will never be ashamed or disgraced to
time everlasting. You will eat your fill and praise the *Joel 2*
name of the LORD your God, who has worked won-
ders for you. Never again shall My people be shamed.
Then you will know that I am in the midst of Israel,
that I am the LORD your God, and there is no other.
Never again will My people be shamed. You will go *Is. 55*
out in joy and be led out in peace. The mountains
and hills will burst into song before you, and all the
trees of the field will clap their hands. Behold, God *Is. 12*
is my salvation, I will trust and not be afraid. The
LORD, the LORD, is my strength and my song. He has
become my salvation. With joy you will draw water
from the springs of salvation. On that day you will
say, "Thank the LORD, proclaim His name, make His
deeds known among the nations." Declare that His
name is exalted. Sing to the LORD, for He has done
glorious things; let this be known throughout the
world. Shout aloud and sing for joy, you who dwell in
Zion, for great in your midst is the Holy One of Israel.
On that day they will say, "See, this is our God; we set *Is. 25*
our hope in Him and He saved us. This is the LORD
in whom we hoped; let us rejoice and be glad in His
salvation."

בֵּית Come, house of Jacob: let us walk in the light of *Is. 2*
the LORD. He will be the sure foundation of your times; *Is. 32*

יִשְׂרָאֵל נוֹשַׁע בַּיהוה תְּשׁוּעַת עוֹלָמִים, לֹא־תֵבֹשׁוּ ישעיה מה
וְלֹא־תִכָּלְמוּ עַד־עוֹלְמֵי עַד: וַאֲכַלְתֶּם אָכוֹל יואל ב
וְשָׂבוֹעַ, וְהִלַּלְתֶּם אֶת־שֵׁם יהוה אֱלֹהֵיכֶם אֲשֶׁר־
עָשָׂה עִמָּכֶם לְהַפְלִיא, וְלֹא־יֵבֹשׁוּ עַמִּי לְעוֹלָם:
וִידַעְתֶּם כִּי בְקֶרֶב יִשְׂרָאֵל אָנִי, וַאֲנִי יהוה אֱלֹהֵיכֶם
וְאֵין עוֹד, וְלֹא־יֵבֹשׁוּ עַמִּי לְעוֹלָם: כִּי־בְשִׂמְחָה ישעיה נה
תֵצֵאוּ וּבְשָׁלוֹם תּוּבָלוּן, הֶהָרִים וְהַגְּבָעוֹת יִפְצְחוּ
לִפְנֵיכֶם רִנָּה, וְכָל־עֲצֵי הַשָּׂדֶה יִמְחֲאוּ־כָף: הִנֵּה ישעיה יב
אֵל יְשׁוּעָתִי אֶבְטַח, וְלֹא אֶפְחָד, כִּי־עָזִּי וְזִמְרָת יָהּ
יהוה, וַיְהִי־לִי לִישׁוּעָה: וּשְׁאַבְתֶּם־מַיִם בְּשָׂשׂוֹן,
מִמַּעַיְנֵי הַיְשׁוּעָה: וַאֲמַרְתֶּם בַּיּוֹם הַהוּא, הוֹדוּ
לַיהוה קִרְאוּ בִשְׁמוֹ, הוֹדִיעוּ בָעַמִּים עֲלִילֹתָיו,
הַזְכִּירוּ כִּי נִשְׂגָּב שְׁמוֹ: זַמְּרוּ יהוה כִּי גֵאוּת עָשָׂה,
מוּדַעַת זֹאת בְּכָל־הָאָרֶץ: צַהֲלִי וָרֹנִּי יוֹשֶׁבֶת
צִיּוֹן, כִּי־גָדוֹל בְּקִרְבֵּךְ קְדוֹשׁ יִשְׂרָאֵל: וְאָמַר בַּיּוֹם ישעיה כה
הַהוּא, הִנֵּה אֱלֹהֵינוּ זֶה קִוִּינוּ לוֹ וְיוֹשִׁיעֵנוּ, זֶה
יהוה קִוִּינוּ לוֹ, נָגִילָה וְנִשְׂמְחָה בִּישׁוּעָתוֹ:

בֵּית יַעֲקֹב לְכוּ וְנֵלְכָה בְּאוֹר יהוה: וְהָיָה אֱמוּנַת ישעיה ב / ישעיה לג
עִתֶּיךָ, חֹסֶן יְשׁוּעֹת חָכְמַת וָדָעַת, יִרְאַת יהוה

a rich store of salvation, wisdom, and knowledge – the fear of the LORD is a person's treasure. In everything he did, David was successful, for the LORD was with him. *I Sam. 18*

פָּדָה He redeemed my soul in peace from the battle waged against me, for the sake of the many who were with me. The people said to Saul, "Shall Jonathan die – he who has brought about this great deliverance in Israel? Heaven forbid! As surely as the LORD lives, not a hair of his head shall fall to the ground, for he did this today with God's help." So the people rescued Jonathan and he did not die. Those redeemed by the LORD shall return; they will enter Zion singing; everlasting joy will crown their heads. Gladness and joy will overtake them, and sorrow and sighing will flee away. *Ps. 55* *I Sam. 14* *Is. 35*

הָפַכְתָּ You have turned my sorrow into dancing. You have removed my sackcloth and clothed me with joy. The LORD your God refused to listen to Balaam; instead the LORD your God turned the curse into a blessing, for the LORD your God loves you. Then maidens will dance and be glad; so too will young men and old together; I will turn their mourning into gladness; I will give them comfort and joy instead of sorrow. *Ps. 30* *Deut. 23* *Jer. 31*

בּוֹרֵא I create the speech of lips: Peace, peace to those far and near, says the LORD, and I will heal them. Then *Is. 57* *I Chr. 12*

הִיא אוֹצָרוֹ: וַיְהִי דָוִד לְכָל־דְּרָכָו מַשְׂכִּיל, וַיהוה שמואל א׳ יח
עִמּוֹ:

פָּדָה בְשָׁלוֹם נַפְשִׁי מִקְּרָב־לִי, כִּי־בְרַבִּים הָיוּ עִמָּדִי: תהלים נה
וַיֹּאמֶר הָעָם אֶל־שָׁאוּל, הֲיוֹנָתָן יָמוּת אֲשֶׁר עָשָׂה שמואל א׳ יד
הַיְשׁוּעָה הַגְּדוֹלָה הַזֹּאת בְּיִשְׂרָאֵל, חָלִילָה, חַי־
יהוה אִם־יִפֹּל מִשַּׂעֲרַת רֹאשׁוֹ אַרְצָה, כִּי־עִם־
אֱלֹהִים עָשָׂה הַיּוֹם הַזֶּה, וַיִּפְדּוּ הָעָם אֶת־יוֹנָתָן
וְלֹא־מֵת: וּפְדוּיֵי יהוה יְשֻׁבוּן וּבָאוּ צִיּוֹן בְּרִנָּה, ישעיה לה
וְשִׂמְחַת עוֹלָם עַל־רֹאשָׁם, שָׂשׂוֹן וְשִׂמְחָה יַשִּׂיגוּ,
וְנָסוּ יָגוֹן וַאֲנָחָה:

הָפַכְתָּ מִסְפְּדִי לְמָחוֹל לִי, פִּתַּחְתָּ שַׂקִּי, וַתְּאַזְּרֵנִי תהלים ל
שִׂמְחָה: וְלֹא־אָבָה יהוה אֱלֹהֶיךָ לִשְׁמֹעַ אֶל־ דברים כג
בִּלְעָם, וַיַּהֲפֹךְ יהוה אֱלֹהֶיךָ לְּךָ אֶת־הַקְּלָלָה
לִבְרָכָה, כִּי אֲהֵבְךָ יהוה אֱלֹהֶיךָ: אָז תִּשְׂמַח ירמיה לא
בְּתוּלָה בְּמָחוֹל, וּבַחֻרִים וּזְקֵנִים יַחְדָּו, וְהָפַכְתִּי
אֶבְלָם לְשָׂשׂוֹן, וְנִחַמְתִּים, וְשִׂמַּחְתִּים מִיגוֹנָם:

בּוֹרֵא נִיב שְׂפָתָיִם, שָׁלוֹם שָׁלוֹם לָרָחוֹק וְלַקָּרוֹב ישעיה נז
אָמַר יהוה, וּרְפָאתִיו: וְרוּחַ לָבְשָׁה אֶת־עֲמָשַׂי דברי הימים א׳ יב

the spirit came upon Amasai, chief of the captains, and he said: "We are yours, David! We are with you, son of Jesse! Peace, peace to you, and peace to those who help you; for your God will help you." Then David received them and made them leaders of his troop. And you shall say: "To life! Peace be to you, peace to your household, and peace to all that is yours!" The LORD will give strength to His people; the LORD will bless His people with peace.

I Sam. 25

Ps. 29

אָמַר Rabbi Yoḥanan said: Wherever you find the greatness of the Holy One, blessed be He, there you find His humility. This is written in the Torah, repeated in the Prophets, and stated a third time in the Writings. It is written in the Torah: "For the LORD your God is God of gods and LORD of lords, the great, mighty, and awe-inspiring God, who shows no favoritism and accepts no bribe." Immediately afterwards it is written, "He upholds the cause of the orphan and widow, and loves the stranger, giving him food and clothing." It is repeated in the Prophets, as it says: "So says the High and Exalted One, who lives for ever and whose name is Holy: I live in a high and holy place, but also with the contrite and lowly in spirit, to revive the spirit of the lowly, and to revive the heart of the contrite." It is stated a third time in the Writings: "Sing to God, make music for His name, extol Him who rides the

Megilla 31a

Deut. 10

Is. 57

Ps. 68

רֹאשׁ הַשָּׁלִישִׁים, לְךָ דָוִיד וְעִמְּךָ בֶן־יִשַׁי, שָׁלוֹם שָׁלוֹם לְךָ וְשָׁלוֹם לְעֹזְרֶךָ, כִּי עֲזָרְךָ אֱלֹהֶיךָ,
שמואל א׳ כה וַיְקַבְּלֵם דָּוִיד וַיִּתְּנֵם בְּרָאשֵׁי הַגְּדוּד: וַאֲמַרְתֶּם כֹּה לֶחָי, וְאַתָּה שָׁלוֹם וּבֵיתְךָ שָׁלוֹם וְכֹל אֲשֶׁר־לְךָ
תהלים כט שָׁלוֹם: יהוה עֹז לְעַמּוֹ יִתֵּן, יהוה יְבָרֵךְ אֶת־עַמּוֹ בַשָּׁלוֹם:

מגילה לא. אָמַר רַבִּי יוֹחָנָן: בְּכָל מָקוֹם שֶׁאַתָּה מוֹצֵא גְּדֻלָּתוֹ שֶׁל הַקָּדוֹשׁ בָּרוּךְ הוּא, שָׁם אַתָּה מוֹצֵא עַנְוְתָנוּתוֹ. דָּבָר זֶה כָּתוּב בַּתּוֹרָה, וְשָׁנוּי בַּנְּבִיאִים, וּמְשֻׁלָּשׁ
דברים י בַּכְּתוּבִים. כָּתוּב בַּתּוֹרָה: כִּי יהוה אֱלֹהֵיכֶם הוּא אֱלֹהֵי הָאֱלֹהִים וַאֲדֹנֵי הָאֲדֹנִים, הָאֵל הַגָּדֹל הַגִּבֹּר וְהַנּוֹרָא, אֲשֶׁר לֹא־יִשָּׂא פָנִים וְלֹא יִקַּח שֹׁחַד: וּכְתִיב בָּתְרֵהּ: עֹשֶׂה מִשְׁפַּט יָתוֹם וְאַלְמָנָה, וְאֹהֵב גֵּר לָתֶת לוֹ לֶחֶם וְשִׂמְלָה: שָׁנוּי בַּנְּבִיאִים, דִּכְתִיב:
ישעיה נז כִּי כֹה אָמַר רָם וְנִשָּׂא שֹׁכֵן עַד וְקָדוֹשׁ שְׁמוֹ, מָרוֹם וְקָדוֹשׁ אֶשְׁכּוֹן, וְאֶת־דַּכָּא וּשְׁפַל־רוּחַ, לְהַחֲיוֹת רוּחַ שְׁפָלִים וּלְהַחֲיוֹת לֵב נִדְכָּאִים: מְשֻׁלָּשׁ
תהלים סח בַּכְּתוּבִים, דִּכְתִיב: שִׁירוּ לֵאלֹהִים, זַמְּרוּ שְׁמוֹ,

clouds – the LORD is His name – and exult before Him." Immediately afterwards it is written: "Father of the orphans and Justice of widows, is God in His holy habitation."

יְהִי May the LORD our God be with us, as He was with our ancestors. May He never abandon us or forsake us. You who cleave to the LORD your God are all alive this day. For the LORD will comfort Zion, He will comfort all her ruins; He will make her wilderness like Eden, and her desert like a garden of the LORD. Joy and gladness will be found there, thanksgiving and the sound of singing. It pleased the LORD for the sake of [Israel's] righteousness to make the Torah great and glorious.

I Kings 8 *Deut. 4* *Is. 51* *Is. 42*

שִׁיר הַמַּעֲלוֹת A song of ascents. Happy are all who fear the LORD, who walk in His ways. When you eat the fruit of your labor, happy and fortunate are you. Your wife shall be like a fruitful vine within your house; your sons like olive saplings around your table. So shall the man who fears the LORD be blessed. May the LORD bless you from Zion; may you see the good of Jerusalem all the days of your life; and may you live to see your children's children. Peace be on Israel!

Ps. 128

סֹלּוּ לָרֹכֵב בָּעֲרָבוֹת בְּיָהּ שְׁמוֹ, וְעִלְזוּ לְפָנָיו: וּכְתִיב
בָּתְרֵהּ: אֲבִי יְתוֹמִים וְדַיַּן אַלְמָנוֹת, אֱלֹהִים בִּמְעוֹן
קָדְשׁוֹ:

יְהִי יהוה אֱלֹהֵינוּ עִמָּנוּ כַּאֲשֶׁר הָיָה עִם־אֲבֹתֵינוּ, מלכים א׳ ח
אַל־יַעַזְבֵנוּ וְאַל־יִטְּשֵׁנוּ: וְאַתֶּם הַדְּבֵקִים בַּיהוה דברים ד
אֱלֹהֵיכֶם, חַיִּים כֻּלְּכֶם הַיּוֹם: כִּי־נִחַם יהוה צִיּוֹן, ישעיה נא
נִחַם כָּל־חָרְבֹתֶיהָ, וַיָּשֶׂם מִדְבָּרָהּ כְּעֵדֶן וְעַרְבָתָהּ
כְּגַן־יהוה, שָׂשׂוֹן וְשִׂמְחָה יִמָּצֵא בָהּ, תּוֹדָה וְקוֹל
זִמְרָה: יהוה חָפֵץ לְמַעַן צִדְקוֹ, יַגְדִּיל תּוֹרָה ישעיה מב
וְיַאְדִּיר:

שִׁיר הַמַּעֲלוֹת, אַשְׁרֵי כָּל־יְרֵא יהוה, הַהֹלֵךְ תהלים קכח
בִּדְרָכָיו: יְגִיעַ כַּפֶּיךָ כִּי תֹאכֵל, אַשְׁרֶיךָ וְטוֹב לָךְ:
אֶשְׁתְּךָ כְּגֶפֶן פֹּרִיָּה בְּיַרְכְּתֵי בֵיתֶךָ, בָּנֶיךָ כִּשְׁתִלֵי
זֵיתִים, סָבִיב לְשֻׁלְחָנֶךָ: הִנֵּה כִי־כֵן יְבֹרַךְ גָּבֶר
יְרֵא יהוה: יְבָרֶכְךָ יהוה מִצִּיּוֹן, וּרְאֵה בְּטוּב
יְרוּשָׁלָםִ, כֹּל יְמֵי חַיֶּיךָ: וּרְאֵה־בָנִים לְבָנֶיךָ, שָׁלוֹם
עַל־יִשְׂרָאֵל:

HAVDALA IN THE SYNAGOGUE

Some say the full Havdala on page 678.

The Leader takes the cup of wine in his right hand, and says:

Please pay attention, my masters.

Blessed are You, LORD our God,
King of the Universe,
who creates the fruit of the vine.

Holding the spice box, the Leader says:

Blessed are You, LORD our God,
King of the Universe,
who creates the various spices.

The Leader smells the spices and puts the spice box down.

He lifts his hands toward the flame of the Havdala candle, and says:

Blessed are You, LORD our God,
King of the Universe,
who creates the lights of fire.

He lifts the cup of wine in his right hand, and says:

Blessed are You, LORD our God,
King of the Universe,
who distinguishes between sacred and secular,
between light and darkness,
between Israel and the nations,
between the seventh day and the six days of work.
Blessed are You, LORD,
who distinguishes between sacred and secular.

הבדלה בבית הכנסת

Some say the full הבדלה *on page 679.*

The שליח ציבור *takes the cup of wine in his right hand, and says:*

סַבְרִי מָרָנָן

בָּרוּךְ אַתָּה יהוה אֱלֹהֵינוּ מֶלֶךְ הָעוֹלָם
בּוֹרֵא פְּרִי הַגָּפֶן.

Holding the spice box, the שליח ציבור *says:*

בָּרוּךְ אַתָּה יהוה אֱלֹהֵינוּ מֶלֶךְ הָעוֹלָם
בּוֹרֵא מִינֵי בְשָׂמִים.

The שליח ציבור *smells the spices and puts the spice box down.*

He lifts his hands toward the flame of the הבדלה *candle, and says:*

בָּרוּךְ אַתָּה יהוה אֱלֹהֵינוּ מֶלֶךְ הָעוֹלָם
בּוֹרֵא מְאוֹרֵי הָאֵשׁ.

He lifts the cup of wine in his right hand, and says:

בָּרוּךְ אַתָּה יהוה אֱלֹהֵינוּ מֶלֶךְ הָעוֹלָם
הַמַּבְדִּיל בֵּין קֹדֶשׁ לְחֹל, בֵּין אוֹר לְחֹשֶׁךְ
בֵּין יִשְׂרָאֵל לָעַמִּים
בֵּין יוֹם הַשְּׁבִיעִי לְשֵׁשֶׁת יְמֵי הַמַּעֲשֶׂה.
בָּרוּךְ אַתָּה יהוה, הַמַּבְדִּיל בֵּין קֹדֶשׁ לְחֹל.

Stand while saying Aleinu. Bow at ▾.

עָלֵינוּ It is our duty
to praise the Master of all,
and ascribe greatness
to the Author of creation,
who has not made us like the nations of the lands
nor placed us like the families of the earth;
who has not made our portion like theirs,
nor our destiny like all their multitudes.
(For they worship vanity and emptiness,
and pray to a god who cannot save.)
▾But we bow in worship
and thank the Supreme King of kings,
the Holy One, blessed be He,
who extends the heavens and establishes the earth,
whose throne of glory
is in the heavens above,
and whose power's Presence
is in the highest of heights.
He is our God; there is no other.
Truly He is our King, there is none else,
as it is written in His Torah:
"You shall know and take to heart this day *Deut. 4*
that the LORD is God,
in heaven above and on earth below.
There is no other."

Stand while saying עָלֵינוּ*. Bow at* ▾.

עָלֵינוּ לְשַׁבֵּחַ לַאֲדוֹן הַכֹּל
לָתֵת גְּדֻלָּה לְיוֹצֵר בְּרֵאשִׁית
שֶׁלֹּא עָשָׂנוּ כְּגוֹיֵי הָאֲרָצוֹת
וְלֹא שָׂמָנוּ כְּמִשְׁפְּחוֹת הָאֲדָמָה
שֶׁלֹּא שָׂם חֶלְקֵנוּ כָּהֶם וְגוֹרָלֵנוּ כְּכָל הֲמוֹנָם.
(שֶׁהֵם מִשְׁתַּחֲוִים לְהֶבֶל וָרִיק
וּמִתְפַּלְּלִים אֶל אֵל לֹא יוֹשִׁיעַ.)
▾וַאֲנַחְנוּ כּוֹרְעִים וּמִשְׁתַּחֲוִים וּמוֹדִים
לִפְנֵי מֶלֶךְ מַלְכֵי הַמְּלָכִים, הַקָּדוֹשׁ בָּרוּךְ הוּא
שֶׁהוּא נוֹטֶה שָׁמַיִם וְיוֹסֵד אָרֶץ
וּמוֹשַׁב יְקָרוֹ בַּשָּׁמַיִם מִמַּעַל
וּשְׁכִינַת עֻזּוֹ בְּגָבְהֵי מְרוֹמִים.
הוּא אֱלֹהֵינוּ, אֵין עוֹד.
אֱמֶת מַלְכֵּנוּ, אֶפֶס זוּלָתוֹ, כַּכָּתוּב בְּתוֹרָתוֹ
דברים ד וְיָדַעְתָּ הַיּוֹם וַהֲשֵׁבֹתָ אֶל־לְבָבֶךָ
כִּי יהוה הוּא הָאֱלֹהִים
בַּשָּׁמַיִם מִמַּעַל וְעַל־הָאָרֶץ מִתָּחַת
אֵין עוֹד:

Therefore, we place our hope in You,
LORD our God,
that we may soon see the glory of Your power,
when You will remove abominations
from the earth,
and idols will be utterly destroyed,
when the world will be perfected
under the sovereignty of the Almighty,
when all humanity will call on Your name,
to turn all the earth's wicked toward You.
All the world's inhabitants will realize and know
that to You every knee must bow
and every tongue swear loyalty.
Before You, LORD our God,
they will kneel and bow down
and give honor to Your glorious name.
They will all accept the yoke of Your kingdom,
and You will reign over them soon and for ever.
For the kingdom is Yours,
and to all eternity You will reign in glory,
as it is written in Your Torah:
"The LORD will reign for ever and ever." *Ex. 15*
▸ And it is said:
"Then the LORD shall be King over all the earth; *Zech. 14*
on that day the LORD shall be One
and His name One."

עַל כֵּן נְקַוֶּה לְּךָ יהוה אֱלֹהֵינוּ
לִרְאוֹת מְהֵרָה בְּתִפְאֶרֶת עֻזֶּךָ
לְהַעֲבִיר גִּלּוּלִים מִן הָאָרֶץ
וְהָאֱלִילִים כָּרוֹת יִכָּרֵתוּן
לְתַקֵּן עוֹלָם בְּמַלְכוּת שַׁדַּי.
וְכָל בְּנֵי בָשָׂר יִקְרְאוּ בִשְׁמֶךָ
לְהַפְנוֹת אֵלֶיךָ כָּל רִשְׁעֵי אָרֶץ.
יַכִּירוּ וְיֵדְעוּ כָּל יוֹשְׁבֵי תֵבֵל
כִּי לְךָ תִּכְרַע כָּל בֶּרֶךְ, תִּשָּׁבַע כָּל לָשׁוֹן.
לְפָנֶיךָ יהוה אֱלֹהֵינוּ יִכְרְעוּ וְיִפֹּלוּ
וְלִכְבוֹד שִׁמְךָ יְקָר יִתֵּנוּ
וִיקַבְּלוּ כֻלָּם אֶת עֹל מַלְכוּתֶךָ
וְתִמְלֹךְ עֲלֵיהֶם מְהֵרָה לְעוֹלָם וָעֶד.
כִּי הַמַּלְכוּת שֶׁלְּךָ הִיא
וּלְעוֹלְמֵי עַד תִּמְלֹךְ בְּכָבוֹד
כַּכָּתוּב בְּתוֹרָתֶךָ
שמות טו יהוה יִמְלֹךְ לְעֹלָם וָעֶד:
זכריה יד ◂ וְנֶאֱמַר, וְהָיָה יהוה לְמֶלֶךְ עַל־כָּל־הָאָרֶץ
בַּיּוֹם הַהוּא יִהְיֶה יהוה אֶחָד וּשְׁמוֹ אֶחָד:

Some add:

Have no fear of sudden terror or of the ruin *Prov. 3*
when it overtakes the wicked.
Devise your strategy, but it will be thwarted; *Is. 8*
propose your plan, but it will not stand, for God is with us.
When you grow old, I will still be the same.
When your hair turns gray, I will still carry you. *Is. 46*
I made you, I will bear you,
I will carry you, and I will rescue you.

MOURNER'S KADDISH

The following prayer, said by mourners, requires the presence of a minyan. A transliteration can be found on page 841.

Mourner: יִתְגַּדַּל Magnified and sanctified
may His great name be,
in the world He created by His will.
May He establish His kingdom
in your lifetime and in your days,
and in the lifetime of all the house of Israel,
swiftly and soon – and say: Amen.

All: May His great name be blessed
for ever and all time.

Mourner: Blessed and praised, glorified and exalted,
raised and honored, uplifted and lauded
be the name of the Holy One, blessed be He,
beyond any blessing,
song, praise, and consolation
uttered in the world – and say: Amen.

Some add:

אַל־תִּירָא מִפַּחַד פִּתְאֹם וּמִשֹּׁאַת רְשָׁעִים כִּי תָבֹא: משלי ג

עֻצוּ עֵצָה וְתֻפָר, דַּבְּרוּ דָבָר וְלֹא יָקוּם, כִּי עִמָּנוּ אֵל: ישעיה ח

וְעַד־זִקְנָה אֲנִי הוּא, וְעַד־שֵׂיבָה אֲנִי אֶסְבֹּל ישעיה מו

אֲנִי עָשִׂיתִי וַאֲנִי אֶשָּׂא וַאֲנִי אֶסְבֹּל וַאֲמַלֵּט:

קדיש יתום

The following prayer, said by mourners, requires the presence of a מניין*.*
A transliteration can be found on page 841.

אבל: יִתְגַּדַּל וְיִתְקַדַּשׁ שְׁמֵהּ רַבָּא (קהל: אָמֵן)

בְּעָלְמָא דִּי בְרָא כִרְעוּתֵהּ

וְיַמְלִיךְ מַלְכוּתֵהּ

בְּחַיֵּיכוֹן וּבְיוֹמֵיכוֹן וּבְחַיֵּי דְכָל בֵּית יִשְׂרָאֵל

בַּעֲגָלָא וּבִזְמַן קָרִיב, וְאִמְרוּ אָמֵן. (קהל: אָמֵן)

קהל ואבל: יְהֵא שְׁמֵהּ רַבָּא מְבָרַךְ לְעָלַם וּלְעָלְמֵי עָלְמַיָּא.

אבל: יִתְבָּרַךְ וְיִשְׁתַּבַּח וְיִתְפָּאַר

וְיִתְרוֹמַם וְיִתְנַשֵּׂא וְיִתְהַדָּר וְיִתְעַלֶּה וְיִתְהַלָּל

שְׁמֵהּ דְּקֻדְשָׁא בְּרִיךְ הוּא (קהל: בְּרִיךְ הוּא)

לְעֵלָּא מִן כָּל בִּרְכָתָא

/בעשרת ימי תשובה: לְעֵלָּא לְעֵלָּא מִכָּל בִּרְכָתָא/

וְשִׁירָתָא, תֻּשְׁבְּחָתָא וְנֶחֱמָתָא

דַּאֲמִירָן בְּעָלְמָא, וְאִמְרוּ אָמֵן. (קהל: אָמֵן)

May there be great peace from heaven,
and life for us and all Israel – and say: Amen.

Bow, take three steps back, as if taking leave of the Divine Presence, then bow, first left, then right, then center, while saying:

May He who makes peace in His high places,
make peace for us
and all Israel – and say: Amen.

From the second day of Rosh Ḥodesh Elul through Shemini Atzeret (in Israel through Hoshana Raba), the following psalm is said:

לְדָוִד By David. The LORD is my light and my salvation – *Ps. 27*
whom then shall I fear? The LORD is the stronghold of my life – of whom shall I be afraid? When evil men close in on me to devour my flesh, it is they, my enemies and foes, who stumble and fall. Should an army besiege me, my heart would not fear. Should war break out against me, still I would be confident. One thing I ask of the LORD, only this do I seek: to live in the House of the LORD all the days of my life, to gaze on the beauty of the LORD and worship in His Temple. For He will keep me safe in His pavilion on the day of trouble. He will hide me under the cover of His tent. He will set me high upon a rock. Now my head is high above my enemies who surround me. I will sacrifice in His tent with shouts of joy. I will sing and chant praises to the LORD. LORD, hear my voice when I call. Be gracious to me and answer me. On Your behalf my heart says, "Seek My face." Your face, LORD, will I seek. Do not hide Your face from me. Do not turn Your servant away in anger. You have been my help. Do not reject or forsake me, God, my

יְהֵא שְׁלָמָא רַבָּא מִן שְׁמַיָּא, וְחַיִּים
עָלֵינוּ וְעַל כָּל יִשְׂרָאֵל, וְאִמְרוּ אָמֵן. (קהל: אָמֵן)

Bow, take three steps back, as if taking leave of the Divine Presence, then bow, first left, then right, then center, while saying:

עֹשֶׂה שָׁלוֹם/ בעשרת ימי תשובה: הַשָּׁלוֹם/ בִּמְרוֹמָיו
הוּא יַעֲשֶׂה שָׁלוֹם
עָלֵינוּ וְעַל כָּל יִשְׂרָאֵל, וְאִמְרוּ אָמֵן. (קהל: אָמֵן)

From the second day of ראש חודש אלול *through* שמיני עצרת *(in* ארץ ישראל *through* הושענא רבה*), the following psalm is said:*

לְדָוִד, יהוה אוֹרִי וְיִשְׁעִי, מִמִּי אִירָא, יהוה מָעוֹז־חַיַּי, תהלים כז
מִמִּי אֶפְחָד: בִּקְרֹב עָלַי מְרֵעִים לֶאֱכֹל אֶת־בְּשָׂרִי, צָרַי
וְאֹיְבַי לִי, הֵמָּה כָשְׁלוּ וְנָפָלוּ: אִם־תַּחֲנֶה עָלַי מַחֲנֶה,
לֹא־יִירָא לִבִּי, אִם־תָּקוּם עָלַי מִלְחָמָה, בְּזֹאת אֲנִי
בוֹטֵחַ: אַחַת שָׁאַלְתִּי מֵאֵת־יהוה, אוֹתָהּ אֲבַקֵּשׁ,
שִׁבְתִּי בְּבֵית־יהוה כָּל־יְמֵי חַיַּי, לַחֲזוֹת בְּנֹעַם־יהוה,
וּלְבַקֵּר בְּהֵיכָלוֹ: כִּי יִצְפְּנֵנִי בְּסֻכֹּה בְּיוֹם רָעָה, יַסְתִּרֵנִי
בְּסֵתֶר אָהֳלוֹ, בְּצוּר יְרוֹמְמֵנִי: וְעַתָּה יָרוּם רֹאשִׁי
עַל אֹיְבַי סְבִיבוֹתַי, וְאֶזְבְּחָה בְאָהֳלוֹ זִבְחֵי תְרוּעָה,
אָשִׁירָה וַאֲזַמְּרָה לַיהוה: שְׁמַע־יהוה קוֹלִי אֶקְרָא,
וְחָנֵּנִי וַעֲנֵנִי: לְךָ אָמַר לִבִּי בַּקְּשׁוּ פָנָי, אֶת־פָּנֶיךָ יהוה
אֲבַקֵּשׁ: אַל־תַּסְתֵּר פָּנֶיךָ מִמֶּנִּי, אַל תַּט־בְּאַף עַבְדֶּךָ,

Savior. Were my father and my mother to forsake me, the LORD would take me in. Teach me Your way, LORD, and lead me on a level path, because of my oppressors. Do not abandon me to the will of my foes, for false witnesses have risen against me, breathing violence. ▸ Were it not for my faith that I shall see the LORD's goodness in the land of the living. Hope in the LORD. Be strong and of good courage, and hope in the LORD!

Mourner's Kaddish (previous page)

After the regular service, the following psalm is read in a house of mourning during the shiva week. On those days on which Taḥanun is not said, Psalm 16 (on the next page) is substituted.

לַמְנַצֵּחַ For the conductor of music. Of the sons of Koraḥ. *Ps. 49*
A sacred song. Hear this, all you peoples. Listen, all inhabitants of the world, low and high, rich and poor alike. My mouth will speak words of wisdom; the utterance of my heart will give understanding. I listen with care to a parable; I expound my mystery to the music of the harp. Why should I fear when evil days come, when the wickedness of my foes surrounds me, trusting in their wealth, boasting of their great riches? No man can redeem his brother or pay God the price of his release, for the ransom of a life is costly; no payment is ever enough that would let him live for ever, never seeing the grave. For all can see that wise men die, that the foolish and senseless all perish and leave their wealth to others. They think their houses will remain for ever, their dwellings for all generations; they give their names to their estates. But man, despite his splendor, does not endure; he is like the beasts that perish. Such is the fate of the foolish and their followers who approve their words, Selah. Like sheep they are destined for the grave:

עֶזְרָתִי הָיִיתָ, אַל־תִּטְּשֵׁנִי וְאַל־תַּעַזְבֵנִי, אֱלֹהֵי יִשְׁעִי: כִּי־אָבִי וְאִמִּי עֲזָבוּנִי, וַיהוה יַאַסְפֵנִי: הוֹרֵנִי יהוה דַּרְכֶּךָ, וּנְחֵנִי בְּאֹרַח מִישׁוֹר, לְמַעַן שׁוֹרְרָי: אַל־תִּתְּנֵנִי בְּנֶפֶשׁ צָרָי, כִּי קָמוּ־בִי עֵדֵי־שֶׁקֶר, וִיפֵחַ חָמָס: ‹ לוּלֵא הֶאֱמַנְתִּי לִרְאוֹת בְּטוּב־יהוה בְּאֶרֶץ חַיִּים: קַוֵּה אֶל־יהוה, חֲזַק וְיַאֲמֵץ לִבֶּךָ, וְקַוֵּה אֶל־יהוה:

קדיש יתום *(previous page)*

After the regular service, the following psalm is read in a house of mourning during the שבעה *week. On those days on which* תחנון *is not said,* תהלים טז *(on the next page) is substituted.*

תהלים מט

לַמְנַצֵּחַ לִבְנֵי־קֹרַח מִזְמוֹר: שִׁמְעוּ־זֹאת כָּל־הָעַמִּים, הַאֲזִינוּ כָּל־יֹשְׁבֵי חָלֶד: גַּם־בְּנֵי אָדָם, גַּם־בְּנֵי־אִישׁ, יַחַד עָשִׁיר וְאֶבְיוֹן: פִּי יְדַבֵּר חָכְמוֹת, וְהָגוּת לִבִּי תְבוּנוֹת: אַטֶּה לְמָשָׁל אָזְנִי, אֶפְתַּח בְּכִנּוֹר חִידָתִי: לָמָּה אִירָא בִּימֵי רָע, עֲוֹן עֲקֵבַי יְסֻבֵּנִי: הַבֹּטְחִים עַל־חֵילָם, וּבְרֹב עָשְׁרָם יִתְהַלָּלוּ: אָח לֹא־פָדֹה יִפְדֶּה אִישׁ, לֹא־יִתֵּן לֵאלֹהִים כָּפְרוֹ: וְיֵקַר פִּדְיוֹן נַפְשָׁם, וְחָדַל לְעוֹלָם: וִיחִי־עוֹד לָנֶצַח, לֹא יִרְאֶה הַשָּׁחַת: כִּי יִרְאֶה חֲכָמִים יָמוּתוּ, יַחַד כְּסִיל וָבַעַר יֹאבֵדוּ, וְעָזְבוּ לַאֲחֵרִים חֵילָם: קִרְבָּם בָּתֵּימוֹ לְעוֹלָם, מִשְׁכְּנֹתָם לְדוֹר וָדֹר, קָרְאוּ בִשְׁמוֹתָם עֲלֵי אֲדָמוֹת: וְאָדָם בִּיקָר בַּל־יָלִין, נִמְשַׁל כַּבְּהֵמוֹת נִדְמוּ: זֶה דַרְכָּם, כֵּסֶל לָמוֹ,

death will be their shepherd. The upright will rule over them in the morning. Their forms will decay in the grave, far from their mansions. But God will redeem my life from the grave; He will surely take me to Himself, Selah. Do not be overawed when a man grows rich, when the glory of his house increases, for he will take nothing with him when he dies; his wealth will not descend with him. Though while he lived he counted himself blessed – men always praise you when you prosper – he will join the generation of his ancestors who will never again see the light. A man who, despite his splendor, lacks understanding, is like the beasts that perish.

On those days on which Taḥanun is not said, substitute:

מִכְתָּם לְדָוִד A musical composition of David. Protect me, *Ps. 16*
God, for in You I have found refuge. I have said to the LORD: You are my LORD: from You alone comes the good I enjoy. All my delight is in the holy ones, the mighty in the land. Those who run after other gods multiply their sorrows. I shall never offer them libations of blood, nor will their names pass my lips. The LORD is my allotted portion and my cup: You direct my fate. The lines have fallen for me in pleasant places; I am well content with my inheritance. I will bless the LORD who has guided me; at night my innermost being admonishes me. I have set the LORD before me at all times. He is at my right hand: I shall not be shaken. Therefore my heart is glad, my spirit rejoices, and my body rests secure. For You will not abandon me to the grave, nor let Your faithful one see the pit. You will teach me the path of life. In Your presence is fullness of joy; at Your right hand, bliss for evermore.

וְאַחֲרֵיהֶם בְּפִיהֶם יִרְצוּ סֶלָה: כַּצֹּאן לִשְׁאוֹל שַׁתּוּ,
מָוֶת יִרְעֵם, וַיִּרְדּוּ בָם יְשָׁרִים לַבֹּקֶר, וְצוּרָם לְבַלּוֹת
שְׁאוֹל מִזְּבֻל לוֹ: אַךְ־אֱלֹהִים יִפְדֶּה נַפְשִׁי מִיַּד שְׁאוֹל,
כִּי יִקָּחֵנִי סֶלָה: אַל־תִּירָא כִּי־יַעֲשִׁר אִישׁ, כִּי־יִרְבֶּה
כְּבוֹד בֵּיתוֹ: כִּי לֹא בְמוֹתוֹ יִקַּח הַכֹּל, לֹא־יֵרֵד אַחֲרָיו
כְּבוֹדוֹ: כִּי־נַפְשׁוֹ בְּחַיָּיו יְבָרֵךְ, וְיוֹדֻךָ כִּי־תֵיטִיב לָךְ:
תָּבוֹא עַד־דּוֹר אֲבוֹתָיו, עַד־נֵצַח לֹא יִרְאוּ־אוֹר: אָדָם
בִּיקָר וְלֹא יָבִין, נִמְשַׁל כַּבְּהֵמוֹת נִדְמוּ:

On those days on which תחנון *is not said, substitute:*

מִכְתָּם לְדָוִד, שָׁמְרֵנִי אֵל כִּי־חָסִיתִי בָךְ: אָמַרְתְּ לַיהוה, תהלים טז
אֲדֹנָי אָתָּה, טוֹבָתִי בַּל־עָלֶיךָ: לִקְדוֹשִׁים אֲשֶׁר־בָּאָרֶץ
הֵמָּה, וְאַדִּירֵי כָּל־חֶפְצִי־בָם: יִרְבּוּ עַצְּבוֹתָם אַחֵר
מָהָרוּ, בַּל־אַסִּיךְ נִסְכֵּיהֶם מִדָּם, וּבַל־אֶשָּׂא אֶת־
שְׁמוֹתָם עַל־שְׂפָתָי: יהוה, מְנָת־חֶלְקִי וְכוֹסִי, אַתָּה
תּוֹמִיךְ גּוֹרָלִי: חֲבָלִים נָפְלוּ־לִי בַּנְּעִמִים, אַף־נַחֲלָת
שָׁפְרָה עָלָי: אֲבָרֵךְ אֶת־יהוה אֲשֶׁר יְעָצָנִי, אַף־לֵילוֹת
יִסְּרוּנִי כִלְיוֹתָי: שִׁוִּיתִי יהוה לְנֶגְדִּי תָמִיד, כִּי מִימִינִי
בַּל־אֶמּוֹט: לָכֵן שָׂמַח לִבִּי וַיָּגֶל כְּבוֹדִי, אַף־בְּשָׂרִי
יִשְׁכֹּן לָבֶטַח: כִּי לֹא־תַעֲזֹב נַפְשִׁי לִשְׁאוֹל, לֹא־תִתֵּן
חֲסִידְךָ לִרְאוֹת שָׁחַת: תּוֹדִיעֵנִי אֹרַח חַיִּים, שֹׂבַע
שְׂמָחוֹת אֶת־פָּנֶיךָ, נְעִמוֹת בִּימִינְךָ נֶצַח:

BLESSING OF THE NEW MOON

Kiddush Levana, the Blessing of the New Moon, is said between the third day and the middle day of each month. If possible, it should be said at the end of Shabbat, under the open sky, and in the presence of a minyan.

הַלְלוּיָהּ Halleluya! Praise the LORD from the heavens, praise Him in the heights. Praise Him, all His angels; praise Him, all His hosts. Praise Him, sun and moon; praise Him, all shining stars. Praise Him, highest heavens and the waters above the heavens. Let them praise the name of the LORD, for He commanded and they were created. He established them for ever and all time, issuing a decree that will never change. *Ps. 148*

כִּי־אֶרְאֶה When I see Your heavens, the work of Your fingers, the moon and the stars which You have set in place: What is man that You are mindful of him, the son of man that You care for him? *Ps. 8*

Look at the moon, then say:

בָּרוּךְ Blessed are You, LORD our God, King of the Universe who by His word created the heavens, and by His breath all their host. He set for them laws and times, so that they should not deviate from their appointed task. They are joyous and glad to perform the will of their Owner, the Worker of truth whose work is truth. To the moon He said that it should renew itself as a crown of beauty for those He carried from the womb [Israel], for they are destined to be renewed like it, and to praise their Creator for the

קידוש לבנה

קידוש לבנה, the Blessing of the New Moon, is said between the third day and the middle day of each month. If possible, it should be said at the end of שבת, under the open sky, and in the presence of a מניין.

תהלים קמח
הַלְלוּיָהּ, הַלְלוּ אֶת־יהוה מִן־הַשָּׁמַיִם, הַלְלוּהוּ בַּמְּרוֹמִים: הַלְלוּהוּ כָל־מַלְאָכָיו, הַלְלוּהוּ כָּל־צְבָאָו: הַלְלוּהוּ שֶׁמֶשׁ וְיָרֵחַ, הַלְלוּהוּ כָּל־כּוֹכְבֵי אוֹר: הַלְלוּהוּ שְׁמֵי הַשָּׁמָיִם, וְהַמַּיִם אֲשֶׁר מֵעַל הַשָּׁמָיִם: יְהַלְלוּ אֶת־שֵׁם יהוה, כִּי הוּא צִוָּה וְנִבְרָאוּ: וַיַּעֲמִידֵם לָעַד לְעוֹלָם, חָק־נָתַן וְלֹא יַעֲבוֹר:

תהלים ח
כִּי־אֶרְאֶה שָׁמֶיךָ מַעֲשֵׂה אֶצְבְּעֹתֶיךָ, יָרֵחַ וְכוֹכָבִים אֲשֶׁר כּוֹנָנְתָּה: מָה־אֱנוֹשׁ כִּי־תִזְכְּרֶנּוּ, וּבֶן־אָדָם כִּי תִפְקְדֶנּוּ:

Look at the moon, then say:

בָּרוּךְ אַתָּה יהוה אֱלֹהֵינוּ מֶלֶךְ הָעוֹלָם, אֲשֶׁר בְּמַאֲמָרוֹ בָּרָא שְׁחָקִים, וּבְרוּחַ פִּיו כָּל צְבָאָם, חֹק וּזְמַן נָתַן לָהֶם שֶׁלֹּא יְשַׁנּוּ אֶת תַּפְקִידָם. שָׂשִׂים וּשְׂמֵחִים לַעֲשׂוֹת רְצוֹן קוֹנָם, פּוֹעֵל אֱמֶת שֶׁפְּעֻלָּתוֹ אֱמֶת. וְלַלְּבָנָה אָמַר שֶׁתִּתְחַדֵּשׁ, עֲטֶרֶת תִּפְאֶרֶת לַעֲמוּסֵי בָטֶן, שֶׁהֵם עֲתִידִים לְהִתְחַדֵּשׁ

sake of His glorious majesty. Blessed are You, LORD, who renews the months.

The following five verses are each said three times:

Blessed is He who formed you;
blessed is He who made you;
blessed is He who owns you;
blessed is He who created you.

The following verse is said rising on the toes.

Just as I leap toward you but cannot touch you,
so may none of my enemies be able to touch me
to do me harm.

May fear and dread fall upon them; *Ex. 15*
by the power of Your arm
may they be still as stone.

May they be still as stone
through the power of Your arm,
when dread and fear fall upon them.

David, King of Israel, lives and endures.

Turn to three people and say to each:

Peace upon you.

They respond:

Upon you, peace.

Say three times:

May it be a good sign and a good omen
for us and all Israel. Amen.

כְּמוֹתָהּ וּלְפָאֵר לְיוֹצְרָם עַל שֵׁם כְּבוֹד מַלְכוּתוֹ.
בָּרוּךְ אַתָּה יהוה, מְחַדֵּשׁ חֳדָשִׁים.

The following five verses are each said three times:

בָּרוּךְ יוֹצְרֵךְ, בָּרוּךְ עוֹשֵׂךְ
בָּרוּךְ קוֹנֵךְ, בָּרוּךְ בּוֹרְאֵךְ.

The following verse is said rising on the toes.

כְּשֵׁם שֶׁאֲנִי רוֹקֵד כְּנֶגְדֵּךְ וְאֵינִי יָכוֹל לִנְגֹּעַ בָּךְ
כָּךְ לֹא יוּכְלוּ כָּל אוֹיְבַי לִנְגֹּעַ בִּי לְרָעָה.

שמות טו תִּפֹּל עֲלֵיהֶם אֵימָתָה וָפַחַד
בִּגְדֹל זְרוֹעֲךָ יִדְּמוּ כָּאָבֶן:

כָּאָבֶן יִדְּמוּ זְרוֹעֲךָ בִּגְדֹל
וָפַחַד אֵימָתָה עֲלֵיהֶם תִּפֹּל.

דָּוִד מֶלֶךְ יִשְׂרָאֵל חַי וְקַיָּם.

Turn to three people and say to each:

שָׁלוֹם עֲלֵיכֶם.

They respond:

עֲלֵיכֶם שָׁלוֹם.

Say three times:

סִימָן טוֹב וּמַזָּל טוֹב יְהֵא לָנוּ וּלְכָל יִשְׂרָאֵל, אָמֵן.

קוֹל Hark! My beloved! Here he comes, leaping over the mountains, bounding over the hills. My beloved is like a gazelle, like a young deer. There he stands outside our wall, peering in through the windows, gazing through the lattice. *Song. 2*

שִׁיר לַמַּעֲלוֹת A song of ascents. I lift my eyes up to the hills; from where will my help come? My help comes from the LORD, Maker of heaven and earth. He will not let your foot stumble; He who guards you does not slumber. See: the Guardian of Israel neither slumbers nor sleeps. The LORD is your Guardian; the LORD is your Shade at your right hand. The sun will not strike you by day, nor the moon by night. The LORD will guard you from all harm; He will guard your life. The LORD will guard your going and coming, now and for evermore. *Ps. 121*

הַלְלוּיָהּ Halleluya! Praise God in His holy place; praise Him in the heavens of His power. Praise Him for His mighty deeds; praise Him for His surpassing greatness. Praise Him with blasts of the ram's horn; praise Him with the harp and lyre. Praise Him with timbrel and dance; praise Him with strings and flute. Praise Him with clashing cymbals; praise Him with resounding cymbals. Let all that breathes praise the LORD. Halleluya! *Ps. 150*

שיר השירים ב

קוֹל דּוֹדִי הִנֵּה־זֶה בָּא, מְדַלֵּג עַל־הֶהָרִים, מְקַפֵּץ עַל־הַגְּבָעוֹת: דּוֹמֶה דוֹדִי לִצְבִי אוֹ לְעֹפֶר הָאַיָּלִים, הִנֵּה־זֶה עוֹמֵד אַחַר כָּתְלֵנוּ, מַשְׁגִּיחַ מִן־הַחַלֹּנוֹת, מֵצִיץ מִן־הַחֲרַכִּים:

תהלים קכא

שִׁיר לַמַּעֲלוֹת, אֶשָּׂא עֵינַי אֶל־הֶהָרִים, מֵאַיִן יָבֹא עֶזְרִי: עֶזְרִי מֵעִם יהוה, עֹשֵׂה שָׁמַיִם וָאָרֶץ: אַל־יִתֵּן לַמּוֹט רַגְלֶךָ, אַל־יָנוּם שֹׁמְרֶךָ: הִנֵּה לֹא־יָנוּם וְלֹא יִישָׁן, שׁוֹמֵר יִשְׂרָאֵל: יהוה שֹׁמְרֶךָ, יהוה צִלְּךָ עַל־יַד יְמִינֶךָ: יוֹמָם הַשֶּׁמֶשׁ לֹא־יַכֶּכָּה, וְיָרֵחַ בַּלָּיְלָה: יהוה יִשְׁמָרְךָ מִכָּל־רָע, יִשְׁמֹר אֶת־נַפְשֶׁךָ: יהוה יִשְׁמָר־צֵאתְךָ וּבוֹאֶךָ, מֵעַתָּה וְעַד־עוֹלָם:

תהלים קנ

הַלְלוּיָהּ, הַלְלוּ־אֵל בְּקָדְשׁוֹ, הַלְלוּהוּ בִּרְקִיעַ עֻזּוֹ: הַלְלוּהוּ בִגְבוּרֹתָיו, הַלְלוּהוּ כְּרֹב גֻּדְלוֹ: הַלְלוּהוּ בְּתֵקַע שׁוֹפָר, הַלְלוּהוּ בְּנֵבֶל וְכִנּוֹר: הַלְלוּהוּ בְּתֹף וּמָחוֹל, הַלְלוּהוּ בְּמִנִּים וְעֻגָב: הַלְלוּהוּ בְצִלְצְלֵי־שָׁמַע, הַלְלוּהוּ בְּצִלְצְלֵי תְרוּעָה: כֹּל הַנְּשָׁמָה תְּהַלֵּל יָהּ, הַלְלוּיָהּ:

תָּנָא In the academy of Rabbi Yishmael it was taught: Were the people of Israel privileged to greet the presence of their heavenly Father only once a month, it would have been sufficient for them. Abaye said: Therefore it [the blessing of the moon] should be said standing. Who is this coming up from the desert, leaning on her beloved? *Sanhedrin 42a* *Song. 8*

וִיהִי May it be Your will, LORD my God and God of my ancestors, to make good the deficiency of the moon, so that it is no longer in its diminished state. May the light of the moon be like the light of the sun and like the light of the seven days of creation as it was before it was diminished, as it says, "The two great luminaries." And may there be fulfilled for us the verse: "They shall seek the LORD their God, and David their king." Amen. *Gen. 1* *Hos. 3*

לַמְנַצֵּחַ For the conductor of music. With stringed instruments, a psalm. A song. May God be gracious to us and bless us. May He make His face shine on us, Selah. Then will Your way be known on earth, Your salvation among all the nations. Let the peoples praise You, God; let all peoples praise You. Let nations rejoice and sing for joy, for You judge the peoples with equity, and guide the nations of the earth, Selah. Let the peoples praise You, God; *Ps. 67*

תָּנָא דְבֵי רַבִּי יִשְׁמָעֵאל: אִלְמָלֵי לֹא זָכוּ יִשְׂרָאֵל אֶלָּא לְהַקְבִּיל פְּנֵי אֲבִיהֶם שֶׁבַּשָּׁמַיִם פַּעַם אַחַת בַּחֹדֶשׁ, דַּיָּם. אָמַר אַבַּיֵּי: הִלְכָּךְ צָרִיךְ לְמֵימְרָא מְעֻמָּד. מִי זֹאת עֹלָה מִן־הַמִּדְבָּר, מִתְרַפֶּקֶת עַל־דּוֹדָהּ׃ סנהדרין מב. שיר השירים ח

וִיהִי רָצוֹן מִלְּפָנֶיךָ יהוה אֱלֹהַי וֵאלֹהֵי אֲבוֹתַי, לְמַלֹּאת פְּגִימַת הַלְּבָנָה וְלֹא יִהְיֶה בָּהּ שׁוּם מִעוּט. וִיהִי אוֹר הַלְּבָנָה כְּאוֹר הַחַמָּה וּכְאוֹר שִׁבְעַת יְמֵי בְרֵאשִׁית, כְּמוֹ שֶׁהָיְתָה קֹדֶם מִעוּטָהּ, שֶׁנֶּאֱמַר: אֶת־שְׁנֵי הַמְּאֹרֹת הַגְּדֹלִים: וְיִתְקַיֵּם בָּנוּ מִקְרָא שֶׁכָּתוּב: וּבִקְשׁוּ אֶת־יהוה אֱלֹהֵיהֶם וְאֵת דָּוִיד מַלְכָּם: אָמֵן. בראשית א הושע ג

לַמְנַצֵּחַ בִּנְגִינֹת, מִזְמוֹר שִׁיר: אֱלֹהִים יְחָנֵּנוּ וִיבָרְכֵנוּ, יָאֵר פָּנָיו אִתָּנוּ סֶלָה: לָדַעַת בָּאָרֶץ דַּרְכֶּךָ, בְּכָל־גּוֹיִם יְשׁוּעָתֶךָ: יוֹדוּךָ עַמִּים אֱלֹהִים, יוֹדוּךָ עַמִּים כֻּלָּם: יִשְׂמְחוּ וִירַנְּנוּ לְאֻמִּים, כִּי־תִשְׁפֹּט עַמִּים מִישֹׁר, וּלְאֻמִּים בָּאָרֶץ תַּנְחֵם סֶלָה: יוֹדוּךָ עַמִּים אֱלֹהִים, יוֹדוּךָ עַמִּים כֻּלָּם: אֶרֶץ תהלים סז

let all peoples praise You. The earth has yielded its harvest. May God, our God, bless us. God will bless us, and all the ends of the earth will fear Him.

Stand while saying Aleinu. Bow at ▾.

עָלֵינוּ It is our duty to praise the Master of all,
and ascribe greatness to the Author of creation,
who has not made us like the nations of the lands
nor placed us like the families of the earth;
who has not made our portion like theirs,
nor our destiny like all their multitudes.
(For they worship vanity and emptiness,
and pray to a god who cannot save.)
▾But we bow in worship
and thank the Supreme King of kings,
the Holy One, blessed be He,
who extends the heavens and establishes the earth,
whose throne of glory is in the heavens above,
and whose power's Presence
is in the highest of heights.
He is our God; there is no other.
Truly He is our King, there is none else,
as it is written in His Torah:
"You shall know and take to heart this day *Deut. 4*
that the LORD is God,
in heaven above and on earth below.
There is no other."

נָתְנָה יְבוּלָהּ, יְבָרְכֵנוּ אֱלֹהִים אֱלֹהֵינוּ: יְבָרְכֵנוּ אֱלֹהִים, וְיִירְאוּ אוֹתוֹ כׇּל־אַפְסֵי־אָרֶץ:

Stand while saying עָלֵינוּ. *Bow at* ▾.

עָלֵינוּ לְשַׁבֵּחַ לַאֲדוֹן הַכֹּל

לָתֵת גְּדֻלָּה לְיוֹצֵר בְּרֵאשִׁית

שֶׁלֹּא עָשָׂנוּ כְּגוֹיֵי הָאֲרָצוֹת

וְלֹא שָׂמָנוּ כְּמִשְׁפְּחוֹת הָאֲדָמָה

שֶׁלֹּא שָׂם חֶלְקֵנוּ כָּהֶם וְגוֹרָלֵנוּ כְּכׇל הֲמוֹנָם.

(שֶׁהֵם מִשְׁתַּחֲוִים לְהֶבֶל וָרִיק

וּמִתְפַּלְּלִים אֶל אֵל לֹא יוֹשִׁיעַ.)

▾וַאֲנַחְנוּ כּוֹרְעִים וּמִשְׁתַּחֲוִים וּמוֹדִים

לִפְנֵי מֶלֶךְ מַלְכֵי הַמְּלָכִים, הַקָּדוֹשׁ בָּרוּךְ הוּא

שֶׁהוּא נוֹטֶה שָׁמַיִם וְיוֹסֵד אָרֶץ

וּמוֹשַׁב יְקָרוֹ בַּשָּׁמַיִם מִמַּעַל

וּשְׁכִינַת עֻזּוֹ בְּגׇבְהֵי מְרוֹמִים.

הוּא אֱלֹהֵינוּ, אֵין עוֹד.

אֱמֶת מַלְכֵּנוּ, אֶפֶס זוּלָתוֹ, כַּכָּתוּב בְּתוֹרָתוֹ

דברים ד וְיָדַעְתָּ הַיּוֹם וַהֲשֵׁבֹתָ אֶל־לְבָבֶךָ

כִּי יהוה הוּא הָאֱלֹהִים

בַּשָּׁמַיִם מִמַּעַל וְעַל־הָאָרֶץ מִתָּחַת, אֵין עוֹד:

Therefore, we place our hope in You,
LORD our God,
that we may soon see the glory of Your power,
when You will remove abominations
from the earth,
and idols will be utterly destroyed,
when the world will be perfected
under the sovereignty of the Almighty,
when all humanity will call on Your name,
to turn all the earth's wicked toward You.
All the world's inhabitants will realize and know
that to You every knee must bow
and every tongue swear loyalty.
Before You, LORD our God,
they will kneel and bow down
and give honor to Your glorious name.
They will all accept the yoke of Your kingdom,
and You will reign over them soon and for ever.
For the kingdom is Yours,
and to all eternity You will reign in glory,
as it is written in Your Torah:
"The LORD will reign for ever and ever." *Ex. 15*
▸ And it is said:
"Then the LORD shall be King over all the earth; *Zech. 14*
on that day the LORD shall be One
and His name One."

עַל כֵּן נְקַוֶּה לְּךָ יהוה אֱלֹהֵינוּ
לִרְאוֹת מְהֵרָה בְּתִפְאֶרֶת עֻזֶּךָ
לְהַעֲבִיר גִּלּוּלִים מִן הָאָרֶץ
וְהָאֱלִילִים כָּרוֹת יִכָּרֵתוּן
לְתַקֵּן עוֹלָם בְּמַלְכוּת שַׁדַּי.
וְכָל בְּנֵי בָשָׂר יִקְרְאוּ בִשְׁמֶךָ
לְהַפְנוֹת אֵלֶיךָ כָּל רִשְׁעֵי אָרֶץ.
יַכִּירוּ וְיֵדְעוּ כָּל יוֹשְׁבֵי תֵבֵל
כִּי לְךָ תִּכְרַע כָּל בֶּרֶךְ, תִּשָּׁבַע כָּל לָשׁוֹן.
לְפָנֶיךָ יהוה אֱלֹהֵינוּ יִכְרְעוּ וְיִפֹּלוּ
וְלִכְבוֹד שִׁמְךָ יְקָר יִתֵּנוּ
וִיקַבְּלוּ כֻלָּם אֶת עֹל מַלְכוּתֶךָ
וְתִמְלֹךְ עֲלֵיהֶם מְהֵרָה לְעוֹלָם וָעֶד.
כִּי הַמַּלְכוּת שֶׁלְּךָ הִיא
וּלְעוֹלְמֵי עַד תִּמְלֹךְ בְּכָבוֹד
כַּכָּתוּב בְּתוֹרָתֶךָ
שמות טו יהוה יִמְלֹךְ לְעֹלָם וָעֶד:
זכריה יד ▸ וְנֶאֱמַר, וְהָיָה יהוה לְמֶלֶךְ עַל־כָּל־הָאָרֶץ
בַּיּוֹם הַהוּא יִהְיֶה יהוה אֶחָד וּשְׁמוֹ אֶחָד:

Some add:

Have no fear of sudden terror or of the ruin *Prov. 3*
when it overtakes the wicked.
Devise your strategy, but it will be thwarted; *Is. 8*
propose your plan, but it will not stand, for God is with us.
When you grow old, I will still be the same.
When your hair turns gray, I will still carry you. *Is. 46*
I made you, I will bear you,
I will carry you, and I will rescue you.

MOURNER'S KADDISH

The following prayer, said by mourners, requires the presence of a minyan. A transliteration can be found on page 841.

Mourner: יִתְגַּדַּל Magnified and sanctified
may His great name be,
in the world He created by His will.
May He establish His kingdom
in your lifetime and in your days,
and in the lifetime of all the house of Israel,
swiftly and soon – and say: Amen.

All: May His great name be blessed
for ever and all time.

Mourner: Blessed and praised, glorified and exalted,
raised and honored, uplifted and lauded
be the name of the Holy One, blessed be He,
beyond any blessing,
song, praise, and consolation
uttered in the world – and say: Amen.

Some add:

אַל־תִּירָא מִפַּחַד פִּתְאֹם וּמִשֹּׁאַת רְשָׁעִים כִּי תָבֹא: משלי ג

עֻצוּ עֵצָה וְתֻפָר, דַּבְּרוּ דָבָר וְלֹא יָקוּם, כִּי עִמָּנוּ אֵל: ישעיה ח

וְעַד־זִקְנָה אֲנִי הוּא, וְעַד־שֵׂיבָה אֲנִי אֶסְבֹּל ישעיה מו

אֲנִי עָשִׂיתִי וַאֲנִי אֶשָּׂא וַאֲנִי אֶסְבֹּל וַאֲמַלֵּט:

קדיש יתום

The following prayer, said by mourners, requires the presence of a מנין.
A transliteration can be found on page 841.

אבל: יִתְגַּדַּל וְיִתְקַדַּשׁ שְׁמֵהּ רַבָּא (קהל: אָמֵן)
בְּעָלְמָא דִּי בְרָא כִרְעוּתֵהּ
וְיַמְלִיךְ מַלְכוּתֵהּ
בְּחַיֵּיכוֹן וּבְיוֹמֵיכוֹן וּבְחַיֵּי דְכָל בֵּית יִשְׂרָאֵל
בַּעֲגָלָא וּבִזְמַן קָרִיב, וְאִמְרוּ אָמֵן. (קהל: אָמֵן)

קהל ואבל: יְהֵא שְׁמֵהּ רַבָּא מְבָרַךְ לְעָלַם וּלְעָלְמֵי עָלְמַיָּא.

אבל: יִתְבָּרַךְ וְיִשְׁתַּבַּח וְיִתְפָּאַר
וְיִתְרוֹמַם וְיִתְנַשֵּׂא וְיִתְהַדָּר וְיִתְעַלֶּה וְיִתְהַלָּל
שְׁמֵהּ דְּקֻדְשָׁא בְּרִיךְ הוּא (קהל: בְּרִיךְ הוּא)
לְעֵלָּא מִן כָּל בִּרְכָתָא
/בעשרת ימי תשובה: לְעֵלָּא לְעֵלָּא מִכָּל בִּרְכָתָא/
וְשִׁירָתָא, תֻּשְׁבְּחָתָא וְנֶחֱמָתָא
דַּאֲמִירָן בְּעָלְמָא, וְאִמְרוּ אָמֵן. (קהל: אָמֵן)

May there be great peace from heaven,
and life for us and all Israel –
and say: Amen.

Bow, take three steps back, as if taking leave of the Divine Presence, then bow, first left, then right, then center, while saying:

May He who makes peace in His high places,
make peace for us and all Israel –
and say: Amen.

All sing:

טוֹבִים Good are the radiant stars our
God created;
He formed them with knowledge,
understanding, and deliberation.
He gave them strength and might
to rule throughout the world.

Full of splendor, radiating light,
beautiful is their splendor throughout the
world.
Glad as they go forth, joyous as they return,
they fulfill with awe their Creator's will.

Glory and honor they give to His name,
jubilation and song at the mention of His majesty.
He called the sun into being and it shone with
light.
He looked and fashioned the form of the moon.

יְהֵא שְׁלָמָא רַבָּא מִן שְׁמַיָּא, וְחַיִּים
עָלֵינוּ וְעַל כָּל יִשְׂרָאֵל, וְאִמְרוּ אָמֵן. (קהל: **אָמֵן**)

Bow, take three steps back, as if taking leave of the Divine Presence, then bow, first left, then right, then center, while saying:

עֹשֶׂה שָׁלוֹם/ בעשרת ימי תשובה: **הַשָּׁלוֹם/ בִּמְרוֹמָיו**
הוּא יַעֲשֶׂה שָׁלוֹם
עָלֵינוּ וְעַל כָּל יִשְׂרָאֵל, וְאִמְרוּ אָמֵן. (קהל: **אָמֵן**)

All sing:

טוֹבִים מְאוֹרוֹת שֶׁבָּרָא אֱלֹהֵינוּ
יְצָרָם בְּדַעַת בְּבִינָה וּבְהַשְׂכֵּל
כֹּחַ וּגְבוּרָה נָתַן בָּהֶם
לִהְיוֹת מוֹשְׁלִים בְּקֶרֶב תֵּבֵל.

מְלֵאִים זִיו וּמְפִיקִים נֹגַהּ
נָאֶה זִיוָם בְּכָל הָעוֹלָם
שְׂמֵחִים בְּצֵאתָם וְשָׂשִׂים בְּבוֹאָם
עוֹשִׂים בְּאֵימָה רְצוֹן קוֹנָם.

פְּאֵר וְכָבוֹד נוֹתְנִים לִשְׁמוֹ
צָהֳלָה וְרִנָּה לְזֵכֶר מַלְכוּתוֹ
קָרָא לַשֶּׁמֶשׁ וַיִּזְרַח אוֹר
רָאָה וְהִתְקִין צוּרַת הַלְּבָנָה.

HAVDALA AT HOME

Taking a cup of wine in the right hand, say:

הִנֵּה Behold God is my salvation; *Is. 12*
I will trust and not be afraid.
The LORD, the LORD, is my strength and my song.
He has become my salvation.
With joy you will draw water from the springs of salvation.
Salvation is the LORD's; *Ps. 3*
on Your people is Your blessing, Selah.
The LORD of hosts is with us, *Ps. 46*
the God of Jacob is our stronghold, Selah.
LORD of hosts: happy is the one who trusts in You. *Ps. 84*
LORD, save! May the King answer us on the day we call. *Ps. 20*
For the Jews there was light and gladness, joy and honor – *Esther 8*
so may it be for us.
I will lift the cup of salvation *Ps. 116*
and call on the name of the LORD.

When making Havdala for others, add:

Please pay attention, my masters.

Blessed are You, LORD our God,
King of the Universe,
who creates the fruit of the vine.

Hold the spice box and say:

Blessed are You, LORD our God,
King of the Universe,
who creates the various spices.

Smell the spices and put the spice box down.

סדר הבדלה בבית

Taking a cup of wine in the right hand, say:

הִנֵּה אֵל יְשׁוּעָתִי אֶבְטַח, וְלֹא אֶפְחָד ישעיה יב
כִּי־עָזִּי וְזִמְרָת יָהּ יהוה, וַיְהִי־לִי לִישׁוּעָה:
וּשְׁאַבְתֶּם־מַיִם בְּשָׂשׂוֹן, מִמַּעַיְנֵי הַיְשׁוּעָה:
לַיהוה הַיְשׁוּעָה, עַל־עַמְּךָ בִרְכָתֶךָ סֶּלָה: תהלים ג
יהוה צְבָאוֹת עִמָּנוּ, מִשְׂגָּב לָנוּ אֱלֹהֵי יַעֲקֹב סֶלָה: תהלים מו
יהוה צְבָאוֹת, אַשְׁרֵי אָדָם בֹּטֵחַ בָּךְ: תהלים פד
יהוה הוֹשִׁיעָה, הַמֶּלֶךְ יַעֲנֵנוּ בְיוֹם־קָרְאֵנוּ: תהלים כ
לַיְּהוּדִים הָיְתָה אוֹרָה וְשִׂמְחָה וְשָׂשֹׂן וִיקָר: אסתר ח
כֵּן תִּהְיֶה לָּנוּ.
כּוֹס־יְשׁוּעוֹת אֶשָּׂא, וּבְשֵׁם יהוה אֶקְרָא: תהלים קטז

When making הבדלה *for others, add:*

סַבְרִי מָרָנָן

בָּרוּךְ אַתָּה יהוה אֱלֹהֵינוּ מֶלֶךְ הָעוֹלָם
בּוֹרֵא פְּרִי הַגָּפֶן.

Hold the spice box and say:

בָּרוּךְ אַתָּה יהוה אֱלֹהֵינוּ מֶלֶךְ הָעוֹלָם
בּוֹרֵא מִינֵי בְשָׂמִים.

Smell the spices and put the spice box down.

Lift the hands toward the flame of the Havdala candle and say:

Blessed are You, Lord our God,
King of the Universe,
who creates the lights of fire.

Holding the cup of wine again in the right hand, say:

בָּרוּךְ Blessed are You, Lord our God,
King of the Universe,
who distinguishes between sacred and secular,
between light and darkness,
between Israel and the nations,
between the seventh day and the six days of work.
Blessed are You, Lord,
who distinguishes between sacred and secular.

הַמַּבְדִּיל He who distinguishes
between sacred and secular,
may He forgive our sins.
May He multiply our offspring
and wealth like the sand, and like the stars at night.

The day has passed like a palm tree's shadow;
I call on God to fulfill
what the watchman said: *Is. 21*
"Morning comes, though now it is night."

Your righteousness is as high as Mount Tabor.
May You pass high over my sins.
[Let them be] like yesterday when it has passed, *Ps. 90*
like a watch in the night.

Lift the hands toward the flame of the הבדלה candle and say:

בָּרוּךְ אַתָּה יהוה אֱלֹהֵינוּ מֶלֶךְ הָעוֹלָם
בּוֹרֵא מְאוֹרֵי הָאֵשׁ.

Holding the cup of wine again in the right hand, say:

בָּרוּךְ אַתָּה יהוה אֱלֹהֵינוּ מֶלֶךְ הָעוֹלָם
הַמַּבְדִּיל בֵּין קֹדֶשׁ לְחֹל
בֵּין אוֹר לְחֹשֶׁךְ
בֵּין יִשְׂרָאֵל לָעַמִּים
בֵּין יוֹם הַשְּׁבִיעִי לְשֵׁשֶׁת יְמֵי הַמַּעֲשֶׂה.
בָּרוּךְ אַתָּה יהוה, הַמַּבְדִּיל בֵּין קֹדֶשׁ לְחֹל.

הַמַּבְדִּיל בֵּין קֹדֶשׁ לְחֹל
חַטֹּאתֵינוּ הוּא יִמְחֹל
זַרְעֵנוּ וְכַסְפֵּנוּ יַרְבֶּה כַחוֹל וְכַכּוֹכָבִים בַּלָּיְלָה.

יוֹם פָּנָה כְּצֵל תֹּמֶר
אֶקְרָא לָאֵל עָלַי גּוֹמֵר
אָמַר שֹׁמֵר, אָתָא בֹקֶר וְגַם־לָיְלָה: ישעיה כא

צִדְקָתְךָ כְּהַר תָּבוֹר
עַל חֲטָאַי עָבוֹר תַּעֲבֹר
כְּיוֹם אֶתְמוֹל כִּי יַעֲבֹר, וְאַשְׁמוּרָה בַלָּיְלָה: תהלים צ

The time of offerings has passed.
Would that I might rest.
I am weary with my sighing, *Ps. 6*
every night I drench [with tears].

Hear my voice; let it not be cast aside.
Open for me the lofty gate.
My head is filled with the dew of dawn, *Song. 5*
my hair with raindrops of the night.

Heed my prayer, revered and awesome God.
When I cry, grant me deliverance
at twilight, as the day fades, *Prov. 7*
or in the darkness of the night.

I call to You, LORD: Save me.
Make known to me the path of life.
Rescue me from misery
before day turns to night.

Cleanse the defilement of my deeds,
lest those who torment me say,
"Where is the God who made me, *Job 35*
who gives cause for songs in the night?"

We are in Your hands like clay:
please forgive our sins, light and grave.
Day to day they pour forth speech, *Ps. 19*
and night to night [they communicate knowledge].

חָלְפָה עוֹנַת מִנְחָתִי
מִי יִתֵּן מְנוּחָתִי
יָגַעְתִּי בְּאַנְחָתִי, אַשְׂחֶה בְכָל־לַיְלָה: תהלים ו

קוֹלִי בַּל יֻנְטַל
פְּתַח לִי שַׁעַר הַמְנֻטָּל
שֶׁרֹּאשִׁי נִמְלָא טָל, קְוֻצּוֹתַי רְסִיסֵי לַיְלָה: שיר השירים ה

הֵעָתֵר נוֹרָא וְאָיֹם
אֲשַׁוֵּעַ, תְּנָה פִדְיוֹם
בְּנֶשֶׁף־בְּעֶרֶב יוֹם, בְּאִישׁוֹן לַיְלָה: משלי ז

קְרָאתִיךָ יָהּ, הוֹשִׁיעֵנִי
אֹרַח חַיִּים תּוֹדִיעֵנִי
מִדַּלָּה תְבַצְּעֵנִי, מִיּוֹם עַד לַיְלָה.

טַהֵר טִנּוּף מַעֲשַׂי
פֶּן יֹאמְרוּ מַכְעִיסַי
אַיֵּה אֱלוֹהַּ עֹשָׂי, נֹתֵן זְמִרוֹת בַּלַּיְלָה: איוב לה

נַחְנוּ בְיָדְךָ כַּחֹמֶר
סְלַח נָא עַל קַל וָחֹמֶר
יוֹם לְיוֹם יַבִּיעַ אֹמֶר, וְלַיְלָה לְּלַיְלָה: תהלים יט

COUNTING OF THE OMER

The Omer is counted each night from the second night of Pesaḥ until the night before Shavuot. Some say the following meditation before the blessing:

For the sake of the unification of the Holy One,
blessed be He, and His Divine Presence,
in reverence and love, to unify the name *Yod-Heh*
with *Vav-Heh* in perfect unity in the name of all Israel.

הִנְנִי I am prepared and ready to fulfill the positive commandment of Counting the Omer, as is written in the Torah, "You shall count seven complete weeks from the day following the [Pesaḥ] rest day, when you brought the Omer as a wave-offering. To the day after the seventh week you shall count fifty days. Then you shall present a meal-offering of new grain to the LORD." May the pleasantness of the LORD our God be upon us. Establish for us the work of our hands, O establish the work of our hands.

Lev. 23

Ps. 90

בָּרוּךְ Blessed are You, LORD our God,
King of the Universe,
who has made us holy through His commandments,
and has commanded us about counting the Omer.

16 Nisan

1. Today is the first day of the Omer.

17 Nisan

2. Today is the second day of the Omer.

18 Nisan

3. Today is the third day of the Omer.

סדר ספירת העומר

The עומר *is counted each night from the second night of* פסח *until the night before* שבועות*. Some say the following meditation before the blessing:*

לְשֵׁם יִחוּד קֻדְשָׁא בְּרִיךְ הוּא וּשְׁכִינְתֵּהּ בִּדְחִילוּ וּרְחִימוּ לְיַחֵד שֵׁם י״ה בו״ה בְּיִחוּדָא שְׁלִים בְּשֵׁם כָּל יִשְׂרָאֵל.

הִנְנִי מוּכָן וּמְזֻמָּן לְקַיֵּם מִצְוַת עֲשֵׂה שֶׁל סְפִירַת הָעֹמֶר. כְּמוֹ שֶׁכָּתוּב בַּתּוֹרָה, וּסְפַרְתֶּם לָכֶם מִמָּחֳרַת הַשַּׁבָּת, מִיּוֹם הֲבִיאֲכֶם אֶת־עֹמֶר הַתְּנוּפָה, שֶׁבַע שַׁבָּתוֹת תְּמִימֹת תִּהְיֶינָה: עַד מִמָּחֳרַת הַשַּׁבָּת הַשְּׁבִיעִת תִּסְפְּרוּ חֲמִשִּׁים יוֹם, וְהִקְרַבְתֶּם מִנְחָה חֲדָשָׁה לַיהוה: וִיהִי נֹעַם אֲדֹנָי אֱלֹהֵינוּ עָלֵינוּ, וּמַעֲשֵׂה יָדֵינוּ כּוֹנְנָה עָלֵינוּ, וּמַעֲשֵׂה יָדֵינוּ כּוֹנְנֵהוּ:

ויקרא כג

תהלים צ

בָּרוּךְ אַתָּה יהוה אֱלֹהֵינוּ מֶלֶךְ הָעוֹלָם
אֲשֶׁר קִדְּשָׁנוּ בְּמִצְוֹתָיו
וְצִוָּנוּ עַל סְפִירַת הָעֹמֶר.

ט״ז בניסן

1. הַיּוֹם יוֹם אֶחָד בָּעֹמֶר. — חסד שבחסד

י״ז בניסן

2. הַיּוֹם שְׁנֵי יָמִים בָּעֹמֶר. — גבורה שבחסד

י״ח בניסן

3. הַיּוֹם שְׁלֹשָׁה יָמִים בָּעֹמֶר. — תפארת שבחסד

19 Nisan

4. Today is the fourth day of the Omer.

20 Nisan

5. Today is the fifth day of the Omer.

21 Nisan

6. Today is the sixth day of the Omer.

22 Nisan

7. Today is the seventh day,
making one week of the Omer.

23 Nisan

8. Today is the eighth day,
making one week and one day of the Omer.

24 Nisan

9. Today is the ninth day,
making one week and two days of the Omer.

25 Nisan

10. Today is the tenth day,
making one week and three days of the Omer.

26 Nisan

11. Today is the eleventh day,
making one week and four days of the Omer.

27 Nisan

12. Today is the twelfth day,
making one week and five days of the Omer.

י״ט בניסן

4. הַיּוֹם אַרְבָּעָה יָמִים בָּעֹמֶר. נצח שבחסד

כ׳ בניסן

5. הַיּוֹם חֲמִשָּׁה יָמִים בָּעֹמֶר. הוד שבחסד

כ״א בניסן

6. הַיּוֹם שִׁשָּׁה יָמִים בָּעֹמֶר. יסוד שבחסד

כ״ב בניסן

7. הַיּוֹם שִׁבְעָה יָמִים
שֶׁהֵם שָׁבוּעַ אֶחָד בָּעֹמֶר. מלכות שבחסד

כ״ג בניסן

8. הַיּוֹם שְׁמוֹנָה יָמִים
שֶׁהֵם שָׁבוּעַ אֶחָד וְיוֹם אֶחָד בָּעֹמֶר. חסד שבגבורה

כ״ד בניסן

9. הַיּוֹם תִּשְׁעָה יָמִים
שֶׁהֵם שָׁבוּעַ אֶחָד וּשְׁנֵי יָמִים בָּעֹמֶר. גבורה שבגבורה

כ״ה בניסן

10. הַיּוֹם עֲשָׂרָה יָמִים
שֶׁהֵם שָׁבוּעַ אֶחָד וּשְׁלֹשָׁה יָמִים בָּעֹמֶר. תפארת שבגבורה

כ״ו בניסן

11. הַיּוֹם אַחַד עָשָׂר יוֹם
שֶׁהֵם שָׁבוּעַ אֶחָד וְאַרְבָּעָה יָמִים בָּעֹמֶר. נצח שבגבורה

כ״ז בניסן

12. הַיּוֹם שְׁנֵים עָשָׂר יוֹם
שֶׁהֵם שָׁבוּעַ אֶחָד וַחֲמִשָּׁה יָמִים בָּעֹמֶר. הוד שבגבורה

28 Nisan

13. Today is the thirteenth day,
making one week and six days of the Omer.

29 Nisan

14. Today is the fourteenth day,
making two weeks of the Omer.

30 Nisan, 1st day Rosh Ḥodesh

15. Today is the fifteenth day,
making two weeks and one day of the Omer.

1 Iyar, 2nd day Rosh Ḥodesh

16. Today is the sixteenth day,
making two weeks and two days of the Omer.

2 Iyar

17. Today is the seventeenth day,
making two weeks and three days of the Omer.

3 Iyar

18. Today is the eighteenth day,
making two weeks and four days of the Omer.

4 Iyar

19. Today is the nineteenth day,
making two weeks and five days of the Omer.

5 Iyar, Yom HaAtzma'ut

20. Today is the twentieth day,
making two weeks and six days of the Omer.

כ״ח בניסן

13. הַיּוֹם שְׁלֹשָׁה עָשָׂר יוֹם
שֶׁהֵם שָׁבוּעַ אֶחָד וְשִׁשָּׁה יָמִים בָּעֹמֶר. יסוד שבגבורה

כ״ט בניסן

14. הַיּוֹם אַרְבָּעָה עָשָׂר יוֹם
שֶׁהֵם שְׁנֵי שָׁבוּעוֹת בָּעֹמֶר. מלכות שבגבורה

ל׳ בניסן, א׳ דראש חודש

15. הַיּוֹם חֲמִשָּׁה עָשָׂר יוֹם
שֶׁהֵם שְׁנֵי שָׁבוּעוֹת וְיוֹם אֶחָד בָּעֹמֶר. חסד שבתפארת

א׳ באייר, ב׳ דראש חודש

16. הַיּוֹם שִׁשָּׁה עָשָׂר יוֹם
שֶׁהֵם שְׁנֵי שָׁבוּעוֹת וּשְׁנֵי יָמִים בָּעֹמֶר. גבורה שבתפארת

ב׳ באייר

17. הַיּוֹם שִׁבְעָה עָשָׂר יוֹם
שֶׁהֵם שְׁנֵי שָׁבוּעוֹת וּשְׁלֹשָׁה יָמִים בָּעֹמֶר.
תפארת שבתפארת

ג׳ באייר

18. הַיּוֹם שְׁמוֹנָה עָשָׂר יוֹם
שֶׁהֵם שְׁנֵי שָׁבוּעוֹת וְאַרְבָּעָה יָמִים בָּעֹמֶר. נצח שבתפארת

ד׳ באייר

19. הַיּוֹם תִּשְׁעָה עָשָׂר יוֹם
שֶׁהֵם שְׁנֵי שָׁבוּעוֹת וַחֲמִשָּׁה יָמִים בָּעֹמֶר. הוד שבתפארת

ה׳ באייר, יום העצמאות

20. הַיּוֹם עֶשְׂרִים יוֹם
שֶׁהֵם שְׁנֵי שָׁבוּעוֹת וְשִׁשָּׁה יָמִים בָּעֹמֶר. יסוד שבתפארת

6 Iyar

21. Today is the twenty-first day,
making three weeks of the Omer.

7 Iyar

22. Today is the twenty-second day,
making three weeks and one day of the Omer.

8 Iyar

23. Today is the twenty-third day,
making three weeks and two days of the Omer.

9 Iyar

24. Today is the twenty-fourth day,
making three weeks and three days of the Omer.

10 Iyar

25. Today is the twenty-fifth day,
making three weeks and four days of the Omer.

11 Iyar

26. Today is the twenty-sixth day,
making three weeks and five days of the Omer.

12 Iyar

27. Today is the twenty-seventh day,
making three weeks and six days of the Omer.

13 Iyar

28. Today is the twenty-eighth day,
making four weeks of the Omer.

ו׳ באייר

21. הַיּוֹם אֶחָד וְעֶשְׂרִים יוֹם
שֶׁהֵם שְׁלֹשָׁה שָׁבוּעוֹת בָּעֹמֶר. מלכות שבתפארת

ז׳ באייר

22. הַיּוֹם שְׁנַיִם וְעֶשְׂרִים יוֹם
שֶׁהֵם שְׁלֹשָׁה שָׁבוּעוֹת וְיוֹם אֶחָד בָּעֹמֶר. חסד שבנצח

ח׳ באייר

23. הַיּוֹם שְׁלֹשָׁה וְעֶשְׂרִים יוֹם
שֶׁהֵם שְׁלֹשָׁה שָׁבוּעוֹת וּשְׁנֵי יָמִים בָּעֹמֶר. גבורה שבנצח

ט׳ באייר

24. הַיּוֹם אַרְבָּעָה וְעֶשְׂרִים יוֹם
שֶׁהֵם שְׁלֹשָׁה שָׁבוּעוֹת וּשְׁלֹשָׁה יָמִים בָּעֹמֶר.
תפארת שבנצח

י׳ באייר

25. הַיּוֹם חֲמִשָּׁה וְעֶשְׂרִים יוֹם
שֶׁהֵם שְׁלֹשָׁה שָׁבוּעוֹת וְאַרְבָּעָה יָמִים בָּעֹמֶר. נצח שבנצח

י״א באייר

26. הַיּוֹם שִׁשָּׁה וְעֶשְׂרִים יוֹם
שֶׁהֵם שְׁלֹשָׁה שָׁבוּעוֹת וַחֲמִשָּׁה יָמִים בָּעֹמֶר. הוד שבנצח

י״ב באייר

27. הַיּוֹם שִׁבְעָה וְעֶשְׂרִים יוֹם
שֶׁהֵם שְׁלֹשָׁה שָׁבוּעוֹת וְשִׁשָּׁה יָמִים בָּעֹמֶר. יסוד שבנצח

י״ג באייר

28. הַיּוֹם שְׁמוֹנָה וְעֶשְׂרִים יוֹם
שֶׁהֵם אַרְבָּעָה שָׁבוּעוֹת בָּעֹמֶר. מלכות שבנצח

14 Iyar, Pesaḥ Sheni

29. Today is the twenty-ninth day,
making four weeks and one day of the Omer.

15 Iyar

30. Today is the thirtieth day,
making four weeks and two days of the Omer.

16 Iyar

31. Today is the thirty-first day,
making four weeks and three days of the Omer.

17 Iyar

32. Today is the thirty-second day,
making four weeks and four days of the Omer.

18 Iyar, Lag BaOmer

33. Today is the thirty-third day,
making four weeks and five days of the Omer.

19 Iyar

34. Today is the thirty-fourth day,
making four weeks and six days of the Omer.

20 Iyar

35. Today is the thirty-fifth day,
making five weeks of the Omer.

21 Iyar

36. Today is the thirty-sixth day,
making five weeks and one day of the Omer.

י״ד באייר, פסח שני

29. הַיּוֹם תִּשְׁעָה וְעֶשְׂרִים יוֹם

שֶׁהֵם אַרְבָּעָה שָׁבוּעוֹת וְיוֹם אֶחָד בָּעֹמֶר. חסד שבהוד

ט״ו באייר

30. הַיּוֹם שְׁלֹשִׁים יוֹם

שֶׁהֵם אַרְבָּעָה שָׁבוּעוֹת וּשְׁנֵי יָמִים בָּעֹמֶר. גבורה שבהוד

ט״ז באייר

31. הַיּוֹם אֶחָד וּשְׁלֹשִׁים יוֹם

שֶׁהֵם אַרְבָּעָה שָׁבוּעוֹת וּשְׁלֹשָׁה יָמִים בָּעֹמֶר.

תפארת שבהוד

י״ז באייר

32. הַיּוֹם שְׁנַיִם וּשְׁלֹשִׁים יוֹם

שֶׁהֵם אַרְבָּעָה שָׁבוּעוֹת וְאַרְבָּעָה יָמִים בָּעֹמֶר. נצח שבהוד

י״ח באייר, לג בעומר

33. הַיּוֹם שְׁלֹשָׁה וּשְׁלֹשִׁים יוֹם

שֶׁהֵם אַרְבָּעָה שָׁבוּעוֹת וַחֲמִשָּׁה יָמִים בָּעֹמֶר. הוד שבהוד

י״ט באייר

34. הַיּוֹם אַרְבָּעָה וּשְׁלֹשִׁים יוֹם

שֶׁהֵם אַרְבָּעָה שָׁבוּעוֹת וְשִׁשָּׁה יָמִים בָּעֹמֶר. יסוד שבהוד

כ׳ באייר

35. הַיּוֹם חֲמִשָּׁה וּשְׁלֹשִׁים יוֹם

שֶׁהֵם חֲמִשָּׁה שָׁבוּעוֹת בָּעֹמֶר. מלכות שבהוד

כ״א באייר

36. הַיּוֹם שִׁשָּׁה וּשְׁלֹשִׁים יוֹם

שֶׁהֵם חֲמִשָּׁה שָׁבוּעוֹת וְיוֹם אֶחָד בָּעֹמֶר. חסד שביסוד

22 Iyar

37. Today is the thirty-seventh day,
making five weeks and two days of the Omer.

23 Iyar

38. Today is the thirty-eighth day,
making five weeks and three days of the Omer.

24 Iyar

39. Today is the thirty-ninth day,
making five weeks and four days of the Omer.

25 Iyar

40. Today is the fortieth day,
making five weeks and five days of the Omer.

26 Iyar

41. Today is the forty-first day,
making five weeks and six days of the Omer.

27 Iyar

42. Today is the forty-second day,
making six weeks of the Omer.

28 Iyar, Yom Yerushalayim

43. Today is the forty-third day,
making six weeks and one day of the Omer.

29 Iyar

44. Today is the forty-fourth day,
making six weeks and two days of the Omer.

כ״ב באייר

37. הַיּוֹם שִׁבְעָה וּשְׁלֹשִׁים יוֹם

שֶׁהֵם חֲמִשָּׁה שָׁבוּעוֹת וּשְׁנֵי יָמִים בָּעֹמֶר. גבורה שביסוד

כ״ג באייר

38. הַיּוֹם שְׁמוֹנָה וּשְׁלֹשִׁים יוֹם

שֶׁהֵם חֲמִשָּׁה שָׁבוּעוֹת וּשְׁלֹשָׁה יָמִים בָּעֹמֶר.
תפארת שביסוד

כ״ד באייר

39. הַיּוֹם תִּשְׁעָה וּשְׁלֹשִׁים יוֹם

שֶׁהֵם חֲמִשָּׁה שָׁבוּעוֹת וְאַרְבָּעָה יָמִים בָּעֹמֶר. נצח שביסוד

כ״ה באייר

40. הַיּוֹם אַרְבָּעִים יוֹם

שֶׁהֵם חֲמִשָּׁה שָׁבוּעוֹת וַחֲמִשָּׁה יָמִים בָּעֹמֶר. הוד שביסוד

כ״ו באייר

41. הַיּוֹם אֶחָד וְאַרְבָּעִים יוֹם

שֶׁהֵם חֲמִשָּׁה שָׁבוּעוֹת וְשִׁשָּׁה יָמִים בָּעֹמֶר. יסוד שביסוד

כ״ז באייר

42. הַיּוֹם שְׁנַיִם וְאַרְבָּעִים יוֹם

שֶׁהֵם שִׁשָּׁה שָׁבוּעוֹת בָּעֹמֶר. מלכות שביסוד

כ״ח באייר, יום ירושלים

43. הַיּוֹם שְׁלֹשָׁה וְאַרְבָּעִים יוֹם

שֶׁהֵם שִׁשָּׁה שָׁבוּעוֹת וְיוֹם אֶחָד בָּעֹמֶר. חסד שבמלכות

כ״ט באייר

44. הַיּוֹם אַרְבָּעָה וְאַרְבָּעִים יוֹם

שֶׁהֵם שִׁשָּׁה שָׁבוּעוֹת וּשְׁנֵי יָמִים בָּעֹמֶר. גבורה שבמלכות

1 Sivan, Rosh Ḥodesh

45. Today is the forty-fifth day,
making six weeks and three days of the Omer.

2 Sivan

46. Today is the forty-sixth day,
making six weeks and four days of the Omer.

3 Sivan

47. Today is the forty-seventh day,
making six weeks and five days of the Omer.

4 Sivan

48. Today is the forty-eighth day,
making six weeks and six days of the Omer.

5 Sivan, Erev Shavuot

49. Today is the forty-ninth day,
making seven weeks of the Omer.

הָרַחֲמָן May the Compassionate One restore the Temple service to its place speedily in our days. Amen, Selah.

Some add:

לַמְנַצֵּחַ For the conductor of music. With stringed instruments. A *Ps. 67*
psalm, a song. May God be gracious to us and bless us. May He make His face shine on us, Selah. Then will Your way be known on earth, Your salvation among all the nations. Let the peoples praise You, God; let all peoples praise You. Let nations rejoice and sing for joy, for You judge the peoples with equity, and guide the nations of the earth, Selah. Let the peoples praise You, God; let all peoples praise

א׳ בסיון, ראש חודש

45. הַיּוֹם חֲמִשָּׁה וְאַרְבָּעִים יוֹם
שֶׁהֵם שִׁשָּׁה שָׁבוּעוֹת וּשְׁלֹשָׁה יָמִים בָּעֹמֶר.
תפארת שבמלכות

ב׳ בסיון

46. הַיּוֹם שִׁשָּׁה וְאַרְבָּעִים יוֹם
שֶׁהֵם שִׁשָּׁה שָׁבוּעוֹת וְאַרְבָּעָה יָמִים בָּעֹמֶר. נצח שבמלכות

ג׳ בסיון

47. הַיּוֹם שִׁבְעָה וְאַרְבָּעִים יוֹם
שֶׁהֵם שִׁשָּׁה שָׁבוּעוֹת וַחֲמִשָּׁה יָמִים בָּעֹמֶר. הוד שבמלכות

ד׳ בסיון

48. הַיּוֹם שְׁמוֹנָה וְאַרְבָּעִים יוֹם
שֶׁהֵם שִׁשָּׁה שָׁבוּעוֹת וְשִׁשָּׁה יָמִים בָּעֹמֶר. יסוד שבמלכות

ה׳ בסיון, ערב שבועות

49. הַיּוֹם תִּשְׁעָה וְאַרְבָּעִים יוֹם
שֶׁהֵם שִׁבְעָה שָׁבוּעוֹת בָּעֹמֶר. מלכות שבמלכות

הָרַחֲמָן הוּא יַחֲזִיר לָנוּ עֲבוֹדַת בֵּית הַמִּקְדָּשׁ לִמְקוֹמָהּ בִּמְהֵרָה בְיָמֵינוּ, אָמֵן סֶלָה.

Some add:

לַמְנַצֵּחַ בִּנְגִינֹת, מִזְמוֹר שִׁיר: אֱלֹהִים יְחָנֵּנוּ וִיבָרְכֵנוּ, יָאֵר פָּנָיו אִתָּנוּ סֶלָה: לָדַעַת בָּאָרֶץ דַּרְכֶּךָ, בְּכָל־גּוֹיִם יְשׁוּעָתֶךָ: יוֹדוּךָ עַמִּים אֱלֹהִים, יוֹדוּךָ עַמִּים כֻּלָּם: יִשְׂמְחוּ וִירַנְּנוּ לְאֻמִּים, כִּי־תִשְׁפֹּט עַמִּים מִישֹׁר, וּלְאֻמִּים בָּאָרֶץ תַּנְחֵם סֶלָה: יוֹדוּךָ עַמִּים תהלים סז

You. The earth has yielded its harvest. May God, our God, bless us. God will bless us, and all the ends of the earth will fear Him.

אָנָּא Please, by the power of Your great right hand,
set the captive nation free.
Accept Your people's prayer. Strengthen us, purify us,
You who are revered.
Please, Mighty One, guard like the pupil of the eye
those who seek Your unity.
Bless them, cleanse them, have compassion on them,
grant them Your righteousness always.
Mighty One, Holy One, in Your great goodness
guide Your congregation.
Only One, Exalted One, turn to Your people,
who proclaim Your holiness.
Accept our plea and heed our cry,
You who know all secret thoughts.
Blessed be the name of His glorious kingdom
for ever and all time.

רִבּוֹנוֹ שֶׁל עוֹלָם Master of the Universe, You commanded us through Your servant Moses to count the Omer, to cleanse our carapaces and impurities, as You have written in Your Torah: "You shall count seven complete weeks from the day following the [Pesaḥ] rest day, when you brought the Omer as a wave-offering. To the day after the seventh week, you shall count fifty days." This is so that the souls of Your people Israel may be purified from their uncleanliness. May it also be Your will, Lord our God and God of our ancestors, that in the merit of the Omer count that I have counted today, there may be rectified any defect on my part in the counting of (*insert the appropriate sefira for each day*). May I be cleansed and sanctified with Your holiness on high, and through this may there flow a rich stream through all worlds, to rectify our lives, spirits and souls from any dross and defect, purifying and sanctifying us with Your sublime holiness. Amen, Selah. *Lev. 23*

The service continues with Aleinu on page 650.

אֱלֹהִים, יוֹדוּךָ עַמִּים כֻּלָּם: אֶרֶץ נָתְנָה יְבוּלָהּ, יְבָרְכֵנוּ אֱלֹהִים אֱלֹהֵינוּ: יְבָרְכֵנוּ אֱלֹהִים, וְיִירְאוּ אוֹתוֹ כָּל־אַפְסֵי־אָרֶץ:

אָנָּא, בְּכֹחַ גְּדֻלַּת יְמִינְךָ, תַּתִּיר צְרוּרָה.
קַבֵּל רִנַּת עַמְּךָ, שַׂגְּבֵנוּ, טַהֲרֵנוּ, נוֹרָא.
נָא גִבּוֹר, דּוֹרְשֵׁי יִחוּדְךָ כְּבָבַת שָׁמְרֵם.
בָּרְכֵם, טַהֲרֵם, רַחֲמֵם, צִדְקָתְךָ תָּמִיד גָּמְלֵם.
חֲסִין קָדוֹשׁ, בְּרֹב טוּבְךָ נַהֵל עֲדָתֶךָ.
יָחִיד גֵּאֶה, לְעַמְּךָ פְּנֵה, זוֹכְרֵי קְדֻשָּׁתֶךָ.
שַׁוְעָתֵנוּ קַבֵּל וּשְׁמַע צַעֲקָתֵנוּ, יוֹדֵעַ תַּעֲלוּמוֹת.
בָּרוּךְ שֵׁם כְּבוֹד מַלְכוּתוֹ לְעוֹלָם וָעֶד.

רִבּוֹנוֹ שֶׁל עוֹלָם, אַתָּה צִוִּיתָנוּ עַל יְדֵי מֹשֶׁה עַבְדְּךָ לִסְפֹּר סְפִירַת הָעֹמֶר, כְּדֵי לְטַהֲרֵנוּ מִקְּלִפּוֹתֵינוּ וּמִטֻּמְאוֹתֵינוּ. כְּמוֹ שֶׁכָּתַבְתָּ בְּתוֹרָתֶךָ: וּסְפַרְתֶּם לָכֶם מִמָּחֳרַת הַשַּׁבָּת, מִיּוֹם הֲבִיאֲכֶם אֶת־עֹמֶר הַתְּנוּפָה, שֶׁבַע שַׁבָּתוֹת תְּמִימֹת תִּהְיֶינָה: עַד מִמָּחֳרַת הַשַּׁבָּת הַשְּׁבִיעִת תִּסְפְּרוּ חֲמִשִּׁים יוֹם: כְּדֵי שֶׁיִּטָּהֲרוּ נַפְשׁוֹת עַמְּךָ יִשְׂרָאֵל מִזֻּהֲמָתָם. וּבְכֵן יְהִי רָצוֹן מִלְּפָנֶיךָ יהוה אֱלֹהֵינוּ וֵאלֹהֵי אֲבוֹתֵינוּ, שֶׁבִּזְכוּת סְפִירַת הָעֹמֶר שֶׁסָּפַרְתִּי הַיּוֹם, יְתֻקַּן מַה שֶּׁפָּגַמְתִּי בִּסְפִירָה (*for each day insert appropriate* ספירה) וְאֶטָּהֵר וְאֶתְקַדֵּשׁ בִּקְדֻשָּׁה שֶׁל מַעְלָה, וְעַל יְדֵי זֶה יֻשְׁפַּע שֶׁפַע רַב בְּכָל הָעוֹלָמוֹת, לְתַקֵּן אֶת נַפְשׁוֹתֵינוּ וְרוּחוֹתֵינוּ וְנִשְׁמוֹתֵינוּ מִכָּל סִיג וּפְגָם, וּלְטַהֲרֵנוּ וּלְקַדְּשֵׁנוּ בִּקְדֻשָּׁתְךָ הָעֶלְיוֹנָה, אָמֵן סֶלָה.

ויקרא כג

The service continues with עָלֵינוּ *on page 651.*

Hallel

On Ḥanukka, Full Hallel is said. On Rosh Ḥodesh Half Hallel is said.

בָּרוּךְ Blessed are You, LORD our God,
King of the Universe,
who has made us holy through His commandments
and has commanded us to recite the Hallel.

הַלְלוּיָהּ Halleluya! Servants of the LORD, give praise; *Ps. 113*
praise the name of the LORD.
Blessed be the name of the LORD
now and for evermore.
From the rising of the sun to its setting,
may the LORD's name be praised.
High is the LORD above all nations;
His glory is above the heavens.
Who is like the LORD our God,
who sits enthroned so high,
yet turns so low to see the heavens and the earth?
▸ He raises the poor from the dust
and the needy from the refuse heap,
giving them a place alongside princes,
the princes of His people.
He makes the woman in a childless house
a happy mother of children. Halleluya!

סדר הלל

On חנוכה, הלל שלם *is said. On* ראש חודש, הלל בדילוג *is said.*

בָּרוּךְ אַתָּה יהוה אֱלֹהֵינוּ מֶלֶךְ הָעוֹלָם
אֲשֶׁר קִדְּשָׁנוּ בְּמִצְוֹתָיו
וְצִוָּנוּ לִקְרֹא אֶת הַהַלֵּל.

תהלים קיג
הַלְלוּיָהּ
הַלְלוּ עַבְדֵי יהוה, הַלְלוּ אֶת־שֵׁם יהוה:
יְהִי שֵׁם יהוה מְבֹרָךְ, מֵעַתָּה וְעַד־עוֹלָם:
מִמִּזְרַח־שֶׁמֶשׁ עַד־מְבוֹאוֹ, מְהֻלָּל שֵׁם יהוה:
רָם עַל־כָּל־גּוֹיִם יהוה, עַל הַשָּׁמַיִם כְּבוֹדוֹ:
מִי כַּיהוה אֱלֹהֵינוּ, הַמַּגְבִּיהִי לָשָׁבֶת:
הַמַּשְׁפִּילִי לִרְאוֹת, בַּשָּׁמַיִם וּבָאָרֶץ:
◂ מְקִימִי מֵעָפָר דָּל, מֵאַשְׁפֹּת יָרִים אֶבְיוֹן:
לְהוֹשִׁיבִי עִם־נְדִיבִים, עִם נְדִיבֵי עַמּוֹ:
מוֹשִׁיבִי עֲקֶרֶת הַבַּיִת, אֵם־הַבָּנִים שְׂמֵחָה
הַלְלוּיָהּ:

בְּצֵאת When Israel came out of Egypt, Ps. 114
the house of Jacob from a people of foreign tongue,
Judah became His sanctuary,
Israel His dominion.
The sea saw and fled; the Jordan turned back.
The mountains skipped like rams, the hills like lambs.
▸ Why was it, sea, that you fled?
Jordan, why did you turn back?
Why, mountains, did you skip like rams,
and you, hills, like lambs?
It was at the presence of the LORD,
Creator of the earth,
at the presence of the God of Jacob,
who turned the rock into a pool of water,
flint into a flowing spring.

Omit on Rosh Ḥodesh (except on Ḥanukka):

לֹא לָנוּ Not to us, LORD, not to us, Ps. 115
but to Your name give glory,
for Your love, for Your faithfulness.
Why should the nations say,
"Where now is their God?"
Our God is in heaven; whatever He wills He does.
Their idols are silver and gold, made by human hands.
They have mouths but cannot speak;
eyes but cannot see.
They have ears but cannot hear;
noses but cannot smell.

תהלים קיד

בְּצֵאת יִשְׂרָאֵל מִמִּצְרָיִם
בֵּית יַעֲקֹב מֵעַם לֹעֵז:
הָיְתָה יְהוּדָה לְקָדְשׁוֹ, יִשְׂרָאֵל מַמְשְׁלוֹתָיו:
הַיָּם רָאָה וַיָּנֹס, הַיַּרְדֵּן יִסֹּב לְאָחוֹר:
הֶהָרִים רָקְדוּ כְאֵילִים, גְּבָעוֹת כִּבְנֵי־צֹאן:
מַה־לְּךָ הַיָּם כִּי תָנוּס, הַיַּרְדֵּן תִּסֹּב לְאָחוֹר:
הֶהָרִים תִּרְקְדוּ כְאֵילִים, גְּבָעוֹת כִּבְנֵי־צֹאן:
מִלִּפְנֵי אָדוֹן חוּלִי אָרֶץ, מִלִּפְנֵי אֱלוֹהַּ יַעֲקֹב:
הַהֹפְכִי הַצּוּר אֲגַם־מָיִם
חַלָּמִישׁ לְמַעְיְנוֹ־מָיִם:

Omit on ראש חודש (*except on* חנוכה):

תהלים קטו

לֹא לָנוּ יהוה לֹא לָנוּ
כִּי־לְשִׁמְךָ תֵּן כָּבוֹד, עַל־חַסְדְּךָ עַל־אֲמִתֶּךָ:
לָמָּה יֹאמְרוּ הַגּוֹיִם אַיֵּה־נָא אֱלֹהֵיהֶם:
וֵאלֹהֵינוּ בַשָּׁמָיִם, כֹּל אֲשֶׁר־חָפֵץ עָשָׂה:
עֲצַבֵּיהֶם כֶּסֶף וְזָהָב, מַעֲשֵׂה יְדֵי אָדָם:
פֶּה־לָהֶם וְלֹא יְדַבֵּרוּ, עֵינַיִם לָהֶם וְלֹא יִרְאוּ:
אָזְנַיִם לָהֶם וְלֹא יִשְׁמָעוּ, אַף לָהֶם וְלֹא יְרִיחוּן:

They have hands but cannot feel;
feet but cannot walk.
No sound comes from their throat.
Those who make them become like them;
so will all who trust in them.
▸ Israel, trust in the Lord –
He is their Help and their Shield.
House of Aaron, trust in the Lord –
He is their Help and their Shield.
You who fear the Lord, trust in the Lord –
He is their Help and their Shield.

יהוה זְכָרָנוּ The Lord remembers us and will bless us.
He will bless the house of Israel.
He will bless the house of Aaron.
He will bless those who fear the Lord,
small and great alike.
May the Lord give you increase:
you and your children.
May you be blessed by the Lord,
Maker of heaven and earth.
▸ The heavens are the Lord's,
but the earth He has given over to mankind.
It is not the dead who praise the Lord,
nor those who go down to the silent grave.
But we will bless the Lord, now and for ever.
Halleluya!

יְדֵיהֶם וְלֹא יְמִישׁוּן, רַגְלֵיהֶם וְלֹא יְהַלֵּכוּ
לֹא־יֶהְגּוּ בִּגְרוֹנָם:
כְּמוֹהֶם יִהְיוּ עֹשֵׂיהֶם, כֹּל אֲשֶׁר־בֹּטֵחַ בָּהֶם:
◂ יִשְׂרָאֵל בְּטַח בַּיהוה, עֶזְרָם וּמָגִנָּם הוּא:
בֵּית אַהֲרֹן בִּטְחוּ בַיהוה, עֶזְרָם וּמָגִנָּם הוּא:
יִרְאֵי יהוה בִּטְחוּ בַיהוה, עֶזְרָם וּמָגִנָּם הוּא:

יהוה זְכָרָנוּ יְבָרֵךְ
יְבָרֵךְ אֶת־בֵּית יִשְׂרָאֵל
יְבָרֵךְ אֶת־בֵּית אַהֲרֹן:
יְבָרֵךְ יִרְאֵי יהוה, הַקְּטַנִּים עִם־הַגְּדֹלִים:
יֹסֵף יהוה עֲלֵיכֶם, עֲלֵיכֶם וְעַל־בְּנֵיכֶם:
בְּרוּכִים אַתֶּם לַיהוה, עֹשֵׂה שָׁמַיִם וָאָרֶץ:
◂ הַשָּׁמַיִם שָׁמַיִם לַיהוה
וְהָאָרֶץ נָתַן לִבְנֵי־אָדָם:
לֹא הַמֵּתִים יְהַלְלוּ־יָהּ, וְלֹא כָּל־יֹרְדֵי דוּמָה:
וַאֲנַחְנוּ נְבָרֵךְ יָהּ, מֵעַתָּה וְעַד־עוֹלָם
הַלְלוּיָהּ:

Omit on Rosh Ḥodesh (except on Ḥanukka):

אָהַבְתִּי I love the LORD, *Ps. 116*
for He hears my voice, my pleas.
He turns His ear to me whenever I call.
The bonds of death encompassed me,
the anguish of the grave came upon me,
I was overcome by trouble and sorrow.
Then I called on the name of the LORD:
"LORD, I pray, save my life."
Gracious is the LORD, and righteous;
our God is full of compassion.
The LORD protects the simple hearted.
When I was brought low, He saved me.
My soul, be at peace once more,
for the LORD has been good to you.
For You have rescued me from death,
my eyes from weeping, my feet from stumbling.
▸ I shall walk in the presence of the LORD
in the land of the living.
I had faith, even when I said, "I am greatly afflicted,"
even when I said rashly, "All men are liars."

מָה־אָשִׁיב How can I repay the LORD
for all His goodness to me?
I will lift the cup of salvation
and call on the name of the LORD.
I will fulfill my vows to the LORD in the presence of
all His people.

Omit on ראש חודש (*except on* חנוכה):

אָהַבְתִּי, כִּי־יִשְׁמַע יהוה, אֶת־קוֹלִי תַּחֲנוּנָי: תהלים קטז
כִּי־הִטָּה אָזְנוֹ לִי, וּבְיָמַי אֶקְרָא:
אֲפָפוּנִי חֶבְלֵי־מָוֶת, וּמְצָרֵי שְׁאוֹל מְצָאוּנִי
צָרָה וְיָגוֹן אֶמְצָא:
וּבְשֵׁם־יהוה אֶקְרָא
אָנָּה יהוה מַלְּטָה נַפְשִׁי:
חַנּוּן יהוה וְצַדִּיק, וֵאלֹהֵינוּ מְרַחֵם:
שֹׁמֵר פְּתָאיִם יהוה, דַּלּוֹתִי וְלִי יְהוֹשִׁיעַ:
שׁוּבִי נַפְשִׁי לִמְנוּחָיְכִי, כִּי־יהוה גָּמַל עָלָיְכִי:
כִּי חִלַּצְתָּ נַפְשִׁי מִמָּוֶת
אֶת־עֵינִי מִן־דִּמְעָה, אֶת־רַגְלִי מִדֶּחִי:
◂ אֶתְהַלֵּךְ לִפְנֵי יהוה, בְּאַרְצוֹת הַחַיִּים:
הֶאֱמַנְתִּי כִּי אֲדַבֵּר, אֲנִי עָנִיתִי מְאֹד:
אֲנִי אָמַרְתִּי בְחָפְזִי, כָּל־הָאָדָם כֹּזֵב:

מָה־אָשִׁיב לַיהוה, כָּל־תַּגְמוּלוֹהִי עָלָי:
כּוֹס־יְשׁוּעוֹת אֶשָּׂא, וּבְשֵׁם יהוה אֶקְרָא:
נְדָרַי לַיהוה אֲשַׁלֵּם, נֶגְדָה־נָּא לְכָל־עַמּוֹ:

Grievous in the LORD's sight
is the death of His devoted ones.
Truly, LORD, I am Your servant;
I am Your servant, the son of Your maidservant.
You set me free from my chains.
▸ To You I shall bring a thanksgiving-offering
and call on the LORD by name.
I will fulfill my vows to the LORD
in the presence of all His people,
in the courts of the House of the LORD,
in your midst, Jerusalem. Halleluya!

הַלְלוּ Praise the LORD, all nations; *Ps. 117*
acclaim Him, all you peoples;
for His loving-kindness to us is strong,
and the LORD's faithfulness is everlasting. Halleluya!

The following verses are chanted by the Leader.
At the end of each verse, the congregation responds,
"Thank the LORD for He is good; His loving-kindness is for ever."

הודו Thank the LORD for He is good; *Ps. 118*
His loving-kindness is for ever.

Let Israel say
His loving-kindness is for ever.

Let the house of Aaron say
His loving-kindness is for ever.

Let those who fear the LORD say
His loving-kindness is for ever.

יָקָר בְּעֵינֵי יהוה, הַמָּוְתָה לַחֲסִידָיו:

אָנָּה יהוה כִּי־אֲנִי עַבְדֶּךָ

אֲנִי־עַבְדְּךָ בֶּן־אֲמָתֶךָ, פִּתַּחְתָּ לְמוֹסֵרָי:

◂ לְךָ־אֶזְבַּח זֶבַח תּוֹדָה, וּבְשֵׁם יהוה אֶקְרָא:

נְדָרַי לַיהוה אֲשַׁלֵּם, נֶגְדָה־נָּא לְכָל־עַמּוֹ:

בְּחַצְרוֹת בֵּית יהוה, בְּתוֹכֵכִי יְרוּשָׁלָםִ

הַלְלוּיָהּ:

הַלְלוּ אֶת־יהוה כָּל־גּוֹיִם תהלים קיז

שַׁבְּחוּהוּ כָּל־הָאֻמִּים:

כִּי גָבַר עָלֵינוּ חַסְדּוֹ, וֶאֱמֶת־יהוה לְעוֹלָם

הַלְלוּיָהּ:

The following verses are chanted by the שליח ציבור*.*

At the end of each verse, the קהל *responds:*
הוֹדוּ לַיהוה כִּי־טוֹב, כִּי לְעוֹלָם חַסְדּוֹ.

הוֹדוּ לַיהוה כִּי־טוֹב כִּי לְעוֹלָם חַסְדּוֹ: תהלים קיח

יֹאמַר־נָא יִשְׂרָאֵל כִּי לְעוֹלָם חַסְדּוֹ:

יֹאמְרוּ־נָא בֵית־אַהֲרֹן כִּי לְעוֹלָם חַסְדּוֹ:

יֹאמְרוּ־נָא יִרְאֵי יהוה כִּי לְעוֹלָם חַסְדּוֹ:

מִן־הַמֵּצַר In my distress I called on the LORD.
The LORD answered me and set me free.
The LORD is with me; I will not be afraid.
What can man do to me? The LORD is with me.
He is my Helper. I will see the downfall of my enemies.
It is better to take refuge in the LORD than to trust in man.
It is better to take refuge in the LORD than to trust in princes.
The nations all surrounded me,
but in the LORD's name I drove them off.
They surrounded me on every side,
but in the LORD's name I drove them off.
They surrounded me like bees,
they attacked me as fire attacks brushwood,
but in the LORD's name I drove them off.
They thrust so hard against me, I nearly fell,
but the LORD came to my help.
The LORD is my strength and my song;
He has become my salvation.
Sounds of song and salvation
resound in the tents of the righteous:
"The LORD's right hand has done mighty deeds.
The LORD's right hand is lifted high.
The LORD's right hand has done mighty deeds."
I will not die but live, and tell what the LORD has done.
The LORD has chastened me severely,
but He has not given me over to death.
▸ Open for me the gates of righteousness
that I may enter them and thank the LORD.
This is the gateway to the LORD;
through it, the righteous shall enter.

מִן־הַמֵּצַר קָרָאתִי יָּהּ, עָנָנִי בַמֶּרְחָב יָהּ:
יהוה לִי לֹא אִירָא, מַה־יַּעֲשֶׂה לִי אָדָם:
יהוה לִי בְּעֹזְרָי, וַאֲנִי אֶרְאֶה בְשֹׂנְאָי:
טוֹב לַחֲסוֹת בַּיהוה, מִבְּטֹחַ בָּאָדָם:
טוֹב לַחֲסוֹת בַּיהוה, מִבְּטֹחַ בִּנְדִיבִים:
כָּל־גּוֹיִם סְבָבוּנִי, בְּשֵׁם יהוה כִּי אֲמִילַם:
סַבּוּנִי גַם־סְבָבוּנִי, בְּשֵׁם יהוה כִּי אֲמִילַם:
סַבּוּנִי כִדְבֹרִים, דֹּעֲכוּ כְּאֵשׁ קוֹצִים
בְּשֵׁם יהוה כִּי אֲמִילַם:
דָּחֹה דְחִיתַנִי לִנְפֹּל, וַיהוה עֲזָרָנִי:
עָזִּי וְזִמְרָת יָהּ, וַיְהִי־לִי לִישׁוּעָה:
קוֹל רִנָּה וִישׁוּעָה בְּאָהֳלֵי צַדִּיקִים
יְמִין יהוה עֹשָׂה חָיִל:
יְמִין יהוה רוֹמֵמָה, יְמִין יהוה עֹשָׂה חָיִל:
לֹא־אָמוּת כִּי־אֶחְיֶה, וַאֲסַפֵּר מַעֲשֵׂי יָהּ:
יַסֹּר יִסְּרַנִּי יָּהּ, וְלַמָּוֶת לֹא נְתָנָנִי:
◂ פִּתְחוּ־לִי שַׁעֲרֵי־צֶדֶק, אָבֹא־בָם אוֹדֶה יָהּ:
זֶה־הַשַּׁעַר לַיהוה, צַדִּיקִים יָבֹאוּ בוֹ:

אוֹדְךָ I will thank You, for You answered me,
and became my salvation.
I will thank You, for You answered me,
and became my salvation.

The stone the builders rejected
has become the main cornerstone.
The stone the builders rejected
has become the main cornerstone.

This is the LORD's doing; it is wondrous in our eyes.
This is the LORD's doing; it is wondrous in our eyes.

This is the day the LORD has made;
let us rejoice and be glad in it.
This is the day the LORD has made;
let us rejoice and be glad in it.

Leader followed by congregation:

אָנָּא LORD, please, save us.
LORD, please, save us.
LORD, please, grant us success.
LORD, please, grant us success.

בָּרוּךְ Blessed is one who comes
in the name of the LORD;
we bless you from the House of the LORD.
Blessed is one who comes in the name of the LORD;
we bless you from the House of the LORD.

אוֹדְךָ כִּי עֲנִיתָֽנִי, וַתְּהִי־לִי לִישׁוּעָה:

אוֹדְךָ כִּי עֲנִיתָֽנִי, וַתְּהִי־לִי לִישׁוּעָה:

אֶֽבֶן מָאֲסוּ הַבּוֹנִים, הָֽיְתָה לְרֹאשׁ פִּנָּה:

אֶֽבֶן מָאֲסוּ הַבּוֹנִים, הָֽיְתָה לְרֹאשׁ פִּנָּה:

מֵאֵת יהוה הָֽיְתָה זֹּאת, הִיא נִפְלָאת בְּעֵינֵֽינוּ:

מֵאֵת יהוה הָֽיְתָה זֹּאת, הִיא נִפְלָאת בְּעֵינֵֽינוּ:

זֶה־הַיּוֹם עָשָׂה יהוה, נָגִֽילָה וְנִשְׂמְחָה בוֹ:

זֶה־הַיּוֹם עָשָׂה יהוה, נָגִֽילָה וְנִשְׂמְחָה בוֹ:

שליח ציבור *followed by* קהל:

אָנָּא יהוה הוֹשִֽׁיעָה נָּא:

אָנָּא יהוה הוֹשִֽׁיעָה נָּא:

אָנָּא יהוה הַצְלִֽיחָה נָּא:

אָנָּא יהוה הַצְלִֽיחָה נָּא:

בָּרוּךְ הַבָּא בְּשֵׁם יהוה, בֵּֽרַכְנוּכֶם מִבֵּית יהוה:

בָּרוּךְ הַבָּא בְּשֵׁם יהוה, בֵּֽרַכְנוּכֶם מִבֵּית יהוה:

The LORD is God; He has given us light.
Bind the festival offering with thick cords
[and bring it] to the horns of the altar.
The LORD is God; He has given us light.
Bind the festival offering with thick cords
[and bring it] to the horns of the altar.

You are my God and I will thank You;
You are my God, I will exalt You.
You are my God and I will thank You;
You are my God, I will exalt You.

Thank the LORD for He is good;
His loving-kindness is for ever.
Thank the LORD for He is good;
His loving-kindness is for ever.

יְהַלְלְוּךָ All Your works will praise You, LORD our God, and Your devoted ones – the righteous who do Your will, together with all Your people the house of Israel – will joyously thank, bless, praise, glorify, exalt, revere, sanctify, and proclaim the sovereignty of Your name, our King. ▸ For it is good to thank You and fitting to sing psalms to Your name, for from eternity to eternity You are God. Blessed are You, LORD, King who is extolled with praises.

The service continues with the Full Kaddish on page 334.

אֵל יהוה וַיָּאֶר לָנוּ
אִסְרוּ־חַג בַּעֲבֹתִים עַד־קַרְנוֹת הַמִּזְבֵּחַ:
אֵל יהוה וַיָּאֶר לָנוּ
אִסְרוּ־חַג בַּעֲבֹתִים עַד־קַרְנוֹת הַמִּזְבֵּחַ:

אֵלִי אַתָּה וְאוֹדֶךָּ, אֱלֹהַי אֲרוֹמְמֶךָּ:
אֵלִי אַתָּה וְאוֹדֶךָּ, אֱלֹהַי אֲרוֹמְמֶךָּ:

הוֹדוּ לַיהוה כִּי־טוֹב, כִּי לְעוֹלָם חַסְדּוֹ:
הוֹדוּ לַיהוה כִּי־טוֹב, כִּי לְעוֹלָם חַסְדּוֹ:

יְהַלְלוּךָ יהוה אֱלֹהֵינוּ כָּל מַעֲשֶׂיךָ, וַחֲסִידֶיךָ צַדִּיקִים עוֹשֵׂי רְצוֹנֶךָ, וְכָל עַמְּךָ בֵּית יִשְׂרָאֵל בְּרִנָּה יוֹדוּ וִיבָרְכוּ וִישַׁבְּחוּ וִיפָאֲרוּ וִירוֹמְמוּ וְיַעֲרִיצוּ וְיַקְדִּישׁוּ וְיַמְלִיכוּ אֶת שִׁמְךָ מַלְכֵּנוּ, ‹ כִּי לְךָ טוֹב לְהוֹדוֹת וּלְשִׁמְךָ נָאֶה לְזַמֵּר, כִּי מֵעוֹלָם וְעַד עוֹלָם אַתָּה אֵל. בָּרוּךְ אַתָּה יהוה, מֶלֶךְ מְהֻלָּל בַּתִּשְׁבָּחוֹת.

The service continues with קדיש שלם *on page 335.*

Musaf for Shabbat Rosh Ḥodesh

THE AMIDA

The following prayer, until "in former years" on page 740, is said silently, standing with feet together. If there is a minyan, the Amida is repeated aloud by the Leader. Take three steps forward and at the points indicated by ▾, bend the knees at the first word, bow at the second, and stand straight before saying God's name.

When I proclaim the LORD's name, give glory to our God. *Deut. 32*
O LORD, open my lips, so that my mouth may declare Your praise. *Ps. 51*

PATRIARCHS

▾בָּרוּךְ Blessed are You,
LORD our God and God of our fathers,
God of Abraham, God of Isaac, and God of Jacob;
the great, mighty, and awesome God,
God Most High,
who bestows acts of loving-kindness and creates all,
who remembers the loving-kindness of the fathers
and will bring a Redeemer
to their children's children
for the sake of His name, in love.
King, Helper, Savior, Shield:
▾Blessed are You, LORD, Shield of Abraham.

מוסף לשבת ראש חודש

עמידה

The following prayer, until קַדְמֹנִיּוֹת *on page 741, is said standing with feet together. If there is a* מניין*, the* עמידה *is repeated aloud by the* שליח ציבור*.*

Take three steps forward and at the points indicated by ˺*, bend the knees at the first word, bow at the second, and stand straight before saying God's name.*

כִּי שֵׁם יהוה אֶקְרָא, הָבוּ גֹדֶל לֵאלֹהֵינוּ: דברים לב

אֲדֹנָי, שְׂפָתַי תִּפְתָּח, וּפִי יַגִּיד תְּהִלָּתֶךָ: תהלים נא

אבות

˺בָּרוּךְ אַתָּה יהוה, אֱלֹהֵינוּ וֵאלֹהֵי אֲבוֹתֵינוּ
אֱלֹהֵי אַבְרָהָם, אֱלֹהֵי יִצְחָק, וֵאלֹהֵי יַעֲקֹב
הָאֵל הַגָּדוֹל הַגִּבּוֹר וְהַנּוֹרָא, אֵל עֶלְיוֹן
גּוֹמֵל חֲסָדִים טוֹבִים, וְקוֹנֵה הַכֹּל
וְזוֹכֵר חַסְדֵי אָבוֹת
וּמֵבִיא גוֹאֵל לִבְנֵי בְנֵיהֶם לְמַעַן שְׁמוֹ בְּאַהֲבָה.
מֶלֶךְ עוֹזֵר וּמוֹשִׁיעַ וּמָגֵן.
˺בָּרוּךְ אַתָּה יהוה, מָגֵן אַבְרָהָם.

DIVINE MIGHT

אַתָּה גִּבּוֹר You are eternally mighty, LORD.
You give life to the dead
and have great power to save.

The phrase "He makes the wind blow and the rain fall" is added from Simḥat Torah until Pesaḥ. In Israel, the phrase "He causes the dew to fall" is added from Pesaḥ until Shemini Atzeret.

In fall & winter: He makes the wind blow
and the rain fall.

In Israel, in spring & summer: He causes the dew to fall.

He sustains the living with loving-kindness,
and with great compassion revives the dead.
He supports the fallen,
heals the sick,
sets captives free,
and keeps His faith
with those who sleep in the dust.
Who is like You, Master of might,
and and who can compare to You,
O King who brings death and gives life,
and makes salvation grow?
Faithful are You to revive the dead.
Blessed are You, LORD,
who revives the dead.

When saying the Amida silently, continue with "You are holy" on page 724.

גבורות

אַתָּה גִּבּוֹר לְעוֹלָם, אֲדֹנָי
מְחַיֵּה מֵתִים אַתָּה, רַב לְהוֹשִׁיעַ

The phrase מַשִּׁיב הָרְוּחַ *is added from* שמחת תורה *until* פסח.
In ארץ ישראל *the phrase* מוֹרִיד הַטָּל *is added from* פסח *until* שמיני עצרת.

בחורף: מַשִּׁיב הָרְוּחַ וּמוֹרִיד הַגֶּשֶׁם
בארץ ישראל בקיץ: מוֹרִיד הַטָּל

מְכַלְכֵּל חַיִּים בְּחֶסֶד
מְחַיֵּה מֵתִים בְּרַחֲמִים רַבִּים
סוֹמֵךְ נוֹפְלִים, וְרוֹפֵא חוֹלִים
וּמַתִּיר אֲסוּרִים
וּמְקַיֵּם אֱמוּנָתוֹ לִישֵׁנֵי עָפָר.
מִי כָמְוֹךָ, בַּעַל גְּבוּרוֹת
וּמִי דּוֹמֶה לָּךְ
מֶלֶךְ, מֵמִית וּמְחַיֶּה וּמַצְמִיחַ יְשׁוּעָה.
וְנֶאֱמָן אַתָּה לְהַחֲיוֹת מֵתִים.
בָּרוּךְ אַתָּה יהוה, מְחַיֵּה הַמֵּתִים.

When saying the עמידה *silently, continue with* אַתָּה קָדוֹשׁ *on page 725.*

KEDUSHA

During the Leader's Repetition, the following is said standing with feet together, rising on the toes at the words indicated by ▴.

Congregation then Leader:

נַעֲרִיצְךָ We will revere and sanctify You
with the words uttered by the holy Seraphim
who sanctify Your name in the Sanctuary;
as is written by Your prophet:
"They call out to one another, saying: *Is. 6*

Congregation then Leader:

▴Holy, ▴holy, ▴holy is the Lord of hosts;
the whole world is filled with His glory."

His glory fills the universe.
His ministering angels ask each other,
"Where is the place of His glory?"
Those facing them reply "Blessed –

Congregation then Leader:

▴"Blessed is the Lord's glory from His place." *Ezek. 3*

From His place may He turn with compassion
and be gracious to the people
who proclaim the unity of His name,
morning and evening, every day, continually,
twice each day reciting in love the Shema:

קדושה

During the חזרת הש״ץ*, the following is said standing with feet together, rising on the toes at the words indicated by* ˄.

ש״ץ then קהל*:*

נַעֲרִיצְךָ וְנַקְדִּישְׁךָ כְּסוֹד שִׂיחַ שַׂרְפֵי קֹדֶשׁ
הַמַּקְדִּישִׁים שִׁמְךָ בַּקֹּדֶשׁ
כַּכָּתוּב עַל יַד נְבִיאֶךָ: וְקָרָא זֶה אֶל־זֶה וְאָמַר ישעיה ו

ש״ץ then קהל*:*

˄קָדוֹשׁ, ˄קָדוֹשׁ, ˄קָדוֹשׁ, יהוה צְבָאוֹת
מְלֹא כָל הָאָרֶץ כְּבוֹדוֹ:

כְּבוֹדוֹ מָלֵא עוֹלָם, מְשָׁרְתָיו שׁוֹאֲלִים זֶה לָזֶה
אַיֵּה מְקוֹם כְּבוֹדוֹ
לְעֻמָּתָם בָּרוּךְ יֹאמֵרוּ

ש״ץ then קהל*:*

˄בָּרוּךְ כְּבוֹד־יהוה מִמְּקוֹמוֹ: יחזקאל ג

מִמְּקוֹמוֹ הוּא יִפֶן בְּרַחֲמִים
וְיָחֹן עַם הַמְיַחֲדִים שְׁמוֹ
עֶרֶב וָבֹקֶר בְּכָל יוֹם תָּמִיד
פַּעֲמַיִם בְּאַהֲבָה שְׁמַע אוֹמְרִים

Congregation then Leader:

"Listen, Israel: the LORD is our God, *Deut.6*
the LORD is One."

He is our God, He is our Father,
He is our King, He is our Savior –
and He, in His compassion,
will let us hear a second time
in the presence of all that lives,
His promise to be "Your God." *Num. 15*
"I am the LORD your God."

Leader:

And in Your holy Writings it is written:

Congregation then Leader:

▲"The LORD shall reign for ever. *Ps. 146*
He is your God, Zion,
from generation to generation, Halleluya!"

Leader:

From generation to generation
we will declare Your greatness,
and we will proclaim Your holiness for evermore.
Your praise, our God, shall not leave our mouth forever,
for You, God, are a great and holy King.
Blessed are You, LORD, the holy God.

The Leader continues on the next page with "Long ago You formed".

ש״ץ then קהל:

שְׁמַע יִשְׂרָאֵל, יהוה אֱלֹהֵינוּ, יהוה אֶחָד: דברים ו

הוּא אֱלֹהֵינוּ, הוּא אָבִינוּ
הוּא מַלְכֵּנוּ, הוּא מוֹשִׁיעֵנוּ
וְהוּא יַשְׁמִיעֵנוּ בְּרַחֲמָיו שֵׁנִית לְעֵינֵי כָּל חָי
לִהְיוֹת לָכֶם לֵאלֹהִים במדבר טו
אֲנִי יהוה אֱלֹהֵיכֶם:

ש״ץ:

וּבְדִבְרֵי קָדְשְׁךָ כָּתוּב לֵאמֹר

ש״ץ then קהל:

יִמְלֹךְ יהוה לְעוֹלָם תהלים קמו
אֱלֹהַיִךְ צִיּוֹן לְדֹר וָדֹר, הַלְלוּיָהּ:

ש״ץ:

לְדוֹר וָדוֹר נַגִּיד גָּדְלֶךָ
וּלְנֵצַח נְצָחִים קְדֻשָּׁתְךָ נַקְדִּישׁ
וְשִׁבְחֲךָ אֱלֹהֵינוּ מִפִּינוּ לֹא יָמוּשׁ לְעוֹלָם וָעֶד
כִּי אֵל מֶלֶךְ גָּדוֹל וְקָדוֹשׁ אָתָּה.
בָּרוּךְ אַתָּה יהוה, הָאֵל הַקָּדוֹשׁ.

The שליח ציבור continues on the next page with אַתָּה יָצַרְתָּ

HOLINESS

אַתָּה קָדוֹשׁ You are holy
and Your name is holy,
and holy ones praise You daily, Selah!
Blessed are You, LORD,
the holy God.

HOLINESS OF THE DAY

אַתָּה יָצַרְתָּ Long ago You formed Your world,
completing Your work on the seventh day.
You loved us. You favored us,
raising us above all languages.
You made us holy through Your commandments,
brought us near, O our King, to Your service,
and called us by Your great and holy name.
You also gave us in love, LORD our God,
Sabbaths for rest
and New Moons for atonement.
But because we and our ancestors
sinned against You,
our city was laid waste,
our Sanctuary made desolate,
our splendor exiled,
and the glory gone from our House of life.

קדושת השם

אַתָּה קָדוֹשׁ וְשִׁמְךָ קָדוֹשׁ
וּקְדוֹשִׁים בְּכָל יוֹם יְהַלְלוּךָ סֶּלָה.
בָּרוּךְ אַתָּה יהוה, הָאֵל הַקָּדוֹשׁ.

קדושת היום

אַתָּה יָצַרְתָּ עוֹלָמְךָ מִקֶּדֶם
כִּלִּיתָ מְלַאכְתְּךָ בַּיּוֹם הַשְּׁבִיעִי
אָהַבְתָּ אוֹתָנוּ וְרָצִיתָ בָּנוּ
וְרוֹמַמְתָּנוּ מִכָּל הַלְּשׁוֹנוֹת
וְקִדַּשְׁתָּנוּ בְּמִצְוֹתֶיךָ
וְקֵרַבְתָּנוּ מַלְכֵּנוּ לַעֲבוֹדָתֶךָ
וְשִׁמְךָ הַגָּדוֹל וְהַקָּדוֹשׁ עָלֵינוּ קָרָאתָ.
וַתִּתֶּן לָנוּ יהוה אֱלֹהֵינוּ בְּאַהֲבָה
שַׁבָּתוֹת לִמְנוּחָה וְרָאשֵׁי חֳדָשִׁים לְכַפָּרָה.
וּלְפִי שֶׁחָטָאנוּ לְפָנֶיךָ אֲנַחְנוּ וַאֲבוֹתֵינוּ
חָרְבָה עִירֵנוּ, וְשָׁמֵם בֵּית מִקְדָּשֵׁנוּ
וְגָלָה יְקָרֵנוּ, וְנִטַּל כָּבוֹד מִבֵּית חַיֵּינוּ

We can no longer fulfill our obligations
in Your chosen House,
the great and holy Temple called by Your name,
because of the hand
that was stretched out against Your Sanctuary.

May it be Your will,
LORD our God and God of our ancestors,
to lead us back in joy to our land,
and to plant us within our borders.
There we will prepare for You our obligatory offerings:
the regular daily offerings in their order,
and the additional offerings according to their laws.
And the additional offerings of this Sabbath day,
and of this New Moon day,
we will prepare and offer before You in love,
in accord with Your will's commandment,
as You wrote for us in Your Torah through
Your servant Moses, by Your own word, as it is said:

"On the Sabbath day, make an offering of two lambs *Num. 28*
a year old, without blemish,
together with two-tenths of an ephah of fine flour
mixed with oil as a meal-offering,
and its appropriate libation.
This is the burnt-offering for every Sabbath,
in addition to the regular daily burnt-offering
and its libation."

וְאֵין אֲנַחְנוּ יְכוֹלִים לַעֲשׂוֹת חוֹבוֹתֵינוּ
בְּבֵית בְּחִירָתֶךָ
בַּבַּיִת הַגָּדוֹל וְהַקָּדוֹשׁ שֶׁנִּקְרָא שִׁמְךָ עָלָיו
מִפְּנֵי הַיָּד שֶׁנִּשְׁתַּלְּחָה בְּמִקְדָּשֶׁךָ.

יְהִי רָצוֹן מִלְּפָנֶיךָ
יהוה אֱלֹהֵינוּ וֵאלֹהֵי אֲבוֹתֵינוּ
שֶׁתַּעֲלֵנוּ בְשִׂמְחָה לְאַרְצֵנוּ וְתִטָּעֵנוּ בִּגְבוּלֵנוּ
וְשָׁם נַעֲשֶׂה לְפָנֶיךָ אֶת קָרְבְּנוֹת חוֹבוֹתֵינוּ
תְּמִידִים כְּסִדְרָם וּמוּסָפִים כְּהִלְכָתָם.
וְאֶת מוּסְפֵי יוֹם הַשַּׁבָּת הַזֶּה
וְיוֹם רֹאשׁ הַחֹדֶשׁ הַזֶּה
נַעֲשֶׂה וְנַקְרִיב לְפָנֶיךָ בְּאַהֲבָה כְּמִצְוַת רְצוֹנֶךָ
כְּמוֹ שֶׁכָּתַבְתָּ עָלֵינוּ בְּתוֹרָתֶךָ
עַל יְדֵי מֹשֶׁה עַבְדֶּךָ מִפִּי כְבוֹדֶךָ
כָּאָמוּר

וּבְיוֹם הַשַּׁבָּת שְׁנֵי־כְבָשִׂים בְּנֵי־שָׁנָה תְּמִימִם במדבר כח
וּשְׁנֵי עֶשְׂרֹנִים סֹלֶת מִנְחָה בְּלוּלָה בַשֶּׁמֶן וְנִסְכּוֹ:
עֹלַת שַׁבַּת בְּשַׁבַּתּוֹ, עַל־עֹלַת הַתָּמִיד וְנִסְכָּהּ:

"And on your new moons,
present as a burnt-offering
to the LORD two young bulls, one ram,
and seven yearling lambs without blemish." *Num. 28*

And their meal-offerings
and wine-libations as ordained:
three-tenths of an ephah for each bull,
two-tenths of an ephah for the ram,
one-tenth of an ephah for each lamb,
wine for the libations, a male goat for atonement,
and two regular daily offerings
according to their law.

Those who keep the Sabbath and call it a delight
shall rejoice in Your kingship.
The people who sanctify the seventh day
shall all be satisfied
and take delight in Your goodness,
for You favored the seventh day and declared it holy.
You called it "most desirable of days"
in remembrance of Creation.

Our God and God of our ancestors,
find favor in our rest,
and on this Sabbath day
renew for us the coming month

במדבר כח

וּבְרָאשֵׁי חָדְשֵׁיכֶם תַּקְרִיבוּ עֹלָה לַיהוה
פָּרִים בְּנֵי־בָקָר שְׁנַיִם, וְאַיִל אֶחָד
כְּבָשִׂים בְּנֵי־שָׁנָה שִׁבְעָה, תְּמִימִם:

וּמִנְחָתָם וְנִסְכֵּיהֶם כִּמְדֻבָּר
שְׁלֹשָׁה עֶשְׂרֹנִים לַפָּר, וּשְׁנֵי עֶשְׂרֹנִים לָאָיִל
וְעִשָּׂרוֹן לַכֶּבֶשׂ, וְיַיִן כְּנִסְכּוֹ, וְשָׂעִיר לְכַפֵּר
וּשְׁנֵי תְמִידִים כְּהִלְכָתָם.

יִשְׂמְחוּ בְמַלְכוּתְךָ שׁוֹמְרֵי שַׁבָּת וְקוֹרְאֵי עֹנֶג
עַם מְקַדְּשֵׁי שְׁבִיעִי
כֻּלָּם יִשְׂבְּעוּ וְיִתְעַנְּגוּ מִטּוּבֶךָ
וּבַשְּׁבִיעִי רָצִיתָ בּוֹ וְקִדַּשְׁתּוֹ
חֶמְדַּת יָמִים אוֹתוֹ קָרָאתָ
זֵכֶר לְמַעֲשֵׂה בְרֵאשִׁית.

אֱלֹהֵינוּ וֵאלֹהֵי אֲבוֹתֵינוּ, רְצֵה בִמְנוּחָתֵנוּ
וְחַדֵּשׁ עָלֵינוּ בְּיוֹם הַשַּׁבָּת הַזֶּה
אֶת הַחֹדֶשׁ הַזֶּה

for good and blessing, joy and gladness,
deliverance and consolation,
sustenance and support,
life, and peace,
pardon of sin and forgiveness of iniquity
(*From Marḥeshvan to Adar II in a Jewish leap year:*
and atonement of transgression).
For You have chosen Your people Israel
from all nations;
You have made known to them Your holy Sabbath,
and instituted for them rules for the New Moon.
Blessed are You,
LORD, who sanctifies the Sabbath, Israel
and the New Moons.

TEMPLE SERVICE

רְצֵה Find favor, LORD our God,
in Your people Israel and their prayer.
Restore the service to Your most holy House,
and accept in love and favor
the fire-offerings of Israel and their prayer.
May the service of Your people Israel
always find favor with You.
And may our eyes witness Your return
to Zion in compassion.
Blessed are You, LORD,
who restores His Presence to Zion.

לְטוֹבָה וְלִבְרָכָה, לְשָׂשׂוֹן וּלְשִׂמְחָה
לִישׁוּעָה וּלְנֶחָמָה, לְפַרְנָסָה וּלְכַלְכָּלָה
לְחַיִּים וּלְשָׁלוֹם, לִמְחִילַת חֵטְא וְלִסְלִיחַת עָוֹן
(*From* מרחשוון *to* אדר שני *in a Jewish leap year* וּלְכַפָּרַת פָּשַׁע)
כִּי בְעַמְּךָ יִשְׂרָאֵל בָּחַרְתָּ מִכָּל הָאֻמּוֹת
וְשַׁבַּת קָדְשְׁךָ לָהֶם הוֹדַעְתָּ
וְחֻקֵּי רָאשֵׁי חֳדָשִׁים לָהֶם קָבָעְתָּ.
בָּרוּךְ אַתָּה יהוה
מְקַדֵּשׁ הַשַּׁבָּת וְיִשְׂרָאֵל וְרָאשֵׁי חֳדָשִׁים.

עבודה

רְצֵה יהוה אֱלֹהֵינוּ בְּעַמְּךָ יִשְׂרָאֵל, וּבִתְפִלָּתָם
וְהָשֵׁב אֶת הָעֲבוֹדָה לִדְבִיר בֵּיתֶךָ
וְאִשֵּׁי יִשְׂרָאֵל וּתְפִלָּתָם
בְּאַהֲבָה תְקַבֵּל בְּרָצוֹן
וּתְהִי לְרָצוֹן תָּמִיד עֲבוֹדַת יִשְׂרָאֵל עַמֶּךָ.
וְתֶחֱזֶינָה עֵינֵינוּ בְּשׁוּבְךָ לְצִיּוֹן בְּרַחֲמִים.
בָּרוּךְ אַתָּה יהוה
הַמַּחֲזִיר שְׁכִינָתוֹ לְצִיּוֹן.

During the Leader's Repetition, the Congregation says "We give thanks" below the line. When saying the Amida silently, continue here.

THANKSGIVING

Bow at the first nine words.

מוֹדִים We give thanks to You,
for You are the LORD our God
and God of our ancestors for ever and all time.
You are the Rock of our lives,
Shield of our salvation
from generation to generation.
We will thank You and
declare Your praise for our lives,
which are entrusted into Your hand;
for our souls, which are placed in Your charge;
for Your miracles which are with us every day;
and for Your wonders and favors
at all times, evening, morning, and midday.

During the Leader's Repetition, the congregation says quietly:

מוֹדִים We give thanks to You, for You are the LORD our God and God of our ancestors, God of all flesh, who formed us and formed the universe. Blessings and thanks are due to Your great and holy name for giving us life and sustaining us. May You continue to give us life and sustain us; and may You gather our exiles to Your holy courts, to keep Your decrees, do Your will, and serve You with a perfect heart, for it is for us to give You thanks. Blessed be God to whom thanksgiving is due.

During the חזרת הש״ץ*, the* קהל *says* מוֹדִים *below the line. When saying the Amida silently, continues here.*

הודאה

Bow at the first five words.

מוֹדִים אֲנַחְנוּ לָךְ שָׁאַתָּה הוּא יהוה אֱלֹהֵינוּ
וֵאלֹהֵי אֲבוֹתֵינוּ לְעוֹלָם וָעֶד.
צוּר חַיֵּינוּ, מָגֵן יִשְׁעֵנוּ, אַתָּה הוּא לְדוֹר וָדוֹר.
נוֹדֶה לְּךָ וּנְסַפֵּר תְּהִלָּתֶךָ
עַל חַיֵּינוּ הַמְּסוּרִים בְּיָדֶךָ
וְעַל נִשְׁמוֹתֵינוּ הַפְּקוּדוֹת לָךְ
וְעַל נִסֶּיךָ שֶׁבְּכָל יוֹם עִמָּנוּ
וְעַל נִפְלְאוֹתֶיךָ וְטוֹבוֹתֶיךָ
שֶׁבְּכָל עֵת, עֶרֶב וָבֹקֶר וְצָהֳרָיִם.

During the חזרת הש״ץ*, the* קהל *says quietly:*

מוֹדִים אֲנַחְנוּ לָךְ, שָׁאַתָּה הוּא יהוה אֱלֹהֵינוּ וֵאלֹהֵי אֲבוֹתֵינוּ, אֱלֹהֵי כָל בָּשָׂר, יוֹצְרֵנוּ, יוֹצֵר בְּרֵאשִׁית. בְּרָכוֹת וְהוֹדָאוֹת, לְשִׁמְךָ הַגָּדוֹל וְהַקָּדוֹשׁ, עַל שֶׁהֶחֱיִיתָנוּ וְקִיַּמְתָּנוּ. כֵּן תְּחַיֵּנוּ וּתְקַיְּמֵנוּ, וְתֶאֱסֹף גָּלֻיּוֹתֵינוּ לְחַצְרוֹת קָדְשֶׁךָ, לִשְׁמֹר חֻקֶּיךָ וְלַעֲשׂוֹת רְצוֹנֶךָ, וּלְעָבְדְּךָ בְּלֵבָב שָׁלֵם, עַל שֶׁאֲנַחְנוּ מוֹדִים לָךְ. בָּרוּךְ אֵל הַהוֹדָאוֹת.

You are good –
for Your compassion never fails.
You are compassionate –
for Your loving-kindnesses never cease.
We have always placed our hope in You.

On Ḥanukka:

עַל הַנִּסִּים [We thank You also] for the miracles, the redemption, the mighty deeds, the salvations, and the victories in battle which You performed for our ancestors in those days, at this time.

בִּימֵי מַתִּתְיָהוּ In the days of Mattityahu, son of Yoḥanan, the High Priest, the Hasmonean, and his sons, the wicked Greek kingdom rose up against Your people Israel to make them forget Your Torah and to force them to transgress the statutes of Your will. It was then that You in Your great compassion stood by them in the time of their distress. You championed their cause, judged their claim, and avenged their wrong. You delivered the strong into the hands of the weak, the many into the hands of the few, the impure into the hands of the pure, the wicked into the hands of the righteous, and the arrogant into the hands of those who were engaged in the study of Your Torah. You made for Yourself great and holy renown in Your world, and for Your people Israel You performed a great salvation and redemption as of this very day. Your children then entered the holiest part of Your House, cleansed Your Temple, purified Your Sanctuary, kindled lights in Your holy courts, and designated these eight days of Ḥanukka for giving thanks and praise to Your great name.

Continue with "For all these things."

הַטּוֹב, כִּי לֹא כָלוּ רַחֲמֶיךָ
וְהַמְרַחֵם, כִּי לֹא תַמּוּ חֲסָדֶיךָ
מֵעוֹלָם קִוִּינוּ לָךְ.

בחנוכה:

עַל הַנִּסִּים וְעַל הַפֻּרְקָן וְעַל הַגְּבוּרוֹת וְעַל הַתְּשׁוּעוֹת וְעַל הַמִּלְחָמוֹת שֶׁעָשִׂיתָ לַאֲבוֹתֵינוּ בַּיָּמִים הָהֵם בַּזְּמַן הַזֶּה.

בִּימֵי מַתִּתְיָהוּ בֶּן יוֹחָנָן כֹּהֵן גָּדוֹל חַשְׁמוֹנַאי וּבָנָיו, כְּשֶׁעָמְדָה מַלְכוּת יָוָן הָרְשָׁעָה עַל עַמְּךָ יִשְׂרָאֵל לְהַשְׁכִּיחָם תּוֹרָתֶךָ וּלְהַעֲבִירָם מֵחֻקֵּי רְצוֹנֶךָ, וְאַתָּה בְּרַחֲמֶיךָ הָרַבִּים עָמַדְתָּ לָהֶם בְּעֵת צָרָתָם, רַבְתָּ אֶת רִיבָם, דַּנְתָּ אֶת דִּינָם, נָקַמְתָּ אֶת נִקְמָתָם, מָסַרְתָּ גִבּוֹרִים בְּיַד חַלָּשִׁים, וְרַבִּים בְּיַד מְעַטִּים, וּטְמֵאִים בְּיַד טְהוֹרִים, וּרְשָׁעִים בְּיַד צַדִּיקִים, וְזֵדִים בְּיַד עוֹסְקֵי תוֹרָתֶךָ, וּלְךָ עָשִׂיתָ שֵׁם גָּדוֹל וְקָדוֹשׁ בְּעוֹלָמֶךָ, וּלְעַמְּךָ יִשְׂרָאֵל עָשִׂיתָ תְּשׁוּעָה גְדוֹלָה וּפֻרְקָן כְּהַיּוֹם הַזֶּה. וְאַחַר כֵּן בָּאוּ בָנֶיךָ לִדְבִיר בֵּיתֶךָ, וּפִנּוּ אֶת הֵיכָלֶךָ, וְטִהֲרוּ אֶת מִקְדָּשֶׁךָ, וְהִדְלִיקוּ נֵרוֹת בְּחַצְרוֹת קָדְשֶׁךָ, וְקָבְעוּ שְׁמוֹנַת יְמֵי חֲנֻכָּה אֵלּוּ, לְהוֹדוֹת וּלְהַלֵּל לְשִׁמְךָ הַגָּדוֹל.

Continue with וְעַל כֻּלָּם.

וְעַל כֻּלָּם For all these things
may Your name be blessed and exalted, our King,
continually, for ever and all time.
Let all that lives thank You, Selah!
and praise Your name in truth,
God, our Savior and Help, Selah!
▾Blessed are You, LORD,
whose name is "the Good"
and to whom thanks are due.

The following is said by the Leader during the Repetition of the Amida. In Israel, if Kohanim bless the congregation, *turn to page 754.*

Our God and God of our fathers, bless us with the threefold blessing in the Torah, written by the hand of Moses Your servant and pronounced by Aaron and his sons the priests, Your holy people, as it is said:

May the LORD bless you *Num. 6*
and protect you. *Cong:* May it be Your will.
May the LORD make His face shine on you
and be gracious to you. *Cong:* May it be Your will.
May the LORD turn His face toward you,
and grant you peace. *Cong:* May it be Your will.

PEACE

שִׂים שָׁלוֹם Grant peace, goodness and blessing,
grace, loving-kindness and compassion to us
and all Israel Your people.

וְעַל כֻּלָּם יִתְבָּרַךְ וְיִתְרוֹמַם שִׁמְךָ מַלְכֵּנוּ
תָּמִיד לְעוֹלָם וָעֶד.
וְכֹל הַחַיִּים יוֹדוּךָ סֶּלָה
וִיהַלְלוּ אֶת שִׁמְךָ בֶּאֱמֶת
הָאֵל יְשׁוּעָתֵנוּ וְעֶזְרָתֵנוּ סֶלָה.
׳בָּרוּךְ אַתָּה יהוה
הַטּוֹב שִׁמְךָ וּלְךָ נָאֶה לְהוֹדוֹת.

The following is said by the שליח ציבור *during* חזרת הש״ץ.
In ארץ ישראל, *if* כוהנים *say* ברכת כוהנים, *turn to page 755.*

אֱלֹהֵינוּ וֵאלֹהֵי אֲבוֹתֵינוּ, בָּרְכֵנוּ בַּבְּרָכָה הַמְשֻׁלֶּשֶׁת בַּתּוֹרָה, הַכְּתוּבָה עַל יְדֵי מֹשֶׁה עַבְדֶּךָ, הָאֲמוּרָה מִפִּי אַהֲרֹן וּבָנָיו כֹּהֲנִים עַם קְדוֹשֶׁיךָ, כָּאָמוּר

יְבָרֶכְךָ יהוה וְיִשְׁמְרֶךָ: קהל: כֵּן יְהִי רָצוֹן במדבר ו
יָאֵר יהוה פָּנָיו אֵלֶיךָ וִיחֻנֶּךָּ: קהל: כֵּן יְהִי רָצוֹן
יִשָּׂא יהוה פָּנָיו אֵלֶיךָ וְיָשֵׂם לְךָ שָׁלוֹם: קהל: כֵּן יְהִי רָצוֹן

ברכת שלום

שִׂים שָׁלוֹם טוֹבָה וּבְרָכָה
חֵן וָחֶסֶד וְרַחֲמִים עָלֵינוּ וְעַל כָּל יִשְׂרָאֵל עַמֶּךָ.

Bless us, our Father, all as one,
with the light of Your face,
for by the light of Your face You have given us,
LORD our God,
the Torah of life and love of kindness,
righteousness, blessing, compassion,
life, and peace.
May it be good in Your eyes
to bless Your people Israel
at every time, in every hour, with Your peace.
Blessed are You, LORD,
who blesses His people Israel with peace.

The following verse concludes the Leader's Repetition of the Amida. Some also say it here as part of the silent Amida.

May the words of my mouth and the meditation of my heart *Ps. 19*
find favor before You, LORD, my Rock and Redeemer.

אֱלֹהַי My God, *Berakhot 17a*
guard my tongue from evil
and my lips from deceitful speech.
To those who curse me, let my soul be silent;
may my soul be to all like the dust.
Open my heart to Your Torah
and let my soul pursue Your commandments.
As for all who plan evil against me,
swiftly thwart their counsel and frustrate their plans.

בָּרְכֵנוּ אָבִינוּ כֻּלָּנוּ כְּאֶחָד בְּאוֹר פָּנֶיךָ
כִּי בְאוֹר פָּנֶיךָ נָתַתָּ לָּנוּ, יהוה אֱלֹהֵינוּ
תּוֹרַת חַיִּים וְאַהֲבַת חֶסֶד
וּצְדָקָה וּבְרָכָה וְרַחֲמִים
וְחַיִּים וְשָׁלוֹם.
וְטוֹב בְּעֵינֶיךָ לְבָרֵךְ אֶת עַמְּךָ יִשְׂרָאֵל
בְּכָל עֵת וּבְכָל שָׁעָה בִּשְׁלוֹמֶךָ.
בָּרוּךְ אַתָּה יהוה
הַמְבָרֵךְ אֶת עַמּוֹ יִשְׂרָאֵל בַּשָּׁלוֹם.

The following verse concludes the חזרת הש״ץ.
Some also say it here as part of the silent עמידה.

יִהְיוּ לְרָצוֹן אִמְרֵי־פִי וְהֶגְיוֹן לִבִּי לְפָנֶיךָ, יהוה צוּרִי וְגֹאֲלִי: תהלים יט

ברכות יז. אֱלֹהַי
נְצֹר לְשׁוֹנִי מֵרָע, וּשְׂפָתַי מִדַּבֵּר מִרְמָה
וְלִמְקַלְלַי נַפְשִׁי תִדֹּם, וְנַפְשִׁי כֶּעָפָר לַכֹּל תִּהְיֶה.
פְּתַח לִבִּי בְּתוֹרָתֶךָ, וּבְמִצְוֹתֶיךָ תִּרְדֹּף נַפְשִׁי.
וְכָל הַחוֹשְׁבִים עָלַי רָעָה
מְהֵרָה הָפֵר עֲצָתָם וְקַלְקֵל מַחֲשַׁבְתָּם.

Act for the sake of Your name;
act for the sake of Your right hand;
act for the sake of Your holiness;
act for the sake of Your Torah.

That Your beloved ones may be delivered, *Ps. 60*
save with Your right hand and answer me.
May the words of my mouth *Ps. 19*
and the meditation of my heart
find favor before You, LORD, my Rock and Redeemer.

Bow, take three steps back, then bow, first left, then right, then center, while saying:

May He who makes peace in His high places,
make peace for us and all Israel –
and say: Amen.

יְהִי רָצוֹן May it be Your will,
LORD our God and God of our ancestors,
that the Temple be rebuilt speedily in our days,
and grant us a share in Your Torah.
And there we will serve You with reverence,
as in the days of old and as in former years.
Then the offering of Judah and Jerusalem *Mal. 3*
will be pleasing to the LORD
as in the days of old and as in former years.

The service continues with the Full Kaddish on page 418.

עֲשֵׂה לְמַעַן שְׁמֶךָ, עֲשֵׂה לְמַעַן יְמִינֶךָ
עֲשֵׂה לְמַעַן קְדֻשָּׁתֶךָ, עֲשֵׂה לְמַעַן תּוֹרָתֶךָ.
לְמַעַן יֵחָלְצוּן יְדִידֶיךָ, הוֹשִׁיעָה יְמִינְךָ וַעֲנֵנִי: תהלים ס
יִהְיוּ לְרָצוֹן אִמְרֵי־פִי וְהֶגְיוֹן לִבִּי לְפָנֶיךָ תהלים יט
יהוה צוּרִי וְגֹאֲלִי:

Bow, take three steps back, then bow, first left, then right, then center, while saying:

עֹשֶׂה שָׁלוֹם בִּמְרוֹמָיו
הוּא יַעֲשֶׂה שָׁלוֹם עָלֵינוּ וְעַל כָּל יִשְׂרָאֵל
וְאִמְרוּ אָמֵן.

יְהִי רָצוֹן מִלְּפָנֶיךָ יהוה אֱלֹהֵינוּ וֵאלֹהֵי אֲבוֹתֵינוּ
שֶׁיִּבָּנֶה בֵּית הַמִּקְדָּשׁ בִּמְהֵרָה בְיָמֵינוּ
וְתֵן חֶלְקֵנוּ בְּתוֹרָתֶךָ
וְשָׁם נַעֲבָדְךָ בְּיִרְאָה כִּימֵי עוֹלָם וּכְשָׁנִים קַדְמֹנִיּוֹת.
וְעָרְבָה לַיהוה מִנְחַת יְהוּדָה וִירוּשָׁלָםִ מלאכי ג
כִּימֵי עוֹלָם וּכְשָׁנִים קַדְמֹנִיּוֹת:

The service continues with קדיש שלם *on page 419.*

Service For Ḥanukka

On each of the eight nights of Ḥanukka, the lights of the menora are lit: one on the first night, two on the second, and so on. On the first night, the rightmost branch of the menora is used; on each subsequent night, an additional light is added to the left. Each night, the new light is lit first, then the others, moving rightwards. If possible, the menora should be displayed near a window so that it is visible from the street.

The lights are lit using a separate flame known as the shamash. The lighting should be carried out as soon as possible after nightfall. On Friday night, it must be done before the beginning of Shabbat.

Before lighting the Ḥanukka lights, say:

בָּרוּךְ Blessed are You, LORD our God,
King of the Universe,
who has made us holy
through His commandments,
and has commanded us to light the Ḥanukka lights.

בָּרוּךְ Blessed are You, LORD our God,
King of the Universe,
who performed miracles for our ancestors
in those days, at this time.

On the first night, add:

בָּרוּךְ Blessed are You, LORD our God,
King of the Universe,
who has given us life, sustained us,
and brought us to this time.

סדר הדלקת נרות חנוכה

On each of the eight nights of חנוכה, the lights of the חנוכייה are lit: one on the first night, two on the second, and so on. On the first night, the rightmost branch of the חנוכייה is used; on each subsequent night, an additional light is added to the left. Each night, the new light is lit first, then the others, moving rightwards. If possible, the חנוכייה should be displayed near a window so that it is visible from the street.

The lights are lit using a separate flame known as the שמש.

The lighting should be carried out as soon as possible after nightfall.

On Friday night, it must be done before the beginning of שבת.

Before lighting the חנוכה lights, say:

בָּרוּךְ אַתָּה יהוה אֱלֹהֵינוּ מֶלֶךְ הָעוֹלָם
אֲשֶׁר קִדְּשָׁנוּ בְּמִצְוֹתָיו
וְצִוָּנוּ לְהַדְלִיק נֵר שֶׁל חֲנֻכָּה.

בָּרוּךְ אַתָּה יהוה אֱלֹהֵינוּ מֶלֶךְ הָעוֹלָם
שֶׁעָשָׂה נִסִּים לַאֲבוֹתֵינוּ
בַּיָּמִים הָהֵם בַּזְּמַן הַזֶּה.

On the first night, add:

בָּרוּךְ אַתָּה יהוה אֱלֹהֵינוּ מֶלֶךְ הָעוֹלָם
שֶׁהֶחֱיָנוּ וְקִיְּמָנוּ וְהִגִּיעָנוּ לַזְּמַן הַזֶּה.

After lighting the first light, say:

הַנֵּרוֹת הַלָּלוּ We light these lights because of the miracles and wonders, deliverances and victories You performed for our ancestors in those days, at this time, through Your holy priests. *Sofrim ch. 20*

Throughout the eight days of Ḥanukka these lights are holy and we are not permitted to make any other use of them, except to look at them, that we may give thanks and praise to Your great name for Your miracles, Your wonders and Your deliverances.

After all the lights are lit:

מָעוֹז צוּר Refuge, Rock of my salvation:
to You it is a delight to give praise.
Restore my House of prayer,
so that there I may offer You thanksgiving.
When You silence the loud-mouthed foe,
then will I complete, with song and psalm,
the altar's dedication.

רָעוֹת Troubles sated my soul;
my strength was spent with sorrow.
They embittered my life with hardship,
when I was enslaved under Egyptian rule.
But God with His great power
brought out His treasured people,
while Pharaoh's host and followers
sank like a stone into the deep.

After lighting the first light, say:

מסכת סופרים פרק כ

הַנֵּרוֹת הַלָּלוּ אָנוּ מַדְלִיקִים, עַל הַנִּסִּים וְעַל הַנִּפְלָאוֹת וְעַל הַתְּשׁוּעוֹת וְעַל הַמִּלְחָמוֹת, שֶׁעָשִׂיתָ לַאֲבוֹתֵינוּ בַּיָּמִים הָהֵם בַּזְּמַן הַזֶּה, עַל יְדֵי כֹּהֲנֶיךָ הַקְּדוֹשִׁים.

וְכָל שְׁמוֹנַת יְמֵי חֲנֻכָּה, הַנֵּרוֹת הַלָּלוּ קֹדֶשׁ הֵם, וְאֵין לָנוּ רְשׁוּת לְהִשְׁתַּמֵּשׁ בָּהֶם, אֶלָּא לִרְאוֹתָם בִּלְבָד, כְּדֵי לְהוֹדוֹת וּלְהַלֵּל לְשִׁמְךָ הַגָּדוֹל, עַל נִסֶּיךָ וְעַל נִפְלְאוֹתֶיךָ וְעַל יְשׁוּעָתֶךָ.

After all the lights are lit:

מָעוֹז צוּר יְשׁוּעָתִי   לְךָ נָאֶה לְשַׁבֵּחַ
תִּכּוֹן בֵּית תְּפִלָּתִי   וְשָׁם תּוֹדָה נְזַבֵּחַ
לְעֵת תָּכִין מַטְבֵּחַ   מִצָּר הַמְנַבֵּחַ
אָז אֶגְמֹר בְּשִׁיר מִזְמוֹר   חֲנֻכַּת הַמִּזְבֵּחַ.

רָעוֹת שָׂבְעָה נַפְשִׁי   בְּיָגוֹן כֹּחִי כָּלָה
חַיַּי מֵרְרוּ בְקֹשִׁי   בְּשִׁעְבּוּד מַלְכוּת עֶגְלָה
וּבְיָדוֹ הַגְּדוֹלָה   הוֹצִיא אֶת הַסְּגֻלָּה
חֵיל פַּרְעֹה וְכָל זַרְעוֹ   יָרְדוּ כְּאֶבֶן מְצוּלָה.

דְּבִיר He brought me to His holy abode,
but even there I found no rest.
The oppressor came and exiled me,
because I had served strange gods.
I had drunk poisoned wine. I almost perished.
Then Babylon fell, Zerubbabel came:
within seventy years I was saved.

כְּרֹת The Agagite, son of Hammedatha,
sought to cut down the tall fir tree,
but it became a trap to him,
and his arrogance was brought to an end.
You raised the head of the Benjaminite,
and the enemy's name You blotted out.
His many sons and his household You hanged on the gallows.

יְוָנִים Then the Greeks gathered against me,
in the days of the Hasmoneans.
They broke down the walls of my towers,
and defiled all the oils.
But from the last remaining flask
a miracle was wrought for Your beloved.
Therefore the sages ordained these eight days
for song and praise.

חֲשֹׂף Bare Your holy arm, and hasten the time of salvation.
Take retribution against the evil nation
on behalf of Your servants,
for the hour [of deliverance] has been too long delayed;
there seems no end to the evil days.
Thrust the enemy into the darkness of death,
and establish for us the seven Shepherds.

דְּבִיר קָדְשׁוֹ הֱבִיאַנִי   וְגַם שָׁם לֹא שָׁקַטְתִּי
וּבָא נוֹגֵשׂ וְהִגְלַנִי   כִּי זָרִים עָבַדְתִּי
וְיֵין רַעַל מָסַכְתִּי   כִּמְעַט שֶׁעָבַרְתִּי
קֵץ בָּבֶל זְרֻבָּבֶל   לְקֵץ שִׁבְעִים נוֹשַׁעְתִּי.

כְּרֹת קוֹמַת בְּרוֹשׁ בִּקֵּשׁ   אֲגָגִי בֶּן הַמְּדָתָא
וְנִהְיָתָה לוֹ לְפַח וּלְמוֹקֵשׁ   וְגַאֲוָתוֹ נִשְׁבָּתָה
רֹאשׁ יְמִינִי נִשֵּׂאתָ   וְאוֹיֵב שְׁמוֹ מָחִיתָ
רֹב בָּנָיו וְקִנְיָנָיו   עַל הָעֵץ תָּלִיתָ.

יְוָנִים נִקְבְּצוּ עָלַי   אֲזַי בִּימֵי חַשְׁמַנִּים
וּפָרְצוּ חוֹמוֹת מִגְדָּלַי   וְטִמְּאוּ כָּל הַשְּׁמָנִים
וּמִנּוֹתַר קַנְקַנִּים   נַעֲשָׂה נֵס לַשּׁוֹשַׁנִּים
בְּנֵי בִינָה יְמֵי שְׁמוֹנָה   קָבְעוּ שִׁיר וּרְנָנִים.

חֲשׂוֹף זְרוֹעַ קָדְשֶׁךָ   וְקָרֵב קֵץ הַיְשׁוּעָה
נְקֹם נִקְמַת עֲבָדֶיךָ   מֵאֻמָּה הָרְשָׁעָה
כִּי אָרְכָה לָנוּ הַשָּׁעָה   וְאֵין קֵץ לִימֵי הָרָעָה
דְּחֵה אַדְמוֹן בְּצֵל צַלְמוֹן   הָקֵם לָנוּ רוֹעִים שִׁבְעָה.

Service For Purim

Before the reading of Megillat Esther, the congregation stands and the Reader says the following three blessings:

בָּרוּךְ Blessed are You, Lord our God,
King of the Universe,
who has made us holy
through His commandments,
and has commanded us about reading the Megilla.

בָּרוּךְ Blessed are You, Lord our God,
King of the Universe,
who performed miracles for our ancestors
in those days at this time.

בָּרוּךְ Blessed are You, Lord our God,
King of the Universe,
who has given us life, sustained us,
and brought us to this time.

The Megilla is read . When the reading is completed, the scroll is rolled up and, if a minyan is present, the Reader continues:

בָּרוּךְ Blessed are You, Lord our God, King of the Universe, who pleads our cause, judges our claim, avenges our wrong, brings retribution to our enemies, and punishes our foes. Blessed are You, Lord, who on behalf of His people Israel, exacts punishment from all their foes, the God who brings salvation.

סדר קריאת המגילה בפורים

Before the reading of מגילת אסתר*, the* קהל *stands and the* קורא *says the following three blessings:*

בָּרוּךְ אַתָּה יהוה אֱלֹהֵינוּ מֶלֶךְ הָעוֹלָם
אֲשֶׁר קִדְּשָׁנוּ בְּמִצְוֹתָיו
וְצִוָּנוּ עַל מִקְרָא מְגִלָּה.

בָּרוּךְ אַתָּה יהוה אֱלֹהֵינוּ מֶלֶךְ הָעוֹלָם
שֶׁעָשָׂה נִסִּים לַאֲבוֹתֵינוּ
בַּיָּמִים הָהֵם בַּזְּמַן הַזֶּה.

בָּרוּךְ אַתָּה יהוה אֱלֹהֵינוּ מֶלֶךְ הָעוֹלָם
שֶׁהֶחֱיָנוּ וְקִיְּמָנוּ וְהִגִּיעָנוּ לַזְּמַן הַזֶּה.

The מגילה *is read. When the reading is completed, the scroll is rolled up and, if a* מניין *is present, the* קורא *continues:*

בָּרוּךְ אַתָּה יהוה אֱלֹהֵינוּ מֶלֶךְ הָעוֹלָם, הָרָב אֶת רִיבֵנוּ, וְהַדָּן אֶת דִּינֵנוּ, וְהַנּוֹקֵם אֶת נִקְמָתֵנוּ, וְהַמְשַׁלֵּם גְּמוּל לְכָל אוֹיְבֵי נַפְשֵׁנוּ, וְהַנִּפְרָע לָנוּ מִצָּרֵינוּ. בָּרוּךְ אַתָּה יהוה, הַנִּפְרָע לְעַמּוֹ יִשְׂרָאֵל מִכָּל צָרֵיהֶם, הָאֵל הַמּוֹשִׁיעַ.

The following is said after the night reading of the Megilla:

אֲשֶׁר הֵנִיא [God] frustrated the plan of the nations,
thwarted the intentions of the crafty.
An evil man rose up against us,
an arrogant branch of Amalek's tree,
haughty, rich, he dug his own pit.
His hubris became his own snare.
He was trapped in the trap he set for others.
Seeking to destroy, he was destroyed.
Haman shared his ancestors' hate,
and stirred against children the hostility of brothers.
He did not remember Saul's act of mercy,
his pity for Agag, through which a new enemy was born.
The wicked planned to cut off the righteous,
but the impure was defeated by the pure.
[Mordekhai's] goodness overcame the father's [Saul's] error,
but the evil [Haman] piled sin upon sin.
He hid in his heart his cunning schemes,
intent on his evildoing.
He stretched out his hand against God's holy ones;
he spent his wealth to destroy every memory of them.
When Mordekhai saw the wrath go forth,
and Haman's decrees issued in Shushan,
he put on sackcloth, wrapped himself in mourning,
decreed a fast and sat on ashes.
"Who will arise to atone for error,
and find forgiveness for our ancestors' sins?"
A flower blossomed from the palm tree;
Hadassa arose to wake those who slept.
Her servants hastened Haman to come,
to serve him wine with the venom of serpents.

The following is said after the reading of the מגילה:

אֲשֶׁר הֵנִיא עֲצַת גּוֹיִם, וַיָּפֶר מַחְשְׁבוֹת עֲרוּמִים.
בְּקוּם עָלֵינוּ אָדָם רָשָׁע, נֵצֶר זָדוֹן מִזֶּרַע עֲמָלֵק.
גָּאָה בְעָשְׁרוֹ וְכָרָה לוֹ בּוֹר, וּגְדֻלָּתוֹ יָקְשָׁה לּוֹ לָכֶד.
דִּמָּה בְנַפְשׁוֹ לִלְכֹּד וְנִלְכַּד, בִּקֵּשׁ לְהַשְׁמִיד וְנִשְׁמַד מְהֵרָה.
הָמָן הוֹדִיעַ אֵיבַת אֲבוֹתָיו, וְעוֹרֵר שִׂנְאַת אַחִים לַבָּנִים.
וְלֹא זָכַר רַחֲמֵי שָׁאוּל, כִּי בְחֶמְלָתוֹ עַל אֲגָג נוֹלַד אוֹיֵב.
זָמַם רָשָׁע לְהַכְרִית צַדִּיק, וְנִלְכַּד טָמֵא בִּידֵי טָהוֹר.
חֶסֶד גָּבַר עַל שִׁגְגַת אָב, וְרָשָׁע הוֹסִיף חֵטְא עַל חֲטָאָיו.
טָמַן בְּלִבּוֹ מַחְשְׁבוֹת עֲרוּמָיו, וַיִּתְמַכֵּר לַעֲשׂוֹת רָעָה.
יָדוֹ שָׁלַח בִּקְדוֹשֵׁי אֵל, כַּסְפּוֹ נָתַן לְהַכְרִית זִכְרָם.
כִּרְאוֹת מָרְדְּכַי כִּי יָצָא קֶצֶף, וְדָתֵי הָמָן נִתְּנוּ בְשׁוּשָׁן.
לָבַשׁ שַׂק וְקָשַׁר מִסְפֵּד וְגָזַר צוֹם וַיֵּשֶׁב עַל הָאֵפֶר.
מִי זֶה יַעֲמֹד לְכַפֵּר שְׁגָגָה, וְלִמְחֹל חַטַּאת עֲוֹן אֲבוֹתֵינוּ.
נֵץ פָּרַח מִלּוּלָב, הֵן הֲדַסָּה עָמְדָה לְעוֹרֵר יְשֵׁנִים.
סָרִיסֶיהָ הִבְהִילוּ לְהָמָן, לְהַשְׁקוֹתוֹ יֵין חֲמַת תַּנִּינִים.

He had risen by his wealth, but fell by his evil.
He made the very gallows by which he was hanged.
All the inhabitants of the world were amazed
when Haman's ploy (*pur*) became our joy (*Purim*).
The righteous one was saved from evil hands,
the perpetrator suffered the fate of his intended victim.
They undertook to celebrate Purim,
and to rejoice on it year after year.
You heeded the prayer of Mordekhai and Esther;
and Haman and his sons were hanged on the gallows.

שׁוֹשַׁנַּת יַעֲקֹב The lily of Jacob rejoiced and was glad,
when, together, they saw Mordekhai robed in royal blue.
You have been their eternal salvation, their hope in every generation;
to make known that all who hope in You will not be put to shame,
all who trust in You will never be humiliated.
Cursed be Haman who sought to destroy me.
Blessed be Mordekhai the Yehudi.
Cursed be Zeresh, wife of the one who terrified me.
Blessed be Esther [whose actions saved] me.
Cursed be all the wicked; blessed be all Israel.
And may Ḥarvona, too, be remembered for good.

On Ma'ariv of Motza'ei Shabbat, begin with "May the pleasantness" (page 624), then "You are Holy" to "great and glorious" (pages 626–630). The Leader then continues with Full Kaddish on page 632 (omitting the line "May the prayers and pleas"). The service continuse with "May God give you" (page 634), then with Aleinu (page 650), and Mourner's Kaddish (page 654).

עָמַד בְּעָשְׁרוֹ וְנָפַל בְּרִשְׁעוֹ, עָשָׂה לוֹ עֵץ וְנִתְלָה עָלָיו.
פִּיהֶם פָּתְחוּ כָּל יוֹשְׁבֵי תֵבֵל, כִּי פוּר הָמָן נֶהְפַּךְ
לְפוּרֵנוּ.
צַדִּיק נֶחֱלַץ מִיַּד רָשָׁע, אוֹיֵב נִתַּן תַּחַת נַפְשׁוֹ.
קִיְּמוּ עֲלֵיהֶם לַעֲשׂוֹת פּוּרִים וְלִשְׂמֹחַ בְּכָל שָׁנָה
וְשָׁנָה.
רָאִיתָ אֶת תְּפִלַּת מָרְדְּכַי וְאֶסְתֵּר, הָמָן וּבָנָיו עַל
הָעֵץ תָּלִיתָ.

שׁוֹשַׁנַּת יַעֲקֹב צָהֲלָה וְשָׂמֵחָה בִּרְאוֹתָם יַחַד תְּכֵלֶת
מָרְדְּכָי.
תְּשׁוּעָתָם הָיִיתָ לָנֶצַח, וְתִקְוָתָם בְּכָל דּוֹר וָדוֹר.
לְהוֹדִיעַ שֶׁכָּל קוֶֹיךָ לֹא יֵבֹשׁוּ, וְלֹא יִכָּלְמוּ לָנֶצַח כָּל
הַחוֹסִים בָּךְ.
אָרוּר הָמָן אֲשֶׁר בִּקֵּשׁ לְאַבְּדִי, בָּרוּךְ מָרְדְּכַי הַיְּהוּדִי.
אֲרוּרָה זֶרֶשׁ אֵשֶׁת מַפְחִידִי, בְּרוּכָה אֶסְתֵּר בַּעֲדִי.
אֲרוּרִים כָּל הָרְשָׁעִים, בְּרוּכִים כָּל יִשְׂרָאֵל
וְגַם חַרְבוֹנָה זָכוּר לַטּוֹב.

On מוצאי שבת *begin with* מעריב וִיהִי נֹעַם *(page 625), then* וְאַתָּה קָדוֹשׁ *to* וַיְּאַדִּיר *(page 627–631). The* שליח ציבור *then continues with* קדיש שלם *on page 633 (omitting the line* תִּתְקַבַּל*). The service continues with* וְיִתֶּן־לְךָ *(page 635), then with* עָלֵינוּ *(page 651), and* קדיש יתום *(page 655).*

BIRKAT KOHANIM IN ISRAEL

In Israel, the following is said by the Leader during the Repetition of the Amida when Kohanim bless the congregation. If there is more than one Kohen, a member of the congregation calls:

Kohanim!

The Kohanim respond:

Blessed are You, Lord our God, King of the Universe,
who has made us holy with the holiness of Aaron,
and has commanded us to bless His people Israel with love.

The Leader calls word by word, followed by the Kohanim:

יְבָרֶכְךָ May the LORD bless you and protect you. *Num. 6*
(*Cong:* Amen.)

May the LORD make His face shine on you
and be gracious to you. (*Cong:* Amen.)

May the LORD turn His face toward you,
and grant you peace. (*Cong:* Amen.)

The Leader continues with "Grant peace" on the next page.

The congregation says:

אַדִּיר Majestic One on high who dwells in power: You are peace and Your name is peace. May it be Your will to bestow on us and on Your people the house of Israel, life and blessing as a safeguard for peace.

The Kohanim say:

רִבּוֹנוֹ Master of the Universe: we have done what You have decreed for us. So too may You deal with us as You have promised us. Look *Deut. 26* down from Your holy dwelling place, from heaven, and bless Your people Israel and the land You have given us as You promised on oath to our ancestors, a land flowing with milk and honey.

ברכת כוהנים בארץ ישראל

In ארץ ישראל*, the following is said by the* שליח ציבור *during the* חזרת הש״ץ *when* כוהנים *say* ברכת כוהנים*. If there is more than one* כוהן*, a member of the* קהל *calls:*

כֹּהֲנִים

The כוהנים *respond:*

**בָּרוּךְ אַתָּה יהוה אֱלֹהֵינוּ מֶלֶךְ הָעוֹלָם
אֲשֶׁר קִדְּשָׁנוּ בִּקְדֻשָּׁתוֹ שֶׁל אַהֲרֹן
וְצִוָּנוּ לְבָרֵךְ אֶת עַמּוֹ יִשְׂרָאֵל בְּאַהֲבָה.**

The שליח ציבור *calls word by word, followed by the* כוהנים*:*

במדבר ו
יְבָרֶכְךָ יהוה וְיִשְׁמְרֶךָ: קהל: **אָמֵן**
יָאֵר יהוה פָּנָיו אֵלֶיךָ וִיחֻנֶּךָּ: קהל: **אָמֵן**
יִשָּׂא יהוה פָּנָיו אֵלֶיךָ וְיָשֵׂם לְךָ שָׁלוֹם: קהל: **אָמֵן**

The שליח ציבור *continues with* שִׂים שָׁלוֹם *on the next page.*

The קהל *says:*

אַדִּיר בַּמָּרוֹם שׁוֹכֵן בִּגְבוּרָה, אַתָּה שָׁלוֹם וְשִׁמְךָ שָׁלוֹם. יְהִי רָצוֹן שֶׁתָּשִׂים עָלֵינוּ וְעַל כָּל עַמְּךָ בֵּית יִשְׂרָאֵל חַיִּים וּבְרָכָה לְמִשְׁמֶרֶת שָׁלוֹם.

The כוהנים *say:*

**רִבּוֹנוֹ שֶׁל עוֹלָם, עָשִׂינוּ מַה שֶּׁגָּזַרְתָּ
עָלֵינוּ, אַף אַתָּה עֲשֵׂה עִמָּנוּ כְּמוֹ
שֶׁהִבְטַחְתָּנוּ. הַשְׁקִיפָה מִמְּעוֹן** דברים כו
**קָדְשְׁךָ מִן־הַשָּׁמַיִם, וּבָרֵךְ אֶת־
עַמְּךָ אֶת־יִשְׂרָאֵל, וְאֵת הָאֲדָמָה
אֲשֶׁר נָתַתָּה לָנוּ, כַּאֲשֶׁר נִשְׁבַּעְתָּ
לַאֲבֹתֵינוּ, אֶרֶץ זָבַת חָלָב וּדְבָשׁ:**

The Leader continues:

שִׂים שָׁלוֹם Grant peace, goodness and blessing, grace, loving-kindness, and compassion to us and all Israel Your people. Bless us, our Father, all as one, with the light of Your face, for by the light of Your face You have given us, LORD our God, the Torah of life and love of kindness, righteousness, blessing, compassion, life, and peace. May it be good in Your eyes to bless Your people Israel at every time, in every hour, with Your peace.

Between Rosh HaShana & Yom Kippur: In the book of life, blessing, peace, and prosperity, may we and all Your people the house of Israel be remembered and written before You for a good life, and for peace.

Blessed are You, LORD,
who blesses His people Israel with peace.

The following verse concludes the Leader's Repetition of the Amida.

May the words of my mouth and the meditation of my heart *Ps. 19*
find favor before You, LORD, my Rock and Redeemer.

On Shaharit of Shabbat continue with Full Kaddish on page 334.
On Musaf for Shabbat and Musaf for Shabbat Rosh Ḥodesh
continue with Full Kaddish on page 418.

The שליח ציבור *continues:*

שִׂים שָׁלוֹם טוֹבָה וּבְרָכָה, חֵן וָחֶסֶד וְרַחֲמִים עָלֵינוּ

וְעַל כָּל יִשְׂרָאֵל עַמֶּךָ. בָּרְכֵנוּ אָבִינוּ כֻּלָּנוּ כְּאֶחָד
בְּאוֹר פָּנֶיךָ, כִּי בְאוֹר פָּנֶיךָ נָתַתָּ לָּנוּ יהוה אֱלֹהֵינוּ,
תּוֹרַת חַיִּים וְאַהֲבַת חֶסֶד, וּצְדָקָה וּבְרָכָה וְרַחֲמִים
וְחַיִּים וְשָׁלוֹם. וְטוֹב בְּעֵינֶיךָ לְבָרֵךְ אֶת עַמְּךָ יִשְׂרָאֵל,
בְּכָל עֵת וּבְכָל שָׁעָה בִּשְׁלוֹמֶךָ.

בעשרת ימי תשובה: בְּסֵפֶר חַיִּים, בְּרָכָה וְשָׁלוֹם, וּפַרְנָסָה טוֹבָה,
נִזָּכֵר וְנִכָּתֵב לְפָנֶיךָ, אֲנַחְנוּ וְכָל עַמְּךָ בֵּית
יִשְׂרָאֵל, לְחַיִּים טוֹבִים וּלְשָׁלוֹם.

בָּרוּךְ אַתָּה יהוה, הַמְבָרֵךְ אֶת עַמּוֹ יִשְׂרָאֵל בַּשָּׁלוֹם.

The following verse concludes the חזרת הש״ץ*.*

יִהְיוּ לְרָצוֹן אִמְרֵי־פִי וְהֶגְיוֹן לִבִּי לְפָנֶיךָ, יהוה צוּרִי וְגֹאֲלִי: תהלים יט

On שחרית לשבת *continue with* קדיש שלם *on page 335.*
On מוסף לשבת *and* מוסף לשבת ראש חודש *continue with*
קדיש שלם *on page 419.*

קריאת התורה למנחה של שבת

THE READING OF THE TORAH FOR SHABBAT MINḤA

BERESHIT — בראשית

בראשית א:א–כג בְּרֵאשִׁ֖ית בָּרָ֣א אֱלֹהִ֑ים אֵ֥ת הַשָּׁמַ֖יִם וְאֵ֥ת הָאָֽרֶץ׃
וְהָאָ֗רֶץ הָיְתָ֥ה תֹ֙הוּ֙ וָבֹ֔הוּ וְחֹ֖שֶׁךְ עַל־פְּנֵ֣י תְה֑וֹם
וְר֣וּחַ אֱלֹהִ֔ים מְרַחֶ֖פֶת עַל־פְּנֵ֥י הַמָּֽיִם׃ וַיֹּ֥אמֶר אֱלֹהִ֖ים
יְהִ֣י א֑וֹר וַֽיְהִי־אֽוֹר׃ וַיַּ֧רְא אֱלֹהִ֛ים אֶת־הָא֖וֹר כִּי־
ט֑וֹב וַיַּבְדֵּ֣ל אֱלֹהִ֔ים בֵּ֥ין הָא֖וֹר וּבֵ֥ין הַחֹֽשֶׁךְ׃ וַיִּקְרָ֨א
אֱלֹהִ֤ים ׀ לָאוֹר֙ י֔וֹם וְלַחֹ֖שֶׁךְ קָ֣רָא לָ֑יְלָה וַֽיְהִי־עֶ֥רֶב
וַֽיְהִי־בֹ֖קֶר י֥וֹם אֶחָֽד׃

לוי וַיֹּ֣אמֶר אֱלֹהִ֔ים יְהִ֥י רָקִ֖יעַ בְּת֣וֹךְ הַמָּ֑יִם וִיהִ֣י מַבְדִּ֔יל
בֵּ֥ין מַ֖יִם לָמָֽיִם׃ וַיַּ֣עַשׂ אֱלֹהִים֮ אֶת־הָרָקִיעַ֒ וַיַּבְדֵּ֗ל
בֵּ֤ין הַמַּ֙יִם֙ אֲשֶׁר֙ מִתַּ֣חַת לָרָקִ֔יעַ וּבֵ֣ין הַמַּ֔יִם אֲשֶׁ֖ר
מֵעַ֣ל לָרָקִ֑יעַ וַֽיְהִי־כֵֽן׃ וַיִּקְרָ֧א אֱלֹהִ֛ים לָֽרָקִ֖יעַ שָׁמָ֑יִם
וַֽיְהִי־עֶ֥רֶב וַֽיְהִי־בֹ֖קֶר י֥וֹם שֵׁנִֽי׃

ישראל וַיֹּ֣אמֶר אֱלֹהִ֗ים יִקָּו֨וּ הַמַּ֜יִם מִתַּ֤חַת הַשָּׁמַ֙יִם֙ אֶל־
מָק֣וֹם אֶחָ֔ד וְתֵרָאֶ֖ה הַיַּבָּשָׁ֑ה וַֽיְהִי־כֵֽן׃ וַיִּקְרָ֨א

אֱלֹהִים ׀ לַיַּבָּשָׁה אֶרֶץ וּלְמִקְוֵה הַמַּיִם קָרָא יַמִּים
וַיַּרְא אֱלֹהִים כִּי־טוֹב: וַיֹּאמֶר אֱלֹהִים תַּדְשֵׁא הָאָרֶץ
דֶּשֶׁא עֵשֶׂב מַזְרִיעַ זֶרַע עֵץ פְּרִי עֹשֶׂה פְּרִי לְמִינוֹ
אֲשֶׁר זַרְעוֹ־בוֹ עַל־הָאָרֶץ וַיְהִי־כֵן: וַתּוֹצֵא הָאָרֶץ
דֶּשֶׁא עֵשֶׂב מַזְרִיעַ זֶרַע לְמִינֵהוּ וְעֵץ עֹשֶׂה־פְּרִי
אֲשֶׁר זַרְעוֹ־בוֹ לְמִינֵהוּ וַיַּרְא אֱלֹהִים כִּי־טוֹב: וַיְהִי־
עֶרֶב וַיְהִי־בֹקֶר יוֹם שְׁלִישִׁי:

NOAH נח

בראשית ו:ט–כב
אֵלֶּה תּוֹלְדֹת נֹחַ נֹחַ אִישׁ צַדִּיק תָּמִים הָיָה בְּדֹרֹתָיו
אֶת־הָאֱלֹהִים הִתְהַלֶּךְ־נֹחַ: וַיּוֹלֶד נֹחַ שְׁלֹשָׁה בָנִים
אֶת־שֵׁם אֶת־חָם וְאֶת־יָפֶת: וַתִּשָּׁחֵת הָאָרֶץ לִפְנֵי
הָאֱלֹהִים וַתִּמָּלֵא הָאָרֶץ חָמָס: וַיַּרְא אֱלֹהִים אֶת־
הָאָרֶץ וְהִנֵּה נִשְׁחָתָה כִּי־הִשְׁחִית כָּל־בָּשָׂר אֶת־
דַּרְכּוֹ עַל־הָאָרֶץ: וַיֹּאמֶר אֱלֹהִים לְנֹחַ קֵץ
כָּל־בָּשָׂר בָּא לְפָנַי כִּי־מָלְאָה הָאָרֶץ חָמָס מִפְּנֵיהֶם
וְהִנְנִי מַשְׁחִיתָם אֶת־הָאָרֶץ: עֲשֵׂה לְךָ תֵּבַת עֲצֵי־
גֹפֶר קִנִּים תַּעֲשֶׂה אֶת־הַתֵּבָה וְכָפַרְתָּ אֹתָהּ מִבַּיִת
וּמִחוּץ בַּכֹּפֶר: וְזֶה אֲשֶׁר תַּעֲשֶׂה אֹתָהּ שְׁלֹשׁ מֵאוֹת
אַמָּה אֹרֶךְ הַתֵּבָה חֲמִשִּׁים אַמָּה רָחְבָּהּ וּשְׁלֹשִׁים

אַמָּה קוֹמָתָהּ׃ צֹהַר ׀ תַּעֲשֶׂה לַתֵּבָה וְאֶל־אַמָּה
תְּכַלֶּנָּה מִלְמַעְלָה וּפֶתַח הַתֵּבָה בְּצִדָּהּ תָּשִׂים
לוי תַּחְתִּיִּם שְׁנִיִּם וּשְׁלִשִׁים תַּעֲשֶׂהָ׃ *וַאֲנִי הִנְנִי מֵבִיא
אֶת־הַמַּבּוּל מַיִם עַל־הָאָרֶץ לְשַׁחֵת כָּל־בָּשָׂר אֲשֶׁר־
בּוֹ רוּחַ חַיִּים מִתַּחַת הַשָּׁמָיִם כֹּל אֲשֶׁר־בָּאָרֶץ יִגְוָע׃
וַהֲקִמֹתִי אֶת־בְּרִיתִי אִתָּךְ וּבָאתָ אֶל־הַתֵּבָה אַתָּה
וּבָנֶיךָ וְאִשְׁתְּךָ וּנְשֵׁי־בָנֶיךָ אִתָּךְ׃ וּמִכָּל־הָחַי מִכָּל־
בָּשָׂר שְׁנַיִם מִכֹּל תָּבִיא אֶל־הַתֵּבָה לְהַחֲיֹת אִתָּךְ
ישראל זָכָר וּנְקֵבָה יִהְיוּ׃ *מֵהָעוֹף לְמִינֵהוּ וּמִן־הַבְּהֵמָה
לְמִינָהּ מִכֹּל רֶמֶשׂ הָאֲדָמָה לְמִינֵהוּ שְׁנַיִם מִכֹּל יָבֹאוּ
אֵלֶיךָ לְהַחֲיוֹת׃ וְאַתָּה קַח־לְךָ מִכָּל־מַאֲכָל אֲשֶׁר
יֵאָכֵל וְאָסַפְתָּ אֵלֶיךָ וְהָיָה לְךָ וְלָהֶם לְאָכְלָה׃ וַיַּעַשׂ
נֹחַ כְּכֹל אֲשֶׁר צִוָּה אֹתוֹ אֱלֹהִים כֵּן עָשָׂה׃

LEKH LEKHA
לך לך

בראשית יב:א-ג וַיֹּאמֶר יהוה אֶל־אַבְרָם לֶךְ־לְךָ מֵאַרְצְךָ וּמִמּוֹלַדְתְּךָ
וּמִבֵּית אָבִיךָ אֶל־הָאָרֶץ אֲשֶׁר אַרְאֶךָּ׃ וְאֶעֶשְׂךָ
לְגוֹי גָּדוֹל וַאֲבָרֶכְךָ וַאֲגַדְּלָה שְׁמֶךָ וֶהְיֵה בְּרָכָה׃
וַאֲבָרְכָה מְבָרְכֶיךָ וּמְקַלֶּלְךָ אָאֹר וְנִבְרְכוּ בְךָ כֹּל

מִשְׁפְּחֹת הָאֲדָמָה: *וַיֵּלֶךְ אַבְרָם כַּאֲשֶׁר דִּבֶּר אֵלָיו לוי
יְהוָה וַיֵּלֶךְ אִתּוֹ לוֹט וְאַבְרָם בֶּן־חָמֵשׁ שָׁנִים וְשִׁבְעִים
שָׁנָה בְּצֵאתוֹ מֵחָרָן: וַיִּקַּח אַבְרָם אֶת־שָׂרַי אִשְׁתּוֹ
וְאֶת־לוֹט בֶּן־אָחִיו וְאֶת־כָּל־רְכוּשָׁם אֲשֶׁר רָכָשׁוּ
וְאֶת־הַנֶּפֶשׁ אֲשֶׁר־עָשׂוּ בְחָרָן וַיֵּצְאוּ לָלֶכֶת אַרְצָה
כְּנַעַן וַיָּבֹאוּ אַרְצָה כְּנָעַן: וַיַּעֲבֹר אַבְרָם בָּאָרֶץ עַד
מְקוֹם שְׁכֶם עַד אֵלוֹן מוֹרֶה וְהַכְּנַעֲנִי אָז בָּאָרֶץ: וַיֵּרָא
יְהוָה אֶל־אַבְרָם וַיֹּאמֶר לְזַרְעֲךָ אֶתֵּן אֶת־הָאָרֶץ
הַזֹּאת וַיִּבֶן שָׁם מִזְבֵּחַ לַיהוָה הַנִּרְאֶה אֵלָיו: וַיַּעְתֵּק
מִשָּׁם הָהָרָה מִקֶּדֶם לְבֵית־אֵל וַיֵּט אָהֳלֹה בֵּית־אֵל
מִיָּם וְהָעַי מִקֶּדֶם וַיִּבֶן־שָׁם מִזְבֵּחַ לַיהוָה וַיִּקְרָא בְּשֵׁם
יְהוָה: וַיִּסַּע אַבְרָם הָלוֹךְ וְנָסוֹעַ הַנֶּגְבָּה:

וַיְהִי רָעָב בָּאָרֶץ וַיֵּרֶד אַבְרָם מִצְרַיְמָה לָגוּר שָׁם ישראל
כִּי־כָבֵד הָרָעָב בָּאָרֶץ: וַיְהִי כַּאֲשֶׁר הִקְרִיב לָבוֹא
מִצְרָיְמָה וַיֹּאמֶר אֶל־שָׂרַי אִשְׁתּוֹ הִנֵּה־נָא יָדַעְתִּי
כִּי אִשָּׁה יְפַת־מַרְאֶה אָתְּ: וְהָיָה כִּי־יִרְאוּ אֹתָךְ
הַמִּצְרִים וְאָמְרוּ אִשְׁתּוֹ זֹאת וְהָרְגוּ אֹתִי וְאֹתָךְ
יְחַיּוּ: אִמְרִי־נָא אֲחֹתִי אָתְּ לְמַעַן יִיטַב־לִי בַעֲבוּרֵךְ
וְחָיְתָה נַפְשִׁי בִּגְלָלֵךְ:

VAYERA וירא

וַיֵּרָא אֵלָיו יְהוָה בְּאֵלֹנֵי מַמְרֵא וְהוּא יֹשֵׁב פֶּתַח־ בראשית יח:א-יד
הָאֹהֶל כְּחֹם הַיּוֹם׃ וַיִּשָּׂא עֵינָיו וַיַּרְא וְהִנֵּה שְׁלֹשָׁה
אֲנָשִׁים נִצָּבִים עָלָיו וַיַּרְא וַיָּרָץ לִקְרָאתָם מִפֶּתַח
הָאֹהֶל וַיִּשְׁתַּחוּ אָרְצָה׃ וַיֹּאמַר אֲדֹנָי אִם־נָא מָצָאתִי
חֵן בְּעֵינֶיךָ אַל־נָא תַעֲבֹר מֵעַל עַבְדֶּךָ׃ יֻקַּח־נָא
מְעַט־מַיִם וְרַחֲצוּ רַגְלֵיכֶם וְהִשָּׁעֲנוּ תַּחַת הָעֵץ׃
וְאֶקְחָה פַת־לֶחֶם וְסַעֲדוּ לִבְּכֶם אַחַר תַּעֲבֹרוּ כִּי־עַל־
כֵּן עֲבַרְתֶּם עַל־עַבְדְּכֶם וַיֹּאמְרוּ כֵּן תַּעֲשֶׂה כַּאֲשֶׁר
דִּבַּרְתָּ׃ *וַיְמַהֵר אַבְרָהָם הָאֹהֱלָה אֶל־שָׂרָה וַיֹּאמֶר לוי
מַהֲרִי שְׁלֹשׁ סְאִים קֶמַח סֹלֶת לוּשִׁי וַעֲשִׂי עֻגוֹת׃
וְאֶל־הַבָּקָר רָץ אַבְרָהָם וַיִּקַּח בֶּן־בָּקָר רַךְ וָטוֹב
וַיִּתֵּן אֶל־הַנַּעַר וַיְמַהֵר לַעֲשׂוֹת אֹתוֹ׃ וַיִּקַּח חֶמְאָה
וְחָלָב וּבֶן־הַבָּקָר אֲשֶׁר עָשָׂה וַיִּתֵּן לִפְנֵיהֶם וְהוּא
עֹמֵד עֲלֵיהֶם תַּחַת הָעֵץ וַיֹּאכֵלוּ׃ *וַיֹּאמְרוּ אֵלָיו ישראל
אַיֵּה שָׂרָה אִשְׁתֶּךָ וַיֹּאמֶר הִנֵּה בָאֹהֶל׃ וַיֹּאמֶר שׁוֹב
אָשׁוּב אֵלֶיךָ כָּעֵת חַיָּה וְהִנֵּה־בֵן לְשָׂרָה אִשְׁתֶּךָ
וְשָׂרָה שֹׁמַעַת פֶּתַח הָאֹהֶל וְהוּא אַחֲרָיו׃ וְאַבְרָהָם
וְשָׂרָה זְקֵנִים בָּאִים בַּיָּמִים חָדַל לִהְיוֹת לְשָׂרָה
אֹרַח כַּנָּשִׁים׃ וַתִּצְחַק שָׂרָה בְּקִרְבָּהּ לֵאמֹר אַחֲרֵי

בְּלֹתִי הָיְתָה־לִּי עֶדְנָה וַאדֹנִי זָקֵן: וַיֹּאמֶר יְהֹוָה אֶל־
אַבְרָהָם לָמָּה זֶּה צָחֲקָה שָׂרָה לֵאמֹר הַאַף אֻמְנָם
אֵלֵד וַאֲנִי זָקַנְתִּי: הֲיִפָּלֵא מֵיְהֹוָה דָּבָר לַמּוֹעֵד אָשׁוּב
אֵלֶיךָ כָּעֵת חַיָּה וּלְשָׂרָה בֵן:

HAYYEI SARA — חיי שרה

וַיִּהְיוּ חַיֵּי שָׂרָה מֵאָה שָׁנָה וְעֶשְׂרִים שָׁנָה וְשֶׁבַע בראשית כג:א–טז
שָׁנִים שְׁנֵי חַיֵּי שָׂרָה: וַתָּמָת שָׂרָה בְּקִרְיַת אַרְבַּע
הִוא חֶבְרוֹן בְּאֶרֶץ כְּנָעַן וַיָּבֹא אַבְרָהָם לִסְפֹּד לְשָׂרָה
וְלִבְכֹּתָהּ: וַיָּקָם אַבְרָהָם מֵעַל פְּנֵי מֵתוֹ וַיְדַבֵּר אֶל־
בְּנֵי־חֵת לֵאמֹר: גֵּר־וְתוֹשָׁב אָנֹכִי עִמָּכֶם תְּנוּ לִי
אֲחֻזַּת־קֶבֶר עִמָּכֶם וְאֶקְבְּרָה מֵתִי מִלְּפָנָי: וַיַּעֲנוּ
בְנֵי־חֵת אֶת־אַבְרָהָם לֵאמֹר לוֹ: שְׁמָעֵנוּ ׀ אֲדֹנִי
נְשִׂיא אֱלֹהִים אַתָּה בְּתוֹכֵנוּ בְּמִבְחַר קְבָרֵינוּ קְבֹר
אֶת־מֵתֶךָ אִישׁ מִמֶּנּוּ אֶת־קִבְרוֹ לֹא־יִכְלֶה מִמְּךָ
מִקְּבֹר מֵתֶךָ: וַיָּקָם אַבְרָהָם וַיִּשְׁתַּחוּ לְעַם־הָאָרֶץ
לִבְנֵי־חֵת: *וַיְדַבֵּר אִתָּם לֵאמֹר אִם־יֵשׁ אֶת־נַפְשְׁכֶם לוי
לִקְבֹּר אֶת־מֵתִי מִלְּפָנַי שְׁמָעוּנִי וּפִגְעוּ־לִי בְּעֶפְרוֹן
בֶּן־צֹחַר: וְיִתֶּן־לִי אֶת־מְעָרַת הַמַּכְפֵּלָה אֲשֶׁר־לוֹ
אֲשֶׁר בִּקְצֵה שָׂדֵהוּ בְּכֶסֶף מָלֵא יִתְּנֶנָּה לִּי בְּתוֹכְכֶם

לַאֲחֻזַּת־קָבֶר׃ וְעֶפְרוֹן יֹשֵׁב בְּתוֹךְ בְּנֵי־חֵת וַיַּעַן
עֶפְרוֹן הַחִתִּי אֶת־אַבְרָהָם בְּאָזְנֵי בְנֵי־חֵת לְכֹל
בָּאֵי שַׁעַר־עִירוֹ לֵאמֹר׃ לֹא־אֲדֹנִי שְׁמָעֵנִי הַשָּׂדֶה
נָתַתִּי לָךְ וְהַמְּעָרָה אֲשֶׁר־בּוֹ לְךָ נְתַתִּיהָ לְעֵינֵי בְנֵי־
עַמִּי נְתַתִּיהָ לָּךְ קְבֹר מֵתֶךָ׃ וַיִּשְׁתַּחוּ אַבְרָהָם לִפְנֵי
עַם־הָאָרֶץ׃ *וַיְדַבֵּר אֶל־עֶפְרוֹן בְּאָזְנֵי עַם־הָאָרֶץ ישראל
לֵאמֹר אַךְ אִם־אַתָּה לוּ שְׁמָעֵנִי נָתַתִּי כֶּסֶף הַשָּׂדֶה
קַח מִמֶּנִּי וְאֶקְבְּרָה אֶת־מֵתִי שָׁמָּה׃ וַיַּעַן עֶפְרוֹן
אֶת־אַבְרָהָם לֵאמֹר לוֹ׃ אֲדֹנִי שְׁמָעֵנִי אֶרֶץ אַרְבַּע
מֵאֹת שֶׁקֶל־כֶּסֶף בֵּינִי וּבֵינְךָ מַה־הִוא וְאֶת־מֵתְךָ
קְבֹר׃ וַיִּשְׁמַע אַבְרָהָם אֶל־עֶפְרוֹן וַיִּשְׁקֹל אַבְרָהָם
לְעֶפְרֹן אֶת־הַכֶּסֶף אֲשֶׁר דִּבֶּר בְּאָזְנֵי בְנֵי־חֵת אַרְבַּע
מֵאוֹת שֶׁקֶל כֶּסֶף עֹבֵר לַסֹּחֵר׃

תולדות
TOLEDOT

וְאֵלֶּה תּוֹלְדֹת יִצְחָק בֶּן־אַבְרָהָם אַבְרָהָם הוֹלִיד בראשית כה:יט–כו:ה
אֶת־יִצְחָק׃ וַיְהִי יִצְחָק בֶּן־אַרְבָּעִים שָׁנָה בְּקַחְתּוֹ
אֶת־רִבְקָה בַּת־בְּתוּאֵל הָאֲרַמִּי מִפַּדַּן אֲרָם אֲחוֹת
לָבָן הָאֲרַמִּי לוֹ לְאִשָּׁה׃ וַיֶּעְתַּר יִצְחָק לַיהוָה לְנֹכַח
אִשְׁתּוֹ כִּי עֲקָרָה הִוא וַיֵּעָתֶר לוֹ יְהוָה וַתַּהַר רִבְקָה

אִשְׁתּוֹ׃ וַיִּתְרֹצְצוּ הַבָּנִים בְּקִרְבָּהּ וַתֹּאמֶר אִם־כֵּן
לָמָּה זֶּה אָנֹכִי וַתֵּלֶךְ לִדְרֹשׁ אֶת־יְהוָה׃ *וַיֹּאמֶר יְהוָה לוי
לָהּ שְׁנֵי גיים בְּבִטְנֵךְ וּשְׁנֵי לְאֻמִּים מִמֵּעַיִךְ יִפָּרֵדוּ גוֹיִם
וּלְאֹם מִלְאֹם יֶאֱמָץ וְרַב יַעֲבֹד צָעִיר׃ וַיִּמְלְאוּ יָמֶיהָ
לָלֶדֶת וְהִנֵּה תוֹמִם בְּבִטְנָהּ׃ וַיֵּצֵא הָרִאשׁוֹן אַדְמוֹנִי
כֻּלּוֹ כְּאַדֶּרֶת שֵׂעָר וַיִּקְרְאוּ שְׁמוֹ עֵשָׂו׃ וְאַחֲרֵי־כֵן
יָצָא אָחִיו וְיָדוֹ אֹחֶזֶת בַּעֲקֵב עֵשָׂו וַיִּקְרָא שְׁמוֹ
יַעֲקֹב וְיִצְחָק בֶּן־שִׁשִּׁים שָׁנָה בְּלֶדֶת אֹתָם׃ *וַיִּגְדְּלוּ ישראל
הַנְּעָרִים וַיְהִי עֵשָׂו אִישׁ יֹדֵעַ צַיִד אִישׁ שָׂדֶה וְיַעֲקֹב
אִישׁ תָּם יֹשֵׁב אֹהָלִים׃ וַיֶּאֱהַב יִצְחָק אֶת־עֵשָׂו כִּי־
צַיִד בְּפִיו וְרִבְקָה אֹהֶבֶת אֶת־יַעֲקֹב׃ וַיָּזֶד יַעֲקֹב נָזִיד
וַיָּבֹא עֵשָׂו מִן־הַשָּׂדֶה וְהוּא עָיֵף׃ וַיֹּאמֶר עֵשָׂו אֶל־
יַעֲקֹב הַלְעִיטֵנִי נָא מִן־הָאָדֹם הָאָדֹם הַזֶּה כִּי עָיֵף
אָנֹכִי עַל־כֵּן קָרָא־שְׁמוֹ אֱדוֹם׃ וַיֹּאמֶר יַעֲקֹב מִכְרָה
כַיּוֹם אֶת־בְּכֹרָתְךָ לִי׃ וַיֹּאמֶר עֵשָׂו הִנֵּה אָנֹכִי הוֹלֵךְ
לָמוּת וְלָמָּה־זֶּה לִי בְּכֹרָה׃ וַיֹּאמֶר יַעֲקֹב הִשָּׁבְעָה לִּי
כַּיּוֹם וַיִּשָּׁבַע לוֹ וַיִּמְכֹּר אֶת־בְּכֹרָתוֹ לְיַעֲקֹב׃ וְיַעֲקֹב
נָתַן לְעֵשָׂו לֶחֶם וּנְזִיד עֲדָשִׁים וַיֹּאכַל וַיֵּשְׁתְּ וַיָּקָם
וַיֵּלַךְ וַיִּבֶז עֵשָׂו אֶת־הַבְּכֹרָה׃

וַיְהִ֤י רָעָב֙ בָּאָ֔רֶץ מִלְּבַד֙ הָרָעָ֣ב הָרִאשׁ֔וֹן אֲשֶׁ֥ר
הָיָ֖ה בִּימֵ֣י אַבְרָהָ֑ם וַיֵּ֧לֶךְ יִצְחָ֛ק אֶל־אֲבִימֶ֥לֶךְ מֶֽלֶךְ־
פְּלִשְׁתִּ֖ים גְּרָֽרָה׃ וַיֵּרָ֤א אֵלָיו֙ יהו֔ה וַיֹּ֖אמֶר אַל־תֵּרֵ֣ד
מִצְרָ֑יְמָה שְׁכֹ֣ן בָּאָ֔רֶץ אֲשֶׁ֖ר אֹמַ֥ר אֵלֶֽיךָ׃ ג֚וּר בָּאָ֣רֶץ
הַזֹּ֔את וְאֶהְיֶ֥ה עִמְּךָ֖ וַאֲבָרְכֶ֑ךָּ כִּֽי־לְךָ֣ וּֽלְזַרְעֲךָ֗ אֶתֵּן֙
אֶת־כָּל־הָֽאֲרָצֹ֣ת הָאֵ֔ל וַהֲקִֽמֹתִי֙ אֶת־הַשְּׁבֻעָ֔ה אֲשֶׁ֥ר
נִשְׁבַּ֖עְתִּי לְאַבְרָהָ֥ם אָבִֽיךָ׃ וְהִרְבֵּיתִ֤י אֶֽת־זַרְעֲךָ֙
כְּכוֹכְבֵ֣י הַשָּׁמַ֔יִם וְנָתַתִּ֣י לְזַרְעֲךָ֔ אֵ֥ת כָּל־הָאֲרָצֹ֖ת
הָאֵ֑ל וְהִתְבָּרְכ֣וּ בְזַרְעֲךָ֔ כֹּ֖ל גּוֹיֵ֥י הָאָֽרֶץ׃ עֵ֕קֶב אֲשֶׁר־
שָׁמַ֥ע אַבְרָהָ֖ם בְּקֹלִ֑י וַיִּשְׁמֹר֙ מִשְׁמַרְתִּ֔י מִצְוֺתַ֖י
חֻקּוֹתַ֥י וְתוֹרֹתָֽי׃

VAYETZEH ויצא

וַיֵּצֵ֥א יַעֲקֹ֖ב מִבְּאֵ֣ר שָׁ֑בַע וַיֵּ֖לֶךְ חָרָֽנָה׃ וַיִּפְגַּ֨ע בַּמָּק֜וֹם בראשית כח:י–כב
וַיָּ֤לֶן שָׁם֙ כִּי־בָ֣א הַשֶּׁ֔מֶשׁ וַיִּקַּח֙ מֵאַבְנֵ֣י הַמָּק֔וֹם וַיָּ֖שֶׂם
מְרַֽאֲשֹׁתָ֑יו וַיִּשְׁכַּ֖ב בַּמָּק֥וֹם הַהֽוּא׃ וַֽיַּחֲלֹ֗ם וְהִנֵּ֤ה
סֻלָּם֙ מֻצָּ֣ב אַ֔רְצָה וְרֹאשׁ֖וֹ מַגִּ֣יעַ הַשָּׁמָ֑יְמָה וְהִנֵּה֙
מַלְאֲכֵ֣י אֱלֹהִ֔ים עֹלִ֥ים וְיֹרְדִ֖ים בּֽוֹ׃ *וְהִנֵּ֨ה יהו֜ה נִצָּ֣ב לוי
עָלָיו֮ וַיֹּאמַר֒ אֲנִ֣י יהו֗ה אֱלֹהֵי֙ אַבְרָהָ֣ם אָבִ֔יךָ וֵאלֹהֵ֖י

יצחק הארץ אשר אתה שכב עליה לך אתננה
ולזרעך: והיה זרעך כעפר הארץ ופרצת ימה
וקדמה וצפנה ונגבה ונברכו בך כל־משפחת
האדמה ובזרעך: והנה אנכי עמך ושמרתיך
בכל אשר־תלך והשבתיך אל־האדמה הזאת
כי לא אעזבך עד אשר אם־עשיתי את אשר־
דברתי לך: וייקץ יעקב משנתו ויאמר אכן יש
יהוה במקום הזה ואנכי לא ידעתי: ויירא ויאמר
מה־נורא המקום הזה אין זה כי אם־בית אלהים
וזה שער השמים: *וישכם יעקב בבקר ויקח ישראל
את־האבן אשר־שם מראשתיו וישם אתה מצבה
ויצק שמן על־ראשה: ויקרא את־שם־המקום
ההוא בית־אל ואולם לוז שם־העיר לראשנה:
וידר יעקב נדר לאמר אם־יהיה אלהים עמדי
ושמרני בדרך הזה אשר אנכי הולך ונתן־לי לחם
לאכל ובגד ללבש: ושבתי בשלום אל־בית אבי
והיה יהוה לי לאלהים: והאבן הזאת אשר־שמתי
מצבה יהיה בית אלהים וכל אשר תתן־לי עשר
אעשרנו לך:

VAYISHLAḤ
וישלח

בראשית לב:ג-יב וַיִּשְׁלַח יַעֲקֹב מַלְאָכִים לְפָנָיו אֶל־עֵשָׂו אָחִיו אַרְצָה
שֵׂעִיר שְׂדֵה אֱדוֹם׃ וַיְצַו אֹתָם לֵאמֹר כֹּה תֹאמְרוּן
לַאדֹנִי לְעֵשָׂו כֹּה אָמַר עַבְדְּךָ יַעֲקֹב עִם־לָבָן גַּרְתִּי
וָאֵחַר עַד־עָתָּה׃ וַיְהִי־לִי שׁוֹר וַחֲמוֹר צֹאן וְעֶבֶד
וְשִׁפְחָה וָאֶשְׁלְחָה לְהַגִּיד לַאדֹנִי לִמְצֹא־חֵן בְּעֵינֶיךָ׃
לוי ★וַיָּשֻׁבוּ הַמַּלְאָכִים אֶל־יַעֲקֹב לֵאמֹר בָּאנוּ אֶל־
אָחִיךָ אֶל־עֵשָׂו וְגַם הֹלֵךְ לִקְרָאתְךָ וְאַרְבַּע־מֵאוֹת
אִישׁ עִמּוֹ׃ וַיִּירָא יַעֲקֹב מְאֹד וַיֵּצֶר לוֹ וַיַּחַץ אֶת־
הָעָם אֲשֶׁר־אִתּוֹ וְאֶת־הַצֹּאן וְאֶת־הַבָּקָר וְהַגְּמַלִּים
לִשְׁנֵי מַחֲנוֹת׃ וַיֹּאמֶר אִם־יָבוֹא עֵשָׂו אֶל־הַמַּחֲנֶה
הָאַחַת וְהִכָּהוּ וְהָיָה הַמַּחֲנֶה הַנִּשְׁאָר לִפְלֵיטָה׃
ישראל ★וַיֹּאמֶר יַעֲקֹב אֱלֹהֵי אָבִי אַבְרָהָם וֵאלֹהֵי אָבִי יִצְחָק
יְהוָה הָאֹמֵר אֵלַי שׁוּב לְאַרְצְךָ וּלְמוֹלַדְתְּךָ וְאֵיטִיבָה
עִמָּךְ׃ קָטֹנְתִּי מִכֹּל הַחֲסָדִים וּמִכָּל־הָאֱמֶת אֲשֶׁר
עָשִׂיתָ אֶת־עַבְדֶּךָ כִּי בְמַקְלִי עָבַרְתִּי אֶת־הַיַּרְדֵּן
הַזֶּה וְעַתָּה הָיִיתִי לִשְׁנֵי מַחֲנוֹת׃ הַצִּילֵנִי נָא מִיַּד
אָחִי מִיַּד עֵשָׂו כִּי־יָרֵא אָנֹכִי אֹתוֹ פֶּן־יָבוֹא וְהִכַּנִי אֵם
עַל־בָּנִים׃ וְאַתָּה אָמַרְתָּ הֵיטֵב אֵיטִיב עִמָּךְ וְשַׂמְתִּי
אֶת־זַרְעֲךָ כְּחוֹל הַיָּם אֲשֶׁר לֹא־יִסָּפֵר מֵרֹב׃

VAYESHEV וישב

וַיֵּ֣שֶׁב יַעֲקֹ֔ב בְּאֶ֖רֶץ מְגוּרֵ֣י אָבִ֑יו בְּאֶ֖רֶץ כְּנָֽעַן׃ אֵ֣לֶּה ׀ בראשית לז:א-יא
תֹּלְד֣וֹת יַעֲקֹ֗ב יוֹסֵ֞ף בֶּן־שְׁבַֽע־עֶשְׂרֵ֤ה שָׁנָה֙ הָיָ֨ה רֹעֶ֤ה
אֶת־אֶחָיו֙ בַּצֹּ֔אן וְה֥וּא נַ֙עַר֙ אֶת־בְּנֵ֥י בִלְהָ֛ה וְאֶת־
בְּנֵ֥י זִלְפָּ֖ה נְשֵׁ֣י אָבִ֑יו וַיָּבֵ֥א יוֹסֵ֛ף אֶת־דִּבָּתָ֥ם רָעָ֖ה
אֶל־אֲבִיהֶֽם׃ וְיִשְׂרָאֵ֗ל אָהַ֤ב אֶת־יוֹסֵף֙ מִכָּל־בָּנָ֔יו כִּֽי־
בֶן־זְקֻנִ֥ים ה֖וּא ל֑וֹ וְעָ֥שָׂה ל֖וֹ כְּתֹ֥נֶת פַּסִּֽים׃ ★וַיִּרְא֣וּ לוי
אֶחָ֗יו כִּֽי־אֹת֞וֹ אָהַ֤ב אֲבִיהֶם֙ מִכָּל־אֶחָ֔יו וַיִּשְׂנְא֖וּ
אֹת֑וֹ וְלֹ֥א יָכְל֖וּ דַּבְּר֥וֹ לְשָׁלֹֽם׃ וַיַּחֲלֹ֤ם יוֹסֵף֙ חֲל֔וֹם
וַיַּגֵּ֖ד לְאֶחָ֑יו וַיּוֹסִ֥פוּ ע֖וֹד שְׂנֹ֥א אֹתֽוֹ׃ וַיֹּ֖אמֶר אֲלֵיהֶ֑ם
שִׁמְעוּ־נָ֕א הַחֲל֥וֹם הַזֶּ֖ה אֲשֶׁ֥ר חָלָֽמְתִּי׃ וְ֠הִנֵּה אֲנַ֨חְנוּ
מְאַלְּמִ֤ים אֲלֻמִּים֙ בְּת֣וֹךְ הַשָּׂדֶ֔ה וְהִנֵּ֛ה קָ֥מָה אֲלֻמָּתִ֖י
וְגַם־נִצָּ֑בָה וְהִנֵּ֤ה תְסֻבֶּ֙ינָה֙ אֲלֻמֹּ֣תֵיכֶ֔ם וַתִּשְׁתַּחֲוֶ֖יןָ
לַאֲלֻמָּתִֽי׃ ★וַיֹּ֤אמְרוּ לוֹ֙ אֶחָ֔יו הֲמָלֹ֤ךְ תִּמְלֹךְ֙ עָלֵ֔ינוּ ישראל
אִם־מָשׁ֥וֹל תִּמְשֹׁ֖ל בָּ֑נוּ וַיּוֹסִ֤פוּ עוֹד֙ שְׂנֹ֣א אֹת֔וֹ עַל־
חֲלֹמֹתָ֖יו וְעַל־דְּבָרָֽיו׃ וַיַּחֲלֹ֥ם עוֹד֙ חֲל֣וֹם אַחֵ֔ר וַיְסַפֵּ֥ר
אֹת֖וֹ לְאֶחָ֑יו וַיֹּ֗אמֶר הִנֵּ֨ה חָלַ֤מְתִּי חֲלוֹם֙ ע֔וֹד וְהִנֵּ֧ה
הַשֶּׁ֣מֶשׁ וְהַיָּרֵ֗חַ וְאַחַ֤ד עָשָׂר֙ כּֽוֹכָבִ֔ים מִֽשְׁתַּחֲוִ֖ים לִֽי׃
וַיְסַפֵּ֣ר אֶל־אָבִיו֮ וְאֶל־אֶחָיו֒ וַיִּגְעַר־בּ֣וֹ אָבִ֔יו וַיֹּ֣אמֶר
ל֔וֹ מָ֛ה הַחֲל֥וֹם הַזֶּ֖ה אֲשֶׁ֣ר חָלָ֑מְתָּ הֲב֣וֹא נָב֗וֹא אֲנִי֙

וְאִמְּךָ֙ וְאַחֶ֔יךָ לְהִשְׁתַּחֲוֺ֥ת לְךָ֖ אָֽרְצָה׃ וַיְקַנְאוּ־ב֖וֹ
אֶחָ֑יו וְאָבִ֖יו שָׁמַ֥ר אֶת־הַדָּבָֽר׃

מקץ
MIKETZ

וַיְהִ֕י מִקֵּ֖ץ שְׁנָתַ֣יִם יָמִ֑ים וּפַרְעֹ֣ה חֹלֵ֔ם וְהִנֵּ֖ה עֹמֵ֥ד בראשית מא:א–יד
עַל־הַיְאֹֽר׃ וְהִנֵּ֣ה מִן־הַיְאֹ֗ר עֹלֹת֙ שֶׁ֣בַע פָּר֔וֹת יְפ֥וֹת
מַרְאֶ֖ה וּבְרִיאֹ֣ת בָּשָׂ֑ר וַתִּרְעֶ֖ינָה בָּאָֽחוּ׃ וְהִנֵּ֞ה שֶׁ֧בַע
פָּר֣וֹת אֲחֵר֗וֹת עֹל֤וֹת אַחֲרֵיהֶן֙ מִן־הַיְאֹ֔ר רָע֥וֹת
מַרְאֶ֖ה וְדַקּ֣וֹת בָּשָׂ֑ר וַֽתַּעֲמֹ֛דְנָה אֵ֥צֶל הַפָּר֖וֹת עַל־
שְׂפַ֥ת הַיְאֹֽר׃ וַתֹּאכַ֣לְנָה הַפָּר֗וֹת רָע֤וֹת הַמַּרְאֶה֙
וְדַקֹּ֣ת הַבָּשָׂ֔ר אֵ֚ת שֶׁ֣בַע הַפָּר֔וֹת יְפֹ֥ת הַמַּרְאֶ֖ה
וְהַבְּרִיאֹ֑ת וַיִּיקַ֖ץ פַּרְעֹֽה׃ *וַיִּישָׁ֕ן וַֽיַּחֲלֹ֖ם שֵׁנִ֑ית לוי
וְהִנֵּ֣ה ׀ שֶׁ֣בַע שִׁבֳּלִ֗ים עֹל֛וֹת בְּקָנֶ֥ה אֶחָ֖ד בְּרִיא֥וֹת
וְטֹבֽוֹת׃ וְהִנֵּה֙ שֶׁ֣בַע שִׁבֳּלִ֔ים דַּקּ֖וֹת וּשְׁדוּפֹ֣ת קָדִ֑ים
צֹֽמְח֖וֹת אַחֲרֵיהֶֽן׃ וַתִּבְלַ֙עְנָה֙ הַשִּׁבֳּלִ֣ים הַדַּקּ֔וֹת אֵ֚ת
שֶׁ֣בַע הַשִּׁבֳּלִ֔ים הַבְּרִיא֖וֹת וְהַמְּלֵא֑וֹת וַיִּיקַ֥ץ פַּרְעֹ֖ה
וְהִנֵּ֥ה חֲלֽוֹם׃ *וַיְהִ֤י בַבֹּ֙קֶר֙ וַתִּפָּ֣עֶם רוּח֔וֹ וַיִּשְׁלַ֗ח ישראל
וַיִּקְרָ֛א אֶת־כָּל־חַרְטֻמֵּ֥י מִצְרַ֖יִם וְאֶת־כָּל־חֲכָמֶ֑יהָ
וַיְסַפֵּ֨ר פַּרְעֹ֤ה לָהֶם֙ אֶת־חֲלֹמ֔וֹ וְאֵין־פּוֹתֵ֥ר אוֹתָ֖ם
לְפַרְעֹֽה׃ וַיְדַבֵּר֙ שַׂ֣ר הַמַּשְׁקִ֔ים אֶת־פַּרְעֹ֖ה לֵאמֹ֑ר

אֶת־חֲטָאַ֖י אֲנִ֥י מַזְכִּ֥יר הַיּֽוֹם׃ פַּרְעֹ֖ה קָצַ֣ף עַל־עֲבָדָ֑יו
וַיִּתֵּ֨ן אֹתִ֜י בְּמִשְׁמַ֗ר בֵּ֚ית שַׂ֣ר הַטַּבָּחִ֔ים אֹתִ֕י וְאֵ֖ת
שַׂ֥ר הָאֹפִֽים׃ וַנַּֽחַלְמָ֥ה חֲל֛וֹם בְּלַ֥יְלָה אֶחָ֖ד אֲנִ֣י וָה֑וּא
אִ֛ישׁ כְּפִתְר֥וֹן חֲלֹמ֖וֹ חָלָֽמְנוּ׃ וְשָׁ֨ם אִתָּ֜נוּ נַ֣עַר עִבְרִ֗י
עֶ֚בֶד לְשַׂ֣ר הַטַּבָּחִ֔ים וַנְּסַ֨פֶּר־ל֔וֹ וַיִּפְתָּר־לָ֖נוּ אֶת־
חֲלֹמֹתֵ֑ינוּ אִ֥ישׁ כַּחֲלֹמ֖וֹ פָּתָֽר׃ וַיְהִ֛י כַּאֲשֶׁ֥ר פָּֽתַר־לָ֖נוּ
כֵּ֣ן הָיָ֑ה אֹתִ֛י הֵשִׁ֥יב עַל־כַּנִּ֖י וְאֹת֥וֹ תָלָֽה׃ וַיִּשְׁלַ֤ח
פַּרְעֹה֙ וַיִּקְרָ֣א אֶת־יוֹסֵ֔ף וַיְרִיצֻ֖הוּ מִן־הַבּ֑וֹר וַיְגַלַּח֙
וַיְחַלֵּ֣ף שִׂמְלֹתָ֔יו וַיָּבֹ֖א אֶל־פַּרְעֹֽה׃

ויגש VAYIGASH

וַיִּגַּ֨שׁ אֵלָ֜יו יְהוּדָ֗ה וַיֹּאמֶר֮ בִּ֣י אֲדֹנִי֒ יְדַבֶּר־נָ֨א עַבְדְּךָ֤ בראשית מד:יח–ל
דָבָר֙ בְּאָזְנֵ֣י אֲדֹנִ֔י וְאַל־יִ֥חַר אַפְּךָ֖ בְּעַבְדֶּ֑ךָ כִּ֥י כָמ֖וֹךָ
כְּפַרְעֹֽה׃ אֲדֹנִ֣י שָׁאַ֔ל אֶת־עֲבָדָ֖יו לֵאמֹ֑ר הֲיֵשׁ־לָכֶ֥ם
אָ֖ב אוֹ־אָֽח׃ וַנֹּ֨אמֶר֙ אֶל־אֲדֹנִ֔י יֶשׁ־לָ֙נוּ֙ אָ֣ב זָקֵ֔ן
וְיֶ֥לֶד זְקֻנִ֖ים קָטָ֑ן וְאָחִ֣יו מֵ֗ת וַיִּוָּתֵ֨ר ה֧וּא לְבַדּ֛וֹ לְאִמּ֖וֹ
וְאָבִ֥יו אֲהֵבֽוֹ׃ *וַתֹּ֨אמֶר֙ אֶל־עֲבָדֶ֔יךָ הוֹרִדֻ֖הוּ אֵלָ֑י לוי
וְאָשִׂ֥ימָה עֵינִ֖י עָלָֽיו׃ וַנֹּ֨אמֶר֙ אֶל־אֲדֹנִ֔י לֹא־יוּכַ֥ל
הַנַּ֖עַר לַעֲזֹ֣ב אֶת־אָבִ֑יו וְעָזַ֥ב אֶת־אָבִ֖יו וָמֵֽת׃ וַתֹּ֨אמֶר֙
אֶל־עֲבָדֶ֔יךָ אִם־לֹ֥א יֵרֵ֛ד אֲחִיכֶ֥ם הַקָּטֹ֖ן אִתְּכֶ֑ם לֹ֥א

תֹּסִפוּן לִרְאוֹת פָּנָי׃ וַיְהִי כִּי עָלִינוּ אֶל־עַבְדְּךָ אָבִי
וַנַּגֶּד־לוֹ אֵת דִּבְרֵי אֲדֹנִי׃ *וַיֹּאמֶר אָבִינוּ שֻׁבוּ שִׁבְרוּ־ ישראל
לָנוּ מְעַט־אֹכֶל׃ וַנֹּאמֶר לֹא נוּכַל לָרֶדֶת אִם־יֵשׁ
אָחִינוּ הַקָּטֹן אִתָּנוּ וְיָרַדְנוּ כִּי־לֹא נוּכַל לִרְאוֹת פְּנֵי
הָאִישׁ וְאָחִינוּ הַקָּטֹן אֵינֶנּוּ אִתָּנוּ׃ וַיֹּאמֶר עַבְדְּךָ
אָבִי אֵלֵינוּ אַתֶּם יְדַעְתֶּם כִּי שְׁנַיִם יָלְדָה־לִּי אִשְׁתִּי׃
וַיֵּצֵא הָאֶחָד מֵאִתִּי וָאֹמַר אַךְ טָרֹף טֹרָף וְלֹא רְאִיתִיו
עַד־הֵנָּה׃ וּלְקַחְתֶּם גַּם־אֶת־זֶה מֵעִם פָּנַי וְקָרָהוּ
אָסוֹן וְהוֹרַדְתֶּם אֶת־שֵׂיבָתִי בְּרָעָה שְׁאֹלָה׃ וְעַתָּה
כְּבֹאִי אֶל־עַבְדְּךָ אָבִי וְהַנַּעַר אֵינֶנּוּ אִתָּנוּ וְנַפְשׁוֹ
קְשׁוּרָה בְנַפְשׁוֹ׃

ויחי VAYḤI

וַיְחִי יַעֲקֹב בְּאֶרֶץ מִצְרַיִם שְׁבַע עֶשְׂרֵה שָׁנָה וַיְהִי בראשית מז:כח–מח:ט
יְמֵי־יַעֲקֹב שְׁנֵי חַיָּיו שֶׁבַע שָׁנִים וְאַרְבָּעִים וּמְאַת
שָׁנָה׃ וַיִּקְרְבוּ יְמֵי־יִשְׂרָאֵל לָמוּת וַיִּקְרָא ׀ לִבְנוֹ
לְיוֹסֵף וַיֹּאמֶר לוֹ אִם־נָא מָצָאתִי חֵן בְּעֵינֶיךָ שִׂים־
נָא יָדְךָ תַּחַת יְרֵכִי וְעָשִׂיתָ עִמָּדִי חֶסֶד וֶאֱמֶת אַל־
נָא תִקְבְּרֵנִי בְּמִצְרָיִם׃ וְשָׁכַבְתִּי עִם־אֲבֹתַי וּנְשָׂאתַנִי
מִמִּצְרַיִם וּקְבַרְתַּנִי בִּקְבֻרָתָם וַיֹּאמַר אָנֹכִי אֶעֱשֶׂה

כִּדְבָרֶֽךָ׃ וַיֹּאמֶר הִשָּׁבְעָה לִי וַיִּשָּׁבַע לוֹ וַיִּשְׁתַּחוּ
יִשְׂרָאֵל עַל־רֹאשׁ הַמִּטָּֽה׃
לוי וַיְהִי אַחֲרֵי הַדְּבָרִים הָאֵלֶּה וַיֹּאמֶר לְיוֹסֵף הִנֵּה אָבִיךָ
חֹלֶה וַיִּקַּח אֶת־שְׁנֵי בָנָיו עִמּוֹ אֶת־מְנַשֶּׁה וְאֶת־
אֶפְרָֽיִם׃ וַיַּגֵּד לְיַעֲקֹב וַיֹּאמֶר הִנֵּה בִּנְךָ יוֹסֵף בָּא
אֵלֶיךָ וַיִּתְחַזֵּק יִשְׂרָאֵל וַיֵּשֶׁב עַל־הַמִּטָּֽה׃ וַיֹּאמֶר
יַעֲקֹב אֶל־יוֹסֵף אֵל שַׁדַּי נִרְאָה־אֵלַי בְּלוּז בְּאֶרֶץ
ישראל כְּנָעַן וַיְבָרֶךְ אֹתִֽי׃ *וַיֹּאמֶר אֵלַי הִנְנִי מַפְרְךָ וְהִרְבִּיתִךָ
וּנְתַתִּיךָ לִקְהַל עַמִּים וְנָתַתִּי אֶת־הָאָרֶץ הַזֹּאת
לְזַרְעֲךָ אַחֲרֶיךָ אֲחֻזַּת עוֹלָֽם׃ וְעַתָּה שְׁנֵֽי־בָנֶיךָ
הַנּוֹלָדִים לְךָ בְּאֶרֶץ מִצְרַיִם עַד־בֹּאִי אֵלֶיךָ מִצְרַיְמָה
לִי־הֵם אֶפְרַיִם וּמְנַשֶּׁה כִּרְאוּבֵן וְשִׁמְעוֹן יִהְיוּ־לִֽי׃
וּמוֹלַדְתְּךָ אֲשֶׁר־הוֹלַדְתָּ אַחֲרֵיהֶם לְךָ יִהְיוּ עַל שֵׁם
אֲחֵיהֶם יִקָּרְאוּ בְּנַחֲלָתָֽם׃ וַאֲנִי ׀ בְּבֹאִי מִפַּדָּן מֵתָה
עָלַי רָחֵל בְּאֶרֶץ כְּנַעַן בַּדֶּרֶךְ בְּעוֹד כִּבְרַת־אֶרֶץ
לָבֹא אֶפְרָתָה וָאֶקְבְּרֶהָ שָּׁם בְּדֶרֶךְ אֶפְרָת הִוא בֵּית
לָֽחֶם׃ וַיַּרְא יִשְׂרָאֵל אֶת־בְּנֵי יוֹסֵף וַיֹּאמֶר מִי־אֵֽלֶּה׃
וַיֹּאמֶר יוֹסֵף אֶל־אָבִיו בָּנַי הֵם אֲשֶׁר־נָתַן־לִי אֱלֹהִים
בָּזֶה וַיֹּאמַר קָחֶם־נָא אֵלַי וַאֲבָרְכֵֽם׃

שמות SHEMOT

שמות א:א–יז וְאֵ֗לֶּה שְׁמוֹת֙ בְּנֵ֣י יִשְׂרָאֵ֔ל הַבָּאִ֖ים מִצְרָ֑יְמָה אֵ֣ת
יַעֲקֹ֔ב אִ֥ישׁ וּבֵית֖וֹ בָּֽאוּ׃ רְאוּבֵ֣ן שִׁמְע֔וֹן לֵוִ֖י וִיהוּדָֽה׃
יִשָּׂשכָ֥ר זְבוּלֻ֖ן וּבִנְיָמִֽן׃ דָּ֥ן וְנַפְתָּלִ֖י גָּ֥ד וְאָשֵֽׁר׃ וַיְהִ֗י
כָּל־נֶ֛פֶשׁ יֹצְאֵ֥י יֶֽרֶךְ־יַעֲקֹ֖ב שִׁבְעִ֣ים נָ֑פֶשׁ וְיוֹסֵ֖ף הָיָ֥ה
בְמִצְרָֽיִם׃ וַיָּ֤מָת יוֹסֵף֙ וְכָל־אֶחָ֔יו וְכֹ֖ל הַדּ֥וֹר הַהֽוּא׃
וּבְנֵ֣י יִשְׂרָאֵ֗ל פָּר֧וּ וַֽיִּשְׁרְצ֛וּ וַיִּרְבּ֥וּ וַיַּֽעַצְמ֖וּ בִּמְאֹ֣ד מְאֹ֑ד
וַתִּמָּלֵ֥א הָאָ֖רֶץ אֹתָֽם׃

לוי וַיָּ֥קָם מֶֽלֶךְ־חָדָ֖שׁ עַל־מִצְרָ֑יִם אֲשֶׁ֥ר לֹֽא־יָדַ֖ע אֶת־
יוֹסֵֽף׃ וַיֹּ֖אמֶר אֶל־עַמּ֑וֹ הִנֵּ֗ה עַ֚ם בְּנֵ֣י יִשְׂרָאֵ֔ל רַ֥ב
וְעָצ֖וּם מִמֶּֽנּוּ׃ הָ֥בָה נִֽתְחַכְּמָ֖ה ל֑וֹ פֶּן־יִרְבֶּ֗ה וְהָיָ֞ה
כִּֽי־תִקְרֶ֤אנָה מִלְחָמָה֙ וְנוֹסַ֤ף גַּם־הוּא֙ עַל־שֹׂ֣נְאֵ֔ינוּ
וְנִלְחַם־בָּ֖נוּ וְעָלָ֥ה מִן־הָאָֽרֶץ׃ וַיָּשִׂ֤ימוּ עָלָיו֙ שָׂרֵ֣י
מִסִּ֔ים לְמַ֥עַן עַנֹּת֖וֹ בְּסִבְלֹתָ֑ם וַיִּ֜בֶן עָרֵ֤י מִסְכְּנוֹת֙
לְפַרְעֹ֔ה אֶת־פִּתֹ֖ם וְאֶת־רַעַמְסֵֽס׃ וְכַאֲשֶׁר֙ יְעַנּ֣וּ אֹת֔וֹ
ישראל כֵּ֥ן יִרְבֶּ֖ה וְכֵ֣ן יִפְרֹ֑ץ וַיָּקֻ֕צוּ מִפְּנֵ֖י בְּנֵ֥י יִשְׂרָאֵֽל׃ *וַיַּעֲבִ֧דוּ
מִצְרַ֛יִם אֶת־בְּנֵ֥י יִשְׂרָאֵ֖ל בְּפָֽרֶךְ׃ וַיְמָרְר֨וּ אֶת־חַיֵּיהֶ֜ם
בַּעֲבֹדָ֣ה קָשָׁ֗ה בְּחֹ֙מֶר֙ וּבִלְבֵנִ֔ים וּבְכָל־עֲבֹדָ֖ה בַּשָּׂדֶ֑ה
אֵ֚ת כָּל־עֲבֹ֣דָתָ֔ם אֲשֶׁר־עָבְד֥וּ בָהֶ֖ם בְּפָֽרֶךְ׃ וַיֹּ֙אמֶר֙

מֶלֶךְ מִצְרַיִם לַמְיַלְּדֹת הָעִבְרִיֹּת אֲשֶׁר שֵׁם הָאַחַת
שִׁפְרָה וְשֵׁם הַשֵּׁנִית פּוּעָה: וַיֹּאמֶר בְּיַלֶּדְכֶן אֶת־
הָעִבְרִיּוֹת וּרְאִיתֶן עַל־הָאָבְנָיִם אִם־בֵּן הוּא וַהֲמִתֶּן
אֹתוֹ וְאִם־בַּת הִוא וָחָיָה: וַתִּירֶאןָ הַמְיַלְּדֹת אֶת־
הָאֱלֹהִים וְלֹא עָשׂוּ כַּאֲשֶׁר דִּבֶּר אֲלֵיהֶן מֶלֶךְ מִצְרָיִם
וַתְּחַיֶּיןָ אֶת־הַיְלָדִים:

וארא VA'ERA

וַיְדַבֵּר אֱלֹהִים אֶל־מֹשֶׁה וַיֹּאמֶר אֵלָיו אֲנִי יְהוָה: שמות ו:ב–יג
וָאֵרָא אֶל־אַבְרָהָם אֶל־יִצְחָק וְאֶל־יַעֲקֹב בְּאֵל
שַׁדָּי וּשְׁמִי יְהוָה לֹא נוֹדַעְתִּי לָהֶם: וְגַם הֲקִמֹתִי
אֶת־בְּרִיתִי אִתָּם לָתֵת לָהֶם אֶת־אֶרֶץ כְּנָעַן אֵת
אֶרֶץ מְגֻרֵיהֶם אֲשֶׁר־גָּרוּ בָהּ: וְגַם ׀ אֲנִי שָׁמַעְתִּי
אֶת־נַאֲקַת בְּנֵי יִשְׂרָאֵל אֲשֶׁר מִצְרַיִם מַעֲבִדִים
אֹתָם וָאֶזְכֹּר אֶת־בְּרִיתִי: *לָכֵן אֱמֹר לִבְנֵי־יִשְׂרָאֵל לוי
אֲנִי יְהוָה וְהוֹצֵאתִי אֶתְכֶם מִתַּחַת סִבְלֹת מִצְרַיִם
וְהִצַּלְתִּי אֶתְכֶם מֵעֲבֹדָתָם וְגָאַלְתִּי אֶתְכֶם בִּזְרוֹעַ
נְטוּיָה וּבִשְׁפָטִים גְּדֹלִים: וְלָקַחְתִּי אֶתְכֶם לִי
לְעָם וְהָיִיתִי לָכֶם לֵאלֹהִים וִידַעְתֶּם כִּי אֲנִי יְהוָה
אֱלֹהֵיכֶם הַמּוֹצִיא אֶתְכֶם מִתַּחַת סִבְלוֹת מִצְרָיִם:

והבאתי אתכם אל־הארץ אשר נשאתי את־ידי
לתת אתה לאברהם ליצחק וליעקב ונתתי אתה
לכם מורשה אני יהוה: וידבר משה כן אל־בני
ישראל ולא שמעו אל־משה מקצר רוח ומעבדה
קשה:

וידבר יהוה אל־משה לאמר: בא דבר אל־פרעה ישראל
מלך מצרים וישלח את־בני־ישראל מארצו: וידבר
משה לפני יהוה לאמר הן בני־ישראל לא־שמעו
אלי ואיך ישמעני פרעה ואני ערל שפתים:
וידבר יהוה אל־משה ואל־אהרן ויצום אל־בני
ישראל ואל־פרעה מלך מצרים להוציא את־בני־
ישראל מארץ מצרים:

BO בא

ויאמר יהוה אל־משה בא אל־פרעה כי־אני שמות י:א–יא
הכבדתי את־לבו ואת־לב עבדיו למען שתי אתתי
אלה בקרבו: ולמען תספר באזני בנך ובן־בנך את
אשר התעללתי במצרים ואת־אתתי אשר־שמתי
בם וידעתם כי־אני יהוה: ויבא משה ואהרן אל־
פרעה ויאמרו אליו כה־אמר יהוה אלהי העברים

עַד־מָתַ֣י מֵאַ֔נְתָּ לֵעָנֹ֖ת מִפָּנָ֑י שַׁלַּ֥ח עַמִּ֖י וְיַֽעַבְדֻֽנִי׃
לוי *כִּ֛י אִם־מָאֵ֥ן אַתָּ֖ה לְשַׁלֵּ֣חַ אֶת־עַמִּ֑י הִנְנִ֨י מֵבִ֥יא
מָחָ֛ר אַרְבֶּ֖ה בִּגְבֻלֶֽךָ׃ וְכִסָּה֙ אֶת־עֵ֣ין הָאָ֔רֶץ וְלֹ֥א
יוּכַ֖ל לִרְאֹ֣ת אֶת־הָאָ֑רֶץ וְאָכַ֣ל ׀ אֶת־יֶ֣תֶר הַפְּלֵטָ֗ה
הַנִּשְׁאֶ֤רֶת לָכֶם֙ מִן־הַבָּרָ֔ד וְאָכַל֙ אֶת־כָּל־הָעֵ֔ץ
הַצֹּמֵ֥חַ לָכֶ֖ם מִן־הַשָּׂדֶֽה׃ וּמָלְא֨וּ בָתֶּ֜יךָ וּבָתֵּ֣י כָל־
עֲבָדֶ֗יךָ וּבָתֵּ֣י כָל־מִצְרַ֔יִם אֲשֶׁ֨ר לֹֽא־רָא֤וּ אֲבֹתֶ֙יךָ֙
וַאֲב֣וֹת אֲבֹתֶ֔יךָ מִיּ֗וֹם הֱיוֹתָם֙ עַל־הָ֣אֲדָמָ֔ה עַ֖ד הַיּ֣וֹם
ישראל הַזֶּ֑ה וַיִּ֖פֶן וַיֵּצֵ֥א מֵעִ֥ם פַּרְעֹֽה׃ *וַיֹּאמְר֜וּ עַבְדֵ֣י פַרְעֹ֗ה
אֵלָ֗יו עַד־מָתַי֙ יִהְיֶ֨ה זֶ֥ה לָ֙נוּ֙ לְמוֹקֵ֔שׁ שַׁלַּח֙ אֶת־
הָ֣אֲנָשִׁ֔ים וְיַֽעַבְד֖וּ אֶת־יְהוָ֣ה אֱלֹהֵיהֶ֑ם הֲטֶ֣רֶם תֵּדַ֔ע
כִּ֥י אָבְדָ֖ה מִצְרָֽיִם׃ וַיּוּשַׁ֞ב אֶת־מֹשֶׁ֤ה וְאֶֽת־אַהֲרֹן֙ אֶל־
פַּרְעֹ֔ה וַיֹּ֣אמֶר אֲלֵהֶ֔ם לְכ֥וּ עִבְד֖וּ אֶת־יְהוָ֣ה אֱלֹהֵיכֶ֑ם
מִ֥י וָמִ֖י הַהֹלְכִֽים׃ וַיֹּ֣אמֶר מֹשֶׁ֔ה בִּנְעָרֵ֥ינוּ וּבִזְקֵנֵ֖ינוּ
נֵלֵ֑ךְ בְּבָנֵ֨ינוּ וּבִבְנוֹתֵ֜נוּ בְּצֹאנֵ֤נוּ וּבִבְקָרֵ֙נוּ֙ נֵלֵ֔ךְ כִּ֥י
חַג־יְהוָ֖ה לָֽנוּ׃ וַיֹּ֣אמֶר אֲלֵהֶ֗ם יְהִ֨י כֵ֤ן יְהוָה֙ עִמָּכֶ֔ם
כַּאֲשֶׁ֛ר אֲשַׁלַּ֥ח אֶתְכֶ֖ם וְאֶֽת־טַפְּכֶ֑ם רְא֕וּ כִּ֥י רָעָ֖ה
נֶ֥גֶד פְּנֵיכֶֽם׃ לֹ֣א כֵ֗ן לְכֽוּ־נָ֤א הַגְּבָרִים֙ וְעִבְד֣וּ אֶת־
יְהוָ֔ה כִּ֥י אֹתָ֖הּ אַתֶּ֣ם מְבַקְשִׁ֑ים וַיְגָ֣רֶשׁ אֹתָ֔ם מֵאֵ֖ת
פְּנֵ֥י פַרְעֹֽה׃

בשלח BESHALLAḤ

שמות יג:יז–יד:ח
וַיְהִי בְּשַׁלַּח פַּרְעֹה אֶת־הָעָם וְלֹא־נָחָם אֱלֹהִים דֶּרֶךְ
אֶרֶץ פְּלִשְׁתִּים כִּי קָרוֹב הוּא כִּי ׀ אָמַר אֱלֹהִים פֶּן־
יִנָּחֵם הָעָם בִּרְאֹתָם מִלְחָמָה וְשָׁבוּ מִצְרָיְמָה: וַיַּסֵּב
אֱלֹהִים ׀ אֶת־הָעָם דֶּרֶךְ הַמִּדְבָּר יַם־סוּף וַחֲמֻשִׁים
עָלוּ בְנֵי־יִשְׂרָאֵל מֵאֶרֶץ מִצְרָיִם: וַיִּקַּח מֹשֶׁה אֶת־
עַצְמוֹת יוֹסֵף עִמּוֹ כִּי הַשְׁבֵּעַ הִשְׁבִּיעַ אֶת־בְּנֵי יִשְׂרָאֵל
לֵאמֹר פָּקֹד יִפְקֹד אֱלֹהִים אֶתְכֶם וְהַעֲלִיתֶם אֶת־
עַצְמֹתַי מִזֶּה אִתְּכֶם: וַיִּסְעוּ מִסֻּכֹּת וַיַּחֲנוּ בְאֵתָם
בִּקְצֵה הַמִּדְבָּר: וַיהוָה הֹלֵךְ לִפְנֵיהֶם יוֹמָם בְּעַמּוּד
עָנָן לַנְחֹתָם הַדֶּרֶךְ וְלַיְלָה בְּעַמּוּד אֵשׁ לְהָאִיר לָהֶם
לָלֶכֶת יוֹמָם וָלָיְלָה: לֹא־יָמִישׁ עַמּוּד הֶעָנָן יוֹמָם
וְעַמּוּד הָאֵשׁ לָיְלָה לִפְנֵי הָעָם:

לוי
וַיְדַבֵּר יְהוָה אֶל־מֹשֶׁה לֵּאמֹר: דַּבֵּר אֶל־בְּנֵי יִשְׂרָאֵל
וְיָשֻׁבוּ וְיַחֲנוּ לִפְנֵי פִּי הַחִירֹת בֵּין מִגְדֹּל וּבֵין הַיָּם לִפְנֵי
בַּעַל צְפֹן נִכְחוֹ תַחֲנוּ עַל־הַיָּם: וְאָמַר פַּרְעֹה לִבְנֵי
יִשְׂרָאֵל נְבֻכִים הֵם בָּאָרֶץ סָגַר עֲלֵיהֶם הַמִּדְבָּר:
וְחִזַּקְתִּי אֶת־לֵב־פַּרְעֹה וְרָדַף אַחֲרֵיהֶם וְאִכָּבְדָה
בְּפַרְעֹה וּבְכָל־חֵילוֹ וְיָדְעוּ מִצְרַיִם כִּי־אֲנִי יְהוָה
ישראל
וַיַּעֲשׂוּ־כֵן: *וַיֻּגַּד לְמֶלֶךְ מִצְרַיִם כִּי בָרַח הָעָם וַיֵּהָפֵךְ

לְבַב פַּרְעֹה וַעֲבָדָיו אֶל־הָעָם וַיֹּאמְרוּ מַה־זֹּאת
עָשִׂינוּ כִּי־שִׁלַּחְנוּ אֶת־יִשְׂרָאֵל מֵעָבְדֵנוּ׃ וַיֶּאְסֹר
אֶת־רִכְבּוֹ וְאֶת־עַמּוֹ לָקַח עִמּוֹ׃ וַיִּקַּח שֵׁשׁ־מֵאוֹת
רֶכֶב בָּחוּר וְכֹל רֶכֶב מִצְרָיִם וְשָׁלִשִׁם עַל־כֻּלּוֹ׃ וַיְחַזֵּק
יְהוָה אֶת־לֵב פַּרְעֹה מֶלֶךְ מִצְרַיִם וַיִּרְדֹּף אַחֲרֵי בְּנֵי
יִשְׂרָאֵל וּבְנֵי יִשְׂרָאֵל יֹצְאִים בְּיָד רָמָה׃

YITRO — יתרו

וַיִּשְׁמַע יִתְרוֹ כֹהֵן מִדְיָן חֹתֵן מֹשֶׁה אֵת כָּל־אֲשֶׁר (שמות יח:א–יב)
עָשָׂה אֱלֹהִים לְמֹשֶׁה וּלְיִשְׂרָאֵל עַמּוֹ כִּי־הוֹצִיא יְהוָה
אֶת־יִשְׂרָאֵל מִמִּצְרָיִם׃ וַיִּקַּח יִתְרוֹ חֹתֵן מֹשֶׁה אֶת־
צִפֹּרָה אֵשֶׁת מֹשֶׁה אַחַר שִׁלּוּחֶיהָ׃ וְאֵת שְׁנֵי בָנֶיהָ
אֲשֶׁר שֵׁם הָאֶחָד גֵּרְשֹׁם כִּי אָמַר גֵּר הָיִיתִי בְּאֶרֶץ
נָכְרִיָּה׃ וְשֵׁם הָאֶחָד אֱלִיעֶזֶר כִּי־אֱלֹהֵי אָבִי בְּעֶזְרִי
וַיַּצִּלֵנִי מֵחֶרֶב פַּרְעֹה׃ *וַיָּבֹא יִתְרוֹ חֹתֵן מֹשֶׁה וּבָנָיו לוי
וְאִשְׁתּוֹ אֶל־מֹשֶׁה אֶל־הַמִּדְבָּר אֲשֶׁר־הוּא חֹנֶה
שָׁם הַר הָאֱלֹהִים׃ וַיֹּאמֶר אֶל־מֹשֶׁה אֲנִי חֹתֶנְךָ
יִתְרוֹ בָּא אֵלֶיךָ וְאִשְׁתְּךָ וּשְׁנֵי בָנֶיהָ עִמָּהּ׃ וַיֵּצֵא
מֹשֶׁה לִקְרַאת חֹתְנוֹ וַיִּשְׁתַּחוּ וַיִּשַּׁק־לוֹ וַיִּשְׁאֲלוּ
אִישׁ־לְרֵעֵהוּ לְשָׁלוֹם וַיָּבֹאוּ הָאֹהֱלָה׃ וַיְסַפֵּר

מֹשֶׁה֙ לְחֹ֣תְנ֔וֹ אֵת֩ כָּל־אֲשֶׁ֨ר עָשָׂ֤ה יְהוָה֙ לְפַרְעֹ֣ה
וּלְמִצְרַ֔יִם עַ֖ל אוֹדֹ֣ת יִשְׂרָאֵ֑ל אֵ֤ת כָּל־הַתְּלָאָה֙ אֲשֶׁ֣ר
מְצָאָ֣תַם בַּדֶּ֔רֶךְ וַיַּצִּלֵ֖ם יְהוָֽה׃ *וַיִּ֣חַדְּ יִתְר֔וֹ עַ֚ל כָּל־ ישראל
הַטּוֹבָ֔ה אֲשֶׁר־עָשָׂ֥ה יְהוָ֖ה לְיִשְׂרָאֵ֑ל אֲשֶׁ֥ר הִצִּיל֖וֹ
מִיַּ֥ד מִצְרָֽיִם׃ וַיֹּאמֶר֮ יִתְרוֹ֒ בָּר֣וּךְ יְהוָ֔ה אֲשֶׁ֨ר הִצִּ֥יל
אֶתְכֶ֛ם מִיַּ֥ד מִצְרַ֖יִם וּמִיַּ֣ד פַּרְעֹ֑ה אֲשֶׁ֤ר הִצִּיל֙ אֶת־
הָעָ֔ם מִתַּ֖חַת יַד־מִצְרָֽיִם׃ עַתָּ֣ה יָדַ֔עְתִּי כִּֽי־גָד֥וֹל יְהוָ֖ה
מִכָּל־הָאֱלֹהִ֑ים כִּ֣י בַדָּבָ֔ר אֲשֶׁ֥ר זָד֖וּ עֲלֵיהֶֽם׃ וַיִּקַּ֞ח
יִתְר֨וֹ חֹתֵ֥ן מֹשֶׁ֛ה עֹלָ֥ה וּזְבָחִ֖ים לֵֽאלֹהִ֑ים וַיָּבֹ֨א אַהֲרֹ֜ן
וְכֹ֣ל ׀ זִקְנֵ֣י יִשְׂרָאֵ֗ל לֶאֱכָל־לֶ֛חֶם עִם־חֹתֵ֥ן מֹשֶׁ֖ה לִפְנֵ֥י
הָאֱלֹהִֽים׃

MISHPATIM משפטים

וְאֵ֙לֶּה֙ הַמִּשְׁפָּטִ֔ים אֲשֶׁ֥ר תָּשִׂ֖ים לִפְנֵיהֶֽם׃ כִּ֤י תִקְנֶה֙ שמות כא:א–יט
עֶ֣בֶד עִבְרִ֔י שֵׁ֥שׁ שָׁנִ֖ים יַעֲבֹ֑ד וּבַ֨שְּׁבִעִ֔ת יֵצֵ֥א לַֽחָפְשִׁ֖י
חִנָּֽם׃ אִם־בְּגַפּ֥וֹ יָבֹ֖א בְּגַפּ֣וֹ יֵצֵ֑א אִם־בַּ֤עַל אִשָּׁה֙ ה֔וּא
וְיָצְאָ֥ה אִשְׁתּ֖וֹ עִמּֽוֹ׃ אִם־אֲדֹנָיו֙ יִתֶּן־ל֣וֹ אִשָּׁ֔ה וְיָלְדָה־
ל֥וֹ בָנִ֖ים א֣וֹ בָנ֑וֹת הָאִשָּׁ֣ה וִילָדֶ֗יהָ תִּהְיֶ֙ה לַֽאדֹנֶ֔יהָ
וְה֖וּא יֵצֵ֥א בְגַפּֽוֹ׃ וְאִם־אָמֹ֤ר יֹאמַר֙ הָעֶ֔בֶד אָהַ֙בְתִּי֙
אֶת־אֲדֹנִ֔י אֶת־אִשְׁתִּ֖י וְאֶת־בָּנָ֑י לֹ֥א אֵצֵ֖א חָפְשִֽׁי׃

וְהִגִּישׁ֤וֹ אֲדֹנָיו֙ אֶל־הָ֣אֱלֹהִ֔ים וְהִגִּישׁוֹ֙ אֶל־הַדֶּ֔לֶת א֖וֹ
אֶל־הַמְּזוּזָ֑ה וְרָצַ֨ע אֲדֹנָ֤יו אֶת־אָזְנוֹ֙ בַּמַּרְצֵ֔עַ וַעֲבָד֖וֹ
לְעֹלָֽם׃ *וְכִֽי־יִמְכֹּ֥ר אִ֛ישׁ אֶת־בִּתּ֖וֹ לְאָמָ֑ה לוי
לֹ֥א תֵצֵ֖א כְּצֵ֥את הָעֲבָדִֽים׃ אִם־רָעָ֞ה בְּעֵינֵ֧י אֲדֹנֶ֛יהָ
אֲשֶׁר־ל֥א יְעָדָ֖הּ וְהֶפְדָּ֑הּ לְעַ֥ם נָכְרִ֛י לֹא־יִמְשֹׁ֥ל לְמָכְרָ֖הּ לו
בְּבִגְדוֹ־בָֽהּ׃ וְאִם־לִבְנ֖וֹ יִיעָדֶ֑נָּה כְּמִשְׁפַּ֥ט הַבָּנ֖וֹת
יַעֲשֶׂה־לָּֽהּ׃ אִם־אַחֶ֖רֶת יִֽקַּֽח־ל֑וֹ שְׁאֵרָ֛הּ כְּסוּתָ֥הּ
וְעֹנָתָ֖הּ לֹ֥א יִגְרָֽע׃ וְאִם־שְׁלָ֨שׁ־אֵ֔לֶּה לֹ֥א יַעֲשֶׂ֖ה לָ֑הּ
וְיָצְאָ֥ה חִנָּ֖ם אֵ֥ין כָּֽסֶף׃ *מַכֵּ֥ה אִ֛ישׁ וָמֵ֖ת ישראל
מ֥וֹת יוּמָֽת׃ וַאֲשֶׁר֙ לֹ֣א צָדָ֔ה וְהָאֱלֹהִ֖ים אִנָּ֣ה לְיָד֑וֹ
וְשַׂמְתִּ֤י לְךָ֙ מָק֔וֹם אֲשֶׁ֥ר יָנ֖וּס שָֽׁמָּה׃ וְכִֽי־
יָזִ֥ד אִ֛ישׁ עַל־רֵעֵ֖הוּ לְהָרְג֣וֹ בְעָרְמָ֑ה מֵעִ֣ם מִזְבְּחִ֔י
תִּקָּחֶ֖נּוּ לָמֽוּת׃ וּמַכֵּ֥ה אָבִ֛יו וְאִמּ֖וֹ מ֥וֹת
יוּמָֽת׃ וְגֹנֵ֨ב אִ֧ישׁ וּמְכָר֛וֹ וְנִמְצָ֥א בְיָד֖וֹ
מ֥וֹת יוּמָֽת׃ וּמְקַלֵּ֥ל אָבִ֛יו וְאִמּ֖וֹ מ֥וֹת
יוּמָֽת׃ וְכִֽי־יְרִיבֻ֣ן אֲנָשִׁ֔ים וְהִכָּה־אִישׁ֙ אֶת־
רֵעֵ֔הוּ בְּאֶ֖בֶן א֣וֹ בְאֶגְרֹ֑ף וְלֹ֥א יָמ֖וּת וְנָפַ֥ל לְמִשְׁכָּֽב׃
אִם־יָק֞וּם וְהִתְהַלֵּ֥ךְ בַּח֛וּץ עַל־מִשְׁעַנְתּ֖וֹ וְנִקָּ֣ה
הַמַּכֶּ֑ה רַ֥ק שִׁבְתּ֛וֹ יִתֵּ֖ן וְרַפֹּ֥א יְרַפֵּֽא׃

TERUMA תרומה

שמות כה:א–טז וידב֥ר יהו֖ה אל־מש֥ה לאמֽר׃ דבר֙ אל־בנ֣י ישרא֔ל
ויקחו־ל֖י תרומ֑ה מא֤ת כל־איש֙ אש֣ר ידב֣נו לב֔ו
תקח֖ו את־תרומתֽי׃ וזאת֙ התרומ֔ה אש֥ר תקח֖ו
מאת֑ם זה֥ב וכ֖סף ונחֽשת׃ ותכ֧לת וארגמ֛ן ותול֥עת
שנ֖י וש֥ש ועזֽים׃ וער֨ת איל֧ם מאדמ֛ים וער֥ת תחש֖ים
לוי ועצ֥י שטֽים׃ *ש֖מן למא֑ר בשמים֙ לש֣מן המשח֔ה
ולקט֖רת הסמֽים׃ אבני־ש֕הם ואבנ֖י מלא֑ים לאפ֖ד
ולחֽשן׃ וע֥שו ל֖י מקד֑ש ושכנת֖י בתוכֽם׃ ככ֗ל אש֤ר
אני֙ מרא֣ה אותך֔ א֚ת תבנ֣ית המשכ֔ן וא֖ת תבנ֣ית
ישראל כל־כל֑יו וכ֖ן תעשֽו׃ *וע֥שו אר֖ון עצ֣י
שט֑ים אמת֨ים וח֜צי ארכ֗ו ואמ֤ה וח֙צי֙ רחב֔ו ואמ֥ה
וח֖צי קמתֽו׃ וצפית֤ אתו֙ זה֣ב טה֔ור מב֥ית ומח֖וץ
תצפ֑נו ועש֧ית על֛יו ז֥ר זה֖ב סבֽיב׃ ויצ֣קת ל֗ו ארבע֙
טבע֣ת זה֔ב ונ֣תת֔ה ע֖ל ארב֣ע פעמת֑יו ושת֣י טבע֗ת
על־צלעו֙ הֽאח֔ת ושתי֙ טבע֔ת על־צלע֖ו השנֽית׃
ועש֥ית בד֖י עצ֣י שט֑ים וצפית֥ את֖ם זהֽב׃ והבאת֤
את־הבדים֙ בטבע֔ת ע֖ל צלע֣ת האר֑ן לש֥את את־
האר֖ן בהֽם׃ בטבעת֙ האר֔ן יהי֖ו הבד֑ים ל֥א יס֖רו
ממֽנו׃ ונתת֖ אל־האר֑ן א֚ת העד֔ת אש֥ר את֖ן אלֽיך׃

TETZAVEH — תצוה

שמות כז:כ–כח:יב

וְאַתָּה תְּצַוֶּה ׀ אֶת־בְּנֵי יִשְׂרָאֵל וְיִקְחוּ אֵלֶיךָ שֶׁמֶן זַיִת
זָךְ כָּתִית לַמָּאוֹר לְהַעֲלֹת נֵר תָּמִיד׃ בְּאֹהֶל מוֹעֵד
מִחוּץ לַפָּרֹכֶת אֲשֶׁר עַל־הָעֵדֻת יַעֲרֹךְ אֹתוֹ אַהֲרֹן
וּבָנָיו מֵעֶרֶב עַד־בֹּקֶר לִפְנֵי יְהוָה חֻקַּת עוֹלָם לְדֹרֹתָם
מֵאֵת בְּנֵי יִשְׂרָאֵל׃ וְאַתָּה הַקְרֵב אֵלֶיךָ
אֶת־אַהֲרֹן אָחִיךָ וְאֶת־בָּנָיו אִתּוֹ מִתּוֹךְ בְּנֵי יִשְׂרָאֵל
לְכַהֲנוֹ־לִי אַהֲרֹן נָדָב וַאֲבִיהוּא אֶלְעָזָר וְאִיתָמָר
בְּנֵי אַהֲרֹן׃ וְעָשִׂיתָ בִגְדֵי־קֹדֶשׁ לְאַהֲרֹן אָחִיךָ לְכָבוֹד
וּלְתִפְאָרֶת׃ וְאַתָּה תְּדַבֵּר אֶל־כָּל־חַכְמֵי־לֵב אֲשֶׁר
מִלֵּאתִיו רוּחַ חָכְמָה וְעָשׂוּ אֶת־בִּגְדֵי אַהֲרֹן לְקַדְּשׁוֹ
לְכַהֲנוֹ־לִי׃ וְאֵלֶּה הַבְּגָדִים אֲשֶׁר יַעֲשׂוּ חֹשֶׁן וְאֵפוֹד
וּמְעִיל וּכְתֹנֶת תַּשְׁבֵּץ מִצְנֶפֶת וְאַבְנֵט וְעָשׂוּ בִגְדֵי־
קֹדֶשׁ לְאַהֲרֹן אָחִיךָ וּלְבָנָיו לְכַהֲנוֹ־לִי׃ וְהֵם יִקְחוּ
אֶת־הַזָּהָב וְאֶת־הַתְּכֵלֶת וְאֶת־הָאַרְגָּמָן וְאֶת־
תּוֹלַעַת הַשָּׁנִי וְאֶת־הַשֵּׁשׁ׃

וְעָשׂוּ אֶת־הָאֵפֹד זָהָב תְּכֵלֶת וְאַרְגָּמָן תּוֹלַעַת שָׁנִי לוי
וְשֵׁשׁ מָשְׁזָר מַעֲשֵׂה חֹשֵׁב׃ שְׁתֵּי כְתֵפֹת חֹבְרֹת
יִהְיֶה־לּוֹ אֶל־שְׁנֵי קְצוֹתָיו וְחֻבָּר׃ וְחֵשֶׁב אֲפֻדָּתוֹ
אֲשֶׁר עָלָיו כְּמַעֲשֵׂהוּ מִמֶּנּוּ יִהְיֶה זָהָב תְּכֵלֶת וְאַרְגָּמָן

וְתוֹלַ֥עַת שָׁנִ֖י וְשֵׁ֥שׁ מָשְׁזָֽר׃ וְלָקַחְתָּ֙ אֶת־שְׁתֵּ֣י אַבְנֵי־
שֹׁ֔הַם וּפִתַּחְתָּ֣ עֲלֵיהֶ֔ם שְׁמ֖וֹת בְּנֵ֥י יִשְׂרָאֵֽל׃ *שִׁשָּׁה֙ ישראל
מִשְּׁמֹתָ֔ם עַ֖ל הָאֶ֣בֶן הָאֶחָ֑ת וְאֶת־שְׁמ֞וֹת הַשִּׁשָּׁ֧ה
הַנּוֹתָרִ֛ים עַל־הָאֶ֥בֶן הַשֵּׁנִ֖ית כְּתוֹלְדֹתָֽם׃ מַעֲשֵׂ֣ה
חָרַשׁ֮ אֶ֒בֶן֒ פִּתּוּחֵ֣י חֹתָ֗ם תְּפַתַּח֙ אֶת־שְׁתֵּ֣י הָאֲבָנִ֔ים
עַל־שְׁמֹ֖ת בְּנֵ֣י יִשְׂרָאֵ֑ל מֻסַבֹּ֛ת מִשְׁבְּצ֥וֹת זָהָ֖ב תַּעֲשֶׂ֥ה
אֹתָֽם׃ וְשַׂמְתָּ֞ אֶת־שְׁתֵּ֣י הָאֲבָנִ֗ים עַ֚ל כִּתְפֹ֣ת הָֽאֵפֹ֔ד
אַבְנֵ֥י זִכָּרֹ֖ן לִבְנֵ֣י יִשְׂרָאֵ֑ל וְנָשָׂא֩ אַהֲרֹ֨ן אֶת־שְׁמוֹתָ֜ם
לִפְנֵ֧י יְהוָ֛ה עַל־שְׁתֵּ֥י כְתֵפָ֖יו לְזִכָּרֹֽן׃

KI TISSA כי תשא

וַיְדַבֵּ֥ר יְהוָ֖ה אֶל־מֹשֶׁ֥ה לֵּאמֹֽר׃ כִּ֣י תִשָּׂ֞א אֶת־רֹ֥אשׁ שמות ל:יא–כא
בְּנֵֽי־יִשְׂרָאֵל֮ לִפְקֻדֵיהֶם֒ וְנָ֨תְנ֜וּ אִ֣ישׁ כֹּ֧פֶר נַפְשׁ֛וֹ לַיהוָ֖ה
בִּפְקֹ֣ד אֹתָ֑ם וְלֹא־יִהְיֶ֥ה בָהֶ֛ם נֶ֖גֶף בִּפְקֹ֥ד אֹתָֽם׃ זֶ֣ה ׀
יִתְּנ֗וּ כָּל־הָעֹבֵר֙ עַל־הַפְּקֻדִ֔ים מַחֲצִ֥ית הַשֶּׁ֖קֶל בְּשֶׁ֣קֶל
הַקֹּ֑דֶשׁ עֶשְׂרִ֤ים גֵּרָה֙ הַשֶּׁ֔קֶל מַחֲצִ֣ית הַשֶּׁ֔קֶל תְּרוּמָ֖ה
לַֽיהוָֽה׃ *כֹּ֗ל הָעֹבֵר֙ עַל־הַפְּקֻדִ֔ים מִבֶּ֛ן עֶשְׂרִ֥ים שָׁנָ֖ה לוי
וָמָ֑עְלָה יִתֵּ֖ן תְּרוּמַ֥ת יְהוָֽה׃ הֶֽעָשִׁ֣יר לֹֽא־יַרְבֶּ֗ה וְהַדַּל֙
לֹ֣א יַמְעִ֔יט מִֽמַּחֲצִ֖ית הַשָּׁ֑קֶל לָתֵת֙ אֶת־תְּרוּמַ֣ת יְהוָ֔ה
לְכַפֵּ֖ר עַל־נַפְשֹׁתֵיכֶֽם׃ וְלָקַחְתָּ֞ אֶת־כֶּ֣סֶף הַכִּפֻּרִ֗ים

מֵאֵת֙ בְּנֵ֣י יִשְׂרָאֵ֔ל וְנָתַתָּ֣ אֹת֔וֹ עַל־עֲבֹדַ֖ת אֹ֣הֶל
מוֹעֵ֑ד וְהָיָה֩ לִבְנֵ֨י יִשְׂרָאֵ֤ל לְזִכָּרוֹן֙ לִפְנֵ֣י יְהוָ֔ה לְכַפֵּ֖ר
עַל־נַפְשֹׁתֵיכֶֽם׃

ישראל וַיְדַבֵּ֥ר יְהוָ֖ה אֶל־מֹשֶׁ֥ה לֵּאמֹֽר׃ וְעָשִׂ֜יתָ כִּיּ֥וֹר נְחֹ֛שֶׁת
וְכַנּ֥וֹ נְחֹ֖שֶׁת לְרָחְצָ֑ה וְנָתַתָּ֣ אֹת֗וֹ בֵּֽין־אֹ֤הֶל מוֹעֵד֙
וּבֵ֣ין הַמִּזְבֵּ֔חַ וְנָתַתָּ֥ שָׁ֖מָּה מָֽיִם׃ וְרָחֲצ֛וּ אַהֲרֹ֥ן וּבָנָ֖יו
מִמֶּ֑נּוּ אֶת־יְדֵיהֶ֖ם וְאֶת־רַגְלֵיהֶֽם׃ בְּבֹאָ֞ם אֶל־אֹ֧הֶל
מוֹעֵ֛ד יִרְחֲצוּ־מַ֖יִם וְלֹ֣א יָמֻ֑תוּ א֣וֹ בְגִשְׁתָּ֤ם אֶל־
הַמִּזְבֵּ֙חַ֙ לְשָׁרֵ֔ת לְהַקְטִ֥יר אִשֶּׁ֖ה לַיהוָֽה׃ וְרָחֲצ֛וּ
יְדֵיהֶ֥ם וְרַגְלֵיהֶ֖ם וְלֹ֣א יָמֻ֑תוּ וְהָיְתָ֨ה לָהֶ֧ם חָק־עוֹלָ֛ם
ל֥וֹ וּלְזַרְע֖וֹ לְדֹרֹתָֽם׃

ויקהל
VAYAK-HEL

שמות לה:א–כ וַיַּקְהֵ֣ל מֹשֶׁ֗ה אֶֽת־כָּל־עֲדַ֛ת בְּנֵ֥י יִשְׂרָאֵ֖ל וַיֹּ֣אמֶר
אֲלֵהֶ֑ם אֵ֚לֶּה הַדְּבָרִ֔ים אֲשֶׁר־צִוָּ֥ה יְהוָ֖ה לַעֲשֹׂ֥ת
אֹתָֽם׃ שֵׁ֣שֶׁת יָמִים֮ תֵּעָשֶׂ֣ה מְלָאכָה֒ וּבַיּ֣וֹם הַשְּׁבִיעִ֗י
יִהְיֶ֨ה לָכֶ֥ם קֹ֛דֶשׁ שַׁבַּ֥ת שַׁבָּת֖וֹן לַיהוָ֑ה כָּל־הָעֹשֶׂ֥ה
ב֛וֹ מְלָאכָ֖ה יוּמָֽת׃ לֹא־תְבַעֲר֣וּ אֵ֔שׁ בְּכֹ֖ל מֹשְׁבֹתֵיכֶ֑ם
בְּי֖וֹם הַשַּׁבָּֽת׃

לוי וַיֹּ֣אמֶר מֹשֶׁ֔ה אֶל־כָּל־עֲדַ֥ת בְּנֵֽי־יִשְׂרָאֵ֖ל לֵאמֹ֑ר זֶ֣ה

הדבר אשר־צוה יהוה לאמר: קחו מאתכם תרומה
ליהוה כל נדיב לבו יביאה את תרומת יהוה זהב
וכסף ונחשת: ותכלת וארגמן ותולעת שני ושש
ועזים: וערת אילם מאדמים וערת תחשים ועצי
שטים: ושמן למאור ובשמים לשמן המשחה
ולקטרת הסמים: ואבני־שהם ואבני מלאים
לאפוד ולחשן: וכל־חכם־לב בכם יבאו ויעשו
את כל־אשר צוה יהוה: *את־המשכן את־אהלו ישראל
ואת־מכסהו את־קרסיו ואת־קרשיו את־בריחו
את־עמדיו ואת־אדניו: את־הארן ואת־בדיו את־
הכפרת ואת פרכת המסך: את־השלחן ואת־בדיו
ואת־כל־כליו ואת לחם הפנים: ואת־מנרת המאור
ואת־כליה ואת־נרתיה ואת שמן המאור: ואת־
מזבח הקטרת ואת־בדיו ואת שמן המשחה ואת
קטרת הסמים ואת־מסך הפתח לפתח המשכן:
את | מזבח העלה ואת־מכבר הנחשת אשר־לו
את־בדיו ואת־כל־כליו את־הכיר ואת־כנו: את
קלעי החצר את־עמדיו ואת־אדניה ואת מסך
שער החצר: את־יתדת המשכן ואת־יתדת החצר
ואת־מיתריהם: את־בגדי השרד לשרת בקדש

אֶת־בִּגְדֵ֤י הַקֹּ֙דֶשׁ֙ לְאַהֲרֹ֣ן הַכֹּהֵ֔ן וְאֶת־בִּגְדֵ֥י בָנָ֖יו
לְכַהֵֽן׃ וַיֵּצְא֛וּ כׇּל־עֲדַ֥ת בְּנֵֽי־יִשְׂרָאֵ֖ל מִלִּפְנֵ֥י מֹשֶֽׁה׃

PEKUDEI

פקודי

שמות ח:כא–לט:א אֵ֠לֶּה פְקוּדֵ֤י הַמִּשְׁכָּן֙ מִשְׁכַּ֣ן הָעֵדֻ֔ת אֲשֶׁ֥ר פֻּקַּ֖ד עַל־
פִּ֣י מֹשֶׁ֑ה עֲבֹדַת֙ הַלְוִיִּ֔ם בְּיַד֙ אִֽיתָמָ֔ר בֶּן־אַהֲרֹ֖ן הַכֹּהֵֽן׃
וּבְצַלְאֵ֛ל בֶּן־אוּרִ֥י בֶן־ח֖וּר לְמַטֵּ֣ה יְהוּדָ֑ה עָשָׂ֕ה
אֵ֛ת כׇּל־אֲשֶׁר־צִוָּ֥ה יְהֹוָ֖ה אֶת־מֹשֶֽׁה׃ וְאִתּ֗וֹ אׇהֳלִיאָ֛ב
בֶּן־אֲחִֽיסָמָ֖ךְ לְמַטֵּה־דָ֑ן חָרָ֖שׁ וְחֹשֵׁ֑ב וְרֹקֵ֗ם בַּתְּכֵ֙לֶת֙
לוי וּבָֽאַרְגָּמָ֔ן וּבְתוֹלַ֥עַת הַשָּׁנִ֖י וּבַשֵּֽׁשׁ׃ *כׇּל־
הַזָּהָ֗ב הֶֽעָשׂוּי֙ לַמְּלָאכָ֔ה בְּכֹ֖ל מְלֶ֣אכֶת הַקֹּ֑דֶשׁ וַיְהִ֣י ׀
זְהַ֣ב הַתְּנוּפָ֗ה תֵּ֤שַׁע וְעֶשְׂרִים֙ כִּכָּ֔ר וּשְׁבַ֨ע מֵא֧וֹת
וּשְׁלֹשִׁ֛ים שֶׁ֖קֶל בְּשֶׁ֥קֶל הַקֹּֽדֶשׁ׃ וְכֶ֛סֶף פְּקוּדֵ֥י הָעֵדָ֖ה
מְאַ֣ת כִּכָּ֑ר וְאֶ֜לֶף וּשְׁבַ֨ע מֵא֜וֹת וַחֲמִשָּׁ֧ה וְשִׁבְעִ֛ים
שֶׁ֖קֶל בְּשֶׁ֥קֶל הַקֹּֽדֶשׁ׃ בֶּ֚קַע לַגֻּלְגֹּ֔לֶת מַחֲצִ֥ית הַשֶּׁ֖קֶל
בְּשֶׁ֣קֶל הַקֹּ֑דֶשׁ לְכֹ֨ל הָעֹבֵ֜ר עַל־הַפְּקֻדִ֗ים מִבֶּ֨ן עֶשְׂרִ֤ים
שָׁנָה֙ וָמַ֔עְלָה לְשֵׁשׁ־מֵא֥וֹת אֶ֙לֶף֙ וּשְׁלֹ֣שֶׁת אֲלָפִ֔ים
וַחֲמֵ֥שׁ מֵא֖וֹת וַחֲמִשִּֽׁים׃ וַֽיְהִי֙ מְאַ֣ת כִּכַּ֣ר הַכֶּ֔סֶף
לָצֶ֗קֶת אֵ֚ת אַדְנֵ֣י הַקֹּ֔דֶשׁ וְאֵ֖ת אַדְנֵ֣י הַפָּרֹ֑כֶת מְאַ֧ת
ישראל אֲדָנִ֛ים לִמְאַ֥ת הַכִּכָּ֖ר כִּכָּ֥ר לָאָֽדֶן׃ *וְאֶת־הָאֶ֜לֶף וּשְׁבַ֣ע

הַמֵּאוֹת וְחֲמִשָּׁה וְשִׁבְעִים עָשָׂה וָוִים לָעַמּוּדִים
וְצִפָּה רָאשֵׁיהֶם וְחִשַּׁק אֹתָם: וּנְחֹשֶׁת הַתְּנוּפָה
שִׁבְעִים כִּכָּר וְאַלְפַּיִם וְאַרְבַּע־מֵאוֹת שָׁקֶל: וַיַּעַשׂ
בָּהּ אֶת־אַדְנֵי פֶּתַח אֹהֶל מוֹעֵד וְאֵת מִזְבַּח הַנְּחֹשֶׁת
וְאֶת־מִכְבַּר הַנְּחֹשֶׁת אֲשֶׁר־לוֹ וְאֵת כָּל־כְּלֵי הַמִּזְבֵּחַ:
וְאֶת־אַדְנֵי הֶחָצֵר סָבִיב וְאֶת־אַדְנֵי שַׁעַר הֶחָצֵר וְאֵת
כָּל־יִתְדֹת הַמִּשְׁכָּן וְאֶת־כָּל־יִתְדֹת הֶחָצֵר סָבִיב:
וּמִן־הַתְּכֵלֶת וְהָאַרְגָּמָן וְתוֹלַעַת הַשָּׁנִי עָשׂוּ בִגְדֵי־
שְׂרָד לְשָׁרֵת בַּקֹּדֶשׁ וַיַּעֲשׂוּ אֶת־בִּגְדֵי הַקֹּדֶשׁ אֲשֶׁר
לְאַהֲרֹן כַּאֲשֶׁר צִוָּה יְהוָה אֶת־מֹשֶׁה:

VAYIKRA ויקרא

ויקרא א:א–יג

וַיִּקְרָא אֶל־מֹשֶׁה וַיְדַבֵּר יְהוָה אֵלָיו מֵאֹהֶל מוֹעֵד
לֵאמֹר: דַּבֵּר אֶל־בְּנֵי יִשְׂרָאֵל וְאָמַרְתָּ אֲלֵהֶם אָדָם
כִּי־יַקְרִיב מִכֶּם קָרְבָּן לַיהוָה מִן־הַבְּהֵמָה מִן־הַבָּקָר
וּמִן־הַצֹּאן תַּקְרִיבוּ אֶת־קָרְבַּנְכֶם: אִם־עֹלָה קָרְבָּנוֹ
מִן־הַבָּקָר זָכָר תָּמִים יַקְרִיבֶנּוּ אֶל־פֶּתַח אֹהֶל
מוֹעֵד יַקְרִיב אֹתוֹ לִרְצֹנוֹ לִפְנֵי יְהוָה: וְסָמַךְ יָדוֹ עַל
לוי רֹאשׁ הָעֹלָה וְנִרְצָה לוֹ לְכַפֵּר עָלָיו: *וְשָׁחַט אֶת־
בֶּן הַבָּקָר לִפְנֵי יְהוָה וְהִקְרִיבוּ בְּנֵי אַהֲרֹן הַכֹּהֲנִים

אֶת־הַדָּם וְזָרְקוּ אֶת־הַדָּם עַל־הַמִּזְבֵּחַ סָבִיב אֲשֶׁר־
פֶּתַח אֹהֶל מוֹעֵד׃ וְהִפְשִׁיט אֶת־הָעֹלָה וְנִתַּח אֹתָהּ
לִנְתָחֶיהָ׃ וְנָתְנוּ בְּנֵי אַהֲרֹן הַכֹּהֵן אֵשׁ עַל־הַמִּזְבֵּחַ
וְעָרְכוּ עֵצִים עַל־הָאֵשׁ׃ וְעָרְכוּ בְּנֵי אַהֲרֹן הַכֹּהֲנִים
אֵת הַנְּתָחִים אֶת־הָרֹאשׁ וְאֶת־הַפָּדֶר עַל־הָעֵצִים
אֲשֶׁר עַל־הָאֵשׁ אֲשֶׁר עַל־הַמִּזְבֵּחַ׃ וְקִרְבּוֹ וּכְרָעָיו
יִרְחַץ בַּמָּיִם וְהִקְטִיר הַכֹּהֵן אֶת־הַכֹּל הַמִּזְבֵּחָה עֹלָה
אִשֵּׁה רֵיחַ־נִיחוֹחַ לַיהוָה׃ ★וְאִם־מִן־ ישראל
הַצֹּאן קָרְבָּנוֹ מִן־הַכְּשָׂבִים אוֹ מִן־הָעִזִּים לְעֹלָה
זָכָר תָּמִים יַקְרִיבֶנּוּ׃ וְשָׁחַט אֹתוֹ עַל יֶרֶךְ הַמִּזְבֵּחַ
צָפֹנָה לִפְנֵי יְהוָה וְזָרְקוּ בְּנֵי אַהֲרֹן הַכֹּהֲנִים אֶת־דָּמוֹ
עַל־הַמִּזְבֵּחַ סָבִיב׃ וְנִתַּח אֹתוֹ לִנְתָחָיו וְאֶת־רֹאשׁוֹ
וְאֶת־פִּדְרוֹ וְעָרַךְ הַכֹּהֵן אֹתָם עַל־הָעֵצִים אֲשֶׁר עַל־
הָאֵשׁ אֲשֶׁר עַל־הַמִּזְבֵּחַ׃ וְהַקֶּרֶב וְהַכְּרָעַיִם יִרְחַץ
בַּמָּיִם וְהִקְרִיב הַכֹּהֵן אֶת־הַכֹּל וְהִקְטִיר הַמִּזְבֵּחָה
עֹלָה הוּא אִשֵּׁה רֵיחַ נִיחֹחַ לַיהוָה׃

TZAV צו

וַיְדַבֵּר יְהוָה אֶל־מֹשֶׁה לֵּאמֹר׃ צַו אֶת־אַהֲרֹן וְאֶת־ ויקרא ו:א–יא
בָּנָיו לֵאמֹר זֹאת תּוֹרַת הָעֹלָה הִוא הָעֹלָה עַל

מוֹקְדָה עַל־הַמִּזְבֵּחַ כָּל־הַלַּיְלָה עַד־הַבֹּקֶר וְאֵשׁ
הַמִּזְבֵּחַ תּוּקַד בּוֹ׃ וְלָבַשׁ הַכֹּהֵן מִדּוֹ בַד וּמִכְנְסֵי־בַד
יִלְבַּשׁ עַל־בְּשָׂרוֹ וְהֵרִים אֶת־הַדֶּשֶׁן אֲשֶׁר תֹּאכַל
הָאֵשׁ אֶת־הָעֹלָה עַל־הַמִּזְבֵּחַ וְשָׂמוֹ אֵצֶל הַמִּזְבֵּחַ׃
לוי *וּפָשַׁט אֶת־בְּגָדָיו וְלָבַשׁ בְּגָדִים אֲחֵרִים וְהוֹצִיא אֶת־
הַדֶּשֶׁן אֶל־מִחוּץ לַמַּחֲנֶה אֶל־מָקוֹם טָהוֹר׃ וְהָאֵשׁ
עַל־הַמִּזְבֵּחַ תּוּקַד־בּוֹ לֹא תִכְבֶּה וּבִעֵר עָלֶיהָ הַכֹּהֵן
עֵצִים בַּבֹּקֶר בַּבֹּקֶר וְעָרַךְ עָלֶיהָ הָעֹלָה וְהִקְטִיר
עָלֶיהָ חֶלְבֵי הַשְּׁלָמִים׃ אֵשׁ תָּמִיד תּוּקַד עַל־הַמִּזְבֵּחַ
לֹא תִכְבֶּה׃
ישראל *וְזֹאת תּוֹרַת הַמִּנְחָה הַקְרֵב
אֹתָהּ בְּנֵי־אַהֲרֹן לִפְנֵי יְהוָה אֶל־פְּנֵי הַמִּזְבֵּחַ׃ וְהֵרִים
מִמֶּנּוּ בְּקֻמְצוֹ מִסֹּלֶת הַמִּנְחָה וּמִשַּׁמְנָהּ וְאֵת כָּל־
הַלְּבֹנָה אֲשֶׁר עַל־הַמִּנְחָה וְהִקְטִיר הַמִּזְבֵּחַ רֵיחַ
נִיחֹחַ אַזְכָּרָתָהּ לַיהוָה׃ וְהַנּוֹתֶרֶת מִמֶּנָּה יֹאכְלוּ
אַהֲרֹן וּבָנָיו מַצּוֹת תֵּאָכֵל בְּמָקוֹם קָדֹשׁ בַּחֲצַר אֹהֶל־
מוֹעֵד יֹאכְלוּהָ׃ לֹא תֵאָפֶה חָמֵץ חֶלְקָם נָתַתִּי אֹתָהּ
מֵאִשָּׁי קֹדֶשׁ קָדָשִׁים הִוא כַּחַטָּאת וְכָאָשָׁם׃ כָּל־
זָכָר בִּבְנֵי אַהֲרֹן יֹאכְלֶנָּה חָק־עוֹלָם לְדֹרֹתֵיכֶם מֵאִשֵּׁי
יְהוָה כֹּל אֲשֶׁר־יִגַּע בָּהֶם יִקְדָּשׁ׃

SHEMINI שמיני

וַיְהִי֙ בַּיּ֣וֹם הַשְּׁמִינִ֔י קָרָ֣א מֹשֶׁ֔ה לְאַהֲרֹ֖ן וּלְבָנָ֑יו וּלְזִקְנֵ֖י ויקרא ט:א–טז
יִשְׂרָאֵֽל׃ וַיֹּ֣אמֶר אֶֽל־אַהֲרֹ֗ן קַח־לְךָ֙ עֵ֧גֶל בֶּן־בָּקָ֛ר
לְחַטָּ֖את וְאַ֣יִל לְעֹלָ֑ה תְּמִימִ֕ם וְהַקְרֵ֖ב לִפְנֵ֥י יְהוָֽה׃
וְאֶל־בְּנֵ֥י יִשְׂרָאֵ֖ל תְּדַבֵּ֣ר לֵאמֹ֑ר קְח֤וּ שְׂעִיר־עִזִּים֙
לְחַטָּ֔את וְעֵ֨גֶל וָכֶ֧בֶשׂ בְּנֵֽי־שָׁנָ֛ה תְּמִימִ֖ם לְעֹלָֽה׃
וְשׁ֨וֹר וָאַ֜יִל לִשְׁלָמִ֗ים לִזְבֹּ֙חַ֙ לִפְנֵ֣י יְהוָ֔ה וּמִנְחָ֖ה
בְּלוּלָ֣ה בַשָּׁ֑מֶן כִּ֣י הַיּ֔וֹם יְהוָ֖ה נִרְאָ֥ה אֲלֵיכֶֽם׃ וַיִּקְח֗וּ
אֵ֚ת אֲשֶׁ֣ר צִוָּ֣ה מֹשֶׁ֔ה אֶל־פְּנֵ֖י אֹ֣הֶל מוֹעֵ֑ד וַיִּקְרְבוּ֙
כָּל־הָ֣עֵדָ֔ה וַיַּֽעַמְד֖וּ לִפְנֵ֥י יְהוָֽה׃ וַיֹּ֣אמֶר מֹשֶׁ֔ה זֶ֧ה
הַדָּבָ֛ר אֲשֶׁר־צִוָּ֥ה יְהוָ֖ה תַּעֲשׂ֑וּ וְיֵרָ֥א אֲלֵיכֶ֖ם כְּב֥וֹד
יְהוָֽה׃ *וַיֹּ֨אמֶר מֹשֶׁ֜ה אֶֽל־אַהֲרֹ֗ן קְרַ֤ב אֶל־הַמִּזְבֵּ֙חַ֙ לוי
וַעֲשֵׂ֞ה אֶת־חַטָּֽאתְךָ֙ וְאֶת־עֹ֣לָתֶ֔ךָ וְכַפֵּ֥ר בַּעַדְךָ֖ וּבְעַ֣ד
הָעָ֑ם וַעֲשֵׂ֞ה אֶת־קָרְבַּ֤ן הָעָם֙ וְכַפֵּ֣ר בַּעֲדָ֔ם כַּאֲשֶׁ֖ר
צִוָּ֥ה יְהוָֽה׃ וַיִּקְרַ֥ב אַהֲרֹ֖ן אֶל־הַמִּזְבֵּ֑חַ וַיִּשְׁחַ֛ט אֶת־
עֵ֥גֶל הַחַטָּ֖את אֲשֶׁר־לֽוֹ׃ וַ֠יַּקְרִבוּ בְּנֵ֨י אַהֲרֹ֣ן אֶת־
הַדָּם֮ אֵלָיו֒ וַיִּטְבֹּ֤ל אֶצְבָּעוֹ֙ בַּדָּ֔ם וַיִּתֵּ֖ן עַל־קַרְנ֣וֹת
הַמִּזְבֵּ֑חַ וְאֶת־הַדָּ֣ם יָצַ֔ק אֶל־יְס֖וֹד הַמִּזְבֵּֽחַ׃ וְאֶת־
הַחֵ֨לֶב וְאֶת־הַכְּלָיֹ֜ת וְאֶת־הַיֹּתֶ֤רֶת מִן־הַכָּבֵד֙ מִן־

הַֽחַטָּאת הִקְטִיר הַמִּזְבֵּחָה כַּאֲשֶׁר צִוָּה יְהוָה אֶת־
מֹשֶׁה׃ *וְאֶת־הַבָּשָׂר וְאֶת־הָעוֹר שָׂרַף בָּאֵשׁ מִחוּץ ישראל
לַמַּחֲנֶה׃ וַיִּשְׁחַט אֶת־הָעֹלָה וַיַּמְצִאוּ בְּנֵי אַהֲרֹן
אֵלָיו אֶת־הַדָּם וַיִּזְרְקֵהוּ עַל־הַמִּזְבֵּחַ סָבִיב׃ וְאֶת־
הָעֹלָה הִמְצִיאוּ אֵלָיו לִנְתָחֶיהָ וְאֶת־הָרֹאשׁ וַיַּקְטֵר
עַל־הַמִּזְבֵּחַ׃ וַיִּרְחַץ אֶת־הַקֶּרֶב וְאֶת־הַכְּרָעָיִם
וַיַּקְטֵר עַל־הָעֹלָה הַמִּזְבֵּחָה׃ וַיַּקְרֵב אֵת קָרְבַּן הָעָם
וַיִּקַּח אֶת־שְׂעִיר הַחַטָּאת אֲשֶׁר לָעָם וַיִּשְׁחָטֵהוּ
וַיְחַטְּאֵהוּ כָּרִאשׁוֹן׃ וַיַּקְרֵב אֶת־הָעֹלָה וַיַּעֲשֶׂהָ
כַּמִּשְׁפָּט׃

תזריע TAZRIA

וַיְדַבֵּר יְהוָה אֶל־מֹשֶׁה לֵּאמֹר׃ דַּבֵּר אֶל־בְּנֵי יִשְׂרָאֵל ויקרא יב:א–יג:ה
לֵאמֹר אִשָּׁה כִּי תַזְרִיעַ וְיָלְדָה זָכָר וְטָמְאָה שִׁבְעַת
יָמִים כִּימֵי נִדַּת דְּוֺתָהּ תִּטְמָא׃ וּבַיּוֹם הַשְּׁמִינִי יִמּוֹל
בְּשַׂר עָרְלָתוֹ׃ וּשְׁלֹשִׁים יוֹם וּשְׁלֹשֶׁת יָמִים תֵּשֵׁב
בִּדְמֵי טָהֳרָה בְּכָל־קֹדֶשׁ לֹא־תִגָּע וְאֶל־הַמִּקְדָּשׁ
לֹא תָבֹא עַד־מְלֹאת יְמֵי טָהֳרָהּ׃ *וְאִם־נְקֵבָה תֵלֵד לוי
וְטָמְאָה שְׁבֻעַיִם כְּנִדָּתָהּ וְשִׁשִּׁים יוֹם וְשֵׁשֶׁת יָמִים
תֵּשֵׁב עַל־דְּמֵי טָהֳרָה׃ וּבִמְלֹאת ׀ יְמֵי טָהֳרָהּ לְבֵן

אוֹ לְבַת תָּבִיא כֶּבֶשׂ בֶּן־שְׁנָתוֹ לְעֹלָה וּבֶן־יוֹנָה
אוֹ־תֹר לְחַטָּאת אֶל־פֶּתַח אֹהֶל־מוֹעֵד אֶל־הַכֹּהֵן׃
וְהִקְרִיבוֹ לִפְנֵי יהוה וְכִפֶּר עָלֶיהָ וְטָהֲרָה מִמְּקֹר
דָּמֶיהָ זֹאת תּוֹרַת הַיֹּלֶדֶת לַזָּכָר אוֹ לַנְּקֵבָה׃ וְאִם־
לֹא תִמְצָא יָדָהּ דֵּי שֶׂה וְלָקְחָה שְׁתֵּי־תֹרִים אוֹ שְׁנֵי
בְּנֵי יוֹנָה אֶחָד לְעֹלָה וְאֶחָד לְחַטָּאת וְכִפֶּר עָלֶיהָ
הַכֹּהֵן וְטָהֵרָה׃

וַיְדַבֵּר יהוה אֶל־מֹשֶׁה וְאֶל־אַהֲרֹן לֵּאמֹר׃ אָדָם ישראל
כִּי־יִהְיֶה בְעוֹר־בְּשָׂרוֹ שְׂאֵת אוֹ־סַפַּחַת אוֹ בַהֶרֶת
וְהָיָה בְעוֹר־בְּשָׂרוֹ לְנֶגַע צָרָעַת וְהוּבָא אֶל־אַהֲרֹן
הַכֹּהֵן אוֹ אֶל־אַחַד מִבָּנָיו הַכֹּהֲנִים׃ וְרָאָה הַכֹּהֵן
אֶת־הַנֶּגַע בְּעוֹר־הַבָּשָׂר וְשֵׂעָר בַּנֶּגַע הָפַךְ ׀ לָבָן
וּמַרְאֵה הַנֶּגַע עָמֹק מֵעוֹר בְּשָׂרוֹ נֶגַע צָרַעַת הוּא
וְרָאָהוּ הַכֹּהֵן וְטִמֵּא אֹתוֹ׃ וְאִם־בַּהֶרֶת לְבָנָה הִוא
בְּעוֹר בְּשָׂרוֹ וְעָמֹק אֵין־מַרְאֶהָ מִן־הָעוֹר וּשְׂעָרָה
לֹא־הָפַךְ לָבָן וְהִסְגִּיר הַכֹּהֵן אֶת־הַנֶּגַע שִׁבְעַת
יָמִים׃ וְרָאָהוּ הַכֹּהֵן בַּיּוֹם הַשְּׁבִיעִי וְהִנֵּה הַנֶּגַע
עָמַד בְּעֵינָיו לֹא־פָשָׂה הַנֶּגַע בָּעוֹר וְהִסְגִּירוֹ הַכֹּהֵן
שִׁבְעַת יָמִים שֵׁנִית׃

מצורע
METZORA

ויקרא יד:א-יב וַיְדַבֵּר יְהוָה אֶל־מֹשֶׁה לֵּאמֹר: זֹאת תִּהְיֶה תּוֹרַת
הַמְּצֹרָע בְּיוֹם טָהֳרָתוֹ וְהוּבָא אֶל־הַכֹּהֵן: וְיָצָא הַכֹּהֵן
אֶל־מִחוּץ לַמַּחֲנֶה וְרָאָה הַכֹּהֵן וְהִנֵּה נִרְפָּא נֶגַע־
הַצָּרַעַת מִן־הַצָּרוּעַ: וְצִוָּה הַכֹּהֵן וְלָקַח לַמִּטַּהֵר
שְׁתֵּי־צִפֳּרִים חַיּוֹת טְהֹרוֹת וְעֵץ אֶרֶז וּשְׁנִי תוֹלַעַת
וְאֵזֹב: וְצִוָּה הַכֹּהֵן וְשָׁחַט אֶת־הַצִּפּוֹר הָאֶחָת אֶל־
לוי כְּלִי־חֶרֶשׂ עַל־מַיִם חַיִּים: *אֶת־הַצִּפֹּר הַחַיָּה יִקַּח
אֹתָהּ וְאֶת־עֵץ הָאֶרֶז וְאֶת־שְׁנִי הַתּוֹלַעַת וְאֶת־
הָאֵזֹב וְטָבַל אוֹתָם וְאֵת ׀ הַצִּפֹּר הַחַיָּה בְּדַם הַצִּפֹּר
הַשְּׁחֻטָה עַל הַמַּיִם הַחַיִּים: וְהִזָּה עַל הַמִּטַּהֵר מִן־
הַצָּרַעַת שֶׁבַע פְּעָמִים וְטִהֲרוֹ וְשִׁלַּח אֶת־הַצִּפֹּר
הַחַיָּה עַל־פְּנֵי הַשָּׂדֶה: וְכִבֶּס הַמִּטַּהֵר אֶת־בְּגָדָיו
וְגִלַּח אֶת־כָּל־שְׂעָרוֹ וְרָחַץ בַּמַּיִם וְטָהֵר וְאַחַר יָבוֹא
אֶל־הַמַּחֲנֶה וְיָשַׁב מִחוּץ לְאָהֳלוֹ שִׁבְעַת יָמִים:
וְהָיָה בַיּוֹם הַשְּׁבִיעִי יְגַלַּח אֶת־כָּל־שְׂעָרוֹ אֶת־רֹאשׁוֹ
וְאֶת־זְקָנוֹ וְאֵת גַּבֹּת עֵינָיו וְאֶת־כָּל־שְׂעָרוֹ יְגַלֵּחַ
וְכִבֶּס אֶת־בְּגָדָיו וְרָחַץ אֶת־בְּשָׂרוֹ בַּמַּיִם וְטָהֵר:
ישראל *וּבַיּוֹם הַשְּׁמִינִי יִקַּח שְׁנֵי־כְבָשִׂים תְּמִימִם וְכַבְשָׂה
אַחַת בַּת־שְׁנָתָהּ תְּמִימָה וּשְׁלֹשָׁה עֶשְׂרֹנִים סֹלֶת

מִנְחָה בְּלוּלָה בַשֶּׁמֶן וְלֹג אֶחָד שָׁמֶן׃ וְהֶעֱמִיד הַכֹּהֵן
הַמְטַהֵר אֵת הָאִישׁ הַמִּטַּהֵר וְאֹתָם לִפְנֵי יְהוָה
פֶּתַח אֹהֶל מוֹעֵד׃ וְלָקַח הַכֹּהֵן אֶת־הַכֶּבֶשׂ הָאֶחָד
וְהִקְרִיב אֹתוֹ לְאָשָׁם וְאֶת־לֹג הַשָּׁמֶן וְהֵנִיף אֹתָם
תְּנוּפָה לִפְנֵי יְהוָה׃

AHAREI MOT — אחרי מות

ויקרא טז:א–יז
וַיְדַבֵּר יְהוָה אֶל־מֹשֶׁה אַחֲרֵי מוֹת שְׁנֵי בְּנֵי אַהֲרֹן
בְּקָרְבָתָם לִפְנֵי־יְהוָה וַיָּמֻתוּ׃ וַיֹּאמֶר יְהוָה אֶל־
מֹשֶׁה דַּבֵּר אֶל־אַהֲרֹן אָחִיךָ וְאַל־יָבֹא בְכָל־עֵת אֶל־
הַקֹּדֶשׁ מִבֵּית לַפָּרֹכֶת אֶל־פְּנֵי הַכַּפֹּרֶת אֲשֶׁר עַל־
הָאָרֹן וְלֹא יָמוּת כִּי בֶּעָנָן אֵרָאֶה עַל־הַכַּפֹּרֶת׃ בְּזֹאת
יָבֹא אַהֲרֹן אֶל־הַקֹּדֶשׁ בְּפַר בֶּן־בָּקָר לְחַטָּאת וְאַיִל
לְעֹלָה׃ כְּתֹנֶת־בַּד קֹדֶשׁ יִלְבָּשׁ וּמִכְנְסֵי־בַד יִהְיוּ
עַל־בְּשָׂרוֹ וּבְאַבְנֵט בַּד יַחְגֹּר וּבְמִצְנֶפֶת בַּד יִצְנֹף
בִּגְדֵי־קֹדֶשׁ הֵם וְרָחַץ בַּמַּיִם אֶת־בְּשָׂרוֹ וּלְבֵשָׁם׃
וּמֵאֵת עֲדַת בְּנֵי יִשְׂרָאֵל יִקַּח שְׁנֵי־שְׂעִירֵי עִזִּים
לְחַטָּאת וְאַיִל אֶחָד לְעֹלָה׃ וְהִקְרִיב אַהֲרֹן אֶת־
פַּר הַחַטָּאת אֲשֶׁר־לוֹ וְכִפֶּר בַּעֲדוֹ וּבְעַד בֵּיתוֹ׃
לוי *וְלָקַח אֶת־שְׁנֵי הַשְּׂעִירִם וְהֶעֱמִיד אֹתָם לִפְנֵי יְהוָה

פֶּ֖תַח אֹ֥הֶל מוֹעֵֽד׃ וְנָתַ֧ן אַהֲרֹ֛ן עַל־שְׁנֵ֥י הַשְּׂעִירִ֖ם
גֹּרָל֑וֹת גּוֹרָ֤ל אֶחָד֙ לַֽיהוָ֔ה וְגוֹרָ֥ל אֶחָ֖ד לַעֲזָאזֵֽל׃
וְהִקְרִ֤יב אַהֲרֹן֙ אֶת־הַשָּׂעִ֔יר אֲשֶׁ֨ר עָלָ֥ה עָלָ֛יו הַגּוֹרָ֖ל
לַֽיהוָ֑ה וְעָשָׂ֖הוּ חַטָּֽאת׃ וְהַשָּׂעִ֗יר אֲשֶׁר֩ עָלָ֨ה עָלָ֤יו
הַגּוֹרָל֙ לַעֲזָאזֵ֔ל יָֽעֳמַד־חַ֛י לִפְנֵ֥י יְהוָ֖ה לְכַפֵּ֣ר עָלָ֑יו
לְשַׁלַּ֥ח אֹת֛וֹ לַעֲזָאזֵ֖ל הַמִּדְבָּֽרָה׃ וְהִקְרִ֨יב אַהֲרֹ֜ן אֶת־
פַּ֤ר הַֽחַטָּאת֙ אֲשֶׁר־ל֔וֹ וְכִפֶּ֥ר בַּעֲד֖וֹ וּבְעַ֣ד בֵּית֑וֹ וְשָׁחַ֛ט
אֶת־פַּ֥ר הַחַטָּ֖את אֲשֶׁר־לֽוֹ׃ *וְלָקַ֣ח מְלֹֽא־הַ֠מַּחְתָּה ישראל
גַּֽחֲלֵי־אֵ֞שׁ מֵעַ֤ל הַמִּזְבֵּ֙חַ֙ מִלִּפְנֵ֣י יְהוָ֔ה וּמְלֹ֣א חָפְנָ֔יו
קְטֹ֖רֶת סַמִּ֣ים דַּקָּ֑ה וְהֵבִ֖יא מִבֵּ֥ית לַפָּרֹֽכֶת׃ וְנָתַ֧ן אֶת־
הַקְּטֹ֛רֶת עַל־הָאֵ֖שׁ לִפְנֵ֣י יְהוָ֑ה וְכִסָּ֣ה ׀ עֲנַ֣ן הַקְּטֹ֗רֶת
אֶת־הַכַּפֹּ֛רֶת אֲשֶׁ֥ר עַל־הָעֵד֖וּת וְלֹ֥א יָמֽוּת׃ וְלָקַח֙
מִדַּ֣ם הַפָּ֔ר וְהִזָּ֥ה בְאֶצְבָּע֛וֹ עַל־פְּנֵ֥י הַכַּפֹּ֖רֶת קֵ֑דְמָה
וְלִפְנֵ֣י הַכַּפֹּ֗רֶת יַזֶּ֧ה שֶֽׁבַע־פְּעָמִ֛ים מִן־הַדָּ֖ם בְּאֶצְבָּעֽוֹ׃
וְשָׁחַ֞ט אֶת־שְׂעִ֣יר הַחַטָּאת֮ אֲשֶׁ֣ר לָעָם֒ וְהֵבִיא֙ אֶת־
דָּמ֔וֹ אֶל־מִבֵּ֖ית לַפָּרֹ֑כֶת וְעָשָׂ֣ה אֶת־דָּמ֗וֹ כַּאֲשֶׁ֤ר עָשָׂה֙
לְדַ֣ם הַפָּ֔ר וְהִזָּ֥ה אֹת֛וֹ עַל־הַכַּפֹּ֖רֶת וְלִפְנֵ֥י הַכַּפֹּֽרֶת׃
וְכִפֶּ֣ר עַל־הַקֹּ֗דֶשׁ מִטֻּמְאֹת֙ בְּנֵ֣י יִשְׂרָאֵ֔ל וּמִפִּשְׁעֵיהֶ֖ם
לְכָל־חַטֹּאתָ֑ם וְכֵ֤ן יַעֲשֶׂה֙ לְאֹ֣הֶל מוֹעֵ֔ד הַשֹּׁכֵ֣ן אִתָּ֔ם

בְּתוֹךְ טֻמְאֹתָם׃ וְכָל־אָדָם לֹא־יִהְיֶה ׀ בְּאֹהֶל מוֹעֵד
בְּבֹאוֹ לְכַפֵּר בַּקֹּדֶשׁ עַד־צֵאתוֹ וְכִפֶּר בַּעֲדוֹ וּבְעַד
בֵּיתוֹ וּבְעַד כָּל־קְהַל יִשְׂרָאֵל׃

KEDOSHIM קדושים

וַיְדַבֵּר יְהוָה אֶל־מֹשֶׁה לֵּאמֹר׃ דַּבֵּר אֶל־כָּל־עֲדַת ויקרא יט:א־יד
בְּנֵי־יִשְׂרָאֵל וְאָמַרְתָּ אֲלֵהֶם קְדֹשִׁים תִּהְיוּ כִּי קָדוֹשׁ
אֲנִי יְהוָה אֱלֹהֵיכֶם׃ אִישׁ אִמּוֹ וְאָבִיו תִּירָאוּ וְאֶת־
שַׁבְּתֹתַי תִּשְׁמֹרוּ אֲנִי יְהוָה אֱלֹהֵיכֶם׃ אַל־תִּפְנוּ אֶל־
הָאֱלִילִם וֵאלֹהֵי מַסֵּכָה לֹא תַעֲשׂוּ לָכֶם אֲנִי יְהוָה
אֱלֹהֵיכֶם׃ *וְכִי תִזְבְּחוּ זֶבַח שְׁלָמִים לַיהוָה לִרְצֹנְכֶם לוי
תִּזְבָּחֻהוּ׃ בְּיוֹם זִבְחֲכֶם יֵאָכֵל וּמִמָּחֳרָת וְהַנּוֹתָר
עַד־יוֹם הַשְּׁלִישִׁי בָּאֵשׁ יִשָּׂרֵף׃ וְאִם הֵאָכֹל יֵאָכֵל
בַּיּוֹם הַשְּׁלִישִׁי פִּגּוּל הוּא לֹא יֵרָצֶה׃ וְאֹכְלָיו עֲוֺנוֹ
יִשָּׂא כִּי־אֶת־קֹדֶשׁ יְהוָה חִלֵּל וְנִכְרְתָה הַנֶּפֶשׁ הַהִוא
מֵעַמֶּיהָ׃ וּבְקֻצְרְכֶם אֶת־קְצִיר אַרְצְכֶם לֹא תְכַלֶּה
פְּאַת שָׂדְךָ לִקְצֹר וְלֶקֶט קְצִירְךָ לֹא תְלַקֵּט׃ וְכַרְמְךָ
לֹא תְעוֹלֵל וּפֶרֶט כַּרְמְךָ לֹא תְלַקֵּט לֶעָנִי וְלַגֵּר תַּעֲזֹב
אֹתָם אֲנִי יְהוָה אֱלֹהֵיכֶם׃ *לֹא תִּגְנֹבוּ וְלֹא־תְכַחֲשׁוּ ישראל

וְלֹא־תְשַׁקְּרוּ אִישׁ בַּעֲמִיתוֹ׃ וְלֹא־תִשָּׁבְעוּ בִשְׁמִי
לַשָּׁקֶר וְחִלַּלְתָּ אֶת־שֵׁם אֱלֹהֶיךָ אֲנִי יְהוָה׃ לֹא־
תַעֲשֹׁק אֶת־רֵעֲךָ וְלֹא תִגְזֹל לֹא־תָלִין פְּעֻלַּת שָׂכִיר
אִתְּךָ עַד־בֹּקֶר׃ לֹא־תְקַלֵּל חֵרֵשׁ וְלִפְנֵי עִוֵּר לֹא תִתֵּן
מִכְשֹׁל וְיָרֵאתָ מֵּאֱלֹהֶיךָ אֲנִי יְהוָה׃

אמור
EMOR

ויקרא כא:א–טו וַיֹּאמֶר יְהוָה אֶל־מֹשֶׁה אֱמֹר אֶל־הַכֹּהֲנִים בְּנֵי אַהֲרֹן
וְאָמַרְתָּ אֲלֵהֶם לְנֶפֶשׁ לֹא־יִטַּמָּא בְּעַמָּיו׃ כִּי אִם־
לִשְׁאֵרוֹ הַקָּרֹב אֵלָיו לְאִמּוֹ וּלְאָבִיו וְלִבְנוֹ וּלְבִתּוֹ
וּלְאָחִיו׃ וְלַאֲחֹתוֹ הַבְּתוּלָה הַקְּרוֹבָה אֵלָיו אֲשֶׁר
לֹא־הָיְתָה לְאִישׁ לָהּ יִטַּמָּא׃ לֹא יִטַּמָּא בַּעַל בְּעַמָּיו
יִקְרְחוּ לְהֵחַלּוֹ׃ לֹא־יקרחה קָרְחָה בְּרֹאשָׁם וּפְאַת זְקָנָם
לֹא יְגַלֵּחוּ וּבִבְשָׂרָם לֹא יִשְׂרְטוּ שָׂרָטֶת׃ קְדֹשִׁים יִהְיוּ
לֵאלֹהֵיהֶם וְלֹא יְחַלְּלוּ שֵׁם אֱלֹהֵיהֶם כִּי אֶת־אִשֵּׁי
לוי יְהוָה לֶחֶם אֱלֹהֵיהֶם הֵם מַקְרִיבִם וְהָיוּ קֹדֶשׁ׃ *אִשָּׁה
זֹנָה וַחֲלָלָה לֹא יִקָּחוּ וְאִשָּׁה גְּרוּשָׁה מֵאִישָׁהּ לֹא
יִקָּחוּ כִּי־קָדֹשׁ הוּא לֵאלֹהָיו׃ וְקִדַּשְׁתּוֹ כִּי־אֶת־לֶחֶם
אֱלֹהֶיךָ הוּא מַקְרִיב קָדֹשׁ יִהְיֶה־לָּךְ כִּי קָדוֹשׁ אֲנִי
יְהוָה מְקַדִּשְׁכֶם׃ וּבַת אִישׁ כֹּהֵן כִּי תֵחֵל לִזְנוֹת אֶת־

אָבִ֙יהָ֙ הִ֣יא מְחַלֶּ֔לֶת בָּאֵ֖שׁ תִּשָּׂרֵֽף׃ וְהַכֹּהֵן֩ הַגָּד֨וֹל מֵאֶחָ֜יו אֲשֶׁר־יוּצַ֥ק עַל־רֹאשׁ֣וֹ ׀ שֶׁ֤מֶן הַמִּשְׁחָה֙ וּמִלֵּ֣א אֶת־יָד֔וֹ לִלְבֹּ֖שׁ אֶת־הַבְּגָדִ֑ים אֶת־רֹאשׁוֹ֙ לֹ֣א יִפְרָ֔ע וּבְגָדָ֖יו לֹ֥א יִפְרֹֽם׃ וְעַ֛ל כָּל־נַפְשֹׁ֥ת מֵ֖ת לֹ֣א יָבֹ֑א לְאָבִ֥יו וּלְאִמּ֖וֹ לֹ֥א יִטַּמָּֽא׃ וּמִן־הַמִּקְדָּשׁ֙ לֹ֣א יֵצֵ֔א וְלֹ֣א יְחַלֵּ֔ל אֵ֖ת מִקְדַּ֣שׁ אֱלֹהָ֑יו כִּ֡י נֵ֠זֶר שֶׁ֣מֶן מִשְׁחַ֧ת אֱלֹהָ֛יו עָלָ֖יו אֲנִ֥י יְהוָֽה׃

ישראל

*וְה֕וּא אִשָּׁ֥ה בִבְתוּלֶ֖יהָ יִקָּֽח׃ אַלְמָנָ֤ה וּגְרוּשָׁה֙ וַחֲלָלָ֣ה זֹנָ֔ה אֶת־אֵ֖לֶּה לֹ֣א יִקָּ֑ח כִּ֛י אִם־בְּתוּלָ֥ה מֵעַמָּ֖יו יִקַּ֥ח אִשָּֽׁה׃ וְלֹֽא־יְחַלֵּ֥ל זַרְע֖וֹ בְּעַמָּ֑יו כִּ֛י אֲנִ֥י יְהוָ֖ה מְקַדְּשֽׁוֹ׃

BEHAR בהר

ויקרא כה:א–יג

וַיְדַבֵּ֤ר יְהוָה֙ אֶל־מֹשֶׁ֔ה בְּהַ֥ר סִינַ֖י לֵאמֹֽר׃ דַּבֵּ֞ר אֶל־בְּנֵ֤י יִשְׂרָאֵל֙ וְאָמַרְתָּ֣ אֲלֵהֶ֔ם כִּ֤י תָבֹ֙אוּ֙ אֶל־הָאָ֔רֶץ אֲשֶׁ֥ר אֲנִ֖י נֹתֵ֣ן לָכֶ֑ם וְשָׁבְתָ֣ה הָאָ֔רֶץ שַׁבָּ֖ת לַיהוָֽה׃ שֵׁ֤שׁ שָׁנִים֙ תִּזְרַ֣ע שָׂדֶ֔ךָ וְשֵׁ֥שׁ שָׁנִ֖ים תִּזְמֹ֣ר כַּרְמֶ֑ךָ וְאָסַפְתָּ֖ אֶת־תְּבוּאָתָֽהּ׃

לוי

*וּבַשָּׁנָ֣ה הַשְּׁבִיעִ֗ת שַׁבַּ֤ת שַׁבָּתוֹן֙ יִהְיֶ֣ה לָאָ֔רֶץ שַׁבָּ֖ת לַיהוָ֑ה שָֽׂדְךָ֙ לֹ֣א תִזְרָ֔ע וְכַרְמְךָ֖ לֹ֥א תִזְמֹֽר׃ אֵ֣ת סְפִ֤יחַ קְצִֽירְךָ֙ לֹ֣א תִקְצ֔וֹר וְאֶת־עִנְּבֵ֥י נְזִירֶ֖ךָ לֹ֣א תִבְצֹ֑ר שְׁנַ֥ת שַׁבָּת֖וֹן יִהְיֶ֥ה

לָאָרֶץ׃ וְהָיְתָה שַׁבַּת הָאָרֶץ לָכֶם לְאׇכְלָה לְךָ
וּלְעַבְדְּךָ וְלַאֲמָתֶךָ וְלִשְׂכִירְךָ וּלְתוֹשָׁבְךָ הַגָּרִים
עִמָּךְ׃ וְלִבְהֶמְתְּךָ וְלַחַיָּה אֲשֶׁר בְּאַרְצֶךָ תִּהְיֶה כׇל־
ישראל תְּבוּאָתָהּ לֶאֱכֹל׃ ★וְסָפַרְתָּ לְךָ שֶׁבַע
שַׁבְּתֹת שָׁנִים שֶׁבַע שָׁנִים שֶׁבַע פְּעָמִים וְהָיוּ לְךָ
יְמֵי שֶׁבַע שַׁבְּתֹת הַשָּׁנִים תֵּשַׁע וְאַרְבָּעִים שָׁנָה׃
וְהַעֲבַרְתָּ שׁוֹפַר תְּרוּעָה בַּחֹדֶשׁ הַשְּׁבִעִי בֶּעָשׂוֹר
לַחֹדֶשׁ בְּיוֹם הַכִּפֻּרִים תַּעֲבִירוּ שׁוֹפָר בְּכׇל־אַרְצְכֶם׃
וְקִדַּשְׁתֶּם אֵת שְׁנַת הַחֲמִשִּׁים שָׁנָה וּקְרָאתֶם דְּרוֹר
בָּאָרֶץ לְכׇל־יֹשְׁבֶיהָ יוֹבֵל הִוא תִּהְיֶה לָכֶם וְשַׁבְתֶּם
אִישׁ אֶל־אֲחֻזָּתוֹ וְאִישׁ אֶל־מִשְׁפַּחְתּוֹ תָּשֻׁבוּ׃ יוֹבֵל
הִוא שְׁנַת הַחֲמִשִּׁים שָׁנָה תִּהְיֶה לָכֶם לֹא תִזְרָעוּ
וְלֹא תִקְצְרוּ אֶת־סְפִיחֶיהָ וְלֹא תִבְצְרוּ אֶת־נְזִרֶיהָ׃
כִּי יוֹבֵל הִוא קֹדֶשׁ תִּהְיֶה לָכֶם מִן־הַשָּׂדֶה תֹּאכְלוּ
אֶת־תְּבוּאָתָהּ׃ בִּשְׁנַת הַיּוֹבֵל הַזֹּאת תָּשֻׁבוּ אִישׁ
אֶל־אֲחֻזָּתוֹ׃

BEḤUKKOTAI בחוקותי

ויקרא כו:ג–יג אִם־בְּחֻקֹּתַי תֵּלֵכוּ וְאֶת־מִצְוֺתַי תִּשְׁמְרוּ וַעֲשִׂיתֶם
אֹתָם׃ וְנָתַתִּי גִשְׁמֵיכֶם בְּעִתָּם וְנָתְנָה הָאָרֶץ יְבוּלָהּ

וְעֵ֥ץ הַשָּׂדֶ֖ה יִתֵּ֥ן פִּרְיֽוֹ׃ וְהִשִּׂ֨יג לָכֶ֥ם דַּ֙יִשׁ֙ אֶת־בָּצִ֔יר
וּבָצִ֖יר יַשִּׂ֣יג אֶת־זָ֑רַע וַאֲכַלְתֶּ֤ם לַחְמְכֶם֙ לָשֹׂ֔בַע
לוי וִישַׁבְתֶּ֥ם לָבֶ֖טַח בְּאַרְצְכֶֽם׃ *וְנָתַתִּ֤י שָׁלוֹם֙ בָּאָ֔רֶץ
וּשְׁכַבְתֶּ֖ם וְאֵ֣ין מַחֲרִ֑יד וְהִשְׁבַּתִּ֞י חַיָּ֤ה רָעָה֙ מִן־הָאָ֔רֶץ
וְחֶ֖רֶב לֹא־תַעֲבֹ֥ר בְּאַרְצְכֶֽם׃ וּרְדַפְתֶּ֖ם אֶת־אֹיְבֵיכֶ֑ם
וְנָפְל֥וּ לִפְנֵיכֶ֖ם לֶחָֽרֶב׃ וְרָדְפ֨וּ מִכֶּ֤ם חֲמִשָּׁה֙ מֵאָ֔ה
וּמֵאָ֥ה מִכֶּ֖ם רְבָבָ֣ה יִרְדֹּ֑פוּ וְנָפְל֧וּ אֹיְבֵיכֶ֛ם לִפְנֵיכֶ֖ם
לֶחָֽרֶב׃ וּפָנִ֣יתִי אֲלֵיכֶ֔ם וְהִפְרֵיתִ֣י אֶתְכֶ֔ם וְהִרְבֵּיתִ֖י
ישראל אֶתְכֶ֑ם וַהֲקִימֹתִ֥י אֶת־בְּרִיתִ֖י אִתְּכֶֽם׃ *וַאֲכַלְתֶּ֥ם
יָשָׁ֖ן נוֹשָׁ֑ן וְיָשָׁ֕ן מִפְּנֵ֥י חָדָ֖שׁ תּוֹצִֽיאוּ׃ וְנָתַתִּ֥י מִשְׁכָּנִ֖י
בְּתוֹכְכֶ֑ם וְלֹֽא־תִגְעַ֥ל נַפְשִׁ֖י אֶתְכֶֽם׃ וְהִתְהַלַּכְתִּי֙
בְּתֽוֹכְכֶ֔ם וְהָיִ֥יתִי לָכֶ֖ם לֵאלֹהִ֑ים וְאַתֶּ֖ם תִּֽהְיוּ־לִ֥י
לְעָֽם׃ אֲנִ֞י יְהוָ֣ה אֱלֹהֵיכֶ֗ם אֲשֶׁ֨ר הוֹצֵ֤אתִי אֶתְכֶם֙
מֵאֶ֣רֶץ מִצְרַ֔יִם מִֽהְיֹ֥ת לָהֶ֖ם עֲבָדִ֑ים וָאֶשְׁבֹּר֙ מֹטֹ֣ת
עֻלְּכֶ֔ם וָאוֹלֵ֥ךְ אֶתְכֶ֖ם קֽוֹמְמִיּֽוּת׃

BEMIDBAR במדבר

במדבר א:א–יט וַיְדַבֵּ֨ר יְהוָ֧ה אֶל־מֹשֶׁ֛ה בְּמִדְבַּ֥ר סִינַ֖י בְּאֹ֣הֶל מוֹעֵ֑ד
בְּאֶחָד֩ לַחֹ֨דֶשׁ הַשֵּׁנִ֜י בַּשָּׁנָ֣ה הַשֵּׁנִ֗ית לְצֵאתָ֛ם מֵאֶ֥רֶץ
מִצְרַ֖יִם לֵאמֹֽר׃ שְׂא֗וּ אֶת־רֹאשׁ֙ כָּל־עֲדַ֣ת בְּנֵי־יִשְׂרָאֵ֔ל

לְמִשְׁפְּחֹתָם לְבֵית אֲבֹתָם בְּמִסְפַּר שֵׁמוֹת כָּל־זָכָר
לְגֻלְגְּלֹתָם: מִבֶּן עֶשְׂרִים שָׁנָה וָמַעְלָה כָּל־יֹצֵא צָבָא
בְּיִשְׂרָאֵל תִּפְקְדוּ אֹתָם לְצִבְאֹתָם אַתָּה וְאַהֲרֹן:
וְאִתְּכֶם יִהְיוּ אִישׁ אִישׁ לַמַּטֶּה אִישׁ רֹאשׁ לְבֵית־
אֲבֹתָיו הוּא: ★וְאֵלֶּה שְׁמוֹת הָאֲנָשִׁים אֲשֶׁר יַעַמְדוּ לוי
אִתְּכֶם לִרְאוּבֵן אֱלִיצוּר בֶּן־שְׁדֵיאוּר: לְשִׁמְעוֹן
שְׁלֻמִיאֵל בֶּן־צוּרִישַׁדָּי: לִיהוּדָה נַחְשׁוֹן בֶּן־עַמִּינָדָב:
לְיִשָּׂשכָר נְתַנְאֵל בֶּן־צוּעָר: לִזְבוּלֻן אֱלִיאָב בֶּן־
חֵלֹן: לִבְנֵי יוֹסֵף לְאֶפְרַיִם אֱלִישָׁמָע בֶּן־עַמִּיהוּד
לִמְנַשֶּׁה גַּמְלִיאֵל בֶּן־פְּדָהצוּר: לְבִנְיָמִן אֲבִידָן בֶּן־
גִּדְעֹנִי: לְדָן אֲחִיעֶזֶר בֶּן־עַמִּישַׁדָּי: לְאָשֵׁר פַּגְעִיאֵל
בֶּן־עָכְרָן: לְגָד אֶלְיָסָף בֶּן־דְּעוּאֵל: לְנַפְתָּלִי אֲחִירַע
בֶּן־עֵינָן: אֵלֶּה קריאי הָעֵדָה נְשִׂיאֵי מַטּוֹת אֲבוֹתָם קְרוּאֵי
רָאשֵׁי אַלְפֵי יִשְׂרָאֵל הֵם: ★וַיִּקַּח מֹשֶׁה וְאַהֲרֹן אֵת ישראל
הָאֲנָשִׁים הָאֵלֶּה אֲשֶׁר נִקְּבוּ בְּשֵׁמוֹת: וְאֵת כָּל־
הָעֵדָה הִקְהִילוּ בְּאֶחָד לַחֹדֶשׁ הַשֵּׁנִי וַיִּתְיַלְדוּ
עַל־מִשְׁפְּחֹתָם לְבֵית אֲבֹתָם בְּמִסְפַּר שֵׁמוֹת מִבֶּן
עֶשְׂרִים שָׁנָה וָמַעְלָה לְגֻלְגְּלֹתָם: כַּאֲשֶׁר צִוָּה יְהוָה
אֶת־מֹשֶׁה וַיִּפְקְדֵם בְּמִדְבַּר סִינָי:

NASO נשא

וַיְדַבֵּר יְהוָה אֶל־מֹשֶׁה לֵּאמֹר: נָשֹׂא אֶת־רֹאשׁ בְּנֵי במדבר ד:כא-לז
גֵרְשׁוֹן גַּם־הֵם לְבֵית אֲבֹתָם לְמִשְׁפְּחֹתָם: מִבֶּן
שְׁלֹשִׁים שָׁנָה וָמַעְלָה עַד בֶּן־חֲמִשִּׁים שָׁנָה תִּפְקֹד
אוֹתָם כָּל־הַבָּא לִצְבֹא צָבָא לַעֲבֹד עֲבֹדָה בְּאֹהֶל
מוֹעֵד: זֹאת עֲבֹדַת מִשְׁפְּחֹת הַגֵּרְשֻׁנִּי לַעֲבֹד
וּלְמַשָּׂא: *וְנָשְׂאוּ אֶת־יְרִיעֹת הַמִּשְׁכָּן וְאֶת־אֹהֶל לוי
מוֹעֵד מִכְסֵהוּ וּמִכְסֵה הַתַּחַשׁ אֲשֶׁר־עָלָיו מִלְמָעְלָה
וְאֶת־מָסַךְ פֶּתַח אֹהֶל מוֹעֵד: וְאֵת קַלְעֵי הֶחָצֵר
וְאֶת־מָסַךְ ׀ פֶּתַח ׀ שַׁעַר הֶחָצֵר אֲשֶׁר עַל־הַמִּשְׁכָּן
וְעַל־הַמִּזְבֵּחַ סָבִיב וְאֵת מֵיתְרֵיהֶם וְאֶת־כָּל־כְּלֵי
עֲבֹדָתָם וְאֵת כָּל־אֲשֶׁר יֵעָשֶׂה לָהֶם וְעָבָדוּ: עַל־פִּי
אַהֲרֹן וּבָנָיו תִּהְיֶה כָּל־עֲבֹדַת בְּנֵי הַגֵּרְשֻׁנִּי לְכָל־
מַשָּׂאָם וּלְכֹל עֲבֹדָתָם וּפְקַדְתֶּם עֲלֵהֶם בְּמִשְׁמֶרֶת
אֵת כָּל־מַשָּׂאָם: זֹאת עֲבֹדַת מִשְׁפְּחֹת בְּנֵי הַגֵּרְשֻׁנִּי
בְּאֹהֶל מוֹעֵד וּמִשְׁמַרְתָּם בְּיַד אִיתָמָר בֶּן־אַהֲרֹן
הַכֹּהֵן: *בְּנֵי מְרָרִי לְמִשְׁפְּחֹתָם לְבֵית־ ישראל
אֲבֹתָם תִּפְקֹד אֹתָם: מִבֶּן שְׁלֹשִׁים שָׁנָה וָמַעְלָה וְעַד
בֶּן־חֲמִשִּׁים שָׁנָה תִּפְקְדֵם כָּל־הַבָּא לַצָּבָא לַעֲבֹד

אֶת־עֲבֹדַ֖ת אֹ֥הֶל מוֹעֵֽד׃ וְזֹאת֙ מִשְׁמֶ֣רֶת מַשָּׂאָ֔ם
לְכָל־עֲבֹדָתָ֖ם בְּאֹ֣הֶל מוֹעֵ֑ד קַרְשֵׁי֙ הַמִּשְׁכָּ֔ן וּבְרִיחָ֖יו
וְעַמּוּדָ֥יו וַאֲדָנָֽיו׃ וְעַמּוּדֵ֨י הֶחָצֵ֜ר סָבִ֗יב וְאַדְנֵיהֶ֤ם
וִיתֵדֹתָם֙ וּמֵ֣יתְרֵיהֶ֔ם לְכָל־כְּלֵיהֶ֔ם וּלְכֹ֖ל עֲבֹדָתָ֑ם
וּבְשֵׁמֹ֣ת תִּפְקְד֔וּ אֶת־כְּלֵ֖י מִשְׁמֶ֥רֶת מַשָּׂאָֽם׃ זֹ֣את
עֲבֹדַ֗ת מִשְׁפְּחֹת֙ בְּנֵ֣י מְרָרִ֔י לְכָל־עֲבֹדָתָ֖ם בְּאֹ֣הֶל
מוֹעֵ֑ד בְּיַד֙ אִֽיתָמָ֔ר בֶּֽן־אַהֲרֹ֖ן הַכֹּהֵֽן׃

Some extend the ישראל *portion:*

וַיִּפְקֹ֨ד מֹשֶׁ֧ה וְאַהֲרֹ֛ן וּנְשִׂיאֵ֥י הָעֵדָ֖ה אֶת־בְּנֵ֣י הַקְּהָתִ֑י
לְמִשְׁפְּחֹתָ֖ם וּלְבֵ֥ית אֲבֹתָֽם׃ מִבֶּ֨ן שְׁלֹשִׁ֤ים שָׁנָה֙
וָמַ֔עְלָה וְעַ֖ד בֶּן־חֲמִשִּׁ֣ים שָׁנָ֑ה כָּל־הַבָּא֙ לַצָּבָ֔א
לַעֲבֹדָ֖ה בְּאֹ֥הֶל מוֹעֵֽד׃ וַיִּהְי֥וּ פְקֻדֵיהֶ֖ם לְמִשְׁפְּחֹתָ֑ם
אַלְפַּ֕יִם שְׁבַ֥ע מֵא֖וֹת וַחֲמִשִּֽׁים׃ אֵ֤לֶּה פְקוּדֵי֙ מִשְׁפְּחֹ֣ת
הַקְּהָתִ֔י כָּל־הָעֹבֵ֖ד בְּאֹ֣הֶל מוֹעֵ֑ד אֲשֶׁ֨ר פָּקַ֤ד מֹשֶׁה֙
וְאַהֲרֹ֔ן עַל־פִּ֥י יהו֖ה בְּיַד־מֹשֶֽׁה׃

BEHA'ALOTEKHA בהעלותך

וַיְדַבֵּ֥ר יהו֖ה אֶל־מֹשֶׁ֥ה לֵּאמֹֽר׃ דַּבֵּר֙ אֶל־אַהֲרֹ֔ן במדבר ח:א–יד
וְאָמַרְתָּ֖ אֵלָ֑יו בְּהַעֲלֹֽתְךָ֙ אֶת־הַנֵּרֹ֔ת אֶל־מוּל֙ פְּנֵ֣י
הַמְּנוֹרָ֔ה יָאִ֖ירוּ שִׁבְעַ֥ת הַנֵּרֽוֹת׃ וַיַּ֤עַשׂ כֵּן֙ אַהֲרֹ֔ן אֶל־

מוּל פְּנֵי הַמְּנוֹרָה הֶעֱלָה נֵרֹתֶיהָ כַּאֲשֶׁר צִוָּה יְהוָה
אֶת־מֹשֶׁה: וְזֶה מַעֲשֵׂה הַמְּנֹרָה מִקְשָׁה זָהָב עַד־
יְרֵכָהּ עַד־פִּרְחָהּ מִקְשָׁה הִוא כַּמַּרְאֶה אֲשֶׁר הֶרְאָה
יְהוָה אֶת־מֹשֶׁה כֵּן עָשָׂה אֶת־הַמְּנֹרָה:

וַיְדַבֵּר יְהוָה אֶל־מֹשֶׁה לֵּאמֹר: קַח אֶת־הַלְוִיִּם לוי
מִתּוֹךְ בְּנֵי יִשְׂרָאֵל וְטִהַרְתָּ אֹתָם: וְכֹה־תַעֲשֶׂה לָהֶם
לְטַהֲרָם הַזֵּה עֲלֵיהֶם מֵי חַטָּאת וְהֶעֱבִירוּ תַעַר
עַל־כָּל־בְּשָׂרָם וְכִבְּסוּ בִגְדֵיהֶם וְהִטֶּהָרוּ: וְלָקְחוּ
פַּר בֶּן־בָּקָר וּמִנְחָתוֹ סֹלֶת בְּלוּלָה בַשָּׁמֶן וּפַר־
שֵׁנִי בֶן־בָּקָר תִּקַּח לְחַטָּאת: וְהִקְרַבְתָּ אֶת־הַלְוִיִּם
לִפְנֵי אֹהֶל מוֹעֵד וְהִקְהַלְתָּ אֶת־כָּל־עֲדַת בְּנֵי
יִשְׂרָאֵל: *וְהִקְרַבְתָּ אֶת־הַלְוִיִּם לִפְנֵי יְהוָה וְסָמְכוּ ישראל
בְנֵי־יִשְׂרָאֵל אֶת־יְדֵיהֶם עַל־הַלְוִיִּם: וְהֵנִיף אַהֲרֹן
אֶת־הַלְוִיִּם תְּנוּפָה לִפְנֵי יְהוָה מֵאֵת בְּנֵי יִשְׂרָאֵל וְהָיוּ
לַעֲבֹד אֶת־עֲבֹדַת יְהוָה: וְהַלְוִיִּם יִסְמְכוּ אֶת־יְדֵיהֶם
עַל רֹאשׁ הַפָּרִים וַעֲשֵׂה אֶת־הָאֶחָד חַטָּאת וְאֶת־
הָאֶחָד עֹלָה לַיהוָה לְכַפֵּר עַל־הַלְוִיִּם: וְהַעֲמַדְתָּ
אֶת־הַלְוִיִּם לִפְנֵי אַהֲרֹן וְלִפְנֵי בָנָיו וְהֵנַפְתָּ אֹתָם
תְּנוּפָה לַיהוָה: וְהִבְדַּלְתָּ אֶת־הַלְוִיִּם מִתּוֹךְ בְּנֵי
יִשְׂרָאֵל וְהָיוּ לִי הַלְוִיִּם:

שלח SHELAḤ

במדבר יג:א–כ וַיְדַבֵּר יְהוָה אֶל־מֹשֶׁה לֵּאמֹר: שְׁלַח־לְךָ אֲנָשִׁים
וְיָתֻרוּ אֶת־אֶרֶץ כְּנַעַן אֲשֶׁר־אֲנִי נֹתֵן לִבְנֵי יִשְׂרָאֵל
אִישׁ אֶחָד אִישׁ אֶחָד לְמַטֵּה אֲבֹתָיו תִּשְׁלָחוּ כֹּל
נָשִׂיא בָהֶם: וַיִּשְׁלַח אֹתָם מֹשֶׁה מִמִּדְבַּר פָּארָן עַל־פִּי
לוי יְהוָה כֻּלָּם אֲנָשִׁים רָאשֵׁי בְנֵי־יִשְׂרָאֵל הֵמָּה: *וְאֵלֶּה
שְׁמוֹתָם לְמַטֵּה רְאוּבֵן שַׁמּוּעַ בֶּן־זַכּוּר: לְמַטֵּה
שִׁמְעוֹן שָׁפָט בֶּן־חוֹרִי: לְמַטֵּה יְהוּדָה כָּלֵב בֶּן־יְפֻנֶּה:
לְמַטֵּה יִשָּׂשכָר יִגְאָל בֶּן־יוֹסֵף: לְמַטֵּה אֶפְרָיִם הוֹשֵׁעַ
בִּן־נוּן: לְמַטֵּה בִנְיָמִן פַּלְטִי בֶּן־רָפוּא: לְמַטֵּה זְבוּלֻן
גַּדִּיאֵל בֶּן־סוֹדִי: לְמַטֵּה יוֹסֵף לְמַטֵּה מְנַשֶּׁה גַּדִּי
בֶּן־סוּסִי: לְמַטֵּה דָן עַמִּיאֵל בֶּן־גְּמַלִּי: לְמַטֵּה אָשֵׁר
סְתוּר בֶּן־מִיכָאֵל: לְמַטֵּה נַפְתָּלִי נַחְבִּי בֶּן־וָפְסִי:
לְמַטֵּה גָד גְּאוּאֵל בֶּן־מָכִי: אֵלֶּה שְׁמוֹת הָאֲנָשִׁים
אֲשֶׁר־שָׁלַח מֹשֶׁה לָתוּר אֶת־הָאָרֶץ וַיִּקְרָא מֹשֶׁה
ישראל לְהוֹשֵׁעַ בִּן־נוּן יְהוֹשֻׁעַ: *וַיִּשְׁלַח אֹתָם מֹשֶׁה לָתוּר
אֶת־אֶרֶץ כְּנָעַן וַיֹּאמֶר אֲלֵהֶם עֲלוּ זֶה בַּנֶּגֶב וַעֲלִיתֶם
אֶת־הָהָר: וּרְאִיתֶם אֶת־הָאָרֶץ מַה־הִוא וְאֶת־הָעָם
הַיֹּשֵׁב עָלֶיהָ הֶחָזָק הוּא הֲרָפֶה הַמְעַט הוּא אִם־רָב:

וּמָה הָאָרֶץ אֲשֶׁר־הוּא יֹשֵׁב בָּהּ הֲטוֹבָה הִוא אִם־
רָעָה וּמָה הֶעָרִים אֲשֶׁר־הוּא יוֹשֵׁב בָּהֵנָּה הַבְּמַחֲנִים
אִם בְּמִבְצָרִים: וּמָה הָאָרֶץ הַשְּׁמֵנָה הִוא אִם־רָזָה
הֲיֵשׁ־בָּהּ עֵץ אִם־אַיִן וְהִתְחַזַּקְתֶּם וּלְקַחְתֶּם מִפְּרִי
הָאָרֶץ וְהַיָּמִים יְמֵי בִּכּוּרֵי עֲנָבִים:

KORAH קורח

וַיִּקַּח קֹרַח בֶּן־יִצְהָר בֶּן־קְהָת בֶּן־לֵוִי וְדָתָן וַאֲבִירָם במדבר טז:א–יג
בְּנֵי אֱלִיאָב וְאוֹן בֶּן־פֶּלֶת בְּנֵי רְאוּבֵן: וַיָּקֻמוּ לִפְנֵי
מֹשֶׁה וַאֲנָשִׁים מִבְּנֵי־יִשְׂרָאֵל חֲמִשִּׁים וּמָאתָיִם
נְשִׂיאֵי עֵדָה קְרִאֵי מוֹעֵד אַנְשֵׁי־שֵׁם: וַיִּקָּהֲלוּ עַל־
מֹשֶׁה וְעַל־אַהֲרֹן וַיֹּאמְרוּ אֲלֵהֶם רַב־לָכֶם כִּי כָל־
הָעֵדָה כֻּלָּם קְדֹשִׁים וּבְתוֹכָם יְהוָה וּמַדּוּעַ תִּתְנַשְּׂאוּ
עַל־קְהַל יְהוָה: *וַיִּשְׁמַע מֹשֶׁה וַיִּפֹּל עַל־פָּנָיו: וַיְדַבֵּר לוי
אֶל־קֹרַח וְאֶל־כָּל־עֲדָתוֹ לֵאמֹר בֹּקֶר וְיֹדַע יְהוָה
אֶת־אֲשֶׁר־לוֹ וְאֶת־הַקָּדוֹשׁ וְהִקְרִיב אֵלָיו וְאֵת
אֲשֶׁר יִבְחַר־בּוֹ יַקְרִיב אֵלָיו: זֹאת עֲשׂוּ קְחוּ־לָכֶם
מַחְתּוֹת קֹרַח וְכָל־עֲדָתוֹ: וּתְנוּ־בָהֵן ׀ אֵשׁ וְשִׂימוּ
עֲלֵיהֶן ׀ קְטֹרֶת לִפְנֵי יְהוָה מָחָר וְהָיָה הָאִישׁ אֲשֶׁר־
יִבְחַר יְהוָה הוּא הַקָּדוֹשׁ רַב־לָכֶם בְּנֵי לֵוִי: *וַיֹּאמֶר ישראל

מֹשֶׁה אֶל־קֹרַח שִׁמְעוּ־נָא בְּנֵי לֵוִי: הַמְעַט מִכֶּם
כִּי־הִבְדִּיל אֱלֹהֵי יִשְׂרָאֵל אֶתְכֶם מֵעֲדַת יִשְׂרָאֵל
לְהַקְרִיב אֶתְכֶם אֵלָיו לַעֲבֹד אֶת־עֲבֹדַת מִשְׁכַּן
יְהוָה וְלַעֲמֹד לִפְנֵי הָעֵדָה לְשָׁרְתָם: וַיַּקְרֵב אֹתְךָ
וְאֶת־כָּל־אַחֶיךָ בְנֵי־לֵוִי אִתָּךְ וּבִקַּשְׁתֶּם גַּם־כְּהֻנָּה:
לָכֵן אַתָּה וְכָל־עֲדָתְךָ הַנֹּעָדִים עַל־יְהוָה וְאַהֲרֹן
מַה־הוּא כִּי תלונו עָלָיו: וַיִּשְׁלַח מֹשֶׁה לִקְרֹא לְדָתָן תַּלִּינוּ
וְלַאֲבִירָם בְּנֵי אֱלִיאָב וַיֹּאמְרוּ לֹא נַעֲלֶה: הַמְעַט כִּי
הֶעֱלִיתָנוּ מֵאֶרֶץ זָבַת חָלָב וּדְבַשׁ לַהֲמִיתֵנוּ בַּמִּדְבָּר
כִּי־תִשְׂתָּרֵר עָלֵינוּ גַּם־הִשְׂתָּרֵר:

חוקת HUKAT

וַיְדַבֵּר יְהוָה אֶל־מֹשֶׁה וְאֶל־אַהֲרֹן לֵאמֹר: זֹאת במדבר יט:א–יז
חֻקַּת הַתּוֹרָה אֲשֶׁר־צִוָּה יְהוָה לֵאמֹר דַּבֵּר ׀ אֶל־
בְּנֵי יִשְׂרָאֵל וְיִקְחוּ אֵלֶיךָ פָרָה אֲדֻמָּה תְּמִימָה אֲשֶׁר
אֵין־בָּהּ מוּם אֲשֶׁר לֹא־עָלָה עָלֶיהָ עֹל: וּנְתַתֶּם
אֹתָהּ אֶל־אֶלְעָזָר הַכֹּהֵן וְהוֹצִיא אֹתָהּ אֶל־מִחוּץ
לַמַּחֲנֶה וְשָׁחַט אֹתָהּ לְפָנָיו: וְלָקַח אֶלְעָזָר הַכֹּהֵן
מִדָּמָהּ בְּאֶצְבָּעוֹ וְהִזָּה אֶל־נֹכַח פְּנֵי אֹהֶל־מוֹעֵד
מִדָּמָהּ שֶׁבַע פְּעָמִים: וְשָׂרַף אֶת־הַפָּרָה לְעֵינָיו אֶת־

עֹרָ֤הּ וְאֶת־בְּשָׂרָהּ֙ וְאֶת־דָּמָ֔הּ עַל־פִּרְשָׁ֖הּ יִשְׂרֹֽף׃
וְלָקַ֣ח הַכֹּהֵ֗ן עֵ֥ץ אֶ֛רֶז וְאֵז֖וֹב וּשְׁנִ֣י תוֹלָ֑עַת וְהִשְׁלִ֕יךְ
אֶל־תּ֖וֹךְ שְׂרֵפַ֥ת הַפָּרָֽה׃ ★וְכִבֶּ֨ס בְּגָדָ֜יו הַכֹּהֵ֗ן וְרָחַ֤ץ לוי
בְּשָׂרוֹ֙ בַּמַּ֔יִם וְאַחַ֖ר יָבֹ֣א אֶל־הַֽמַּחֲנֶ֑ה וְטָמֵ֥א הַכֹּהֵ֖ן
עַד־הָעָֽרֶב׃ וְהַשֹּׂרֵ֣ף אֹתָ֔הּ יְכַבֵּ֤ס בְּגָדָיו֙ בַּמַּ֔יִם וְרָחַ֥ץ
בְּשָׂר֖וֹ בַּמָּ֑יִם וְטָמֵ֖א עַד־הָעָֽרֶב׃ וְאָסַ֣ף ׀ אִ֣ישׁ טָה֗וֹר
אֵ֚ת אֵ֣פֶר הַפָּרָ֔ה וְהִנִּ֛יחַ מִח֥וּץ לַֽמַּחֲנֶ֖ה בְּמָק֣וֹם טָה֑וֹר
וְ֠הָיְתָה לַעֲדַ֨ת בְּנֵי־יִשְׂרָאֵ֧ל לְמִשְׁמֶ֛רֶת לְמֵ֥י נִדָּ֖ה
חַטָּ֥את הִֽוא׃ ★וְכִבֶּ֨ס הָאֹסֵ֜ף אֶת־אֵ֣פֶר הַפָּרָה֮ אֶת־ ישראל
בְּגָדָיו֒ וְטָמֵ֖א עַד־הָעָ֑רֶב וְהָיְתָ֞ה לִבְנֵ֧י יִשְׂרָאֵ֛ל וְלַגֵּ֛ר
הַגָּ֥ר בְּתוֹכָ֖ם לְחֻקַּ֥ת עוֹלָֽם׃ הַנֹּגֵ֥עַ בְּמֵ֖ת לְכָל־נֶ֣פֶשׁ
אָדָ֑ם וְטָמֵ֖א שִׁבְעַ֥ת יָמִֽים׃ ה֣וּא יִתְחַטָּא־ב֞וֹ בַּיּ֧וֹם
הַשְּׁלִישִׁ֛י וּבַיּ֥וֹם הַשְּׁבִיעִ֖י יִטְהָ֑ר וְאִם־לֹ֨א יִתְחַטָּ֜א
בַּיּ֧וֹם הַשְּׁלִישִׁ֛י וּבַיּ֥וֹם הַשְּׁבִיעִ֖י לֹ֥א יִטְהָֽר׃ כָּל־הַנֹּגֵ֡עַ
בְּמֵ֣ת בְּנֶ֣פֶשׁ הָֽאָדָם֩ אֲשֶׁר־יָמ֨וּת וְלֹ֣א יִתְחַטָּ֗א אֶת־
מִשְׁכַּ֤ן יהוה֙ טִמֵּ֔א וְנִכְרְתָ֛ה הַנֶּ֥פֶשׁ הַהִ֖וא מִיִּשְׂרָאֵ֑ל
כִּי֩ מֵ֨י נִדָּ֜ה לֹא־זֹרַ֤ק עָלָיו֙ טָמֵ֣א יִהְיֶ֔ה ע֖וֹד טֻמְאָת֥וֹ
בֽוֹ׃ זֹ֣את הַתּוֹרָ֔ה אָדָ֖ם כִּֽי־יָמ֣וּת בְּאֹ֑הֶל כָּל־הַבָּ֤א
אֶל־הָאֹ֙הֶל֙ וְכָל־אֲשֶׁ֣ר בָּאֹ֔הֶל יִטְמָ֖א שִׁבְעַ֥ת יָמִֽים׃
וְכֹל֙ כְּלִ֣י פָת֔וּחַ אֲשֶׁ֥ר אֵין־צָמִ֛יד פָּתִ֖יל עָלָ֑יו טָמֵ֖א

הוּא׃ וְכֹל אֲשֶׁר־יִגַּע עַל־פְּנֵי הַשָּׂדֶה בַּחֲלַל־חֶרֶב
אוֹ בְמֵת אוֹ־בְעֶצֶם אָדָם אוֹ בְקָבֶר יִטְמָא שִׁבְעַת
יָמִים׃ וְלָקְחוּ לַטָּמֵא מֵעֲפַר שְׂרֵפַת הַחַטָּאת וְנָתַן
עָלָיו מַיִם חַיִּים אֶל־כֶּלִי׃

BALAK בלק

וַיַּרְא בָּלָק בֶּן־צִפּוֹר אֵת כָּל־אֲשֶׁר־עָשָׂה יִשְׂרָאֵל במדבר כב:ב–יב
לָאֱמֹרִי׃ וַיָּגָר מוֹאָב מִפְּנֵי הָעָם מְאֹד כִּי רַב־הוּא
וַיָּקָץ מוֹאָב מִפְּנֵי בְּנֵי יִשְׂרָאֵל׃ וַיֹּאמֶר מוֹאָב אֶל־
זִקְנֵי מִדְיָן עַתָּה יְלַחֲכוּ הַקָּהָל אֶת־כָּל־סְבִיבֹתֵינוּ
כִּלְחֹךְ הַשּׁוֹר אֵת יֶרֶק הַשָּׂדֶה וּבָלָק בֶּן־צִפּוֹר מֶלֶךְ
לְמוֹאָב בָּעֵת הַהִוא׃ *וַיִּשְׁלַח מַלְאָכִים אֶל־בִּלְעָם לוי
בֶּן־בְּעוֹר פְּתוֹרָה אֲשֶׁר עַל־הַנָּהָר אֶרֶץ בְּנֵי־עַמּוֹ
לִקְרֹא־לוֹ לֵאמֹר הִנֵּה עַם יָצָא מִמִּצְרַיִם הִנֵּה כִסָּה
אֶת־עֵין הָאָרֶץ וְהוּא יֹשֵׁב מִמֻּלִי׃ וְעַתָּה לְכָה־נָּא
אָרָה־לִּי אֶת־הָעָם הַזֶּה כִּי־עָצוּם הוּא מִמֶּנִּי אוּלַי
אוּכַל נַכֶּה־בּוֹ וַאֲגָרְשֶׁנּוּ מִן־הָאָרֶץ כִּי יָדַעְתִּי אֵת
אֲשֶׁר־תְּבָרֵךְ מְבֹרָךְ וַאֲשֶׁר תָּאֹר יוּאָר׃ וַיֵּלְכוּ זִקְנֵי
מוֹאָב וְזִקְנֵי מִדְיָן וּקְסָמִים בְּיָדָם וַיָּבֹאוּ אֶל־בִּלְעָם
וַיְדַבְּרוּ אֵלָיו דִּבְרֵי בָלָק׃ *וַיֹּאמֶר אֲלֵיהֶם לִינוּ פֹה ישראל

הַלַּ֗יְלָה וַהֲשִׁבֹתִ֤י אֶתְכֶם֙ דָּבָ֔ר כַּאֲשֶׁ֛ר יְדַבֵּ֥ר יְהוָ֖ה
אֵלָ֑י וַיֵּשְׁב֥וּ שָׂרֵֽי־מוֹאָ֖ב עִם־בִּלְעָֽם׃ וַיָּבֹ֥א אֱלֹהִ֖ים
אֶל־בִּלְעָ֑ם וַיֹּ֕אמֶר מִ֛י הָאֲנָשִׁ֥ים הָאֵ֖לֶּה עִמָּֽךְ׃ וַיֹּ֥אמֶר
בִּלְעָ֖ם אֶל־הָאֱלֹהִ֑ים בָּלָ֧ק בֶּן־צִפֹּ֛ר מֶ֥לֶךְ מוֹאָ֖ב שָׁלַ֥ח
אֵלָֽי׃ הִנֵּ֤ה הָעָם֙ הַיֹּצֵ֣א מִמִּצְרַ֔יִם וַיְכַ֖ס אֶת־עֵ֣ין הָאָ֑רֶץ
עַתָּ֗ה לְכָ֤ה קָֽבָה־לִּי֙ אֹת֔וֹ אוּלַ֥י אוּכַ֛ל לְהִלָּ֥חֶם בּ֖וֹ
וְגֵרַשְׁתִּֽיו׃ וַיֹּ֤אמֶר אֱלֹהִים֙ אֶל־בִּלְעָ֔ם לֹ֥א תֵלֵ֖ךְ עִמָּהֶ֑ם
לֹ֤א תָאֹר֙ אֶת־הָעָ֔ם כִּ֥י בָר֖וּךְ הֽוּא׃

PINEḤAS
פינחס

במדבר כה:י–כו:ד וַיְדַבֵּ֥ר יְהוָ֖ה אֶל־מֹשֶׁ֥ה לֵּאמֹֽר׃ פִּֽינְחָ֨ס בֶּן־אֶלְעָזָ֜ר
בֶּן־אַהֲרֹ֣ן הַכֹּהֵ֗ן הֵשִׁ֤יב אֶת־חֲמָתִי֙ מֵעַ֣ל בְּנֵי־יִשְׂרָאֵ֔ל
בְּקַנְא֥וֹ אֶת־קִנְאָתִ֖י בְּתוֹכָ֑ם וְלֹא־כִלִּ֥יתִי אֶת־בְּנֵֽי־
יִשְׂרָאֵ֖ל בְּקִנְאָתִֽי׃ לָכֵ֖ן אֱמֹ֑ר הִנְנִ֨י נֹתֵ֥ן ל֛וֹ אֶת־בְּרִיתִ֖י
לוי שָׁלֽוֹם׃ *וְהָ֤יְתָה לּוֹ֙ וּלְזַרְע֣וֹ אַחֲרָ֔יו בְּרִ֖ית כְּהֻנַּ֣ת עוֹלָ֑ם
תַּ֗חַת אֲשֶׁ֤ר קִנֵּא֙ לֵֽאלֹהָ֔יו וַיְכַפֵּ֖ר עַל־בְּנֵ֥י יִשְׂרָאֵֽל׃
וְשֵׁ֨ם אִ֜ישׁ יִשְׂרָאֵ֣ל הַמֻּכֶּ֗ה אֲשֶׁ֤ר הֻכָּה֙ אֶת־הַמִּדְיָנִ֔ית
זִמְרִ֖י בֶּן־סָל֑וּא נְשִׂ֥יא בֵית־אָ֖ב לַשִּׁמְעֹנִֽי׃ וְשֵׁ֨ם הָאִשָּׁ֧ה
הַמֻּכָּ֛ה הַמִּדְיָנִ֖ית כָּזְבִּ֣י בַת־צ֑וּר רֹ֣אשׁ אֻמּ֥וֹת בֵּֽית־
אָ֛ב בְּמִדְיָ֖ן הֽוּא׃

ישראל וַיְדַבֵּר יְהוָה אֶל־מֹשֶׁה לֵּאמֹר׃ צָרוֹר אֶת־הַמִּדְיָנִים
וְהִכִּיתֶם אוֹתָם׃ כִּי־צֹרְרִים הֵם לָכֶם בְּנִכְלֵיהֶם
אֲשֶׁר־נִכְּלוּ לָכֶם עַל־דְּבַר פְּעוֹר וְעַל־דְּבַר כָּזְבִּי בַת־
נְשִׂיא מִדְיָן אֲחֹתָם הַמֻּכָּה בְיוֹם־הַמַּגֵּפָה עַל־דְּבַר
פְּעוֹר׃ וַיְהִי אַחֲרֵי הַמַּגֵּפָה

וַיֹּאמֶר יְהוָה אֶל־מֹשֶׁה וְאֶל אֶלְעָזָר בֶּן־אַהֲרֹן הַכֹּהֵן
לֵאמֹר׃ שְׂאוּ אֶת־רֹאשׁ ׀ כָּל־עֲדַת בְּנֵי־יִשְׂרָאֵל מִבֶּן
עֶשְׂרִים שָׁנָה וָמַעְלָה לְבֵית אֲבֹתָם כָּל־יֹצֵא צָבָא
בְּיִשְׂרָאֵל׃ וַיְדַבֵּר מֹשֶׁה וְאֶלְעָזָר הַכֹּהֵן אֹתָם בְּעַרְבֹת
מוֹאָב עַל־יַרְדֵּן יְרֵחוֹ לֵאמֹר׃ מִבֶּן עֶשְׂרִים שָׁנָה
וָמָעְלָה כַּאֲשֶׁר צִוָּה יְהוָה אֶת־מֹשֶׁה וּבְנֵי יִשְׂרָאֵל
הַיֹּצְאִים מֵאֶרֶץ מִצְרָיִם׃

MATOT מטות

במדבר ל:ב–יז וַיְדַבֵּר מֹשֶׁה אֶל־רָאשֵׁי הַמַּטּוֹת לִבְנֵי יִשְׂרָאֵל
לֵאמֹר זֶה הַדָּבָר אֲשֶׁר צִוָּה יְהוָה׃ אִישׁ כִּי־יִדֹּר נֶדֶר
לַיהוָה אוֹ־הִשָּׁבַע שְׁבֻעָה לֶאְסֹר אִסָּר עַל־נַפְשׁוֹ לֹא
יַחֵל דְּבָרוֹ כְּכָל־הַיֹּצֵא מִפִּיו יַעֲשֶׂה׃ וְאִשָּׁה כִּי־תִדֹּר
נֶדֶר לַיהוָה וְאָסְרָה אִסָּר בְּבֵית אָבִיהָ בִּנְעֻרֶיהָ׃
וְשָׁמַע אָבִיהָ אֶת־נִדְרָהּ וֶאֱסָרָהּ אֲשֶׁר אָסְרָה עַל־

נַפְשָׁהּ וְהֶחֱרִישׁ לָהּ אָבִיהָ וְקָמוּ כָּל־נְדָרֶיהָ וְכָל־
אִסָּר אֲשֶׁר־אָסְרָה עַל־נַפְשָׁהּ יָקוּם׃ וְאִם־הֵנִיא
אָבִיהָ אֹתָהּ בְּיוֹם שָׁמְעוֹ כָּל־נְדָרֶיהָ וֶאֱסָרֶיהָ אֲשֶׁר־
אָסְרָה עַל־נַפְשָׁהּ לֹא יָקוּם וַיהוָה יִסְלַח־לָהּ כִּי־
הֵנִיא אָבִיהָ אֹתָהּ׃ וְאִם־הָיוֹ תִהְיֶה לְאִישׁ וּנְדָרֶיהָ
עָלֶיהָ אוֹ מִבְטָא שְׂפָתֶיהָ אֲשֶׁר אָסְרָה עַל־נַפְשָׁהּ׃
וְשָׁמַע אִישָׁהּ בְּיוֹם שָׁמְעוֹ וְהֶחֱרִישׁ לָהּ וְקָמוּ נְדָרֶיהָ
וֶאֱסָרֶהָ אֲשֶׁר־אָסְרָה עַל־נַפְשָׁהּ יָקֻמוּ׃ וְאִם בְּיוֹם
שְׁמֹעַ אִישָׁהּ יָנִיא אוֹתָהּ וְהֵפֵר אֶת־נִדְרָהּ אֲשֶׁר
עָלֶיהָ וְאֵת מִבְטָא שְׂפָתֶיהָ אֲשֶׁר אָסְרָה עַל־נַפְשָׁהּ
וַיהוָה יִסְלַח־לָהּ׃ *וְנֵדֶר אַלְמָנָה וּגְרוּשָׁה כֹּל אֲשֶׁר־ לוי
אָסְרָה עַל־נַפְשָׁהּ יָקוּם עָלֶיהָ׃ וְאִם־בֵּית אִישָׁהּ
נָדָרָה אוֹ־אָסְרָה אִסָּר עַל־נַפְשָׁהּ בִּשְׁבֻעָה׃ וְשָׁמַע
אִישָׁהּ וְהֶחֱרִשׁ לָהּ לֹא הֵנִיא אֹתָהּ וְקָמוּ כָּל־נְדָרֶיהָ
וְכָל־אִסָּר אֲשֶׁר־אָסְרָה עַל־נַפְשָׁהּ יָקוּם׃ וְאִם־הָפֵר
יָפֵר אֹתָם ׀ אִישָׁהּ בְּיוֹם שָׁמְעוֹ כָּל־מוֹצָא שְׂפָתֶיהָ
לִנְדָרֶיהָ וּלְאִסַּר נַפְשָׁהּ לֹא יָקוּם אִישָׁהּ הֲפֵרָם
וַיהוָה יִסְלַח־לָהּ׃ *כָּל־נֵדֶר וְכָל־שְׁבֻעַת אִסָּר לְעַנֹּת ישראל
נָפֶשׁ אִישָׁהּ יְקִימֶנּוּ וְאִישָׁהּ יְפֵרֶנּוּ׃ וְאִם־הַחֲרֵשׁ

יַחֲרִישׁ לָהּ אִישָׁהּ מִיּוֹם אֶל־יוֹם וְהֵקִים אֶת־כָּל־
נְדָרֶיהָ אוֹ אֶת־כָּל־אֱסָרֶיהָ אֲשֶׁר עָלֶיהָ הֵקִים אֹתָם
כִּי־הֶחֱרִשׁ לָהּ בְּיוֹם שָׁמְעוֹ׃ וְאִם־הָפֵר יָפֵר אֹתָם
אַחֲרֵי שָׁמְעוֹ וְנָשָׂא אֶת־עֲוֺנָהּ׃ אֵלֶּה הַחֻקִּים אֲשֶׁר
צִוָּה יהוה אֶת־מֹשֶׁה בֵּין אִישׁ לְאִשְׁתּוֹ בֵּין־אָב
לְבִתּוֹ בִּנְעֻרֶיהָ בֵּית אָבִיהָ׃

מסעי MASEI

במדבר לג:א–נג אֵלֶּה מַסְעֵי בְנֵי־יִשְׂרָאֵל אֲשֶׁר יָצְאוּ מֵאֶרֶץ מִצְרַיִם
לְצִבְאֹתָם בְּיַד־מֹשֶׁה וְאַהֲרֹן׃ וַיִּכְתֹּב מֹשֶׁה אֶת־
מוֹצָאֵיהֶם לְמַסְעֵיהֶם עַל־פִּי יהוה וְאֵלֶּה מַסְעֵיהֶם
לְמוֹצָאֵיהֶם׃ וַיִּסְעוּ מֵרַעְמְסֵס בַּחֹדֶשׁ הָרִאשׁוֹן
בַּחֲמִשָּׁה עָשָׂר יוֹם לַחֹדֶשׁ הָרִאשׁוֹן מִמָּחֳרַת הַפֶּסַח
יָצְאוּ בְנֵי־יִשְׂרָאֵל בְּיָד רָמָה לְעֵינֵי כָּל־מִצְרָיִם׃
לוי *וּמִצְרַיִם מְקַבְּרִים אֵת אֲשֶׁר הִכָּה יהוה בָּהֶם
כָּל־בְּכוֹר וּבֵאלֹהֵיהֶם עָשָׂה יהוה שְׁפָטִים׃ וַיִּסְעוּ
בְנֵי־יִשְׂרָאֵל מֵרַעְמְסֵס וַיַּחֲנוּ בְּסֻכֹּת׃ וַיִּסְעוּ מִסֻּכֹּת
ישראל וַיַּחֲנוּ בְאֵתָם אֲשֶׁר בִּקְצֵה הַמִּדְבָּר׃ *וַיִּסְעוּ מֵאֵתָם
וַיָּשָׁב עַל־פִּי הַחִירֹת אֲשֶׁר עַל־פְּנֵי בַּעַל צְפוֹן וַיַּחֲנוּ
לִפְנֵי מִגְדֹּל׃ וַיִּסְעוּ מִפְּנֵי הַחִירֹת וַיַּעַבְרוּ בְתוֹךְ־הַיָּם

הַמִּדְבָּרָה וַיֵּלְכוּ דֶּרֶךְ שְׁלֹשֶׁת יָמִים בְּמִדְבַּר אֵתָם וַיַּחֲנוּ בְּמָרָה׃ וַיִּסְעוּ מִמָּרָה וַיָּבֹאוּ אֵילִמָה וּבְאֵילִם שְׁתֵּים עֶשְׂרֵה עֵינֹת מַיִם וְשִׁבְעִים תְּמָרִים וַיַּחֲנוּ־שָׁם׃ וַיִּסְעוּ מֵאֵילִם וַיַּחֲנוּ עַל־יַם־סוּף׃

Some extend the לוי *portion:*

וַיִּסְעוּ מִיַּם־סוּף וַיַּחֲנוּ בְּמִדְבַּר־סִין׃ וַיִּסְעוּ מִמִּדְבַּר־סִין וַיַּחֲנוּ בְּדׇפְקָה׃ וַיִּסְעוּ מִדׇּפְקָה וַיַּחֲנוּ בְּאָלוּשׁ׃ וַיִּסְעוּ מֵאָלוּשׁ וַיַּחֲנוּ בִּרְפִידִם וְלֹא־הָיָה שָׁם מַיִם לָעָם לִשְׁתּוֹת׃ וַיִּסְעוּ מֵרְפִידִם וַיַּחֲנוּ בְּמִדְבַּר סִינָי׃ וַיִּסְעוּ מִמִּדְבַּר סִינָי וַיַּחֲנוּ בְּקִבְרֹת הַתַּאֲוָה׃ וַיִּסְעוּ מִקִּבְרֹת הַתַּאֲוָה וַיַּחֲנוּ בַּחֲצֵרֹת׃ וַיִּסְעוּ מֵחֲצֵרֹת וַיַּחֲנוּ בְּרִתְמָה׃ וַיִּסְעוּ מֵרִתְמָה וַיַּחֲנוּ בְּרִמֹּן פָּרֶץ׃ וַיִּסְעוּ מֵרִמֹּן פָּרֶץ וַיַּחֲנוּ בְּלִבְנָה׃ וַיִּסְעוּ מִלִּבְנָה וַיַּחֲנוּ בְּרִסָּה׃ וַיִּסְעוּ מֵרִסָּה וַיַּחֲנוּ בִּקְהֵלָתָה׃ וַיִּסְעוּ מִקְּהֵלָתָה וַיַּחֲנוּ בְּהַר־שָׁפֶר׃ וַיִּסְעוּ מֵהַר־שָׁפֶר וַיַּחֲנוּ בַּחֲרָדָה׃ וַיִּסְעוּ מֵחֲרָדָה וַיַּחֲנוּ בְּמַקְהֵלֹת׃ וַיִּסְעוּ מִמַּקְהֵלֹת וַיַּחֲנוּ בְּתָחַת׃ וַיִּסְעוּ מִתָּחַת וַיַּחֲנוּ בְּתָרַח׃ וַיִּסְעוּ מִתָּרַח וַיַּחֲנוּ בְּמִתְקָה׃ וַיִּסְעוּ מִמִּתְקָה וַיַּחֲנוּ בְּחַשְׁמֹנָה׃ וַיִּסְעוּ מֵחַשְׁמֹנָה וַיַּחֲנוּ בְּמֹסֵרוֹת׃ וַיִּסְעוּ מִמֹּסֵרוֹת וַיַּחֲנוּ בִּבְנֵי יַעֲקָן׃ וַיִּסְעוּ

מבני יעקן ויחנו בחר הגדגד: ויסעו מחר הגדגד
ויחנו ביטבתה: ויסעו מיטבתה ויחנו בעברנה:
ויסעו מעברנה ויחנו בעצין גבר: ויסעו מעצין
גבר ויחנו במדבר־צן הוא קדש: ויסעו מקדש
ויחנו בהר ההר בקצה ארץ אדום: ויעל אהרן
הכהן אל־הר ההר על־פי יהוה וימת שם בשנת
הארבעים לצאת בני־ישראל מארץ מצרים בחדש
החמישי באחד לחדש: ואהרן בן־שלש ועשרים
ומאת שנה במתו בהר ההר: וישמע
הכנעני מלך ערד והוא־ישב בנגב בארץ כנען בבא
בני ישראל: ויסעו מהר ההר ויחנו בצלמנה: ויסעו
מצלמנה ויחנו בפונן: ויסעו מפונן ויחנו באבת:
ויסעו מאבת ויחנו בעיי העברים בגבול מואב:
ויסעו מעיים ויחנו בדיבן גד: ויסעו מדיבן גד ויחנו
בעלמן דבלתימה: ויסעו מעלמן דבלתימה ויחנו
בהרי העברים לפני נבו: ויסעו מהרי העברים
ויחנו בערבת מואב על ירדן ירחו: ויחנו על־
הירדן מבית הישמת עד אבל השטים בערבת
מואב: *וידבר יהוה אל־משה בערבת ישראל
מואב על־ירדן ירחו לאמר: דבר אל־בני ישראל

וְאָמַרְתָּ אֲלֵהֶם כִּי אַתֶּם עֹבְרִים אֶת־הַיַּרְדֵּן אֶל־
אֶרֶץ כְּנָעַן: וְהוֹרַשְׁתֶּם אֶת־כָּל־יֹשְׁבֵי הָאָרֶץ מִפְּנֵיכֶם
וְאִבַּדְתֶּם אֵת כָּל־מַשְׂכִּיֹּתָם וְאֵת כָּל־צַלְמֵי מַסֵּכֹתָם
תְּאַבֵּדוּ וְאֵת כָּל־בָּמוֹתָם תַּשְׁמִידוּ: וְהוֹרַשְׁתֶּם
אֶת־הָאָרֶץ וִישַׁבְתֶּם־בָּהּ כִּי לָכֶם נָתַתִּי אֶת־הָאָרֶץ
לָרֶשֶׁת אֹתָהּ:

DEVARIM דברים

אֵלֶּה הַדְּבָרִים אֲשֶׁר דִּבֶּר מֹשֶׁה אֶל־כָּל־יִשְׂרָאֵל דברים א:א–יא
בְּעֵבֶר הַיַּרְדֵּן בַּמִּדְבָּר בָּעֲרָבָה מוֹל סוּף בֵּין־
פָּארָן וּבֵין־תֹּפֶל וְלָבָן וַחֲצֵרֹת וְדִי זָהָב: אַחַד עָשָׂר
יוֹם מֵחֹרֵב דֶּרֶךְ הַר־שֵׂעִיר עַד קָדֵשׁ בַּרְנֵעַ: וַיְהִי
בְּאַרְבָּעִים שָׁנָה בְּעַשְׁתֵּי־עָשָׂר חֹדֶשׁ בְּאֶחָד לַחֹדֶשׁ
דִּבֶּר מֹשֶׁה אֶל־בְּנֵי יִשְׂרָאֵל כְּכֹל אֲשֶׁר צִוָּה יהוה
אֹתוֹ אֲלֵהֶם: *אַחֲרֵי הַכֹּתוֹ אֵת סִיחֹן מֶלֶךְ הָאֱמֹרִי לוי
אֲשֶׁר יוֹשֵׁב בְּחֶשְׁבּוֹן וְאֵת עוֹג מֶלֶךְ הַבָּשָׁן אֲשֶׁר־
יוֹשֵׁב בְּעַשְׁתָּרֹת בְּאֶדְרֶעִי: בְּעֵבֶר הַיַּרְדֵּן בְּאֶרֶץ
מוֹאָב הוֹאִיל מֹשֶׁה בֵּאֵר אֶת־הַתּוֹרָה הַזֹּאת לֵאמֹר:
יהוה אֱלֹהֵינוּ דִּבֶּר אֵלֵינוּ בְּחֹרֵב לֵאמֹר רַב־לָכֶם
שֶׁבֶת בָּהָר הַזֶּה: פְּנוּ ׀ וּסְעוּ לָכֶם וּבֹאוּ הַר הָאֱמֹרִי

וְאֶל־כָּל־שְׁכֵנָיו בָּעֲרָבָה בָהָר וּבַשְּׁפֵלָה וּבַנֶּגֶב וּבְחוֹף
הַיָּם אֶרֶץ הַכְּנַעֲנִי וְהַלְּבָנוֹן עַד־הַנָּהָר הַגָּדֹל נְהַר־
ישראל פְּרָת: *רְאֵה נָתַתִּי לִפְנֵיכֶם אֶת־הָאָרֶץ בֹּאוּ וּרְשׁוּ
אֶת־הָאָרֶץ אֲשֶׁר נִשְׁבַּע יְהוָה לַאֲבֹתֵיכֶם לְאַבְרָהָם
לְיִצְחָק וּלְיַעֲקֹב לָתֵת לָהֶם וּלְזַרְעָם אַחֲרֵיהֶם: וָאֹמַר
אֲלֵכֶם בָּעֵת הַהִוא לֵאמֹר לֹא־אוּכַל לְבַדִּי שְׂאֵת
אֶתְכֶם: יְהוָה אֱלֹהֵיכֶם הִרְבָּה אֶתְכֶם וְהִנְּכֶם הַיּוֹם
כְּכוֹכְבֵי הַשָּׁמַיִם לָרֹב: יְהוָה אֱלֹהֵי אֲבוֹתֵכֶם יֹסֵף
עֲלֵיכֶם כָּכֶם אֶלֶף פְּעָמִים וִיבָרֵךְ אֶתְכֶם כַּאֲשֶׁר
דִּבֶּר לָכֶם:

VA'ET-ḤANAN ואתחנן

דברים ג:כג–ד:ח וָאֶתְחַנַּן אֶל־יְהוָה בָּעֵת הַהִוא לֵאמֹר: אֲדֹנָי יֱהוִה
אַתָּה הַחִלּוֹתָ לְהַרְאוֹת אֶת־עַבְדְּךָ אֶת־גָּדְלְךָ וְאֶת־
יָדְךָ הַחֲזָקָה אֲשֶׁר מִי־אֵל בַּשָּׁמַיִם וּבָאָרֶץ אֲשֶׁר־
יַעֲשֶׂה כְמַעֲשֶׂיךָ וְכִגְבוּרֹתֶךָ: אֶעְבְּרָה־נָּא וְאֶרְאֶה
אֶת־הָאָרֶץ הַטּוֹבָה אֲשֶׁר בְּעֵבֶר הַיַּרְדֵּן הָהָר הַטּוֹב
לוי הַזֶּה וְהַלְּבָנֹן: *וַיִּתְעַבֵּר יְהוָה בִּי לְמַעַנְכֶם וְלֹא
שָׁמַע אֵלָי וַיֹּאמֶר יְהוָה אֵלַי רַב־לָךְ אַל־תּוֹסֶף דַּבֵּר
אֵלַי עוֹד בַּדָּבָר הַזֶּה: עֲלֵה ׀ רֹאשׁ הַפִּסְגָּה וְשָׂא

עֵינֶיךָ יָמָּה וְצָפֹנָה וְתֵימָנָה וּמִזְרָחָה וּרְאֵה בְעֵינֶיךָ
כִּי־לֹא תַעֲבֹר אֶת־הַיַּרְדֵּן הַזֶּה: וְצַו אֶת־יְהוֹשֻׁעַ
וְחַזְּקֵהוּ וְאַמְּצֵהוּ כִּי־הוּא יַעֲבֹר לִפְנֵי הָעָם הַזֶּה וְהוּא
יַנְחִיל אוֹתָם אֶת־הָאָרֶץ אֲשֶׁר תִּרְאֶה: וַנֵּשֶׁב בַּגָּיְא
מוּל בֵּית פְּעוֹר:

וְעַתָּה יִשְׂרָאֵל שְׁמַע אֶל־הַחֻקִּים וְאֶל־הַמִּשְׁפָּטִים
אֲשֶׁר אָנֹכִי מְלַמֵּד אֶתְכֶם לַעֲשׂוֹת לְמַעַן תִּחְיוּ
וּבָאתֶם וִירִשְׁתֶּם אֶת־הָאָרֶץ אֲשֶׁר יְהוָה אֱלֹהֵי
אֲבֹתֵיכֶם נֹתֵן לָכֶם: לֹא תֹסִפוּ עַל־הַדָּבָר אֲשֶׁר אָנֹכִי
מְצַוֶּה אֶתְכֶם וְלֹא תִגְרְעוּ מִמֶּנּוּ לִשְׁמֹר אֶת־מִצְוֹת
יְהוָה אֱלֹהֵיכֶם אֲשֶׁר אָנֹכִי מְצַוֶּה אֶתְכֶם: עֵינֵיכֶם
הָרֹאוֹת אֵת אֲשֶׁר־עָשָׂה יְהוָה בְּבַעַל פְּעוֹר כִּי כָל־
הָאִישׁ אֲשֶׁר הָלַךְ אַחֲרֵי בַעַל־פְּעוֹר הִשְׁמִידוֹ יְהוָה
אֱלֹהֶיךָ מִקִּרְבֶּךָ: וְאַתֶּם הַדְּבֵקִים בַּיהוָה אֱלֹהֵיכֶם
חַיִּים כֻּלְּכֶם הַיּוֹם: *רְאֵה | לִמַּדְתִּי אֶתְכֶם חֻקִּים ישראל
וּמִשְׁפָּטִים כַּאֲשֶׁר צִוַּנִי יְהוָה אֱלֹהָי לַעֲשׂוֹת כֵּן בְּקֶרֶב
הָאָרֶץ אֲשֶׁר אַתֶּם בָּאִים שָׁמָּה לְרִשְׁתָּהּ: וּשְׁמַרְתֶּם
וַעֲשִׂיתֶם כִּי הִוא חָכְמַתְכֶם וּבִינַתְכֶם לְעֵינֵי הָעַמִּים
אֲשֶׁר יִשְׁמְעוּן אֵת כָּל־הַחֻקִּים הָאֵלֶּה וְאָמְרוּ רַק

עַם־חָכָם וְנָבוֹן הַגּוֹי הַגָּדוֹל הַזֶּה׃ כִּי מִי־גוֹי גָּדוֹל
אֲשֶׁר־לוֹ אֱלֹהִים קְרֹבִים אֵלָיו כַּיהוָה אֱלֹהֵינוּ בְּכָל־
קָרְאֵנוּ אֵלָיו׃ וּמִי גּוֹי גָּדוֹל אֲשֶׁר־לוֹ חֻקִּים וּמִשְׁפָּטִים
צַדִּיקִם כְּכֹל הַתּוֹרָה הַזֹּאת אֲשֶׁר אָנֹכִי נֹתֵן לִפְנֵיכֶם
הַיּוֹם׃

EKEV
עקב

דברים ז:יב–ח:י

וְהָיָה ׀ עֵקֶב תִּשְׁמְעוּן אֵת הַמִּשְׁפָּטִים הָאֵלֶּה
וּשְׁמַרְתֶּם וַעֲשִׂיתֶם אֹתָם וְשָׁמַר יהוה אֱלֹהֶיךָ לְךָ
אֶת־הַבְּרִית וְאֶת־הַחֶסֶד אֲשֶׁר נִשְׁבַּע לַאֲבֹתֶיךָ׃
וַאֲהֵבְךָ וּבֵרַכְךָ וְהִרְבֶּךָ וּבֵרַךְ פְּרִי־בִטְנְךָ וּפְרִי־אַדְמָתֶךָ
דְּגָנְךָ וְתִירֹשְׁךָ וְיִצְהָרֶךָ שְׁגַר־אֲלָפֶיךָ וְעַשְׁתְּרֹת צֹאנֶךָ
עַל הָאֲדָמָה אֲשֶׁר־נִשְׁבַּע לַאֲבֹתֶיךָ לָתֶת לָךְ׃ בָּרוּךְ
תִּהְיֶה מִכָּל־הָעַמִּים לֹא־יִהְיֶה בְךָ עָקָר וַעֲקָרָה
וּבִבְהֶמְתֶּךָ׃ וְהֵסִיר יהוה מִמְּךָ כָּל־חֹלִי וְכָל־מַדְוֵי
מִצְרַיִם הָרָעִים אֲשֶׁר יָדַעְתָּ לֹא יְשִׂימָם בָּךְ וּנְתָנָם
בְּכָל־שֹׂנְאֶיךָ׃ וְאָכַלְתָּ אֶת־כָּל־הָעַמִּים אֲשֶׁר יהוה
אֱלֹהֶיךָ נֹתֵן לָךְ לֹא־תָחוֹס עֵינְךָ עֲלֵיהֶם וְלֹא תַעֲבֹד
אֶת־אֱלֹהֵיהֶם כִּי־מוֹקֵשׁ הוּא לָךְ׃ כִּי
תֹאמַר בִּלְבָבְךָ רַבִּים הַגּוֹיִם הָאֵלֶּה מִמֶּנִּי אֵיכָה

אוּכַל לְהוֹרִישָׁם׃ לֹא תִירָא מֵהֶם זָכֹר תִּזְכֹּר אֵת
אֲשֶׁר־עָשָׂה יְהוָה אֱלֹהֶיךָ לְפַרְעֹה וּלְכָל־מִצְרָיִם׃
הַמַּסֹּת הַגְּדֹלֹת אֲשֶׁר־רָאוּ עֵינֶיךָ וְהָאֹתֹת וְהַמֹּפְתִים
וְהַיָּד הַחֲזָקָה וְהַזְּרֹעַ הַנְּטוּיָה אֲשֶׁר הוֹצִאֲךָ יְהוָה
אֱלֹהֶיךָ כֵּן־יַעֲשֶׂה יְהוָה אֱלֹהֶיךָ לְכָל־הָעַמִּים אֲשֶׁר־
אַתָּה יָרֵא מִפְּנֵיהֶם׃ וְגַם אֶת־הַצִּרְעָה יְשַׁלַּח יְהוָה
אֱלֹהֶיךָ בָּם עַד־אֲבֹד הַנִּשְׁאָרִים וְהַנִּסְתָּרִים מִפָּנֶיךָ׃
לֹא תַעֲרֹץ מִפְּנֵיהֶם כִּי־יְהוָה אֱלֹהֶיךָ בְּקִרְבֶּךָ אֵל
לוי גָּדוֹל וְנוֹרָא׃ *וְנָשַׁל יְהוָה אֱלֹהֶיךָ אֶת־הַגּוֹיִם הָאֵל
מִפָּנֶיךָ מְעַט מְעָט לֹא תוּכַל כַּלֹּתָם מַהֵר פֶּן־תִּרְבֶּה
עָלֶיךָ חַיַּת הַשָּׂדֶה׃ וּנְתָנָם יְהוָה אֱלֹהֶיךָ לְפָנֶיךָ וְהָמָם
מְהוּמָה גְדֹלָה עַד הִשָּׁמְדָם׃ וְנָתַן מַלְכֵיהֶם בְּיָדֶךָ
וְהַאֲבַדְתָּ אֶת־שְׁמָם מִתַּחַת הַשָּׁמָיִם לֹא־יִתְיַצֵּב אִישׁ
בְּפָנֶיךָ עַד הִשְׁמִדְךָ אֹתָם׃ פְּסִילֵי אֱלֹהֵיהֶם תִּשְׂרְפוּן
בָּאֵשׁ לֹא־תַחְמֹד כֶּסֶף וְזָהָב עֲלֵיהֶם וְלָקַחְתָּ לָךְ
פֶּן תִּוָּקֵשׁ בּוֹ כִּי תוֹעֲבַת יְהוָה אֱלֹהֶיךָ הוּא׃ וְלֹא־
תָבִיא תוֹעֵבָה אֶל־בֵּיתֶךָ וְהָיִיתָ חֵרֶם כָּמֹהוּ שַׁקֵּץ ׀
תְּשַׁקְּצֶנּוּ וְתַעֵב ׀ תְּתַעֲבֶנּוּ כִּי־חֵרֶם הוּא׃

כָּל־הַמִּצְוָה אֲשֶׁר אָנֹכִי מְצַוְּךָ הַיּוֹם תִּשְׁמְרוּן לַעֲשׂוֹת

לְמַ֤עַן תִּֽחְיוּן֙ וּרְבִיתֶ֔ם וּבָאתֶם֙ וִֽירִשְׁתֶּ֣ם אֶת־הָאָ֔רֶץ
אֲשֶׁר־נִשְׁבַּ֥ע יְהוָ֖ה לַאֲבֹתֵיכֶֽם׃ וְזָכַרְתָּ֣ אֶת־כָּל־
הַדֶּ֗רֶךְ אֲשֶׁ֨ר הוֹלִֽיכְךָ֜ יְהוָ֧ה אֱלֹהֶ֛יךָ זֶ֥ה אַרְבָּעִ֖ים
שָׁנָ֣ה בַּמִּדְבָּ֑ר לְמַ֨עַן עַנֹּֽתְךָ֜ לְנַסֹּֽתְךָ֗ לָדַ֜עַת אֶת־אֲשֶׁ֧ר
בִּֽלְבָבְךָ֛ הֲתִשְׁמֹ֥ר מִצְוֺתָ֖ו אִם־לֹֽא׃ וַֽיְעַנְּךָ֮ וַיַּרְעִבֶ֒ךָ֒
וַיַּאֲכִֽלְךָ֤ אֶת־הַמָּן֙ אֲשֶׁ֣ר לֹא־יָדַ֔עְתָּ וְלֹ֥א יָדְע֖וּן אֲבֹתֶ֑יךָ
לְמַ֣עַן הוֹדִֽיעֲךָ֗ כִּ֠י לֹ֣א עַל־הַלֶּ֤חֶם לְבַדּוֹ֙ יִחְיֶ֣ה הָֽאָדָ֔ם
כִּ֛י עַל־כָּל־מוֹצָ֥א פִֽי־יְהוָ֖ה יִחְיֶ֥ה הָאָדָֽם׃ *שִׂמְלָ֨תְךָ֜ ישראל
לֹ֤א בָֽלְתָה֙ מֵעָלֶ֔יךָ וְרַגְלְךָ֖ לֹ֣א בָצֵ֑קָה זֶ֖ה אַרְבָּעִ֥ים
שָׁנָֽה׃ וְיָדַעְתָּ֖ עִם־לְבָבֶ֑ךָ כִּ֗י כַּאֲשֶׁ֨ר יְיַסֵּ֥ר אִישׁ֙ אֶת־
בְּנ֔וֹ יְהוָ֥ה אֱלֹהֶ֖יךָ מְיַסְּרֶֽךָּ׃ וְשָׁ֣מַרְתָּ֔ אֶת־מִצְוֺ֖ת
יְהוָ֣ה אֱלֹהֶ֑יךָ לָלֶ֥כֶת בִּדְרָכָ֖יו וּלְיִרְאָ֥ה אֹתֽוֹ׃ כִּ֚י יְהוָ֣ה
אֱלֹהֶ֔יךָ מְבִֽיאֲךָ֖ אֶל־אֶ֣רֶץ טוֹבָ֑ה אֶ֚רֶץ נַ֣חֲלֵי מָ֔יִם
עֲיָנֹת֙ וּתְהֹמֹ֔ת יֹצְאִ֥ים בַּבִּקְעָ֖ה וּבָהָֽר׃ אֶ֤רֶץ חִטָּה֙
וּשְׂעֹרָ֔ה וְגֶ֥פֶן וּתְאֵנָ֖ה וְרִמּ֑וֹן אֶֽרֶץ־זֵ֥ית שֶׁ֖מֶן וּדְבָֽשׁ׃
אֶ֗רֶץ אֲשֶׁ֨ר לֹ֤א בְמִסְכֵּנֻת֙ תֹּֽאכַל־בָּ֣הּ לֶ֔חֶם לֹֽא־תֶחְסַ֥ר
כֹּ֖ל בָּ֑הּ אֶ֚רֶץ אֲשֶׁ֣ר אֲבָנֶ֣יהָ בַרְזֶ֔ל וּמֵהֲרָרֶ֖יהָ תַּחְצֹ֥ב
נְחֹֽשֶׁת׃ וְאָכַלְתָּ֖ וְשָׂבָ֑עְתָּ וּבֵֽרַכְתָּ֙ אֶת־יְהוָ֣ה אֱלֹהֶ֔יךָ
עַל־הָאָ֥רֶץ הַטֹּבָ֖ה אֲשֶׁ֥ר נָֽתַן־לָֽךְ׃

RE'EH ראה

רְאֵה אָנֹכִי נֹתֵן לִפְנֵיכֶם הַיּוֹם בְּרָכָה וּקְלָלָה׃ אֶת־ דברים יא:כו–יב:י
הַבְּרָכָה אֲשֶׁר תִּשְׁמְעוּ אֶל־מִצְוֺת יְהוָה אֱלֹהֵיכֶם
אֲשֶׁר אָנֹכִי מְצַוֶּה אֶתְכֶם הַיּוֹם׃ וְהַקְּלָלָה אִם־לֹא
תִשְׁמְעוּ אֶל־מִצְוֺת יְהוָה אֱלֹהֵיכֶם וְסַרְתֶּם מִן־
הַדֶּרֶךְ אֲשֶׁר אָנֹכִי מְצַוֶּה אֶתְכֶם הַיּוֹם לָלֶכֶת אַחֲרֵי
אֱלֹהִים אֲחֵרִים אֲשֶׁר לֹא־יְדַעְתֶּם׃ וְהָיָה
כִּי יְבִיאֲךָ יְהוָה אֱלֹהֶיךָ אֶל־הָאָרֶץ אֲשֶׁר־אַתָּה בָא־
שָׁמָּה לְרִשְׁתָּהּ וְנָתַתָּה אֶת־הַבְּרָכָה עַל־הַר גְּרִזִים
וְאֶת־הַקְּלָלָה עַל־הַר עֵיבָל׃ הֲלֹא־הֵמָּה בְּעֵבֶר
הַיַּרְדֵּן אַחֲרֵי דֶּרֶךְ מְבוֹא הַשֶּׁמֶשׁ בְּאֶרֶץ הַכְּנַעֲנִי
הַיֹּשֵׁב בָּעֲרָבָה מוּל הַגִּלְגָּל אֵצֶל אֵלוֹנֵי מֹרֶה׃ כִּי
אַתֶּם עֹבְרִים אֶת־הַיַּרְדֵּן לָבֹא לָרֶשֶׁת אֶת־הָאָרֶץ
אֲשֶׁר־יְהוָה אֱלֹהֵיכֶם נֹתֵן לָכֶם וִירִשְׁתֶּם אֹתָהּ
וִישַׁבְתֶּם־בָּהּ׃ *וּשְׁמַרְתֶּם לַעֲשׂוֹת אֵת כָּל־הַחֻקִּים לוי
וְאֶת־הַמִּשְׁפָּטִים אֲשֶׁר אָנֹכִי נֹתֵן לִפְנֵיכֶם הַיּוֹם׃
אֵלֶּה הַחֻקִּים וְהַמִּשְׁפָּטִים אֲשֶׁר תִּשְׁמְרוּן לַעֲשׂוֹת
בָּאָרֶץ אֲשֶׁר נָתַן יְהוָה אֱלֹהֵי אֲבֹתֶיךָ לְךָ לְרִשְׁתָּהּ
כָּל־הַיָּמִים אֲשֶׁר־אַתֶּם חַיִּים עַל־הָאֲדָמָה׃ אַבֵּד

תְּאַבְּדוּן֩ אֶת־כָּל־הַמְּקֹמ֨וֹת אֲשֶׁ֤ר עָֽבְדוּ־שָׁם֙ הַגּוֹיִ֔ם
אֲשֶׁ֥ר אַתֶּ֛ם יֹרְשִׁ֥ים אֹתָ֖ם אֶת־אֱלֹהֵיהֶ֑ם עַל־הֶהָרִ֤ים
הָֽרָמִים֙ וְעַל־הַגְּבָע֔וֹת וְתַ֖חַת כָּל־עֵ֥ץ רַעֲנָֽן׃ וְנִתַּצְתֶּ֣ם
אֶת־מִזְבְּחֹתָ֗ם וְשִׁבַּרְתֶּם֙ אֶת־מַצֵּ֣בֹתָ֔ם וַאֲשֵֽׁרֵיהֶם֙
תִּשְׂרְפ֣וּן בָּאֵ֔שׁ וּפְסִילֵ֥י אֱלֹהֵיהֶ֖ם תְּגַדֵּע֑וּן וְאִבַּדְתֶּ֣ם
אֶת־שְׁמָ֔ם מִן־הַמָּק֖וֹם הַהֽוּא׃ לֹא־תַעֲשׂ֣וּן כֵּ֔ן
לַיהוָ֖ה אֱלֹהֵיכֶֽם׃ כִּ֠י אִֽם־אֶל־הַמָּק֞וֹם אֲשֶׁר־יִבְחַ֨ר
יְהוָ֤ה אֱלֹֽהֵיכֶם֙ מִכָּל־שִׁבְטֵיכֶ֔ם לָשׂ֥וּם אֶת־שְׁמ֖וֹ
שָׁ֑ם לְשִׁכְנ֥וֹ תִדְרְשׁ֖וּ וּבָ֥אתָ שָֽׁמָּה׃ *וַהֲבֵאתֶ֣ם שָׁ֗מָּה ישראל
עֹלֹֽתֵיכֶם֙ וְזִבְחֵיכֶ֔ם וְאֵת֙ מַעְשְׂרֹ֣תֵיכֶ֔ם וְאֵ֖ת תְּרוּמַ֣ת
יֶדְכֶ֑ם וְנִדְרֵיכֶם֙ וְנִדְבֹ֣תֵיכֶ֔ם וּבְכֹרֹ֥ת בְּקַרְכֶ֖ם וְצֹאנְכֶֽם׃
וַאֲכַלְתֶּם־שָׁ֗ם לִפְנֵי֙ יְהוָ֣ה אֱלֹהֵיכֶ֔ם וּשְׂמַחְתֶּ֗ם בְּכֹל֙
מִשְׁלַ֣ח יֶדְכֶ֔ם אַתֶּ֖ם וּבָתֵּיכֶ֑ם אֲשֶׁ֥ר בֵּֽרַכְךָ֖ יְהוָ֥ה
אֱלֹהֶֽיךָ׃ לֹ֣א תַעֲשׂ֔וּן כְּ֠כֹל אֲשֶׁ֨ר אֲנַ֧חְנוּ עֹשִׂ֛ים פֹּ֖ה
הַיּ֑וֹם אִ֖ישׁ כָּל־הַיָּשָׁ֥ר בְּעֵינָֽיו׃ כִּ֥י לֹא־בָאתֶ֖ם עַד־
עָ֑תָּה אֶל־הַמְּנוּחָה֙ וְאֶל־הַֽנַּחֲלָ֔ה אֲשֶׁר־יְהוָ֥ה אֱלֹהֶ֖יךָ
נֹתֵ֥ן לָֽךְ׃ וַעֲבַרְתֶּם֮ אֶת־הַיַּרְדֵּן֒ וִֽישַׁבְתֶּ֣ם בָּאָ֔רֶץ אֲשֶׁר־
יְהוָ֥ה אֱלֹהֵיכֶ֖ם מַנְחִ֣יל אֶתְכֶ֑ם וְהֵנִ֨יחַ לָכֶ֧ם מִכָּל־
אֹיְבֵיכֶ֛ם מִסָּבִ֖יב וִֽישַׁבְתֶּם־בֶּֽטַח׃

SHOFETIM שופטים

דברים טז:יח–יז:יג שֹׁפְטִ֣ים וְשֹֽׁטְרִ֗ים תִּֽתֶּן־לְךָ֙ בְּכָל־שְׁעָרֶ֔יךָ אֲשֶׁ֨ר יְהוָ֧ה
אֱלֹהֶ֛יךָ נֹתֵ֥ן לְךָ֖ לִשְׁבָטֶ֑יךָ וְשָׁפְט֥וּ אֶת־הָעָ֖ם מִשְׁפַּט־
צֶֽדֶק׃ לֹֽא־תַטֶּ֣ה מִשְׁפָּ֔ט לֹ֥א תַכִּ֖יר פָּנִ֑ים וְלֹֽא־תִקַּ֣ח
שֹׁ֔חַד כִּ֣י הַשֹּׁ֗חַד יְעַוֵּר֙ עֵינֵ֣י חֲכָמִ֔ים וִֽיסַלֵּ֖ף דִּבְרֵ֥י
צַדִּיקִֽם׃ צֶ֥דֶק צֶ֖דֶק תִּרְדֹּ֑ף לְמַ֤עַן תִּֽחְיֶה֙ וְיָרַשְׁתָּ֣ אֶת־
הָאָ֔רֶץ אֲשֶׁר־יְהוָ֥ה אֱלֹהֶ֖יךָ נֹתֵ֥ן לָֽךְ׃ ★לֹֽא־ לוי
תִטַּ֥ע לְךָ֛ אֲשֵׁרָ֖ה כָּל־עֵ֑ץ אֵ֗צֶל מִזְבַּ֛ח יְהוָ֥ה אֱלֹהֶ֖יךָ
אֲשֶׁ֥ר תַּֽעֲשֶׂה־לָּֽךְ׃ וְלֹֽא־תָקִ֥ים לְךָ֖ מַצֵּבָ֑ה אֲשֶׁ֥ר שָׂנֵ֖א
יְהוָ֥ה אֱלֹהֶֽיךָ׃ לֹֽא־תִזְבַּ֞ח לַיהוָ֣ה אֱלֹהֶ֗יךָ
שׁ֣וֹר וָשֶׂ֗ה אֲשֶׁ֨ר יִהְיֶ֥ה בוֹ֙ מ֔וּם כֹּ֖ל דָּבָ֣ר רָ֑ע כִּ֧י תוֹעֲבַ֛ת
יְהוָ֥ה אֱלֹהֶ֖יךָ הֽוּא׃ כִּֽי־יִמָּצֵ֤א בְקִרְבְּךָ֙
בְּאַחַ֣ד שְׁעָרֶ֔יךָ אֲשֶׁר־יְהוָ֥ה אֱלֹהֶ֖יךָ נֹתֵ֣ן לָ֑ךְ אִ֣ישׁ
אֽוֹ־אִשָּׁ֗ה אֲשֶׁ֨ר יַעֲשֶׂ֥ה אֶת־הָרַ֛ע בְּעֵינֵ֥י יְהוָֽה־אֱלֹהֶ֖יךָ
לַעֲבֹ֥ר בְּרִיתֽוֹ׃ וַיֵּ֗לֶךְ וַֽיַּעֲבֹד֙ אֱלֹהִ֣ים אֲחֵרִ֔ים וַיִּשְׁתַּ֖חוּ
לָהֶ֑ם וְלַשֶּׁ֣מֶשׁ ׀ א֣וֹ לַיָּרֵ֗חַ א֛וֹ לְכָל־צְבָ֥א הַשָּׁמַ֖יִם
אֲשֶׁ֥ר לֹא־צִוִּֽיתִי׃ וְהֻגַּד־לְךָ֖ וְשָׁמָ֑עְתָּ וְדָרַשְׁתָּ֣ הֵיטֵ֔ב
וְהִנֵּ֥ה אֱמֶ֖ת נָכ֣וֹן הַדָּבָ֑ר נֶעֶשְׂתָ֛ה הַתּוֹעֵבָ֥ה הַזֹּ֖את
בְּיִשְׂרָאֵֽל׃ וְהוֹצֵאתָ֣ אֶת־הָאִ֣ישׁ הַה֡וּא א֣וֹ אֶת־

הָאִשָּׁה הַהִוא אֲשֶׁר עָשׂוּ אֶת־הַדָּבָר הָרָע הַזֶּה
אֶל־שְׁעָרֶיךָ אֶת־הָאִישׁ אוֹ אֶת־הָאִשָּׁה וּסְקַלְתָּם
בָּאֲבָנִים וָמֵתוּ׃ עַל־פִּי ׀ שְׁנַיִם עֵדִים אוֹ שְׁלֹשָׁה עֵדִים
יוּמַת הַמֵּת לֹא יוּמַת עַל־פִּי עֵד אֶחָד׃ יַד הָעֵדִים
תִּהְיֶה־בּוֹ בָרִאשֹׁנָה לַהֲמִיתוֹ וְיַד כָּל־הָעָם בָּאַחֲרֹנָה
וּבִעַרְתָּ הָרָע מִקִּרְבֶּךָ׃
כִּי יִפָּלֵא מִמְּךָ דָבָר לַמִּשְׁפָּט בֵּין־דָּם ׀ לְדָם בֵּין־
דִּין לְדִין וּבֵין נֶגַע לָנֶגַע דִּבְרֵי רִיבֹת בִּשְׁעָרֶיךָ וְקַמְתָּ
וְעָלִיתָ אֶל־הַמָּקוֹם אֲשֶׁר יִבְחַר יְהוָה אֱלֹהֶיךָ בּוֹ׃
וּבָאתָ אֶל־הַכֹּהֲנִים הַלְוִיִּם וְאֶל־הַשֹּׁפֵט אֲשֶׁר יִהְיֶה
בַּיָּמִים הָהֵם וְדָרַשְׁתָּ וְהִגִּידוּ לְךָ אֵת דְּבַר הַמִּשְׁפָּט׃
וְעָשִׂיתָ עַל־פִּי הַדָּבָר אֲשֶׁר יַגִּידוּ לְךָ מִן־הַמָּקוֹם
הַהוּא אֲשֶׁר יִבְחַר יְהוָה וְשָׁמַרְתָּ לַעֲשׂוֹת כְּכֹל אֲשֶׁר
יוֹרוּךָ׃ *עַל־פִּי הַתּוֹרָה אֲשֶׁר יוֹרוּךָ וְעַל־הַמִּשְׁפָּט ישראל
אֲשֶׁר־יֹאמְרוּ לְךָ תַּעֲשֶׂה לֹא תָסוּר מִן־הַדָּבָר אֲשֶׁר־
יַגִּידוּ לְךָ יָמִין וּשְׂמֹאל׃ וְהָאִישׁ אֲשֶׁר־יַעֲשֶׂה בְזָדוֹן
לְבִלְתִּי שְׁמֹעַ אֶל־הַכֹּהֵן הָעֹמֵד לְשָׁרֶת שָׁם אֶת־
יְהוָה אֱלֹהֶיךָ אוֹ אֶל־הַשֹּׁפֵט וּמֵת הָאִישׁ הַהוּא
וּבִעַרְתָּ הָרָע מִיִּשְׂרָאֵל׃ וְכָל־הָעָם יִשְׁמְעוּ וְיִרָאוּ
וְלֹא יְזִידוּן עוֹד׃

KI TETZEH
כי תצא

כִּֽי־תֵצֵ֥א לַמִּלְחָמָ֖ה עַל־אֹיְבֶ֑יךָ וּנְתָנ֞וֹ יְהוָ֧ה אֱלֹהֶ֛יךָ דברים כא:י-כא
בְּיָדֶ֖ךָ וְשָׁבִ֥יתָ שִׁבְיֽוֹ׃ וְרָאִיתָ֙ בַּשִּׁבְיָ֔ה אֵ֖שֶׁת יְפַת־
תֹּ֑אַר וְחָשַׁקְתָּ֣ בָ֔הּ וְלָקַחְתָּ֥ לְךָ֖ לְאִשָּֽׁה׃ וַהֲבֵאתָ֖הּ
אֶל־תּ֣וֹךְ בֵּיתֶ֑ךָ וְגִלְּחָה֙ אֶת־רֹאשָׁ֔הּ וְעָשְׂתָ֖ה אֶת־
צִפָּרְנֶֽיהָ׃ וְהֵסִ֩ירָה֩ אֶת־שִׂמְלַ֨ת שִׁבְיָ֜הּ מֵעָלֶ֗יהָ וְיָֽשְׁבָה֙
בְּבֵיתֶ֔ךָ וּבָֽכְתָ֛ה אֶת־אָבִ֥יהָ וְאֶת־אִמָּ֖הּ יֶ֣רַח יָמִ֑ים
וְאַ֨חַר כֵּ֜ן תָּב֤וֹא אֵלֶ֙יהָ֙ וּבְעַלְתָּ֔הּ וְהָיְתָ֥ה לְךָ֖ לְאִשָּֽׁה׃
וְהָיָ֞ה אִם־לֹ֧א חָפַ֣צְתָּ בָּ֗הּ וְשִׁלַּחְתָּהּ֙ לְנַפְשָׁ֔הּ וּמָכֹ֥ר
לֹא־תִמְכְּרֶ֖נָּה בַּכָּ֑סֶף לֹא־תִתְעַמֵּ֣ר בָּ֔הּ תַּ֖חַת אֲשֶׁ֥ר
עִנִּיתָֽהּ׃ *כִּֽי־תִהְיֶ֨יןָ לְאִ֜ישׁ שְׁתֵּ֣י נָשִׁ֗ים לוי
הָאַחַ֤ת אֲהוּבָה֙ וְהָאַחַ֣ת שְׂנוּאָ֔ה וְיָֽלְדוּ־ל֣וֹ בָנִ֔ים
הָאֲהוּבָ֖ה וְהַשְּׂנוּאָ֑ה וְהָיָ֛ה הַבֵּ֥ן הַבְּכֹ֖ר לַשְּׂנִיאָֽה׃
וְהָיָ֗ה בְּיוֹם֙ הַנְחִיל֣וֹ אֶת־בָּנָ֔יו אֵ֥ת אֲשֶׁר־יִהְיֶ֖ה ל֑וֹ לֹ֣א
יוּכַ֗ל לְבַכֵּר֙ אֶת־בֶּן־הָ֣אֲהוּבָ֔ה עַל־פְּנֵ֥י בֶן־הַשְּׂנוּאָ֖ה
הַבְּכֹֽר׃ כִּי֩ אֶת־הַבְּכֹ֨ר בֶּן־הַשְּׂנוּאָ֜ה יַכִּ֗יר לָ֤תֶת לוֹ֙
פִּ֣י שְׁנַ֔יִם בְּכֹ֥ל אֲשֶׁר־יִמָּצֵ֖א ל֑וֹ כִּי־הוּא֙ רֵאשִׁ֣ית אֹנ֔וֹ
ל֖וֹ מִשְׁפַּ֥ט הַבְּכֹרָֽה׃ *כִּֽי־יִהְיֶ֣ה לְאִ֗ישׁ בֵּ֚ן ישראל
סוֹרֵ֣ר וּמוֹרֶ֔ה אֵינֶ֣נּוּ שֹׁמֵ֔עַ בְּק֥וֹל אָבִ֖יו וּבְק֣וֹל אִמּ֑וֹ
וְיִסְּר֣וּ אֹת֔וֹ וְלֹ֥א יִשְׁמַ֖ע אֲלֵיהֶֽם׃ וְתָ֥פְשׂוּ ב֖וֹ אָבִ֣יו

וְאִמּוֹ וְהוֹצִיאוּ אֹתוֹ אֶל־זִקְנֵי עִירוֹ וְאֶל־שַׁעַר מְקֹמוֹ׃
וְאָמְרוּ אֶל־זִקְנֵי עִירוֹ בְּנֵנוּ זֶה סוֹרֵר וּמֹרֶה אֵינֶנּוּ
שֹׁמֵעַ בְּקֹלֵנוּ זוֹלֵל וְסֹבֵא׃ וּרְגָמֻהוּ כָּל־אַנְשֵׁי עִירוֹ
בָאֲבָנִים וָמֵת וּבִעַרְתָּ הָרָע מִקִּרְבֶּךָ וְכָל־יִשְׂרָאֵל
יִשְׁמְעוּ וְיִרָאוּ׃

KI TAVO כי תבוא

וְהָיָה כִּי־תָבוֹא אֶל־הָאָרֶץ אֲשֶׁר יְהוָה אֱלֹהֶיךָ נֹתֵן דברים כו:א–טו
לְךָ נַחֲלָה וִירִשְׁתָּהּ וְיָשַׁבְתָּ בָּהּ׃ וְלָקַחְתָּ מֵרֵאשִׁית ׀
כָּל־פְּרִי הָאֲדָמָה אֲשֶׁר תָּבִיא מֵאַרְצְךָ אֲשֶׁר יְהוָה
אֱלֹהֶיךָ נֹתֵן לָךְ וְשַׂמְתָּ בַטֶּנֶא וְהָלַכְתָּ אֶל־הַמָּקוֹם
אֲשֶׁר יִבְחַר יְהוָה אֱלֹהֶיךָ לְשַׁכֵּן שְׁמוֹ שָׁם׃ וּבָאתָ
אֶל־הַכֹּהֵן אֲשֶׁר יִהְיֶה בַּיָּמִים הָהֵם וְאָמַרְתָּ אֵלָיו
הִגַּדְתִּי הַיּוֹם לַיהוָה אֱלֹהֶיךָ כִּי־בָאתִי אֶל־הָאָרֶץ
אֲשֶׁר נִשְׁבַּע יְהוָה לַאֲבֹתֵינוּ לָתֶת לָנוּ׃ *וְלָקַח הַכֹּהֵן לוי
הַטֶּנֶא מִיָּדֶךָ וְהִנִּיחוֹ לִפְנֵי מִזְבַּח יְהוָה אֱלֹהֶיךָ׃
וְעָנִיתָ וְאָמַרְתָּ לִפְנֵי ׀ יְהוָה אֱלֹהֶיךָ אֲרַמִּי אֹבֵד אָבִי
וַיֵּרֶד מִצְרַיְמָה וַיָּגָר שָׁם בִּמְתֵי מְעָט וַיְהִי־שָׁם לְגוֹי
גָּדוֹל עָצוּם וָרָב׃ וַיָּרֵעוּ אֹתָנוּ הַמִּצְרִים וַיְעַנּוּנוּ
וַיִּתְּנוּ עָלֵינוּ עֲבֹדָה קָשָׁה׃ וַנִּצְעַק אֶל־יְהוָה אֱלֹהֵי

אֲבֹתֵינוּ וַיִּשְׁמַע יְהוָה אֶת־קֹלֵנוּ וַיַּרְא אֶת־עָנְיֵנוּ
וְאֶת־עֲמָלֵנוּ וְאֶת־לַחֲצֵנוּ׃ וַיּוֹצִאֵנוּ יְהוָה מִמִּצְרַיִם
בְּיָד חֲזָקָה וּבִזְרֹעַ נְטוּיָה וּבְמֹרָא גָּדֹל וּבְאֹתוֹת
וּבְמֹפְתִים׃ וַיְבִאֵנוּ אֶל־הַמָּקוֹם הַזֶּה וַיִּתֶּן־לָנוּ אֶת־
הָאָרֶץ הַזֹּאת אֶרֶץ זָבַת חָלָב וּדְבָשׁ׃ וְעַתָּה הִנֵּה
הֵבֵאתִי אֶת־רֵאשִׁית פְּרִי הָאֲדָמָה אֲשֶׁר־נָתַתָּה
לִּי יְהוָה וְהִנַּחְתּוֹ לִפְנֵי יְהוָה אֱלֹהֶיךָ וְהִשְׁתַּחֲוִיתָ
לִפְנֵי יְהוָה אֱלֹהֶיךָ׃ וְשָׂמַחְתָּ בְכָל־הַטּוֹב אֲשֶׁר נָתַן־
לְךָ יְהוָה אֱלֹהֶיךָ וּלְבֵיתֶךָ אַתָּה וְהַלֵּוִי וְהַגֵּר אֲשֶׁר
בְּקִרְבֶּךָ׃ *כִּי תְכַלֶּה לַעְשֵׂר אֶת־כָּל־ ישראל
מַעְשַׂר תְּבוּאָתְךָ בַּשָּׁנָה הַשְּׁלִישִׁת שְׁנַת הַמַּעֲשֵׂר
וְנָתַתָּה לַלֵּוִי לַגֵּר לַיָּתוֹם וְלָאַלְמָנָה וְאָכְלוּ בִשְׁעָרֶיךָ
וְשָׂבֵעוּ׃ וְאָמַרְתָּ לִפְנֵי יְהוָה אֱלֹהֶיךָ בִּעַרְתִּי הַקֹּדֶשׁ
מִן־הַבַּיִת וְגַם נְתַתִּיו לַלֵּוִי וְלַגֵּר לַיָּתוֹם וְלָאַלְמָנָה
כְּכָל־מִצְוָתְךָ אֲשֶׁר צִוִּיתָנִי לֹא־עָבַרְתִּי מִמִּצְוֺתֶיךָ
וְלֹא שָׁכָחְתִּי׃ לֹא־אָכַלְתִּי בְאֹנִי מִמֶּנּוּ וְלֹא־בִעַרְתִּי
מִמֶּנּוּ בְּטָמֵא וְלֹא־נָתַתִּי מִמֶּנּוּ לְמֵת שָׁמַעְתִּי בְּקוֹל
יְהוָה אֱלֹהָי עָשִׂיתִי כְּכֹל אֲשֶׁר צִוִּיתָנִי׃ הַשְׁקִיפָה
מִמְּעוֹן קָדְשְׁךָ מִן־הַשָּׁמַיִם וּבָרֵךְ אֶת־עַמְּךָ אֶת־

יִשְׂרָאֵל וְאֵת הָאֲדָמָה אֲשֶׁר נָתַתָּה לָנוּ כַּאֲשֶׁר
נִשְׁבַּעְתָּ לַאֲבֹתֵינוּ אֶרֶץ זָבַת חָלָב וּדְבָשׁ׃

NITZAVIM נצבים

אַתֶּם נִצָּבִים הַיּוֹם כֻּלְּכֶם לִפְנֵי יְהוָה אֱלֹהֵיכֶם דברים כט:ט–כח
רָאשֵׁיכֶם שִׁבְטֵיכֶם זִקְנֵיכֶם וְשֹׁטְרֵיכֶם כֹּל אִישׁ
יִשְׂרָאֵל׃ טַפְּכֶם נְשֵׁיכֶם וְגֵרְךָ אֲשֶׁר בְּקֶרֶב מַחֲנֶיךָ
מֵחֹטֵב עֵצֶיךָ עַד שֹׁאֵב מֵימֶיךָ׃ לְעָבְרְךָ בִּבְרִית יְהוָה
אֱלֹהֶיךָ וּבְאָלָתוֹ אֲשֶׁר יְהוָה אֱלֹהֶיךָ כֹּרֵת עִמְּךָ הַיּוֹם׃
★לְמַעַן הָקִים־אֹתְךָ הַיּוֹם ׀ לוֹ לְעָם וְהוּא יִהְיֶה־לְּךָ לוי
לֵאלֹהִים כַּאֲשֶׁר דִּבֶּר־לָךְ וְכַאֲשֶׁר נִשְׁבַּע לַאֲבֹתֶיךָ
לְאַבְרָהָם לְיִצְחָק וּלְיַעֲקֹב׃ וְלֹא אִתְּכֶם לְבַדְּכֶם אָנֹכִי
כֹּרֵת אֶת־הַבְּרִית הַזֹּאת וְאֶת־הָאָלָה הַזֹּאת׃ כִּי אֶת־
אֲשֶׁר יֶשְׁנוֹ פֹּה עִמָּנוּ עֹמֵד הַיּוֹם לִפְנֵי יְהוָה אֱלֹהֵינוּ
וְאֵת אֲשֶׁר אֵינֶנּוּ פֹּה עִמָּנוּ הַיּוֹם׃ ★כִּי־אַתֶּם יְדַעְתֶּם ישראל
אֵת אֲשֶׁר־יָשַׁבְנוּ בְּאֶרֶץ מִצְרָיִם וְאֵת אֲשֶׁר־עָבַרְנוּ
בְּקֶרֶב הַגּוֹיִם אֲשֶׁר עֲבַרְתֶּם׃ וַתִּרְאוּ אֶת־שִׁקּוּצֵיהֶם
וְאֵת גִּלֻּלֵיהֶם עֵץ וָאֶבֶן כֶּסֶף וְזָהָב אֲשֶׁר עִמָּהֶם׃
פֶּן־יֵשׁ בָּכֶם אִישׁ אוֹ־אִשָּׁה אוֹ מִשְׁפָּחָה אוֹ־שֵׁבֶט
אֲשֶׁר לְבָבוֹ פֹנֶה הַיּוֹם מֵעִם יְהוָה אֱלֹהֵינוּ לָלֶכֶת

לַעֲבֹד אֶת־אֱלֹהֵי הַגּוֹיִם הָהֵם פֶּן־יֵשׁ בָּכֶם שֹׁרֶשׁ פֹּרֶה
רֹאשׁ וְלַעֲנָה: וְהָיָה בְּשָׁמְעוֹ אֶת־דִּבְרֵי הָאָלָה הַזֹּאת
וְהִתְבָּרֵךְ בִּלְבָבוֹ לֵאמֹר שָׁלוֹם יִהְיֶה־לִּי כִּי בִּשְׁרִרוּת
לִבִּי אֵלֵךְ לְמַעַן סְפוֹת הָרָוָה אֶת־הַצְּמֵאָה: לֹא־
יֹאבֶה יהוה סְלֹחַ לוֹ כִּי אָז יֶעְשַׁן אַף־יהוה וְקִנְאָתוֹ
בָּאִישׁ הַהוּא וְרָבְצָה בּוֹ כָּל־הָאָלָה הַכְּתוּבָה בַּסֵּפֶר
הַזֶּה וּמָחָה יהוה אֶת־שְׁמוֹ מִתַּחַת הַשָּׁמָיִם: וְהִבְדִּילוֹ
יהוה לְרָעָה מִכֹּל שִׁבְטֵי יִשְׂרָאֵל כְּכֹל אָלוֹת הַבְּרִית
הַכְּתוּבָה בְּסֵפֶר הַתּוֹרָה הַזֶּה: וְאָמַר הַדּוֹר הָאַחֲרוֹן
בְּנֵיכֶם אֲשֶׁר יָקוּמוּ מֵאַחֲרֵיכֶם וְהַנָּכְרִי אֲשֶׁר יָבֹא
מֵאֶרֶץ רְחוֹקָה וְרָאוּ אֶת־מַכּוֹת הָאָרֶץ הַהִוא וְאֶת־
תַּחֲלֻאֶיהָ אֲשֶׁר־חִלָּה יהוה בָּהּ: גָּפְרִית וָמֶלַח שְׂרֵפָה
כָל־אַרְצָהּ לֹא תִזָּרַע וְלֹא תַצְמִחַ וְלֹא־יַעֲלֶה בָהּ
כָּל־עֵשֶׂב כְּמַהְפֵּכַת סְדֹם וַעֲמֹרָה אַדְמָה וצביים וּצְבוֹיִם
אֲשֶׁר הָפַךְ יהוה בְּאַפּוֹ וּבַחֲמָתוֹ: וְאָמְרוּ כָּל־הַגּוֹיִם
עַל־מֶה עָשָׂה יהוה כָּכָה לָאָרֶץ הַזֹּאת מֶה חֳרִי
הָאַף הַגָּדוֹל הַזֶּה: וְאָמְרוּ עַל אֲשֶׁר עָזְבוּ אֶת־בְּרִית
יהוה אֱלֹהֵי אֲבֹתָם אֲשֶׁר כָּרַת עִמָּם בְּהוֹצִיאוֹ אֹתָם
מֵאֶרֶץ מִצְרָיִם: וַיֵּלְכוּ וַיַּעַבְדוּ אֱלֹהִים אֲחֵרִים

וַיִּשְׁתַּחֲווּ֙ לָהֶ֔ם אֱלֹהִים֙ אֲשֶׁ֣ר לֹֽא־יְדָע֔וּם וְלֹ֥א חָלַ֖ק
לָהֶֽם׃ וַיִּֽחַר־אַ֥ף יְהוָ֖ה בָּאָ֣רֶץ הַהִ֑וא לְהָבִ֤יא עָלֶ֙יהָ֙
אֶת־כָּל־הַקְּלָלָ֔ה הַכְּתוּבָ֖ה בַּסֵּ֥פֶר הַזֶּֽה׃ וַיִּתְּשֵׁ֤ם יְהוָה֙
מֵעַ֣ל אַדְמָתָ֔ם בְּאַ֥ף וּבְחֵמָ֖ה וּבְקֶ֣צֶף גָּד֑וֹל וַיַּשְׁלִכֵ֛ם
אֶל־אֶ֥רֶץ אַחֶ֖רֶת כַּיּ֥וֹם הַזֶּֽה׃ הַנִּ֨סְתָּרֹ֔ת לַיהוָ֖ה
אֱלֹהֵ֑ינוּ וְהַנִּגְלֹ֞ת לָ֤נוּ וּלְבָנֵ֙ינוּ֙ עַד־עוֹלָ֔ם לַעֲשׂ֕וֹת
אֶת־כָּל־דִּבְרֵ֖י הַתּוֹרָ֥ה הַזֹּֽאת׃

VAYELEKH
וילך

דברים לא:א–ג וַיֵּ֖לֶךְ מֹשֶׁ֑ה וַיְדַבֵּ֛ר אֶת־הַדְּבָרִ֥ים הָאֵ֖לֶּה אֶל־כָּל־
יִשְׂרָאֵֽל׃ וַיֹּ֣אמֶר אֲלֵהֶ֗ם בֶּן־מֵאָ֨ה וְעֶשְׂרִ֤ים שָׁנָה֙
אָנֹכִ֣י הַיּ֔וֹם לֹא־אוּכַ֥ל ע֖וֹד לָצֵ֣את וְלָב֑וֹא וַֽיהוָה֙
אָמַ֣ר אֵלַ֔י לֹ֥א תַעֲבֹ֖ר אֶת־הַיַּרְדֵּ֥ן הַזֶּֽה׃ יְהוָ֨ה אֱלֹהֶ֜יךָ
ה֣וּא ׀ עֹבֵ֣ר לְפָנֶ֗יךָ הֽוּא־יַשְׁמִ֞יד אֶת־הַגּוֹיִ֥ם הָאֵ֛לֶּה
מִלְּפָנֶ֖יךָ וִירִשְׁתָּ֑ם יְהוֹשֻׁ֗עַ ה֚וּא עֹבֵ֣ר לְפָנֶ֔יךָ כַּאֲשֶׁ֖ר
לוי דִּבֶּ֥ר יְהוָֽה׃ *וְעָשָׂ֤ה יְהוָה֙ לָהֶ֔ם כַּאֲשֶׁ֣ר עָשָׂ֗ה לְסִיח֥וֹן
וּלְע֛וֹג מַלְכֵ֥י הָאֱמֹרִ֖י וּלְאַרְצָ֑ם אֲשֶׁ֥ר הִשְׁמִ֖יד אֹתָֽם׃
וּנְתָנָ֥ם יְהוָ֖ה לִפְנֵיכֶ֑ם וַעֲשִׂיתֶ֣ם לָהֶ֔ם כְּכָל־הַ֨מִּצְוָ֔ה
אֲשֶׁ֥ר צִוִּ֖יתִי אֶתְכֶֽם׃ חִזְק֣וּ וְאִמְצ֔וּ אַל־תִּֽירְא֥וּ וְאַל־
תַּעַרְצ֖וּ מִפְּנֵיהֶ֑ם כִּ֣י ׀ יְהוָ֣ה אֱלֹהֶ֗יךָ ה֚וּא הַהֹלֵ֣ךְ עִמָּ֔ךְ

לֹא יַרְפְּךָ וְלֹא יַעַזְבֶךָּ׃ *וַיִּקְרָא מֹשֶׁה ישראל
לִיהוֹשֻׁעַ וַיֹּאמֶר אֵלָיו לְעֵינֵי כָל־יִשְׂרָאֵל חֲזַק וֶאֱמָץ
כִּי אַתָּה תָּבוֹא אֶת־הָעָם הַזֶּה אֶל־הָאָרֶץ אֲשֶׁר
נִשְׁבַּע יְהוָה לַאֲבֹתָם לָתֵת לָהֶם וְאַתָּה תַּנְחִילֶנָּה
אוֹתָם׃ וַיהוָה הוּא ׀ הַהֹלֵךְ לְפָנֶיךָ הוּא יִהְיֶה עִמָּךְ
לֹא יַרְפְּךָ וְלֹא יַעַזְבֶךָּ לֹא תִירָא וְלֹא תֵחָת׃ וַיִּכְתֹּב
מֹשֶׁה אֶת־הַתּוֹרָה הַזֹּאת וַיִּתְּנָהּ אֶל־הַכֹּהֲנִים בְּנֵי
לֵוִי הַנֹּשְׂאִים אֶת־אֲרוֹן בְּרִית יְהוָה וְאֶל־כָּל־זִקְנֵי
יִשְׂרָאֵל׃ וַיְצַו מֹשֶׁה אוֹתָם לֵאמֹר מִקֵּץ ׀ שֶׁבַע שָׁנִים
בְּמֹעֵד שְׁנַת הַשְּׁמִטָּה בְּחַג הַסֻּכּוֹת׃ בְּבוֹא כָל־
יִשְׂרָאֵל לֵרָאוֹת אֶת־פְּנֵי יְהוָה אֱלֹהֶיךָ בַּמָּקוֹם אֲשֶׁר
יִבְחָר תִּקְרָא אֶת־הַתּוֹרָה הַזֹּאת נֶגֶד כָּל־יִשְׂרָאֵל
בְּאָזְנֵיהֶם׃ הַקְהֵל אֶת־הָעָם הָאֲנָשִׁים וְהַנָּשִׁים וְהַטַּף
וְגֵרְךָ אֲשֶׁר בִּשְׁעָרֶיךָ לְמַעַן יִשְׁמְעוּ וּלְמַעַן יִלְמְדוּ
וְיָרְאוּ אֶת־יְהוָה אֱלֹהֵיכֶם וְשָׁמְרוּ לַעֲשׂוֹת אֶת־
כָּל־דִּבְרֵי הַתּוֹרָה הַזֹּאת׃ וּבְנֵיהֶם אֲשֶׁר לֹא־יָדְעוּ
יִשְׁמְעוּ וְלָמְדוּ לְיִרְאָה אֶת־יְהוָה אֱלֹהֵיכֶם כָּל־
הַיָּמִים אֲשֶׁר אַתֶּם חַיִּים עַל־הָאֲדָמָה אֲשֶׁר אַתֶּם
עֹבְרִים אֶת־הַיַּרְדֵּן שָׁמָּה לְרִשְׁתָּהּ׃

HA'AZINU / האזינו

דברים לב:א–יח

הַאֲזִינוּ הַשָּׁמַיִם וַאֲדַבֵּרָה וְתִשְׁמַע הָאָרֶץ אִמְרֵי־פִי׃
יַעֲרֹף כַּמָּטָר לִקְחִי תִּזַּל כַּטַּל אִמְרָתִי
כִּשְׂעִירִם עֲלֵי־דֶשֶׁא וְכִרְבִיבִים עֲלֵי־עֵשֶׂב׃
כִּי שֵׁם יהוה אֶקְרָא הָבוּ גֹדֶל לֵאלֹהֵינוּ׃
לוי *הַצּוּר תָּמִים פָּעֳלוֹ כִּי כָל־דְּרָכָיו מִשְׁפָּט
אֵל אֱמוּנָה וְאֵין עָוֶל צַדִּיק וְיָשָׁר הוּא׃
שִׁחֵת לוֹ לֹא בָּנָיו מוּמָם דּוֹר עִקֵּשׁ וּפְתַלְתֹּל׃
הַ לַיהוה תִּגְמְלוּ־זֹאת עַם נָבָל וְלֹא חָכָם
הֲלוֹא־הוּא אָבִיךָ קָּנֶךָ הוּא עָשְׂךָ וַיְכֹנְנֶךָ׃

Some start the לוי *portion here:*

ישראל *זְכֹר יְמוֹת עוֹלָם בִּינוּ שְׁנוֹת דֹּר־וָדֹר
שְׁאַל אָבִיךָ וְיַגֵּדְךָ זְקֵנֶיךָ וְיֹאמְרוּ לָךְ׃
בְּהַנְחֵל עֶלְיוֹן גּוֹיִם בְּהַפְרִידוֹ בְּנֵי אָדָם
יַצֵּב גְּבֻלֹת עַמִּים לְמִסְפַּר בְּנֵי יִשְׂרָאֵל׃
כִּי חֵלֶק יהוה עַמּוֹ יַעֲקֹב חֶבֶל נַחֲלָתוֹ׃
יִמְצָאֵהוּ בְּאֶרֶץ מִדְבָּר וּבְתֹהוּ יְלֵל יְשִׁמֹן
יְסֹבְבֶנְהוּ יְבוֹנְנֵהוּ יִצְּרֶנְהוּ כְּאִישׁוֹן עֵינוֹ׃
כְּנֶשֶׁר יָעִיר קִנּוֹ עַל־גּוֹזָלָיו יְרַחֵף

יִפְרֹשׂ כְּנָפָיו יִקָּחֵהוּ   יִשָּׂאֵהוּ עַל־אֶבְרָתוֹ׃
יְהוָה בָּדָד יַנְחֶנּוּ   וְאֵין עִמּוֹ אֵל נֵכָר׃

Most finish here; some start the ישראל *portion here:*

*יַרְכִּבֵהוּ עַל־בָּמוֹתי אָרֶץ   וַיֹּאכַל תְּנוּבֹת שָׂדָי   בָּמֳתֵי
וַיֵּנִקֵהוּ דְבַשׁ מִסֶּלַע   וְשֶׁמֶן מֵחַלְמִישׁ צוּר׃
חֶמְאַת בָּקָר וַחֲלֵב צֹאן   עִם־חֵלֶב כָּרִים
וְאֵילִים בְּנֵי־בָשָׁן וְעַתּוּדִים   עִם־חֵלֶב כִּלְיוֹת חִטָּה
וְדַם־עֵנָב תִּשְׁתֶּה־חָמֶר׃   וַיִּשְׁמַן יְשֻׁרוּן וַיִּבְעָט
שָׁמַנְתָּ עָבִיתָ כָּשִׂיתָ   וַיִּטֹּשׁ אֱלוֹהַ עָשָׂהוּ
וַיְנַבֵּל צוּר יְשֻׁעָתוֹ׃   יַקְנִאֻהוּ בְּזָרִים
בְּתוֹעֵבֹת יַכְעִיסֻהוּ׃   יִזְבְּחוּ לַשֵּׁדִים לֹא אֱלֹהַּ
אֱלֹהִים לֹא יְדָעוּם   חֲדָשִׁים מִקָּרֹב בָּאוּ
לֹא שְׂעָרוּם אֲבֹתֵיכֶם׃   צוּר יְלָדְךָ תֶּשִׁי
וַתִּשְׁכַּח אֵל מְחֹלְלֶךָ׃

VEZOT HABERAKHA   וזאת הברכה

דברים לג:א–יז

וְזֹאת הַבְּרָכָה אֲשֶׁר בֵּרַךְ מֹשֶׁה אִישׁ הָאֱלֹהִים אֶת־
בְּנֵי יִשְׂרָאֵל לִפְנֵי מוֹתוֹ׃ וַיֹּאמַר יְהוָה מִסִּינַי בָּא
וְזָרַח מִשֵּׂעִיר לָמוֹ הוֹפִיעַ מֵהַר פָּארָן וְאָתָה מֵרִבְבֹת

אֵשׁ דָּת קֹדֶשׁ מִימִינוֹ אשדת לָמוֹ׃ אַף חֹבֵב עַמִּים כָּל־קְדֹשָׁיו
בְּיָדֶךָ וְהֵם תֻּכּוּ לְרַגְלֶךָ יִשָּׂא מִדַּבְּרֹתֶיךָ׃ תּוֹרָה
צִוָּה־לָנוּ מֹשֶׁה מוֹרָשָׁה קְהִלַּת יַעֲקֹב׃ וַיְהִי בִישֻׁרוּן
מֶלֶךְ בְּהִתְאַסֵּף רָאשֵׁי עָם יַחַד שִׁבְטֵי יִשְׂרָאֵל׃ יְחִי
רְאוּבֵן וְאַל־יָמֹת וִיהִי מְתָיו מִסְפָּר׃ וְזֹאת
לִיהוּדָה וַיֹּאמַר שְׁמַע יהוה קוֹל יְהוּדָה וְאֶל־עַמּוֹ
תְּבִיאֶנּוּ יָדָיו רָב לוֹ וְעֵזֶר מִצָּרָיו תִּהְיֶה׃

לוי וּלְלֵוִי אָמַר תֻּמֶּיךָ וְאוּרֶיךָ לְאִישׁ חֲסִידֶךָ אֲשֶׁר נִסִּיתוֹ
בְּמַסָּה תְּרִיבֵהוּ עַל־מֵי מְרִיבָה׃ הָאֹמֵר לְאָבִיו
וּלְאִמּוֹ לֹא רְאִיתִיו וְאֶת־אֶחָיו לֹא הִכִּיר וְאֶת־
בָּנָו לֹא יָדָע כִּי שָׁמְרוּ אִמְרָתֶךָ וּבְרִיתְךָ יִנְצֹרוּ׃
יוֹרוּ מִשְׁפָּטֶיךָ לְיַעֲקֹב וְתוֹרָתְךָ לְיִשְׂרָאֵל יָשִׂימוּ
קְטוֹרָה בְּאַפֶּךָ וְכָלִיל עַל־מִזְבְּחֶךָ׃ בָּרֵךְ יהוה חֵילוֹ
וּפֹעַל יָדָיו תִּרְצֶה מְחַץ מָתְנַיִם קָמָיו וּמְשַׂנְאָיו
מִן־יְקוּמוּן׃ לְבִנְיָמִן אָמַר יְדִיד יהוה
יִשְׁכֹּן לָבֶטַח עָלָיו חֹפֵף עָלָיו כָּל־הַיּוֹם וּבֵין כְּתֵפָיו
ישראל שָׁכֵן׃ *וּלְיוֹסֵף אָמַר מְבֹרֶכֶת יהוה אַרְצוֹ
מִמֶּגֶד שָׁמַיִם מִטָּל וּמִתְּהוֹם רֹבֶצֶת תָּחַת׃ וּמִמֶּגֶד
תְּבוּאֹת שָׁמֶשׁ וּמִמֶּגֶד גֶּרֶשׁ יְרָחִים׃ וּמֵרֹאשׁ הַרְרֵי־

קֶ֑דֶם וּמִמֶּ֖גֶד גִּבְע֥וֹת עוֹלָֽם׃ וּמִמֶּ֗גֶד אֶ֚רֶץ וּמְלֹאָ֔הּ
וּרְצ֥וֹן שֹׁכְנִ֖י סְנֶ֑ה תָּב֙וֹאתָה֙ לְרֹ֣אשׁ יוֹסֵ֔ף וּלְקָדְקֹ֖ד
נְזִ֥יר אֶחָֽיו׃ בְּכ֨וֹר שׁוֹר֜וֹ הָדָ֣ר ל֗וֹ וְקַרְנֵ֤י רְאֵם֙ קַרְנָ֔יו
בָּהֶ֗ם עַמִּ֛ים יְנַגַּ֥ח יַחְדָּ֖ו אַפְסֵי־אָ֑רֶץ וְהֵם֙ רִבְב֣וֹת
אֶפְרַ֔יִם וְהֵ֖ם אַלְפֵ֥י מְנַשֶּֽׁה׃

Al Yisrael, ve-al rabanan,
ve-al talmideihon,
ve-al kol talmidei talmideihon,
ve-al kol man de-asekin be-oraita
di be-atra (*In Israel:* kadisha) ha-dein
ve-di be-khol atar va-atar,
yeheh lehon ul-khon shelama raba,
ḥina ve-ḥisda, ve-raḥamei,
ve-ḥayyei arikhei, um-zonei re-viḥei,
u-furkana min kodam avuhon di vish-maya,
ve-imru Amen. (*Cong:* Amen)

Yeheh shelama raba min shemaya
ve-ḥayyim (tovim) aleinu ve-al kol Yisrael,
ve-imru Amen. (*Cong:* Amen)

Bow, take three steps back, as if taking leave of the Divine Presence, then bow, first left, then right, then center, while saying:

Oseh shalom/ *Between Rosh HaShana & Yom Kippur:* ha-shalom/
bim-romav,
hu ya'aseh ve-raḥamav shalom
aleinu, ve-al kol Yisrael,
ve-imru Amen. (*Cong:* Amen)

RABBIS' KADDISH

Mourner: Yitgadal ve-yitkadash
shemeh raba. (*Cong:* Amen)
Be-alema di vera khir'uteh,
ve-yamlikh malkhuteh,
be-ḥayyeikhon, uv-yomeikhon,
uv-ḥayyei de-khol beit Yisrael,
ba-agala uvi-zman kariv,
ve-imru Amen. (*Cong:* Amen)

All: Yeheh shemeh raba mevarakh
le'alam ul-alemei alemaya.

Mourner: Yitbarakh ve-yishtabaḥ ve-yitpa'ar
ve-yitromam ve-yitnaseh
ve-yit-hadar ve-yit'aleh ve-yit-hallal
shemeh dekudsha,
berikh hu. (*Cong:* Berikh hu)
Le-ela min kol birkhata
/ *Between Rosh HaShana & Yom Kippur:* Le-ela le-ela mi-kol birkhata/
ve-shirata, tushbeḥata ve-neḥemata,
da-amiran be-alema,
ve-imru Amen. (*Cong:* Amen)

Bow, take three steps back, as if taking leave of the Divine Presence, then bow, first left, then right, then center, while saying:

Oseh shalom/ *Between Rosh HaShana & Yom Kippur:* ha-shalom/ bim-romav,
hu ya'aseh shalom aleinu, ve-al kol Yisrael,
ve-imru Amen. (*Cong:* Amen)

MOURNER'S KADDISH

Mourner: Yitgadal ve-yitkadash
shemeh raba. (*Cong:* Amen)
Be-alema di vera khir'uteh,
ve-yamlikh malkhuteh,
be-ḥayyeikhon, uv-yomeikhon,
uv-ḥayyei de-khol beit Yisrael,
ba-agala uvi-zman kariv,
ve-imru Amen. (*Cong:* Amen)

All: Yeheh shemeh raba mevarakh
le'alam ul-alemei alemaya.

Mourner: Yitbarakh ve-yishtabaḥ ve-yitpa'ar
ve-yitromam ve-yitnaseh
ve-yit-hadar ve-yit'aleh ve-yit-hallal
shemeh dekudsha, berikh hu. (*Cong:* Berikh hu)
Le-ela min kol birkhata
/ *Between Rosh HaShana & Yom Kippur:* Le-ela le-ela mi-kol birkhata/
ve-shirata, tushbeḥata ve-neḥemata,
da-amiran be-alema,
ve-imru Amen. (*Cong:* Amen)

Yeheh shelama raba min shemaya
ve-ḥayyim aleinu ve-al kol Yisrael,
ve-imru Amen. (*Cong:* Amen)

▶

קורן ירושלים